LA DROITE RÉVOLUTIONNAIRE

DU MÊME AUTEUR

Maurice Barrès et le Nationalisme français
Paris, Colin, 1972

CONTRIBUTIONS

« Fascist Ideology »
in Walter Laqueur (ed.)
Fascism : A Reader's Guide
Analyses, Interpretations, Bibliography
Berkeley, University of California Press, 1976

« Irrationalism and Violence in the French Radical Right : The Case of Maurice Barrès »
in Philip P. Wiener et John Fischer (ed.)
Violence and Aggression in the History of Ideas
New Brunswick, Rutgers University Press, 1974

« Strands of French Fascism »
in Bern Hagtvet, Stein Larsen et Jan Petter Myklebust
Who were the Fascists ? Social Roots of European Fascism
Oslo, University of Oslo Press, 1978

ZEEV STERNHELL

LA DROITE
RÉVOLUTIONNAIRE

1885-1914

LES ORIGINES FRANÇAISES
DU FASCISME

ÉDITIONS DU SEUIL
27, rue Jacob, Paris VIᵉ

ISBN 2-02-004844-2

A la mémoire de mes parents
et de ma sœur

Avant-propos

A beaucoup d'égards, cette étude poursuit et développe les recherches commencées dans Maurice Barrès et le Nationalisme français; *elle ne prétend pas pour autant y mettre le point final. Ce second ouvrage sera bientôt suivi d'une autre étude, consacrée à l'ensemble des problèmes que pose la poussée du fascisme dans la France de l'entre-deux-guerres.*

Cette suite de travaux trace le cadre conceptuel de ce livre. Son objet est de cerner, compte tenu du type de société — la société de masse — qui commence de prévaloir au tournant du siècle, les origines et la continuité d'une tradition de droite fondamentalement opposée au consensus libéral et démocratique. Ce n'est donc pas sur l'ensemble de la droite que porte cette étude mais bien sur la droite radicale, la droite révolutionnaire, produite par une société déjà marquée par l'irruption des masses dans la production et la participation politique. Dans ce contexte, la droite radicale apparaît non plus comme une simple idéologie marginale, mais comme un véritable mouvement de masse.

Ce livre traite des perdants de l'Histoire. Il veut s'arrêter sur des idéologies, des mouvements, des hommes tombés dans l'oubli, rejetés ou ensevelis par une historiographie qui, beaucoup trop souvent, a été celle des vainqueurs. Car, plus encore peut-être que celle pratiquée outre-Rhin ou outre-Manche, l'historiographie française aime donner raison aux vainqueurs et leur consacrer l'ensemble de ses efforts. Il n'y a, en France, aucune commune mesure entre la quantité et la qualité des travaux consacrés depuis le début du siècle à la gauche et ceux qui ont pour objet la droite. En dépit de l'existence de ces classiques que sont les travaux de René Rémond, de Raoul Girardet et d'Eugen Weber, universellement reconnus pour avoir ouvert à la recherche des perspectives nouvelles [1], notre connaissance de la droite, comparée à celle que

---

1. On consultera, plus spécialement : R. Rémond, *La Droite en France. De la première Restauration à la Ve République*, Paris, Aubier, 1963, 2ᵉ éd.; R. Girardet, *La Société militaire dans la France contemporaine, 1815-1939*, Paris, Plon, 1953; *Le Nationalisme français, 1871-1914*, Paris, Colin, 1966 (textes choisis et présentés par R. Girardet); E. Weber, *The Nationalist Revival in France, 1905-1914*, Ber-

9

nous avons de la gauche, reste encore, somme toute, assez rudimentaire. Ce vide relatif, tout spécialement en ce qui concerne les ouvrages de qualité, peut paraître assez curieux quand on sait que les œuvres de Le Bon et de Drumont comptent parmi les plus gros succès de librairie de la période qui nous concerne, que Déroulède, mort à la veille de la guerre, eut les plus imposantes funérailles que la France ait vues depuis les obsèques de Victor Hugo, quand on sait, enfin, que Biétry commandait un mouvement ouvrier de droite craint par la CGT, ou que Vacher de Lapouge et Sorel ont joué dans l'histoire des idées un rôle plus significatif que celui de Guesde ou de Jaurès. Mais, dans un pays où la politique est considérée avec passion, où le passé est toujours présent et le présent constamment jugé en fonction du passé, dans un pays où l'idéologie tient dans la vie de la Cité une place considérable, le clivage gauche-droite est d'une importance capitale, et la recherche historique, pas plus que l'ensemble de la vie intellectuelle, n'y a jamais échappé.

C'est pourquoi l'un des postulats de ce livre est qu'il appartient à l'historien de regarder les idéologies, les hommes et les mouvements non seulement avec les yeux de la postérité, mais aussi avec ceux des contemporains. Reconstruire les réalités du tournant du siècle à travers cet aspect du tissu historique qu'est la droite révolutionnaire signifie, à mon sens, que, pour entrer dans l'intelligence de la mentalité de la génération de cette époque, pour comprendre la complexité des situations et l'ambiguïté des attitudes, il faut rendre aux hommes et aux choses leurs dimensions effectives, celles qui étaient les leurs en leur temps et en leur lieu. La vision qu'ont les contemporains d'eux-mêmes et des événements dont ils sont témoins peut très souvent être fort différente de celle que retient la postérité. Et il n'est pas certain que l'appréciation de l'historien soit toujours plus conforme à la réalité. D'autre part, il convient de ne jamais oublier que la vision de l'historien change, elle aussi, en fonction non seulement des progrès de la recherche, mais aussi de l'expérience intellectuelle de la génération à laquelle il appartient lui-même. Quoi qu'il en soit, et indépendamment du poids que l'on accorde au recul, à la sérénité de la perspective historique, il convient d'avoir toujours présente à l'esprit l'existence parallèle de deux perceptions de la réalité : celle des contemporains, prise sur le vif et figée par leur engagement, mais apportant le témoignage inestimable et irrem-

---

keley, University of California Press, 1968, et *l'Action française*, Paris, Stock, 1962. Cf. également deux articles d'E. Weber : « Un demi-siècle de glissement à droite », *International Review of Social History*, vol. 5, n° 2, 1960, p. 165-201, et « Nationalism, socialism and national-socialism in France », *French Historical Studies*, vol. 2, n° 3, 1962, p. 273-307.

plaçable du vécu, et celle de l'historien, enrichie par la connaissance, pour l'avoir arpenté, de l'autre côté de la colline.

Il importe, enfin, de rappeler que le chercheur ne saurait prétendre à un détachement absolu. Du reste, le lecteur qui fait confiance à son intégrité intellectuelle ne lui demande pas d'accorder la même sympathie à Barrès et à Jaurès, à Drumont et à Zola, à Griffuelhes et à Biétry. Mais il attend de lui qu'il aborde son sujet dans un esprit d'honnêteté, même quand il s'agit d'une période difficile et de questions passionnées ou controversées à l'extrême.

Une remarque supplémentaire s'impose en ce qui concerne, cette fois, les sources qui ont servi à l'élaboration de cette étude. L'exploitation du matériel d'archives, qui joue nécessairement un rôle majeur dans tout effort d'appréhender la géographie et la sociologie de la droite, l'organisation, les mécanismes, les ressources financières et les effectifs des mouvements étudiés, pose un certain nombre de problèmes. Les documents recueillis dans les dossiers de la série F 7 des Archives nationales (Direction de la Sûreté générale) et dans la série B/a des archives de la préfecture de police (Direction générale des recherches) constituent une source de renseignements d'une valeur inestimable, malheureusement peu exploitée jusqu'à présent. Ces documents, cependant, doivent être examinés avec prudence, car les renseignements qu'ils fournissent peuvent être de valeur inégale. Ainsi, il faut faire une distinction entre les rapports établis par les petits indicateurs qui recueillent leurs renseignements au hasard de leurs activités dans les salles de rédaction, les cafés et les antichambres, et ceux rédigés par les agents ayant accès aux échelons supérieurs des partis et des mouvements. Mais, à mesure que le chercheur se familiarise avec les agents et les indicateurs, il apprend à les connaître et à faire la distinction entre ceux qui sont dignes de foi et ceux qui se contentent de colporter des histoires scandaleuses.

Les rapports des commissaires spéciaux constituent une troisième source d'informations qui s'avère en général de bonne qualité. Connaissant bien le terrain, les hommes et les organisations qu'ils sont chargés de surveiller, ces fonctionnaires font parvenir des comptes rendus qui témoignent souvent d'une bonne intelligence politique.

Les dossiers du ministère de l'Intérieur et de la préfecture de police contiennent encore une énorme quantité d'informations « neutres » qui permettent de recréer assez fidèlement le milieu étudié : listes des personnes arrêtées, listes de militants, carnets d'adresses trouvés sur des militants, fiches d'état civil et notices biographiques relativement complètes sur certains d'entre eux, qui, souvent, ne négligent pas les détails de leur vie intime.

La documentation qui concerne le mouvement jaune *présente, quant à elle, un problème spécial. En effet, contrairement aux agents qui, dans les années quatre-vingts et quatre-vingt-dix, avaient su s'implanter au sein même des états-majors des ligues, les indicateurs qui évoluent dans l'entourage de Biétry et de ses lieutenants n'ont pas accès aux documents confidentiels et ne participent pas aux réunions des organismes directeurs du mouvement. Leur tâche est plus compliquée et les résultats qu'ils obtiennent sont moins spectaculaires. Une seconde difficulté, qui exige un constant qui-vive, est la fondamentale hostilité de ces agents pour le mouvement qu'ils sont chargés de surveiller. Cette hostilité, ajoutée au désir d'avoir toujours raison ou de plaire à leurs supérieurs, fausse souvent leur jugement. Tel est, notamment, le cas du plus important des agents implantés dans les milieux jaunes, connu sous le nom de code de « Metz ». En revanche, deux autres agents, « Naples » et « Londres », qui eux non plus n'aiment pas les Jaunes, font néanmoins preuve d'une certaine objectivité. Quant à « Meuse », cet indicateur très actif qui avait eu accès aux cercles intérieurs de la Ligue des patriotes, il n'a laissé malheureusement qu'un nombre limité de documents signés de son nom. Quoi qu'il en soit, il nous a semblé utile, pour ce qui est des chapitres VI et VII, de signaler les noms de code des indicateurs.*

Il convient, enfin, de faire la part du hasard qui a mis le ou les informateurs en présence de tel événement ou lui a permis de recueillir tel renseignement, mais l'a laissé en totale méconnaissance de tel autre événement ou de telle autre information. Pour une recherche de la nature de celle qui nous occupe ici, la documentation à laquelle le chercheur a accès est forcément partielle et fragmentaire. On ne saurait donc lui accorder une fiabilité absolue. Mais une lecture rigoureuse de cette documentation existante, une bonne connaissance des hommes et de leurs écrits et une certaine familiarité avec les méthodes de travail des Renseignements généraux et de la préfecture de police d'alors devraient, en fin de compte, nous aider à cerner la réalité des structures de la nouvelle droite, sans trop la travestir.

Les recherches nécessaires à la préparation de cet ouvrage ont été effectuées avec l'aide de plusieurs institutions auxquelles je voudrais exprimer ici ma vive reconnaissance : le CNRS, la Fondation nationale des sciences politiques, la faculté des sciences sociales à l'Université hébraïque de Jérusalem et le St. Antony's College d'Oxford, qui m'avait fait l'honneur de m'élire à un Wolfson Senior Fellowship.

Mes remerciements vont également à mes amis et collègues de l'université de Jérusalem, Georges Bensimhon, Claude Klein, Yohannan Manor et Emmanuel Sivan : leurs remarques judicieuses, leurs observations pertinentes m'ont été d'un grand secours. Mais, avant tout,

AVANT-PROPOS

c'est à Georges Bensimhon, dont le talent a pu venir à bout des multiples difficultés que posait la correction d'un texte écrit par l'auteur dans une langue qui n'est pas sa langue maternelle, que je tiens à dire ici toute ma reconnaissance et toute ma gratitude. Pour la mise au point de ce manuscrit, son amitié m'a été d'une aide inestimable.

Je remercie enfin Mme Marcelle Adjej qui, grâce à son efficacité, à sa minutie et à son dévouement, est parvenue à surmonter les innombrables problèmes que posait la dactylographie de ce texte.

Jérusalem, mars 1977

Introduction

> La naissance de dieux nouveaux a toujours marqué
> l'aurore d'une civilisation nouvelle, et leur dispari-
> tion a toujours marqué son déclin. Nous sommes à
> une de ces périodes de l'histoire où, pour un instant,
> les cieux restent vides. Par ce fait seul, le monde doit
> changer.   Gustave Le Bon[1]

Dans les premières années du XXᵉ siècle, la plupart des systèmes de pensée ainsi que la plupart des forces politiques et sociales dont sera fait le monde contemporain sont déjà en mouvement. Les idéologies qui, un quart de siècle plus tard, contribueront si puissamment à modifier la face du monde tendent alors vers leur maturité. Parce qu'il est une période d'incubation et parce que, dans le domaine de l'évolution intellectuelle, il présente toutes les caractéristiques d'une époque révolutionnaire, le dernier quart du XIXᵉ siècle est d'une richesse, d'une densité exceptionnelles. Les années qui séparent la mort de Darwin et de Marx de la Grande Guerre comptent parmi les plus fécondes dans l'histoire intellectuelle de l'Europe. Cette rare floraison est due non seulement à la qualité de la production scientifique, littéraire ou artistique, mais aussi à sa variété, à ses contrastes, à ses contradictions. Durant ces années, en effet, on n'a pas vu naître un seul système qui n'ait engendré automatiquement, et plus ou moins vite, son antithèse : c'est ainsi que la suprématie de la science est à l'origine d'une violente réaction qui s'exprime dans le culte de l'inconscient, dans l'importance accordée à l'élément irrationnel dans la nature humaine :

> La raison est chose trop neuve dans l'humanité, et trop imparfaite
> encore pour pouvoir nous révéler les lois de l'inconscient et surtout
> le remplacer. Dans tous nos actes la part de l'inconscient est immense
> et celle de la raison très petite[2].

---

1. *Les Lois psychologiques de l'évolution des peuples*, Paris, Alcan, 1894, p. 170.
2. G. Le Bon, *Psychologie des foules*, Paris, Alcan, 1895, p. VI.

De même, à la foi dans le progrès fait immédiatement pendant le développement d'un très important courant décadent. En France, notamment, ce courant entraîne quelques-uns des plus grands esprits du temps.

Jusqu'aux premières années soixante-dix, le XIXe siècle avait été, avant tout, le siècle de la science et du progrès technologique qui, en quelques décennies, avaient bouleversé les mœurs et changé radicalement le rythme de la vie. La croissance industrielle, en même temps qu'elle transformait le visage du continent, avait profondément modifié les modes d'existence. De même, au moment où elle produit des courants comme le positivisme — qui, d'ailleurs, est plus un état d'esprit qu'une philosophie —, l'utilitarisme, le matérialisme et le marxisme, elle engendre l'idée de l'évolution, un dogme qui entre très vite dans la culture générale. Mais la révolution technologique crée aussi une réalité sociale nouvelle : en assurant le triomphe de la bourgeoisie, elle sécrète la montée du prolétariat, elle produit la grande ville et ébranle profondément les campagnes.

Les systèmes de pensée, les genres littéraires et artistiques nouveaux constituent autant de sursauts contre le scientisme triomphant; ils travaillent à affranchir les instincts, à affirmer la primauté des forces de la vie et de l'affectivité. « L'intelligence, quelle très petite chose à la surface de nous-mêmes[1]... », s'exclamera Barrès. Marquée par la résurgence des valeurs irrationnelles, par le culte du sentiment et de l'instinct, cette période voit la substitution de l'explication « organique » à l'explication « mécanique » du monde. Une importance nouvelle est donnée aux valeurs historiques, alors qu'en philosophie on assiste à une renaissance, sous une forme plus moderne, des tendances idéalistes et historicistes. Ce dont il s'agit en fait, c'est d'une remise en cause du rationalisme et de l'individualisme, c'est de la subordination de l'individu à la collectivité et à l'histoire. En effet, pour les hommes de la génération de 1890, que ce soient Le Bon ou Drumont, Barrès, Sorel ou Vacher de Lapouge, l'individu n'a pas de valeur en soi et la collectivité n'est jamais conçue comme la somme numérique des individus la constituant. Cette nouvelle génération d'intellectuels s'élève violemment contre l'individualisme rationaliste de la société libérale, contre la dissolution des liens sociaux dans la société bourgeoise, contre l'« ignoble positivisme » qui y prévaut[2].

1. M. Barrès, *L'Appel au soldat*, Paris, Fasquelle, 1900, p. x.
2. Cf. un texte très caractéristique du plus célèbre des disciples de Georges Sorel, Édouard Berth : « Satellites de la ploutocratie », *Cahiers du Cercle Proudhon*, sept.-décembre 1912, p. 135-136 (il signe Jean Darville).

C'est précisément dans ce contexte que les intellectuels fascistes les plus clairvoyants de l'entre-deux-guerres voient les origines du fascisme : pour Gentile, le fascisme se définit en termes d'une révolte contre le positivisme [1].

Cette révolte, qui est aussi une contestation du mode de vie que produit la société industrielle, une résistance à la société « atomisée », entraîne, dans le contexte de cette fin de siècle, l'exaltation de ce que l'on conçoit comme une unité de solidarité fondamentale, la nation. L'exaltation de la nation, l'apparition d'un nationalisme fondé sur tout un système de filtrages et de défenses, destinés à assurer l'intégrité du corps national, sont les corollaires de cette nouvelle conception du monde. Un mouvement d'idées se forme qui ébranle l'ensemble des valeurs léguées par le XVIIIe siècle et la Révolution française, qui remet en cause les fondements sur lesquels reposent la démocratie et le libéralisme et qui élabore, finalement, une toute nouvelle vision des choses : « La morale sélectionniste met le devoir envers l'espèce à la place suprême, là où celle du christianisme met les devoirs envers Dieu [2] », écrit Vacher de Lapouge.

Il convient d'insister ici sur le fait que ce n'est pas seulement la réaction antirationaliste qui met en cause les principes de la démocratie libérale, mais que la science elle-même entreprend de s'attaquer à ces mêmes principes. On conçoit ainsi la nature et l'étendue des revirements qui interviennent au cours de cette période. Car, cent ans plus tôt, c'est sur la science que reposait l'idéologie égalitaire, c'est la science et la raison que l'on évoquait pour battre en brèche le vieux monde des privilèges et pour instaurer la liberté. En ce début du XXe siècle, les choses changent profondément : les nouvelles sciences de l'homme et les nouvelles sciences sociales, la biologie darwinienne, la philosophie bergsonienne, l'histoire selon Taine ou selon Treitschke, la psychologie sociale selon Le Bon, tout comme l'école italienne de sociologie politique, s'élèvent contre les postulats sur lesquels reposent le libéralisme et la démocratie. Il se crée ainsi un climat intellectuel qui sape considérablement les fondements premiers de la démocratie et qui facilitera énormément l'emprise du fascisme [3].

1. G. Gentile, « The philosophic basis of fascism », in *Readings on Fascism and National Socialism*, Chicago, The Swallow Press, s.d., p. 53-54.
2. G. Vacher de Lapouge, *Les Sélections sociales. Cours libre de science politique professé à l'université de Montpellier*, Paris, Fontemoing, 1896, p. 191.
3. On consultera sur ce sujet le très bel ouvrage de synthèse de James Joll, *Europe since 1870* (Londres, Weidenfeld and Nicholson, 1973), ainsi qu'un certain nombre de travaux sur la vie culturelle et artistique de l'époque : P. Francastel,

Le point de jonction vers lequel convergent ces courants et systèmes nouveaux se trouve incontestablement au cœur d'une discipline nouvelle, celle des sciences sociales. Pour sa part, la sociologie politique se charge de reprendre les enseignements du darwinisme social, de l'anthropologie et de la psychologie sociale pour proposer une nouvelle théorie du comportement politique.

Selon Pareto, toute société est composée d'une minorité d'individus particulièrement doués et d'une vaste majorité de médiocres. Elle s'organise donc toujours en forme de grande pyramide au sommet de laquelle se trouve une élite et dont la base est composée de la grande majorité de la population. D'autre part, Pareto n'hésite pas à comparer l'organisme social à un organisme vivant, pas plus qu'il n'hésite à établir un parallèle entre la sélection naturelle et celle qui, selon lui, existe au sein de la société humaine. La théorie de la succession et de la circulation des élites, de leur décadence et de la lutte permanente que se livrent diverses aristocraties, dont l'une succède toujours à l'autre, révèle clairement les origines de la sociologie parétienne. D'ailleurs, l'auteur des *Systèmes socialistes* se réfère explicitement à Ammon et à Vacher de Lapouge pour souligner les caractéristiques anthropologiques de ces élites : c'est bien ce conflit entre une aristocratie et une autre, entre une classe dominante et celle qui s'apprête à recueillir son héritage qui, pour lui, fait l'histoire, et non point, comme le voudrait le mythe démocratique, la guerre que livrent les classes inférieures à l'aristocratie [1].

Peinture et Société, Paris, Gallimard, 1950; « Critique littéraire et socialisme au tournant du siècle », *Le Mouvement social*, avr.-juin 1967 (numéro spécial); P. Cabanne et P. Restnay, *L'Avant-garde au XX*e *siècle*, Paris, Balland, 1969; M. Le Bot, *Peinture et Machinisme*, Paris, Klincksieck, 1973; M. Rebérioux, « Avant-garde esthétique et avant-garde politique », *Esthétique et Marxisme*, Paris, Plon, 1974; E. Carassus, *Le Snobisme et les Lettres françaises. De Bourget à Marcel Proust*, Paris, Colin, 1966. Sur l'ensemble de l'activité intellectuelle, cf. H.S. Hughes, *Consciousness and Society. The Reorientation of European Social Thought, 1890-1930*, New York, Knopf, 1961; J. Weiss (ed.), *The Origins of Modern Consciousness*, Detroit, Wayne State University Press, 1965; G. Masur, *Prophets of Yesterday. Studies in European Culture, 1890-1914*, New York, Harper and Row, 1966, ainsi que deux ouvrages édités par W.W. Wagar : *European Intellectual History since Darwin and Marx*, New York, Harper and Row, 1966, et *Science, Faith and Man. European Thought since 1914*, New York, Harper and Row, 1968. On consultera, finalement, le dernier ouvrage de G.L. Mosse, *The Nationalization of the Masses : Political Symbolism and Mass Movements in Germany from the Napoleonic War through the Third Reich*, New York, Fertig, 1975.

1. V. Pareto, *Les Systèmes socialistes*, Paris, Giard, 1926, 2e éd., t. I, p. 26-64.

INTRODUCTION

Pour Pareto, pour Mosca [1], pour le sociologue autrichien Gumplowicz, dont tous les ouvrages sont traduits en français [2], l'histoire est toujours celle des élites, et l'État ne représente rien d'autre que l'exercice du pouvoir par une minorité sur une majorité. Mais la sociologie moderne fait plus qu'analyser une réalité : elle formule en fait une nouvelle norme de comportement politique. Fondée sur une certaine forme de déterminisme qui règne alors souverainement dans ces disciplines pionnières que sont la psychologie et l'anthropologie — à partir desquelles se développent la sociologie et la science politique —, cette analyse des structures de la société et du pouvoir devait peser d'un poids énorme non seulement sur la formation de l'idéologie fasciste, mais aussi sur la respectabilité, le sérieux et la confiance qu'acquièrent très vite les idées antidémocratiques et antilibérales.

C'est dans ce même ordre d'idées que l'auteur des *Partis politiques*, ce classique de la science politique, traduit en français en 1914, développe sa célèbre théorie de « la loi d'airain de l'oligarchie ». Michels veut, en fait, démontrer que la démocratie est une utopie, pour ne pas dire un écran de fumée, et que l'existence, dans toute société, d'un groupe dominateur est une nécessité scientifiquement établie. Dans ces conditions, quel sens peut désormais avoir le régime représentatif et à quelle sorte de légitimité peut-il prétendre?

La méthode qui tend à poser les bases d'une étude scientifique — donc libre de tout jugement de valeur — du comportement humain est assurément à l'origine de l'essor que connaissent alors les nouvelles sciences sociales. Mais, au niveau de la vie politique et intellectuelle, cette méthode, en engendrant une certaine forme de détachement et de relativisme moral, entraîne des conséquences désastreuses pour la démocratie, le libéralisme et le socialisme : en ce début de siècle, il devient de plus en plus malaisé de savoir où sont, en politique, le bien et le mal. C'est que, sans que tel ait toujours été le dessein de certains de leurs pères fondateurs, comme Freud ou Durkheim par exemple, les nouvelles sciences sociales mettent des armes nouvelles

1. G. Mosca, *The Ruling Class*, New York, McGraw-Hill, 1939, p. 50-69 (trad. de *Elementi di Scienza Politica*).
2. Un des pionniers de la science politique moderne, Louis Gumplowicz, enseigne que l'existence est « une lutte perpétuelle et sans progrès », que jamais les hommes n'avaient atteint « un degré plus bas du développement intellectuel » que celui des « grandes masses » de son temps (*la Lutte des races*, Paris, Guillaumin, 1893, p. 350 et 348). Parmi ses autres ouvrages, on citera : *Précis de sociologie*, Paris, Chailley, 1896; *Aperçus sociologiques*, Lyon, Storck, 1900; *Sociologie et Politique*, Paris, Giard et Brière, 1908.

non seulement entre les mains des censeurs des mœurs politiques en régime parlementaire, mais aussi entre celles des ennemis les plus déclarés des principes même sur lesquels repose la démocratie libérale.

Il n'est certes pas accidentel que ce soit le mépris de cette bourgeoisie « décadente », ayant perdu le sens de ses intérêts, méconnaissant par aveuglement ou hypocrisie la loi d'airain de l'oligarchie, qui conduise Pareto à écrire :

> Souvent les classes supérieures ont, à leur déclin, de la répugnance à faire usage de la force. Cela arrive d'habitude parce que le plus grand nombre des individus qui les composent préfèrent recourir presque uniquement à la ruse, et le plus petit nombre, par manque d'intelligence ou par lâcheté, répugne à des actes énergiques. Comme nous le verrons plus loin [...], l'usage de la force est indispensable dans la société, et si une classe gouvernante ne veut pas y recourir, il est nécessaire, au moins dans les sociétés qui continuent à subsister et à prospérer, que cette classe cède la place à une autre qui veuille et sache employer la force. De même que la société romaine fut sauvée de la ruine par les légions de César et par celles d'Octave, il se pourrait que notre société fût un jour sauvée de la décadence par ceux qui seront alors les héritiers de nos syndicalistes et de nos anarchistes [1].

La question n'est pas de savoir si les fascistes furent bien les héritiers souhaités ou non, s'ils répondaient à l'idéal parétien ou non : ce qui importe, c'est le fait que Pareto leur ait fourni, bien des années avant la marche sur Rome, bien avant la guerre d'Espagne, Munich ou la collaboration, la justification de leur acte. Puisqu'en dernière analyse il n'y a pas de justification intrinsèque, morale ou philosophique, au pouvoir d'une minorité dirigeante, une élite qui l'emporte se trouve, dans une large mesure, justifiée par son succès même.

Il importe de remarquer ici que, dans son ensemble, la sociologie représente en quelque sorte la réponse de l'Université européenne au défi lancé par le marxisme [2]. L'œuvre de Pareto, de Durkheim, de Weber est une réfutation du marxisme : tout en assimilant nombre d'idées puisées dans le matérialisme historique, notamment le concept

1. V. Pareto, *Traité de sociologie générale*, Paris, Payot, 1919, vol. II, p. 1173. Sur Pareto, cf. l'ouvrage contemporain de G.H. Bousquet, *Précis de sociologie d'après Vilfredo Pareto*, Paris, Payot, 1925, et surtout R. Aron, *les Étapes de la pensée sociologique*, Paris, Gallimard, 1967, p. 409-494.
2. Cf. G. Lichtheim, *Europe in the Twentieth Century*, Londres, Sphere Books, coll. « Cardinal », 1974, p. 73.

d'une science sociale capable d'intégrer dans une seule synthèse la philosophie, l'histoire et l'économie, les trois auteurs s'appliquent à construire un système qui vienne réfuter celui de Marx. C'est de ces efforts qu'est issue la sociologie. Mais cette discipline nouvelle ne s'attaque pas seulement au marxisme; elle est aussi une violente critique de la société libérale. Celle-ci ne peut plus désormais être conçue comme la meilleure, la seule rationnellement justifiable et, par conséquent, la seule légitime. Cette remise en cause des convictions bien établies représente alors un aspect inséparable de toutes les branches de l'activité intellectuelle.

Dans la France du tournant du siècle, la sociologie est identifiée avec le nom d'Émile Durkheim. La fameuse formule de « société ou divinité », lancée alors que sévissait le conflit de l'enseignement, s'était immédiatement trouvée au cœur d'un grand débat politique, et la sociologie est apparue, dans les écoles et les universités, comme le fondement de la morale laïque se substituant à la morale catholique. Dans ce sens, Durkheim appartient au camp des vainqueurs de l'affaire Dreyfus, et contrairement à un Le Bon, à un Vacher de Lapouge ou à un Sorel, il n'eut jamais à se plaindre de la République. Universellement reconnu comme l'un des pères fondateurs des sciences sociales, comme l'égal de Weber et de Simmel, il reste profondément attaché au régime, il combat ses adversaires de droite et de gauche, le cléricalisme tout comme l'antipatriotisme [1]. Cependant, aujourd'hui encore, la pensée de Durkheim est interprétée de manières très différentes.

En effet, celle-ci vise à reconstituer le consensus social et à renforcer l'autorité des impératifs et des interdits collectifs. Certes, Durkheim veut stabiliser une société dont le principe suprême est celui du respect de la personne humaine et de l'épanouissement de l'autonomie personnelle, mais, selon que l'on met l'accent sur le renforcement des normes sociales ou sur l'épanouissement de l'autonomie individuelle, l'interprétation devient conservatrice ou rationaliste et libérale [2]. Il est indéniable que cette restauration des normes sociales caractérise une entreprise qui risque de miner dangereusement l'ordre libéral. Elle illustre aussi les liens qui unissent, depuis ses origines, la sociologie avec le conservatisme [3]. Durkheim était un libéral en vertu

1. Cf. S. Lukes, *Émile Durkheim. His Life and Work. A Historical and Critical Study*, Londres, Allen Lane, 1973, p. 530-546.

2. R. Aron, *Les Étapes de la pensée sociologique, op. cit.*, p. 398.

3. R.A. Nisbet, *Émile Durkheim. Selected Essays on Durkheim*, Englewood Cliffs, Prentice Hall, 1965, p. 27.

d'un choix délibéré, mais sa sociologie constitue, en dernière analyse, une attaque massive contre les fondations philosophiques du libéralisme. C'était un rationaliste dont la méthodologie était sans faille, mais dont la pensée a puissamment contribué finalement à l'offensive lancée en ce début du siècle contre le rationalisme et le positivisme.

Dans ce contexte, les coups portés à l'intellectualisme par Bergson prennent toute leur signification. Sa critique intense de la conception mécanique du processus mental, son procès du kantisme, la place qu'il accorde à l'intuition primitive des choses, aux instincts et à l'élan jouent un rôle énorme dans la création d'un nouveau climat intellectuel. Avec lui, la philosophie, comme l'histoire chez Taine, prend une dimension biologique :

> L'animal prend son point d'appui sur la plante, l'homme chevauche sur l'animalité, et l'humanité entière, dans l'espace et dans le temps, est une immense armée qui galope à côté de chacun de nous, en avant et en arrière de nous, dans une charge entraînante, capable de culbuter toutes les résistances et de franchir bien des obstacles, même peut-être la mort [1].

Bergson n'était peut-être pas le plus grand philosophe de cette première moitié du xxe siècle, il était incontestablement le plus connu, celui dont l'influence fut la plus importante. Il en est de même pour Nietzsche et tous ceux qui suivent le philosophe allemand dans son dégoût de la réalité, de la société moderne et du progrès technique, qui dénoncent la civilisation de leur temps, souhaitent sa ruine et annoncent l'avènement d'un âge nouveau, héroïque et viril. L'élitisme nietzschéen se rencontre avec le fameux principe parétien de « circulation des élites » pour produire finalement une nouvelle explication des rapports sociaux et une nouvelle conception du bien politique, fondements d'une morale et d'un ordre nouveaux.

C'est ainsi qu'en ce tournant du siècle on assiste à la poussée d'un phénomène oublié. Pour la première fois dans l'histoire moderne, l'œuvre des plus grands esprits de leur temps est utilisée pour battre en brèche les principes sur lesquels reposent non seulement la société bourgeoise et la démocratie libérale, mais toute une civilisation fondée sur la foi dans le progrès, sur la rationalité de l'individu et sur le postulat selon lequel l'objet final de toute organisation sociale est le bien de l'individu. Ainsi est renversée la tendance qui prédomine dans l'évolution de la pensée européenne depuis les origines des temps modernes. Car, depuis plus de cinq siècles, toute découverte

---

1. H. Bergson, *L'Évolution créatrice*, Paris, Presses universitaires de France, 1962, 102e éd., p. 271.

scientifique nouvelle, tout système philosophique nouveau, tout nouvel idéal esthétique avait toujours apporté sa contribution à l'affranchissement de l'individu. A la fin du XIXᵉ siècle, les choses changent radicalement : c'est bien cette remise en cause d'une tradition séculaire, et qui semblait être dans la nature des choses, qui provoque une crise intellectuelle et morale, une véritable crise de civilisation.

Cette révolte qui gronde est une révolte contre ce qui existe : contre le conformisme, contre le confort factice dans lequel s'installe la société bourgeoise, contre une certaine médiocrité, et aussi contre la sécheresse intellectuelle que sécrète cette forme de positivisme qui prévaut encore à cette époque. C'est aussi une attitude de refus : de la praxis de la démocratie parlementaire et du libéralisme politique, d'abord, de la prépondérance bourgeoise, ensuite. Mais, cette fois-ci, la révolte est déjà dirigée contre l'ensemble des valeurs léguées par les Lumières et la Révolution française. Pour la première fois, l'ordre nouveau préconisé par les révoltes de la fin du siècle ne se place plus dans une même ligne ascendante dont la direction semblait jusqu'alors fixée par les lois mêmes du progrès.

Ces années de bouillonnement intellectuel en Europe sont aussi celles de la suprématie intellectuelle de la France. Paris est encore le centre incontesté de la vie intellectuelle, l'école où viennent se perfectionner les artistes de tous les coins de l'Europe, où se font et se défont les systèmes. Le français est encore la langue véhiculaire par excellence : c'est vers Paris, où le rayonnement intellectuel de la droite est sans égal, que se tournent l'Europe latine, les élites de l'Europe centrale et orientale. Après la génération de Taine et de Renan, c'est auprès de Drumont et de Le Bon, de Barrès et de Déroulède, de Bourget et de Lemaitre, de Biétry, de Maurras et de Sorel que nationalistes polonais, antisémites roumains ou syndicalistes révolutionnaires italiens viennent chercher leur inspiration.

Toute l'Europe nationaliste, antimarxiste et germanophobe se passionne pour les hommes qui, à travers le boulangisme, l'Affaire et dans leur engagement contre le Bloc, mènent en France un combat dont, très vaguement, on commence à discerner déjà les dimensions européennes. Paris est alors, sans aucun doute possible, la capitale spirituelle de la droite européenne, Paris et non pas Berlin où se forge, au contraire, l'orthodoxie marxiste, où domine une puissante social-démocratie et vers qui se tournent les marxistes du monde entier. C'est qu'en France le marxisme est d'implantation récente, de niveau doctrinal peu développé et, depuis ses compromissions boulangistes, à cause de ses penchants blanquistes, relativement suspect.

23

En effet, de tous les nouveaux courants de pensée, de toutes les écoles et de tous les systèmes, c'est le marxisme qui a le moins rapidement et le moins profondément pénétré en France. On imagine mal un Lénine ou un Plekhanov venant chercher l'inspiration, pour régler quelque difficulté de doctrine ou de stratégie révolutionnaire, auprès d'un Guesde, d'un Lafargue, d'un Vaillant ou même d'un Jaurès. En revanche, vers qui, sinon vers Le Bon, Barrès, Maurras, Drumont ou Sorel, pouvaient se tourner Corradini et Carducci, d'Annunzio, Papini et Ardengo Soffici, Cuza en Roumanie ou Ljotic en Yougoslavie, un Ammon ou un Labriola, voire un Pareto ou un Michels, sans parler de toute la phalange des non-conformistes du syndicalisme révolutionnaire?

Si l'Allemagne est la patrie de l'orthodoxie marxiste, la France est le laboratoire où se forgent les synthèses originales du xxe siècle. Car c'est là que se livrent les premières batailles qui mettent aux prises le système libéral avec ses adversaires; c'est en France que se fait cette première suture de nationalisme et de radicalisme social que fut le boulangisme; c'est la France qui engendre aussi bien les premiers mouvements de masse de droite que ce premier gauchisme que représentent Hervé ou Lagardelle, gauchisme qui conduira finalement ses adeptes aux portes du fascisme. Produits d'une crise du libéralisme, l'une des plus profondes qu'ait connues la conscience européenne, ces courants de pensée qui se combattent et s'entrecroisent finissent par se rencontrer à la veille de la guerre.

Le malaise intellectuel, les tensions politiques, les conflits sociaux qui émaillent la fin du xixe siècle et le début du xxe sont autant d'aspects d'un même phénomène : les énormes difficultés qu'éprouve le libéralisme pour s'adapter à la société des masses. C'est vers la fin du siècle, en effet, que commencent de se faire pleinement sentir les effets de cette révolution intellectuelle que fut le darwinisme, ceux de l'industrialisation et de l'urbanisation du continent et ceux, finalement, du long processus de la nationalisation des masses.

Les contemporains ne s'y méprennent pas qui ont parfaitement conscience d'entrer dans une époque nouvelle. « L'âge où nous entrons sera véritablement l'ÈRE DES FOULES, écrit Le Bon. Ce n'est plus dans les conseils des princes, mais dans l'âme des foules que se préparent les destinées des nations[1]. » L'entrée des nouvelles masses urbaines dans la politique pose au libéralisme des problèmes jusqu'alors inconnus. Le libéralisme est une idéologie fondée sur l'individualisme et le rationalisme; il est le produit d'une société qui était censée ne

---

1. G. Le Bon, *Psychologie des foules, op. cit.*, p. 3.

plus subir de mutations structurelles et où, nécessairement, la participation politique était très limitée. Or, en cette fin de siècle, ils sont de plus en plus nombreux, ceux qui remettent en cause la fonctionnalité d'une idéologie dans laquelle ne se reconnaissent plus les nouvelles couches sociales, les millions de travailleurs et de salariés de toutes catégories, entassés dans les grands centres industriels. La crise du libéralisme a ses racines dans les profondes contradictions qui existent désormais entre les principes de l'individualisme et le mode de vie des masses urbaines, entre la traditionnelle conception des droits naturels et les nouvelles lois de l'existence que la génération de 1890 découvre dans le darwinisme social. Un texte lumineux de Vacher de Lapouge illustre remarquablement les nouvelles règles de comportement humain, le nouveau climat intellectuel :

> Tout homme est apparenté à tous les hommes et à tous les êtres vivants. Il n'y a donc pas de droits de l'homme, pas plus que de droits de tatou à trois bandes, ou de gibbon syndactile que du cheval qui s'attelle ou du bœuf qui se mange. L'homme perdant son privilège d'être à part, à l'image de Dieu, n'a pas plus de droits que tout autre mammifère. L'idée même de droit est une fiction. Il n'y a que des forces. Les droits sont de pures conventions, des transactions entre puissances égales ou inégales; dès que l'une d'elles cesse d'être assez forte pour que la transaction vaille pour l'autre, le droit cesse. Entre membres d'une société, le droit est ce qui est sanctionné par la force collective. Entre nations, cette garantie de stabilité fait défaut. Il n'y a pas de droit contre la force, car le droit n'est que l'état créé par la force et qu'elle maintient, latente. Tous les hommes sont frères, tous les animaux sont frères, mais être frères n'est pas de nature à empêcher qu'on se mange. Fraternité, soit, mais malheur aux vaincus! La vie ne se maintient que par la mort. Pour vivre il faut manger, tuer pour manger [1].

Dans les vingt dernières années du siècle, le libéralisme entre en conflit non seulement avec cette expression parfaite de la solidarité organique qu'est le nationalisme, mais aussi avec la démocratie. Car, très vite, il s'avère que la démocratisation de la vie politique implique la mobilisation des masses et leur intégration : le suffrage universel, l'instruction obligatoire, le service militaire sont autant de piliers de la démocratie jacobine, mais ils sont en même temps des facteurs essentiels de la nationalisation de la société française. Ils sont aussi autant de facteurs qui jouent contre le marxisme.

---

1. G. Vacher de Lapouge, *L'Aryen, son rôle social. Cours libre de science politique professé à l'université de Montpellier, 1889-1890*, Paris, Fontemoing, 1899, p. 511-512.

En effet, l'école du peuple, l'instruction gratuite, la politique en régime démocratique, toutes ces innovations provoquent l'apparition d'un phénomène totalement imprévu qui désoriente les militants socialistes les plus clairvoyants et les plus attachés à l'orthodoxie. Voilà qu'au lieu d'accéder à la conscience de classe les masses urbaines se trouvent engagées dans un processus d'intégration sociale, de nationalisation, favorisé et accéléré justement par ces victoires sur les privilèges. C'est ainsi qu'éclate au grand jour le conflit entre démocratie et socialisme : la mobilisation du prolétariat, en août 1914, apportera la preuve que la nationalisation des masses avait été beaucoup plus rapide et beaucoup plus profonde que leur socialisation. La grande ruée vers la gare de l'Est fut le résultat tangible d'un demi-siècle de démocratisation de la société française.

Dans les années 1900, à l'issue de l'échec de l'opération dreyfusienne, l'extrême gauche non conformiste en avait déjà conclu que, pour sauver le socialisme, il est capital de casser la démocratie libérale, son idéologie, ses courroies de transmission et ses institutions. Tel est le sens des affrontements qui opposeront les « gauchistes » de l'époque, Sorel, Berth, Hervé, Lagardelle, Janvion, à l'ensemble du socialisme français, telle est également la signification des alliances qui se noueront à cette époque et qui déboucheront sur le Cercle Proudhon : le fascisme de Valois, tout comme celui des années trente, n'aura que fort peu de chose à ajouter à ce qui venait d'être formulé à la veille de la guerre. Mais, dès les années quatre-vingts et quatre-vingt-dix, ces contradictions, ces incertitudes, ce chassé-croisé d'idées faisaient le fond du sentiment qu'avaient les contemporains de vivre une époque où « tous les dieux sont morts ou lointains[1] », un de « ces moments critiques où la pensée des hommes est en voie de se transformer[2] ».

C'est avec le boulangisme que la crise de l'ordre libéral trouve, pour la première fois, son expression dans la politique des masses. L'épreuve de force engagée par l'extrême gauche radicale et blanquiste contre la démocratie libérale s'explique avant tout par la politisation des nouvelles masses urbaines. Cette révolte de l'extrême gauche, qu'accompagne la sympathie d'un bon nombre de guesdistes, vise à casser le consensus centriste, mais, face à l'activisme radical, nationaliste et blanquiste, se lève une grande coalition de modérés qui, cette fois-ci, englobe déjà l'aile droite socialiste.

1. M. Barrès, « Le sentiment en littérature. Une nouvelle nuance de sentir. M. Leconte de Lisle », *Les Taches d'encre*, janvier 1885, p. 33.
2. G. Le Bon, *Psychologie des foules, op. cit.*, p. 2.

Avec l'affaire Dreyfus, alors que monte la seconde vague d'assauts contre la démocratie libérale, ce processus prend des dimensions qui seront capitales pour l'avenir. En réponse à l'agitation nationaliste et antisémite de la fin du siècle, en réponse aux émeutes de rue, le socialisme français s'instaure en gardien de la démocratie libérale. En prenant la décision d'assurer la pérennité de l'ordre libéral, le mouvement ouvrier français cesse d'être un facteur révolutionnaire. Désormais, les seuls éléments véritablement opposés à l'ordre établi, les seuls qui puissent prétendre à un minimum de crédibilité sont ces révolutionnaires de droite que rejoignent très vite les non-conformistes d'extrême gauche. C'est ainsi que, des possibilistes de 1889 aux guesdites de 1899, puis aux hommes du Bloc du début du siècle, le socialisme français subit une évolution qui lui fait d'abord accepter les règles du jeu de la démocratie libérale pour l'amener ensuite à se poser comme le plus solide gardien des libertés bourgeoises. Ceux qui, à l'extrême gauche, s'élèvent contre cette intégration progressive, les syndicalistes révolutionnaires, les hommes de *la Guerre sociale*, du *Mouvement socialiste* ou de *Terre libre*, préféreront tous rejoindre, à tel ou tel moment de leur carrière, la droite radicale. Et, qu'ils aient été radicaux, guesdistes, blanquistes ou communards passés au boulangisme ou à l'antisémitisme, qu'il se fût agi de Hervé, de Lagardelle ou de Sorel, plus tard de Déat ou de Doriot, ces « transfuges » finiront par abandonner tout ce en quoi ils avaient cru; tout, sauf la volonté de casser, coûte que coûte, la démocratie libérale. Ces hommes seront quand même restés fidèles à un aspect de leur engagement : ils ont cessé d'être socialistes, mais ils sont restés révolutionnaires.

La nouvelle droite donne leur expression politique à la révolution intellectuelle et aux mutations sociales de la fin du siècle passé. Et il est faux de penser qu'il lui a manqué cette dimension idéologique que trop volontiers on lui nie. C'est précisément dans cette dimension, réelle, qu'était le danger. Si l'idéologie de la droite populiste ne découle pas d'un système unique, comparable au marxisme, elle n'en possède pas moins une consistance et une puissance de rupture remarquables. Cette droite était bien autre chose que des baïonnettes à la recherche d'une idéologie [1].

Construite à partir du darwinisme social, qui lui fournit son cadre conceptuel, l'idéologie de la nouvelle droite est une synthèse d'antira-

1. Telle est pourtant l'idée qu'en donne Arno J. Mayer dans un ouvrage brillant et provocateur, *Dynamics of Counterrevolution in Europe, 1870-1956. An Analytic Framework*, New York, Harper Torchbooks, 1971, p. 66-67.

tionalisme, d'antipositivisme, de racisme et de nationalisme. Elle a cependant en commun avec le marxisme populaire et vulgarisé, surtout tel qu'il est compris en France, le déterminisme. Seulement, le matérialisme historique, la lutte des classes sont remplacés par le déterminisme biologique et racial, par le principe de la lutte pour l'existence et de la survie du plus apte, donc du meilleur. C'est dans ce sens que l'idéologie de la droite radicale est une idéologie révolutionnaire : ses principes ne prônent rien de moins que la destruction du vieil ordre des choses. Dans une société bourgeoise qui pratique la démocratie libérale, une idéologie qui se conçoit comme l'antithèse du libéralisme et de l'individualisme, qui a le culte de la violence et des minorités activistes, est une idéologie révolutionnaire. Même si elle n'entend pas porter atteinte à toutes les vieilles structures économiques, même si elle ne s'attaque qu'au capitalisme et non à la propriété privée et à la notion de profit. Une idéologie qui préconise une société organique ne peut qu'être réfractaire au pluralisme politique ou idéologique, tout comme elle ne peut que refuser les formes les plus criantes de l'injustice sociale. Car ce n'est qu'ainsi que peut être atteint l'objectif final du socialisme national : l'intégration du prolétariat dans la collectivité nationale.

Le terme de révolution est employé ici dans son sens propre et neutre, un sens qui implique que la révolution n'est pas toujours à gauche : dans la France du tournant du siècle, elle est franchement à droite, et elle prépare la voie au fascisme. C'est peut-être ce contenu fondamentalement révolutionnaire du fascisme qui permettra à tant d'hommes de gauche de prendre le chemin de l'extrême droite.

Cependant, le passage de militants révolutionnaires de l'extrême gauche à l'extrême droite et leurs affinités intellectuelles et affectives avec des formes diverses de protofascisme ne sont qu'un élément d'un complexe plus vaste, un des plus importants de la scène politique française : le glissement vers le centre d'hommes initialement opposés au consensus libéral.

Le processus d'aspiration par le centre d'éléments radicaux, qui prend racine en France dès les premières années de la IIIe République, est un corollaire du système qui consiste, comme le déplore dès 1881 le député radical Naquet, futur conseiller du général Boulanger, à gouverner au moyen d'un « ministère hybride pris dans tous les centres de l'Assemblée [1] ». C'est dans l'immobilisme de ce gouverne-

---

1. A. Naquet, *Questions constitutionnelles*, Paris, Dentu, 1883, p. 129. Dans *la Démocratie sans le peuple* (Paris, Éd. du Seuil, 1967), Maurice Duverger reprend cette idée qu'avaient amplement développée les radicaux d'extrême gauche.

ment du centre que le régime s'installe vers 1885, et c'est contre cet immobilisme que se lèvent les hommes d'extrême gauche pour qui le boulangisme est précisément le moyen de débloquer un mécanisme qu'ils considèrent comme arrivé à un point mort. Mais il est incontestable que c'est bien ce gouvernement du centre qui avait permis d'asseoir les assises du régime et d'effectuer les grandes réformes : le centre libéral était le pilier du système et il en était le garant.

Certes, le centre opportuniste manquait de ce « grand dessein » qui aurait pu enflammer l'imagination de la jeunesse ou mobiliser le prolétariat, mais il était majoritaire, il représentait le consensus républicain et il était, somme toute, un moindre mal. De ce fait, il devait exercer une puissance d'attraction considérable tant sur la gauche que sur la droite. Le ralliement, pour ce qui est de la droite, l'intégration — lors des deux crises de la fin du siècle — ainsi que la politique de défense républicaine, pour ce qui est de la gauche, sont là pour en attester. Tout au cours de cette période, comme plus tard aussi, le glissement vers le centre aura été (et sera) une constante que vient toujours compenser la montée, à l'extrême droite comme à l'extrême gauche, de forces nouvelles, plus radicales. Mais cette réaction au glissement continuel vers le centre s'accompagne d'un autre résultat : à la rencontre, au centre, des modérés de droite et de gauche répond une conjonction des révoltés de gauche et de droite, liés par un même refus de l'ordre libéral.

Ainsi, depuis le boulangisme et jusqu'à la collaboration, un même phénomène réapparaît constamment : les ligueurs de Déroulède, les antisémites de Drumont, les bandes de Morès et de Guérin, les Jaunes de Biétry, les intellectuels du Cercle Proudhon, les fascistes de Valois, de Doriot ou de Déat, tous rejoignent, dans une même aversion de la démocratie libérale, blanquistes, guesdistes et communards, syndicalistes CGT et intellectuels de gauche, députés socialistes et membres du bureau politique du parti communiste. Idéologiquement, la synthèse proposée par la nouvelle droite possède une puissance énorme. Encore eût-il fallu, pour que ce potentiel pût être transformé en force politique, que les assises de la société fussent profondément ébranlées. Ce qui n'était pas le cas de la société française.

L'industrialisation, l'urbanisation — plus tard la Grande Guerre — eurent un effet désastreux sur l'Allemagne, mais non pas sur la France qui venait de gagner la guerre, où l'industrialisation avait été beaucoup plus lente, donc moins brutale qu'outre-Rhin, et où le centre libéral avait été suffisamment puissant et suffisamment intelligent pour étendre son influence jusqu'à englober dans sa sphère d'influence la majorité de la gauche et la majorité de la droite. Cette puissance du centre bourgeois reflétait les lenteurs de la modernisation de la France[1] : mais le retard technologique enregistré, une certaine stagnation économique devaient finalement avoir pour résultat, sur le plan social, la stabilité.

La stabilité, même quand elle est acquise au prix d'une faible croissance économique, est peu favorable à la droite populiste et révolutionnaire, tout comme elle handicape la poussée de la gauche marxiste. Les révolutionnaires de gauche, comme ceux de droite, sont tributaires de ce climat d'agitation que sécrètent les bouleversements dans l'existence quotidienne des vastes couches populaires.

A la veille de la guerre, un Sorel ou un Berth, par exemple, en prennent parfaitement conscience. Ils comprennent qu'une bourgeoisie et un prolétariat timorés, une industrie vétuste favorisent la pérennité, au cœur d'une société pétrifiée, du consensus centriste et engendrent, par conséquent, l'immobilisme politique, la décadence intellectuelle et morale[2]. Tous leurs efforts tendent à rompre cet équilibre néfaste, à briser cette « harmonie » que Stanley Hoffmann appellera « la société bloquée[3] ».

Cependant, pour les révoltés de droite comme de gauche, le problème immédiat le plus important est toujours celui de leur survie dans les longues périodes de calme, celui de leur résistance à la force d'attraction des modérés. Jusqu'à la Grande Guerre, droite et gauche chercheront, en vain, une réponse adéquate à cette situation. Il faudra attendre l'apparition du communisme pour que la gauche, mais la gauche seulement, trouve la sienne[4]. L'idéologie de droite, fondée sur les forces profondes, les instincts, la sensibilité, éprouve beaucoup plus de difficultés pour résister à l'épreuve du temps et préserver son originalité. Quant au système adopté par la social-démocratie allemande avant la Première Guerre mondiale, n'abou-

1. Pour tout ce qui concerne le processus de modernisation de la campagne française à cette époque, on consultera le beau livre d'Eugen Weber, *Peasants into Frenchmen. The Modernization of Rural France, 1870-1914*, Stanford, Stanford University Press, 1976. En dépit des profonds changements qui interviennent alors dans la vie et la mentalité de la grande majorité des Français, il est certain que, comparées aux réalités allemandes, l'économie et la société françaises évoluent encore avec lenteur. Pour une vision d'ensemble de la question, au cours du XXᵉ siècle, cf. l'ouvrage classique de Gordon Wright, *Rural Revolution in France; the Peasantry in the Twentieth Century*, Stanford, Stanford University Press, 1964.
2. Cf. *infra*, chap. VIII et IX.
3. S. Hoffmann *et al.*, *A la recherche de la France*, Paris, Éd. du Seuil, 1963.
4. Sur ce sujet, cf. l'ouvrage à juste titre célèbre d'Annie Kriegel, *les Communistes français*, Paris, Éd. du Seuil, 1970, 2ᵉ éd.

tissait-il pas, comme le prétendront toujours ses censeurs, à lui faire perdre toute spécificité socialiste? A la veille de la guerre, son intégration à la société bourgeoise était virtuellement accomplie.

L'expérience de la droite radicale et populiste à cette époque n'est pas plus heureuse. Même quand cette droite parvient à résister à l'attrait des conservateurs, à leur assise sociale et à leur puissance financière, elle bute toujours sur ce mécanisme essentiel de la vie politique française, bien plus important que le fameux clivage gauche-droite : l'attachement fondamental de la grande majorité de la gauche à l'ordre libéral. Le culte de la Révolution et des grands ancêtres jacobins, l'anticléricalisme, le suffrage universel sont des valeurs libérales auxquelles on fait porter l'étiquette de gauche, pour mieux neutraliser cette minorité activiste qui n'accepte pas les règles du jeu. A la veille de la guerre, les activistes des deux extrêmes, mais surtout ceux de l'extrême droite, voient dans la volonté qu'on a d'entretenir le mythe — dans le sens sorélien du terme — du clivage gauche-droite une volonté délibérée de paralyser le potentiel révolutionnaire du prolétariat. Ce refus d'un fossé considéré comme artificiel est à l'origine du Cercle Proudhon, qui propose une idéologie à laquelle le fascisme n'aura que peu de chose à ajouter.

Mais, s'agissant des forces politiques, il est certain qu'aussi longtemps que prévaut en France la stabilité, c'est-à-dire aussi longtemps que le pays n'est atteint par aucune crise monétaire, économique ou psychologique majeure, aussi longtemps que la croissance économique, si faible soit-elle, suffit pour assurer l'emploi aux ouvriers et un pouvoir d'achat raisonnable à la petite bourgeoisie, la droite radicale est condamnée à végéter en attendant son heure. C'est ainsi que la stabilité qui assure la pérennité du centre libéral condamne les révolutionnaires de droite, incapables de créer des structures qui leur permettraient de durer au-delà d'une crise politique tout en préservant leur spécificité, à l'impuissance et à la désintégration progressive. Chaque nouveau mouvement, depuis le boulangisme jusqu'au fascisme de la fin des années trente, subit un même processus. C'est pourquoi on peut écrire l'histoire de la droite radicale et populiste en la présentant comme celle d'un échec.

Cependant, pour ce qui est de l'idéologie, des modes de pensée et d'une certaine sensibilité collective, pour ce qui est de son influence indirecte et de son instrumentalité, la droite populaire imprègne la vie politique française bien plus profondément que l'on n'est généralement disposé à l'admettre. C'est précisément le potentiel révolutionnaire de la droite qui a favorisé, à la fin du siècle dernier, le rodage du réflexe de défense républicain, c'est-à-dire, qui a contribué à faire prendre au socialisme français, en dépit d'un langage incendiaire, le chemin de la social-démocratie; c'est le poids intellectuel de la droite qui a aidé avec force à créer cette atmosphère de ferveur nationaliste qui, à la veille de la guerre, paralyse toute velléité de résistance de la part de l'extrême gauche cégétiste. Et, par-delà les années trente, ne voit-on pas renaître, aujourd'hui encore, une idéologie politique qui tente, en affirmant hautement son refus du marxisme, l'alliance des principes de l'autorité de l'État, du prestige de la nation, avec ceux de la collaboration des classes, de la participation des travailleurs à la propriété des moyens de production?

Un siècle après les premiers balbutiements de la révolte lancée par les radicaux de gauche, on voit réapparaître, à travers un certain « travaillisme », et adaptée aux réalités de la société de notre temps, une nouvelle version de ce que fut, dès les années quatre-vingts, le premier socialisme national français.

CHAPITRE I

La contestation de l'ordre libéral

1. Le boulangisme, un « mouvement populaire »

En février 1936, la revue fascisante *Combat* publiait un article intitulé « Fascisme 1913 ». L'auteur, Pierre Andreu, un des plus fidèles et des plus authentiques disciples de Georges Sorel, s'y penchait sur la curieuse synthèse de syndicalisme et de nationalisme qui s'était fait jour à la veille de la Première Guerre mondiale, autour de l'auteur des *Réflexions sur la violence* et dans les milieux nationalistes proches de l'Action française. A la même époque, Pierre Drieu La Rochelle, qui devait devenir quelques mois plus tard, en compagnie d'un jeune économiste de gauche, Bertrand de Jouvenel, l'un des principaux intellectuels du parti populaire français, disait :

> Quand on se réfère à cette époque, on s'aperçoit que quelques éléments de l'atmosphère fasciste étaient réunis en France vers 1913, avant qu'ils le fussent ailleurs. Il y avait des jeunes gens, sortis des diverses classes de la société, qui étaient animés par l'amour de l'héroïsme et de la violence et qui rêvaient de combattre ce qu'ils appelaient le mal sur deux fronts : capitalisme et socialisme parlementaire, et de prendre leur bien des deux côtés. [...] Déjà le mariage du nationalisme et du socialisme était projeté [1].

C'est précisément cette alliance que retient, en 1925, le fondateur du premier mouvement fasciste français — et le premier en dehors d'Italie — pour énoncer la formule chimique du fascisme : « Nationalisme + socialisme = fascisme [2]. » Pour Georges Valois, l'essence même du fascisme se résume dans cette fusion « des deux grandes

---

1. Cité in M. Winock, « Une parabole fasciste : *Gilles* de Drieu La Rochelle », *le Mouvement social*, n⁰ 80, juillet 1972, p. 29.
2. G. Valois, *Le Fascisme*, Paris, Nouvelle Librairie nationale, 1927, p. 21.

tendances, le nationalisme et le socialisme, qui, au XIXᵉ siècle, ont été la première réalisation anti-individualiste des nations européennes[1] ». Il en appelle en effet à Barrès, le Barrès des années quatre-vingt-dix, celui-là même qui a annoncé la nécessité de donner une nouvelle tournure à l'union du socialisme et du nationalisme, celui-là qui peut être considéré comme l'un des premiers, sinon le premier national-socialiste. Il en appelle encore aux boulangistes et aux nationalistes qui, dès la fin des années quatre-vingts, se révoltaient contre la démocratie libérale et la société bourgeoise au nom d'un État fort et autoritaire, au nom d'une société organique, hiérarchisée et disciplinée[2].

Quinze ans après la fondation du premier parti fasciste français, dans Paris occupé, l'ancien ministre socialiste Marcel Déat, à la veille de fonder le Rassemblement national populaire, définit en ces termes ce qui constitue, selon lui, l'essence du fascisme :

> Et au fond, je crois que tout peut se condenser en cette remarque : le moteur de la révolution a cessé d'être l'intérêt de classe pour devenir l'intérêt général; on est passé de la notion de classe à celle de la nation.

Et Déat ajoutera cette réflexion, tellement caractéristique de la pensée fasciste :

> Je ne chercherai pas à doser ce qu'il y avait de national et ce qu'il y avait de social dans cette entreprise, s'il s'agissait davantage de socialiser la nation ou de nationaliser le socialisme. Ce que je sais, c'est que [ce] mélange est explosif au bon sens du terme : de quoi faire pétarader tous les moteurs de l'histoire[3].

Mais, au moment où l'ancien compagnon de Renaudel et de Léon Blum accueillait la débâcle des démocraties comme l'aube d'une ère nouvelle, la synthèse socialisme-nationalisme, alors devenue célèbre, est déjà vieille d'un demi-siècle.

Car c'est le 12 mai 1898 que, sollicitant de nouveau les voix des électeurs nancéiens, Maurice Barrès lance le terme de « socialisme nationaliste[4] ». Immédiatement reprise, parce que traduisant une réalité tangible, cette terminologie nouvelle s'intègre vite dans le vocabulaire politique de l'époque. Ainsi, le comité de la Ligue des

1. G. Valois, *Le Fascisme, op. cit.*, p. 24.
2. *Ibid.*, p. 6. Cf. aussi Z. Sternhell, *Maurice Barrès et le Nationalisme français*, Paris, Colin, 1972, et R. Soucy, *Fascism in France : The Case of Maurice Barrès*, Berkeley, University of California Press, 1972.
3. M. Déat, « L'évolution du socialisme », *L'Effort*, 25 septembre 1940.
4. M. Barrès, « Que faut-il faire ? », *Le Courrier de l'Est*, 12 mai 1898 (2ᵉ série).

patriotes du XIVᵉ arrondissement porte le titre de « Comité républicain socialiste national », et *l'Antijuif* de Jules Guérin insiste sur le rôle prépondérant des « socialistes-nationalistes » dans la campagne antidreyfusarde[1]. Dans les années qui suivent, l'expression est déjà suffisamment répandue pour être employée par les indicateurs de police implantés dans les milieux nationalistes[2].

Cependant, si, au tournant du siècle, la terminologie est encore nouvelle, l'idée ne l'est plus : au moment même où il prend la tête du « Comité républicain socialiste-nationaliste de Meurthe-et-Moselle », Barrès insiste sur le fait que la lutte sera menée au nom des mêmes « idées nationalistes et sociales » qu'il avait « fait triompher [...] une première fois, en 1889 »[3]. Il sait aussi que c'est bien cette synthèse qui avait valu aux « boulangistes de gauche[4] » leurs premiers triomphes. A cinquante ans de distance, un même phénomène réapparaît : tout comme Déat en 1940, les radicaux, les communards et les blanquistes, qui forment le noyau pur et dur du parti national, auraient pu se demander eux aussi, vers 1890, si leur boulangisme consistait davantage en une « socialisation » du nationalisme ou une « nationalisation » du socialisme.

Le boulangisme, en effet, a été, en France, le premier point de suture du nationalisme et d'une certaine forme de socialisme non marxiste, antimarxiste ou déjà postmarxiste. Et c'est bien dans cette synthèse, appelée à faire fortune, que résident l'originalité et l'importance de ce boulangisme qui fut un mouvement de caractère radical et que la droite traditionnelle chercha à capter afin de s'en servir pour ses propres besoins. Il faut dire ici que de telles tentatives de récupération — fussent-elles couronnées de succès ou non — deviendront, au cours du xxᵉ siècle, une démarche classique de la droite traditionnelle française.

Les contemporains ne s'y sont pas trompés. Selon Lafargue, « les socialistes... entrevoient toute l'importance du mouvement boulan-

1. M. Ledet, « Manifestations patriotiques en l'honneur du commandant Marchand », *L'Antijuif*, 4 juin 1899, et B/a 1338, 11 mai 1898.
2. F 7 13230, 25 février 1905.
3. M. Barrès, *Scènes et Doctrines du nationalisme*, Paris, Plon, 1925, t. II, p. 160. L'épithète en vogue à cette époque est celle de socialiste-révisionniste.
4. L'expression « boulangistes de droite et boulangistes de gauche » n'est pas un anachronisme : elle est employée par le confident de Boulanger en exil, le communard Pierre Denis, dans « Fausse légende » et « Une explication » (*la Cocarde*, 4 octobre 1894 et 5 mars 1895). Arthur Meyer, directeur du *Gaulois*, la reprend dans ses souvenirs (*Ce que mes yeux ont vu*, Paris, Plon-Nourrit, 1911, p. 87 et 96). Barrès mentionne la notion de « boulangiste de droite » dans « Sauvons la République » (*le Courrier de l'Est*, 2ᵉ série, 17 mai 1898).

giste, qui est un véritable mouvement populaire pouvant revêtir une forme socialiste si on le laisse se développer librement [1] ». Cette description du boulangisme comme « mouvement populaire » n'est pas le fait des seuls leaders socialistes; elle est fréquente aussi chez les militants ouvriers, ainsi qu'en attestent de nombreux rapports de police [2]. En juin 1888, on apprend même que les partisans du général mènent dans le XIIIe arrondissement une très active « propagande boulangiste-révolutionnaire [3] ». Et un an plus tard, Victor Dalle reconnaîtra, dans un éditorial de l'organe possibiliste, le Parti ouvrier, qu' « une fraction de la classe laborieuse [...] s'était jetée, tête baissée, dans le piège que lui tendaient les césariens [4] ».

Du coup, nombre de chambres syndicales, comme l'a montré Michel Winock, se détachent du possibilisme, engagé dans l'anti-boulangisme militant. La politique de défense républicaine que préconisent alors Brousse et Allemane se heurte souvent à la résistance ouvrière, surtout quand Brousse en vient à dénoncer, en 1888, ce qu'il appelle « les grèves boulangistes [5] ».

A la même époque, alors que les législatives d'octobre vont se tenir dans deux mois, Lafargue soutiendra encore que « le boulangisme est un mouvement populaire justifiable à beaucoup de titres [6] ». Affirmation qu'il ne craint pas de faire malgré les amères critiques et nombreuses mises en garde que viennent de lui adresser Engels, Liebknecht et Bebel [7]. Mais, finalement, Engels lui-même est obligé de reconnaître le ralliement en masse à Boulanger des ouvriers français, ou plutôt des ouvriers parisiens [8]. Que cela les fasse « considérer par les socialistes étrangers comme complètement déchus [9] » n'y change rien, pas plus que la hargne du successeur de Marx contre « les ouvriers parisiens qui ont préféré célébrer le centenaire de 1789 en se jetant aux pieds d'un simple jeanfoutre [10] ». Les sympathisants du Parti national, tout comme les antiboulangistes, ne peuvent que

1. F. Engels, P. et L. Lafargue, *Correspondance*, Paris, Éditions sociales, 1956, t. II, p. 138, lettre du 27 mai 1888.
2. B/a 1515, 23 avril, 4 mai, 7 et 11 juin 1888.
3. B/a 1515, 2 juin 1888.
4. V. Dalle, « Le dénouement », *Le Parti ouvrier*, 16 août 1889.
5. M. Winock, « La scission de Châtellerault et la naissance du parti ' allemaniste ' (1890-1891) », *Le Mouvement social*, n° 75, avr.-juin 1971, p. 35.
6. F. Engels, P. et L. Lafargue, *Correspondance, op. cit.*, p. 307, lettre du 29 juillet 1889.
7. *Ibid.*, p. 140-141, 211-213, 311-314, 338-340, 347-348, 354-356 et 391-392; cf. les lettres d'Engels des 3 juin 1888, 4 février, 27 août, 8 et 29 octobre, 16 novembre 1889 et 16 avril 1890.
8. *Ibid.*, p. 392, lettre du 6 avril 1890. — 9. *Ibid.* — 10. *Ibid.*, p. 355.

se rendre à l'évidence : partout où le mouvement boulangiste se structure, il absorbe le socialisme naissant. Tant et si bien que Lafargue préféra retirer sa candidature au siège du Ve arrondissement de Paris plutôt que de se mesurer à Naquet, sachant que, de toute façon, les voix socialistes du quartier Latin iront au lieutenant de Boulanger [1].

Guesde et Vaillant n'ont pas, en janvier 1889, une attitude bien plus courageuse. Sollicités par des militants parisiens, ils déclinent l'honneur de combattre Boulanger. Si Guesde peut alors invoquer sa maladie, Vaillant n'a pas les mêmes excuses. Il se dérobe, avançant le peu banal prétexte que sa candidature aurait « un caractère trop personnel [2] ». C'est un conseiller prud'homme, Boulé, que l'on envoie, avec la bénédiction officielle de l'Agglomération parisienne (guesdistes) et du Comité révolutionnaire central (CRC), mener le bon combat. Pour les militants, la défaillance des chefs s'explique soit par la crainte d'essuyer une écrasante défaite, soit par le désir tacite de favoriser le boulangisme en privant de quelque 20 000 voix au moins le candidat républicain Jacques [3]. Il semble aussi qu'il y entre la volonté de ne pas se couper des troupes que l'on savait acquises à la cause boulangiste. Car les militants ne se font pas d'illusion : la victoire boulangiste s'annonce totale, d'autant plus que les groupes blanquistes refusent de militer en faveur de Boulé [4]. Le candidat socialiste décide alors de passer au boulangisme. En octobre, il fait campagne en faveur de son adversaire de janvier. Il n'aura pas été le seul transfuge, tout comme il n'aura pas été le seul chef socialiste à mordre la poussière devant un boulangiste : dans le XIIIe arrondissement, qui était alors l'un des quartiers les plus misérables de Paris, un député socialiste déjà célèbre, Basly, est battu par un boulangiste inconnu, Paulin Méry. Il en est de même à Courbevoie, où Longuet s'incline devant le boulangiste Boudeau.

Le parti socialiste essuie une sérieuse défaite; ses candidats sont battus à peu près partout dès le premier tour. Vaillant à Paris, Dormoy à Montluçon et Delcluze dans le Pas-de-Calais ne retrouvent pas les électeurs qui les avaient portés aux conseils municipaux. Au second tour, les deux seules élections socialistes sont celles de Baudin dans le Cher et de Thivrier dans l'Allier. Ferroul, élu à Narbonne, et Cluseret, ancien général de la Commune dont le succès réjouit Engels, n'ont, selon le mot même de Lafargue, de socialiste

1. F. Engels, P. et L. Lafargue, *Correspondance, op. cit.*, p. 308, lettre du 29 juillet 1889.
2. B/a 1515, 9 janvier 1889.
3. B/a 1515, 11 janvier 1889.
4. B/a 1515, 17, 23 et 26 janvier 1889.

que le nom [1]. Ferroul était en réalité un sympathisant du parti national, alors que Cluseret, tout comme l'ancien député socialiste Clovis Hugues, versera sous peu dans l'antisémitisme.

Si Engels mortifie Lafargue pour ses « sympathies boulangistes » qui auraient causé « un tort immense » à la cause du socialisme international [2], ce n'est pas parce qu'il avait sous-estimé l'importance du mouvement boulangiste, au contraire. En février 1889, il s'accorde avec Lafargue pour penser qu' « à moins qu'il ne commette une bourde exceptionnelle » Boulanger « sera certainement maître de la France [3] ». Mais les marxistes français s'opposent à Engels et à la social-démocratie allemande en ce qui concerne l'intelligence du phénomène, l'appréciation de sa nature et de ses effets possibles.

Pour expliquer ce qu'ils considèrent comme une honteuse démission du prolétariat français face à « un polichinelle et [à] un démagogue », Bebel et Liebknecht mettent en cause à la fois la faiblesse doctrinale et le profond patriotisme de l'ouvrier français [4]. Quant à Engels, après avoir, une fois de plus, stigmatisé les ouvriers parisiens [5], il ne trouve, lui aussi, à leur comportement qu'une seule raison : « le chauvinisme. Les chauvins français, après 1871, ont décidé que l'histoire devait s'arrêter jusqu'à ce que l'Alsace soit reconquise. Tout s'est trouvé soumis à cette considération. Et nos amis n'ont jamais eu le courage de s'élever contre cette absurdité [6] ». Et, faisant preuve d'une méconnaissance totale de la situation politique et sociale qui prévaut dans la France de cette fin de siècle, Engels conclut : « Les résultats sont là. Le seul prétexte du boulangisme c'est la revanche, la reconquête de l'Alsace [7]. »

Les marxistes français, qui, eux, ont une vision tout à fait différente du contexte politique et social, savent que le boulangisme est tout autre chose. Ils savent que le boulangisme traduit une révolte contre la société bourgeoise et contre la démocratie libérale. Dans l'esprit de Lafargue, il ne fait aucun doute que le socialisme se doit d'exploiter ce mouvement populaire, car il remplit la fonction que le parti ouvrier est encore incapable d'assurer. Voilà pourquoi, ne

1. F. Engels, P. et L. Lafargue, *Correspondance, op. cit.*, p. 334.
2. *Ibid.*, p. 346 et 354. — 3. *Ibid.*, p. 212.
4. *Ibid.* Engels cite un article de Bebel paru dans la *Gleichheit* du 1er février 1889.
5. *Ibid.*, p. 391.
6. *Ibid.*, p. 392.
7. *Ibid.* Sur le problème du patriotisme dans le socialisme français à cette époque, cf. M. Winock, « Socialisme et patriotisme en France (1891-1894) », *Revue d'histoire moderne et contemporaine*, t. XX, juill.-septembre 1973, p. 376-423.

pouvant, pour le moment, ni le supplanter ni même jouer un rôle identique, il appartient au parti de soutenir le boulangisme dans son œuvre de destruction de l'ordre établi. Cette analyse, qui ne diffère en rien de celle des chefs blanquistes, est alors reprise par l'ensemble des militants de l'Agglomération parisienne et du CRC.

Quand elle n'est pas franchement boulangiste, l'extrême gauche du socialisme français refuse, presque jusqu'à la veille des législatives de 1889, de prendre une part active à la campagne menée contre le parti national. Dès décembre 1887, au moment où éclate la crise présidentielle, de nombreux militants guesdites s'apprêtent à marcher aux côtés des blanquistes [1]. De même, début 1888, l'Agglomération parisienne s'oppose, malgré son hostilité de principe au boulangisme, à une collaboration avec les possibilistes, qui sont alors en train de poser les bases de la politique de défense républicaine, donc d'alliance avec le centre libéral. Le 15 mai 1888, dans un texte remis à la presse, l'Agglomération parisienne,

> considérant que, malgré les indignes moyens employés, les suffrages réunis sur le général Boulanger sont une expression menaçante du mécontentement général contre une République qui n'a été que la République des capitalistes, [refuse de cautionner] l'agitation antiboulangiste menée par les radicaux et les opportunistes, [... dénonce] au prolétariat français le piège qui lui est tendu et invite les militants du parti à se consacrer exclusivement à la propagande socialiste révolutionnaire, en se maintenant sur le terrain de la lutte de classe [...] [2].

En même temps, un manifeste est publié qui rejoint les positions blanquistes. Les guesdistes y affirment que,

> le danger ferryste étant aussi redoutable que le péril boulangiste, les révolutionnaires ne devaient favoriser ni l'un ni l'autre et n'avaient pas à faire le jeu de la bourgeoisie en l'aidant à combattre celui qui était à présent son plus redoutable adversaire [3].

L'ardeur antiboulangiste du guesdisme officiel était donc loin d'être aussi ancienne, aussi viscérale et aussi peu blanquiste qu'aurait voulu le laisser croire le parti ouvrier. C'est d'ailleurs un même type de raisonnement qui, au temps de l'Affaire, fera si longuement hésiter les socialistes.

D'autre part, il convient de souligner qu'en août 1888, sous la pression de leurs adhérents, les chefs possibilistes qui manifestent

---

1. B/a 497, septembre 1888; il s'agit d'un important document intitulé : « Attitude des socialistes devant le mouvement boulangiste. »
2. *Ibid.* — 3. *Ibid.*

trop ardemment leur antiboulangisme sont obligés de démissionner de la toute nouvelle « Société des droits de l'homme et du citoyen ». La base possibiliste refuse, en effet, de cautionner une alliance avec les « républicains de gouvernement », même quand il s'agit de défendre, « par tous les moyens, le chétif germe de nos institutions républicaines contre tout sabre qui viendrait le menacer [1] ».

A l'extrême gauche, Lafargue n'était pas le seul leader du parti ouvrier à refuser de lancer le prolétariat contre le boulangisme; Guesde lui-même, tout comme Vaillant d'ailleurs, n'hésite pas à écrire, en pleine période d'ascension du parti national : « Peu importe la structure du pouvoir, tout dépend de la main de la classe qui l'exerce [2]. » Dans la pratique, Guesde tend à sous-estimer l'importance que la classe ouvrière attache aux institutions républicaines et aux réformes démocratiques; à ses yeux, la révolution est la seule révision « qui ne soit pas de la viande creuse ou un attrape-nigaud [3] ». A cette époque, le marxisme français n'avait pas encore décidé dans quelle mesure l'intérêt du prolétariat commandait la préservation des structures politiques de la démocratie. Il ne prendra parti, non sans peine, qu'au temps de l'Affaire. Toujours est-il qu'à la fin des années quatre-vingts la classe ouvrière suit largement le parti national. Le monde ouvrier, tout comme une partie de la jeunesse intellectuelle, s'insurge contre ce qu'il conçoit comme un immobilisme propre à la démocratie libérale et voit dans le boulangisme une bonne possibilité de changement, une chance d'ébranler les assises de l'ordre bourgeois.

L'antiparlementarisme n'est en fait qu'un aspect de cette lutte que l'extrême gauche livre au libéralisme : l'agitation menée sur le nom de l'ancien ministre de la Guerre ne peut donc être rattachée à celle menée par la droite. Ce ne sera qu'en 1890, avec la publication des *Coulisses du boulangisme* de Mermeix, qu'éclatera au grand jour la collusion de Boulanger et des bailleurs de fonds monarchistes. Ces combinaisons menées dans les antichambres et boudoirs royalistes, chez Arthur Meyer ou la duchesse d'Uzès, étaient inconnues du petit peuple de la capitale. Quant aux mises en garde des hommes en place, à quelle crédibilité pouvaient prétendre leurs cris d'alarme dans l'esprit des ouvriers de Belleville, des mineurs du Nord ou des artisans de la Villette? A quelle influence pouvaient prétendre les avertissements lancés par un homme discrédité comme Constans, un politicien retors comme Floquet, un obscur Rouvier ou même

---

1. « Attitude des socialistes devant le mouvement boulangiste. »
2. Cité in Cl. Willard, *le Mouvement socialiste en France, 1893-1905 : les guesdistes*, Paris, Éditions sociales, 1965, p. 36.
3. *Ibid.*

un Ferry : « l'odieux Ferry », « le meurtrier Ferry », « l'affameur Ferry », « l'infecte canaille à qui nous devons... le chômage et la misère [1] »? Quelle audience pouvaient espérer les politiciens bourgeois face à l'immense popularité d'un Rochefort, à la renommée d'un Déroulède, au prestige des chefs blanquistes? Ces cris d'alarme n'apportaient-ils pas, au contraire, la preuve que les hommes du parti national avaient vu juste et, frappant où il fallait, étaient en train de crever l'abcès?

La réceptivité des vastes couches populaires à l'agitation boulangiste ne saurait étonner si l'on se souvient que le célèbre slogan « Dissolution, révision, constituante » ne représente, pour elles, rien de nouveau ni de révolutionnaire, au contraire; ne résume-t-il pas le vieux programme républicain dont les radicaux d'extrême gauche réclament l'application depuis dix ans? Car, à ses origines, le boulangisme se présente comme le prolongement d'une certaine forme de radicalisme sur laquelle seraient venus se greffer deux autres éléments : le blanquisme et le nationalisme. Le blanquisme se lève contre l'ordre bourgeois, le nationalisme contre l'ordre politique qui en est l'expression. Ces trois éléments se rejoignent dans leur opposition commune à la démocratie libérale : leur synthèse, vers la fin des années quatre-vingts, trouve sa première expression dans le boulangisme et, dix ans plus tard, réapparaîtra dans le nationalisme antidreyfusard. Au début du XXe siècle, cette révolte sera représentée par le mouvement jaune, par une certaine forme de syndicalisme non conformiste et, finalement, par le Cercle Proudhon. Au lendemain de la guerre, cette synthèse portera le nom de fascisme.

A cet égard, l'année 1885 fut sans aucun doute une année cardinale dans l'histoire de la IIIe République : les résultats des législatives qui se traduisent par une Chambre composée de trois tronçons égaux où les crises ministérielles se succèdent et consacrent un immobilisme qui a toutes les chances de s'éterniser. Les crises de gouvernement qui expriment les difficultés que rencontre le centre bourgeois au pouvoir entraînent finalement une crise de régime. Le boulangisme représente, et d'une manière aiguë, ce second type de conflit; il est le confluent des forces politiques qui, à tout prix, veulent casser cet immobilisme : ainsi monte la première vague des assauts que va désormais subir la démocratie libérale. C'est alors que l'on constate aussi la mise en place, pour la première fois, d'un processus qui, dès lors, sera l'engrenage classique du préfascisme, plus tard

1. Cf. les éditoriaux d'Henri Rochefort, *l'Intransigeant*, 23 janvier, 9 et 17 juin 1885, 5 janvier 1886.

du fascisme : le glissement vers la droite radicale d'éléments socialement avancés et fondamentalement antilibéraux, mais professant soit un marxisme douteux, soit un socialisme franchement antimarxiste, ou encore, comme à la veille de la guerre, qui abandonnent le marxisme pour cette autre forme de solidarité qu'est le nationalisme.

En 1885, le succès électoral de l'extrême gauche radicale traduit fidèlement les sentiments d'une partie grandissante du monde ouvrier et de la petite bourgeoisie menacée par la stagnation économique. Nombreux sont ceux, à l'extrême gauche, qui pensent alors que la société française, en mutation profonde, ne se reconnaît plus dans le « système » et se tourne vers ceux qui, inlassablement, lui proposent d'en changer. Ce qui signifie modifier les structures politiques et introduire de profondes réformes sociales. En effet, l'ampleur du problème social, l'aggravation de la situation économique, les ritournelles optimistes d'une équipe dont les dirigeants ne cessent de se succéder — en changeant d'attributions mais non d'attitude — dans les postes ministériels ont fini par lasser beaucoup de bonnes volontés. Une désaffection certaine à l'endroit du système se fait jour non seulement dans les milieux ouvriers ou ceux de la petite bourgeoisie mais aussi au sein d'une certaine intelligentsia. Pour des hommes venus d'horizons très divers, la République bourgeoise et libérale représente la médiocrité, la bassesse, l'abaissement devant l'étranger et la misère ouvrière à l'intérieur [1].

Menées dans ce climat de malaise, les législatives d'octobre 1885 enregistrent une reconquête par la droite de presque toutes les positions d'octobre 1877, mais cette fois sans l'aide des préfets, en dépit même d'une pression administrative à peine dissimulée [2]. L'usure

---

1. Cf. Z. Sternhell, *Maurice Barrès et le Nationalisme français, op. cit.*, p. 78-80. Cf. Barrès, qui « proteste contre la démocratie si elle veut faire de [son] pays une étable à porcs » (*Mes cahiers*, Paris, Plon, 1929-1938, 1949-1957, t. II, p. 196), ou Drumont, qui exprime son effroi face à une « époque de laquelle tout héroïsme a disparu » (*la France juive. Essai d'histoire contemporaine*, Paris, Marpon et Flammarion, 1885, 13e éd., p. 438). Cf. aussi G. Courteline, qui déplore « la veulerie des temps où nous vivons » (« Pochades », in *les Fourneaux*, Paris, Delpeuch, s.d., p. 60), ou R. de Gourmont, qui parle en 1892, dans un article du *Mercure de France*, de « la démocratie mitoyenne entre le marécage et le carnage, entre Panama et Fourmies » (« La fête nationale », in *le Joujou patriotisme*, Paris, Pauvert, 1967, p. 101), ou encore Octave Mirbeau stigmatisant une époque de « politique rabaissée, littérature rapetissée, art galvaudé, société désemparée et dont les débris flottent pêle-mêle sur les vagues montantes de la démocratie » (cité in P. de Boisdeffre, *Maurice Barrès*, Paris, Éditions universitaires, 1962, p. 59).
2. Cf. F. Goguel, *Géographie des élections françaises sous la Troisième République*, Paris, Colin, 1970, p. 26.

du pouvoir, le refus de cautionner plus longtemps la politique menée par le grand parti libéral commencent ainsi à faire sentir leur effet. Les succès de la droite, mais surtout les pressions de l'extrême gauche ont pour effet la mise sur pied pour quelques mois, en 1887, d'une coalition de modérés : sous la présidence de Maurice Rouvier, conservateurs et républicains modérés s'unissent dans une commune résistance à la poussée de l'extrême gauche que personnifie alors le boulangisme. La tentative de Rouvier ne devait durer que quelques mois, mais cette alliance d'un type nouveau annonce, par ses traits essentiels, les gouvernements du centre qui vont se succéder tout au long du xxᵉ siècle.

Les premières attaques contre la Constitution lancées en mai 1881 par Alfred Naquet, alors député radical du Vaucluse, peuvent être considérées comme le coup d'envoi de la campagne contre la République libérale et bourgeoise que va désormais mener l'extrême gauche radicale. Le 31 mai, Naquet demande à la tribune de la Chambre la révision de la Constitution[1]. Depuis, il ne cessera plus d'instruire le procès du régime parlementaire, de ses incohérences, de son inefficacité, de sa nature antidémocratique. Pour le député, devenu en 1883 sénateur radical, le régime parlementaire, importé d'Angleterre, est un rouage de la monarchie constitutionnelle et non un rouage de la démocratie de suffrage universel; il est donc en contradiction avec toutes les traditions républicaines et révolutionnaires[2]. Naquet comme Laisant, cet autre député radical, font le procès de la démocratie parlementaire au nom du suffrage universel : leur pensée atteste admirablement les difficultés qu'éprouve la démocratie libérale dans ses efforts d'adaptation aux conditions tout à fait nouvelles que crée, à la fin du siècle dernier, la société des masses. C'est ainsi que les deux futurs leaders du boulangisme soutiennent, au nom de la vieille tradition jacobine, que le fonctionnement correct du régime parlementaire suppose le suffrage restreint et l'existence d'une classe politique homogène : par conséquent, pensent-ils, le régime parlementaire ne saurait être autre chose que « le gouvernement au profit d'une caste[3] ».

1. *Journal officiel, débats parlementaires, Chambre des députés*, 1881, p. 1085.
2. A. Naquet, *Questions constitutionnelles*, Paris, Dentu, 1883, p. 80-81 et 107-109. On consultera également sa série d'articles : « Le parlementarisme », *Revue bleue* (3ᵉ série), nᵒ 25, 18 décembre 1886, p. 769-774, et nᵒ 26, 25 décembre 1886, p. 801-807. Les deux derniers articles paraissent sous le titre : « Le régime représentatif »; *ibid.*, nᵒ 4, 22 janvier 1887, p. 97-103, et *ibid.*, nᵒ 5, 29 janvier 1887, p. 138-143.
3. Cf. C.-A. Laisant, *la Politique radicale en 1885. Quatre conférences*, Paris, Messager, 1885, p. 84; cf. aussi p. 76.

En décembre 1886, Henri Michelin dépose un projet de réforme constitutionnelle que l'Assemblée repousse. Michelin — qui sera plus tard boulangiste et antisémite — est alors l'un des dirigeants les plus respectés de l'extrême gauche; il avait été élu, en 1884, président du conseil municipal de Paris. Le rejet du projet Michelin déchaîne l'extrême gauche radicale. Dans *l'Intransigeant*, ce journal dont l'influence est énorme dans les faubourgs parisiens et qui aura été l'arme la plus efficace du boulangisme, Henri Rochefort stigmatise les « saletés parlementaires » et la « pourriture d'Assemblée[1] ». L'ancien communard n'a pas de mots assez forts pour clouer au pilori l'affairisme et la veulerie des milieux officiels, les escroqueries et les faillites des hommes de l'opportunisme.

A l'issue des élections de 1885, alors que les mécanismes du pouvoir semblaient bloqués, l'exaspération des radicaux d'extrême gauche augmente. Dans un livre au titre suggestif, *l'Anarchie bourgeoise*, publié en 1887, Laisant fait de nouveau le procès de l'impuissance et de l'intrigue parlementaires, de la « curée des portefeuilles »; mais, cette fois, le ton se fait plus dur, les accusations plus violentes — c'est le « parlementarisme bourgeois » qui est en cause, c'est la « bourgeoisie parlementaire » qui, ayant pris possession de la France, réduit à néant la souveraineté du peuple, c'est la « bourgeoisie dirigeante » qui, confinée dans son égoïsme, freine toute réforme profonde et sérieuse. Bref, « la République a fait faillite[2] ». C'est ainsi que l'extrême gauche radicale prépare le champ de bataille et les munitions du boulangisme. Il n'y aura pas un seul thème, dans la campagne boulangiste, qui n'ait été auparavant largement développé par l'extrême gauche du parti républicain. Il faut aussi préciser que l'extrême gauche du boulangisme n'est pas composée

---

1. H. Rochefort, « Impudence et lâcheté », *L'Intransigeant*, 10 juin 1885, et « Moins que rien », *ibid.*, 11 janvier 1885.
2. Cf. C.-A. Laisant, *l'Anarchie bourgeoise (politique contemporaine)*, Paris, Marpon et Flammarion, 1887, p. 200-247, et *la Politique radicale en 1885, op. cit.*, p. 76 et 44. Parmi les futurs leaders du parti national, venus du radicalisme, on remarque Le Hérissé, Gabriel Terrail — mieux connu sous son nom de plume : Mermeix —, Saint-Martin, Turigny et Leporte. Vingt ans plus tard, Naquet et Laisant, revenus à leurs origines d'extrême gauche, présideront, en compagnie de Charles Albert, le Comité de défense de Francisco Ferrer. La cause de l'anarchiste espagnol, condamné à mort et exécuté, était devenue, à la veille de la guerre, le point de ralliement de toutes les gauches. Les anciens leaders du parti national — surtout l'anarchiste juif Naquet — sont alors les bêtes noires de l'Action française (cf. R. Launay, « Alfred Naquet », *l'Action française* (revue), 15 juin 1914, p. 540-545, et 15 mai 1914, p. 404-429). On notera encore que le député de Rennes, Le Hérissé, lui aussi ancien membre de l'état-major boulangiste, est réélu en 1910 sous l'étiquette radicale en Ille-et-Vilaine.

seulement de radicaux, mais plutôt d'hommes dont l'engagement dans la révolte contre la société bourgeoise date souvent de la Commune. Au nom de l'héritage révolutionnaire et jacobin, au nom du patriotisme, la majorité des blanquistes, à la notable exception de Vaillant, a versé dans le boulangisme.

Les raisons d'ordre tactique, c'est-à-dire la volonté de mettre à profit la poussée populaire que représente le boulangisme et le sentiment de se trouver dans une situation quasi révolutionnaire, n'expliquent pas à elles seules l'adhésion d'une fraction aussi importante de la gauche à la cause du parti national. L'indigence de la pensée marxiste dans la France des années quatre-vingts y est pour beaucoup. Non moins capitale est l'incapacité du marxisme en général de proposer des règles de comportement à même de guider clairement les militants dans les situations nouvelles qui se créent alors dans le pays. En effet, du boulangisme à l'affaire Dreyfus, l'idéologie marxiste se trouve confrontée à une réalité tout à fait nouvelle. Dans la bataille que livre la démocratie libérale pour assurer sa survie, les marxistes restent divisés : si Lafargue penche pour une intervention proboulangiste et si Guesde fait preuve d'une neutralité plutôt hostile, Engels, Bebel et Liebknecht sont violemment antiboulangistes. De plus, Liebknecht sera aussi antidreyfusard : avec Rosa Luxemburg — mais contre Kautsky —, il combattra l'engagement de Jaurès et la participation de Millerand au gouvernement Waldeck-Rousseau. Une fois encore, Guesde voudra rester neutre; il faudra que les troupes de choc de Guérin et de Déroulède prennent possession de la rue, il faudra la défaite de Jaurès à Carmaux et la victoire de Drumont à Alger, pour le convaincre de sauter le pas. Le marxisme est, décidément, mal outillé pour affronter cette crise de démocratie qui se produit à un moment historique où le prolétariat est encore très loin d'être capable d'en profiter pleinement.

Les difficultés inhérentes à la pensée marxiste — et à la stratégie politique du mouvement — se trouvent aggravées en France par la virtuelle inexistence d'un socialisme marxiste idéologiquement sûr de lui-même. De 1882 à 1889, aucun livre, aucune brochure de Marx ou d'Engels ne paraît en France. Quant aux ouvrages de vulgarisation que publient les dirigeants guesdistes au cours de ces années, ils sont parfois, comme le résumé du *Capital* fait par Deville, bourrés d'erreurs. Marx et Engels ne manquent d'ailleurs pas de relever les faiblesses de la vulgarisation guesdiste[1]. Les militants guesdistes se trouvent donc singulièrement démunis face aux protagonistes d'un

---

1. Cl. Willard, *Le Mouvement socialiste en France, op. cit.*, p. 28-31.

socialisme français, national. Les socialistes indépendants, les hommes de *la Revue socialiste* — notamment Malon et Rouanet — accumulent critiques et objections; ils élaborent, face à un socialisme étranger, des théories qui se veulent conformes au tempérament et au milieu national, et qui se rencontrent aisément avec celles des boulangistes. Ils contribuent ainsi très sérieusement à la diffusion d'un courant nationaliste qui se veut social ou, *mutatis mutandis*, d'un socialisme qui se veut nationaliste. Les milieux de *la Revue socialiste* consacrent la légitimité aussi bien du boulangisme que de l'antisémitisme social. Largement ouverts à l'œuvre d'un Chirac, d'un Regnard, d'un Drumont, les socialistes indépendants permettent à un socialisme nationaliste et antisémite de faire très bonne figure dans l'éclectisme des écoles et des chapelles des années quatre-vingt-dix.

Gustave Rouanet, qui ne sera pas boulangiste et sera dreyfusard — ce qui rend ses critiques du marxisme plus significatives encore —, écrivait à la veille du boulangisme :

> Purement matérialiste, dernier terme de l'évolution accomplie par l'école historico-fataliste allemande qui fut une réaction contre la philosophie du xviiie siècle, *la pensée de Marx est essentiellement antifrançaise*. De là la rupture complète avec nos traditions, nos anciens partis socialistes, effectuée par ses traducteurs, religieux dépositaires de sa pensée dans sa forme comme dans son fond. Or un peuple, pas plus qu'une époque, ne rompt librement avec son passé. Nous croyons que cette rupture inutile a été funeste au socialisme en général[1]...

---

1. G. Rouanet, « Le matérialisme économique de Marx et le socialisme français », *La Revue socialiste*, n° 29, mai 1887, p. 395. Il s'agit d'une série de trois articles, publiés de mai à juillet 1887, qui développent une analyse du marxisme absolument consternante. Tout d'abord en ce qui concerne les sources : « Il nous est donc indifférent, écrit Rouanet, pour analyser la pensée de Marx, de le citer lui-même ou ses disciples, le rôle de traducteurs consciencieux auxquels ceux-ci se sont volontairement astreints garantissant la parfaite exactitude de leurs résumés » (p. 402). Et ces sources, même de seconde ou de troisième main, se limitent plus ou moins au *Manifeste*. Cf. aussi, sur ce sujet, la série d'articles de Malon, publiée dans *la Revue socialiste* de janvier à avril 1887 (n°s 25 à 28) : « Les collectivistes français (les précurseurs théoriques) ». L'objet de cette série est de montrer que le socialisme français précède celui de Marx et possède des racines bien à lui. Quelques mois plus tôt, Mermeix affirmait déjà que « cette idée, le marxisme, qui n'est pas née en France, n'est pas une idée sympathique à notre tempérament » (*la France socialiste. Notes d'histoire contemporaine*, Paris, Fetscherin et Chuit, 1886, p. 47). Quant à Rouanet lui-même, dans un troisième article en juillet 1887, il affirmait que, « autant, et même plus que les soldats de Blücher, on peut dire de la philosophie allemande qu'elle prit en France sa revanche » (p. 83).

46

Contrairement à ce « socialisme allemand » qui a la « haine de la pensée française », « le socialisme français » est « issu de la Révolution ». Le fossé qui les sépare consiste dans le fait que « tandis que le socialisme actuel prétend défaire l'œuvre de la Révolution, le socialisme français s'en déclarait le complément naturel, indispensable [1] ».

Rouanet a le culte de la grande tradition jacobine; il ne peut concevoir le socialisme que comme un prolongement du « plus glorieux événement, non seulement de l'histoire de France, mais de l'histoire du monde [2] »... Il est horrifié par le parallèle qu'établit Marx entre la Révolution française, la révolution anglaise et la Réforme allemande, et considère une telle comparaison comme un véritable sacrilège. Le futur collaborateur de Jaurès combat le marxisme parce qu'il le trouve incompatible avec la vieille tradition révolutionnaire : son triomphe signifierait la fin du socialisme français.

Cette vision d'un « socialisme allemand » en lutte avec un « socialisme français », d'une conception historique fondée sur le principe d' « antagonisme de classe » et ignorant l' « antagonisme d'idées [3] », est très caractéristique de cette fin de siècle. Elle est largement diffuse dans les milieux très divers de la gauche et constitue un terrain d'entente naturel pour les boulangistes de gauche d'origine blanquiste, guesdiste ou radicale, pour les socialistes indépendants, réunis autour de Benoît Malon, qui, lui aussi, s'applique, en même temps que Rouanet, à mettre en valeur les racines du socialisme français, pour les antisémites sociaux, tel Chirac, collaborateur de *la Revue socialiste*, ou Drumont, dont Malon parle avec ferveur. C'est bien cette communauté d'idées qui permettra, en 1894, le lancement de *la Cocarde* de Barrès et qui présidera aux efforts de rassemblement de la grande coalition postboulangiste; c'est encore elle qui rendra possible l'étroite collaboration, dans la Chambre élue en 1889, des députés boulangistes et des socialistes qui avaient combattu le parti national.

Dans la diversité socialiste de l'époque, les hommes qui se lancent le plus ardemment dans le boulangisme — perçu comme créateur d'une situation révolutionnaire — sont, bien sûr, les blanquistes. La fraction boulangiste englobe, à l'exception de Vaillant, la grande majorité des blanquistes et les personnalités les plus marquantes du CRC. Conduite par Henri Rochefort, Ernest Granger et Ernest Roche, son aile blanquiste apporte au parti national une densité politique d'un prix inestimable. Les éditoriaux du directeur de *l'Intransigeant*,

---

1. G. Rouanet, « Le matérialisme économique de Marx et le socialisme français », *La Revue socialiste*, n⁰ 30, juin 1887, p. 581; cf. aussi p. 582 et 589-599.
2. *Ibid.*, p. 583. — 3. *Ibid.*, p. 599.

qui déversent quotidiennement leur cargaison d'injures sur les hommes au pouvoir, sont dégustés tous les matins par 200 000 lecteurs. Aux législatives de 1885, Rochefort avait conduit une liste sur laquelle figuraient tous les chefs blanquistes, y compris Eudes et Vaillant. Granger, dont le chauvinisme exaspérait Engels au point qu'il le traitait d'idiot, était le stratège du parti. Se présentant comme candidat commun de la gauche, Roche avait réussi, quant à lui, à obtenir 100 820 suffrages au cours d'une élection partielle à Paris. C'était en mai 1886, au moment de la grève de Decazeville [1].

Les premiers jours de décembre 1887 sont d'un intérêt tout spécial dans cette fin de siècle français qui, dans son ensemble, est un véritable laboratoire d'idées. C'est au cours de ces journées que se fait déjà, sous sa forme moderne, la première synthèse de radicalisme social et d'activisme nationaliste; c'est alors que les groupes blanquistes fraternisent avec les sections de la Ligue des patriotes dans leur campagne commune contre une éventuelle élection de Jules Ferry à la présidence de la République [2]. Dès lors, blanquistes et ligueurs, participant des mêmes velléités révolutionnaires, prendront part à toute tentative de révolte contre la démocratie libérale. C'est que, dès les années quatre-vingts, les blanquistes représentent cette gauche insurrectionnelle, nationaliste, socialiste et antisémite, mais a-marxiste, pour qui la défaite immédiate de la démocratie libérale reste l'objectif essentiel, à beaucoup d'égards l'objectif final. C'est bien cet élément gauchisant, qui en appelle toujours et encore à la lutte à outrance contre l'ordre établi, qui contribue à jeter les bases de ce qui sera une conception fasciste du monde.

1. Cf. P.H. Hutton, « The role of the Blanquist party in left-wing politics in France, 1879-1890 », *Journal of Modern History*, vol. 46, n° 2, juin 1974, p. 285-296. Sur Rochefort, cf. ses souvenirs : *les Aventures de ma vie* (Paris, P. Dupont, 1896-1898, 5 vol.), ainsi que la dernière des biographies du directeur de *l'Intransigeant* : R.L. Williams, *le Prince des polémistes : Henri Rochefort*, Paris, Éd. de Trévise, 1970 (trad. française de l'ouvrage au titre suggestif, *Henri Rochefort, Prince of the Gutter Press*, New York, Charles Scribner's, 1966).
2. Sur les journées du 1er et du 2 décembre 1887, on consultera notamment le volumineux rapport de police intitulé « Attitude des socialistes devant le mouvement boulangiste » (B/a 497, septembre 1888). La presse parisienne revient abondamment sur cet épisode, lors de la scission blanquiste en août 1889. Alors que *le Parti ouvrier* (« Une scission. Le parti blanquiste », 11 août) et *le Matin* (« Les blanquistes. Scission entre les successeurs de Blanqui », 16 août) considèrent comme un fait établi l'alliance Eudes-Déroulède, Vaillant dénie formellement cette accusation : cf. l'interview accordée le 17 août par le leader blanquiste au *Temps* et à *la Justice* et intitulée dans les deux journaux : « La scission blanquiste. »

Le blanquisme apporte au boulangisme sa ferveur patriotique et révolutionnaire, et une conception du socialisme plus aisément assimilable que le marxisme. Auprès d'un prolétariat dont les socialistes étrangers déplorent le patriotisme ombrageux, les blanquistes se veulent les détenteurs de la vieille tradition jacobine du nationalisme. Ils n'ont aucune raison de bouder les chances d'une révolution nationale et sociale, d'autant que tous leurs chefs, aussi bien ceux qui seront boulangistes que ceux qui combattront le parti national, reconnaissent dans l'agitation des années 1887, 1888 et 1889 une situation révolutionnaire.

En effet, la crise présidentielle de novembre-décembre 1887 crée une atmosphère de violente tension. Le 19 novembre, sur une interpellation de Clemenceau, le cabinet Rouvier démissionne. Mais, à travers le président du Conseil, c'est le chef de l'État que l'on veut atteindre. Le 27, mis dans l'impossibilité de former un gouvernement, Grévy — qui, comme le voulaient les chansonniers, avait le « malheur d'avoir un gendre » — promet sa démission. Une telle décision, si elle venait à être exécutée, signifiait un retour certain de l'opportunisme au pouvoir et une présidence Ferry. La réaction de la gauche est immédiate : les conseillers municipaux de Paris et de la banlieue réunis d'urgence décident la constitution d'un Comité de vigilance, et les groupes socialistes révolutionnaires, fidèles à la vieille tradition jacobine, se déclarent « en permanence[1] ».

Mais ce sont les blanquistes qui vont le plus loin. Le 25 novembre, ils tiennent une grande réunion pour la défense de la République au cours de laquelle Émile Eudes, le général Eudes, héritier spirituel de Blanqui et chef incontesté de ses disciples, déclare « la révolution commencée[2] ». Quelques jours plus tard, les blanquistes lancent un véritable appel aux armes et décident, le 2 décembre, la constitution d'un Comité pour la défense de la République. Le 13 décembre, le CRC, l'Agglomération parisienne (guesdistes) et certains radicaux-socialistes fondent une Ligue pour la défense de la République, qui est très active au printemps 1888 et dont les adhérents s'engagent, selon le blanquiste Élie May — qui, bientôt, passera au boulangisme —, à descendre dans la rue lorsque l'ordre leur en sera donné[3].

Tout au long de cette période, les chefs blanquistes s'appliquent

1. B/a 1515, s.d. Il s'agit d'un gros document devant dater du printemps 1888 et qui avait été classé au dossier 239200.
2. *Ibid.*
3. *Ibid.* Le dossier B/a 1515 renferme deux importants documents sur les activités de cette Ligue, qui périclite à la suite du refus blanquiste de s'engager dans l'antiboulangisme.

à entretenir un climat de violente agitation. Le lendemain du triomphe parisien du général Boulanger, ce sera au tour de Vaillant d'annoncer que « la révolution est commencée[1] ». Les blanquistes, tant un Granger, l'un des plus proches disciples de Blanqui, qui sera boulangiste, qu'un Chauvière, qui s'opposera avec Vaillant aux hommes du parti national, s'accordent pour voir dans le boulangisme une « œuvre de déblaiement, de désorganisation des partis bourgeois » dont il appartient aux socialistes de « recueillir les fruits »[2] et qui ne peut que hâter la fin de la société bourgeoise[3].

Cette analyse du boulangisme est à l'origine non seulement de l'ardeur boulangiste de la majorité des blanquistes, mais aussi de la neutralité bienveillante de la part de cette minorité qui combattra finalement, après une longue période d'hésitation, le Parti national. En mars 1888, quelques mois avant sa mort, Eudes a une entrevue secrète, ménagée par Rochefort et Laguerre, avec l'ancien ministre de la Guerre[4]; le 19 avril, jour de l'entrée du général, triomphalement élu dans le Nord, au Palais-Bourbon, les blanquistes sont de nouveau à l'affût de l'occasion. Massés place de la Concorde, ils espèrent voir Boulanger, par une demande de dissolution, déchaîner la tempête, et s'apprêtent, à la faveur du tumulte, à envahir la Chambre et à provoquer une révolte populaire[5].

Aux yeux d'Émile Eudes, Boulanger remplit une fonction de catalyseur; il est, à son avis, la seule force capable de déclencher un processus révolutionnaire. Voilà pourquoi, aussi longtemps que vit le chef incontesté des blanquistes, le CRC adopte une attitude franchement proboulangiste[6]. Les sévères critiques de l'Agglomération parisienne n'y changent rien. Même Vaillant et Chauvière, qui s'inquiètent des velléités dictatoriales de Boulanger, sont conscients de la poussée populaire que représente le boulangisme et n'osent s'opposer ouvertement au parti national[7]. Au printemps 1888, les blanquistes sont virtuellement acquis au boulangisme : ils n'attendent, pour se lancer officiellement dans la bataille, que des engagements

1. B/a 1515, 30 janvier 1889.
2. E. Granger, « Boulangisme », *L'Homme libre*, 25 juillet 1888.
3. B/a 1515, 10 avril 1889 (discours de Chauvière qui, dans les années quatre-vingt-dix, sera député du XVe arrondissement, où il recueillera la clientèle populaire de Laguerre, le vainqueur de 1889).
4. B/a 1515, 21 mars 1888; B/a 201, 14 janvier 1889.
5. B/a 1515, 21 avril 1888.
6. B/a 1515, 21, 23, 30 mars, 3, 6, 25 avril; B/a 497, septembre 1888.
7. Cf., par exemple, B/a 1515, 11, 12, 13 et 27 avril, 12 juin 1888; cf. aussi, dans le même dossier, un document sans date qui résume les positions en été 1888, et l' « Attitude des socialistes devant le mouvement boulangiste », *loc. cit.*

formels de la part du général en faveur du socialisme [1]. Entre-temps, ils favorisent la cause boulangiste, soit en participant directement à sa propagande dans les ateliers ou les réunions de quartier [2], soit en refusant d'adopter une attitude qui lui soit hostile. Des contacts entre l'état-major boulangiste et le Comité révolutionnaire central sont organisés par l'entremise d'Ernest Roche ou d'Eudes lui-même qui apparaît, de ce fait, comme le grand promoteur de l'alliance boulangiste [3]. Au traditionnel banquet que tiennent les blanquistes le 18 mars de chaque année pour commémorer la Commune, pas un mot n'est prononcé contre Boulanger [4]. Quand on sait que ce banquet est toujours, pour les blanquistes, l'occasion de réaffirmer leurs grands principes, on comprend combien ce silence était lourd de signification.

Un an plus tard, au printemps 1889, les services de la préfecture de police sont persuadés que des accords électoraux ont été passés entre les états-majors blanquiste et boulangiste [5], et un rapport du 23 juillet décrit l'appareil du parti national comme composé de certains éléments anarchistes, de blanquistes et d'hommes venus de la Ligue des patriotes [6]. Un autre document, daté du lendemain, rend compte d'une réunion du CRC où Vaillant reconnaît que certaines alliances sont, dans la situation actuelle, nécessaires [7]. Eudes vivant, il n'y eut jamais d'opposition antiboulangiste au sein de l'état-major blanquiste. Mais, à la mort du chef historique, survenue le 5 août 1888, on commence à y distinguer clairement deux courants : le courant Granger-Roche, qui se lance dans le boulangisme avec ardeur et sans arrière-pensées, et le courant Vaillant-Chauvière, qui, lui, pratique un boulangisme pragmatique, antilibéral, antibourgeois, mais quand même méfiant des allures dictatoriales du parti national. En été 1889, le groupe Vaillant commence à craindre de voir le boulangisme lui échapper. Aussi, se sentant affaibli au sein du CRC, il cherche à se rapprocher des guesdistes. Mais, en dépit de ce que

1. B/a 1515, 30 mars et 24 avril 1888; cf. B/a 201, 18 janvier 1889 : d'autres socialistes seraient prêts à marcher eux aussi dans ces conditions.
2. B/a 1515, 18 avril 1888.
3. B/a 1515, 30 mars 1888 et 25 avril 1888 ; Eudes, Granger et Roche participent à des conciliabules tenus à la rédaction de *l'Intransigeant*. Roche assiste même aux réunions de l'état-major boulangiste.
4. B/a 1515, 3 avril 1888.
5. B/a 1515, 9 mai, 16 juin, 10 juillet 1889; cf. aussi un compte rendu d'une réunion du CRC tenue le 23 juillet de la même année.
6. B/a 1515, 23 juillet 1889. Un rapport du 12 juin 1888 ainsi qu'un autre document du 21 janvier 1889 font état de subventions boulangistes qui auraient été versées au CRC.
7. B/a 1515, 24 juillet 1889. Certains participants à cette réunion prennent vigoureusement la défense de Rochefort.

voudra faire croire Vaillant au lendemain de la scission du CRC en deux[1], son propre éloignement du boulangisme n'était pas aussi ancien qu'il le disait. En effet, alors qu'il est, à l'occasion d'une élection partielle, candidat à un siège de député du Rhône, Vaillant se présente, en été 1888, non seulement comme socialiste, mais aussi comme « révisionniste-dissolutionniste », ce qui pouvait aisément passer pour une adoption du programme boulangiste. La Presse de Laguerre et la Cocarde ne s'y étaient pas trompées qui, à l'instar des comités boulangistes parisiens, invitent les électeurs lyonnais à accorder leurs suffrages au leader blanquiste[2].

A mesure qu'approchent les législatives d'octobre et la nécessité d'un engagement sans équivoque, les tensions au sein du CRC augmentent. Finalement, en août 1889, la crise éclate au sujet de la candidature Rochefort dans le XXe arrondissement. La scission se fait au moment où Granger demande de ne pas opposer de candidat au directeur de l'Intransigeant. Les comités des arrondissements sont consultés : par 28 voix contre 28, le CRC repousse la proposition de Granger. La grande majorité de la vieille garde, ainsi que la majorité des groupes adhérents — 19 contre 13 —, suit Granger, Roche et Élie May dans le nouveau Comité central socialiste révolutionnaire[3].

La contribution des blanquistes aux succès boulangistes dans la capitale ne peut être chiffrée avec précision; il est cependant fort probable qu'elle a été considérable. En juillet 1889, les services de la préfecture de police estiment que le CRC dispose de l'ensemble du potentiel des anciens communards, soit quelque 10 000 propagandistes zélés, qui font campagne dans les quartiers populaires, notamment dans les XIIIe, XVe, XVIIIe, XIXe et XXe arrondissements. Le XXe arrondissement, fief de Vaillant, conseiller municipal du Père-Lachaise, est alors considéré comme virtuellement acquis[4]. Vaillant, néanmoins, sera battu en octobre, à cause de l'opposition des hommes de Granger; il n'aura recueilli qu'un peu plus de la moitié des voix qui s'étaient portées sur lui aux précédentes municipales. Comme à la partielle de janvier, et malgré le désistement du leader blanquiste

---

1. Cf. les entretiens avec Vaillant publiés dans le Temps et la Justice du 17 août, ainsi que l'entretien avec Chauvière publié dans l'Éclair du 16 août 1889.
2. B/a 497, septembre 1888.
3. B/a 1515, 22 août 1889, 10 février 1890, et B/a 201, 5 mai 1890; cf. P.H. Hutton, « The role of the Blanquist parti in left wing politics in France », loc. cit., p. 293, et W. Martel, Mes entretiens avec Granger, lieutenant de Blanqui, Paris, Messageries coopératives du livre et de la presse, 1939, p. 174-180. Il est intéressant de constater qu'en avril 1889 Vaillant croyait encore utile d'affirmer sa sympathie pour Rochefort, « du républicanisme duquel il n'a jamais douté » (B/a 1515).
4. B/a 1515, 27 juillet 1889.

en faveur du radical Tony Révillon, la grande majorité des blanquistes a donné ses voix au candidat boulangiste [1], ce qui, toutefois, ne suffira pas pour lui permettre d'enlever ce siège si âprement disputé.

Les candidats du parti national obtiennent, cependant, leurs plus beaux succès dans les bastions blanquistes : quartiers ouvriers et parties nord et sud de la capitale. Ils réunissent 54 et 60 % des voix dans le XVe arrondissement (le communard Farcy et le radical Laguerre), dans le XVIIIe — Ernest Roche, Laisant et le radical Saint-Martin sont élus — et dans le XIXe qui envoie Granger et Martineau, un socialiste indépendant. Boulanger lui-même conquiert le siège de Clignancourt, mais son élection sera invalidée. Les voix blanquistes feront élire également un avocat inconnu, Charles Le Senne, dans le XVIIe, le bonapartiste Marius Martin dans le VIIIe et, bien sûr, Mermeix, dans le VIIe. Les boulangistes remportent, d'autre part, 49 % des suffrages dans les XIIIe et XIVe arrondissements [2]. Laguerre, Laisant, Martineau et Mermeix avaient été membres du groupe ouvrier qui, dès 1887, s'était structuré autour de Michelin, groupe qui réunissait les « gauchisants » du radicalisme. Le 2 mars 1890, le Ve arrondissement élira Naquet.

Il convient, finalement, de signaler que le parti national remporte une très grosse victoire dans la banlieue parisienne : entre autres localités ouvrières, il enlève, pour Émile Revest, maire de Saint-Denis, le siège de député de la grande cité ouvrière. Un demi-siècle plus tard, Saint-Denis aura pour député-maire Jacques Doriot. Incontestablement, la Seine, dépositaire des vieilles traditions révolutionnaires françaises, avait voté pour un parti « social et national ». Près de 50 % des suffrages exprimés dans le département de la Seine lui sont acquis, 18 boulangistes de gauche entrent au Palais-Bourbon.

Il n'en est pas ainsi en province où l'infrastructure parisienne — les sections de la nouvelle Ligue des patriotes et les blanquistes — fait défaut. C'est ainsi que le boulangisme ne parvient à percer que là où une organisation locale solide avait été mise en place, comme à Nancy, ou là où le parti national pouvait compter sur des alliances guesdistes, comme à Bordeaux et dans le Nord. Mais, en fin de compte, les centres du boulangisme furent surtout les quartiers populaires de Paris que tenaient les blanquistes et les ligueurs de Déroulède. Avec ses chefs prestigieux, son passé communard et patriote, sa presse à grand tirage, sa présence en milieu ouvrier, le socialisme national

---

1. B/a 1515, 21 janvier, 29 septembre et 2 octobre 1889. Il en est de même dans le XIIIe arrondissement (élection de Paulin-Méry).
2. Cf. C.S. Doty, « Parliamentary Boulangism after 1889 », *The Historian*, vol. XXXII, no 2, février 1970, p. 253-254.

est, en cette fin de siècle, plus puissant que le socialisme orthodoxe, et son avenir ne semble guère moins brillant que celui du guesdisme.

Cette tendance est confirmée par le comportement électoral du département du Nord où, comme le montre l'étude de Jacques Néré sur les élections partielles des 15 avril et 19 août 1888, un bon nombre de républicains, sans doute des plus avancés, a sûrement voté pour Boulanger dans plus d'un centre urbain ou industriel. A Dunkerque et dans les communes maritimes, on enregistre l'effondrement des républicains, qui ne retrouvent pas le tiers de leurs voix de 1885. Dans Lille et sa région, la plupart des socialistes, malgré la campagne du *Cri des travailleurs*, ont voté pour Boulanger, qui réussit également à rallier de nombreux républicains à Roubaix et à Tourcoing. On enregistre encore un puissant courant boulangiste dans les trois gros centres miniers et industriels de Vieux-Condé, Denain et Anzin. La vague semble irrésistible dans la métallurgie lourde et très forte dans le textile de Fourmies, qui est une industrie jeune, au développement récent. Il apparaît, cependant, que Boulanger perd des voix conservatrices dans les bastions de la droite mais que, en revanche, il y recueille un nombre de voix supérieur à celui obtenu lors des élections antérieures par les républicains. Le gain des voix républicaines compense la perte des voix conservatrices[1].

Une constatation identique s'impose en ce qui concerne l'ouest de la France. André Siegfried a déjà montré que le boulangisme n'a pu s'implanter ni dans les milieux de grande propriété noble, ni dans les milieux spécifiquement cléricaux. Il avait échoué partout où la droite était majoritaire, tout comme il avait échoué dans les fiefs bonapartistes. Mais, d'autre part, il s'est bien développé dans certains milieux républicains, et particulièrement ceux des grandes villes et des centres ouvriers[2]. Tel est le cas de Bordeaux où l'organisation locale, dirigée par Antoine Jourde et Raymond Lavigne, trouve un terrain favorable à cause d'une vieille tradition blanquiste bien enracinée. Professant un marxisme que peu de chose distingue d'un jacobinisme radicalisé, les guesdistes girondins, sensibilisés par de graves difficultés sur le marché du travail, versent dans le boulangisme. Encourageant l'agitation contre les ouvriers étrangers, collaborant avec la Ligue des

1. J. Néré, *Les Élections Boulanger dans le département du Nord*, Paris, 1959, p. 132-155 (thèse complémentaire pour le doctorat ès lettres présentée à la faculté des lettres de l'université de Paris, dact.). Pour tout ce qui concerne le contexte sociologique du boulangisme ainsi que ses origines économiques, cf. la thèse principale de J. Néré : *la Crise économique de 1882 et le Mouvement boulangiste*, Paris, 1959.

2. A. Siegfried, *Tableau politique de la France de l'Ouest*, Paris, Colin, 1913, p. 490-491.

patriotes, ils perçoivent dans le boulangisme un mouvement populaire à caractère social et national [1]. C'est pourquoi ils voteront pour Jourde, Aimel et Chiché et les feront élire tous trois à Bordeaux, en 1889. Biographe de Louis Blanc, Chiché sera réélu en 1898; il fera alors partie du groupe parlementaire antisémite. Henri Aimel (pseudonyme de François Aimelafille) était collaborateur de *la Revue socialiste;* il sera délégué au congrès national guesdise de Lyon en 1891, puis abandonnera la politique. Jourde, quant à lui, a un plus long passé boulangiste; il ne se sentira pas pour autant gêné de représenter la Fédération bordelaise aux congrès nationaux du parti ouvrier français de 1891 à 1897, ni de participer au congrès international de Londres.

Les difficultés économiques, le chômage, une croissance économique insatisfaisante créent un climat de malaise qui nourrit la révolte contre le libéralisme, contre le centre bourgeois au pouvoir. Mais c'est un certain romantisme révolutionnaire, la fidélité à l'héritage jacobin, l'idéalisme que l'on trouve toujours au fond des mouvements de révolte et le réflexe de dignité face à l'Allemagne qui contribuent à l'éclosion du climat idéologique qui permet l'explosion de la fin des années quatre-vingts. Dans *l'Appel au soldat*, Barrès reconstitue admirablement cette atmosphère de ferveur populaire dont se nourrissait le boulangisme, il met en valeur les « masses ardentes et souffrantes », cette plèbe des faubourgs, cette clientèle populaire persuadée que le général « tient pour les petites gens » [2]. Le 9 juillet 1887, *le Journal des débats* remarque que la clientèle qui acclame Boulanger est celle-là même qui avait fêté le retour de Louise Michel ou qui vociférait contre Thiers. Pour le monde conservateur, la filiation du boulangisme était clairement établie.

C'est ainsi que l'idéologie boulangiste — socialisante, populiste et nationaliste — trouve un profond écho dans les milieux ouvriers, parmi les couches sociales les plus défavorisées. Le boulangisme joue un rôle qui sera plus tard celui du socialisme, en même temps qu'il aide puissamment à sa diffusion en France [3]. Mais il n'aura pas

1. P.H. Hutton, « The impact of the Boulangist crisis upon the Guesdist party at Bordeaux », *French Historical Studies*, vol. 7, automne 1971, p. 237-241.
2. M. Barrès, *L'Appel au soldat, op. cit.*, p. 164-167, 204 et 466.
3. Les études portant sur des cas précis sont encore peu nombreuses, mais celles qui existent corroborent cette conclusion. Cf. J. Néré, *les Élections Boulanger dans le département du Nord, op. cit.*, et P.H. Hutton, « The impact of the Boulangist crisis upon the Guesdist party at Bordeaux », *loc. cit.*, p. 241-243 : c'est au lendemain du boulangisme que le guesdisme rayonne à partir de Bordeaux, sur l'ensemble du Sud-Ouest et jusqu'à Narbonne, Biarritz et Limoges. Il en fut de même à Nancy, où le blanquiste Gabriel avait gagné un siège de député aux côtés

contribué à la propagation du seul socialisme : les bastions boulangistes de la Seine, de l'Est et du Sud-Ouest seront le terrain d'élection de l'antisémitisme dans les années 1890, du mouvement jaune du début du siècle et, finalement, du Faisceau de Valois. Dans les années vingt, c'est Bordeaux qui donnera au premier mouvement fasciste français son organisation locale la mieux structurée et la plus entreprenante, tandis que c'est dans Nancy et sa région qu'il trouvera ses sections les plus fournies[1].

Plus que tout autre phénomène de la fin du siècle, le boulangisme symbolise, en France, les débuts de la politique des masses dont il a accéléré sérieusement la mobilisation politique. En introduisant une forme de revendication sociale qui ne brandissait pas le spectre de la révolution violente, qui tâtonnait à la recherche d'une voie susceptible de permettre une harmonisation des rapports sociaux, il trouve un terrain remarquablement favorable aussi bien en milieu ouvrier qu'au sein de la petite bourgeoisie. C'est ainsi que, face au marxisme, se dresse une synthèse idéologique nouvelle susceptible d'en appeler à des couches sociales conçues, dans la pensée marxiste, comme fatalement antagonistes. A la fin du siècle, cette synthèse s'appellera le socialisme national.

Jouissant d'une excellente implantation en milieu populaire, le boulangisme parisien est aussi admirablement encadré. Parfaitement adapté à la politique des masses, il remporte d'énormes succès aussi longtemps qu'il peut se développer librement. Son déclin ne sera pas le résultat de quelque manque de dynamisme, de vitalité, d'organisation, de *leadership*, voire d'idéologie; sa chute est, tout simplement, la conséquence d'une série de coups bas, de procès truqués et de changements de règles du jeu politique. Certes, son point faible fut toujours Boulanger lui-même, mais il n'était pas pour autant la raison de l'échec final. Le boulangisme fut cassé par la dissolution de la Ligue des patriotes — dont les comités et cadres électoraux venaient justement de conquérir la capitale —, par les menaces d'arrestation, les arrestations et les condamnations des chefs (pris dans une bousculade à Angoulême, Déroulède, Laguerre et Laisant sont condamnés à 100 francs d'amende), par les tracasseries administratives et policières, enfin, qui paralysent les activités des organisations de quartier

---

de Barrès. Cf., sur ce point précis, P.H. Hutton, « Popular Boulangism and the advent of mass politics in France, 1886-1890 », *Journal of Contemporary History*, vol. 11, nᵒ 1, 1976, p. 97.

1. Cf. Z. Sternhell, « Anatomie d'un mouvement fasciste en France : le Faisceau de Georges Valois », *Revue française de science politique*, vol. 26, nᵒ 1, février 1976, p. 5-40.

et amènent la fuite du général. Le coup d'arrêt final est donné en août 1889 par cette parodie de justice qu'est le procès en Haute Cour : Boulanger, Rochefort, Dillon, trouvés coupables de complot, sont condamnés à la déportation. « Ce n'est pas seulement la Haute Cour qui a condamné M. Boulanger, c'est le pays », ne craint pas d'écrire Camille Pelletan. « Le suffrage universel l'avait jugé tout le premier[1] », ajoute-t-il sans sourciller six mois à peine après le 27 janvier, un peu plus d'un an après les triomphales élections de l'Aisne, de la Dordogne et du Nord[2]. *Le Parti ouvrier* aussi est de la curée; il parle d'une « lutte pour le droit », d'une condamnation du boulangisme « par le peuple », et conclut finalement : « La juridiction populaire et la juridiction légale se sont pour une fois rencontrées sur le même terrain, celui de la vérité et de la justice[3]. »

Pour la simple raison qu'elle n'a jamais existé, la prétendue tentative de complot boulangiste n'a jamais pu être démontrée. Le parti national n'ayant jamais eu à se plaindre du suffrage universel, ses leaders avaient toujours pensé que l'on devait tout bonnement se laisser porter par la vague de fond populaire et attendre les législatives d'octobre. Le 27 janvier ne fut pas une occasion manquée, comme le veut la version romancée des événements. En effet, contrairement à ce que soutient la vision rétrospective du boulangisme, élaborée à la fin du siècle à la lumière de l'affaire Dreyfus, l'idée d'un coup d'État n'a même pas effleuré l'esprit des chefs boulangistes. Pas plus qu'elle n'a traversé celui de la foule des manifestants qui envahit les abords du restaurant Durand, où le général et son état-major sont venus fêter le raz de marée boulangiste.

Les archives de la préfecture de police, tout comme la presse des derniers jours du mois de janvier, ne trahissent nulle trace d'une velléité de coup d'État. Les minutieux comptes rendus des agents des brigades spéciales font, au contraire, état des efforts des ligueurs de Déroulède pour assurer l'ordre, canaliser les allées et venues des 30 000 manifestants : jamais il n'est question d'un mouvement de foule vers l'Élysée[4]. Les fameux cris « A l'Élysée! » n'existent que

1. C. Pelletan, « Après le procès », *La Justice*, 17 août 1889.
2. Pour les dépouillements des scrutins et l'analyse électorale des succès remportés en 1888 par le général Boulanger, cf. F.H. Seager, *The Boulanger Affair, Political Crossroad of France, 1886-1889*, Ithaca, Cornell University Press, 1969, p. 108-140.
3. V. Dalle, « Le dénouement », *Le Parti ouvrier*, 16 août 1889.
4. Cf. le volumineux dossier B/a 201, ainsi que la presse quotidienne des 28, 29 et 30 janvier. Cf. aussi F. H. Seager, *The Boulanger Affair, Political Crossroad of France, 1886-1889, op. cit.*, p. 204-205.

dans l'imagination de l'auteur de ce roman politique qu'est *l'Appel au soldat*, roman qui analyse le boulangisme dans l'optique de la débâcle nationaliste du tournant du siècle [1]. Cela ne veut pas dire que certains membres de l'état-major boulangiste n'aient pas, à un moment quelconque, envisagé l'éventualité d'un coup d'État, mais un tel projet n'a jamais été sérieusement formulé. Ces velléités de coup d'État sont, en fait, de l'ordre des regrets rétrospectifs des exilés de Bruxelles et de Londres [2].

Une autre légende, accréditée, elle aussi, par une reconstitution corrigée des choses, consiste à considérer le boulangisme comme un feu de paille, une « fièvre », selon le mot de Barrès, qui déplore l'incapacité du boulangisme d'encadrer l'enthousiaste foule parisienne [3]. Or, le boulangisme fut, avant de succomber au printemps 1889, un mouvement relativement bien structuré, à Paris surtout, doté d'une organisation efficace. Ici encore, il faut savoir faire la distinction entre le boulangisme tel qu'il a été et s'est développé jusqu'au 27 janvier, et le boulangisme brisé, amputé, progressivement usé et, finalement, éliminé par la puissance organisée de l'État républicain.

A Paris et dans la Seine, les structures du boulangisme sont très proches de celles des partis de gauche. Elles sont composées d'un organe directeur — le Comité national où se retrouvent toutes les personnalités importantes du boulangisme, ses députés et ses directeurs de journaux —, de comités d'arrondissement et de quartier — directement affiliés au Comité national — et, enfin, d'un grand nombre d'organismes relativement indépendants. La plus ancienne de ces organisations et l'une des plus importantes, la Fédération des groupes républicains socialistes de la Seine, fut créée en 1884, à la veille des municipales de la même année : elle est la meilleure illustration concrète des origines et de la nature du boulangisme. Au moment de la consultation électorale de 1885, le Comité central de la nouvelle Fédération formule les principales revendications du radical-socialisme et exige, en premier lieu, la convocation d'une Constituante et la révision de la Constitution [4]. Dès le début de la campagne bou-

---

1. Cf. M. Barrès, *l'Appel au soldat*, *op. cit.*, p. 208-214, et Mermeix (Gabriel Terrail), *les Coulisses du boulangisme*, Paris, Éd. du Cerf, 1890, p. 12-15, 140 et 318. Les versions de Barrès et de Mermeix seront reprises par A. Dansette, *le Boulangisme*, Paris, Fayard, 1946.
2. Cf. les témoignages recueillis par Barrès (*Mes cahiers*, *op. cit.*, t. I, p. 203). Des dialogues qui ont lieu en Belgique sont situés par Barrès dans la nuit du 27 janvier.
3. M. Barrès, *L'Appel au soldat*, *op. cit.*, p. 205-206.
4. B/a 497, 5 mars 1890. Il s'agit d'un gros document intitulé : « Travail d'ensemble sur la situation respective de chacun des divers partis. »

langiste, la Fédération adhère au Comité national, et ses leaders, notamment Andrieux, de Susini et Planteau, deviennent membres du Comité national.

Toutes les autres organisations boulangistes importantes sont créées en 1888. En avril sont fondés plusieurs comités d'étudiants boulangistes, ainsi que la Ligue d'action républicaine, présidée par Laguerre, avec Naquet, Laisant et Déroulède comme vice-présidents. Un mois plus tard est fondée la Fédération républicaine révisionniste, dirigée par Le Hérissé; en octobre, un socialiste révolutionnaire, Michel Morphy, crée une Ligue boulangiste. Fin 1888, un Comité central des comités boulangistes de la Seine ainsi qu'un Comité central des patriotes révisionnistes sont mis en place. A la veille du scrutin du 27 janvier, ce sera le tour d'une Union des patriotes républicains du département de la Seine. De nouvelles organisations boulangistes sont encore créées après les législatives d'octobre 1889, notamment un syndicat des employés révoqués pour cause politique et « la Boulange », comité présidé, lui aussi, par un fonctionnaire révoqué de la préfecture de la Seine[1].

L'essentiel du quadrillage des 20 arrondissements de Paris est assuré par les comités socialistes-révisionnistes et par les sections de la Ligue des patriotes. En 1888-1889, on trouve 1 comité socialiste-révisionniste dans les Ier, IIIe, VIIIe, Xe, XIe et XIVe arrondissements; ils sont 2 par arrondissement dans les IVe, Ve, VIIe, XIIe et XVIe, et 3 par arrondissement dans le VIe et le XVIIe. Mais c'est incontestablement dans les quartiers populaires que prolifèrent le plus les Comités boulangistes à sigle socialiste. 4 comités militent dans les IXe et XIIIe arrondissements, 5 dans le XXe, 6 dans le XIXe, 7 dans le XVe et 8 dans le XVIIIe[2].

Cependant, c'est toujours la plus disciplinée et la plus homogène de ces organisations qui donne au boulangisme sa colonne vertébrale. Crainte par la police, suscitant par son importance numérique et ses moyens d'action l'admiration d'un Vaillant[3], la Ligue des patriotes est le véritable appareil du mouvement. Elle assure le quadrillage des quartiers par rues ou pâtés de maisons, la diffusion de la propagande boulangiste et l'organisation des campagnes électorales. C'est Paul

---

1. « Travail d'ensemble sur la situation respective de chacun des divers partis », *loc. cit.* On trouvera également dans ce dossier les détails sur le fonctionnement d'un grand nombre de groupements autonomes qu'il serait fastidieux d'énumérer.
2. Cf. les dossiers consacrés par les services politiques de la préfecture de police à chacun de ces comités : B/a 1466, 1467, 1468 et 1469.
3. B/a 1515, 13 mars 1889; B/a 201, note sur le parti boulangiste.

Déroulède qui dirige en fait les préparatifs pour l'élection du 27 janvier et qui contrôle le bon déroulement du scrutin [1].

L'appareil de la Ligue se révèle alors remarquable à tous égards : dévoué, discipliné, efficace. C'est la Ligue qui se charge de la vérification des listes électorales et de la mise en place de permanences de quartier. C'est elle encore qui assure le service d'ordre dans les réunions électorales et garantit la protection des orateurs. A côté de tout ça, elle fournit un énorme travail de propagande. Chaque arrondissement est divisé en quartiers et en sections. Supervisée par des chefs de quartier et des chefs de section, une armée de militants se répand dans les rues pour porter la bonne parole ou distribuer des tracts. Le jour du 27 janvier, enfin, on retrouve les ligueurs plantés à côté des urnes : leur surveillance ne s'est pas relâchée depuis l'heure d'ouverture des locaux jusqu'à celle du dépouillement du vote [2]. Il est incontestable que le succès boulangiste du 27 janvier doit beaucoup à l'efficacité de l'organisation mise sur pied par la Ligue des patriotes et à l'enthousiasme de ses militants. Il en fut ainsi tout au long de l'année 1888 : partout où la campagne était menée sérieusement et le terrain bien préparé, partout où l'on dépensait beaucoup d'argent, le mouvement gagnait la partie. Car les élections du 27 janvier ne sont qu'une répétition de ce qui s'était passé six mois plus tôt au cours de partielles dans le Nord, la Somme ou la Charente-Inférieure. Le boulangisme ne sera finalement battu que le jour où il aura à affronter toute la puissance du mécanisme de répression déclenché contre lui et ses chefs.

2. Premiers éléments d'une idéologie socialiste et nationale

Tout au long de la législature élue en 1889, les 30 boulangistes, dont au moins 20 sont des hommes de gauche et d'extrême gauche, travaillent en étroite collaboration avec les socialistes. Cette coopération est particulièrement évidente dans le domaine des questions sociales : tout en conservant leur indépendance pour émettre des votes foncièrement nationalistes, notamment sur les questions coloniales, les boulangistes font alors bloc avec les socialistes, et il est pratiquement impossible de distinguer les leaders boulangistes des membres

1. B/a 201, note sur le parti boulangiste.
2. On trouvera dans le dossier B/a 1338 les instructions données, sur circulaires spéciales, aux militants.

du groupe ouvrier [1]. C'est ainsi qu'en juillet 1891 Déroulède, qui, à la Chambre, fait figure de chef des boulangistes, exige l'amnistie des militants condamnés au printemps pour faits de grève. Il lance alors cet avertissement :

> ... la solidarité des travailleurs augmente et se fortifie de jour en jour : ils se comptent et ils vous comptent, et, faute par vous de vous montrer pitoyables et bons, faute d'avoir été équitables et prévoyants, vous serez réveillés quelque beau matin par un déchaînement cent fois plus terrible que celui même de 93, plus terrible et plus juste aussi; car nés de la Révolution et de la République vous aurez méconnu et la République et la Révolution. [...]
> Prenez-y garde! Il en sera du quatrième état comme il en fut du tiers il y a cent ans. Il vous demande quelque chose, vous ne lui donnez rien, il vous arrachera tout [2].

Vers la fin de 1892, quand éclate le scandale de Panama, la campagne de regroupement des forces socialistes et de certains groupes socialisants et révolutionnaires s'intensifie. Et, parallèlement à la campagne que mènent conjointement les députés socialistes et boulangistes durant toute l'année 1893, d'autres initiatives sont prises. Un manifeste lancé par Cluseret, député du Var, est signé par des guesdistes comme Lafargue, Couturier, Ferroul, par Millerand et des radicaux-socialistes comme Barodet et Moreau, ainsi que par des boulangistes aussi notoires que Laisant, Turigny et Ernest Roche. En acceptant d'y participer, le parti ouvrier français incluait dans sa réponse un passage significatif : il invitait à s'unir dans un même combat « tous ceux qui, quel qu'ait été leur passé, sont décidés à instaurer, sur les ruines de la République opportuniste, la République sociale [3] ». Leur passé ne devait donc aucunement gêner les boulangistes de gauche : ils étaient admis de plein droit dans la famille socialiste, à condition de poursuivre leur combat à outrance contre la République libérale.

C'est dans cette même logique que se place Jaurès lorsqu'il fait le voyage de Bruxelles où Rochefort se trouve en exil, pour solliciter l'appui du plus célèbre des hommes du parti national à la candidature du socialiste Gérault-Richard au siège de député devenu vacant dans

---

1. Cf. plus spécialement, en guise d'exemple, les comptes rendus des débats parlementaires, *Journal officiel* de juillet 1890 (p. 1321-1324, 1327-1328, 1342-1358, 1374-1389 et 1397) et des 20 janvier 1890 (p. 35-37), 22 novembre 1890 (p. 2203-2204), 10 décembre 1890 (p. 2360), 8 décembre 1891 (p. 2487-2489 et 2504), 16 décembre 1891 (p. 2712-2715), 17 février et 21 octobre 1892 (p. 104-106, 118-119, 1275-1291).
2. *Ibid.*, p. 1728-1729.
3. Cf. A. Zévaès, *Histoire du socialisme et du communisme en France, de 1871 à 1947*, Paris, France-Empire, 1947, p. 226-228.

le très boulangiste XIIIe arrondissement de Paris[1]. Auteur d'un article injurieux sur Casimir-Perier, Gérault-Richard fut condamné à une année d'emprisonnement et 1 000 francs d'amende pour offenses au président de la République. Hormis la signification symbolique que revêtait cette candidature, son succès est venu sceller l'alliance de tous les éléments opposés au régime.

Le modèle le plus complet de toutes ces tentatives de rassemblement effectuées au cours de cette période complexe et riche en ambiguïtés est, sans aucun doute, *la Cocarde*, telle que la fit Barrès de septembre 1894 à mars 1895. *La Cocarde*, en effet, est le premier maillon d'une chaîne qui commence au journal de Barrès, passe par *les Cahiers du Cercle Proudhon, le Nouveau Siècle* de Valois, les petites revues non conformistes des années trente — comme *Combat* ou *l'Insurgé*[2] —, et aboutit finalement à *l'Émancipation nationale* de Doriot. C'est sans doute la brillante équipe doriotiste, composée d'hommes venus de tous les horizons de la gauche comme de la droite, qui rappelle le plus fidèlement la salle de rédaction du journal de Barrès. Un même esprit anime les deux entreprises : dépasser les oppositions traditionnelles et fondre les traditions opposées. Georges Valois n'avait pas tort qui considérait le quotidien de Barrès comme le premier journal fasciste[3].

La Cocarde réunit, sous la direction de Barrès, Eugène Fournière, Clovis Hugues, Camille Pelletan, Fernand Pelloutier, Camille Mauclair, mais aussi Maurras, Daudet, Amouretti, Soury et Morès. Les socialistes ne semblent être choqués ni par la fréquence ni par la chaleur des hommages rendus par leur directeur politique au mouvement boulangiste et aux grands hommes du parti national. Au cours de la veillée d'armes qui précède l'Affaire, socialisme et internationalisme cohabitent facilement avec l'antisémitisme, le fédéralisme et un certain traditionalisme.

La Cocarde brûle d'un authentique désir de renouvellement. Il est donc normal que sa position ait d'abord été le refus. Elle refuse le monde bourgeois, le parlementarisme, l'encasernement de la jeunesse et l'éducation traditionnelle. Elle refuse la société industrielle et la

---

1. M. Barrès, « M. Jaurès et Henri Rochefort », *La Cocarde*, 8 décembre 1894.
2. Cf. à ce sujet J. Touchard, « L'esprit des années trente », in *Tendances politiques dans la vie française depuis 1789*, Paris, Hachette, 1960 (ouvrage collectif) ; J.-L. Loubet del Bayle, *Les Non-conformistes des années 30. Une tentative de renouvellement de la pensée politique française*, Paris, Éd. du Seuil, 1969; on consultera également le livre que Michel Winock a consacré à cette période : *Histoire politique de la revue « Esprit », 1930-1950*, Paris, Éd. du Seuil, 1975.
3. G. Valois, *Le Fascisme, op. cit.*, p. 6.

centralisation qui écrasent l'individu. Mais elle veut aussi le regroupement de tous ceux qui refusent : socialistes, antisémites de gauche, anciens boulangistes. Elle prolonge, à un niveau de réflexion plus élevé, le boulangisme, et très souvent elle s'attache à systématiser et à développer les vieux thèmes boulangistes. Elle poursuit en l'accentuant le redressement vers la gauche amorcé au lendemain de l'échec du boulangisme; elle cherche à élaborer une plate-forme commune à l'ensemble de l'opposition de gauche. Barrès et son équipe se tournent, par conséquent, vers cette clientèle que le boulangisme, enlisé en fin de course dans ses compromissions avec la droite, n'avait pas su pleinement mobiliser, vers ces couches sociales qui ne se reconnaissent pas dans la République opportuniste, vers cette jeunesse intellectuelle qui, ils en sont convaincus, aurait dû et aurait pu former l'aile marchante du mouvement.

La Cocarde exprime aussi un refus de la médiocrité bourgeoise qui a amené la France à sommeiller « dans cette même brume, avec ce même sourire médiocre que lui avait fait la monarchie de Juillet [1] », elle énonce un profond sentiment de décadence, de doute et d'inquiétude face à un monde « où semblent s'éteindre toutes les forces vives de l'humanité [2] ». Selon Barrès, l'origine du mal réside dans l'ordre social imposé par les générations disparues et que l'enseignement bourgeois perpétue par le biais de la transmission du système des valeurs. Voilà pourquoi Barrès ouvre le procès de l'Université qui dispense un enseignement sclérosé, destiné à perpétuer la domination de la bourgeoisie. L'Université est le pilier de l'ordre établi, de cette République opportuniste qui, barricadée derrière sa phraséologie, est devenue non seulement le régime de la médiocrité, du conservatisme et de l'injustice, mais encore un système destiné à modeler l'individu en le vidant de sa substance originale. Ce que l'homme y perd, c'est la possibilité de développer toutes ses facultés : sa personnalité, qui aurait pu, qui aurait dû librement s'épanouir, se trouve dès ses premiers pas prise dans un carcan de « préjugés qu'on impose à nos enfants dans nos écoles » et qui « contredisent leurs façons de sentir [3] ». C'est de là, conclut Barrès, que vient le malaise de la jeune génération. Car elle ne veut pas, elle ne peut pas vivre dans un monde façonné par les générations précédentes et qui, de ce fait, comme l'a

---

1. M. Barrès, « Au-delà des ministrables », *La Cocarde*, 23 janvier 1894.
2. Cf. le texte très caractéristique de Paul Brulat, « Ce dont souffre le jeune homme moderne », *la Cocarde*, 2 octobre 1894. Brulat sera un dreyfusard convaincu et militant.
3. M. Barrès, *L'Ennemi des lois*, Paris, Perrin, 1893, p. 6.

dit Paul Brulat, n'a « rien de commun avec le caractère et les tendances de notre époque [1] ».

Aux méfaits de l'enseignement traditionnel et de l'ordre social
bourgeois viennent s'ajouter ceux de la société industrielle, de ce que
Barrès appelle « le machinisme [2] ». L'homme moderne est la victime
d'une réalité qui a fait de lui « l'esclave des rapports du travail et du
capital ». Il bute sur « une dure société », sur une réalité qui est celle
d'une lutte incessante [3].

Il faut constater ici que c'est la société industrielle elle-même qui est
mise en cause, et non pas seulement une organisation sociale fondée
sur l'exploitation de l'homme par l'homme. La génération de 1890
n'avait pas le sens du progrès technique et industriel, ni celui des
possibilités qui s'ouvraient à l'homme grâce à ce progrès. Sa conception du monde était loin d'être optimiste et, si elle avait un sens aigu
de la misère et de l'exploitation, elle avait souvent la tentation d'en
rendre responsables autant les iniquités de l'ordre social que la
croissance industrielle. D'autre part, et c'est là une des dimensions
les plus caractéristiques du socialisme national — et, plus tard, du
fascisme —, l'engagement de l'équipe de *la Cocarde* en faveur du socialisme prend aussi les aspects d'une révolte bourgeoise, alimentée
principalement par le « prolétariat des bacheliers [4] », cette catégorie
sociale nouvelle que met en scène *les Déracinés* et dont l'importance,
depuis, n'a cessé d'augmenter. C'est pourquoi, lorsque les hommes
de cette génération pensent à une force révolutionnaire, ils songent aux
bas-fonds des grandes villes et aux déchets de la société.

Mieux que quiconque, c'est le jeune et brillant député boulangiste,
élu à Nancy à l'âge de vingt-sept ans, parvenu à l'apogée de son
influence idéologique et littéraire au temps de l'Affaire, qui représente
et concrétise de la manière la plus fidèle l'esprit de révolte de la génération de 1890. Il est l'un des tout premiers à avoir compris qu'un
mouvement « national » ne peut être tel que s'il assure l'intégration
des couches sociales les plus déshéritées dans la collectivité nationale,
que s'il leur offre un terrain de ralliement sur des thèmes neutres et
acceptables pour l'ensemble de la société. Complété par l'antiparlementarisme et un certain autoritarisme — dérivé d'une conception
plébiscitaire de la démocratie —, le boulangisme barrésien, socialisant
et antisémite, forme un ensemble relativement cohérent. Ainsi donc,
élaboré au cours des premières années de la dernière décennie du siècle,

1. P. Brulat, « La Saint-Barthélemy des morts », *La Cocarde*, 22 septembre 1894.
2. M. Barrès, « Le problème est double », *La Cocarde*, 8 septembre 1894.
3. M. Barrès, « Opprimés et humiliés », *La Cocarde*, 14 septembre 1890.
4. M. Barrès, « La glorification de l'énergie », *La Cocarde*, 19 décembre 1894.

le boulangisme débouche sur une doctrine politique qui annonce déjà les affrontements idéologiques que connaîtront la France et l'Europe tout au long de la première moitié du xxᵉ siècle.

Tout d'abord, Barrès oppose aux vices du régime représentatif, régime de corruption, les mérites de la démocratie directe, d'un retour aux sources. Il assimile le boulangisme aux élans libérateurs de la Révolution, de 1848 et de la Commune : il fait appel à la vieille tradition jacobine et révolutionnaire qui abattit d'autres systèmes d'oppression. « Nous sommes encore la sainte canaille de 1789, de 1830, de 1848 [1]... », s'écrie Barrès en juillet 1889. Au cours d'une manifestation organisée à l'occasion du centenaire du serment du Jeu de paume, il prend la parole au nom des « défenseurs du peuple », au nom de tous ceux « qui gagnent par l'effort de leurs bras et de leurs cerveaux l'argent qui va engraisser les voleurs... [2] ». Les critiques qu'il adresse au régime portent non tant sur son étiquette démocratique, que sur le fait qu'il ne l'est pas vraiment. Le boulangisme se présente, par conséquent, comme un mouvement de reconquête de la République, un « nettoyage » bienfaisant qui rendra la République vivable. Ce caractère populaire et républicain est constamment réaffirmé avec une grande vigueur, et, en cette année du centenaire de la Grande Révolution, l'imagerie révolutionnaire est amplement exploitée. Barrès célèbre toutes les gloires de la France jacobine, toutes les « journées » populaires, depuis la convocation des états généraux jusqu'à la Commune. Tout cela, non seulement pour exploiter les sentiments de la traditionnelle clientèle radicale, mais aussi pour faire témoigner l'histoire de France en faveur du « parti national ». Le boulangisme, qui entretient le culte des « grands démocrates de 48 [3] » et pour qui la Commune « reste l'immortel défi du peuple à ses oppresseurs », n'est qu'un jalon sur la longue voie des luttes populaires [4]. Fils légitimes des hommes du tiers état, les boulangistes portent, cent ans après leurs pères spirituels, les espérances de tous les opprimés. Car, depuis 89, la nature de l'oppression n'a point changé; ce qui a changé, c'est l'identité des oppresseurs. A cet égard, l'analyse des socialistes nationaux ne diffère guère de celle des marxistes. Ne font-ils pas, à l'instar des marxistes, le même procès à la bourgeoisie et aux moyens qu'elle emploie pour se maintenir au pouvoir ? Dans un article quasi marxiste, « La lutte entre capitalistes et travailleurs », Barrès accuse la bour-

1. M. Barrès, « Les violences opportunistes », *Le Courrier de l'Est*, 28 juillet 1889.
2. *Ibid.*, toast de Barrès.
3. M. Barrès, « Commémoration socialiste », *Le Courrier de l'Est*, 2 février 1890.
4. « Échos de Paris », *Le Courrier de l'Est*, 16 février 1889.

geoisie de n'avoir jamais, depuis 1789, considéré le peuple que comme un simple moyen, un moyen commode, pour abattre l'Ancien Régime et établir sa propre suprématie. C'est contre elle que se dresse le boulangisme. « Sorti des ouvriers », fidèle à une « République... ouverte toujours aux petits électeurs », le « parti national » leur offre l'occasion d'abattre « la coalition bourgeoise [1] ».

Au début donc, le boulangisme version nancéienne se présente comme un mouvement ouvrier profondément attaché à la vieille tradition révolutionnaire. La République est la chose des ouvriers — ce sont eux « qui ont fait la force de l'idée républicaine [2] » —, et le boulangisme est le dernier rempart qui puisse encore la protéger de la nouvelle aristocratie bourgeoise. Barrès insiste sur ce point avec force : il lance un pressant appel à la « partie saine du pays, cette classe ouvrière qui a su fonder la République », afin qu'elle sache aussi « la maintenir en se serrant autour du général Boulanger [3] ».

Ainsi, c'est un retour au peuple que prêche le socialisme national; il fait d'ailleurs amplement usage du thème de la grandeur populaire. Reconquérir, pour le peuple et par le peuple, cette « liberté chérie » dont la bourgeoisie triomphante n'a fait qu'une bouchée, éliminer les corrompus et les politicards, abattre enfin la bourgeoisie : tels sont les buts du boulangisme. Les candidats révisionnistes s'emploient à faire prendre conscience aux prolétaires de l'immense injustice dont ils sont victimes. Instruments dociles aux mains de la bourgeoisie dans sa conquête du pouvoir, ils ne furent jamais que ses mercenaires, ou plutôt ses esclaves. Égalité politique et suffrage universel ne sont que les paravents derrière lesquels se cache la réalité de l'exploitation du monde ouvrier par une aristocratie nouvelle. Les boulangistes s'adressent à l'instinct « antiprivilèges » du prolétariat, au sentiment le plus ancré dans la conscience populaire, celui de l'égalité.

Cependant, si, à certains moments, il semble que le prolétariat occupe une position de premier plan dans l'idéologie boulangiste, il apparaît très rapidement que les hommes du parti national, comme tous les socialistes nationaux, ont en fait un dessein plus vaste : ils veulent encadrer l'ensemble des petits, des déshérités, de toutes les victimes de la société moderne. Car c'est dans cette catégorie — où

1. *Le Courrier de l'Est*, 28 septembre 1890; « Soyons confiants », *ibid.*, 7 juillet 1889; « Notre caractère », *ibid.*, 20 février 1889; A. Gabriel, « Le pacte de famine », *ibid.*, 27 octobre 1889.
2. M. Barrès, « Dernier mot », *Le Courrier de l'Est*, 30 avril 1892.
3. « Misérables occupations », *Le Courrier de l'Est*, 13 février 1889, compte rendu d'une réunion électorale.

l'on retrouve les victimes de la société bourgeoise, d'une certaine forme de propriété des moyens de production et, surtout, du progrès technique — que les socialistes nationaux rangent le prolétariat. La société bourgeoise est malade parce que bourgeoise, mais surtout parce que société industrielle. Tout compte fait, les boulangistes, à l'exception de l'ingénieur Francis Laur, craignent la société industrielle et la comprennent mal. La vision que se fait Barrès de l'ouvrier, réduit « à un véritable servage » par « le machinisme [qui] l'enterre dans les usines [1] », est fort caractéristique de ce courant de pensée. Tout comme l'aveu qu'il nous livre à la fin de sa vie : confronté aux difficultés de l'après-guerre, ce socialiste national de la première heure reconnaît qu'il ne sait toujours pas « comment résoudre le problème que pose le développement de l'industrie qui enferme les populations dans les villes et crée un immense troupeau des travailleurs [2] ». C'est pourquoi ce socialisme s'élève contre le concept même de lutte de classe, c'est pourquoi il revêt les formes d'un populisme antibourgeois et anti-industriel. C'est pourquoi ce socialisme — auquel se rattache aussi un Drumont, auquel se rattachera plus tard un Biétry — rêve d'un âge d'or où la France, une France du « petit peuple », sera enfin le pays des intérêts en harmonie, le pays de l'entente des classes laborieuses. C'est pourquoi, enfin, ce socialisme, qui prône la fraternité des malheureux, encourage aussi une certaine xénophobie afin de ne pas laisser les conflits d'intérêts prendre le pas sur l'intégration de tout le corps national.

Il semble, cependant, que ce socialisme national ne fasse pas confiance au seul pouvoir de la xénophobie. Aussi, et pour se garder quand même des pesanteurs sociologiques — comme on dirait aujourd'hui —, ne craint-il pas de préconiser comme solution à la question sociale la même solution que proposent les marxistes : donner au travailleur « la propriété de son instrument de travail [3] ». C'est en effet à quoi tendent les propositions du fameux groupe de « Morès et ses amis », qui veut la création d'un système de crédit ouvrier [4]. Francis Laur, de son côté, défend le principe de la coopérative minière

1. M. Barrès, *Scènes et Doctrines du nationalisme, op. cit.*, t. II, p. 163.
2. M. Barrès, *Mes cahiers, op. cit.*, t. XIV, p. 74.
3. G. Vallée, *La Fête du travail, le 1er mai 1890. Aux travailleurs de France*, Paris, Imprimerie de Lefebvre, 1890 (pamphlet d'une page). Cf. É. Drumont, *la Fin d'un monde. Étude psychologique et sociale* (Paris, Savine, 1889, p. 149-150 et 155), où Drumont parle avec sympathie des marxistes parce qu'ils sont, eux aussi, ennemis de la société bourgeoise et libérale.
4. Marquis de Morès, *Le Secret des changes*, Marseille, Imprimerie marseillaise, 1894, p. 85-86. Cf. *infra*, chap. III.

et de la participation aux bénéfices [1]. Quant au député boulangiste Charles-Ange Laisant, il fait une proposition qui ne cesse d'étonner : il préconise « la démocratisation de la force mécanique », et, afin d'empêcher en même temps l'éclosion de centres d'industrie gigantesques, il propose « de fournir aux travailleurs à domicile la force mécanique nécessaire à son industrie [2] ». Les boulangistes, comme tous les socialistes nationaux des années à venir, furent toujours plus heureux dans leur analyse des maux que dans l'invention de solutions adéquates à ces maux. L'horreur que leur a toujours inspirée la concentration industrielle y fut pour beaucoup.

Mais les solutions marxistes ou marxisantes sont finalement de peu de poids dans le socialisme national des années quatre-vingts. C'est encore sur la solidarité capital-travail que l'on compte pour résoudre la question sociale; en fait, on croit plus, à l'instar de Naquet, à la participation des ouvriers à « des sociétés par actions [qui] ne sont pas autre chose que le moyen indirect de morcellement de l'usine [3] ». Pour cet idéologue officiel du boulangisme, qui se déclare « profondément socialiste », le postulat fondamental est que « la loi dite d'airain n'est plus coulée que dans un métal malléable » car les conditions de l'industrie moderne, la limitation de la population et une demande accrue de biens à consommer permettent au travailleur d'augmenter ses revenus, et, par conséquent, d'économiser. C'est ainsi que le travailleur peut, par le biais de la coopération ou par l'achat d'actions, accéder aux « bienfaits directs de la société ». Naquet se moque des « billevesées collectivistes » des socialistes [4]. Déjà en 1878, il s'élevait contre les « révolutions sociales », les antagonismes de classe et prônait la collaboration du capital et du travail, « ces deux forces qui devraient être littéralement unies, qui devraient se confondre [5] ».

En 1891, Gabriel relance l'idée de la participation des ouvriers aux bénéfices de l'entreprise comme solution autre, et bien sûr meilleure, que l'intervention de l'État dans les rapports économiques. Il déclare que cette « alliance étroite entre le travail et le capital », cette œuvre de « solidarité sociale », est exactement le but visé par les boulan-

---

1 F. Laur, *Essais de socialisme expérimental. La mine aux mineurs*, Paris Dentu, 1887, p. 117-122.

2. C.-A. Laisant, *L'Anarchie bourgeoise, op. cit.*, p. 269.

3. A. Naquet, *Socialisme collectiviste et Socialisme libéral*, Paris, Dentu, 1890, p. 189.

4. *Ibid.*, p. 201-202 et 191-193.

5. *Conférence de M. Naquet à Béziers sur la question sociale, le 23 octobre 1878*, Béziers, Imprimerie de Rivière, 1878, p. 1 (compte rendu sténographique).

gistes [1]. Barrès aussi se range résolument sous la bannière de la participation et de la solidarité, car ce dont il s'agit, c'est de préserver « le lien de l'ensemble, la prospérité et la conservation du corps social [2]... ».
Une même conception se dégage de la masse des écrits de Paul Déroulède. On ne peut, certes, rattacher le chef de la Ligue des patriotes au socialisme national *stricto sensu*. N'empêche que lui aussi est pour la solidarité capital-travail, solidarité qui, en permettant la collaboration du patronat et des chambres syndicales, doit assurer la protection du travailleur français. En effet, pour Déroulède, comme pour tous les courants de la nouvelle droite, le problème social est d'abord un problème de défense : du prolétariat français contre le travail étranger, de l'industrie et du commerce français contre la concurrence étrangère [3].

Pour les socialistes nationaux, la question sociale comporte trois volets : d'abord, la défense du travailleur français contre l'étranger, ensuite, la défense du travail contre l'exploitation capitaliste [4], et enfin, l'essentiel, l'intégration du monde ouvrier dans la collectivité nationale. Morès dira : « Supprimer le prolétariat, assurer la paix de la nation [5] »; Barrès dira : « Les lier à l'idée de patrie. De là ma campagne pour la protection des ouvriers [6]. » Et il ajoutera, dans un article publié au lendemain de l'Affaire :

> Le nationalisme nous ordonne de juger tout par rapport à la France. Déserter la cause des déshérités serait trahir la cause de la nation elle-même [7].

1. A. Gabriel, « La participation aux bénéfices », *Le Courrier de l'Est*, 21 mars 1891.
2. M. Barrès, « La classe capitaliste », *Le Courrier de l'Est*, 21 septembre 1890. Tout rapprochement historique implique un danger évident : trop souvent il en résulte une simplification des réalités. Néanmoins, on ne peut s'empêcher de remarquer les ressemblances entre la nature des préoccupations sociales des boulangistes de gauche et celles des gaullistes de gauche, ainsi que le parallèle entre les solutions préconisées. L'alliance capital-travail, le principe de la participation aux bénéfices et le souci de dépasser les antagonismes sociaux rejoignent étrangement la « troisième voie » du gaullisme de gauche.
3. P. Déroulède, *La Défense nationale. Conférence faite à Rouen le 22 juin 1883*, Paris, Calmann-Lévy, 1883, p. 5, 25, 30 et 12.
4. Cf. un texte caractéristique de J.-E. Millot, ancien communard de l'école de Tridon, qui sera gérant de *la Libre Parole : Aux prolétaires de France. A tous les travailleurs des villes et des campagnes*, Asnières, Imprimerie du progrès, 1889, p. 1.
5. Marquis de Morès, *Le Secret des changes, op. cit.*, p. 86.
6. M. Barrès, *Mes cahiers, op. cit.*, t. II, p. 197.
7. M. Barrès, « Socialisme et nationalisme », *La Patrie*, 27 février 1903.

L'essence même du nationalisme est, par conséquent, le maintien de la cohésion du groupe-nation et la recherche d'un consensus. D'où, dans un premier temps, le désir de dépasser les oppositions intérieures, les oppositions de classe, et, dans un second temps, le rejet des éléments jugés étrangers au consensus. Ces derniers seront par la suite, du fait de leur comportement, accusés de complot, et leur présence considérée comme un danger permanent.

Barrès comprend parfaitement que la cohésion nationale passe par la solution de la question sociale : il faut protéger « le menu peuple contre le peuple gras [1] », il faut éviter que l'idée de patrie ne se présente aux couches sociales les plus défavorisées uniquement sous forme de « charges à subir et de corvées à remplir ». Il faut favoriser l'éclosion du sentiment de solidarité à l'intérieur du groupe national « par la haine du voisin » : « L'idée de patrie implique une inégalité mais au détriment des étrangers [2]... » Dans cette optique, Barrès lance une longue campagne en faveur du protectionnisme — qui « introduit le patriotisme dans l'économie politique [3] » — et une campagne pour la protection des travailleurs français contre la concurrence des ouvriers étrangers.

Cette conception du devoir de la société à l'égard de ses éléments les plus faibles est essentielle au socialisme national. Ses militants exigent, comme Barrès, que soit accordé au prolétariat, « à ces travailleurs qui n'ont que leurs bras », ce que l'on accorde aux capitalistes, c'est-à-dire une protection contre la concurrence du travail étranger par des mesures comparables à celles qui protègent la production industrielle française contre la concurrence des produits étrangers [4]. Selon le principe qu' « en France le Français doit marcher au premier rang, l'étranger au second [5] », Barrès propose une série de mesures destinées à faire observer « la loi des harmonies économiques, c'est-à-dire la solidarité des différentes parties du corps social [qui] n'est vraie que dans l'intérieur d'un même pays. [...] Le capital français, ajoute-t-il, est solidaire du travailleur français et non du travailleur belge [6] ».

1. M. Barrès, *Mes cahiers*, op. cit., t. III, p. 50.
2. M. Barrès, *Contre les étrangers. Étude pour la protection des ouvriers français*, Paris, Grande imprimerie parisienne, 1893, p. 13 et 28.
3. M. Barrès, « L'idéal dans les doctrines économiques », *La Cocarde*, 14 novembre 1894.
4. M. Barrès, *Contre les étrangers*, op. cit., p. 11. Cf. « Qu'on soumette les étrangers aux lois françaises », *la Cocarde*, 29 novembre 1894, et « L'idéal dans les doctrines économiques », *la Cocarde*, 14 novembre 1894.
5. M. Barrès, « Qu'on soumette les étrangers aux lois françaises », *La Cocarde*, 29 novembre 1894.
6. M. Barrès, *Contre les étrangers*, op. cit., p. 18.

Barrès pense que l'équilibre entre intérêts opposés au sein du groupe national peut s'instaurer dès qu'une protection efficace est établie. Il considère la solidarité des diverses couches sociales comme une loi propre à la nature des mécanismes sociaux.

Les socialistes nationaux, notamment ceux qui se trouvent aux prises avec des problèmes politiques de tous les jours et doivent se mesurer aux difficultés qui surgissent sur le tas, exploitent ce thème amplement : Gaston Vallée en appelle à « la classe moyenne dont l'intérêt bien compris est avec les socialistes », et Millot, ancien communard et futur gérant de la Libre Parole, s'adresse aux « travailleurs et petits commerçants », victimes de « l'exploitation capitaliste... devenue intolérable » et de « gouvernements antipatriotiques et antisociaux [1] ». Quant à Barrès, ayant expliqué la misère ouvrière par la concurrence de la main-d'œuvre étrangère, il propose comme remède un plan en quatre points : une taxe sur les employeurs, une taxe militaire sur les étrangers équivalente à celle payée par les Français exempts du service militaire, l'exclusion des étrangers des travaux militaires et en général de tous les chantiers nationaux et, finalement, l'expulsion de tous les étrangers tombant à la charge de l'Assistance publique [2].

Au temps de l'Affaire, à l'issue de l'affrontement qui l'oppose aux diverses fractions du socialisme, toutes déjà marxistes, marxisantes ou simplement touchées par le marxisme, le ton de Barrès se durcit considérablement. Il attaque vigoureusement le collectivisme, cet ensemble de « fictions invérifiables qui sortirent de l'imagination de quelques juifs messianiques [3] ». Ses invectives illustrent bien l'évolution subie par la première génération de socialistes nationaux qui, à l'issue de l'Affaire, se sépare du marxisme, tout en revendiquant hautement le terme de socialisme et tout en considérant le nationalisme comme le socialisme véritable, le seul conforme aux réalités historiques. C'est ainsi que Barrès insiste sur les origines révolutionnaires du fait national, et, reprenant un thème déjà longuement développé dans les années quatre-vingt-dix, il démontre de nouveau que, de par le monde, « une lente poussée » amène « l'union de ceux qui parlent une même langue et que rapprochent les légendes communes ». Marx et Jaurès auront beau dire, « la force des choses ne détruit pas les frontières ». Puisque le « nationalisme est une méthode pour soigner les intérêts matériels dans ce pays », puisqu'il « ordonne de juger tout par rapport

---

1. G. Vallée, La Fête du travail, le 1er mai 1890. Aux travailleurs de France, op. cit., et J.-E. Millot, Aux prolétaires de France, op. cit., p. 1-2.
2. M. Barrès, Contre les étrangers, op. cit., p. 18-22.
3. M. Barrès, « Socialisme et nationalisme », La Patrie, 27 février 1903.

à la France », puisque « c'est le souci des grands intérêts de la patrie » et, par conséquent, « un protectionnisme », il « engendre nécessairement [le] socialisme » défini comme « l'amélioration matérielle et morale de la classe la plus nombreuse et la plus pauvre [1] ».

Les nationalistes s'appliquent à mettre en valeur l'importance et la portée du dénominateur commun au socialisme et au nationalisme : « L'idée socialiste est une idée organisatrice si on la purge du poison libéral qui n'y est point nécessaire [2] », dit Barrès. Dans l'esprit des révoltés de la fin du siècle, socialisme et nationalisme ne représentent que deux aspects de l'antilibéralisme, deux aspects d'un même refus de l'individualisme démocratique, deux idéologies qui saisissent l'individu seulement en sa qualité de parcelle d'un tout organique. Ce qui permet à Maurras d'expliquer aux ouvriers que, « travailleurs, ils sont société avant d'être individus ». Voilà pourquoi le socialisme « en son sens naturel et pur » ne signifie pas nécessairement « la destruction et le partage de la propriété privée »; en réalité, « un système socialiste *pur* serait dégagé de tout élément de démocratisme. Il se plierait aux règles de la hiérarchie inscrites dans la constitution de la nature et de l'esprit [3] ».

C'est dans ce sens que le nationalisme peut être conçu comme « socialiste » par définition. C'est bien l'idée qu'exprime Barrès quand, en 1898, il reprend le combat en Lorraine. Il y revient au nom du boulangisme : son programme, celui du « Comité républicain socialiste-nationaliste de Meurthe-et-Moselle », recoupe les grandes options du « Comité républicain socialiste-révisionniste » qui l'a précédé. Ce programme exprime cependant les nouvelles préoccupations des socialistes nationaux : la lutte « contre ce socialisme trop cosmopolite ou plutôt trop allemand qui énerverait la défense de la patrie », la lutte contre la conspiration de la finance internationale et des ennemis de l'intérieur liés à elle, plus particulièrement les juifs qui, par « des mœurs d'accaparement, de spéculation, de cosmopolitisme », menacent de vider le pays de sa substance [4].

Il s'agit, en premier lieu, de combattre l'insécurité économique qui pèse sur le petit commerçant, l'agriculteur, le bourgeois et, finalement,

---

1. M. Barrès, *Scènes et Doctrines du nationalisme, op. cit.*, t. II, p. 171-174, 177, 178 et 162, et *Mes cahiers, op. cit.*, t. III, p. 6.
2. M. Barrès, Ch. Maurras, *La République ou le Roi. Correspondance inédite, 1883-1923*, Paris, Plon, 1970, p. 374. Lettre du 17 mai 1902.
3. Ch. Maurras, « Sur le nom de socialiste », *L'Action française* (revue), 15 novembre 1900, p. 861 et 865.
4. Cf. le programme de Nancy, in M. Barrès, *Scènes et Doctrines du nationalisme, op. cit.*, t. II, p. 163-167.

sur l'ouvrier dont « les salaires sont avilis par la concurrence de l'étranger ». Barrès fait amplement usage d'un thème qui deviendra désormais classique dans l'idéologie socialiste nationale : l'appel au sentiment d'insécurité qui se saisit des vastes couches populaires dans une économie en mutation ou en période de crise. Le candidat au siège de Nancy insiste sur la fondamentale solidarité qui lie l'ouvrier au commerçant et à l'agriculture : l'un permet à l'autre de subsister, et la ruine d'une catégorie sociale annonce irrémédiablement la déchéance de l'autre [1].

En faveur de l'agriculture, Barrès envisage une meilleure organisation du crédit agricole, ainsi qu'une réforme de la fiscalité devant aboutir à des dégrèvements d'impôts et à un allègement des charges qui frappent les petits cultivateurs. A leur intention et à celle des ouvriers, il préconise une réforme des statuts des syndicats ouvriers et agricoles qui leur permettrait de devenir des sociétés de producteurs. A ces trois catégories sociales ainsi qu'à une certaine bourgeoisie menacée par la haute finance internationale, Barrès propose l'application de la mesure qu'il considère comme la plus efficace et qui possède l'incomparable mérite d' « assurer l'union de tous les Français » : le protectionnisme. Protectionnisme contre le produit étranger et l'ouvrier étranger, protectionnisme contre la féodalité financière internationale qui, par ses syndicats anonymes, élimine le travailleur français, protection, enfin, contre le naturalisé [2]. Ainsi, le protectionnisme dépasse largement le cadre économique; il est, selon Barrès, le socialisme véritable, le remède miracle de la plupart des maux sociaux — tout comme la révision constitutionnelle au temps du boulangisme.

Retrouvant une démarche qui avait fait ses preuves dix ans auparavant, Barrès s'applique à simplifier la réalité, à lancer des idées facilement assimilables, susceptibles de mobiliser l'opinion publique et à même de canaliser le mécontentement. La meilleure façon d'y parvenir est de faire porter la responsabilité de tous les maux sur une seule cause, en l'occurrence, les éléments étrangers au consensus. C'est contre eux que Barrès affirme la solidarité des nationaux : « Le nationalisme, dit-il, se préoccupe d'établir des rapports justes entre tous les Français. » Il s'élève violemment contre l'assimilation du nationalisme à une doctrine réactionnaire : « Si l'on prétend que le nationalisme nécessite les formes actuelles du salariat, on trahit notre conception », écrit-il [3].

---

1. M. Barrès, *Scènes et Doctrines du nationalisme*, *op. cit.*
2. *Ibid.*, t. II, p. 163-167. — 3. *Ibid.*, p. 177.

Cette conception du rôle du socialisme concilie le boulangiste et l'antidreyfusard qui sont en Barrès : « réconciliation de l'ancienne France et de la démocratie dans le socialisme », tel devait être selon lui, en 1890, le rôle du boulangisme [1]. Un an plus tard, dans un article à la mémoire de Boulanger, il trace les grandes lignes de ce qu'aurait dû être le grand mouvement national et social dont il rêvait :

> Suture de l'ancienne France et de la démocratie dans le socialisme, oubli des mesquines chicanes anticléricales, acceptation et clôture de la Révolution de 89, fierté du drapeau national déployé sur la frontière [2]...

C'est sur ces principes qu'il mène sa campagne électorale de Nancy. En février 1889, il présente aux ouvriers de Saint-Dié une nouvelle recrue boulangiste, le prince de Polignac. A cette occasion, le blanquiste Gabriel exalte à la fois la Grande Révolution et « cette vieille aristocratie française qui a écrit avec son sang l'histoire de la France [3] ». Pour Barrès, le boulangisme existe parce que « le pays ne veut plus fêter qu'un seul parti, celui de la France [4] »; aussi place-t-il ce mouvement, qui se réclame de 89, de 48 et de la Commune, sous le patronage de Jeanne d'Arc, qui « a été une sainte pour tous [5] ». Mais Barrès est conscient que ni le prince de Polignac, ni Jeanne d'Arc, ni les théories de Naquet sur la République nouvelle ne sauraient forger l'unité d'un grand mouvement national. Il comprend parfaitement que des hommes d'origines aussi différentes ne se lanceront pas ensemble dans la bataille pour effectuer, comme le veut Naquet, un rajustement des forces politiques indispensable au bon fonctionnement du régime. C'est pourquoi il accorde une telle importance au socialisme, thème de ralliement des petites gens, et à l'antisémitisme, ce facteur d'unité de tous les Français. Voilà pourquoi le ralliement de Drumont à la République prend, à ses yeux, les dimensions d'un symbole [6].

1. M. Barrès, « Coup d'œil sur la session parlementaire qui vient de finir », *Le Courrier de l'Est*, 30 mars 1890.
2. M. Barrès, « Devant le cercueil », *Le Courrier de l'Est*, 3 octobre 1891. Cf. *l'Appel au soldat, op. cit.*, p. 128.
3. « Chronique. Réunion de Nancy », *Le Courrier de l'Est*, 12 février 1889.
4. M. Barrès, « Jeanne d'Arc ou la République ouverte », *Le Courrier de l'Est*, 6 juillet 1890.
5. M. Barrès, « Une journée à Flavigny », *Le Courrier de l'Est*, 24 août 1890. Barrès, depuis, devait mener de nombreuses campagnes pour et sur le nom de Jeanne d'Arc : de l'affaire Thalamas jusqu'à la reconnaissance de la brûlée de Rouen comme sainte nationale.
6. M. Barrès, « La République ouverte », *Le Courrier de l'Est*, 24 mars 1889; « M. Naquet », *ibid.*, 10 et 11 mars 1889; « Au journal de la Meurthe », *ibid.*, 4 avril 1891.

Dans le boulangisme, Barrès fait preuve d'une grande intuition politique : il a le sens de la politique moderne, cette politique des masses et du suffrage universel. Faisant son apprentissage politique sur le tas, il comprend qu'un « parti ouvert », un « parti de la réconciliation [1] » ne peut dépasser les limites d'une coalition de mécontents que dans la mesure où il lance des thèmes capables de prendre racine dans la conscience de l'homme de la rue, et dans la mesure aussi où il promet, avec précision, des satisfactions d'ordre économique aux couches sociales les plus défavorisées. Au temps de l'Affaire, Barrès poursuivra l'élaboration d'un nationalisme des « petits », de tous ceux qui n'ont pour eux que leur enracinement, leur qualité de Français. Ce nationalisme est l'héritier du boulangisme plébéien : il a retenu le même antiparlementarisme, le même anti-intellectualisme et le même antisémitisme qui, de simple xénophobie ou de vieux réflexe antijuif, devient une conception politique de première importance.

Le boulangisme populaire et autoritaire, antibourgeois et antiparlementaire; le boulangisme des diatribes contre les riches, contre les injustices économiques, le boulangisme socialisant, le boulangisme des radicaux, des blanquistes et des guesdistes, le boulangisme des mineurs du Nord ou du petit peuple de Belleville est essentiellement le produit d'une crise de la démocratie [2]. Ceci explique pourquoi, en dernière analyse, le sursaut antilibéral pèse, dans le boulangisme, d'un poids singulièrement plus lourd que les images de la défaite. Bien sûr, le boulangisme sut mobiliser l'ardeur patriotique et tirer le meilleur parti du sentiment d'humiliation et de la volonté du pays de préserver sa dignité face à l'Allemagne, mais il est, avant tout, la première grande manifestation de la série d'assauts que subira, dès la fin du siècle, la démocratie française. L'opportunisme, cette variante française du libéralisme, qui avait transformé l'immobilisme politique et social en idéologie officielle du régime et clos l'ère des grandes réformes, l'opportunisme doit alors faire face à la révolte des couches sociales nouvelles, en particulier dans les grandes villes et les centres industriels.

A beaucoup d'égards aussi, le boulangisme est fils de la transition que connaît la société française vers l'époque industrielle. En canali-

---

1. M. Barrès, « Le parti révisionniste a triomphé », *Le Courrier de l'Est*, 29 janvier 1889. « Le parti national révisionniste est un parti ouvert », écrit Barrès le lendemain du triomphe du 27 janvier. « [...] Le parti républicain national c'est le parti de la réconciliation » (M. Barrès, « Ceux qui dansent pour nous », *le Courrier de l'Est*, 14 mars 1889).
2. Cf. Z. Sternhell, *Maurice Barrès et le Nationalisme français, op. cit.*, p. 362.

sant le mécontentement à la fois des secteurs les plus avancés de
l'activité économique et de ceux qui craignent le progrès technique, il a
préparé le terrain, notamment dans la région parisienne, le Nord,
l'Est et le Sud-Ouest industrialisés, à la poussée du mouvement
ouvrier, et la structuration, dans des régions en pleine industrialisation, à la fois d'un courant marxiste et d'un courant socialiste national — le mouvement jaune.

La révolte boulangiste, nourrie des thèmes familiers à l'extrême
gauche, parvient à mobiliser une vaste clientèle populaire, celle-là
même sur laquelle repose la République. Elle allie à des velléités
d'appel au peuple et d'autoritarisme un évident souci social, un certain populisme flatteur pour la petite bourgeoisie et une large partie
du prolétariat encore peu perméable au marxisme. Tout comme le
socialisme qui lui succédera, le boulangisme est extrêmement hétérogène. De même, il s'adresse à une clientèle qui n'est pas foncièrement différente de celle que mobiliseront traditionnellement les partis
socialistes. Et les succès remportés par le parti national montrent que
les masses populaires peuvent aisément soutenir un mouvement qui
emprunte à la gauche ses valeurs sociales et à la droite ses valeurs
politiques.

Au parlementarisme, les boulangistes opposent le culte du chef,
à la prétendue incohérence des institutions, le sens de l'autorité, au
capitalisme, une certaine forme de populisme appuyé sur un paroxysme
verbal antibourgeois destiné surtout à mobiliser les couches populaires.
Même éphémères, les triomphes du boulangisme montrent bien que
la gauche n'était pas toujours imperméable au culte de l'homme fort,
qu'elle pouvait aisément s'accommoder de la défaite d'une République qui ne répondait pas à son propre idéal, qu'elle n'était pas
insensible à la démagogie pour peu qu'elle livre à la vindicte populaire les grands seigneurs de la finance. C'est bien le succès remporté
par cette convergence de thèmes idéologiques et de forces politiques
et sociales normalement considérés comme antagonistes qui en fait la
gravité, démontre la vulnérabilité de la démocratie libérale et annonce
l'avènement d'un âge nouveau.

CHAPITRE II

Anatomie d'un mouvement de masse : la Ligue des patriotes

1. LES FONDEMENTS IDÉOLOGIQUES DE L'ACTIVISME NATIONALISTE

La Ligue des patriotes est le premier parti de masse structuré en France autour d'une idéologie nationaliste et autoritaire, à la fois militariste, populiste et antimarxiste, le premier aussi à mettre en œuvre des méthodes modernes d'encadrement, de propagande et d'action dans la rue.

La chose est peu connue, car les études consacrées au mouvement de Déroulède sont encore très peu nombreuses [1]. En fait, dans les années quatre-vingt-dix, la Ligue des patriotes joue le même rôle qui, à la fin du Second Empire, avait été celui des organisations blanquistes. Son influence est considérée par les contemporains comme un danger permanent pour l'ordre établi, et ses activités comme un défi à la République parlementaire. Les descentes dans la rue organisées par la Ligue des patriotes provoquent presque toujours un déploiement considérable des forces de l'ordre; tout au long de la dernière décennie du siècle, la préfecture de police accorde un degré d'extrême gravité aux émeutes que pourraient allumer les hommes de Déroulède. Grâce

1. Cf. R. Girardet, « La Ligue des patriotes dans l'histoire du nationalisme français, 1882-1888 », *Bulletin de la Société d'histoire moderne*, vol. 57, n° 6, 1958, p.3-6; Z. Sternhell, « Paul Déroulède and the origins of modern French nationalims », *Journal of Contemporary History*, vol. 6, n° 4, octobre 1971, p. 46-70; P. M. Rutkoff, « The Ligue des patriotes : The nature of the radical right and the Dreyfus affair », *French Historical Studies*, vol. 8, n° 4, automne 1974, p. 584-603. Cet article résume l'essentiel d'une thèse de doctorat présentée à l'université de Pennsylvanie : *Revanche and Revision : Paul Déroulède and the Ligue des Patriotes, 1897-1900* (non publiée). Utile pour certains détails qu'elle apporte, cette thèse est néanmoins très limitée dans sa vision d'ensemble et sa perception de la dimension déroulédienne du nationalisme.

à son chef, mais grâce aussi à ses structures, à son organisation et au dévouement de ses militants, la Ligue des patriotes reste, jusqu'à la montée du mouvement jaune, le fer de lance du nationalisme populaire. A travers les rapports de police qui prennent constamment le pouls de la vie parisienne, comme à travers la presse quotidienne, les ligues, qu'il s'agisse de la Ligue des patriotes, de la Ligue de la Patrie française ou de la Ligue antisémitique, prennent des dimensions tout autres que celles qui émergent habituellement des livres d'histoire.

A ses origines, la Ligue des patriotes s'inscrit dans la meilleure orthodoxie républicaine. Fondée le 18 mai 1882, elle est présidée par l'un des tout premiers intellectuels républicains de l'époque, l'historien Henri Martin, disciple de Michelet. Patronnée par Victor Hugo, qui n'hésite pas à donner au *Drapeau* du 3 mars 1883 un poème patriotique, elle compte parmi ses militants des hommes comme Berthelot, Félix Faure, Alfred Mézières, Ferdinand Buisson et Gambetta. Après la disparition de « ce grand avocat de la patrie [1] » auquel il vouera jusqu'à la fin de sa vie un culte quasi fétichiste [2], Déroulède reporte sa ferveur sur « ce dernier filleul politique de Gambetta », Waldeck-Rousseau, qui, ministre de l'Intérieur en 1883, préside les réunions tenues par des sociétés de gymnastique affiliées à la Ligue des patriotes [3]. Seize ans plus tard, ce sera ce même Waldeck-Rousseau qui, président du Conseil, déférera en Haute Cour Paul Déroulède qui venait de tenter un coup d'État.

Dès sa fondation, l'auteur des *Chants du soldat* voue la Ligue des patriotes à une fonction majeure : mobiliser et encadrer la jeunesse, inculquer l'esprit civique et l'amour de la patrie aux enfants des écoles. L'œuvre de la Ligue est alors en parfaite symbiose avec la politique de sécularisation et de laïcisation de la société française, entreprise avec prudence, mais avec beaucoup de fermeté, par les fondateurs de la République.

En effet, et parce qu'à ses yeux les notions de République et d'école laïque sont indissociables, le gouvernement de la République charge sa nouvelle école de la tâche cardinale qui consiste à fortifier la patrie et à affirmer une conception unitaire de la communauté nationale [4].

1. P. Déroulède, *Le Livre de la Ligue des patriotes : extraits des articles et discours*, Paris, Bureaux de la Ligue des patriotes, 1887, p. 86.
2. Le ton est donné par *le Drapeau*, nos 1 et 2 (6 et 13 janvier 1883), consacrés à la mort de Gambetta. Déroulède s'y laisse aller à un véritable désespoir.
3. P. Déroulède, *Le Livre de la Ligue des patriotes, op. cit.*, p. 118.
4. Cf. J.-M. Mayeur, *les Débuts de la IIIe République, 1871-1898*, Paris, Éd. du Seuil, 1973, p. 112-116; on consultera aussi avec profit P. Barral, *les Fonda-*

En fait, l'œuvre de l'école laïque ne tend pas seulement à gagner les nouvelles générations à la démocratie et aux principes de 89, mais aussi, parachevant ainsi l'œuvre de la Révolution, à nationaliser les masses. C'est là un élément capital pour la compréhension de l'évolution de la IIIe République : dans l'esprit des fondateurs de la République, la nationalisation des masses représente une condition indispensable pour consolider les assises de la République et assurer la pérennité de la démocratie. En forgeant, par-delà les divisions sociales, régionales et culturelles, le sentiment de l'unité nationale, les fondateurs de la République pensaient pouvoir à la fois affirmer les bases de la démocratie parlementaire et résoudre le problème social. Ils ne doutaient pas un instant que l'école pût être un puissant facteur de promotion sociale, propre à favoriser l'égalité et à mettre fin aux hiérarchies sociales traditionnelles; ils croyaient tout autant dans les bienfaits qu'un système de bourses d'étude peut apporter à tout un peuple désireux d'ascension sociale. Ceci explique la surprise, les lenteurs et la faiblesse des réactions du centre républicain au pouvoir face à un phénomène qu'il comprend mal, parce qu'il lui manque le cadre conceptuel qui lui aurait permis d'en saisir la nature et les raisons : la révolte du nationalisme contre la démocratie libérale, associée au refus du prolétariat de considérer la question sociale comme résolue par la simple institution du suffrage universel. Car si, au cours de la dernière décennie du siècle, il s'avère, un moment, que le processus de nationalisation des masses a pour corollaire naturel et nécessaire la participation politique, la mobilisation des masses qui s'ensuit n'aide pas finalement à l'affermissement de la République, mais grossit, au contraire, la première vague des assauts successifs que va désormais subir la démocratie libérale.

Les efforts — le succès comme les échecs des pères fondateurs — illustrent bien la grande problématique de la fin du XIXe siècle : comment surmonter les difficultés inhérentes à l'adaptation de la démocratie libérale à la société de masse. C'est précisément parce qu'un républicain modéré comme Jules Siegfried, ce « parfait opportuniste » — selon l'admirable tableau qu'en donna son fils —, « restait intelligemment conservateur [1] » que Laisant, battant le rappel de l'extrême gauche radicale en 1885, pouvait se permettre d'accuser « l'oppor-

---

teurs de la IIIe République, Paris, Colin, 1968; P. Nora, « Ernest Lavisse : son rôle dans la formation du sentiment national », Revue historique, vol. 228, juill.-septembre 1962; A. Prost, Histoire de l'enseignement en France, Paris, Colin, 1968.

1. A. Siegfried, Mes souvenirs de la IIIe République. Mon père et son temps : Jules Siegfried, 1836-1922, Paris, Éd. du Grand Siècle, 1946, p. 63 et 45.

tunisme [d'être] le perpétuel ajournement, le refus perpétuel de toutes les réformes promises [1] ».

Certes, au temps des fondateurs, l'idée républicaine ne se sépare pas du sentiment patriotique, et l'éducation civique, tout comme l'instruction physique, fondement de l'instruction militaire, fait partie intégrante du système de valeurs inculqué par l'école républicaine. La formation prémilitaire est l'une des tâches des instituteurs, et la Ligue de l'enseignement, qui joue un rôle de groupe de pression en faveur de l'œuvre de laïcité, prend pour devise : « Pour la patrie, par le livre et par l'épée [2]. » Quant à l'œuvre des sociétés de gymnastique qui forment l'ossature de la Ligue des patriotes, elle trouvera un ardent défenseur en Jules Ferry, qui, en 1882, fait distribuer dans les écoles 20 000 exemplaires des *Chants du soldat*. Quelques années plus tard, Ferry sera la bête noire de la première génération des nationalistes.

Paul Déroulède s'associe étroitement à l'œuvre de régénération entreprise par les fondateurs de la République. La préparation de la revanche — l'objectif final de la Ligue des patriotes — prend pour lui les formes d'un immense effort d'éducation. « C'est le maître d'école prussien qui a été vainqueur à Sadowa — et il l'a été ailleurs aussi, hélas », dit Déroulède ; « le premier outil d'éducation allemand n'est pas le fusil, mais le livre [3] ». L'instituteur allemand a préparé la victoire de sa patrie, l'instituteur français conduira un jour les armées françaises dans Metz et Strasbourg. Telle est la tâche qu'assignent à la Ligue ses statuts, et tous les efforts depuis sa création tendent vers ce but.

Le système d'éducation préconisé par Déroulède repose sur deux piliers. Il s'agit, tout d'abord, d'imprégner les enfants des écoles d'une nouvelle religion séculière, la religion de la patrie, de développer puissamment la culture de l'esprit militaire, ensuite. L'incrustation de ces valeurs dans la mentalité de toutes les couches de la population est, dans l'esprit de Déroulède, absolument vitale, car il s'agit là d'un moyen d'intégration et de mobilisation des masses sans lequel la survie de la nation, dans un monde où sévit une compétition impitoyable, serait gravement compromise. Souder toutes les couches sociales, recréer l'unité compromise de la nation en intégrant dans un même culte la vieille France et celle qui est née sur les champs de bataille de la Révolution, jeter un pont sur l'abîme qui sépare la France de la libre pensée de la France croyante, les petits-fils des émigrés des des-

---

1. C.-A. Laisant, *La Politique radicale en 1885. Quatre conférences*, *op. cit.*, p. 72.
2. J.-M. Mayeur, *Les Débuts de la IIIe République*, *op. cit.*, p. 114.
3. P. Déroulède, Discours sur l'éducation militaire, prononcé à Angoulême, *le Drapeau*, 26 mai 1883, p. 238.

cendants des régicides, tel est le but que se fixe le nationalisme de Paul Déroulède. Un nationalisme qui se veut avant tout un puissant moyen d'intégration des masses.

« Le patriotisme qui est aussi une religion, écrit Déroulède en 1888, a ses symboles et ses rites comme il a ses apôtres et ses martyrs [1]. » Il appartient donc à l'éducateur, afin de donner aux enfants, « par tous les moyens, un amour profond et raisonné de leur nation et de leur sol », de les nourrir de toutes les gloires de la France, de chanter tous les héroïsmes de tous les moments de l'histoire de France [2]. Vercingétorix, Valmy, Jeanne d'Arc, les soldats de l'an II expriment dans un même esprit d'héroïsme et d'abnégation la continuité française.

A un moment où il s'agit de rassembler « toutes les bonnes volontés nationales [3] », il est vital de dépasser toutes les divisions. Déroulède veut ce dépassement tant dans la vie politique que dans la vie sociale et religieuse du pays. « Il n'est pas de plus grand dissolvant que la politique [4] », dit-il en 1885. En chef d'un mouvement qui se veut de rassemblement et d'intégration, il a horreur, dès le début, de ce qu'il appelle « la politique », mot qui, dans sa bouche, n'est rien d'autre qu'une des appellations de la démocratie libérale. Au nom de l'unité nationale, Déroulède refuse de s'engager sur la question de la laïcité, il récuse l'antisémitisme, mais s'élève aussi avec violence contre le socialisme car le drapeau rouge est d'abord un symbole de particularisme [5]. Bien des années plus tard, Déroulède aimera rappeler que c'est l'apparition du drapeau rouge à Buzenval qui fut le point de départ de son opposition au régime.

L'enseignement des vertus militaires est un autre moyen d'intégration. Assurer à l'école la propagation de l'esprit militaire, « cette institution de salut public », y assurer la présence de l'armée et de l'instruction militaire, « transformer la jeunesse des écoles en une légion de braves Français », c'est le programme que se fixe Déroulède au moment où il est appelé à siéger dans une commission présidée par Paul Bert, ministre de l'Instruction publique du « grand gouver-

1. P. Déroulède, « La madone de la Patrie », *Le Drapeau*, 21 juillet 1883, p. 333.
2. P. Déroulède, *De l'éducation militaire*, Paris, Librairie nouvelle, 1882, p. 12.
3. P. Déroulède, *Le Livre de la Ligue des patriotes*, *op. cit.*, p. 4.
4. P. Déroulède, discours prononcé à Paris, place du Trocadéro, *le Drapeau*, 14 novembre 1885. Cf. l'article 30 des statuts de la Ligue des patriotes (*le Livre de la Ligue des patriotes*, *op. cit.*, p. 289), et *la Patrie, la Nation, l'État. Discours prononcé à Paris le 10 juin 1909*, Paris, Imprimerie de *la Presse* et de *la Patrie*, 1909, p. 10.
5. P. Déroulède, *Le Livre de la Ligue des patriotes*, *op. cit.*, p. 5; *De l'éducation militaire*, p. 7-8; *La Défense nationale*, *op. cit.*, p. 11.

nement » Gambetta [1]. Chargée d'établir un programme d'instruction militaire dans les écoles, cette commission « gambettiste » n'eut guère le temps de pousser bien avant dans cette voie : l'arrivée de Jules Ferry au ministère arrête brutalement les projets de réforme, et l'éducation militaire devient une simple éducation physique. C'est alors que, pour la première fois, Déroulède se dresse contre les pouvoirs publics : *De l'éducation militaire*, qu'il publie en 1882, est un pamphlet antiferryste. Déroulède craint, en effet, que le culte de l'armée ne soit sinon abandonné, du moins un peu délaissé, ce qui, de son avis, risque d'être lourd de conséquences. Car, pour lui, l'armée n'est pas seulement le symbole de l'indépendance, de la force, de la dignité et, finalement, un instrument de la revanche, elle est aussi — avant tout, peut-être — le symbole de l'unité nationale. Et l'esprit militaire ne doit pas seulement conduire l'armée française au-delà des Vosges, mais encore assurer la mobilisation et l'intégration des masses à un moment où se font jour, de plus en plus, les facteurs de morcellement.

Déroulède, en effet, va très rapidement s'apercevoir que le sens et les objectifs qu'il attache à cette propagation de l'esprit militaire diffèrent profondément de l'idée que s'en font les hommes au pouvoir. Les mots employés sont souvent les mêmes, mais ils recouvrent des réalités très différentes. Il ne fait aucun doute que le centre républicain au pouvoir a une tout autre conception des objectifs à atteindre : pour Ferry, Buisson ou Goblet, il appartient à l'école laïque, tout comme aux sociétés de gymnastique, à l'enseignement de l'histoire comme à l'éducation physique, d'enraciner la République en sécularisant l'État et la vie sociale, d'affirmer la fidélité à la Révolution française en répandant les bienfaits d'un enseignement enraciné dans la grande tradition des Lumières, de toucher, comme dit Ferry, « l'esprit de toutes ces générations nouvelles, de ces jeunes et innombrables réserves de la démocratie républicaine, formées à l'école de la science et de la raison, et qui opposeront à l'esprit rétrograde l'insurmontable obstacle des intelligences libres et des consciences affranchies [2] ».

Pour les hommes en place, pour cette génération de républicains de l'Empire arrivés au pouvoir le lendemain de Sedan, il s'agit avant tout d'empêcher un retour en arrière; aussi, ce qu'ils veulent, c'est d'abord et surtout démocratiser les masses. Ce qui ne suffit pas au nouveau nationalisme, pour qui le but à atteindre doit être d'abord et surtout leur nationalisation, leur intégration et leur mobilisation.

Très tôt, Paul Déroulède avait conçu un grand dessein. Même s'il

---

1. P. Déroulède, *De l'éducation militaire*, op. cit., p. 3, 7 et 22-24.
2. Cité in J.-M. Mayeur, *les Débuts de la IIIe République*, op. cit., p. 113.

n'avait rien d'original dans les principes puisqu'il puisait tout simplement dans Renan et dans Taine, ce projet n'en présentait pas moins, pour ce qui était de l'action politique, quelque chose de tout à fait nouveau.

Il voulait, en effet, traduire en force politique la refonte totale des conceptions idéologiques héritées de l'époque antérieure. Aussi va-t-il s'attaquer à ce qu'il tient pour l'origine du mal : la classique tradition révolutionnaire et humanitaire[1]. Car cette vieille tradition républicaine, celle de Louis Blanc et de Michelet, en laissant s'éteindre l' « esprit militaire », a engendré un « péril national » permanent[2]. Déroulède entreprend donc une vaste opération de sauvetage afin d'extirper les racines de la défaite et de la décadence. Comme premier pas vers le relèvement, il veut imposer l'adoption d'un système de valeurs totalement nouveau : « L'heure est venue, écrit-il au lendemain de la défaite, d'un égoïsme national [...], d'une passion nationale absorbante, exclusive, jalouse comme toutes les passions[3]. » Il revient sur cette idée chaque fois que l'occasion s'en présente : « Quant à la fraternité des peuples, dit-il lors de la fondation de la Ligue, nous en reparlerons le jour où Caïn nous aura rendu ce qu'il nous a pris[4]. » Pour l'instant, les Français se doivent à eux-mêmes, à leur pays mutilé ; il leur faut avant tout protéger la patrie contre toutes les doctrines internationalistes qui ne sont guère plus que « l'exploitation de la France par l'étranger », contre toutes les chimères humanitaires qui l'affaiblissent et la mettent en un constant état d'infériorité par rapport au monde extérieur[5].

Cette analyse des maux, des faiblesses et des malheurs de la France n'est nullement propre à Déroulède, et elle n'est pas limitée aux lecteurs assidus du *Drapeau* : on en trouve les premières manifestations tant dans *la Réforme intellectuelle et morale de la France* que dans *les Origines de la France contemporaine*. Car il ne fait pas de doute que c'est bien avec Renan et Taine que commence, dans la France contemporaine, la véritable réaction antidémocratique. Plus que quiconque dans la France des années quatre-vingts, ces intellectuels ont été les grands propagateurs de la double théorie selon laquelle la démocratie, c'est la médiocrité par le nivellement, et la Révolution française,

---

1. P. Déroulède, *Le Livre de la Ligue des patriotes, op. cit.*, p. 5 ; discours aux obsèques d'Henri Martin, *le Drapeau*, 22 décembre 1883, p. 609 ; *La Défense nationale, op. cit.*, p. 6.
2. P. Déroulède, *De l'éducation militaire, op. cit.*, p. 22.
3. P. Déroulède, *La Défense nationale, op. cit.*, p. 6.
4. P. Déroulède, *Le Livre de la Ligue des patriotes, op. cit.*, p. 5.
5. *Ibid.*, p. 171-172.

le début de la décadence française. Plus que quiconque, ce sont eux — et, après eux, toute la pléiade des Jules Lemaitre et des Paul Bourget, des Drumont, des Barrès et des Déroulède — qui inculquent aux hommes de leur génération et de celles qui suivront l'idée selon laquelle c'est la Révolution française, les Lumières, le libéralisme, l'individualisme et le matérialisme qui furent battus à Sedan. C'est bien dans leur œuvre, comme dans leur action politique, que s'expriment les énormes difficultés qu'éprouve le libéralisme — comme idéologie et système socio-économique — pour s'adapter aux réalités de la société de masses.

Les pères intellectuels et les chefs du nouveau nationalisme — et de son corollaire, le socialisme national —, Déroulède, Barrès, Maurras, Sorel, ne s'y trompent pas qui voient dans l'auteur de *la Réforme intellectuelle et morale* leur maître à penser. Et ce n'est certainement pas l'effet du hasard si Mussolini insiste sur les « illuminations préfascistes » de Renan[1]. Gentile, Marcel Déat, José Antonio Primo de Rivera ou Oswald Mosley n'auront pas toujours beaucoup d'éléments nouveaux à ajouter à la critique de la démocratie faite par un homme qui fut non seulement l'un des grands esprits du siècle passé, mais aussi l'un des piliers du rationalisme et du libéralisme de son temps.

> Énervée par la démocratie, démoralisée par sa prospérité même, la France a expié de la manière la plus cruelle ses années d'égarement,

écrit Renan au lendemain de la défaite.

> La France telle que l'a faite le suffrage universel est devenue profondément matérialiste; les nobles soucis de la France d'autrefois, le patriotisme, l'enthousiasme du beau, l'amour de la gloire, ont disparu avec les classes nobles qui représentaient l'âme de la France. Le jugement et le gouvernement des choses ont été transportés à la masse; or la masse est lourde, grossière, dominée par la vue la plus superficielle de l'intérêt[2].

Par quel tour de passe-passe l'homme d'un tel langage était-il devenu l'un des grands noms de la démocratie française? Était-ce que le savant avait totalement éclipsé le penseur politique? Ou était-ce que son anticléricalisme avait suffi pour lui acquérir les bonnes grâces du parti républicain?

Renan n'est pas un cas isolé, bien au contraire. Il s'agit là d'une

---

1. B. Mussolini, *La Doctrine du fascisme*, Florence, Vallechi, 1937, p. 34.
2. E. Renan, *La Réforme intellectuelle et morale de la France*, Paris, Union générale d'éditions, coll. « 10/18 », s.d., p. 25 et 46.

évolution commune à l'ensemble de l'Europe, mais qui se trouve, en France, considérablement accélérée par la défaite de 1870 : accélérée, mais non pas produite par elle. C'est beaucoup trop volontiers que l'on attribue à « l'année terrible » la crise intellectuelle qui aurait rendu Renan, Taine ou Drumont antijacobins, ou qui, en provoquant chez le jeune enfant lorrain une révolte d'« enfant humilié », aurait lancé Barrès contre la démocratie parlementaire, ou encore aurait contribué à nourrir le nationalisme chez Maurras.

Il ne s'agit point de minimiser ici le poids de la débâcle. Claude Digeon a montré combien fut profonde et durable la crise de la pensée française après 1870, et Raoul Girardet a brossé l'immense effort de régénération entrepris par la République et, plus spécialement, par l'école républicaine [1]. Pourtant, si tous les Français déplorent les malheurs de la patrie, très rapidement, une différence énorme se dessine entre ceux qui en rendent responsable une mauvaise politique et ceux qui font porter le poids du désastre aux Lumières, à la Révolution française, à l'ancêtre jacobin.

Car, en dépit du choc qui suit la débâcle, il est indéniable que celle-ci ne fait, au mieux, qu'accélérer un peu plus la formation d'une atmosphère favorable à la révision des vieilles valeurs républicaines; la défaite a précipité un mouvement, elle ne l'a pas créé. D'ailleurs, la victoire allemande n'a pas plus produit les conceptions historiques de Mommsen ou de Treitschke et les conceptions politiques de Stöcker, de Langbehn ou de Lagarde, que la défaite française n'a donné naissance aux conceptions de l'histoire selon Taine ou Fustel de Coulanges, ou aux conceptions politiques de Renan, de Drumont ou de Barrès. D'autre part, il était inévitable, comme l'admettait Julien Benda lui-même, que, dès l'instant où l'Allemagne avait ses Mommsen, la France était tenue d'avoir ses Barrès, sous peine de voir son existence menacée [2]. Les deux pays, les deux cultures politiques subissent une évolution très semblable, simplement parce qu'ils participent d'un même phénomène européen. Rien n'est moins conforme aux réalités qu'une interprétation du boulangisme comme refus de la défaite ou révolte contre l'humiliation. Ne voit-on pas apparaître les mêmes phénomènes tant chez les vaincus que chez les vainqueurs de 1870? Ce serait gravement déformer la réalité que

1. Cf. R. Girardet, *le Nationalisme français, 1871-1914, op. cit.*, p. 15 et 70-84; J. Touchard, « Le nationalisme de Barrès », in *Maurice Barrès. Actes du colloque organisé par la faculté des lettres et des sciences humaines de l'université de Nancy*, Nancy, 1963, p. 162; et Cl. Digeon, *la Crise allemande de la pensée française, 1870-1914*, Paris, Presses universitaires de France, 1959.

2. J. Benda, *La Trahison des clercs*, Paris, Pauvert, 1965, p.51.

d'en rendre tout simplement responsables les événements. En fait, des deux côtés du Rhin, les événements ont joué un rôle de révélateur de tendances déjà existantes : la victoire des uns et la défaite des autres ont provoqué un ébranlement qui a laissé paraître au grand jour des courants de pensée qui, jusque-là, n'avaient eu qu'une audience relativement restreinte.

Il convient également d'insister ici sur le double aspect des réactions provoquées par la question d'Alsace-Lorraine. Car, si la défaite a accéléré un processus en cours — vers un nationalisme toujours plus dur, plus proche d'un certain racisme —, il est incontestable qu'elle a également eu un effet modérateur sur les pères du nouveau nationalisme.

En effet, le fait que le droit des peuples à disposer d'eux-mêmes ait été le seul argument à pouvoir être avancé pour dénoncer le traité de Francfort a eu pour conséquence de freiner considérablement le rythme du développement de la réaction antilibérale en France, et d'éroder sérieusement les aspérités de sa vraie nature. Autrement dit, l'existence du problème alsacien-lorrain a empêché de tirer toutes les conclusions du principe de la pureté du sang ou de celui des droits historiques. On peut se demander quelle aurait été l'évolution de Renan ou de Taine, n'eût été la nécessité de justifier la revendication — même théorique — du retour des annexés. Renan aurait-il prononcé sa célèbre conférence « Qu'est-ce qu'une nation » s'il avait été à la place d'un Mommsen, d'un Ranke ou d'un Treitschke? Et quelles auraient été les réactions d'un Taine s'il avait occupé en vainqueur la Rhénanie, province qu'un Barrès, par exemple, n'hésitera pas à revendiquer en 1920?

Si la Réforme intellectuelle et morale de la France est un produit de la défaite, la « Philosophie de l'histoire contemporaine » date, en revanche, de 1869. Dans ce long article, publié dans la Revue des deux mondes, Renan expose déjà l'essentiel de sa pensée politique. Il y condamne avant tout

> l'idée des droits égaux de tous, la façon de concevoir le gouvernement comme un simple service public qu'on paie et auquel on ne doit ni respect ni reconnaissance, une sorte d'impertinence américaine, la prétention [...] de réduire la politique à une simple consultation de la volonté de la majorité [...] [1].

Après avoir chanté les louanges de l'Angleterre et déversé son mépris sur les États-Unis, Renan exhorte Napoléon III d'adopter « le pro-

---

1. E. Renan, « Philosophie de l'histoire contemporaine. La monarchie constitutionnelle en France », La Revue des deux mondes, t. 84, 1er novembre 1869, p. 92.

gramme libéral » parce que celui-ci est en même temps « le programme vraiment conservateur »[1], seul capable de barrer la route à « ce jacobinisme âpre, hargneux, pédantesque, qui remue le pays[2] », à cet « esprit démocratique [...] qu'on peut bien qualifier de matérialisme en politique » et qui, en fin de compte, ne peut engendrer qu'« une sorte de médiocrité universelle[3] ». Quoi qu'il en soit, et quel que soit l'avenir — Renan croit, en 1869, que la France « paraît... devoir longtemps encore échapper à la république [...][4] »—, il est « probable que le XIXᵉ siècle sera [...] considéré dans l'histoire de France comme l'expiation de la Révolution[5] ». « L'année terrible » permet simplement de confirmer les hypothèses énoncées, d'apporter la preuve matérielle de la décadence politique de la France et de la démocratie. *La Réforme* analyse le mal et propose une série de remèdes. Mais le diagnostic comme le traitement préconisé ne veulent — ou ne peuvent — considérer que les structures mêmes de la vie politique et sociale dont le long pourrissement a commencé, bien entendu, avec la Révolution française.

Il en est de même en ce qui concerne Taine. Certes, *les Origines de la France contemporaine* s'échelonnent sur les années 1875-1893, mais les quatre tomes de *l'Histoire de la littérature anglaise*, qui, eux, datent de 1863-1864, trahissent non seulement la terreur qu'inspire le jacobin à Taine, mais aussi l'appartenance de sa pensée au courant darwinien. Et le rigoureux déterminisme fondé sur « la race, le milieu et le moment » ne fait qu'ajouter une dimension supplémentaire et édifiante aux nombreuses variantes du darwinisme politique. Tout compte fait, l'historiographie française de ces années-là ne diffère peut-être pas autant qu'on se plaît à le répéter de la production d'outre-Rhin.

Ainsi, pour les deux géants dont la pensée domine la France de cette fin de siècle, la déroute de 1870 n'est point celle d'une politique hasardeuse, d'un état-major en retard d'une guerre, ou encore celle d'une infrastructure technologique moins développée. C'est la débâcle d'une certaine forme de société, d'un mode de vie et d'une idéologie — où prédominent les néfastes valeurs jacobines — qui, nécessairement, devaient mener à la décadence :

> Tous les germes putrides qui eussent amené sans cela une lente consomption devinrent un accès pernicieux, tous les voiles se déchi-

---

1. E. Renan, « Philosophie de l'histoire contemporaine. La monarchie constitutionnelle en France », *loc. cit.*, p. 99.
2. *Ibid.*, p. 96. — 3. *Ibid.*, p. 92 et 75.
4. *Ibid.*, p. 95. — 5. *Ibid.*, p. 73.

rèrent; des défauts de tempérament qu'on ne faisait que soupçonner apparurent d'une manière sinistre [1].

Le premier de ces défauts, qui résume en fait « le mal de la France », est « le matérialisme » [2]. C'est là un mot clé pour ce courant de pensée qui entre en révolte contre l'héritage de la Révolution :

> Pendant que nous descendions insouciants la pente d'un matérialisme inintelligent ou d'une philosophie trop généreuse, laissant presque se perdre tout souvenir d'esprit national [3], [c'est] la Prusse demeurée pays d'ancien régime, et ainsi préservée du matérialisme industriel, économique, socialiste, révolutionnaire, qui a dompté la virilité de tous les autres peuples [4].

La démocratie et le socialisme sont des matérialismes; mais il y a aussi un « matérialisme bourgeois [5] », autre aspect de cette même médiocrité qui, depuis la fin du XVIIIe siècle, emporte tout. Sedan prend ainsi les dimensions d'une défaite subie par une culture politique qui est « la négation de la discipline [6] », et dont la tendance est « de diminuer l'État au profit de la liberté individuelle [7] ». Face à une Prusse qui avait conservé toutes les vertus d'un « régime quasi féodal, un esprit militaire et national poussé jusqu'à la rudesse [8] », la France expie aujourd'hui la « conception philosophique et égalitaire de la société » alliée à « la fausse politique de Rousseau [9] ». Aux hommes de sa génération, à ses innombrables disciples de la génération suivante, Renan apprend qu'« un pays démocratique ne peut être bien gouverné, bien administré, bien commandé [10] », et qu' « une nation a d'ordinaire le droit de se renfermer dans le soin de ses intérêts particuliers et de récuser la gloire périlleuse des rôles humanitaires [11] ».

Ces thèmes essentiels d'une révision générale des valeurs léguées par la vieille tradition républicaine constituent alors le fond du nouveau nationalisme. Puisque, comme le pense Renan, les succès prussiens représentent une « victoire de l'ancien régime, du principe qui nie la souveraineté du peuple [12] » sur la Révolution française, répudier le vieux nationalisme quarante-huitard devient, pour Déroulède, une nécessité de salut public. C'est ainsi que le nationalisme, qui, dans la première moitié du XIXe siècle, avait été profondément imbu de valeurs universalistes, et avait revêtu l'aspect d'une des différentes

---

1. E. Renan, *La Réforme intellectuelle et morale de la France*, op. cit., p. 94.
2. *Ibid.*, p. 29. — 3. *Ibid.*, p. 88. — 4. *Ibid.*, p. 92. — 5. *Ibid.*, p. 26.
6. E. Renan, *La Réforme intellectuelle et morale de la France*, op. cit., p. 93.
7. *Ibid.*, p. 90. — 8. *Ibid.*, p. 89. — 9. *Ibid.*, p. 32. — 10. *Ibid.*, p. 79.
11. E. Renan, *Lettre à un ami d'Allemagne*, Paris, Calmann-Lévy, 1879, p. 4.
12. E. Renan, *La Réforme intellectuelle et morale de la France*, op. cit., p. 94.

expressions du libéralisme, change progressivement de nature. Le nationalisme jacobin et quarante-huitard, héritier de la Révolution française et de la philosophie des droits naturels, est en fait fondé sur une extension du principe des droits naturels, sur une conception des droits de la collectivité comprise comme une multiplication et une somme des droits de l'individu. En revanche, en cette fin de siècle, sous le poids des conditions économiques nouvelles qui instaurent une âpre concurrence sur le marché mondial, sous le poids de la compétition et des intérêts divergents des grandes puissances européennes, du fait aussi que c'est par le feu et par le sang que se forgent l'unité italienne et allemande, à cause encore de l'impulsion du darwinisme social et, finalement, en réaction au marxisme, le nationalisme acquiert un contenu totalement nouveau. A la veille du boulangisme, ce processus aboutit à la condamnation, au nom du sentiment national, de l'ensemble du système de pensée sur lequel repose la démocratie libérale.

Dans le domaine des forces politiques, c'est Paul Déroulède qui, en France, traduit cette évolution en propageant abondamment les fondements d'une idéologie de masse. A la suite de Renan dont il devient en fait le vulgarisateur, il développe, dans des dizaines de pamphlets, des centaines d'articles et de discours, les thèmes idéologiques puisés dans *la Réforme intellectuelle et morale*.

Peu de temps après la chute du « grand ministère » Gambetta, Déroulède parvient à la conclusion que ses conceptions du bien politique sont loin de coïncider avec l'idée que s'en font les successeurs du grand leader républicain. C'est certainement pourquoi, en décidant la création de la Ligue des patriotes, Déroulède n'a d'abord qu'un objectif : suppléer aux faiblesses du régime. Il est impossible, en effet, d'interpréter autrement le fait que la Ligue soit créée dans la foulée de l'échec subi par Gambetta, resté au pouvoir à peine dix semaines. Un régime qui n'a pas de place pour l'homme de la Défense nationale a forcément quelque chose de fondamentalement pourri : peut-on alors lui confier sans arrière-pensées le sort de la nation? Il faut donc créer des structures qui puissent sinon remplacer, du moins améliorer le fonctionnement du mécanisme destiné à préparer la France à supporter, moralement et physiquement, le choc de l'affrontement avec l'Empire allemand. En décembre 1882, la mort de Gambetta renforce encore Déroulède dans la conviction que la République opportuniste ne prendra jamais la voie de la renaissance nationale.

C'est que le centre républicain au pouvoir se refuse à l'idée que patriotisme et démocratie puissent être dissociés, que le bien de la

République et l'avenir de la France puissent être incompatibles avec les grandes valeurs de la société libérale. Principes et valeurs auxquels, précisément, Déroulède ne souscrit plus, ne peut plus souscrire. La mort de Gambetta et l'accession au pouvoir de Jules Ferry finissent de dissiper dans son esprit l'ambiguïté qu'entretenait la présence sur la scène politique d'une personnalité charismatique, tenue par certains comme ayant, en son for intérieur, de sérieux doutes sur l'efficacité de la démocratie.

En ce début des années quatre-vingts, Déroulède veut créer une France nouvelle, une société fondée sur les vertus militaires, le culte du sacrifice, de la discipline et du chef. Le chef, dit-il, « doit être cru, il doit, en tout cas, être obéi [1] ». Le fondateur de la Ligue des patriotes veut donc une militarisation de l'école puis, par extension, de la société. Ne pouvant intervenir entre les murs de l'école et désireux d'aller au plus pressé, Déroulède va concevoir la Ligue des patriotes comme une synthèse de mouvement de jeunesse et d'association d'anciens combattants dont le rôle est d'assurer, à côté et à la suite de l'école, la continuité de la formation civique. Très rapidement, l'ensemble acquiert toutes les caractéristiques d'un mouvement paramilitaire destiné à mobiliser et à encadrer une masse d'adhérents et de sympathisants. L'instruction obligatoire devait fournir un cadre idéal aux activités de la Ligue : Déroulède exige que les enfants des écoles soient élevés non seulement dans le culte de la Patrie et de l'Armée, mais aussi dans celui de l'autorité et de l'unité en tant que principes directeurs de l'organisation sociale.

Du moment où il se sent exclu du consensus républicain, Déroulède se rabat sur la Ligue : en mars 1885, il élimine Anatole de La Forge et devient lui-même président de la grande organisation patriotique : « Vous êtes un patriote autoritaire, je suis un patriote libéral [2] », écrit le démissionnaire à son délégué général pour expliquer la nature du désaccord qui amène son départ. En octobre de la même année, Déroulède lance en public ses premières pointes contre le libéralisme en faisant allusion aux faiblesses du régime parlementaire, à ses crises d'autorité, à ses incohérences [3].

Dans le courant des premiers mois de 1886, le ton se durcit. Déroulède se veut autoritaire, et il le dit dans un texte dont la clarté ne laisse aucune place au doute :

---

1. P. Déroulède, *La Défense nationale, op. cit.*, p. 2.
2. « Démission d'Anatole de La Forge », *Le Drapeau*, 7 mars 1885, p. 112, où Déroulède se définit lui-même comme un « patriote autoritaire ».
3. *Le Drapeau*, 14 novembre 1885, p. 544.

L'heure viendra peut-être où, moins autoritaires, sinon plus libéraux, nous verrons accorder sans peine à l'individu plus d'expan-
sions et plus de droits, mais ce ne sera jamais qu'au lendemain du
jour où la justice et la paix réconciliées dans la gloire s'embrasseront
sur les bords du Rhin. D'ici là, ne laissons se disperser aucune de nos
forces [1].

C'est ainsi qu'en ce début de 1886 Déroulède renforce le nationalisme
dans cette voie qu'il ne quittera plus désormais : l'individu est subor-
donné à la collectivité, sa finalité est dans le service de la nation, et
les impératifs nationaux excluent l'ordre libéral. L'unité du pays,
dit-il en substance, doit être sauvée quoi qu'il en coûte, et l'autoritarisme n'est pas un prix trop élevé. Toute activité « sectaire » dont
l'issue ne pourrait que mener à une « désintégration intérieure »
doit être interdite. Cette mesure doit frapper le drapeau rouge et,
en général, toute autre expression de particularisme. Une nouvelle
note d'agressivité marque alors la pensée de Déroulède ainsi que les
nombreuses publications de la Ligue des patriotes, notamment son
organe hebdomadaire, le Drapeau. Marquant encore plus son opposition au régime, Déroulède déplore « cette éternelle confusion du
pouvoir exécutif et du pouvoir législatif [2] ». Toujours à la même
période, il acquiert la conviction que la République parlementaire
ne pourra jamais, de par les défauts inhérents au système, assurer la
grandeur de la patrie et préparer la revanche. Paul Déroulède engage
alors la Ligue des patriotes dans la voie de la lutte ouverte contre
l'ordre établi. C'est pourquoi, bien avant que n'éclate la vague boulangiste, des voix s'étaient déjà élevées pour dénoncer le danger que représentent pour le régime les idées propagées par la Ligue des patriotes.

En effet, convaincu que seul un régime fort pourrait assurer la grandeur de la France, Paul Déroulède préconise la solution de l'homme
providentiel. Ainsi naît cette autre composante du boulangisme,
celle qui monte à l'assaut de la démocratie, du suffrage universel et
de la liberté politique au nom de la grandeur de la Patrie. On mesure
le chemin parcouru depuis le nationalisme de Michelet et des hommes
de 48, ce traditionnel nationalisme jacobin qui, tout au long du
xixᵉ siècle, s'était constitué en gardien de la flamme patriotique.
Avec Déroulède, le nationalisme se présente, tout d'abord, comme
une révolte contre la démocratie, une critique négative de la faiblesse,

1. P. Déroulède, discours de Buzenval du 23 janvier 1886, le Drapeau, 30 janvier 1886, p. 65.
2. P. Déroulède, Le Livre de la Ligue des patriotes, op. cit., p. 270; cf. aussi
P. Déroulède, deuxième discours du Trocadéro du 25 octobre 1885, le Drapeau,
14 novembre 1885, p. 544.

de l'incohérence et du caractère impersonnel du régime. En outre, ce nationalisme populaire, autoritaire et antiparlementaire est aussi un nationalisme des rancœurs contre les riches et les injustices économiques; il s'en prend non seulement à la démocratie libérale en tant que régime politique, mais aussi au type de société qu'elle met en place, il exige une réforme de l'État et, en même temps, il s'attaque, au nom de la solidarité du groupe-nation, aux injustices sociales.

Définitivement formée à la fin des années quatre-vingts, l'idéologie de la Ligue des patriotes portera, tout au long de son existence, l'empreinte du parti national. Le fait qu'en 1898, au moment où elle se reconstitue, la Ligue déclare « imprescriptible la revendication de l'Alsace et de la Lorraine » ne change en rien la nature de son effort essentiel, qui reste « l'abolition du régime parlementaire et la réorganisation de la République basée sur la séparation des pouvoirs et sur la restitution au peuple de toute la souveraineté nationale [1] ». Ce sont là assurément les thèmes classiques du parti national et, plus particulièrement, ceux du boulangisme de gauche.

Depuis sa campagne électorale de 1889 jusqu'aux dernières années de son activité politique, rien n'aura vraiment changé dans la pensée de Paul Déroulède. Élu député d'Angoulême en 1889, il devient chef des boulangistes, et c'est en tant que tel qu'il prononce à la Chambre des députés, le 23 décembre 1892, un grand discours où il oppose l'image d'une République véritable, fondée sur l'appel direct au peuple, à celle de la fausse démocratie parlementaire. Il rappelle à satiété les origines antidémocratiques et réactionnaires de la Constitution de 1875, ainsi que les motivations antirépublicaines de l'Assemblée de Versailles. Le système de gouvernement est « si peu républicain », dit-il, qu'il engendre

> un déséquilibre absolu entre les pouvoirs publics, jetés ensemble pêle-mêle dans une organisation sans contrepoids; une incohérence perpétuelle dans la direction des affaires; une quasi-impossibilité de tout fonctionnement régulier de la machine gouvernementale [2].

1. Le document est recueilli dans F 7 12449, 9 février 1904. Le 29 décembre, date de l'Assemblée générale qui se tient au manège Saint-Paul en présence de 2 500 personnes, est resté comme la date officielle de la reconstitution de la Ligue; mais, dès le 8 octobre, parlant d'une réunion qui venait de se tenir en présence de quelque 500 personnes, toute la presse parisienne s'accorde pour reconnaître qu'un événement politique de grande importance venait d'avoir lieu. Cf.F 7 12451, rapport du 4 janvier 1899, et deux autres rapports sans date. Marcel Habert est délégué général, et Ferdinand Le Menuet, secrétaire général de la Ligue reconstituée.
2. Ce discours est reproduit in P. Déroulède, *Qui vive ? France ! « Quand même »*. *Notes et discours, 1883-1910*, Paris, Bloud, 1910, p. 165. Le 27 juin 1899, Déroulède dépose un nouveau projet de lois constitutionnelles : cf. *ibid.*, p. 172-180.

Ces thèmes reviennent tout au long du quart de siècle qui suit l'aventure boulangiste, sans que Déroulède manque jamais de se recommander de la plus pure tradition républicaine et jacobine. Il s'applique à placer sa campagne contre la démocratie libérale et en faveur d'un régime autoritaire sous l'égide des « pères de l'Église républicaine [1] » : c'est là, assurément, un des aspects les plus caractéristiques de cette synthèse originale que constitue le nationalisme d'un Déroulède, d'un Barrès ou d'un Rochefort, et qui sert de fondation idéologique aux premiers mouvements de masse de droite.

Contre la République parlementaire, Déroulède invoque l'autorité de Montesquieu, de Rousseau, de Mirabeau, de Danton, de Saint-Just et de Gambetta, ainsi que les principes de 89 et 48 gravés dans « l'immortelle Déclaration des droits de l'homme » qui, fondée sur l'inviolabilité du principe de la souveraineté du peuple, est tous les jours si cyniquement violée par cet avatar monarchiste qu'est la République parlementaire [2]. Déroulède s'est toujours défendu d'avoir voulu toucher à la République : « Vouloir arracher la République au joug des parlementaires, ce n'est pas vouloir la renverser », mais, au contraire, vouloir tout simplement instaurer une « démocratie véritable [3] ». Non seulement la République n'a rien à voir avec le régime, elle est en réalité sa négation : il n'est pas de République qui ne soit fondée sur la souveraineté populaire, donc, sur le plébiscite, il n'est pas de République qui ne soit fondée sur les principes de la séparation des pouvoirs et de la responsabilité de l'exécutif devant le Peuple souverain [4]. Le devoir de tout démocrate est donc de détruire un système qui confisque insidieusement la souveraineté d'un peuple au profit de la « dictature collective » du législatif. Puisque tous les maux dont souffre le pays viennent de « l'anarchie gouvernementale », de la toute-puissance du législatif, Déroulède préconise un système politique où la séparation des pouvoirs sera concrétisée par l'élection du chef de l'État au suffrage universel et où les ministres — techniciens et spécialistes recrutés en dehors des chambres — ne seront responsables que devant cet exécutif ainsi désigné. Pour Déroulède, le Parlement doit cesser d'être seul représentant de la souveraineté populaire :

---

1. Cf. le discours de Déroulède in *Cour d'assises de la Seine, 29 juin 1899. Affaire de la place de la Nation. Procès Paul Déroulède et Marcel Habert. Discours de Paul Déroulède et de Marcel Habert aux jurés de la Seine*, Paris, Bureaux du *Drapeau*, 1899, p. 6. Cf. aussi p. 5-8 et 17.
2. *Ibid.*, p. 16.
3. Discours de Paul Déroulède au manège Saint-Paul prononcé le 23 mai 1910, *le Drapeau*, 24 novembre 1901.
4. *Ibid.*

en cas de conflit entre le législatif et l'exécutif, un référendum réglera le différend. En outre, le chef de l'État aura le droit de dissoudre les Chambres sur toute question, à l'exception du budget[1]. On ne peut s'empêcher de songer à la doctrine et à la pratique constitutionnelles de la Ve République. Il avait fallu tout juste un demi-siècle et l'imminence d'une guerre civile pour que les idées développées par les révoltés du tournant du siècle deviennent les fondements de la Constitution française.

2. SOCIOLOGIE, GÉOGRAPHIE ET ORGANISATION DE LA LIGUE DES PATRIOTES

En janvier 1886, après la formation du troisième cabinet Freycinet, persuadé d'avoir trouvé l'homme capable de réaliser ce que le Parlement ne pourra jamais faire, Déroulède s'attache à faire état publiquement de ses convictions et présente Boulanger comme le symbole de la « protestation » et de la rénovation nationales[2]. L'arrivée du jeune et brillant général, homme des radicaux, au ministère de la Guerre coïncide plus ou moins avec les débuts de la campagne antiparlementaire lancée par Déroulède au nom de la Ligue des patriotes. Il est possible qu'ayant trouvé finalement le chef capable de remplacer Gambetta Déroulède ait cru habile, en sensibilisant l'opinion publique et en la dressant contre une Chambre dont la composition était une garantie d'inertie, de préparer le terrain pour un éventuel appel au sauveur. Quoi qu'il en soit, il met désormais à la disposition de Boulanger l'infrastructure de la Ligue des patriotes, ses comités et son réseau de militants. C'est la Ligue des patriotes qui va constituer désormais, avec les lecteurs de l'Intransigeant, l'arme principale du parti national.

---

1. Cf. l'important discours devant les assises de la Seine, ainsi que les écrits et discours suivants de Déroulède : la Patrie, la Nation, l'État, op. cit., p. 17; les Parlementaires. Discours prononcé à Bordeaux le 1er juillet 1909, Paris, Bloud, 1909, p. 9-12; l'Alsace-Lorraine et la Fête nationale. Conférence faite à Paris le 12 juillet 1910, Paris, Bloud, 1910, p. 30-31.
2. P. Déroulède, Qui vive? France! « Quand même », op. cit., p. 88, et F. Laur, l'Époque boulangiste. Essai d'histoire, 1886-1890, Paris, Le Livre à l'auteur, 1912-1914, t. I, p. 177. Le témoignage de cet ancien député boulangiste, à un moment où il n'existait plus guère de raisons pour embellir la réalité, reste toujours fort précieux.

Faire de la Ligue des patriotes un instrument de combat boulangiste n'était pas chose aisée, d'autant plus que la majorité des membres du Comité directeur, ainsi que la plupart des militants importants, s'y oppose énergiquement. Dès juin 1887 commence une sourde lutte entre les éléments libéraux — « ferrystes », dira le président de la Ligue des patriotes — et le groupe Déroulède. Très vite, cette lutte devient un affrontement ouvert : le 6 décembre, le lendemain de la violente agitation menée de concert avec les blanquistes, Déroulède est mis en minorité par son Comité directeur. Aussitôt se forme autour de lui un noyau de militants qui, bien que largement minoritaire, part à la reconquête de la Ligue. Le 23 avril 1888, Déroulède se trouve de nouveau en minorité au sein du même Comité directeur : il riposte en lançant une violente campagne contre les majoritaires qu'il accule à la scission pour, finalement, un mois plus tard, les évincer définitivement. Les partants — sous le *leadership* de Sansbœuf et de Deloncle — fondent une nouvelle association qui, sous le nom d'« Union patriotique de France », reprend le programme primitif de la Ligue des patriotes [1].

Quant à Déroulède, il lance aussitôt un « Appel aux patriotes de France » où il expose le nouveau programme de la Ligue : lutte contre « la Constitution usurpatrice de 1875, contre le parlementarisme ministériel [2]... ». Cet appel était signé par les nouveaux dirigeants, les vice-présidents Naquet, Turquet et Laisant, et le nouveau délégué général, Laguerre. En juillet, les ligueurs, ainsi que les nouveaux adhérents, qui, selon les sources de la préfecture de police, sont alors nombreux [3], signent une profession de foi boulangiste. Les statuts sont remaniés conformément aux nouveaux objectifs immédiats : l'article premier de ces statuts stipule que la Ligue a pour but la réforme des institutions républicaines [4].

Au moment où Paul Déroulède engage la Ligue des patriotes dans la voie de l'opposition [5], son organisation est présente sur une partie

1. B/a 201, note sur le parti boulangiste. Déroulède lui-même fait, en l'interprétant à sa façon, l'historique de la scission, lors de l'assemblée générale de la Ligue des patriotes, tenue le 25 novembre 1888 : cf. son discours in *Qui vive? France! « Quand même »*, *op. cit.*, p. 183-195.
2. Les brochures, affiches et autres documents imprimés datant de cette période sont recueillis sous la cote B/a 1338.
3. B/a 201, note sur le parti boulangiste.
4. B/a 1338. Parmi les membres du nouveau Comité directeur figurent tous les députés boulangistes.
5. Il convient d'indiquer ici que la Ligue des patriotes s'était abstenue de toute participation à la bataille électorale de 1885 (cf. B/a 1032, 16 septembre 1885). Déroulède lui-même ne présente sa candidature qu'en décembre 1885, à une élection partielle dans la Seine. Il sera battu de nouveau en juin 1888 en Charente.

importante du territoire national, mais non sur son ensemble. La Ligue ne semble pas avoir eu le temps de s'implanter dans l'Aude, l'Ardèche, les Basses-Pyrénées, la Côte-d'Or, les Deux-Sèvres, la Drôme, l'Eure, le Finistère, le Gers, la Haute-Saône, le Loiret, le Lot-et-Garonne, la Lozère, le Puy-de-Dôme, les Pyrénées-Orientales, le Tarn-et-Garonne [1]. Dans les Alpes-Maritimes, la Dordogne, l'Isère, dans le Jura et dans le Lot, la Ligue était faiblement structurée ou à l'état embryonnaire [2]. Elle est, en revanche, active dans la Corrèze, dans la Loire-Inférieure, dans la Meuse et dans les Vosges. Ses structures sont excellentes en Meurthe-et-Moselle et dans la Marne, dans le bassin minier de l'Aveyron, dans le Rhône, les Bouches-du-Rhône, le Gard, la Nièvre, l'Orne et, bien sûr, la Seine. Mais la Ligue des patriotes est surtout puissante à Paris, à Lyon et à Marseille.

Au boulangisme, la Ligue apporte non seulement ses effectifs, mais aussi sa discipline et son sens de la hiérarchie. Tenter de chiffrer ces effectifs au cours de la première partie de son existence politique n'est pas chose aisée. C'est pourtant une tâche indispensable si l'on veut mesurer les dimensions de son audience, mais aussi, et surtout, ses capacités réelles d'intervention en période de crise.

En 1887, la Ligue des patriotes proclamait 200 000 adhérents [3], chiffre imposant mais qui, en réalité, englobait toutes les sociétés de tir et de gymnastique, ainsi que toutes sortes de groupements républicains n'ayant de commun que leur ardeur patriotique. *Le Matin* du 30 janvier 1889 estime ses effectifs à 100 000 membres, chiffre adopté par la préfecture de police, mais un autre rapport de cette même préfecture de police évalue les effectifs de la Ligue à 50 000 seulement, dont environ 15 000 dans la Seine [4]. On peut raisonnable-

---

1. Ces renseignements proviennent de deux importantes séries de rapports préfectoraux rédigés à la demande du ministère de l'Intérieur en février 1893 et en avril 1897, et réunis dans le dossier 12449 de la série F 7. Il s'agit de deux enquêtes sur la Ligue des patriotes qui, dissoute en 1889, poursuit néanmoins ses activités. En analysant la situation dans leurs départements respectifs, certains préfets et commissaires spéciaux établissent des comparaisons avec la période antérieure et fournissent, de ce fait, de très utiles renseignements sur les années quatre-vingts.

2. *Ibid.*, les rapports de février 1893.

3. P. Déroulède, *Le Livre de la Ligue des patriotes*, p. 11 (avant-propos). De son côté, Adrien Dansette mentionne le chiffre de 300 000 qui aurait été avancé par Déroulède devant Boulanger (*le Boulangisme, op. cit.*, p. 64). Malheureusement, Dansette ne cite pas ses sources; il estime, cependant, qu'on devrait réduire ce chiffre d'un tiers, ce qui le ramènerait au niveau des effectifs proclamés par la Ligue.

4. B/a 201, note sur le parti boulangiste; B/a 497, s.d.

ment estimer que la masse de manœuvre sur laquelle pouvait éventuellement compter l'état-major boulangiste devait être assez proche d'un chiffre compris entre ces deux dernières évaluations et mis en avant dans un rapport très détaillé de septembre 1893. Selon ces estimations, la Ligue des patriotes compterait à Paris entre 25 000 et 30 000 adhérents [1]. Ce sont là des chiffres approximatifs mais qui paraissent proches de la réalité, compte tenu des informations recueillies ultérieurement.

Une grande partie de ses membres fait également partie des comités boulangistes, et constitue manifestement l'essentiel des cadres du boulangisme parisien. En tête des arrondissements parisiens viennent le XVe, le XVIe et le XVIIe, avec de 3 000 à 3 500 adhérents chacun, suivis du VIIe et du VIIIe, avec 3 000 membres. On trouve 2 000 ligueurs dans le XIe et le XIIe arrondissement, de 1 200 à 1 500 dans les XIIIe et XIVe, 1 200 dans le XXe et 1 080 dans le Ve. Dans le XVIIIe et le XIXe, ils sont de 800 à 850, de 600 à 700 dans le IXe, 600 dans le Ier. Les arrondissements les plus faibles sont le IVe, avec 320 adhérents, le Xe, avec de 150 à 170, et, finalement, le IIe et le IIIe, avec chacun 150 ligueurs. Les arrondissements forts sont subdivisés en sections : il y a 3 sections dans les Ve et XIIIe arrondissements, 4 dans le XIIe et le XXe, 5 dans le VIIe et 6 dans le XVe. A la tête de chaque arrondissement se trouve un président entouré d'un comité, qui refèrent au Comité directeur de la Ligue [2].

Au-delà de la personnalité de Paul Déroulède, ce sont ces chiffres qui expliquent le rôle que s'assigne le président de la Ligue des patriotes au sein de l'entourage de Boulanger, comme ils expliquent pourquoi les boulangistes de la Chambre élue en 1889 le laissent se désigner comme leur chef. Parmi les hommes du comité national, n'est-il pas le seul à s'appuyer sur une réalité sociologique? Au sein d'un mouvement qui doit créer de toutes pièces son infrastructure, n'est-il pas aussi le seul à se trouver à la tête d'une véritable organisation de masse?

Après la chute du ministère Goblet, le 18 mai 1887, et la constitution du ministère Rouvier dont Boulanger ne fait plus partie, la Ligue des patriotes mobilise ses sections parisiennes. Le 27 juin, elle tient un grand meeting au cirque d'Hiver : Déroulède y fait acclamer le

---

1. F 7 12449, 12 septembre 1893.
2. *Ibid.* L'organisation du VIIe arrondissement est présidée par le futur secrétaire général de la Ligue, Le Menuet, celle du Xe par Tournade, qui sera membre du Comité directeur reconstitué, alors que le député Boudeau est à la tête des ligueurs du IXe.

nom de Boulanger, qu'il intronise héritier de Gambetta [1]. Le 8 juillet au soir, ce sont encore les ligueurs qui encadrent la fameuse manifestation de protestation contre le départ du général Boulanger, nommé au commandement du 13e corps d'armée à Clermont-Ferrand [2]. A la gare de Lyon, devant une foule enthousiaste, Déroulède remet à Boulanger les portraits de « ses modèles » : Chanzy et Gambetta. La violence de cette manifestation, qui devait beaucoup à l'ardeur des ligueurs, convainquit Clemenceau d'abandonner Boulanger, mais, du même coup, elle désigna ceux qui tenaient la rue.

En novembre, à la veille de la démission de Jules Grévy, l'ombre d'une présidence Ferry plane sur les radicaux. Ferry, la bête noire de toutes les gauches, le vivant symbole de la bourgeoisie libérale, l'homme des expéditions coloniales, l'homme des opportunistes avec qui la droite cherche à négocier, l'homme de la réconciliation avec l'Allemagne, va succéder à Grévy si une action énergique ne lui barre la route. Des conciliabules fiévreux se tiennent alors entre Déroulède, Boulanger et tous les futurs membres de son état-major — Naquet, Laguerre, Laisant, Rochefort —, d'un côté, Clemenceau, de l'autre, Clemenceau que la force des choses a réconcilié avec l'ancien ministre de la Guerre. Alors que Déroulède s'en va, au nom des radicaux, offrir la présidence du Conseil à Freycinet — manœuvre destinée à retarder la démission de Grévy et à empêcher pour un temps l'élection présidentielle —, les éléments qui lui sont fidèles au sein de la Ligue des patriotes, alliés aux blanquistes, soulèvent l'émeute [3].

Le 2 décembre, la police charge place de la Concorde, le 3, le Congrès se réunit dans un Versailles en état de siège. Les sections de la Ligue des patriotes sont en alerte : le Comité directeur les fera marcher si Ferry est élu. Le général Saussier, gouverneur militaire de Paris, généralissime désigné en cas de guerre, bref, la plus haute personnalité militaire du pays, est l'homme des opportunistes : il n'hésitera pas à briser, quel qu'en soit le prix, les émeutes que l'on prévoit. Sadi Carnot doit-il, ce jour-là, à la Ligue des patriotes son entrée à l'Élysée? Il est, en tout cas, certain que la pression exercée par les hommes de Déroulède y fut pour quelque chose. De cette

1. A. Dansette, *Le Boulangisme, op. cit.*, p. 95.
2. Cf. le témoignage de Barrès dans *l'Appel au soldat, op. cit.*, p. 62-70.
3. B/a 201, note sur le parti boulangiste. Cf. aussi M. Barrès, *l'Appel au soldat, op. cit.*, p. 62-70, et surtout l'ouvrage du député boulangiste Mermeix (Gabriel Terrail), *les Coulisses du boulangisme, op. cit.*, p. 46-51, 60-66 et 206-229. *Les Coulisses* ont souvent été la source où sont allés puiser aussi bien des contemporains (Barrès) que des historiens (Dansette).

première épreuve de force, de cette nouvelle crise, la Ligue sort plus confiante que jamais dans ses moyens.

Les années du boulangisme sont donc, pour la Ligue des patriotes, celles d'une profonde mutation : le mouvement perd, entre 1886 et 1889, la grande majorité de ses effectifs, il abandonne la province, à l'exception — et encore! — de Marseille. Mais ce qu'il perd en quantité, le mouvement le gagne en qualité. Avant sa dissolution, en mars 1889, la Ligue des patriotes avait connu un processus de radicalisation qui, tout en provoquant la perte de la quasi-totalité de ses effectifs provinciaux, avait cependant suscité la cristallisation d'un noyau dur de militants parisiens capables de tenir la rue : la Ligue était devenue une véritable organisation de combat. Ce sont ces militants qui deviendront les troupes de choc du boulangisme parisien; le ministère de l'Intérieur ne s'y trompe pas quand, décidé à briser l'élan du parti national, il choisit de se charger d'abord de la Ligue des patriotes.

Il importe de souligner qu'en province la désorganisation de la Ligue avait commencé avant même le décret de dissolution qui intervient le 16 mars 1889. En effet, déjà au cours de l'année 1888, les organismes provinciaux avaient commencé de se disloquer : ils n'ont pas attendu les pressions officielles, les procès en Haute Cour et les douteuses manœuvres du ministère de l'Intérieur pour refuser de participer à l'agitation boulangiste. Tous les rapports préfectoraux et ceux des commissaires spéciaux concordent là-dessus. Composées dans leur grande majorité de républicains modérés, les organisations de province cessent leurs activités dès qu'elles prennent conscience de l'engagement que cherche à leur dicter Paul Déroulède [1]. Il semble aussi que l'antiboulangisme de l'ancien président de la Ligue, Anatole de La Forge, ait contribué à cette désaffection.

A Lyon, le 5 mars 1888, une « Union patriotique du Rhône » prend la place de la Ligue qui vient de se disperser; elle se compose « en totalité de sociétaires d'opinions républicaines modérées [2] ».

Il n'y a vraiment qu'à Marseille que l'organisation disparaît à cause du décret; ce qui n'empêchera pas ses militants les plus importants, tous boulangistes convaincus, de fonder une « Ligue intransigeante socialiste ». Décidément, dans le camp républicain, l'opposition au régime aime se placer sous l'égide du socialisme. Conduite par un ancien conseiller général, Fabre, qui préside aussi le comité boulan-

---

1. Cf. les dizaines de rapports du dossier F 7 12449 qu'il serait trop fastidieux de citer ici.
2. F 7 12449, rapport du secrétaire général pour la police, préfecture du Rhône, 9 février 1893.

giste local, et par un ancien député boulangiste, Chevillon, battu en 1889, mais qui reste conseiller général, la nouvelle Ligue marseillaise engage une étroite collaboration avec le comité socialiste révolutionnaire et, selon le préfet des Bouches-du-Rhône, prépare avec ardeur les législatives de 1893. Elle s'emploie, notamment, « à se rendre favorables les masses populaires [1] ». Incontestablement, l'évolution de la Ligue des patriotes de Marseille est très proche du modèle parisien. La grande cité méridionale reste la seule ville de France où la Ligue poursuive ses activités tout en accentuant son caractère populaire, socialisant et violemment anticonservateur. Après Paris, c'est Marseille qui sera, tout au long de l'affaire Dreyfus, le centre le plus important de l'agitation antisémite, et c'est là aussi que les structures de la droite radicale seront les plus proches de celles que connaîtra la capitale.

Devenue un phénomène urbain, la Ligue cherche à mordre sur le milieu populaire. A cette fin, elle établit avec la gauche blanquiste une alliance qui, en dépit des rivalités de personnes, ne sera pas remise en cause. A Paris, la Ligue de Déroulède, alliée aux disciples de « l'Enfermé », représente, avant la poussée de la Ligue antisémitique, la seule véritable force politique organisée capable d'exercer une pression constante dans la rue. Et, au lendemain du 27 janvier, elle représente un danger que le nouveau ministre de l'Intérieur, venu au pouvoir pour briser le boulangisme, se doit de maîtriser rapidement.

De retour place Beauvau — il avait occupé le même poste en 1880 dans le premier ministère Ferry —, Ernest Constans engage l'offensive sans retard. Le 28 février, six jours à peine après la constitution du ministère Tirard, il profite d'un incident survenu à Sangallo entre les troupes françaises et une expédition russe conduite par un cosaque illuminé, Atchimoff, pour intenter des poursuites contre la Ligue des patriotes. Celle-ci venait de protester contre l'ordre donné aux troupes françaises de verser le sang russe. Les poursuites sont engagées en vertu de l'article 84 du Code pénal, punissant de bannissement quiconque aura exposé l'État à une déclaration de guerre. On mesure les craintes qu'inspirent Déroulède et ses hommes : pour arrêter l'activité de la Ligue, les ministres de l'Intérieur et de la Justice n'ont pas hésité à lancer une accusation dont le ridicule ne peut échapper à personne. Cependant, parce que l'opinion trouve qu'on a quelque peu dépassé les limites, la justice républicaine abandonne l'accusation originelle pour se rabattre sur un texte sur les sociétés secrètes. Mais le nouveau chef d'accusation ne se révèle pas plus heureux. On découvre

---

1. F 7 12449, rapport du 10 février 1893.

finalement un article du Code pénal — l'article 291 — en vertu duquel il est possible de dissoudre des associations de plus de 20 personnes formées sans autorisation. On vient de s'apercevoir, en effet, que la Ligue des patriotes, qui fut pendant des années une véritable institution nationale, qui avait compté parmi ses adhérents un président du Conseil, Gambetta, et dont les activités avaient été présidées, à un moment ou à un autre, par tous les ministres de l'Intérieur en exercice, n'avait jamais été autorisée.

Déroulède est enfin traduit en justice. Avec lui comparaissent Naquet, vice-président de la Ligue, ainsi que les députés ligueurs Laguerre et Laisant. En mars, le tribunal correctionnel de la Seine ordonne la dissolution de la Ligue, ce qui a pour effet automatique de l'effacer de la vie politique en province, où l'on n'aime pas les fauteurs de désordre. En province, mais non pas à Paris, où elle continue à subsister et à fonctionner en se tenant, néanmoins, sur ses gardes. Pour se mettre à l'abri de nouvelles poursuites, elle adopte des méthodes de camouflage dont les services de police ne sont nullement dupes mais qui lui permettent, dès 1890, de déployer un surcroît d'activité en vue des municipales qui approchent[1].

Le Comité directeur continue ses activités avec *le Drapeau* pour façade et tient ses réunions sous couvert d'assemblées d'actionnaires. Quant aux comités d'arrondissement, ils modifient simplement leurs titres. Certains s'appellent désormais comités des patriotes révisionnistes, d'autres encore, comités antiparlementaires, comités du *Drapeau*, ou comités des patriotes indépendants. Chaque comité d'arrondissement est subdivisé en 4 sections de quartier, et chacune de ces dernières en quatre autres sections de rue. Les chefs de sections de rue et de quartier forment le comité d'arrondissement[2]. Dans le Ier arrondissement, c'est une Ligue révisionniste-socialiste qui remplace la section locale de la Ligue des patriotes[3]. Quelques mois après sa dissolution, la Ligue donne, salle Wagram, une grande soirée où l'on déclame des poésies de Déroulède : les élections ayant été favorables à la majorité républicaine, le pouvoir peut se permettre de ne plus traquer les sections de la capitale avec la même ardeur que pendant la campagne électorale[4]. Ce qui ne veut dire en aucune façon que la vigilance et la détermination dont fait preuve Constans

1. B/a 201, 5 mars 1890; F 7 12449, 27 mars 1890, rapport du préfet de police; B/a 1338, rapport de fin novembre 1899; B/a 1032, 6 décembre 1899.
2. B/a 201, 5 mars 1890; F 7 12449, 21 février 1891 et 27 mars 1890. A cette époque, le secrétaire général de la Ligue est Pierre Richard.
3. F 7 12449, 18 janvier 1892.
4. Cf. F 7 12449, l'important document du 27 mars 1890.

depuis mars 1889 se soient émoussées. Le 29 septembre 1891, il veut bien tolérer la participation de la Ligue à la commémoration de la bataille de Châtillon[1], mais, moins de quinze jours plus tôt, il avait brisé les manifestations lancées par tous les comités révisionnistes contre la représentation de *Lohengrin* à l'Opéra de Paris.

En effet, cette occasion de mobiliser les adhérents et de galvaniser les militants était trop belle pour que les comités révisionnistes la laissent échapper : pour leurs hommes, gens simples, Wagner n'est jamais que l'ennemi de la France. Ernest Roche et toute l'équipe de *l'Intransigeant* entreprennent alors de battre le rappel dans Paris, pendant que les députés boulangistes Boudeau et, surtout, Francis Laur se répandent dans la banlieue où ce dernier, antisémite notoire, jouit d'une popularité considérable[2]. Dès le 14 septembre, les services de la préfecture de police signalent que la manifestation projetée « prend des proportions étendues[3] ». Il s'avère aussi qu'ils ont très vite compris le sens de la manœuvre orchestrée par Rochefort, les blanquistes et les comités dissous de la Ligue des patriotes : créer des troubles dans la rue pour obliger Constans à réprimer des manifestations qui, cette fois, ne seraient plus de caractère politique, mais simplement patriotique[4]. A cette mobilisation générale que lance la coalition battue en 1889 et 1890 — les socialistes nationaux du Comité central socialiste révolutionnaire y voisinent avec les amis de Paul de Cassagnac[5] —, le ministre de l'Intérieur répond par le déploiement d'un dispositif imposant : 600 gardiens de la paix, 175 gardes républicains, dont 75 cavaliers, opèrent un millier d'arrestations[6].

Dans les années qui suivent, la résolution du ministère de l'Intérieur ne fléchit pas. En 1894, les militants de l'ancienne Ligue se voient interdire de constituer une « Ligue patriotique des intérêts français ». Et ce, malgré l'avis du préfet de police qui, en juillet, était prêt à délivrer l'autorisation administrative à condition que les mots « retour à la France des provinces annexées » disparaissent du préambule des statuts présentés pour agrément[7]. La nouvelle associa-

---

1. F 7 12449, 19 septembre 1891.
2. F 7 12449, 15 septembre 1891.
3. F 7 12449, 14 septembre 1891.
4. *Ibid.*; plusieurs rapports datent du 14 septembre 1891.
5. Cf. les rapports datés du 17 septembre 1891.
6. F 7 12449, 17 et 19 septembre 1891. « Les individus arrêtés », lit-on dans un rapport du 17 septembre, « appartiennent à toutes les professions : employés de commerce, garçons de magasin, journaliers, ouvriers et surtout des garçons épiciers, bouchers ou charcutiers, des garçons de café et cuisiniers qui sont le fonds ordinaire du public spécial de toutes les manifestations. »
7. F 7 12449, 21 juillet 1894, 2 mai 1895, décembre 1896.

tion, qui avait commencé ses premières activités en janvier 1894, décide, néanmoins, de passer outre au refus d'autorisation. En mai 1895, les services de la préfecture de police signalent la reconstitution progressive à Paris, dans la banlieue, mais aussi en province, de l'ancienne Ligue des patriotes. Pour le moment, elle chercherait surtout à remettre en place son réseau de cadres[1]. L'attention des services de police fut attirée par une série de réunions publiques organisées pour protester contre l'envoi d'une flotte française à Kiel[2]. A cette époque, placé sous la présidence d'honneur de Déroulède, mais dirigé, en fait, par Le Menuet qui succède au député Pierre Richard, le mouvement ne possède ni siège social ni bureau; sa commission exécutive, alors la seule institution de la Ligue, se réunit chaque semaine dans un café de la rue de Richelieu.

Ces manifestations patriotiques n'ont pas l'effet escompté : la Ligue patriotique, précisément parce qu'elle n'a pas d'autres activités, parce qu'elle semble revenue au conformisme républicain d'antan, ne parvient pas à galvaniser ses troupes. Les anciens ligueurs la jugent beaucoup trop timorée : boulangistes militants dans leur grande majorité, ils attendaient de leur mouvement autre chose que de les faire défiler derrière des drapeaux tricolores, que ce soit à Buzenval ou au Lion de Belfort[3]. Aussi, fin novembre 1896, décide-t-on de reconstituer la vieille Ligue des patriotes, et, le 13 mars 1897, un Comité directeur de 21 membres est nommé, avec Gauthier de Clagny et Haymart à la vice-présidence et Le Menuet au secrétariat général. Le titre de président effectif, réservé à Paul Déroulède, reste vacant[4].

La Ligue des patriotes aura donc réussi à surmonter les difficultés nées de son interdiction et à se reconstituer avant que n'éclate l'affaire Dreyfus. La pression des anciens cadres boulangistes, désireux de poursuivre leur action, est pour beaucoup dans la décision de l'état-major parisien de se laisser porter par la poussée de la base. Le 1er mai 1897, un appel est adressé aux adhérents de l'ancienne Ligue des patriotes[5], mais c'est quand l'Affaire éclate que l'on sait venu le meilleur moment possible : au cours de deux grandes réunions, tenues l'une le 25 septembre, l'autre le 29 décembre 1898, la reconstitution de la Ligue est officiellement déclarée.

1. F 7 12449, 10 mai 1895, 1er avril 1895.
2. F 7 12449, 2 mai 1895.
3. Cf., à cet égard, les rapports de décembre 1896, du 21 mars 1897 et du 23 mars 1898.
4. F 7 12449, 23 mars 1898.
5. F 7 12449, 1er mai 1897.

L'année qui suit sa réapparition au grand jour sera la meilleure que la Ligue ait jamais connue. On est alors dans le feu de l'Affaire, et le mouvement de Déroulède est, sans conteste, l'organisation nationaliste la mieux structurée. C'est d'ailleurs la raison pour laquelle Déroulède est le seul à esquisser une tentative de coup d'État. Car il est alors le seul leader nationaliste à se trouver à la tête d'une organisation de masse. C'est là un élément d'explication fondamental pour la compréhension de ce phénomène que l'on appelle l' « agitation nationaliste » de la fin du siècle et qui, finalement, reste très mal connu.

Le nom de Paul Déroulède a toujours eu la faculté de faire pointer un certain sourire. Dans l'esprit des Français, en effet, Déroulède reste avant tout l'auteur de ces *Chants du soldat* qui ont si mal vieilli, il est le personnage théâtral qui ne se voulait qu' « un sonneur de clairon » et que l'on imagine accroché soit à la locomotive du train qui emporte le général Boulanger, soit au harnais du cheval que monte le général Roget le jour des obsèques de Félix Faure. « Quand il y a une bêtise à commettre, on peut être sûr que Déroulède est là », dit un jour Drumont, qui ajoute aussitôt : « Il y a des gens à Paris qui sont plus patriotes que les autres, ce sont les patriotissimes, les membres de la Ligue des patriotes [1]. »

Il est vrai que, tout au long des années quatre-vingts, nombreux étaient ceux qui, dans le camp patriote, profondément irrités par l'exhibitionnisme et le chauvinisme de Déroulède, sa tendance à monopoliser le sentiment patriotique, se sentaient humiliés par les exploits de ses ligueurs. Ceux-ci n'avaient-ils pas pris l'habitude, avant que le boulangisme et l'antidreyfusisme ne leur fournissent de meilleurs terrains d'action, de s'attaquer à des brasseries servant de la bière suspectée de venir d'outre-Rhin? N'étaient-ils pas allés arracher les drapeaux allemands qu'un hôtel avait accrochés à ses fenêtres? Ce qui avait amené un Rochefort à déclarer que « des précautions devraient être prises contre ces ' enragés ' et ces ' aliénés ', ces sortes de chauvins », conduits par « un barde incorrect [2] ».

Pourtant, dix ans plus tard, Drumont, Rochefort et même Barrès, qui, lui aussi, avait déploré « le chauvinisme... encombrant » de

---

1. Ces appréciations sont alors universellement connues et sans cesse répétées; elles sont ici rapportées par un agent de la Sûreté qui ne manque pas non plus d'y ajouter ses propres appréciations : « Esprit fantasque et quelque peu désordonné, le président de la Ligue des patriotes apparaît assez à toute personne de bonne foi comme aussi inapte que possible à faire entrer pratiquement dans le domaine des faits une conception politique sérieuse » (F 7 12451, 29 novembre 1905, « Meuse »). Cf. *la Libre Parole*, 16 janvier 1898.
2. *L'Intransigeant*, 20 juillet 1884.

Déroulède[1], acceptent, qui de gaieté de cœur, qui par la force des circonstances, le *leadership* du chef de la Ligue des patriotes. Car, loin d'être un médiocre, Paul Déroulède possédait d'authentiques qualités de chef populaire et était animé d'une honnêteté intellectuelle à toute épreuve. Joseph Reinach, la bête noire des boulangistes et des nationalistes, l'homme politique le plus haï des antidreyfusards, était aussi l'un des observateurs les plus perspicaces de la scène politique de son temps. Dans son *Histoire de l'affaire Dreyfus*[2], il trace de Déroulède le portrait suivant :

> Cet ancien associé de Boulanger, qu'il se targuait d'avoir « suscité » et qu'il avait abandonné dans le malheur, était, dans toute la force du mot, un prétendant [...]. Il se proposait ouvertement d'établir « la République du peuple » par un coup de force militaire et, à l'époque où nous sommes arrivés, avait composé définitivement son personnage.
>
> Il avait réussi à y marier, à la façon des comédiens, les contrastes les plus étonnés de se trouver ensemble, la brusquerie des soldats de métier, les manières du grand monde qu'il avait étudiées au théâtre, une facilité populacière, avec quelque hauteur qui en faisait sentir le prix, l'allure d'un Don Quichotte, mais qui n'était fol que s'il avait intérêt à le paraître. [...]
>
> Sa rhétorique, faite de lieux communs patriotiques, était intarissable, d'une action réelle sur les assemblées et sur les foules, qu'il dominait de sa grande taille, de ses grands bras gesticulants, qui sortaient d'une immense redingote démodée, la voix criarde et mauvaise. Le courage ne lui faisait pas défaut, non plus que cette autre force, qui lui était devenue familière, de ne pas craindre le ridicule. [...] C'était un conducteur d'hommes et il eût été le plus dangereux des agitateurs s'il avait eu une caisse; mais on racontait, d'après lui-même, qu'il avait mangé l'héritage paternel dans ses commerces patriotiques et il n'eut d'argent liquide que celui de ses perpétuelles collectes.

Ils n'ont pas été nombreux les contemporains qui surent et purent, comme Déroulède, susciter autant de ferveur et de dévouement de la part de leurs troupes. Il n'y a vraiment que Boulanger et, plus tard, Biétry qui, en la matière, puissent lui être comparés. Objet de sarcasmes dans les salons, Déroulède jouit dans la rue parisienne d'un prestige incomparable. Ses ordres, qu'ils viennent de Paris, d'Angoulême — dont il est le député réélu en 1898 — ou d'Espagne où il est en exil, sont suivis à la lettre, même quand, comme dans le cas de la

1. M. Barrès, « Un mauvais Français : M. Victor Tissot », *Les Taches d'encre*, 5 novembre 1884, p. 31, et « Gazette du mois », *ibid.*, janvier 1885, p. 47.
2. Paris, Fasquelle, 1904, t. III, p. 301 *sq.*

visite d'Édouard VII, « l'ukase de Saint-Sébastien » est en contradiction avec les consignes des autres chefs nationalistes [1].

Reconstituée, la Ligue des patriotes, qui venait d'absorber une partie importante des comités blanquistes, se fixe pour objectif la conquête de Paris. Au détriment de la province où, sauf à Marseille, elle avait pratiquement disparu et où elle ne parviendra plus jamais à s'implanter. Il est vrai que, pour y récupérer ses forces, elle ne fournit tout au long de l'Affaire qu'un effort dérisoire, compte tenu des besoins d'une telle entreprise. Il ressort clairement des documents réunis par le ministère de l'Intérieur que, tenant Paris pour le cœur et le cerveau de la France, Déroulède avait décidé de ne guère se préoccuper des autres départements. Habert et Galli essaient bien, ici et là, de ranimer les anciens adhérents, mais mollement dirigées et sans esprit de suite, leurs tentatives ne réussissent pas. Il semble que Déroulède n'ait pas voulu disperser les forces et ait choisi de concentrer sur Paris tous les efforts d'organisation et de propagande, ainsi que les ressources matérielles dont il disposait [2]. En quoi il n'avait pas tort, car le succès d'un coup à Paris avait de fortes chances d'entraîner l'ensemble du pays. Le coup de force échoua, mais le quadrillage de la capitale ne fut pas vain : aux élections municipales de 1900, Paris bascule vers la droite, pour la première fois de son histoire. En province, ce n'est qu'en engageant les préparatifs pour les législatives de 1902 que la Ligue cherche véritablement à créer des organisations locales [3]. Ce qui ne va pas sans mal. D'abord parce qu'on manque d'argent, mais surtout parce qu'il est déjà trop tard.

Du point de vue de ses effectifs, que représente la Ligue des patriotes en 1899 ? Au mois de février, à la veille de la tentative du coup d'État, la Ligue se trouve en pleine période d'organisation. Deux chiffres sont alors avancés par les services de la place Beauvau : 60 000 pour Paris et la province, selon une première source [4]; 30 000 seulement, dont 15 000 à Paris, 12 000 dans la banlieue et la province, de 2 000 à 3 000 en Algérie, d'après une seconde estimation [5]. En décembre 1902, après la défaite des législatives de mai, la Ligue aurait compté 21 000 adhérents à Paris seulement [6]. Au moment même où sont fournis ces chiffres, les adhésions — et les fonds — continuent d'affluer,

---

1. F 7 12451, 23 avril 1903.
2. F 7 12451, 13 octobre 1901, 19 juillet 1899, 8 et 26 août 1899.
3. F 7 12451, 13 octobre et 28 septembre 1901.
4. F 7 12451, 9 février 1899.
5. F 7 12449, sans date : rapport de la Sûreté générale; F 7 12449, 26 août 1899; F 7 12870, 11 février 1899; F 7 12451, 11 février 1899.
6. F 7 12870, 9 décembre 1902.

et de nombreuses sections sont créées dans la capitale. Les services du ministère de l'Intérieur estiment alors que « la Ligue des patriotes paraît, dans les circonstances que nous traversons, devenir un véritable danger à cause du nombre de ses adhérents [1]... ».

Les périodes de crise aiguë sont aussi celles où les adhésions nouvelles sont les plus nombreuses. Dans les premiers jours de juin 1899, en plein procès Déroulède-Habert, 2 500 adhérents nouveaux viennent s'inscrire rue des Petits-Champs et marquent ainsi le soutien que l'opinion nationaliste apporte aux accusés [2].

Il est impossible de fixer le nombre exact des ligueurs en 1899 : les rapports de police ne permettent d'émettre aucune certitude. Il est cependant raisonnable de penser que le chiffre de 30 000, très proche des estimations émises en 1893 ou de celle avancée en 1901, est conforme à la réalité. Les services du ministère de l'Intérieur, qui ne purent jamais mettre la main sur une liste d'adhérents de la Ligue des patriotes, n'ont jamais eu la prétention de faire croire qu'ils en savaient plus [3]. Déroulède et ses hommes ont toujours pris soin de faire disparaître leurs archives en les mettant à l'abri soit chez des particuliers, soit — selon le bruit qui courait alors — à l'étranger [4]. Et si, par hasard, ils venaient à s'apercevoir qu'une indiscrétion ne pouvait avoir pour origine que la rue des Petits-Champs, ils n'hésitaient pas à congédier tous les employés qui y étaient attachés [5]. A la Ligue des patriotes, les secrets étaient bien mieux gardés qu'à la Ligue antisémitique ou à la Ligue de la Patrie française.

L'unité de base de la Ligue est la section. Jusqu'à la fin du siècle, il existe de 1 à 4 sections dans chaque arrondissement parisien. En septembre 1900, les sections prennent des titres différents. Les unes se font appeler désormais comités nationalistes-plébiscitaires; d'autres prennent le nom de comités républicains-socialistes [6]. Une fois encore, c'est l'épithète socialiste qui vient souligner l'opposition au régime. Un an plus tard, on annonce une subdivision provisoire de Paris en 7 sections seulement, chaque section englobant de 2 à 3 arrondissements — ceci semble annoncer un certain déclin des effectifs [7]. Cette solution n'a finalement pas été retenue, et, à la même période, on revient au système classique du bureau, composé d'un président, de

---

1. F 7 12451, 9 février et 15 mars 1899; F 7 12870, 11 février 1899.
2. F 7 12451, 2 et 3 juin 1899.
3. Cf., par exemple, le rapport de synthèse du 9 février 1899 (F 7 12449).
4. F 7 12451, 24 et 26 février, 1er et 8 mars 1899.
5. Cf., par exemple, F 7 12451, 4 septembre 1899.
6. F 7 12451, 11 septembre 1900.
7. F 7 12451, 18 septembre 1901.

deux vice-présidents, d'un trésorier et d'un secrétaire [1]. Un bureau fut mis en place dans chacun des 20 arrondissements.

Cette organisation nouvelle vient répondre aux besoins nouveaux et à la nouvelle réalité provoqués par l'échec du coup de force du 23 février. A l'issue de l'expérience des municipales de 1900 et à la veille de la campagne électorale de 1902, la Ligue des patriotes voulait, par ce moyen, disposer des premiers éléments de l'infrastructure nécessaire à la grande bataille pour la conquête du Palais-Bourbon.

Se jeter dans la lutte politique ne signifiait pas, pour la Ligue, abandonner l'action directe. A cet effet, une attention toute particulière est consacrée au Corps des commissaires qui, divisé en 3 brigades, comprend entre 150 et 500 membres selon les périodes [2]. C'est sur ces militants dévoués, dont une bonne moitié s'était fait la main dans le boulangisme, et parmi lesquels Déroulède et son état-major puisent leurs gardes du corps, que la rue des Petits-Champs compte pour encadrer l'ensemble des militants, lancer l'agitation dans la rue et, le jour venu, être le fer de lance d'un coup d'État. En 1902, les services du ministère de l'Intérieur estiment que 500 autres ligueurs pourraient être très rapidement mobilisés, ce qui mettrait à la disposition de Déroulède environ un millier d'hommes prêts à tout pour soutenir une éventuelle tentative révolutionnaire [3].

Au Corps des commissaires, il faut ajouter les militants de la « Jeunesse républicaine plébiscitaire », car la Ligue des patriotes est aussi l'un des tout premiers mouvements politiques français à se doter d'un mouvement de jeunesse. Ce noyau de militants particulièrement ardents ne comprend guère plus de 200 à 300 membres, mais il s'agit de jeunes gens extrêmement entreprenants et entièrement dévoués à leur organisation. A la Jeunesse républicaine plébiscitaire s'affilie, en juillet 1903, une Jeunesse socialiste : cette initiative est due aux Ier et IVe arrondissements qui introduisent, en même temps, une autre innovation : un drapeau-fanion [4].

Organisée et présidée par Jacques Robert, la Jeunesse plébiscitaire est capable d'attirer des auditoires variant de 1 000 à 2 000 personnes. Sa grande spécialité, cependant, est sa faculté de faire face aux forces de l'ordre et d'assurer l'organisation, la protection et l'encadrement des manifestations nationalistes. Ce qui en fait tout de suite des auxiliaires indispensables pour la nouvelle Ligue de la Patrie française.

1. F 7 12451, 5 novembre 1901.
2. F 7 12451, 7 juillet et 7 octobre 1901 ; F 7 12870, 26 juillet 1899.
3. F 7 12870, 9 décembre 1902.
4. F 7 12451, 22 juin et 7 juillet 1903, 29 novembre 1905, 30 juillet et 13 octobre 1901.

Composée de respectables bourgeois, conduite par des académiciens peu habitués à faire le coup de poing dans les réunions publiques, les activités de la Ligue de Lemaitre et de Coppée sont automatiquement paralysées dès que les hommes de Déroulède se trouvent indisponibles. D'ailleurs, les orateurs de la Ligue de la Patrie française n'osent apparaître en public ou se déplacer en province que sous la protection des commissaires, dont le nombre varie de 10 à 60 selon les circonstances. C'est toujours la Ligue de la Patrie française qui passe la commande et assure les frais [1].

C'est ainsi que les ligueurs de Déroulède apparaissent non seulement comme l'élément véritablement militant du nationalisme, mais encore comme celui qui lui assure beaucoup de sa crédibilité. Ils sont, selon le mot de Coppée, la « Garde », et, selon Thiébaud, la « gendarmerie nationaliste [2] ». Déroulède lui-même tenait beaucoup à ces titres de noblesse. En 1901, évoquant la fin des années quatre-vingts, il s'écrie : « La Ligue des patriotes n'était pas seulement la garde d'honneur du boulangisme, elle en était l'honneur [3]. »

En décembre 1902, les services du ministère de l'Intérieur établissent une nette corrélation entre les succès nationalistes aux municipales de 1900 comme aux législatives de 1902, et la puissance relative de la Ligue dans les différents arrondissements de Paris [4]. Ce qui permet non seulement de cerner la géographie parisienne du mouvement, mais aussi de bien saisir l'importance du rôle que la Ligue des patriotes a joué dans la conquête de la capitale par le mouvement nationaliste. En 1902, la Ligue des patriotes est particulièrement puissante et bien organisée dans les Ier, IIe, IVe, IXe, Xe, XIe et XVIIe arrondissements et, de fait, dans ces quartiers, le suffrage universel est particulièrement favorable à l'opposition.

Dans le Ier arrondissement, les ligueurs enlèvent un siège de député pour leur bailleur de fonds, Archdéacon, un fauteuil de conseiller municipal pour leur secrétaire général, Le Menuet, ainsi que pour un autre candidat déroulédiste, Quentin. Dans le IIe arrondissement, l'élection de Syveton à la Chambre vient récompenser les efforts des ligueurs, appuyés par la bourse de la Patrie française. Dans le IVe arrondissement, fief d'Henri Galli, vice-président de la Ligue des patriotes, tous les candidats ministériels sont battus. Dans le IXe, en dépit d'une candidature de protestation de la part d'un antisémite

---

1. F 7 12451, 10 mai 1899 et 22 juin 1901.
2. F 7 12870, 9 décembre 1902; F 7 12451, 7 juillet 1903.
3. Discours de Paul Déroulède au manège Saint-Paul prononcé le 23 mai 1901, *le Drapeau*, 24 novembre 1901.
4. F 7 12449, 9 décembre 1902.

guériniste, Lecoutey, les ordres de Déroulède sont exécutés à la lettre et ses hommes assurent l'élection des deux députés sortants. Il en est de même dans le Xe arrondissement, où Bouvalot et Tournade passent sans peine, ainsi que dans le XIe où Allemane est battu par l'antisémite Congy. Dans le XVIIe arrondissement, finalement, là où la Ligue est la plus nombreuse, la victoire nationaliste est complète [1]. En outre, les ligueurs, considérés dans les milieux nationalistes comme les meilleurs agents électoraux qu'on y ait jamais connus, contribuent largement à l'élection du député du VIIe arrondissement, Spronck, et aux succès nationalistes dans le Ve. Dans les XIIe, XIIIe et XIVe arrondissements, tous les candidats nationalistes en appellent au patronage de Déroulède et acceptent les principes du programme plébiscitaire. L'influence de la Ligue des patriotes est aussi très fortement ressentie dans les XVIe et XVIIIe arrondissements, où elle contribue à affaiblir le poids des prominístériels [2]. On ne peut donc s'étonner que tous les rapports concordent pour assurer que le savoir-faire des ligueurs et leur énergie sont pour beaucoup dans le succès des candidats nationalistes.

Les résultats des législatives de 1902 avaient été, en quelque sorte, annoncés par ceux des municipales de 1900. Des 30 nouveaux conseillers municipaux alors élus, 18 sont des ligueurs militants. Parmi eux, on trouve Galli et Le Menuet, également élus au conseil général de la Seine, ainsi que Barillier, Ballière et Foursin, les chefs des troupes de choc de la Ligue des patriotes. Après les municipales, et pour bien souligner qu'elle ne craint plus du tout la concurrence dans Paris, la Ligue des patriotes organise, le 23 mai et le 3 octobre 1901, des manifestations de masse qui sont de véritables démonstrations de force. A ces manifestations participent tous les élus municipaux de la Ligue, ainsi que certains autres qui, comme l'antisémite Gaston Méry, lui doivent leur élection [3].

Certes, il ne saurait être question d'attribuer aux seuls comités de la Ligue des patriotes les succès nationalistes aux municipales de 1900 ou aux législatives de 1902. Grâce au prestige intellectuel de ses chefs et de ses principaux adhérents, la part de la Ligue de la Patrie française dans les changements intervenus en 1900 et en 1902 n'a pas été négligeable et, à beaucoup d'égards, n'a pas été moins importante que celle de la Ligue des patriotes. Ceci dit, on ne peut en aucun cas

---

1. F 7 12870, 9 décembre 1902.
2. *Ibid.* Cf. F 7 12451, 7 juillet 1903 : rapport très détaillé dans lequel Galli passe en revue tous les quartiers de la capitale.
3. Dans les dossiers F 7 12451 et 12870, on trouvera les tracts publiés pour annoncer ces réunions.

mettre sur le même plan l'infrastructure de ces deux organisations : celle de la Ligue de la Patrie française est loin de valoir celle de la Ligue des patriotes qui, en plus, a pour elle le nom de Déroulède.

Le culte que Déroulède a réussi à créer autour de sa personne a, bien sûr, son revers : la paralysie, quand le chef est absent. Tant que les troupes étaient électrifiées par les luttes électorales, le constant va-et-vient entre Paris et Saint-Sébastien avait suffi pour bien faire tourner la machine. Mais, quand ce stimulus cessa, la navette se révéla très insuffisante, et l'indifférence s'empara des militants[1]. Le Sénat — constitué en Haute Cour — savait ce qu'il faisait en exilant Déroulède. Tout comme, dix ans plus tôt, le procès de Boulanger avait brisé le parti national, l'exil de Déroulède avait cassé le ressort de la Ligue des patriotes.

Le *leadership* restreint de la Ligue des patriotes est composé d'une demi-douzaine de personnalités très diverses, mais unies par leur inconditionnel dévouement à Déroulède. Il y a, tout d'abord, Marcel Habert, l'irremplaçable second, venu à la Ligue par le boulangisme. Jusqu'à la mort de Déroulède, en 1914, Habert se trouvera toujours aux côtés de son chef, mettant un point d'honneur à se faire arrêter avec lui le 23 février 1899, à comparaître avec lui en jugement ensuite, et, enfin, à partager son exil. De vingt ans plus jeune que Déroulède, avocat de profession, Habert mènera, depuis sa première élection à la Chambre en 1889 jusqu'à la fin des années vingt, une fort belle carrière politique. Militant à la Ligue des patriotes sous la présidence de Déroulède d'abord, puis de Barrès, et, finalement, sous celle du général de Castelnau, il acquiert une notoriété qui lui permet d'être constamment réélu. En 1928, il occupe encore les fonctions de délégué général qui étaient les siennes au début du siècle. Comme Barrès, Habert devient, dans l'après-guerre, une respectable personnalité de la droite traditionnelle. Il peut se permettre alors de parler avec l'autorité que donnent quarante ans d'activité ininterrompue à la plus ancienne organisation patriotique de France, celle qui symbolise tout ce qui sépare Sedan de la Marne.

Le second lieutenant de Déroulède, celui qui remplace le chef en son absence, est Henri Galli — de son vrai nom Gallichet. Avocat lui aussi, il contribua, comme Habert, aux côtés de Déroulède, à faire basculer la Ligue des patriotes dans le boulangisme[2]. Rédacteur à *l'Intransigeant* tout au long de la dernière décennie du siècle, il prend en main, à la fin de celle-ci, les destinées du *Drapeau*. Millionnaire

1. F 7 12870, 9 décembre 1902.
2. B/a 1337, divers rapports de décembre 1887, B/a 1088, sur Henri Gallichet.

aux goûts aristocratiques, habitant une demeure élégante et raffinée, rue de Courcelles, Henri Galli aime jouer à l'homme du peuple en son austère permanence de la rue du Petit-Musc : les électeurs du quartier de l'Arsenal, l'un des bastions les plus solides de la Ligue des patriotes, ignorent tout de la vie parallèle de leur leader. Élu au conseil municipal de Paris en 1900, Galli en devient le président en 1913.

Derrière Déroulède et ses deux premiers lieutenants s'active un petit groupe de militants ayant à leur tête Ferdinand Le Menuet, le secrétaire général, et Jacques Robert, président de la Jeunesse plébiscitaire et délégué général, qui, dans ces dernières fonctions, précède Habert. C'est sur leurs épaules que repose le soin de préparer les campagnes électorales, d'organiser les tournées de propagande en province, de superviser les activités des sections ou la rentrée des fonds [1]. Tous ces hommes, y compris les chefs des trois brigades, Barillier, Foursin et Ballière, sont des républicains de gauche, venus à la politique par le boulangisme. Boucher de son état, excellent meneur d'hommes, Barillier devient très populaire dans le quartier Rochechouart [2] qu'il représentera au conseil municipal jusqu'à sa mort, en 1910. Quant à Ballière et à Foursin, ce sont des anciens communards et des blanquistes militants [3].

Le boulangisme amena à la Ligue des patriotes deux autres personnalités qui y militent de diverses façons. Georges Thiébaud, l'instigateur de la campagne plébiscitaire du général Boulanger, l'un des hommes les plus en vue du boulangisme, et dont le concours s'avère souvent précieux, est un orateur de grand talent. Mais son caractère difficile, son ambition effrénée, ses constants besoins d'argent, ses démêlés avec les militants, notamment avec Jacques Robert, en font finalement un compagnon de route peu commode. Tel n'est pas le cas de Barrès.

L'auteur de l'Appel au soldat avait connu Déroulède au temps du boulangisme, et, malgré l'opinion que le jeune écrivain a pu, dans les années 1880, avoir du président de la Ligue des patriotes, ce dernier exercera une grande influence sur sa vie et sa ligne politiques. Avant même d'être élu à Nancy, Barrès s'était lié d'amitié avec l'intraitable Déroulède qu'il admirait à mesure qu'il découvrait les dessous, les recoins et les coulisses du boulangisme. Lui qui, auparavant, avait tourné en dérision Déroulède et son patriotisme exhibitionniste

---

1. F 7 12451, 13 octobre 1901.
2. F 7 12451, 29 novembre 1905.
3. F 7 12451, 13 octobre 1901 et 29 novembre 1905. Cf. B/a 2947 (dossier Barillier).

ne cessa plus, dès lors, d'admirer ses qualités d'homme d'action, son désintéressement, son intégrité à toute épreuve :

> C'est la plus noble figure que j'aie rencontrée dans le monde politique [écrit-il en 1903]. Il est héroïque selon la tradition française et cornélienne. [...] C'est ma plus grande amitié [1].

Plus tard, tout en le comparant à Don Quichotte, il le place sur le même piédestal que Roland, Duguesclin et Bayard [2]. En 1901, lorsque Déroulède est exilé, Barrès accepte, par amitié pour lui, la rédaction en chef du *Drapeau*, devenu quotidien [3]. Il s'était même joint à lui le 23 février, espérant le voir accomplir ce que n'avait pas voulu le général Boulanger dix ans plus tôt. Pourtant, il refusa toujours de faire partie du Comité directeur de la Ligue des patriotes; il prenait bien la parole, de temps en temps, à ses manifestations de masse, mais il n'était pas un de ses militants.

En politique, qui dit efficacité dit argent. La Ligue des patriotes semble avoir rarement manqué d'argent; de même, la Ligue de la Patrie française — qui en avait beaucoup — ou les antisémites, qu'ils aient été d'obédience Drumont ou d'obédience Guérin. Ce qui montre bien qu'au tournant du siècle il suffisait de promettre la fin de la démocratie libérale pour trouver les fonds.

Le financement de la Ligue des patriotes est, en partie, assuré par les souscriptions, très nombreuses entre 1899 et 1901 [4], et les cotisations, fixées à 1 franc par an. Mais le gros des rentrées vient surtout d'un petit groupe de richissimes militants pour qui la Ligue des patriotes représente non seulement le moyen de changer le régime, mais aussi celui de faire une rapide carrière politique. Ainsi, deux des plus importants leaders du mouvement, Jacques Robert et Henri

---

1. M. Barrès, *Mes cahiers, op. cit.*, t. III, p. 363. Vingt ans plus tard, il vantait encore « sa merveilleuse habileté d'agitateur » (M. Barrès, *la Politique rhénane. Discours parlementaires*, Paris, Bloud et Gay, 1922, p. 10).
2. M. Barrès, *Mes cahiers, op. cit.*, t. X, p. 311 et 305.
3. Il l'assume du 11 mai au 15 septembre 1901.
4. F 7 12449, 18 mars et 19 juillet 1899. Il semble acquis que Déroulède refusa toujours d'accepter les concours financiers du prétendant. Tous les rapports, sauf un, concordent là-dessus. L'unique note discordante est fournie par un rapport de police datant d'avril 1900, selon lequel la Ligue des patriotes serait financée aussi par le comte de Sabran-Pontevès, agent secret du duc d'Orléans. Il est probable que ce dernier, spécialisé dans l'action politique en milieu populaire, a essayé, après avoir acquis à la bonne cause les antisémites de Guérin, de recruter également la Ligue des patriotes. Des avances faites dans ce sens par le député royaliste Ramel furent repoussées par Déroulède. Le nom de la duchesse d'Uzès, qui, dix ans plus tôt, avait mis à la disposition du général Boulanger des sommes considérables, fut également prononcé dans ce contexte (cf. F 7 12459, 19 juillet 1899 et 21 avril 1900).

Galli, n'hésitent jamais à puiser dans leurs propres deniers — très nombreux — pour subvenir aux besoins de leurs organisations locales, celle du IVe arrondissement notamment. Il en est de même dans le Ier arrondissement, autre bastion déroulédiste et fief du sportsman-millionnaire Archdéacon qui fut, entre 1898 et 1904, le principal soutien tant de sa section que de la Ligue en général. Sa générosité, ajoutée à celle du très riche Boni de Castellane, cet aristocrate dandy qui avait déjà évolué dans le sillage du boulangisme, permettra long-temps à la Ligue d'être déchargée des soucis d'argent[1]. Ce qui n'était pas le cas au moment de la reconstitution progressive du mouvement qui, en mars 1897, ne possédait en caisse guère plus de 455 francs[2]. L'intervention d'Archdéacon, qui lui rapportera le siège de député du Ier arrondissement, fut déterminante : la Ligue des patriotes put, de ce fait, préserver son indépendance par rapport aux monarchistes, qui venaient d'offrir leur argent à un moment où il aurait fallu à Déroulède tout son courage pour le refuser. L'infrastructure qui est alors créée au quartier des Halles en fait le cœur du mouvement déroulédiste : après y avoir assuré une situation solide à Archdéacon, on y fait élire Barrès en 1906. L'ami et successeur de Déroulède conservera son siège jusqu'à sa mort, en 1923.

C'est encore Archdéacon qui donne à Déroulède les moyens pour transformer *le Drapeau* en quotidien. Mais ni Barrès comme rédacteur en chef, ni la fortune du député du Ier arrondissement ne parviennent à insuffler au journal le minimum de mordant qui aurait pu lui permettre de durer : 350 000 francs sont engloutis en l'espace de quelques mois sans résultat[3].

La solide situation financière — le mois de décembre 1900 semble avoir été la seule phase creuse, avant la série de crises de 1904-1905 qui annonce le début de la fin[4] — permet à l'état-major déroulédiste de déployer un considérable effort de propagande. Les grandes manifestations du manège Saint-Paul réunissent alors des auditoires variant de 1 000 à 9 000 personnes. En période de grande nervosité, lors

---

1. F 7 12449, 7 février 1899; B/a 1338, 4 février, 11 mars et 6 décembre 1899.
2. F 7 12449, mars 1897; B/a 1338, 2 octobre 1898. Déroulède peut également compter, notamment en période de crise, sur la générosité d'Arthur Meyer, directeur du *Gaulois*.
3. F 7 13230, 21 mars 1908. En période de difficultés financières, durant les années 1904-1905, c'est toujours et encore à Archdéacon que l'on s'adresse pour demander les secours d'urgence : le député du Ier arrondissement paie alors les frais de poste de la Ligue (cf. F 7 12451, 15 janvier 1904 et 15 février 1905). Le carton B/a 935 contient un important dossier sur Edmond Archdéacon; cf. plus particulièrement les rapports des 24 février 1899, 1er juillet et 10 novembre 1900.
4. F 7 12459, rapports des 4, 19 et 22 décembre 1900.

du procès Déroulède-Habert par exemple, ou à la veille des législatives de 1902, quelque 5 000 auditeurs, en moyenne, viennent chaque fois acclamer Déroulède, Barrès, Thiébaud, Habert et des dizaines d'autres orateurs qui se succèdent à la tribune pour battre le rappel de toutes les forces hostiles à la République libérale [1]. De ces salles chauffées à blanc où les ligueurs, commandés par leurs chefs de section, se regroupent très souvent par arrondissements, où les commissaires assurent le service d'ordre, se dégage incontestablement une impression de puissance qui ne manque pas d'inquiéter la gauche radicale et socialiste. Il est certain que la puissance organisée de la Ligue des patriotes et l'ampleur de l'agitation menée par la Ligue antisémitique ont pesé d'un grand poids dans la décision des diverses fractions du socialisme français de défendre la démocratie libérale. Dès lors, la capacité des ligues de soulever Paris et d'y entretenir une permanente atmosphère de fièvre va pousser les chefs socialistes à se porter à la défense du Droit, de la Justice et de la Liberté. Car ce n'est que tardivement que les socialistes, dans leur ensemble, se posent en protecteurs des droits de l'homme. Certes, les possibilistes avaient déjà été des adversaires irréductibles du boulangisme [2], et, au cours de la campagne dreyfusarde, les allemanistes interviennent et soutiennent Jaurès avec vigueur. Ils restent ainsi fidèles à la politique de défense républicaine qu'ils avaient pratiquée dix ans plus tôt [3]. Cependant, il aura fallu que la Ligue des patriotes et la Ligue antisémitique acquièrent une influence considérable dans Paris et que les manifestations antisémites se propagent dans toute la France, pour que les autres courants du socialisme décident, eux aussi, de mettre à la disposition de la démocratie libérale la force du prolétariat organisé.

Le talent d'orateur de Paul Déroulède et le culte de la personnalité dont il est l'objet [4] constituent le principal atout de la propagande menée par la Ligue des patriotes. Des milliers de portraits et biographies de Déroulède sont distribués à Paris et en province, des jouets représentant le président de la Ligue des patriotes donnant un coup de pied au président de la République sont fabriqués en très grand nombre et la première édition de la chanson *C'est Déroulède qu'il nous*

1. Cf. différents dossiers déposés sous la cote F 7 12451.
2. M. Winock, « La scission de Châtellerault et la naissance du parti ' allemaniste ' (1890-1891) », *loc. cit.*, p. 34.
3. M. Winock, « Les allemanistes », *Bulletin de la Société d'études jaurésiennes*, n° 50, juill.-septembre 1973, p. 24-25.
4. En 1903, Jacques Robert, alors chargé de transmettre les ordres du chef aux commissaires, terminera son discours en lançant : « Et Déroulède pourra vous dire un jour : Ligueurs, je suis content de vous! » (F 7 12451, 7 juillet 1903). Cf. aussi la série de chansons patriotiques d'Antoine Louis dédiées à Déroulède.

faut dépasse les 20 000 exemplaires, qui sont distribués en priorité à la police, aux gardes municipaux et aux officiers du Cercle militaire [1].

Galli, Habert et Robert accordent une grande importance à cette forme populaire de propagande qui avait fait ses preuves aux temps du boulangisme : ils font recouvrir Paris de dizaines de milliers d'affiches ou étiquettes nationalistes et antisémites, ils font distribuer des tracts ou des chansons patriotiques à la moindre occasion, et font vendre des jouets par des centaines de camelots portant un joli chapeau de paille, dit Panama [2].

Le Drapeau, au contraire, qu'il soit dirigé par Galli, Habert ou Barrès, est une feuille insipide dont la seule vocation est, semble-t-il, d'imprimer les discours fleuves du président de la Ligue et ceux de son délégué général : pas plus que *l'Antijuif* ou *la Tribune française*, l'organe de la Ligue ne peut prétendre rivaliser avec les grands quotidiens nationalistes et antisémites. C'est pourquoi Déroulède et ses adjoints s'appliquent à entretenir les meilleures relations possibles avec *l'Intransigeant*, *la Libre Parole*, *la Patrie*, *le Petit Journal* ou *le Gaulois*. Ce qui n'est pas toujours aisé, car les dissensions, les rivalités et les haines qui divisent le mouvement nationaliste ne perdent rien de leur acuité à mesure qu'apparaissent de nouvelles difficultés. Au contraire. Mais, dans ce réseau d'inimitiés, Déroulède jouit d'une situation particulière. Qu'on ne l'aime pas, comme c'est très courant dans les milieux de *la Libre Parole*, ou qu'on le jalouse, nul ne se sent suffisamment armé pour s'attaquer ouvertement au plus célèbre des chefs nationalistes.

Reconstituer avec précision la composition sociale du mouvement de Déroulède n'est pas chose facile. On ne trouve, tant dans les archives du ministère de l'Intérieur que dans celles de la préfecture de police, aucune liste d'adhérents portant aussi leurs adresse, âge et profession. Les déroulédistes, échaudés par les procès, perquisitions et autres tracasseries administratives des temps du boulangisme, ont appris à mettre à l'abri leurs fichiers. De plus, chaque militant savait qu'il ne devait jamais porter sur lui un document compromettant. Cependant, bien qu'on ne puisse reconstruire rue par rue, quartier par quartier, la la Ligue des patriotes — alors que c'est le cas pour la Ligue antisémitique, par exemple —, on peut, néanmoins, parvenir à une assez bonne description de sa sociologie.

C'est dans les Ier, IVe, IXe et XVIIe arrondissements que la puissance de la Ligue se fait particulièrement sentir. A tous égards, le XVIIe, cependant, soulève un problème lié à sa propre composition.

---

1. F 7 12451, 23 juin et 19 juillet 1899; F 7 12449, 10 mai 1899.
2. B/a 1338, 31 mai 1899; F 7 12451, 3 juin 1899 et 7 octobre 1901.

LA LIGUE DES PATRIOTES

Formé de deux parties bien distinctes peuplées chacune de populations très différentes l'une de l'autre, il n'est pas possible, dans l'état actuel de la documentation, de faire la part des adhérents qui viennent de la bonne bourgeoisie de Monceau et celle des adhérents qui viennent des quartiers populaires de Clichy et des Batignolles. Quoi qu'il en soit, dans ces quartiers de petite et moyenne bourgeoisie, la Ligue représente, au tournant du siècle, la force politique dominante. C'est là que son organisation est la mieux structurée et ses activités les plus fréquentes. C'est là aussi que sont régulièrement élus les chefs du mouvement, que ce soit au conseil municipal, au conseil général de la Seine ou à la Chambre des députés. Le XIe et le XVIIIe arrondissement représentent, eux aussi, d'importants points d'appui, tant du point de vue électoral qu'à cause des structures qui y sont mises en place. Certes, le quartier de la République était plutôt dominé par la Ligue antisémitique, mais le XVIIIe, organisé par Foursin, vient en bonne position dans la hiérarchie interne de la Ligue[1]. Cette géographie de la Ligue est corroborée par la composition socioprofessionnelle d'un groupe de 381 militants, identifiés à partir des archives du ministère de l'Intérieur, de la préfecture de police et du *Drapeau*. Il s'agit

1. Sur les caractéristiques socio-économiques des quartiers de la capitale, cf. les *Résultats statistiques du dénombrement de 1896 pour la Ville de Paris et le département de la Seine* publiés par le Service de la statistique municipale de la préfecture de la Seine, ainsi que l'étude de D.R. Watson, « The nationalist movement in Paris, 1900-1906 », in D. Shapiro (ed.), *The Right in France, 1890-1919*, Londres, Chatto and Windus, 1962, p. 49-84. On consultera également P. Rutkoff, « The Ligue des Patriotes », *loc. cit.*, p. 596-597, qui s'adonne à une série de calculs compliqués fondés sur les arrestations effectuées au cours de la semaine qui précède la tentative de coup d'État du 23 février. C'est là un exercice pour le moins périlleux. Pour la simple raison que ces arrestations, souvent opérées au hasard, ne peuvent pas signifier grand-chose quant au degré d'engagement ou de participation des appréhendés aux activités de la Ligue; elles ne suffisent même pas pour établir leur qualité de ligueurs. L'expérience le prouve à maintes reprises. Chargés de disperser une manifestation, les agents ne s'appliquent pas toujours à faire la distinction entre un militant et une « grande gueule », entre un meneur et un badaud attardé et énervé, avant de procéder à l'arrestation. Et ce n'est pas en arrivant au poste que la méprise sera levée. De plus, Rutkoff ne prend pas assez de précautions en manipulant les listes d'adresses des appréhendés : il s'en tient au seul niveau de l'arrondissement. Or, pour « interpréter » une adresse dans Paris, surtout lorsqu'il s'agit de certains arrondissements du Paris du tournant du siècle, il faut savoir à quel tronçon de rue, à quel pâté de maisons même, l'adresse se rattache. Que deux personnes aient habité l'une place Vendôme, l'autre rue Saint-Denis les faisait automatiquement citoyens du Ier arrondissement mais ne les reliait pas pour autant au même monde. Et le VIe du boulevard Saint-Germain n'était pas le VIe de la rue de Buci. Quant aux habitants du XVIIe, c'était la situation de leur logement (côté cour ou côté rue, au premier ou au sixième étage), qui, souvent, distinguait, deux niveaux de vie très éloignés l'un de l'autre.

de militants qui, les 21 membres du Comité directeur mis à part, soit
exercent des responsabilités particulières — ou se signalent par leur
activisme —, soit sont répertoriés par les services de la police au
niveau du quartier et de l'arrondissement comme « membres du
bureau », « membres du comité » ou « membres principaux »[1].

Si le tableau ci-dessous ne peut être tenu pour représentatif ni de
la population du mouvement ni même de celle des militants — il ne
s'agit là en aucune façon d'un échantillon —, il n'en est pas moins
significatif :

Catégorie	Nombre
Professions libérales	73
Directeurs d'entreprise	3
Entrepreneurs	5
Propriétaires	12
Négociants	27
Fonctionnaires	16
Officiers en retraite	8
Étudiants	15
Petits commerçants	68
Artisans	51
Employés	90
Ouvriers	13
	381

222 militants, autrement dit plus de la moitié, appartiennent à la
petite bourgeoisie, alors que 159 militants appartiennent aux classes
moyennes. On se rappelle qu'au sein de l'instance supérieure du mouvement la haute et moyenne bourgeoisie représente la totalité des
effectifs. Il est raisonnable de penser — et c'est vrai pour tous les
mouvements politiques de l'époque — que les simples adhérents
devaient se recruter en majorité chez les petits commerçants, artisans,
employés et ouvriers. Mouvement parisien, la Ligue des patriotes est
aussi un mouvement foncièrement axé sur la petite et moyenne bourgeoisie.

La Ligue des patriotes n'existe en dehors de la capitale qu'à Marseille. Encore convient-il de se demander si cette organisation puis-

1. Ces données ont été recueillies à partir du *Drapeau*, ainsi que de très nombreux
documents dispersés entre les divers dossiers classés aux Archives nationales
(F 7 12449 et 12451) et aux archives de la préfecture de police (B/a 1338 et 1032).

sante et bien structurée représente bien une filiale de la Ligue des patriotes parisienne. En effet, il s'agit plutôt d'une fédération de tous les groupements nationalistes, patriotiques et antisémites, y compris les royalistes, qui ne s'en iront qu'en février 1899. En décembre 1898, l'organe directeur de la Ligue — le Bureau — comprend 2 républicains modérés, 2 socialistes, 2 royalistes, 2 bonapartistes et 2 antisémites. Le nom de Ligue des patriotes ne semble avoir été choisi que parce qu'il permettait de réunir sur un terrain neutre des éléments très divers n'ayant en commun que leur opposition au régime. Les difficultés idéologiques, les rivalités qui opposent les mouvements parisiens, l'opposition permanente des antisémites parisiens aux déroulédistes ne signifient pratiquement rien à Marseille : en fait, c'est la Ligue antisémitique et la « Loge des amis de Morès » qui prennent l'initiative, dès septembre 1897, de la reconstitution de la Ligue des patriotes[1].

Organisée en 8 sections, subdivisées en plusieurs brigades d'une manière qui permette une mobilisation immédiate, la Ligue passe de 1 600 adhérents en décembre 1898 à environ 4 000 en juin de l'année suivante : le chiffre exact, d'après les registres qu'avait en main le commissaire spécial de Marseille, s'élève alors à 3 943 ligueurs. D'après d'autres évaluations, le nombre des adhérents aurait atteint ou même dépassé les 5 000. Sur le plan de sa composition sociale, l'organisation marseillaise diffère assez profondément de la Ligue parisienne : dominée par l'élément catholique, conduite par des notables traditionnels, pourvue de subventions levées par ces mêmes milieux, elle recrute essentiellement dans les quartiers riches, les cercles catholiques et les éléments impérialistes de la colonie corse[2].

3. Les velléités de coup d'État

Dans la semaine qui suit la mort de Félix Faure, le 16 février 1899, l'agitation nationaliste culmine. Déroulède est persuadé que l'occasion tant attendue depuis les premiers jours du boulangisme se présente enfin. Pendant huit journées consécutives, Paris revit l'atmosphère des « fièvres » boulangistes : manifestations et heurts avec les

1. F 7 12449, 28 septembre 1897, 19, 20, 24 décembre 1898, 28 février et 6 juin 1899.
2. F 7 12449, 20 et 24 décembre 1898, 26 janvier, 25 et 28 février, 2 mars, 6 et 13 juin 1899.

forces de police en état permanent d'alerte se succèdent, et les bruits les plus extravagants courent dans les milieux politiques. Après l'élection d'Émile Loubet à la présidence de la République, le 18 février, on s'attend à des émeutes qui pourraient se terminer par une tentative de coup de force sur l'Élysée.

En fait, dès le 11, on parlait déjà à la Ligue des patriotes de l'organisation, avec le concours des autres éléments nationalistes et antisémites, d'une grande manifestation, place de la Concorde, à la suite de laquelle on tenterait d'envahir le Palais-Bourbon ou l'Élysée[1]. Mais c'est seulement à partir du 20 que l'idée d'une telle tentative est régulièrement reprise par Déroulède, Habert et les autres leaders nationalistes, proches de la Ligue des patriotes.

Il importe de ne pas juger ce projet uniquement sur son exécution. Si la démonstration de la place de la Nation sombre dans le ridicule, les préparatifs auxquels elle donna lieu, les contacts qui furent pris pouvaient faire espérer, dans l'atmosphère qui régnait alors dans Paris, une issue plus heureuse. Car Déroulède et les anciens boulangistes qui attendaient cette grande occasion « que les tumultes boulangistes et panamistes[2] » n'étaient finalement pas parvenus à créer avaient pris, de longtemps, leurs précautions. Et ils avaient de bonnes raisons de penser qu'ils n'étaient pas les seuls dans ce cas : les officiers de la garnison de Paris étaient notoirement antidreyfusards, et, parmi eux, un très grand nombre étaient aussi antirépublicains. Depuis toujours, il était courant, et même souhaitable, de vomir la République quand on avait choisi le métier des armes. Avec l'Affaire, ces sentiments vont encore s'accentuer et mettre carrément le régime face au problème d'une armée dont les cadres, dans leur immense majorité, n'acceptent pas la légitimité de la République libérale[3]. De plus, avec l'Affaire, les militaires non seulement se mettent à exprimer plus librement leurs sentiments, mais encore profitent de l'occasion pour intervenir indirectement dans les affaires du pays, dans l'espoir d'influencer l'évolution du régime.

Déroulède, qui sait tout cela, avait donc entrepris d'exciter encore la grogne de l'armée et l'encourageait à intervenir *directement*. Il en appelle alors à « une révolution populaire soutenue par l'armée[4] ».

1. F 7 12451, 11 février 1899 : deux notes provenant de deux sources différentes.
2. M. Barrès, *Scènes et Doctrines du nationalisme, op. cit.*, t. I, p. 245.
3. Cf., sur le problème dans son ensemble, l'ouvrage classique de R. Girardet, *la Société militaire dans la France contemporaine, 1815-1939, op. cit.*
4. Cf. sa déposition devant le jury de la Seine in *Cour d'assises de la Seine, 29 juin 1899, op. cit.*, p. 1 et 18, et son discours au manège Saint-Paul prononcé le 23 mai 1901, *le Drapeau*, 24 novembre 1901.

Parallèlement, il fait ses propres préparatifs en vue du coup d'État qu'il croyait devoir venir de l'armée et que de vagues promesses, des demi-mots et des sous-entendus lui laissaient croire possible. Il est en tout cas indéniable que les démarches et certains des préparatifs que Déroulède avait réalisés, plus ou moins avec l'accord tacite de certains officiers de haut rang, pouvaient lui laisser croire que la garnison de Paris était mûre pour un coup. A-t-il pensé, en cette semaine de fièvre, que le moment était venu de profiter des prédispositions de ces mêmes officiers — quitte à leur forcer un peu la main? Cela ne fait pas de doute. Que ces officiers n'aient pas apprécié la hâte de Déroulède et son intention de les entraîner dans l'aventure en prenant lui-même l'initiative, c'est fort probable.

L'idée d'une alliance, en vue d'un coup de force, entre l'armée et des éléments révolutionnaires opposés à la démocratie libérale est cardinale dans le modèle de la révolution fasciste. Très tôt, Déroulède avait bien saisi le rôle que chacune des deux parties pouvait s'attribuer dans ce mécanisme : une minorité activiste peut être le détonateur d'un coup d'État, mais elle ne saurait en aucune façon faire face à l'appareil répressif de l'État moderne, et encore moins le battre par ses propres moyens; aussi la force de manœuvre doit nécessairement être fournie par l'armée.

Selon le témoignage de Barrès, qui se trouvait aux côtés de Déroulède place de la Nation, le coup, soigneusement préparé, a échoué à cause de la dérobade « d'auxiliaires qui devaient venir, qui ne sont pas venus », d'indiscrétions diverses et, finalement, à cause de la trahison du général de Pellieux[1]. Déroulède lui-même fera allusion au « traître », lors d'un discours prononcé à Saint-Sébastien le 23 février 1901[2]. D'autre part, il ressort de la déposition du général Zurlinden, gouverneur militaire de Paris à l'époque, au procès du comte de Lur-Saluces, compromis lui aussi dans le complot du 23 février, que le général de Pellieux connaissait les projets de Déroulède et qu'il s'en est ouvert à son supérieur au dernier moment[3].

Ce qui n'est pas impossible, car, dès décembre 1898, des rumeurs recueillies par les services de la place Beauvau font état de relations

1. M. Barrès, *Scènes et Doctrines du nationalisme*, op. cit., t. I, p. 249-252; cf. p. 244-245, ainsi que l'ensemble du récit, p. 242-262.

2. M. Barrès, *Mes cahiers*, op. cit., t. II, p. 200. Selon P. M. Rutkoff (*Revanche and Revision*, op. cit., p. 178), qui cite un texte de Déroulède du 4 octobre 1910, le traître aurait été le général Florentin sous le commandement duquel se trouvait le général Roget. Cependant, selon une information du 22 mars 1899 (B/a 1338), le général Roget aurait été au courant de ce qui devait arriver.

3. « Un résultat », *La Lanterne*, 26 juin 1901.

presque journalières entre le gouverneur militaire de Paris et ses officiers, et des personnalités de la Ligue des patriotes [1]. Le 22 février, des officiers de la garnison de Paris préviennent Déroulède que des perquisitions allaient être faites à la Ligue des patriotes et à la Ligue de la Patrie française [2]. Dix-huit mois après la tentative de la place de la Nation, une information recueillie dans les milieux militaires révèle que deux régiments, les 4e et 32e de ligne, étaient prêts à marcher avec Déroulède [3]. Il est, par conséquent, permis de penser que les projets élaborés dès le 20 février n'étaient point de simples chimères sorties d'un cerveau exalté, et que Déroulède savait sur quoi se fonder pour sérieusement espérer qu'une agitation de rue un peu plus importante trouve un écho favorable dans les casernes. C'est pourquoi il n'hésitait pas, trois jours avant la tentative de la place de la Nation, à parler ouvertement d'un coup d'État [4], trouvant même que ses bavardages étaient nécessaires à une bonne préparation psychologique du coup.

La journée du 23 février est préparée par l'agitation qui sévit les 19 et 20 du mois, et qui fait croire à une situation révolutionnaire. L'imminence d'une telle situation est d'autant plus plausible que cette agitation est alors le fait d'éléments étrangers à la Ligue des patriotes, ce qui rend les chances d'un succès encore plus réelles.

A l'origine de l'agitation du 19 février se trouve une réunion organisée par les groupes plébiscitaires du département de la Seine. A leur sortie de la salle des Mille Colonnes, rue de la Gaîté, les quelque 3 000 personnes que le meeting avait attirées sont contrôlées par un important service d'ordre et refoulées sur le quartier de Plaisance pour éviter la formation de groupes qui auraient pu se diriger sur le Luxembourg. Quatre arrestations seulement ont été opérées dans un groupe d'une trentaine de personnes qui avait réussi à parvenir jusqu'au pont de Solférino [5]. Une autre manifestation, royaliste cette fois et de peu d'envergure, a lieu dans l'après-midi, rue Royale. Mais, à partir de 8 heures du soir, la foule commence à envahir les boulevards Montmartre, des Italiens et Poissonnière. Vers minuit, des groupes anar-

1. F 7 12451, 7 décembre 1891.
2. F 7 12451, 22 février 1899.
3. F 7 12870, 6 août 1900. Une information du 10 avril 1899 (F 7 12451), bien que transmise sous réserve, fait état d'un entretien qui aurait eu lieu, la nuit du 22 au 23 février, entre le général Roget et Déroulède. Il convient, cependant, de noter que Déroulède connaissait Roget personnellement, et que le frère du général, le commandant Roget, était membre de la Ligue des patriotes, fait connu de la place Beauvau dès le 16 juillet 1898 (F 7 12882).
4. Cf. trois informations différentes, toutes datées du 20 février 1899 (F 7 12451).
5. F 7 12449, 20 février 1899.

chistes s'agglutinent devant la rédaction de *l'Antijuif*, alors que des antisémites brisent une vingtaine de carreaux, rue Laffite, face à la banque Rothschild. A l'issue de toute cette journée, 128 personnes sont arrêtées pour tapage, cris injurieux, outrages à agent. Les prévenus sont pratiquement tous des jeunes gens âgés de seize à vingt-cinq ans; ils ne sont que 10 à avoir entre vingt-cinq et trente-cinq ans, et 8 seulement ont dépassé leur trente-cinquième année [1].

Au cours de la nuit qui précède la tentative de coup d'État, des préparatifs sont engagés afin de mettre sur pied une grande démonstration. Le 22, à minuit, la décision est prise de passer outre à l'interdiction de manifester, et, selon l'indicateur présent aux délibérations de l'état-major de la Ligue, « on a recommandé aux ligueurs de se montrer énergiques, même vis-à-vis de la police [2] ». Cinquante commissaires, disposant chacun d'une voiture, sillonnent Paris pour mobiliser les troupes déroulédistes, et Caron et Farjat — tous deux membres de la Commission exécutive du parti républicain socialiste français — se chargent de prévenir les blanquistes [3]. Guérin lance une centaine de convocations : une trentaine de ligueurs seulement, en majorité des bouchers, suivis d'un fiacre chargé d'armes, sont au rendez-vous de 3 heures, place de la Bastille [4].

La tentative de putsch échoue, le heurt avec les forces de police ne se produit pas et la garnison de Paris n'est pas là pour enlever la décision : « la révolution populaire soutenue par l'armée » à laquelle

---

1. Cf. la liste des arrestations opérées le 19 février et datée du 20 février dans le dossier F 7 12449. C'est là un échantillon caractéristique de la clientèle de ce genre de manifestations : 33 artisans, 11 petits commerçants, 21 employés, 15 employés de commerce, 17 « garçons » — de café, laitiers, coiffeurs, camelots —, 15 domestiques, 3 étudiants, 2 négociants, 2 sans profession et 1 artiste peintre. La moitié des manifestants viennent, par conséquent, de la très petite bourgeoisie, alors que la seconde moitié appartient aux couches populaires, tout au bas de l'échelle sociale. Et il en est de même en ce qui concerne la douzaine de manifestants arrêtés le lendemain (F 7 12449, 21 février 1899). Cueillis au hasard des mouvements de foule, les manifestants arrêtés les 19 et 20 février ne peuvent être tenus pour représentatifs de la population de la Ligue des patriotes ou de la Ligue antisémitique — nul ne peut savoir d'ailleurs s'ils sont membres de l'une ou de l'autre de ces organisations —, mais ils donnent une idée de la clientèle qui manifeste son mécontentement et où les mouvements révolutionnaires ont le plus d'impact.
2. F 7 12451, 23 février 1899.
3. F 7 12451 et F 7 12870 du 23 février 1899; ces deux documents proviennent de deux sources différentes.
4. F 7 12459, 24 février, 29 avril, 15 mai, 26 août 1899. Cf. aussi J. Guérin, *les Trafiquants de l'antisémitisme : la maison Drumont et Cie*, Paris, Juven, 1905, p. 206.

rêvait Déroulède n'aura pas lieu[1]. Dans un premier temps, les ligueurs se soumettent aux sommations de l'officier de paix. Plus tard, ils ne seront que 200 fidèles que Déroulède réussira à regrouper autour de lui : tous se dirigent vers la place de la Nation. Ils y sont encore après 4 heures de l'après-midi, quand arrivent les régiments d'infanterie, retour de cérémonie. Aux cris de « A l'Élysée! », Déroulède se jette sur le cheval du général Roget. Rien n'y fait. L'officier supérieur regagne rapidement la caserne de Reuilly. Et il faudra beaucoup d'efforts au député d'Angoulême et à son ami Habert pour se faire arrêter, provisoirement[2].

Tel ne sera pas le cas des 257 autres antidreyfusards — parmi eux Millevoye, député de Paris — écroués à la suite des événements de la place de la Nation et des incidents qui se produisent, dans la soirée, sur les boulevards où, comme d'habitude, la brasserie de la Grande Maxéville — lieu de rencontre privilégié des chefs nationalistes et antisémites — et les bureaux de *la Libre Parole* servent de point de ralliement aux manifestants. A plusieurs reprises, le boulevard Montmartre doit être évacué, avant que les émeutiers ne s'essoufflent, vers 1 h 30 du matin[3]. Il n'existe pas de liste nominale des personnes arrêtées, sauf en ce qui concerne 23 d'entre elles qui avaient spécialement attiré l'attention : des noms à particule, 4 étudiants, 2 avocats, un officier de marine et un lieutenant à l'École de guerre. Ce qui permet de supposer que le cercle des participants à l'agitation dans la rue s'était, entre-temps, bien élargi.

L'échec du 23 février ne calme pas les velléités révolutionnaires de Paul Déroulède. Rapidement relâché, le député d'Angoulême songerait — selon le bruit qui court dans les milieux politiques — à tenter quelque chose le 14 juillet, au moment où les forces de police se trouveraient du côté de Longchamp. La Ligue des patriotes s'applique alors à entretenir un constant climat d'agitation : elle tient de nombreuses réunions qui provoquent, chaque fois, le déploiement d'un important dispositif policier[4]. En effet, à maintes reprises Déroulède se dit prêt à recommencer. Au mois d'août, alors qu'approche la fin du procès Dreyfus, il s'apprête à une nouvelle tentative[5].

1. Discours de Déroulède aux jurés de la Seine les 29, 30 et 31 mai 1899, in *Qui vive? France!* « *Quand même* », *op. cit.*, p. 229.
2. F 7 12449 et F 7 12870 du 23 février 1899.
3. F 7 12449, février 1899, rapport sur la journée du 23 février 1899.
4. B/a 1338, rapports des 3, 12, 13, 17 et 19 juillet, 16 août 1899. Pour une réunion tenue à la mi-août au manège Saint-Paul, la préfecture de police mobilise 819 gardiens et officiers, 500 gardes républicains à pied et 125 gardes à cheval.
5. B/a 1104, 6 août 1899, et B/a 1338, 5, 8, 11 et 27 juillet 1899.

La leçon de la place de la Nation a été bien assimilée. Tout d'abord, Déroulède choisit la date du coup éventuel. Il en retient deux : soit le jour où le général Mercier déposera au procès Dreyfus, soit le jour où sera rendu le verdict. Ensuite, il procède à la mise en place du dispositif de la Ligue des patriotes : le jour venu, la première brigade de commissaires, commandée par Ballière, devra occuper les points stratégiques depuis le faubourg Saint-Honoré, au coin de la rue Royale, jusqu'au boulevard Montmartre, en suivant les grands boulevards; la deuxième brigade, sous les ordres de Barillier, occupera la voie du boulevard Montmartre à la place de la République, et Foursin, avec la troisième brigade, tiendra le boulevard Saint-Michel et le boulevard Saint-Germain [1]. Déroulède n'entend pas agir seul, il mobilise tous les groupements capables de participer à une telle entreprise : les antisémites de Guérin et les blanquistes dirigés par Caron. Malgré une confiance limitée dans le savoir-faire du député de la Charente, Guérin accepte : ses militants, ainsi que ceux du parti républicain socialiste français, convoqués par petits groupes, seront placés à des endroits différents, tout le long des boulevards. Tous les militants, les déroulédistes comme les antisémites et les rochefortistes, sont désormais invités à ne plus sortir que munis d'armes [2].

Finalement, des contacts plus poussés qu'en février sont pris avec les milieux militaires : d'après les renseignements qui parviennent place Beauvau,

> plusieurs généraux et de nombreux officiers seront prêts à marcher ce jour-là ; ils se trouveront en civil le long des boulevards et, quand le moment sera venu, ils iront dans des endroits désignés d'avance où seront tenus en réserve des effets militaires et des chevaux tout sellés [3].

Le chef militaire qui, le moment venu, doit se faire connaître à la foule et prendre la tête de la marche sur l'Élysée est, selon ces mêmes sources, le général de Négrier [4], qui venait d'être relevé de ses fonctions de commandant du corps d'armée des Vosges, tout comme Zurlinden l'avait été de celles de gouverneur militaire de Paris. En effet, le lendemain de la constitution du ministère Waldeck-Rousseau, le général de Négrier, qui s'était posé en défenseur de l'armée contre le gouvernement, avait entrepris dans l'Est une tournée des garnisons : en langage clair, et en se couvrant de l'autorité du Conseil supérieur

1. B/a 1338, 6 août 1899, et F 7 12870, 6 août 1899.
2. F 7 12870, 6 août 1899.
3. F 7 12870, 6 août 1899.
4. B/a 1338, 6 août 1899.

de la guerre dont il était membre, il préparait les officiers à la révolte [1]. Contrairement aux boulangistes dont le chef était méprisé par ses pairs, les antidreyfusards pouvaient compter sur l'appui de quelques-uns des plus grands noms de l'armée française.

Pour la première fois aussi, depuis dix ans, un personnel de rechange est prévu en cas de succès. Si le coup avait réussi, les postes clés du nouveau régime auraient été répartis de la manière suivante : ministre de la Guerre : général Hervé; gouverneur de Paris : général de Pellieux; ministre de la Justice : Quesnay de Beaurepaire; ministre de l'Intérieur : Marcel Habert; préfet de police : Georges Thiébaud [2]. Les préparatifs sont alors suffisamment avancés pour amener le gouvernement Waldeck-Rousseau à frapper vite et fort : le 12 août, Déroulède, deux de ses trois chefs de brigade ainsi qu'un groupe de bouchers de la Villette sont arrêtés. Des perquisitions sont en même temps effectuées chez les chefs royalistes et les prévenus déférés en Haute Cour. Jules Guérin se réfugie dans ses bureaux de la rue de Chabrol.

L'arrestation des chefs, les pressions, les tracasseries administratives et l'attente du procès en Haute Cour ont pour effet immédiat de briser l'élan nationaliste. L'affaire de Fort-Chabrol, devenue très vite un des grands épisodes du folklore parisien, ne saurait faire illusion. Commencée en septembre 1898 avec la réapparition au grand jour de la Ligue des patriotes, l'agitation nationaliste cesse d'être un danger en août 1899. Entre-temps, elle aura provoqué non seulement la constitution d'un ministère fort, décidé à briser les velléités révolutionnaires de la droite, mais aussi l'excitation du fameux réflexe de défense républicaine et l'entrée d'un ministre socialiste dans un gouvernement bourgeois.

Car le front commun de la bourgeoisie libérale et du prolétariat, de la gauche marxiste ou marxisante et du centre libéral, est bien davantage le produit du climat révolutionnaire de 1898-1899 que des considérations sur le Droit et la Justice. Non que celles-ci aient manqué d'importance ou de consistance, mais jamais elles n'auraient emporté l'adhésion de toutes les fractions du socialisme sans la longue agitation menée par la Ligue des patriotes et les autres mouvements nationalistes. Et ce n'est certainement pas l'effet du hasard si c'est entre la tentative du 23 février et le complot d'août 1899 que Waldeck-Rousseau forme son ministère. La puissance de la droite révolutionnaire

---

1. Cf. J. Reinach, *Histoire de l'affaire Dreyfus, op. cit.*, t. V, p. 248-251. Négrier fut relevé de ses fonctions le 25 juillet 1899, ainsi que Zurlinden, remplacé le 7 juillet par le général Brugère, connu pour ses convictions républicaines.
2. F 7 12870, 6 août 1899.

réelle, potentielle ou imaginaire, joue un rôle essentiel dans l'évolution de la gauche. C'est pourquoi son impact est en dehors de toute proportion avec sa force numérique, et le nombre d'adhérents de ces mouvements — d'ailleurs jamais négligeable en soi — ne peut être considéré comme l'unique référence. Ce sont les résultats concrets de leur action qui comptent, les germes semés par leur idéologie qui importent, et dont on ne perçoit ni toujours ni immédiatement les retombées à long terme.

4. LA DROITE RADICALE FACE A LA DROITE CONSERVATRICE : LES LIGUES POPULAIRES ET LA LIGUE DE LA PATRIE FRANÇAISE

Au printemps 1899, à la suite de la tentative du coup d'État de février, la Ligue de Déroulède devient le point de ralliement de toutes les ligues. C'est alors qu'en dépit des rivalités de personnes et des intérêts divergents — la concurrence est âpre entre des mouvements luttant pour une même clientèle et obligés de vendre à un même public des journaux à contenu très semblable — la droite révolutionnaire fait bloc, pour un temps, autour de sa branche la plus puissante. Quand on parle, dans ces milieux, d'une « deuxième édition du boulangisme », c'est immanquablement à Déroulède que l'on songe [1].

Les alliés les plus proches de la Ligue des patriotes sont toujours les blanquistes. Fondé par le directeur de *l'Intransigeant* à la suite des législatives de 1898 pour faire pièce au marxisme, le « Parti républicain socialiste français » réunit le noyau dur du blanquisme, qui, sous l'influence de Rochefort, Granger et Ernest Roche, avait, dix ans plus tôt, versé dans le boulangisme. Il englobe aussi divers débris de la première génération du socialisme national. Présidé par Roche — avec Rochefort comme président d'honneur —, le parti a pour délégué général l'ancien député de Nancy, Gabriel, et comme secrétaire, Poirier de Narçay. Il compte parmi ses membres les plus importants deux députés — Roche et Bonard — et un autre ex-député boulangiste, Francis Laur. Comme la Ligue des patriotes, le parti républicain socialiste français n'est implanté qu'à Paris. Certes, il existe un Comité central socialiste révolutionnaire, ainsi qu'une Union des patriotes socialistes-révisionnistes de France, tous deux

1. Cf. les renseignements confidentiels fournis à l'indicateur par Turquet à l'issue d'une réunion tenue par un groupe important des leaders de la droite (F 7 12451 du 3 juin 1899).

organismes blanquistes révisionnistes qui prétendent se trouver sur tout le territoire national, mais dont seuls les comités parisiens comptent. Ils sont surtout présents dans les IIe, IVe, IXe, X[e], XIe, XVIIe, XVIIIe, XIXe et XXe arrondissements, ainsi qu'à Ivry et à Levallois-Perret [1]. On remarquera que ces deux organismes, qui ont tenu à se distinguer au moins par leur appellation, y ont néanmoins introduit l'adjectif socialiste.

Tout comme la Ligue des patriotes et la Ligue antisémitique, les blanquistes recrutent d'abord dans la petite bourgeoisie du cœur de la capitale et dans les quartiers populaires plus au nord et à l'est, des Batignolles à la Bastille. A Paris encore, il faut noter les activités d'une Jeunesse blanquiste très entreprenante et qui ne refuse jamais — voire recherche — la collaboration avec le Corps des commissaires de la Ligue des patriotes. Dans le XIIIe, certains éléments blanquistes, conduits par le député Paulin Méry, iront jusqu'à fusionner avec la Ligue. A la fin du siècle, ce même Méry amènera à Déroulède les derniers débris du blanquisme.

Les effectifs du parti républicain socialiste français sont inconnus. On dispose, cependant, des listes des principaux membres des comités blanquistes et rochefortistes parisiens : en tout 122 militants — connus et fichés par les services du ministère de l'Intérieur — provenant essentiellement des quartiers populaires [2].

Déroulède jouit également du soutien inconditionnel de la Jeunesse antisémite, conduite par Dubuc et Cailly. Destinée, au moment de sa constitution, au rôle de mouvement de jeunesse de la Ligue antisémitique, l'organisation de Dubuc se heurte très vite à Guérin et se rapproche de la Ligue des patriotes. En effet, l'été 1899, Dubuc, qui n'a jamais caché sa profonde admiration pour Déroulède, se met à sa disposition et lui fournit, de ce fait, une force d'appoint, peu nombreuse mais décidée, de quelques centaines de militants, pour la plupart jeunes, visiblement attirés par l'activisme de la Ligue des patriotes [3].

Avec les antisémites « officiels », les rapports sont en général fort tendus. Déroulède n'aime guère ni Drumont ni Guérin, et les deux hommes le lui rendent bien. Drumont, par exemple, ouvre son *Testament d'un antisémite* par un méchant coup de patte à l'intention du chef de la Ligue des patriotes :

> J'ai vu [dit-il] un homme passionné et vaillant s'affirmer comme le représentant de l'idée de Revanche, écrire les *Chants du soldat*,

---

1. Cf. plusieurs documents sans date dans le dossier F 7 12449. — 2. *Ibid.* 3. F 7 12870, 6 juin 1899.

rêver un moment de fonder avec la Ligue des patriotes une généreuse association comme ce Tugendbund qui releva la Prusse après Iéna... J'ai vu depuis cet homme, qui se nomme Paul Déroulède, mettre sa main dans la main de Naquet et imposer comme vice-président à ses ligueurs ce juif infâme qui, pour enrichir une société financière, avait vendu à nos ennemis le secret de la poudre sans fumée [1].

Drumont feint de croire que le déroulédisme n'est rien d'autre qu'un revanchisme sentimental, un réflexe de chien battu. Dès les premiers pas du boulangisme, il n'a pas de mots assez durs pour flétrir l'influence de Déroulède sur le parti national. Il le rend responsable, au même titre que les juifs Meyer et Naquet, de la perte du boulangisme, l'accuse avec mépris d'être « enrégimenté dans le parti de Gambetta par amour de la réclame banale » et le qualifie de « poseur et fanfaron du patriotisme [2] », de caricature de « cette Alsace théâtrale » qui s'est « mise aux gages des saltimbanques, cette Alsace de vitrine et de café-concert [...], pleurarde, intrigante et quémandeuse [3] ».

Une raison supplémentaire de la hargne de Drumont ou de Guérin était que Déroulède ne souscrivait pas sans arrière-pensées à leur vision de l'antisémitisme. Pour lui, l'antisémitisme ne sera d'abord, et jamais, qu'un bon moyen d'intégrer toutes les forces du nationalisme, une arme de combat dont il faut user puisqu'elle répond aux besoins du jour. Car Déroulède ne vient à l'antisémitisme qu'au moment de l'Affaire. En somme, il n'était qu'un opportuniste de l'antisémitisme : dans les années 1880, il rendait encore hommage aux juifs de France, dans le plus pur style jacobin : « Un peuple n'a que les juifs qu'il mérite »..., disait-il, « et je reconnais [...] que, depuis 1789, la France a mérité de bons juifs et qu'elle les a [4] ». Même en septembre 1898, il n'hésite pas à faire savoir à Guérin « qu'il ne considérait pas jusqu'à présent l'antisémitisme comme étant la véritable forme du patriotisme [5] », ce qui a pour effet de déclencher contre lui une véritable campagne dans l'Antijuif [6].

1. É. Drumont, *Le Testament d'un antisémite*, Paris, Dentu, 1891, p. 1.
2. É. Drumont, *La France juive, op. cit.*, t. I, p. 153 et 487. — 3. *Ibid.*, p. 423.
4. P. Déroulède, *La Défense nationale, op. cit.*, p. 11.
5. F 7 12459, 18 septembre 1898. Déroulède formule alors l'idée selon laquelle « un juif antidreyfusard était deux fois français » (B/a 1032, 27 septembre 1898). Cf. B/a 1032, 23 et 24 septembre et 2 octobre 1898.
6. Cf. J. Guérin, « La grève des terrassiers », *l'Antijuif*, 20 octobre 1898; « A Paul Déroulède », *ibid.*, 29 janvier 1899; J. Morin, « Pas d'équivoques », *ibid.*, 18 février 1900. Sur les rapports entre Déroulède et les antisémites, cf. B/a 1338, 31 octobre 1899; F 7 12459, 24 septembre 1898, 29 mai et 10 juillet 1899, 14 décembre 1901; F 7 12882, 10 juillet 1899. On consultera aussi C. Spiard, *les Coulisses*

A cette profonde hostilité personnelle et idéologique viennent s'ajouter, bien sûr, les ambitions de Drumont et de Guérin qui, eux aussi, aspirent au rôle de chef du nationalisme. Il ne se passe guère de mois où les rivalités latentes n'éclatent au grand jour, à l'exception, toutefois, du printemps et de l'été 1899, période où, à l'issue de la tentative du coup d'État et du complot du mois d'août, Déroulède émerge incontestablement comme la seule figure de proue. Aussi, dès le mois de mars, une collaboration suivie s'instaure, en vue du prochain procès Déroulède, entre la Ligue des patriotes, les rochefortistes et la Jeunesse antisémite, d'une part, et la Ligue antisémitique de Guérin, d'autre part [1]. En juillet, les militants des quatre mouvements activistes sont ensemble sur le pied de guerre : le second procès Dreyfus approche. On songe alors à une fusion entre les sections de province de la Ligue antisémitique et celles de la Ligue des patriotes. Un mois plus tard, quand Guérin se retranche rue de Chabrol, Déroulède, de son lieu d'arrestation, ordonnera à ses troupes de soutenir les assiégés jusqu'au bout [2].

En décembre 1899, une certaine forme de collaboration s'était établie entre la Ligue des patriotes et la Ligue de la Patrie française [3]. Mais, après la condamnation, le 5 janvier 1900, de Paul Déroulède à 10 ans d'exil, les rapports entre les deux organisations se détériorent très vite ; ce qui ne les empêchera pas de faire, malgré tout, front commun pour les législatives de 1902. Car la droite révolutionnaire ne dédaigne jamais la voie électorale, d'autant que les ligues ne prennent leur meilleure ampleur qu'au moment d'une consultation, le temps d'une campagne. Très révélatrices de ce rythme de vie sont, par exemple, la décision de la Ligue des patriotes de passer, en février 1899 — quelque quinze jours avant la tentative avortée du 23 —, aux préparatifs des prochaines municipales et sa décision de réorganiser son encadrement en septembre 1901, en prévision des générales de 1902 [4]. Cependant, même en période électorale, les tensions persistent et les rapports s'enveniment. Latentes en mai 1901 [5], elles deviennent violentes dès janvier 1902. Les amis de Déroulède en exil ont le sentiment d'être tenus à l'écart des combinaisons électorales et accusent

du Fort-Chabrol, Paris, Spiard, 1902, p. 117-118; R. Viau, Vingt Ans d'antisémitisme 1889-1909, Paris, Charpentier, 1910, p. 195-196. Cf. encore B/a 1032, 14 décembre 1898.

1. F 7 12451, 20 mars 1899; B/a 1338, 10 et 28 novembre 1899.
2. F 7 12451, 19 juillet, 17, 19, 26 et 28 août 1899; B/a 1338, 22 et 28 août 1899.
3. F 7 13230, 12 décembre 1899.
4. F 7 12451, 9 février 1899 et 18 septembre 1901.
5. F 7 12870, 31 mai 1900.

Jules Lemaitre et les dirigeants de la Patrie française de désorganiser quotidiennement les sections de la Ligue des patriotes[1]. Il est vrai qu'en novembre 1902 toutes les autres ligues instituent un quasi-boycottage des réunions de masse organisées par la Ligue des patriotes[2]. Il n'y a que la Patrie française à ne pas trop envenimer les rapports, obligée qu'elle est de ne pouvoir se passer de l'apport populaire que représente la plus vieille des ligues et désireuse qu'elle est de dégarnir à son profit les rangs déroulédistes. A ces raisons de « politique générale », il faut ajouter que rien n'aurait pu forcer les chefs de la Patrie française à s'aventurer hors de leurs salons autrement que sous la protection des fameux commissaires.

L'initiative de la fondation de la Ligue de la Patrie française est prise, dans les derniers jours de décembre 1898, par un groupe d'hommes de lettres et de professeurs de lycée conduit par François Coppée et Jules Lemaitre, et composé de Marcel Dubois, Gabriel Syveton, Henri Vaugeois et Louis Dausset. En fait, ce sont Syveton, Vaugeois et Dausset qui eurent l'idée de lancer un groupement nouveau, capable de faire pièce aux intellectuels dreyfusards. Ils viennent trouver Coppée, Lemaitre, Brunetière et Barrès : avec l'accord des deux académiciens et celui de Dubois, ils publient dans le Soleil du 31 décembre un appel qu'ils font immédiatement signer par un grand nombre de personnalités du monde des arts et des lettres.

L'entreprise rencontre tout de suite un énorme succès : les 14 listes d'adhérents publiées par l'Éclair entre le 6 janvier et le 1er février 1899 attestent de la réceptivité des milieux intellectuels. Sur la première liste figurent 23 membres de l'Académie française, plusieurs dizaines de membres des différentes sections de l'Institut, des professeurs du Collège de France, des centaines de professeurs d'Université, des magistrats, des médecins, des avocats et d'autres membres des professions libérales[3]. Beaucoup des grands noms de l'époque se rangent résolument dans le camp antidreyfusard. Le premier mani-

1. F 7 12451, 27 janvier 1902; cf. aussi 23 avril et 5 mai 1903.
2. F 7 12451, 30 novembre 1902.
3. Cf. ces listes, ainsi que celle publiée le 31 décembre dans le Soleil; cf. en outre le dossier F 7 13229. Sur les intellectuels et l'Affaire, cf. trois articles récents : R.J. Smith, « L'atmosphère politique à l'École normale supérieure à la fin du XIXe siècle », Revue d'histoire moderne et contemporaine, t. XX, avr.-juin 1973, p. 248-268; M. Rebérioux, « Histoire, historiens et dreyfusisme », Revue historique, t. 255, nº 518, avr.-juin 1976, p. 407-432; C. Charle, « Champ littéraire et champ du pouvoir : les écrivains et l'affaire Dreyfus », Annales, mars-avril 1977, p. 240-264. Nous n'avons malheureusement pas pu faire état de l'ouvrage de J.-P. Rioux, Nationalisme et Conservatisme. La Ligue de la Patrie française, 1899-1904, Paris, Beauchesne, 1977, paru alors que notre manuscrit était déjà chez l'imprimeur.

feste du 31 décembre ainsi que les déclarations de certains adhérents de la première heure pouvaient faire croire qu'il s'agissait d'une simple et relativement innocente initiative visant à jeter un pont entre les deux France qui s'affrontent dans l'affaire Dreyfus[1]. Très vite, cependant, l'équivoque est dissipée : on refuse les demandes d'adhésion des partisans de la révision, désireux de prendre les organisateurs au mot, mais on accorde un accueil triomphal à Rochefort et au ministre de la Guerre démissionnaire, Cavaignac.

La Ligue est officiellement constituée le 19 janvier 1899. Près de 1 200 personnes assistent à sa première assemblée générale, présidée par François Coppée, et devant laquelle Jules Lemaitre lit un long discours antidreyfusard. A la mi-février, Coppée et Lemaitre attaquent brutalement la candidature Loubet et annoncent leur intention de poursuivre leur campagne contre le nouveau président de la République. Ce qui provoque, d'une part, la démission d'un certain nombre de personnalités, dont Albert Sorel et Brunetière, et, d'autre part, la réaction du Comité de la Ligue, soucieux de préserver, en cette semaine de violente agitation, la respectabilité de la nouvelle organisation. Le 19 février, le Comité exprime le vœu que

> le nouveau chef de l'État [...] soit fermement résolu à user de tous les pouvoirs que la Constitution lui laisse pour mettre un terme à la funeste agitation dont souffre le pays[2].

1. C'est sans aucun doute Barrès qui nous a laissé le meilleur témoignage sur la Ligue de la Patrie française : cf. *Scènes et Doctrines du nationalisme, op. cit.*, t. I, p. 69-101. Sur ce point précis de la vocation présumée de la Ligue, cf. p. 70 et 71.

2. F 7 13229, 19 février 1904. Le Comité était composé de Maurice Barrès, ancien député; Godefroy Cavaignac, député, ancien ministre; François Coppée, membre de l'Académie française; Crouslé, professeur à la Sorbonne (lettres); Louis Dausset, agrégé de l'Université; Édouard Detaille, membre de l'Académie des beaux-arts; Jules Domergue, directeur de *la Réforme économique;* Marcel Dubois, professeur à la Sorbonne (lettres); Forain; Alfred Giard, professeur à la Sorbonne (sciences); Vincent d'Indy, compositeur; Jeantet, directeur de *la Revue hebdomadaire;* Jules Lemaitre, membre de l'Académie française; Longnon, membre de l'Académie des inscriptions et belles-lettres; de Mahy, député; Mistral; lieutenant-colonel Monteil; Edmond Perrier, membre de l'Académie des sciences; Petit de Julleville, professeur à la Sorbonne (lettres); Picard, membre de l'Académie des sciences; Frédéric Plessis, maître de conférences à l'École normale supérieure; Maurice Pujo, homme de lettres; Alfred Rambaud, sénateur, ancien ministre; Gabriel Syveton, agrégé de l'Université; Henri Vaugeois, professeur de l'Université.

Le Bureau comprenait : président d'honneur : François Coppée; président : Jules Lemaitre; secrétaire général : Louis Dausset; délégués : Maurice Barrès, Marcel Dubois, Alfred Giard, de Mahy; trésorier : Gabriel Syveton; secrétaire adjoint : Henri Vaugeois.

Trois jours plus tard, la nouvelle Ligue marque de nouveau ce qui la sépare des ligues populaires en s'élevant contre ceux qui « tentent aujourd'hui d'impliquer les membres de la Ligue dans les troubles de la rue », et le Comité désavoue les excès de langage de Coppée et de Lemaitre. Les adhérents de la Ligue, lit-on encore, « n'ont jamais mis la main, comme leurs adversaires, dans la main des anarchistes et des hommes de désordre [1] ». C'est ainsi que les instances du nouveau mouvement donnent un coup d'arrêt aux velléités de rapprochement avec la Ligue des patriotes. Certes, le soir de l'élection présidentielle, Coppée et Déroulède, qui se trouvaient ensemble sur les boulevards, se sont embrassés publiquement, provoquant l'acclamation de la foule. Mais la distance qui séparait leurs deux mouvements n'aura pas été rétrécie pour autant. Au contraire, elle augmentera d'année en année.

Si François Coppée est porté aux fonctions de président d'honneur de la Patrie française, c'est Jules Lemaitre, son président, qui en devient très vite le chef, un chef qui sait, après les excès du début, adopter une ligne de conduite modérée et conforme aux aspirations de ses troupes. Il réussit tout d'abord à se libérer de l'influence de Coppée, qui, resté bonapartiste, ne cachait pas son désir de marcher sur l'Élysée dès que l'occasion se présenterait. Le jour même de la constitution de la Ligue, il en rêvait tout haut [2], et, un mois plus tard, à la veille des obsèques de Félix Faure, il préconisait une action commune et complémentaire de la plus vieille des Ligues et de la plus jeune : « Déroulède, dit-il, fera marcher les faubourgs, nous, nous ferons marcher les gens en redingote et en haut-de-forme [3]... »

Ces intentions d'activisme créent une profonde irritation au sein du Comité [4]. Vivement critiqué, Coppée sera progressivement réduit au rôle de figurant puis, trois ans plus tard, acculé à la démission. Tout comme Barrès, qui quittera le Comité en octobre 1901 mais qui, lui, se trouvait en opposition avec la ligne générale de la Ligue dès les premières semaines qui suivent sa constitution [5]. De plus, Barrès ne part pas tout seul. Au mois de mars qui précède son départ, l'auteur de l'*Appel au soldat* laisse se former autour de lui — en y mettant beaucoup du sien — un groupe radical qui songe à créer une formation indépendante et à lancer un journal. L'esprit de ce groupe est synthétisé dans ce que dit Barrès lors de sa démission du Comité : « Parlons

1. F 7 13229, 9 février 1904.
2. F 7 12459, 26 janvier 1899.
3. F 7 12459, 20 février 1899.
4. F 7 13230, 10 mars 1899.
5. F 7 12459, 22 février 1899.

net. Je n'attendais rien d'une action électorale; j'attendais tout d'une intervention d'un autre ordre à laquelle nous devions préparer l'opinion [1]. » Parmi les membres de ce groupe, on compte Cavaignac, de Mahy, Maurras et Vaugeois [2], c'est-à-dire le noyau de la future Ligue d'Action française, dont on voit ainsi comment elle est née d'un processus de radicalisation au sein même de la Ligue de la Patrie française.

La Ligue de la Patrie française incarne toutes les faiblesses et toutes les contradictions du nationalisme. Issue de la longue agitation de l'Affaire elle se réclame du respect des lois et du respect des « pactes fondamentaux de la société humaine », qui impliquent l'acceptation des jugements rendus par les autorités compétentes; elle ne fonde pas son antidreyfusisme sur l'intérêt supérieur de la France, mais sur sa conviction absolue qu'un officier jugé coupable par un tribunal compétent ne saurait être innocent [3]. En la matière, elle se situe donc nettement en retrait des nationalismes de Barrès ou de Maurras. Jules Lemaitre n'invoque pas la justice française ou la vérité française, notions fondamentales du nationalisme radical, sans distinctions d'obédience, mais la Justice et la Vérité tout court. Cet attachement à des principes que l'extrême droite considère comme des abstractions néfastes et indignes d'un nationalisme pèsera, bien sûr, d'un grand poids dans les considérations qui amènent les deux droites à poursuivre leur chemin chacune de son côté.

Car des hommes qui ont lu les *Scènes et Doctrines du nationalisme* et y ont acquiescé, qui ont regretté le ratage du coup de Déroulède et la fin de Fort-Chabrol, des hommes qui applaudissent aux exploits des « Amis de Morès » et aux invectives de Drumont et de Guérin ne pouvaient que trouver singulièrement édulcoré le nationalisme de la Patrie française, sourire de son programme politique et social et surtout de son désir de respectabilité, de sa fidélité à la légalité républicaine et, enfin, de tous ses scrupules. Par la bouche de Jules Lemaitre, cette organisation nationaliste avoue, en effet, qu'elle aspire à devenir

> le groupe patient, tenace, pratique et optimiste à la fois, celui qui sait que les évolutions morales se font lentement, et qui ne veut rien attendre que de la persévérante prédication de la vérité et du

1. M. Barrès, *Scènes et Doctrines du nationalisme, op. cit.*, t. I, p. 100.
2. F 7 13230, 21 mars 1899.
3. J. Lemaitre, *La Patrie française. Première conférence, 19 janvier 1899*, Paris, Bureaux de la Patrie française, s.d., p. 4-5; cf. aussi p. 7-9 et 15.

concert — long à établir — mais plus sûr que tout — des volontés saines et droites[1].

Elle attend que son programme « puisse quelque jour être réalisé par des voies régulières et légales », et espère résoudre la question sociale par « la charité chrétienne »[2]... D'autre part, le célèbre critique estime qu'aimer ses traditions, ses héros et ses saints

> coûte moins à l'égoïsme, semble-t-il, que d'obéir aux injonctions de l'impératif catégorique et, dans la plupart des cas, cela revient au même[3].

Forts de cette conviction, Lemaitre et Cavaignac s'attaquent à l'humanitarisme qui sacrifie les intérêts de la nation à l'internationalisme et au collectivisme[4].

Ce nationalisme moralisateur est républicain; il se réclame de la Révolution, de Rousseau, de Michelet, de Lamartine, de Hugo et de Quinet, mais aussi de Pascal, de Chateaubriand et de Taine[5]. C'est là un amalgame qui porte une responsabilité considérable dans l'incapacité du mouvement à mener une action durable, à s'organiser en parti politique, à offrir des choix clairs et bien définis et, finalement, à mobiliser une clientèle pourtant disponible.

Sur le plan institutionnel, l'analyse des chefs de la Patrie française rejoint celle que Naquet ou Laisant avaient faite vingt ans plus tôt et que Déroulède ou Barrès n'ont jamais cessé de répéter. Ils s'en prennent, tout d'abord, à l'irresponsabilité et à la corruption de « cet autre souverain à six cents têtes », ils préconisent, ensuite, un renforcement de l'exécutif, mais, contrairement à la droite radicale, ils sont hostiles à l'autoritarisme[6]. Ainsi émerge, au tournant du siècle, un certain nationalisme conservateur, un nationalisme de classe pour qui

1. J. Lemaitre, *La Patrie française. Dixième conférence prononcée à Grenoble le 23 décembre 1900*, Paris, Bureaux de la Patrie française, s.d., p. 7.
2. J. Lemaitre, *La République intégrale. Discours prononcé à Paris le 12 novembre 1902*, Paris, Bureaux de la Patrie française, s.d., p. 19; cf. *Égalité et Tolérance*, Paris, Annales de la Patrie française, 1900, p. 4-5, et aussi p. 6-7.
3. J. Lemaitre, *La Patrie française. Première conférence*, op. cit., p. 19; cf. son *Discours-Programme*, Paris, Bureaux de la Patrie française, s.d., p. 24 et 20.
4. J. Lemaitre, *Discours-Programme*, op. cit., p. 8-9; G. Cavaignac, *Discours-Programme*, Paris, Bureaux de la Patrie française, s.d., p. 27.
5. J. Lemaitre, *Opinions à répandre*, Paris, Société française d'imprimerie et de librairie, 1901, p. 20, 71 et 120; *La Patrie française, Dixième conférence*, op. cit., p. 6 et 25; *Discours-Programme*, op. cit., p. 5. Cependant, l'unanimité est loin d'être faite à cet égard : René Doumic se livre à une attaque en règle contre les Jacobins, la Convention et leur héritage de fanatisme (*l'Esprit de secte*, Paris, Bureaux de la Patrie française, 1900, p. 14-15).
6. J. Lemaitre, *La Patrie française, Dixième conférence*, op. cit.; cf. G. Cavaignac, *Discours-Programme*, op. cit., p. 31.

l'attachement aux principes du libéralisme économique implique un certain libéralisme politique tandis que le souci manifesté par ses dirigeants de renforcer l'autorité du chef de l'État est atténué par leur volonté de préserver les libertés publiques. C'est pourquoi Lemaitre considère qu'il est toujours nécessaire, quelle que soit la nature du régime, de tempérer l'omnipotence du souverain. Il réclame aussi la liberté d'association et d'enseignement et il attaque, bien sûr, le socialisme[1].

Selon lui, s'il était réalisé, « le programme collectiviste serait la plus insupportable des tyrannies », ce serait « l'uniformité et la médiocrité générales, la mort de l'initiative individuelle »; « Le collectivisme, c'est l'ennemi », dit-il. Il n'y a vraiment qu'en parlant du socialisme que le président de la Patrie française se départ du ton mesuré et respectable qui est le sien; il est même beaucoup plus violent envers les collectivistes qu'envers les juifs ou les francs-maçons[2].

Pour ce nationalisme bourgeois, si différent du nationalisme plébéien — celui des faubourgs, celui de Barrès, de Rochefort, de Déroulède, de Drumont —, le socialisme est bien l'ennemi principal. Pour le combattre, Lemaitre veut, en premier lieu, « la liberté d'association » conjuguée au « bienfait de l'ordre », et la bonne volonté de toutes les classes sociales; il estime, en second lieu, que « rien ne se fait que par des initiatives individuelles ». Cependant, il est parfaitement conscient du fossé qui se creuse au sein de la société française : s'il fait tout d'abord appel à la bonne volonté des classes possédantes — « nous ne sommes pas de mauvais cœurs », clame-t-il[3] —, il n'est pas défavorable à une intervention de l'État, à une législation sociale calquée sur le système allemand, et à l'impôt sur le revenu. Mais, en dernier ressort, c'est à la charité chrétienne que s'en remet Jules Lemaitre pour atteindre ce que Cavaignac, pour sa part, considère comme l'objet fondamental de la Ligue : la « paix sociale[4] ».

1. J. Lemaitre, *La Patrie française. Dixième conférence, op. cit.*, p. 23, 9, 14-15 et 17.

2. J. Lemaitre, *Discours-Programme, op. cit.*, p. 14; *La Patrie française. Dixième conférence, op. cit.*, p. 15-16; cf. *Opinions à répandre, op. cit.*, p. 3, et *La Patrie française. Première conférence, op. cit.*, p. 11 et 14-15. G. Thiébaud est encore plus véhément à l'égard du socialisme : *Parlementaire et Plébiscitaire. Neuvième conférence de la Patrie française, 14 février 1900*, Paris, Bureaux de la Patrie française, s.d., p. 18. Cf. aussi un article très caractéristique de Lemaitre : « Les femmes et la Patrie française », *l'Écho de Paris*, 4 mai 1901.

3. J. Lemaitre, *La Patrie française. Dixième conférence, op. cit.*, p. 14 et 10; *La République intégrale, op. cit.*, p. 18;, *Comment passer à l'action, 15 mai 1901*, Paris, Imprimerie J. Mersch, s.d., p. 13.

4. J. Lemaitre, *La Patrie française. Dixième conférence, op. cit.*, p. 11 et 17-20; G. Cavaignac, *Discours-Programme, op. cit.*, p. 46.

La lutte contre « la conception violente et haineuse des relations sociales qui est celle des collectivistes [1] » constitue, de loin, le thème dominant de la campagne menée par la Patrie française à la veille de la consultation électorale d'avril-mai 1902. Le nationalisme conservateur y consacre infiniment plus d'attention qu'à l'armée ou à l'Alsace-Lorraine. Bien sûr, Lemaitre ne manque pas de rendre hommage à cette école de pureté, de courage et d'abnégation qu'est l'institution militaire [2], mais, contrairement à Déroulède et à Barrès, il ne la conçoit jamais comme un recours possible en politique intérieure. Il aimerait plutôt voir l'armée employer son énergie outre-mer. Le nationalisme bourgeois vient, en effet, de découvrir que les colonies peuvent être non seulement une source de profit, mais aussi un terrain où peut s'exprimer la grandeur française [3]. Pour Lemaitre, l'aventure coloniale est un nouveau moyen de combattre la décadence du pays car, et en cela il est comme tous les nationalistes, lui aussi est hanté par la perte de vitalité qui ronge la France. En même temps, il est fasciné par l'aventure. Tout en restituant au pays le rang que, malgré tout, il n'a plus, les conquêtes coloniales inculqueraient à sa jeunesse le sens de « la vie passionnée », de « la lutte héroïque » et « certaines façons de sentir et de juger qui impliquent le respect de l'énergie, l'estime de l'activité, de l'effort individuel, de l'esprit d'entreprise... [4] ».

A cette époque, chose tout à fait caractéristique de ce nationalisme bourgeois, Jules Lemaitre abandonne l'idée de revanche pour préconiser le rachat de l'Alsace-Lorraine, ou son échange contre un territoire colonial; il serait même prêt à l'abandon définitif de l'Alsace contre le rattachement de la Lorraine à la France [5]. Les craintes de Déroulède se trouvent ainsi amplement justifiées, puisqu'il s'avère qu'il peut exister un nationalisme sans aucune attache avec le souvenir de l'année terrible.

Ainsi donc, et en dernière analyse, la Patrie française vient révéler la vraie nature des divers courants du nationalisme français du tournant du siècle : une réponse à des problèmes d'ordre intérieur. L'Alsace-Lorraine leur sert souvent plutôt d'alibi que de raison d'être, jusqu'au moment où cet alibi n'est plus indispensable et où un mouvement nationaliste peut se définir sans aucune référence aux deux

1. G. Cavaignac, *Discours-Programme*, op. cit., p. 45.
2. J. Lemaitre, *La Patrie française. Première conférence*, op. cit., p. 21-22; cf. *Opinions à répandre*, op. cit., p. 83 sq.
3. J. Lemaitre, *Opinions à répandre*, op. cit., p. 50-52 et 33-38; cf. p. 237-246 sur Marchand, et p. 254-260 sur Gallieni.
4. *Ibid.*, p. 11, 25, 234, 19 et 12.
5. *Ibid.*, p. 177.

provinces. Car c'est une crise de la société, une crise aux dimensions de l'Europe, qui a suscité le nationalisme de combat; c'est pourquoi il s'est développé aussi bien chez les vaincus que chez les vainqueurs de la guerre de 1870.

Refusant la voie de l'action dans la rue, la Patrie française s'engage résolument dans la lutte électorale. Après avoir ralenti durant les derniers mois de 1899 le rythme de ses activités, par crainte des représailles gouvernementales, la Ligue se lance dans les préparatifs pour les municipales de 1900[1].

Incontestablement, la Patrie française vient remplir un vide certain créé par les deux échecs consécutifs de Déroulède, son procès et son exil, ainsi que par la fin de l'équipée du Fort-Chabrol, par l'échec électoral de Drumont, battu en 1902 en Algérie, et enfin par l'effacement de Rochefort. Elle trouve ainsi le champ libre pour exercer sur le nationalisme de la fin du siècle une influence déterminante, et constitue le facteur majeur de son glissement vers la droite traditionnelle et bourgeoise. Sa puissance relative réside non seulement dans le nombre de ses adhérents ou sympathisants, mais aussi dans le prestige intellectuel et les considérables moyens financiers de ces mêmes adhérents.

Il est impossible de déterminer les effectifs de la Patrie française : en février 1899, ses dirigeants réclament 40 000 adhérents[2]. Les services du ministère de l'Intérieur ne possèdent pas d'autres chiffres; ils savent, cependant, qu'étant donné le trop grand nombre de membres ceux-ci ne peuvent être convoqués aux réunions publiques tous à la fois et sont, de fait, répartis en séries appelées à tour de rôle[3]. Or, les manifestations publiques de la Patrie française réunissent, entre 1900 et 1904, de 2 000 à 5 000 personnes, et il est rare que le plancher de 2 000 ne soit pas atteint. Ce qui permet de se faire une idée de sa puissance numérique : les autres mouvements nationalistes, y compris la Ligue des patriotes, avec ses 20 000 adhérents, déploient des efforts considérables pour remplir leurs salles, et il ne leur viendrait jamais à l'esprit de fractionner les effectifs. Les chiffres avancés début 1899 doivent donc être assez proches de la réalité.

Le grand point faible de la Patrie française reste son organisation. Lemaitre ne parvient guère à imposer un minimum de discipline à ses cadres, et le secrétaire général Louis Dausset manque d'autorité. Tout cela profite au trésorier Gabriel Syveton, qui réussit à se cons-

1. Cf. par exemple F 7 13230, 8 décembre 1899.
2. F 7 13230, 9 février 1904.
3. F 7 13230, sans date.

truire un empire à part et à détourner un demi-million de francs. Dès février 1902, on accuse Syveton de « tripoter » dans les fonds — ce qui provoque le refus de Jacques Piou d'entrer en relation avec lui[1] —, mais ce n'est que trois ans plus tard qu'on insiste vraiment pour qu'il ouvre ses livres. Le trésorier préfère se suicider. Ses amis cherchent à maquiller l'affaire en vengeance de la franc-maçonnerie : le député Syveton aurait été assassiné pour avoir giflé le général André, ministre de la Guerre, en pleine séance de la Chambre. Mais personne n'est dupe, et l'énorme scandale qui suit la mort de son trésorier précipite la fin de la Patrie française. Il est certain qu'un *leadership* plus ferme, des structures mieux articulées auraient pu aisément prévenir le scandale[2].

Certes, la Ligue de Lemaitre a des délégués dans toutes les régions de France, et, en 1901, elle organise une Fédération parisienne qui englobe tous les comités de quartier[3], mais, en réalité, les courroies de transmission fonctionnent mal. Peu de temps après la création du mouvement, le Comité national lui-même avait cessé de se réunir régulièrement. Dès lors, la Patrie française, c'était Lemaitre, Syveton et, à certains égards, Dausset.

Les rapports entre la Patrie française et les ligues populaires s'enveniment très vite. Si, jusqu'aux municipales de 1900, le front commun est plus ou moins préservé, l'hostilité jusqu'alors latente éclate aussitôt après. C'est que la Ligue de Lemaitre a trop tendance à se présenter comme le seul, le vrai artisan de la victoire nationaliste à Paris, et qu'en outre Louis Dausset prétend l'avoir emporté sur Déroulède. Il refusera d'ailleurs de faire le pèlerinage de Saint-Sébastien quand les autres nouveaux élus nationalistes s'y rendront. En fait, Dausset ne veut pas seulement porter ombrage à Déroulède, il veut aussi éliminer, autant que possible, Rochefort, Drumont et Millevoye[4].

Avec la Ligue antisémitique, les relations n'ont jamais été bonnes et sont toujours allées en se détériorant. Déjà, dans sa première conférence, le 19 janvier 1899, Lemaitre avait dit quelques mots de l'antisémitisme dans un sens qui ne pouvait guère plaire à Jules Guérin et à ses amis :

1. F 7 13230, 17 février 1902, 2 février 1905.
2. Cf. le témoignage de l'un des militants les plus importants et les plus lucides qui, officier de carrière, avait démissionné pour se lancer dans la politique : L. Fatoux, *Trois Années de politique, les coulisses du nationalisme, 1900-1903*, Paris, Chaponet, 1903, p. 16-35.
3. F 7 13230, 12 avril 1902 et 1er juin 1901. La France est divisée en régions selon le découpage suivant : le Centre, le Sud-Ouest, le Sud, le Nord, la Normandie (Syveton), la Bretagne, l'Est, la Champagne (Fatoux), la Seine (Andriveau).
4. F 7 13230, 21 mai, 23 octobre 1900 et 18 avril 1901.

Nous constatons [a-t-il dit] la grande valeur intellectuelle des fils d'Israël disséminés par le monde. Ils sont en France citoyens français, quelques-uns sont avec nous, nous regrettons qu'il n'y en ait pas davantage[1].

Certes, plus tard, la Patrie française aura des prises de position peu tendres pour les juifs, mais elle n'acceptera jamais ni de collaborer avec Régis — ce qui la brouille avec Rochefort, qui avait pourtant cherché le rapprochement, et avec Drumont — ni de se laisser forcer la main par Guérin[2].

Cependant, parce qu'elles sont conscientes de leur dépendance mutuelle, les diverses organisations d'opposition cherchent quand même, de temps en temps, à établir entre elles une certaine forme de collaboration. Le Comité antimaçonnique de Paris entretient des liens étroits avec la Patrie française, la Ligue des patriotes et l'Action libérale; la Ligue des contribuables de Jules Roche se rapproche de la Ligue des patriotes[3] qui, à son tour, entre en contact, dès mars 1902, avec le Syndicat no 2 de Montceau-les-Mines, noyau du syndicalisme jaune de la première décennie du siècle. Un mois plus tard, les déroulédistes y tiennent une conférence qui remporte un franc succès[4].

Mais la tentative d'union la plus curieuse, et aussi, en dépit de son échec final, celle qui aurait pu être la plus sérieuse, est entreprise en 1899-1900, plus spécialement au moment du procès en Haute Cour. Les ligues nationalistes conçoivent alors le projet d'un organisme central à même de coordonner la marche parallèle de tous les mouvements engagés, à des niveaux divers, dans l'agitation antigouvernementale. L'idée initiale était de créer un Conseil national qui serait composé d'une dizaine de membres au moins, représentant toutes les organisations en cause. L'existence de ce Conseil devait, bien sûr, être tenue secrète, et il fut décidé que chaque organisation garderait son autonomie, mais accepterait de laisser l'organisme central intervenir dans la répartition de certaines tâches[5]. Ce Conseil national a été mis sur pied probablement au cours du dernier trimestre de 1899.

Les services du ministère de l'Intérieur connaissent l'existence de cet organisme de coordination dès février 1900, mais ils ne réussissent pas à en connaître la composition exacte[6]. Ce n'est qu'en 1905 que l'on trouve un rapport faisant l'historique du Conseil et où l'on

1. F 7 13230, 9 février 1904.
2. F 7 13230, 18 avril, 15 novembre et 29 novembre 1901, 17 février 1902.
3. F 7 12459, 14 décembre 1903, et F 7 12451, s.d.
4. F 7 12451, 15 mars 1902.
5. F 7 13230, 14 mars 1905.
6. F 7 12870, 13 février 1900, et F 7 12449, 12 août 1899.

apprend que, dès sa constitution, Lemaitre, Coppée, Archdéacon, Thiébaud, Déroulède et Habert en font partie. L'indicateur qui transmet ces renseignements ignore l'identité des membres du Conseil national au même moment, mais il croit savoir qu'il compterait une cinquantaine de membres [1].

Il est malaisé de parvenir à des certitudes quant aux activités réelles du Conseil national. Il est certain qu'un organisme de coordination, sans prérogatives formelles, fonctionne d'une façon ou d'une autre pendant les toutes premières années du siècle. Dominé par la Patrie française, cet organisme secret aide les candidats nationalistes aussi bien aux municipales de 1900 qu'aux législatives de 1902, assurant au moins une partie de leurs frais de propagande, de correspondance et de déplacement. On sait encore que le choix des circonscriptions et une certaine forme de division du travail entre candidats relèvent aussi de ses attributions. Mais tout cela ne va pas sans mal, et les récriminations n'en finissent plus au sein des états-majors. Ainsi, Déroulède, qui ne parvient jamais à véritablement coexister avec les antisémites, est à l'origine d'une crise qui, en février 1900, amène les « guérinistes » et les « drumontistes » à cesser leur participation au Conseil [2].

Ne pouvant espérer grand-chose des quartiers populaires — qu'elle abandonne par la force des choses à Déroulède et à Guérin —, la Patrie française se laisse aussitôt aller à son penchant naturel. Très vite, elle recommande le calme à ses militants ou groupes les plus turbulents et s'oppose à toute forme d'activité qui pourrait gêner ses projets électoraux à plus long terme [3]. On la voit alors d'ores et déjà s'appliquer à mettre sur pied les structures qui lui permettront d'affronter les législatives de 1902 dans de bonnes conditions et entreprendre la préparation de ses dossiers électoraux dès juillet 1900, avec d'autant plus de conviction qu'elle sait devoir compter, le moment venu, avec tous les autres mouvements nationalistes. En effet, galvanisés par leur récent succès, tous les conseillers municipaux nationalistes ont la ferme intention de se présenter aux législatives, ainsi que ceux des antisémites — Jean Drault et Monniot, par exemple — qui regrettent de n'avoir pas fait campagne pour eux-mêmes [4].

La situation privilégiée que la Patrie française occupe dans les milieux nationalistes lui vient surtout de sa puissance financière. Et c'est ce qui lui permet d'avoir en fait le dernier mot dans le choix des candidats et celui des circonscriptions. C'est ainsi qu'il est fré-

1. F 7 13230, 14 mars 1905.
2. F 7 12870, 13 février 1900.
3. F 7 12459, 21 avril 1900.
4. F 7 13230, 11 juillet 1900.

quent de voir ses propres candidats s'adjuger les circonscriptions sûres, alors que les ligueurs de Déroulède ou de Guérin sont obligés d'aller mener le combat là où leurs chances sont en réalité minimes. Il est vrai que l'exil de Déroulède à Saint-Sébastien, l'effacement progressif de Drumont et de Rochefort, le discrédit de Guérin facilitent singulièrement les choses aux « modérés ». En ce début de siècle, alors que le nationalisme populaire tombe en morceaux, la Patrie française, ce corps étranger dans une tradition désormais vieille de plus de vingt ans, cette ligue qui fait figure d'usurpateur, n'en émerge pas moins comme le porte-parole de cette même tradition.

Alors que l'organisation générale de la Ligue de Lemaitre a toujours laissé à désirer, son système de collecte des fonds laisse l'impression d'une machinerie sans faille. Ses campagnes de souscriptions sont toujours déclenchées au moment opportun, menées sans relâche, elles sont toujours très fructueuses. Ainsi, la collecte pour la préparation des élections de 1902 est lancée en juin 1900 [1]. A l'évidence, ce choix avait pour raison la volonté de profiter au maximum des retombées du succès des municipales, mais aussi la volonté d'atteindre tous les souscripteurs potentiels, quelles que soient leurs fortunes. Tant et si bien qu'en février 1902 la situation financière de la Ligue est plus que solide. On parle alors rue de Gramont de plusieurs millions de francs qui auraient été déjà recueillis [2]. Deux mois plus tard, c'est d'une moyenne de 10 000 francs par jour qu'il est question; il se peut même que cette somme ait été plus élevée encore [3]. A mesure que les fonds affluent — et que Syveton ne se les approprie pas —, ils sont redistribués aux candidats. Données de la main à la main ou envoyées par la poste par tranches de 50 000 à 100 000 francs [4], ces sommes considérables permettent à la Patrie française de mener une campagne électorale de longue haleine dans des conditions confortables. On estime alors, rue de Gramont, être en mesure d'amener à la Chambre un groupe de 100 députés nationalistes [5].

La déception est énorme : le groupe parlementaire des nationalistes formé le 23 mai ne comprend que 35 députés. Parmi eux, on trouve les déroulédistes Archdéacon et Tournade, qui sera en 1906 le dernier député nationaliste anticlérical, et les antisémites Lasies, Pugliesi-Conti, Gervaize, Firmin Faure, Congy — qui patronnera sous peu les Jaunes de Biétry — et le général Jacquey, qui passera

1. F 7 13230, 27 juin 1900.
2. F 7 13230, 25 février 1902.
3. F 7 13230, 13 avril 1902.
4. F 7 13230, 12 avril 1902.
5. F 7 13230, 11 février 1902.

aux Jaunes lui aussi. Pour ce qui est des chefs de la Patrie française, le suffrage universel est favorable à Cavaignac, à Syveton ainsi qu'à deux autres militants provinciaux, Coutant et Grosjean. Il faut noter encore l'élection de nationalistes indépendants comme Georges Berry et Millevoye.

A Paris, le succès est cependant incontestable. Dans la chambre sortante, Paris était représenté par 14 députés de droite — dont 6 nationalistes qui avaient été élus comme candidats de gauche, et 2 nationalistes indépendants, Berry et Millevoye — et 22 députés de gauche. Mais, au lendemain des élections, la proportion est tout à fait — ou presque — l'inverse : 17 gauche (10 socialistes + 7 radicaux) contre 23 droite (15 nationalistes + 6 conservateurs + 2 antiministériels). Pour la première fois de l'histoire électorale de la France, Paris a voté à droite [1]. Mais c'est vers la droite radicale que la capitale vient de glisser. En même temps, cette consultation électorale confirme ce que l'on sait depuis la fin du boulangisme : le nationalisme militant, en France, est d'abord et surtout un phénomène urbain. Tout comme le sera, dans l'entre-deux-guerres, le fascisme.

Le succès à Paris ne peut masquer la débâcle en province. Les législatives de 1902 sont en fait le chant du cygne du nationalisme antidreyfusard. Car, dès le printemps 1902, ce mouvement apparaît comme irrémédiablement battu, et son impuissance à soulever l'opinion éclate à la face du pays. Le 5 octobre doivent avoir lieu les obsèques de Zola. La veille, une trentaine de députés et de conseillers municipaux se réunissent avec Rochefort, Barrès, Coppée et Syveton pour mettre au point une contre-manifestation nationaliste. Le projet d'une descente dans la rue est écarté : pour le dernier carré des militants de la vieille génération, cette nouvelle preuve de déclin assenée au moment des grandioses funérailles de l'auteur de *J'accuse* symbolise « les obsèques du nationalisme [2] ». Dès lors, aussi bien la Patrie française que la Ligue des patriotes végètent. Les tentatives de réorganisation échouent [3], tout comme les efforts pour assurer, en avril 1903, l'élection de Barrès dans le IVe arrondissement, jadis l'un des bastions de

---

1. Sur ce sujet, on consultera avec profit l'étude de D.R. Watson, « The nationalist movement in Paris, 1900-1906 », *loc. cit.*, p. 71-74. Sur les réunions du groupe parlementaire nationaliste, cf. F 7 13230, 14 et 23 mai, 2 juin 1902.
2. M. Barrès, *Mes cahiers, op. cit.*, t. III, p. 51.
3. F 7 12451, 16 janvier et 2 juillet 1903. La Ligue des patriotes fait alors songer à une armée en débâcle. Tout lui est bon pour grossir les rangs de ses cadres et augmenter le nombre des commissaires. Elle embauche des jeunes gens, des gamins presque; ainsi, dans le IVe arrondissement, Galli donnera le titre et les fonctions de commissaire à un garçon de quatorze ans.

la Ligue des patriotes. « J'ai été du baptême du nationalisme, dit le candidat malheureux, je suis de son enterrement [1]. » En janvier 1904, on essaiera bien, une fois de plus, de descendre dans la rue, mais le résultat est piteux. En effet, en réponse aux 1 600 convocations lancées par la Ligue des patriotes, la Patrie française et les antisémites de Dubuc, une centaine d'adhérents seulement se retrouvent, le 15 janvier au soir, près du rond-point des Champs-Élysées, pour marcher sur le Palais-Bourbon [2].

Dans les années qui suivent, la Ligue des patriotes réussira encore à réunir quelques centaines de fidèles pour parader à Champigny, à Buzenval ou à la statue de Strasbourg. Le retour de Déroulède en 1905, après cinq ans d'exil, lui donne un petit coup de fouet, et un millier de nouveaux adhérents viennent retirer leurs cartes [3]. Ce regain est cependant insuffisant pour permettre au chef d'effectuer sa rentrée politique. Battu aux législatives de 1906, Déroulède lance, un an plus tard, un appel direct à la droite républicaine et modérée : il voudrait former un grand parti d'opposition avec pour chef de Macère, le très honorable vieux républicain [4]. Quelle chute, depuis le temps où, battant le pavé des quartiers populaires, l'invective à la bouche, les ligueurs s'attaquaient aux puissants de ce monde et montaient à l'assaut de la démocratie bourgeoise.

Dès 1904, les subventions versées par le député du Ier arrondissement Archdéacon n'y suffisent plus, la Ligue des patriotes passe à la merci de l'Action libérale. Peu à peu, les ligueurs ne sont plus qu'une sorte de garde prétorienne de Jacques Piou. « Ce sont », aime-t-on répéter rue Las-Cases, « nos cosaques et nos gendarmes [5]. » Tel fut aussi le sort du blanquiste Paulin Méry, ancien député du XIIIe arrondissement, qui, à la même époque, en est à recruter des miséreux pour le compte du directeur de l'Office catholique de Paris [6]. Barrès connut une fin plus heureuse. Il lui avait cependant fallu devenir catholique et conservateur. C'est alors seulement qu'il réussit là où, socialiste national, il avait échoué. Après cinq défaites successives, il entre de nouveau dans ce Palais-Bourbon qu'un jour il voulait rebaptiser « Mazas national ».

Cette évolution, l'absorption de la droite révolutionnaire par la droite traditionnelle, ne va pas tarder à devenir un processus classique.

1. M. Barrès, *Mes cahiers, op. cit.*, t. III, p. 363.
2. F 7 12451, 15 janvier 1904.
3. F 7 12451, 16 décembre 1906.
4. F 7 13230, 23 février 1907.
5. F 7 12451, 9 septembre 1904.
6. F 7 13230, 10 septembre 1902.

Et le temps que celle-là mettra à se laisser aspirer par celle-ci dépendra des puissances relatives de chacune, et, surtout, de la capacité de la droite révolutionnaire à tenir en périodes creuses. La droite activiste est faite pour l'action, l'immobilisme lui est fatal. En dehors des périodes de crise, elle est condamnée à piétiner, et le danger de dissolution dans un mouvement plus modéré la guette constamment. Alors qu'en de tels moments la gauche révolutionnaire sait toujours redécouvrir les vertus mobilisatrices de l'idée de contre-société, la droite activiste, elle, s'étiole et va se perdre dans le conservatisme.

Ainsi s'achève la première période de l'histoire du nationalisme d'après 1870 ; elle correspond aux tentatives de renouvellement, de redressement ou de lutte ouverte contre le régime, mais à partir d'un postulat fondamental : l'acceptation de la Révolution. En mai 1902, la preuve est faite qu'une telle voie est sans issue, que la conquête du régime de l'intérieur n'est pas possible. La rupture avec la vieille tradition révolutionnaire semble alors une nécessité vitale pour préserver le nationalisme : ainsi naît l'Action française, que rejoignent très vite la plupart des leaders de la Patrie française. Une fois de plus, un mécanisme fondamental de la vie politique française se met en marche : le processus perpétuel de glissement vers le centre est toujours compensé par la montée symétrique, à droite, d'une force nouvelle, plus jeune et plus agressive, maniant une idéologie plus radicale, qui, à son tour, repart à l'assaut du libéralisme et de la démocratie.

CHAPITRE III

Déterminisme, racisme et nationalisme

1. LE DARWINISME SOCIAL ET LA DÉCOUVERTE DE L'INCONSCIENT

Avec la réaction antilibérale et antirationaliste de la fin du siècle, on voit aboutir le long processus au cours duquel avaient mûri les apports successifs de la génération de 1850, celle de Darwin, de Gobineau, de Wagner. Mais c'est avec les hommes de 1890, dont la pensée et l'action traduisent si bien la révolution intellectuelle de la seconde moitié du siècle, que ces apports se fonderont en une synthèse cohérente et complète. Et, lorsque au tournant du siècle viendront se greffer sur cette synthèse les nouvelles sciences sociales, notamment la psychologie et l'anthropologie, elles fourniront à cette révolte son cadre conceptuel. Le vieux fond romantique, les anciennes tendances historicistes, l'ancienne théorie de l'origine inconsciente de la nation, le thème des forces vivantes — ces forces qui sont l'âme populaire — trouvent ainsi une légitimation scientifique. On voit alors réapparaître, modernisés et adaptés aux impératifs de la société de masses, habillés d'une terminologie nouvelle et nourris des dernières découvertes scientifiques, les principes de la subordination de l'individu à la collectivité et de l'intégrité du corps national.

A la mort de Darwin, en 1882, le darwinisme — parfois mal compris, souvent perverti et dépravé — règne incontestablement sur la pensée européenne. Dès 1862, Herbert Spencer, le père du « darwinisme social », applique les lois de la sélection à la structure sociale et morale, ainsi qu'aux sciences de l'homme. Il est vrai que nul n'a fait plus que le fondateur de la biologie moderne pour la psychologie scientifique, pour la sociologie, ou pour le triomphe des conceptions organicistes en philosophie et dans le domaine des sciences historiques ou des sciences sociales. La biologie, étroitement liée à la politique, joue un rôle comparable à celui qu'avait joué l'histoire au début du siècle; l'histoire elle-même, telle que l'écrivent Taine ou Treitschke par

146

exemple, devient biologique. Les disciples de Darwin, aussi bien les vulgarisateurs que les penseurs d'envergure, accréditent l'idée selon laquelle les théories du maître sont universellement valables : elles s'appliquent donc à l'homme tout autant qu'à son environnement. Dès lors, des conceptions comme celles du principe de l'évolution ou de la sélection naturelle sont abondamment utilisées en histoire et en politique, comme en littérature. La faveur du darwinisme social a pour effet immédiat de désacraliser la personne humaine et d'identifier vie sociale et vie physique. Pour le darwinisme, la société étant un organisme soumis aux mêmes lois que les organismes vivants, la réalité humaine n'est plus qu'une lutte incessante dont l'issue naturelle est, pour employer le mot de Spencer, la survie du plus apte. Le monde appartient au plus fort : il s'agit là d'une loi naturelle scientifiquement établie, ce qui lui fournit, par conséquent, une justification absolue. C'est ainsi que, très rapidement, le darwinisme politique en vient à identifier évolution et progrès, c'est-à-dire à confondre les plus aptes physiquement avec les meilleurs. Appliquées à la société, les hypothèses de Darwin cessent de constituer une théorie scientifique pour devenir une philosophie, presque une religion.

La révolution darwinienne imprègne profondément l'atmosphère intellectuelle de la seconde moitié du siècle; elle nourrit des formes de nationalisme et d'impérialisme très diverses, mais qui se caractérisent toutes par leur brutalité et leur agressivité, leur culte de la vitalité, leur goût de la force et, cela va de soi, leur profonde aversion pour la démocratie. C'est ainsi que, dans les vingt dernières années du siècle, la poussée darwinienne prend tous les aspects d'un courant qui, très vite, se ramifie dans toutes les sciences humaines nouvelles. Il en résulte un corps de doctrine dont l'importance est énorme pour l'évolution de la pensée française — et européenne — entre les années quatre-vingts et la Grande Guerre. Les deux dernières décennies du siècle ne sont-elles pas l'époque de la psychologie de Le Bon, de l'anthropologie sociale de Vacher de Lapouge, de Gumplowicz, du marxiste-darwinien Woltmann, de la psychophysiologie de Jules Soury?

Les contributions scientifiques ou pseudo-scientifiques qui jettent les bases d'un nouveau comportement et fournissent une nouvelle explication des relations entre les hommes sont alors légion. Ces théories nouvelles rejettent complètement la traditionnelle et mécaniste conception de l'homme qui postule que le comportement humain est commandé par le choix rationnel. Il s'agit là d'une attaque générale contre la psychologie du siècle des Lumières, ainsi que d'une certaine forme d'anti-intellectualisme qui sera déterminante pour l'éclosion et le développement du nouveau climat intellectuel. En effet, l'idée que les sentiments comptent en politique bien plus que les raisonnements devient prédominante, et, conséquence logique, avec elle prédomine le mépris de la démocratie, de ses institutions et de ses mécanismes. Ces théories alimentent la production littéraire et journalistique quotidienne, et façonnent ainsi une nouvelle vision du monde. L'œuvre d'un Drumont ou d'un Barrès, les invectives d'un Rochefort ou d'un Guérin ne deviennent réellement compréhensibles qu'une fois réinsérées dans le canevas de la crise intellectuelle des années quatre-vingt-dix.

La découverte de l'inconscient à la fin du siècle apporte une dimension complémentaire, cardinale, à la poussée antirationaliste et antidémocratique. Dans ce domaine, l'œuvre de Gustave Le Bon remporte un succès jusqu'à ce jour inégalé. *Les Lois psychologiques de l'évolution des peuples*, publié pour la première fois en 1894, en est à sa quatorzième édition en 1914, et son ouvrage le plus connu, *Psychologie des foules*, qui date de 1895, en est à sa trente et unième en 1925 et à sa quarante-cinquième en 1963. Traduite en 16 langues, l'œuvre de Le Bon — 250 articles dans les revues les plus importantes, quelque 40 titres tirés à près de 500 000 exemplaires en tout — est l'un des plus gros succès scientifiques de tous les temps[1]. Et pourtant, le silence qui s'abat autour d'elle, immédiatement après la mort de son auteur, en décembre 1931, a été le plus complet. Certes, l'hostilité de l'Université y fut pour quelque chose, mais aussi, et surtout, ses sympathies fascistes, son apologie de Mussolini, ainsi que l'éloge dont le Duce avait gratifié son œuvre. Le fait encore que d'innombrables formules de *Mein Kampf* semblent directement tirées des livres de Le Bon est certainement pour beaucoup dans cet oubli volontaire[2].

Mais Le Bon avait d'autres admirateurs aussi. Que Freud, par exemple, ait transcrit mot à mot, dans le premier chapitre de sa *Psychologie collective et Analyse du moi*, les formules du médecin français montre combien l'influence de celui-ci a pu être importante sur les esprits de son temps[3]. Il y a, cependant, une énorme différence

1. Cf. R.A. Nye, *The Origins of Crowd Psychology. Gustave Le Bon and the Crisis of Mass Democracy in the Third Republic*, Londres, Sage, 1975, p. 3. Cet ouvrage est la seule étude d'ensemble sur Le Bon qui existe; il n'a pas son équivalent en français.
2. *Ibid.*, p. 3-4 et 178-179.
3. S. Freud, *Psychologie collective et Analyse du moi*, Paris, Payot, 1924, p. 11-25. Freud insiste sur le fait que, s'il s'est servi « à titre d'introduction de l'exposé de M. Le Bon », c'est « parce que, par l'accent qu'elle met sur le rôle inconscient de la vie psychique, la psychologie de cet auteur se rapproche considérablement

entre un Freud, d'une part, un Le Bon, un Sighele et la légion de vulgarisateurs de la psychanalyse freudienne, d'autre part. Car, en dépit de son insistance sur l'importance de l'instinct, en dépit de sa découverte du rôle que peut jouer l'inconscient dans la vie des hommes, Freud est resté, en dernière analyse, un rationaliste. Si sa contribution à l'exploration de ces forces obscures fut capitale, il se garda, contrairement à Le Bon, à Barrès ou à Sorel, de faire le jeu de la politique des masses du xxᵉ siècle.

Freud n'était pas le seul à se référer à l'œuvre de Le Bon. Bergson aussi l'appréciait[1], et Sorel, Michels et Barrès s'en sont grandement inspirés. Les travaux de ces trois auteurs contiennent d'ailleurs l'essentiel des idées — et des formules — passées, grâce à l'auteur de *Psychologie des foules*, dans la *lingua franca* du public cultivé de 1890.

Le point de départ de la pensée de Le Bon est le déterminisme. Car la science

> a montré à l'homme la faible place qu'il occupe dans l'univers et l'absolue indifférence de la nature pour lui. Il a vu que ce qu'il appelait liberté n'était que l'ignorance des causes qui l'asservissent, et que, dans l'engrenage des nécessités qui les mènent, la condition naturelle de tous les êtres est d'être asservis [2].

Ce déterminisme, à la fois biologique et psychologique, se fonde sur le postulat selon lequel

> il y a de grandes lois permanentes qui dirigent la marche générale de chaque civilisation. De ces lois permanentes, les plus générales, les plus irréductibles découlent de la constitution mentale des races.

---

de la nôtre » (p. 25). Il souligne aussi qu'il prend « pour guide le livre devenu justement célèbre de M. Gustave Le Bon : *Psychologie des foules* ». D'autre part, il convient de signaler ici que Le Bon avait un précurseur qui l'accusait de plagiat : Scipio Sighele, professeur à l'université de Pise et auteur, en 1894, d'une *Psychologie des sectes* (traduction française en 1898). Freud n'a pas manqué de reconnaître la contribution du professeur italien : il signale que quelques-unes des conceptions les plus importantes de Le Bon ont été formulées peu de temps avant lui par Sighele (S. Freud, *Psychologie collective et Analyse du moi, op. cit.*, p. 24). Sighele, qui, en 1891, avait déjà publié *la Folla delinquente*, est considéré comme l'un des fondateurs de la psychologie collective en tant que discipline, et comme l'un des pères du nationalisme en tant qu'idéologie politique (cf. A.J. Gregor, *The Ideology of Fascism. The Rationale of Totalitarianism*, New York, The Free Press, 1969, p. 76-77).

1. R.A. Nye, *The Origins of Crowd Psychology, op. cit.*, p. 155-156.
2. G. Le Bon, *Les Lois psychologiques de l'évolution des peuples, op. cit.*, p. 154. Cet ouvrage remporte immédiatement un immense succès : 17 éditions françaises et des traductions en 16 langues étrangères.

La vie d'un peuple, ses institutions, ses croyances et ses arts ne sont que la trame visible de son âme invisible. Pour qu'un peuple transforme ses institutions, ses croyances et ses arts, il lui faut d'abord transformer son âme; pour qu'il pût léguer à un autre sa civilisation, il faudrait qu'il pût lui léguer aussi son âme [1].

En d'autres termes : la vie d'un peuple, ses institutions, sa destinée ne sont que « le simple reflet de son âme [2] », c'est-à-dire des « caractères moraux et intellectuels » qui « représentent la synthèse de tout son passé, l'héritage de tous ses ancêtres, les mobiles de sa conduite [3] ». Le comportement humain est inexorablement déterminé, car « chaque peuple possède une constitution mentale aussi fixe que ses caractères anatomiques », et ces « caractères, fondamentaux, immuables » proviennent d'une « certaine structure particulière du cerveau [4] ». Ici, Le Bon introduit l'idée de race qui « tend de plus en plus à prendre de l'extension et à dominer tous nos concepts historiques, politiques et sociaux [5] ». Il revient sur ce thème à d'innombrables reprises pour montrer que la race « domine les caractères spéciaux à l'âme des foules [6] » et exerce son empire sur les vivants par l'entremise des morts.

Pour comprendre la vraie signification de la race, il faut la prolonger à la fois dans le passé et dans l'avenir. Infiniment plus nombreux que les vivants, les morts sont aussi infiniment plus puissants qu'eux. Ils régissent l'immense domaine de l'inconscient, cet invisible domaine qui tient sous son empire toutes les manifestations de l'intelligence et du caractère. C'est par ses morts, beaucoup plus que par ses vivants, qu'un peuple est conduit. C'est par eux seuls qu'une race est fondée. Siècle après siècle, ils ont créé nos idées et nos sentiments, et par conséquent tous les mobiles de notre conduite. Les générations éteintes ne nous imposent pas seulement leur constitution physique; elles nous imposent aussi leurs pensées. Les morts

1. G. Le Bon, *Les Lois psychologiques de l'évolution des peuples, op. cit.*, p. 6 Cf. aussi p. 168 : « Les divers éléments de la civilisation d'un peuple n'étant que les signes extérieurs de sa constitution mentale, l'expression de certains modes de sentir et de penser spéciaux à ce peuple ne sauraient se transmettre sans changement à des peuples de constitution mentale différente. Ce qui peut se transmettre, ce sont seulement des formes extérieures, superficielles et sans importance. »
2. *Ibid.*, p. 54; cf. p. 54-58 et 167-168.
3. *Ibid.*, p. 11.
4. *Ibid.*, p. 6, 11 et 21; cf. aussi p. 166-167.
5. G. Le Bon, *Psychologie du socialisme*, Paris, Alcan, 1898, p. 40. « Méconnaître le rôle de la race, c'est se condamner à ne jamais comprendre l'histoire », ajoute-t-il dans une note en bas de la page.
6. G. Le Bon, *Psychologie des foules, op. cit.*, p. 70.

sont les seuls maîtres indiscutés des vivants. Nous portons le poids de leurs fautes, nous recevons la récompense de leurs vertus [1].

C'est bien cette conception de la collectivité humaine, décrite comme un ensemble historique, biologique et racial — « un peuple est un organisme créé par le passé », dit Le Bon [2] —, qui sert de fondement au nouveau nationalisme, c'est bien cette conception qui commande les réactions de Drumont et de Barrès, de Maurras et de Bourget, de Soury et de Vacher de Lapouge. « A cette puissance infinie des ancêtres, écrit l'auteur de *l'Aryen*, l'homme ne peut se soustraire. Il ne peut changer les traits de son visage, il ne peut davantage effacer de son âme les tendances qui le font penser, agir comme ses ancêtres ont agi et pensé [3]. »

Ce déterminisme implique un anti-individualisme extrême et une négation totale de la traditionnelle conception de la nature humaine : « La psychologie de la race domine celle de l'individu », écrit encore Vacher de Lapouge. « C'est là une notion fondamentale du monisme darwinien et la contrepartie du rêve de l'âme vierge, forgé par les philosophes [4]. »

Après la race, l'inconscient. A l'issue de ses recherches sur le volume du crâne et après avoir divisé l'espèce humaine en quatre catégories raciales [5], Le Bon se penche sur le problème des forces profondes qui commandent à la fois leur destinée et leur comportement immédiat. Ses réflexions sont dominées par la terreur que lui inspire cette « puissance nouvelle, dernière souveraine de l'âge moderne : la puissance des foules [6] ». Or, le trait saillant du comportement de la foule est qu'elle « est conduite presque exclusivement par l'inconscient. Ses actes sont beaucoup plus sous l'influence de la moelle épinière que sous celle du cerveau. Elle se rapproche en cela des êtres tout à fait primitifs [7] ». C'est pourquoi les foules ne sont « capables ni de réflexion ni de raisonnement [8] », alors qu'elles « sont au contraire

1. G. Le Bon, *Les Lois psychologiques de l'évolution des peuples, op. cit.,* p. 15.
2. G. Le Bon, *Psychologie des foules, op. cit.,* p. 71.
3. G. Vacher de Lapouge, *L'Aryen, op. cit.,* p. 351; cf. aussi p. 367. Dans *les Sélections sociales, op. cit.,* p. 8, il définit la race comme « l'ensemble des individus possédant en commun un certain type héréditaire ».
4. G. Vacher de Lapouge, *L'Aryen, op. cit.,* p. 351. Dans une note (p. 351-352), Vacher de Lapouge ne manque pas de se référer à Le Bon.
5. G. Le Bon, *Les Lois psychologiques de l'évolution des peuples, op. cit.,* p. 27-28, 44 et 92.
6. G. Le Bon, *Psychologie des foules, op. cit.,* p. 2.
7. *Ibid.,* p. 24; cf. p. 43.
8. *Ibid.,* p. 55.

très aptes à l'action [1] ». Réfractaires aux « lois de la logique », elles « ne comprennent que de grossières associations d'idées [2] », elles ne peuvent concevoir que des « idées-images » présentées sous « une forme très absolue et très simple [3] ». Finalement,

> les foules, ne pouvant penser que par images, ne se laissent impressionner que par les images. Seules les images les terrifient ou les séduisent, et deviennent des mobiles d'action [4].

Ainsi, pour convaincre les foules, dit Le Bon, il faut toujours faire usage « d'une image saisissante », il faut « présenter les choses en bloc, et ne jamais en indiquer la genèse [5] ». C'est là le fondement conceptuel de la théorie des mythes de Sorel, du nationalisme organique de Barrès, tout comme de l'idée selon laquelle « la foule est toujours intellectuellement inférieure à l'homme isolé [6] », qui jouera un rôle capital dans les débuts de la sociologie. La critique de l'individualisme, de la démocratie et de ses institutions, du parlementarisme et du suffrage universel doit énormément à cette nouvelle vision de l'homme conçu comme un être fondamentalement irrationnel, déterminé par des contraintes historiques et biologiques, motivé par des sentiments et des associations d'images, mais jamais par des idées.

Si Le Bon se tient à l'écart de l'agitation des années quatre-vingt-dix, ce n'est pas le cas d'un Drumont, d'un Barrès ou d'un Soury qui traduisent immédiatement en termes politiques les réflexions ou déductions que leur inspirent les découvertes récentes de la psychologie sociale. Les agitateurs de ces années ne se contentent d'ailleurs pas de puiser dans les travaux récents, ils remontent jusqu'aux premières sources et redécouvrent alors Gobineau. « Pour parler une langue, écrit Drumont, il faut d'abord penser dans cette langue. [...] Il faut avoir sucé en naissant le vin de la patrie, être vraiment sorti du sol », de même qu' « on ne s'improvise pas patriote, on l'est dans le sang, dans les moelles [7] ». Drumont professe un déterminisme biologique et social très moderne, mais son explication de l'histoire est encore fortement marquée par la vision qu'en avait l'auteur de l'*Essai sur*

---

1. G. Le Bon, *Psychologie des foules, op. cit.*, p. 4.
2. *Ibid.*, p. 101. — 3. *Ibid.*, p. 50. — 4. *Ibid.*, p. 56. — 5. *Ibid.*, p. 58.
6. *Ibid.*, p. 21. Cf. p. 17 : « C'est justement cette mise en commun de qualités ordinaires qui nous explique pourquoi les foules ne sauraient jamais accomplir d'actes exigeant une intelligence élevée. Les décisions d'intérêt général prises par une assemblée d'hommes distingués, mais de spécialités différentes, ne sont pas sensiblement supérieures aux décisions que prendrait une réunion d'imbéciles. Ils ne peuvent mettre en commun en effet que ces qualités médiocres que tout le monde possède. Dans les foules, c'est la bêtise et non l'esprit, qui s'accumule. »
7. É. Drumont, *La France juive, op. cit.*, t. I, p. 30 et 58.

l'inégalité des races humaines. Cependant, en dernière analyse, le racisme de Drumont diffère de celui de Gobineau, car il a eu le temps d'intégrer les éléments essentiels d'une certaine interprétation du darwinisme. Cette synthèse explique en grande partie l'énorme succès de *la France juive* et de *la Libre Parole*, succès jamais atteint par Gobineau à qui faisait défaut l'ingrédient darwinien. Il ne s'agit pas là d'un phénomène isolé : pour une même raison, Houston Stewart Chamberlain connaît un vrai triomphe en Allemagne [1].

La lutte entre l'Aryen et le Sémite remonte, selon Drumont, aux « premiers jours de l'Histoire »; ce conflit, qui se perpétue à travers les âges et qui prend les dimensions d'une loi naturelle, est, pour lui, l'élément fondamental de l'explication historique : « Le rêve du Sémite, en effet, sa pensée fixe a été constamment de réduire l'Aryen en servage, de le mettre à la glèbe [2]. » Toute l'Histoire tient dans cet affrontement entre les deux races destinées à constamment se heurter. Entre le Sémite « mercantile, cupide, intrigant, subtil, rusé » et l'Aryen « enthousiaste, héroïque, chevaleresque, désintéressé, franc, confiant jusqu'à la naïveté », entre le « terrien ne voyant guère rien au-delà de la vie présente » et vivant « dans la réalité », et ce « fils du ciel sans cesse préoccupé d'aspirations supérieures » et vivant « dans l'idéal », il ne peut y avoir qu'une guerre à outrance, et la victoire de l'un ne peut signifier que la destruction de l'autre [3].

1. G. L. Mosse, *The Crisis of German Ideology. Intellectual Origins of the Third Reich*, New York, Grosset and Dunlap, 1964, p. 92-193. Sur la renaissance du gobinisme en Allemagne, sur les succès du racisme et du mouvement Volkish, cf. p. 99-101. On consultera, pour tout ce qui concerne ce problème du racisme, l'ouvrage remarquable de C. Guillaumin, *l'Idéologie raciste. Genèse et langage actuel* (Paris, Mouton, 1972 p. 9), ainsi que l'étude de L. L. Snyder, *The Idea of Racialism. Its Meaning and History* (Princeton, Van Nostrand, 1962, p. 10-11), qui distingue entre le *racisme* et sa forme exacerbée, mythique, le *racialisme*. Colette Guillaumin élargit considérablement le terme de racisme en l'appliquant à tout « groupe racisé » : « Il y a, écrit-elle, un racisme particulier contre les nègres (qui n'a pas de nom), un racisme particulier contre les juifs (antisémitisme), un racisme particulier contre les étrangers (xénophobie)... » (p. 70 et 84). Il est certain que l'élargissement du terme lui fait perdre beaucoup de sa signification. En régime de suffrage universel, un racisme contre les femmes ou un racisme anti-jeunes ne peuvent avoir grand sens; au pire, ils peuvent prendre l'aspect d'une certaine forme de discrimination politiquement très peu exploitable, sinon inexploitable. Ce qui n'est pas le cas, bien sûr, de l'antisémitisme. Cf. aussi L. Poliakov, « Racisme et antisémitisme : bilan provisoire de nos discussions et essai de description », communication présentée au colloque sur « L'idée de race dans la pensée politique française avant 1914 », Université d'Aix-en-Provence, mars 1975.
2. É. Drumont, *La France juive, op. cit.*, t. I, p. 7.
3. *Ibid.*, p. 9. « Le Sémite est négociant d'instinct, il a la vocation du trafic, le génie de tout ce qui est échange, de tout ce qui est une occasion de mettre dedans son semblable. L'Aryen est agriculteur, poète, moine et surtout soldat : la guerre

C'est dans Gobineau, mais aussi dans Le Bon et chez le blanquiste Tridon, que Drumont a puisé les principes de son racisme dont, très rapidement, il a fait une arme extrêmement redoutable. Drumont, cependant, n'était pas le seul disciple de Gobineau. Renan avait soigneusement annoté l'*Essai*[1] et s'en était même inspiré; Albert Sorel et Paul Bourget ont été, à divers degrés, des gobiniens[2]. En 1894, l'auteur de *Cosmopolis* ira jusqu'à devenir membre de la Gobineau-Vereinigung fondée la même année à Fribourg-en-Brisgau. Barrès aussi connaît Gobineau et ne manque pas d'en faire état[3].

Tout compte fait, Gobineau était beaucoup plus connu dans les milieux intellectuels en France qu'on ne le croit généralement. Il en était de même en ce qui concerne Wagner. Car Barrès n'était pas le seul à engager ses contemporains à aller à « Wahnfried, sur la tombe de Wagner, honorer les pressentiments d'une éthique nouvelle[4] » : malgré le mysticisme racial du compositeur, son nationalisme pangermaniste, sa haine de la France et de tout ce qui était français, les intellectuels français de la fin du siècle lui ont fait un accueil sans réserve. Son succès à Paris dépasse souvent celui qu'il connaît en Allemagne. Baudelaire, Verlaine, Villiers de l'Isle-Adam, Mallarmé, Henri de Régnier, Catulle Mendès, Paul Valéry, presque tout ce qui compte dans le monde des lettres de ce temps subit l'influence de Wagner. C'est en France que paraît la *Revue wagnérienne*, revue qui non seulement vénère le culte de l'auteur de *Parsifal*, mais rend aussi les honneurs à son gendre Houston Stewart Chamberlain. Il est vrai

---

est son véritable élément, il va joyeusement au-devant du péril, il brave la mort. Le Sémite n'a aucune faculté créatrice; au contraire l'Aryen invente; pas la moindre invention n'a été faite par un Sémite. Celui-ci par contre exploite, organise, fait produire à l'invention de l'Aryen créateur des bénéfices qu'il garde naturellement pour lui. L'Aryen exécute les voyages d'aventure et découvre l'Amérique; le Sémite... attend qu'on ait tout exploré, tout défriché, pour aller s'enrichir aux dépens des autres. En un mot, tout ce qui est une excursion de l'homme dans les régions ignorées, un effort pour agrandir le domaine terrestre est absolument en dehors du Sémite et surtout du Sémite juif; il ne peut vivre que sur le commun, au milieu d'une civilisation qu'il n'a pas faite » (p. 10).

1. J. Barzun, *Race : A Study in Superstition*, New York, Harper and Row, 1965, p. 62

2. Cf. l'éloge de Gobineau par Albert Sorel in : *Notes et Portraits contenant des pages inédites*, Paris, Plon-Nourrit, 1909, p. 227-239. Cf. aussi son article sur Gobineau : « Le comte de Gobineau », *le Temps*, 23 mars 1904.

3. M. Barrès, *Mes cahiers, op. cit.*, t. II, p. 80 et 176; t. III, p. 72; t. V, p. 248; t. VI, p. 300; t. IX, p. 207; t. X, p. 328. Cf. aussi « Un nouveau livre de Gobineau », *le Gaulois*, 3 juin 1907.

4. M. Barrès, « Le regard sur la prairie », in *Du sang, de la volupté et de la mort*, Paris, Plon, 1959, p. 300. Ce recueil fut publié pour la première fois en 1894.

que la revue s'était donné pour objectif d'expliquer aux Français la nature de la révolution wagnérienne. Son fondateur, Édouard Dujardin, ne confessera-t-il pas plus tard que son but, en la créant, était de propager, non l'art wagnérien, mais plutôt les idées de Wagner le philosophe et le poète [1] ?

Ce serait une erreur de penser qu'il ne s'agissait là que d'une mode parisienne : l'idéologie wagnérienne se propage dans l'intelligentsia provinciale. C'est ainsi qu'en 1892 Vacher de Lapouge préside une conférence que donne à Montpellier un de ses jeunes disciples, Paul Valéry. De cette réunion littéraire, Vacher de Lapouge nous a laissé un compte rendu enthousiaste que publie alors, chose digne d'être signalée, un journal socialiste, *le Messager du Midi* :

> Pendant que l'on jouait le *Lohengrin* de Wagner, l'Association faisait lire *les Contes cruels*, de Villiers de l'Isle-Adam, son ami et le premier qui l'ait compris en France. Coïncidence voulue, car l'œuvre profonde, étrange et mystique de Villiers, c'est ce wagnérisme de la littérature. M. Valéry a su rendre, par un art infini de la parole et de mise en œuvre, les *Contes* accessibles au public. L'étude littéraire a été impeccable de fond, sculpturale de forme. Quand on a lu l'apparition d'Asraël, l'ange de la mort, le souffle de l'effroi est passé sur la salle. Toute l'horreur mystique du temple de Siva, aux rets homicides, s'est abattue ensuite sur l'auditoire. L'impression laissée par cette seconde réunion a été profonde et durable, c'est le succès désormais courant des lectures du samedi [2]...

On ne pouvait espérer texte plus caractéristique de la nature et des effets de l'influence wagnérienne en France.

Quelques années plus tard, lorsque *la Libre Parole* ouvrira sa campagne de souscription en faveur de Mme Henry, la veuve du commandant Henry qui venait de se suicider, Paul Valéry donnera, « non sans réflexion », 20 francs. Contribution qui lui vaut de voir son nom inscrit sur les fameuses « pages rouges » de l'antidreyfusisme [3].

---

1. J. Barzun, *Darwin, Marx, Wagner; Critique of a Heritage*, New York, Doubleday, 1958, p. 288-290.

2. Cité in Guy Thuillier, « Un anarchiste positiviste », communication présentée au colloque sur « L'idée de race dans la pensée politique française avant 1914 », *loc. cit.*, p. 2.

3. Les 18 listes de souscripteurs, qui accompagnent généralement leurs dons de commentaires extrêmement violents, furent publiées par le journal de Drumont, du 14 décembre 1898 au 15 janvier 1899. Elles furent réunies en volume par P. Quillard, *le Monument Henry. Listes de souscripteurs classées méthodiquement et selon l'ordre alphabétique*, Paris, Stock, 1899, p. 175. Pour une analyse des listes de souscripteurs selon des critères géographiques, socioprofessionnels et sociopsychologiques, cf. S. Wilson : « Le monument Henry : la structure de l'antisémitisme en France, 1898-1899 », *Annales*, mars-avril 1977, p. 267.

Après Gobineau et Wagner, Taine. L'influence de l'auteur des *Origines* est plus significative encore et marque profondément la sensibilité de toute une génération. Comme l'a montré François Léger, Taine a eu très tôt l'idée de l'importance de la race comme facteur explicatif de l'histoire, et il a conservé tout au long de sa vie intellectuelle la conviction de cette importance. Mais le plus intéressant à noter est que ses réflexions sur le problème des races sont antérieures d'au moins trois ans à la parution de l'*Essai sur l'inégalité des races humaines*. En effet, la célèbre formule « la race, le milieu, le moment » se retrouve dès 1850 dans les notes du jeune élève de Normale. Les préoccupations de Taine sont donc indépendantes de celles de Gobineau. Selon François Léger, qui n'a rencontré à ce jour aucune référence à l'auteur de l'*Essai* tant dans l'œuvre que dans la correspondance de Taine, Gobineau n'aurait eu aucune influence sur l'auteur des *Origines*[1].

Que Taine n'ait jamais pris connaissance de l'*Essai sur l'inégalité des races humaines* est une information on ne peut plus révélatrice. Car, force est alors de constater qu'un courant intellectuel, tenant de l'explication raciale du phénomène historique, a pu exister en France indépendamment de Gobineau. La Restauration n'avait-elle pas vu monter toute une génération d'historiens dont les théories accordaient déjà une place considérable à l'idée de race[2]?

Tout au long des années cinquante, Taine réfléchit sur les habitudes mentales innées des peuples européens. Après avoir expliqué le caractère de Macaulay par le fait qu'il est anglais, le génie de Dickens par le fond germanique qui y est perceptible, il se présente à Renan comme un homme qui « a touché la physiologie pour comprendre ce que sont les crânes, l'hérédité et les races[3] » : Le Bon et Vacher de Lapouge ne diront jamais autre chose. Dans *La Fontaine et ses Fables*, Taine oppose la médiocrité physique des Français des environs de Paris à la splendeur des jeunes Allemands chez lesquels « la vaillante pousse des corps superbes » annonce « l'intégrité et la vigueur de la sève primitive[4] ». En 1863, l'auteur de la monumentale *Histoire de la littérature anglaise* apprend aux Français de son temps que l'individu

---

1. F. Léger, « L'idée de race chez Taine », communication présentée au colloque sur « L'idée de race dans la pensée politique française avant 1914 », *loc. cit.*, p. 1.
2. M. Seliger, « The idea of conquest and race-thinking during the Restauration », *The Review of Politics*, 22 (4), 1960, p. 545-567.
3. F. Léger, « L'idée de race chez Taine », *loc. cit.*, p. 2.
4. H. Taine, *La Fontaine et ses Fables*, Paris, Hachette, 1861, p. 7. Cf. aussi G. Vacher de Lapouge, *les Sélections sociales*, *op. cit.*, p. 184 et 187. Selon lui, l'infériorité du Français par rapport à l'Américain, à l'Anglais ou au Hollandais provient de son métissage. Les Français ne sont pas de race pure. Quant au Dr Corre,

est un produit de la civilisation, et qu'une civilisation n'est elle-même que le résultat de ces « trois forces primordiales » : « la race, le milieu et le moment[1] ».

> Ce qu'on appelle la race, ce sont ces dispositions innées et héréditaires que l'homme apporte avec lui à la lumière, et qui ordinairement sont jointes à des différences marquées dans le tempérament et dans la structure du corps. Elles varient selon les peuples[2].

En énonçant les thèses qui, sous peu, seront les thèses classiques du racisme, Taine insiste sur le fait qu'« à l'origine et au plus profond dans la région des causes, apparaît la race[3] », et que ce qui relie les hommes entre eux, c'est avant tout « la communauté de sang et d'esprit ». On n'y peut rien, c'est dans la nature des choses :

> Il y a naturellement des variétés d'hommes, comme des variétés de taureaux et de chevaux, les unes braves et intelligentes, les autres timides et bornées, les unes capables de conceptions et de créations supérieures, les autres réduites aux idées et aux inventions rudimentaires, quelques-unes appropriées plus particulièrement à certaines œuvres et approvisionnées plus richement de certains instincts, comme on voit des races de chiens mieux douées, les unes pour la course, les autres pour le combat, les autres pour la chasse, les autres enfin pour la garde des maisons ou des troupeaux[4].

C'est pourquoi il est des races supérieures et des races inférieures :

> Chez les races aryennes, la langue devient une sorte d'épopée nuancée et colorée où chaque mot est un personnage, la poésie et la religion prennent une ampleur magnifique et inséparable, la métaphysique se développe largement et subtilement, sans souci des applications positives; l'esprit tout entier, à travers les déviations et les défaillances inévitables de son effort, s'éprend du beau et du sublime et conçoit un modèle idéal capable, par sa noblesse et son harmonie, de rallier autour de soi les tendresses et les enthousiasmes du genre humain.

---

l'auteur d'*Ethnographie criminelle* (Paris, Reinwald, 1894) se demande si les mœurs politiques actuelles de la France « ne seraient pas quelque peu d'imitation créole » (p. 16).

1. H. Taine, *Histoire de la littérature anglaise*, Paris, Hachette, 1863, t. I, p. XXII; cf. p. XXII-XXV sur la race, XXV-XXVIII sur le milieu, et XXVIII-XXXII sur le moment.
2. *Ibid.*, p. XXIII.
3. *Ibid.*, t. III, p. 616. Cf. p. 665 : « Au fond du présent comme au fond du passé, reparaît toujours toujours une cause intérieure et persistante, le *caractère* de la race... », et, t. I, p. XXII : « Toujours on rencontre pour ressort primitif quelque disposition très générale de l'esprit et de l'âme, soit innée et attachée naturellement à la race, soit acquise et produite par quelque circonstance appliquée sur la race. »
4. *Ibid.*, t. I, p. XXIII.

En revanche :

> Chez les races sémitiques, la métaphysique manque, la religion ne conçoit que le Dieu roi, dévorateur et solitaire, la science ne peut se former, l'esprit se trouve trop roide et trop entier pour reproduire l'ordonnance délicate de la nature, la poésie ne sait enfanter qu'une suite d'exclamations véhémentes et grandioses, la langue ne peut exprimer l'enchevêtrement du raisonnement et de l'éloquence, l'homme se réduit à l'enthousiasme lyrique, à la passion irréfrénable, à l'action fanatique et bornée [1].

Ainsi se trouvent exposées par l'un des maîtres à penser de son temps les idées fondamentales de l'antisémitisme ethnique. Il ne s'agit plus d'agitateurs blanquistes, comme Tridon ou Regnard, de publicistes, comme Chirac, Chabauty ou Drumont, de scientifiques ignorés par l'Université, mais de l'une des plus hautes autorités de la science européenne.

Si Taine ignore Gobineau, il connaît, en revanche, Darwin et s'y réfère [2]. A beaucoup d'égards même, son œuvre constitue le trait d'union entre les idées de Gobineau, de Darwin et de Wagner et celles des écrivains racistes des années quatre-vingt-dix. En tout cas, vingt ans après la publication de l'*Histoire de la littérature anglaise*, c'est déjà un lieu commun, dans les milieux littéraires français, que d'affirmer, avec Bourget, « qu'une société doit être assimilée à un organisme » et « ne subsiste qu'à la condition d'être capable de lutter vigoureusement pour l'existence dans la concurrence des races [3] ».

C'est sur Barrès que l'influence de Taine sera la plus sensible, c'est chez lui qu'elle est la plus reconnaissable. La Terre et les Morts de l'auteur des *Déracinés* ne sont rien d'autre que le milieu et la race de celui des *Origines*. Ici, il convient d'insister sur le fait que, comme chez Le Bon, Vacher de Lapouge et Soury, le « culte des morts et de la terre où ils ont vécu [4] » est un aspect fondamental du racisme : en effet, c'est l'expression et la concrétisation de l'unité biologique de la race.

Comme Taine, Barrès applique cette théorie à l'étude de l'histoire. Pour lui, la race constitue la première et la plus riche source d'événements historiques; l'homme se meut dans un déterminisme universel, et le monde, en somme, se développe comme une équation gigantesque. Toute existence n'est qu'un maillon dans la chaîne ininterrompue

---

1. H. Taine, *Histoire de la littérature anglaise, op. cit.*, t. I p. XIX-XX.
2. *Ibid.*, t. I, p. XXIV.
3. P. Bourget, *Essais de psychologie contemporaine*, Paris, Lemerre, 1885, 4e éd., p. 24-26.
4. J. Soury, *Campagne nationaliste, 1894-1901*, Paris, Maretheux, 1902, p. 65.

des existences et n'est qu'un faible rouage de cette prodigieuse mécanique : l'homme est déterminé dans ses pensées comme dans ses
actes. La finalité et les limites de l'action individuelle sont, par conséquent, fixées par la plus ou moins grande préservation des traditions
qui convergent en chaque individu Celui-ci ne représente qu'un
instant du processus qui l'a fait et qu'il contribue à perpétuer. Il est,
de par les lois de la nature et de la science, ce que sa Terre et ses
Morts ont fait de lui. Lorsqu'il se sera imprégné de la sensibilité
française, lorsqu'il aura pris conscience du fait qu'il n'est qu'une
feuille de cet arbre qu'est la France, alors seulement, reconnaissant
ses limites et sa prédestination, l'individu pourra poursuivre une
action constructive et agir en fonction de l'idéal français [1].

2. LA LUTTE POUR L'EXISTENCE

Une des variantes les plus curieuses du darwinisme social de cette
fin de siècle, une de celles aussi dont l'influence immédiate fut la plus
importante, est la pensée de Jules Soury. Il n'y a rien dans ses travaux
qui n'ait été déjà dit par Le Bon ou Vacher de Lapouge en France,
par Gumplowicz ou Ammon en Allemagne, par Chalumeau en Suisse,
mais l'élite intellectuelle parisienne considère Soury comme l'égal
de Bergson. A la fois pamphlétaire, philosophe et savant, ce professeur à l'École des hautes études de la Sorbonne est l'auteur d'une
série d'ouvrages qui s'échelonnent sur un quart de siècle et qui, dans
leur ensemble, expriment une vision du monde assez proche de celle
du nazisme [2]. Aujourd'hui tombé dans un oubli total, Jules Soury
jouissait, au tournant du siècle, d'une immense popularité. Ses
cours étaient suivis par le tout-Paris, Maurras l'appelait « notre vieux
prophète infréquentable [3] », et, pour Barrès, il était le maître qui

1. Cf. *infra*, p. 161-164 et 169 *sq*,
2. On relève, parmi ses ouvrages les plus importants, des *Essais de critique religieuse* (Paris, Leroux, 1878), des *Études historiques sur les religions, les arts, la
civilisation de l'Asie antérieure et de la Grèce* (Paris, Reinwald, 1877), un *Bréviaire
de l'histoire du matérialisme* (Paris, Charpentier, 1881), une *Philosophie naturelle*
(Paris, Charpentier, 1882), une *Histoire des doctrines de psychologie physiologique
contemporaines* (Paris, Bureaux du *Progrès médical*, 1891). De nombreux articles
publiés par des revues scientifiques spécialisées, telles que les *Archives de neurologie*,
la *Revue scientifique*, l'*Encéphale*. *Journal des maladies mentales et nerveuses*, ou
les *Annales médico-psychologiques*, complètent une œuvre gigantesque.
3. M. Barrès-Ch. Maurras, *La République ou le Roi, op. cit.*, lettre de Maurras
à Barrès datée de janvier 1908, p. 480. Le nom de Jules Soury revient à de nombreu-

l'avait si profondément marqué[1] que l'on est très souvent tenté de ne voir dans la doctrine nationaliste de l'auteur du *Roman de l'énergie nationale* qu'un reflet de l'enseignement du psychophysiologue. Les deux hommes mènent d'ailleurs côte à côte le combat nationaliste : tandis que Barrès réunit les matériaux de *Scènes et Doctrines du nationalisme*, Jules Soury exalte, dans *Campagne nationaliste*, « la rédemption de la France par le général Mercier[2] ».

Comme dans la pensée de Taine, chez qui des « lois générales » régissent l'univers, commandent le comportement humain et permettent de le prévoir[3], comme chez Le Bon, comme chez Vacher de Lapouge, l'axe de la pensée de Soury est le déterminisme. Des « lois fatales[4] », des « lois d'airain du déterminisme universel[5] » commandent chaque instant de l'existence humaine, celle de l'individu comme celle de la collectivité. C'est ainsi que Soury nie aussi bien le libre arbitre et le statut de l'homme comme sujet de l'histoire que sa qualité d'être moral : puisqu'il n'y a pas de choix, il ne saurait y avoir de morale. L'homme ainsi vidé de sa substance spirituelle n'est qu'un simple rouage d'un mécanisme universel, mû par des « instincts héréditaires » qui naissent « des variations utiles acquises mécaniquement au cours des longues luttes pour l'existence... », ou, autrement dit, l'homme n'agit qu'en vertu « d'habitudes ancestrales... devenues organiques par la sélection naturelle »[6]. Par conséquent, « la raison » — Soury s'applique à n'employer ce terme qu'entre guillemets — « n'est que la loi mécanique et mathématique suivie de toute nécessité par les atomes en mouvement dans le cycle éternel de la production et de la destruction des mondes[7]... ». Loi qui avait

---

ses reprises dans la correspondance Barrès-Maurras; cf. p. 250-251, 253, 266-270, 288-289, 312, 323, 334, 350, 380 et 480.

1. On consultera tout d'abord les deux premiers volumes de *Mes cahiers*, *op. cit.*, qui recouvrent les années capitales 1896-1902. De très nombreuses notes exposent différents aspects de la pensée de Jules Soury. Soigneusement consignée dans *Mes cahiers*, la matière de ces entretiens passe souvent textuellement dans les ouvrages de Barrès. Cf. notamment *Mes cahiers*, *op. cit.*, t. II, p. 160, et surtout t. I, p. 66-74, 76-85, 87-89 et 92-93; cf. aussi mon *Maurice Barrès et le Nationalisme français, op. cit.*, p. 253-266.

2. J. Soury, *Campagne nationaliste*, *op. cit.*, p. 180.

3. H. Taine, *Histoire de la littérature anglaise*, *op. cit.*, t. I, p. XXIV-XXXIII, XLII et XL.

4. J. Soury, *Le Système nerveux central. Structure et fonctions*, Paris, Carré et Naud, 1897, p. 95.

5. *Ibid.*, p. 1778.

6. *Ibid.*

7. *Ibid.*, p. 95.

déjà été exprimée par Le Bon et que l'on retrouve ainsi formulée chez Barrès :

> La raison humaine est enchaînée de telle sorte que nous repassons tous dans les pas de nos prédécesseurs. Il n'y a pas d'idées personnelles : les idées même les plus rares, les jugements même les plus abstraits, les sophismes de la métaphysique la plus infatuée sont des façons de sentir générales et se retrouvent chez tous les êtres de même organisme assiégés par les mêmes images [1].

Ce déterminisme biologique, alors dans l'air un peu partout, va provoquer un puissant courant antirationaliste, un profond anti-individualisme — « l'individu, dit Barrès, s'abîme pour se retrouver dans la famille, dans la race, dans la nation [2] ».

Le déterminisme professé par le nouveau nationalisme est un déterminisme physiologique, naturaliste qui accouche d'une vision de l'homme qui ne laisse aucune marge d'indétermination, cette marge qui se confond avec la capacité humaine de choisir, donc d'être libre et d'exercer ses facultés de créateur. Selon un Barrès, l'homme n'a précisément nulle volonté de créer un monde différent de celui des ancêtres; le voudrait-il, il ne le pourrait pas, car « des êtres ne peuvent porter que les fruits produits de toute éternité par leur souche [3] ». Dans le même ordre d'idées, Barrès fait un aveu déconcertant dans *le Voyage de Sparte* : « Faute de sang grec dans mes veines, écrit-il, je ne comprends guère Socrate ni Platon [4]. » On saisit bien, à travers ces affirmations, l'inexistence, l'impossibilité du moindre soupçon d'indétermination : la psychologie de l'acteur — individu ou groupe — non seulement reflète son milieu, sa formation, mais encore elle détermine son mode de comportement. Reconnaître cette vérité, prendre conscience de l'impossibilité d'être autre chose que ce pour quoi on est né, « évaluer notre fatalité [5] », c'est-à-dire prendre conscience de la stricte proportionnalité entre les causes et les effets dans le

---

1. M. Barrès, *Scènes et Doctrines du nationalisme*, op. cit., t. I, p. 18. Cf. même texte dans *le 2 novembre en Lorraine*, p. 265-266, et dans *Mes cahiers*, op. cit., t. II, p. 109. Cf. aussi *Mes cahiers*, t. IV, p. 180 : « Ta volonté était renfermée dans celle de ton père et la volonté de ton grand-père était renfermée dans celle de ses grands-pères. Toutes leurs actions, toutes leurs idées retentissent en toi, se prolongent en toi, te marquent. »
2. M. Barrès, *Scènes et Doctrines du nationalisme*, op. cit., t. I, p. 19.
3. M. Barrès, « Une impératrice de la solitude », in *Amori et Dolori sacrum*, Paris, Plon, 1960, p. 174.
4. M. Barrès, *Le Voyage de Sparte*, Paris, Juven, 1906, p. 79.
5. M. Barrès, « Stanislas de Guaita », in *Amori et Dolori sacrum*, op. cit., p. 125.

comportement humain, tel est le seul sens de la notion de liberté[1].

Ces conceptions seront la pièce maîtresse du racisme que forge, en cette fin de siècle, l'auteur de *Scènes et Doctrines du nationalisme* et qui, en fait, sera l'essentiel de la pensée nationaliste. Certes, il semble qu'un moment Barrès se soit montré réfractaire à l'idée de race telle que l'enseigne Soury et d'où il ressort que « les questions d'ethnologie [sont] capitales dans l'histoire politique des nations...[2] ». Barrès, en effet, a écrit :

> Disons-le une fois pour toutes, il est inexact de parler au sens strict d'une race française. Nous ne sommes point une race, mais une nation[3].

Très rapidement, cependant, il se ressaisit, et l'influence de Soury prend le dessus : pour survivre, la nation française doit imiter les peuples ennemis, s'épurer et redevenir une race. Pratiquement tous les textes de *Scènes et Doctrines du nationalisme* et du second volume des *Cahiers* qui traitent de cette question ont pour origine la pensée du célèbre professeur. « On peut parler d'une race indo-européenne et d'une race sémitique, dit Barrès [...]. Peut-être même sont-ce des espèces différentes[4]. » Quelques pages plus haut, il citait Soury qui lui avait fait part de ses convictions en la matière : « Je crois que le juif est une race, bien plus, une espèce[5]... » Barrès reprend à son compte les thèses de l'opposition irréductible entre les races aryenne et sémite en reconnaissant comme incontestable l'infériorité de cette dernière. C'est cette donnée physiologique qui, finalement, explique la trahison de Dreyfus.

> Nous exigeons de cet enfant de Sem [dit-il] les beaux traits de la race indo-européenne. Il n'est point perméable à toutes les excitations dont nous affectent notre terre, nos ancêtres, notre drapeau, le mot « honneur ». Il y a des aphasies optiques où l'on a beau voir

---

1. M. Barrès, *Mes cahiers, op. cit.*, t. III, p. 284.
2. J. Soury, *Études historiques sur les religions, les arts, la civilisation de l'Asie antérieure et de la Grèce, op. cit.*, p. 5.
3. M. Barrès, *Scènes et Doctrines du nationalisme, op. cit.*, t. I, p. 20. Cf. p. 49, où Barrès parle de l'Ile-de-France, « le cœur de notre race ». Cf. encore *Mes cahiers, op. cit.*, t. II, p. 142, et t. III, p. 112, où il écrit : « Il y a un type français, un type anglais, un allemand mais non pas une race. Les peuples sont des produits de l'histoire. »
4. M. Barrès, *Mes cahiers, op. cit.*, t. II, p. 141.
5. *Ibid.*, p. 118. Dans sa *Campagne nationaliste, op. cit.*, p. 7, Soury se déclare « absolument convaincu de la nature irréductible des deux races ou espèces humaines dites sémitiques et aryennes... ».

des signes graphiques, on n'en a plus l'intelligence. Ici l'aphasie est congénitale; elle vient de la race [1].

Il est donc naturel que le Sémite ne réagisse pas de la même manière que l'Aryen : n'est-il pas des constantes dans le comportement des hommes dont « nulle circonstance et nulle volonté ne peuvent dépouiller un Sémite non plus qu'un Aryen [2] »? Ainsi, que l'un des traits essentiels du Sémite, celui qu'il « gardait de son sang », soit « la capacité de tirer le meilleur parti possible de toute situation et sans s'embarrasser du sentiment de l'honneur [3] » vienne trancher *ipso facto* la question de la culpabilité de Dreyfus :

> Je n'ai pas besoin qu'on me dise pourquoi Dreyfus a trahi [écrit Barrès dans un texte célèbre]. En psychologie, il me suffit de savoir qu'il est capable de trahir et il me suffit de savoir qu'il a trahi. L'intervalle est rempli. Que Dreyfus est capable de trahir, je le conclus de sa race. Qu'il a trahi, je le sais parce que j'ai lu les pages de Mercier et de Roget qui sont de magnifiques travaux [4].

Forts de ces évidences, les antidreyfusards n'accordent plus aux faits judiciaires qu'un intérêt tout à fait secondaire. Car l'hypothèse de la trahison se vérifie d'elle-même; il suffit de la poser, et tout « s'en déduit moralement [...], elle explique tout logiquement [5] ».

Race ennemie, les Sémites sont aussi une race inférieure :

> En toutes choses, la race sémitique nous apparaît comme une race incomplète par sa simplicité même Elle est [...] à la famille indo-européenne ce que la grisaille est à la peinture, ce que le plain-chant est à la musique moderne [6].

Là encore, Barrès s'engage sur les traces de Taine et de Soury qui lui avait appris, en citant Renan, que « la race sémitique se reconnaît presque uniquement à des caractères négatifs. Elle n'a ni mythologie, ni épopée. ni science, ni philosophie, ni fiction, ni arts plastiques, ni vie civile [7] ». Barrès reste fidèle à cette ligne de pensée quand il affirme de l'*Éthique* de Spinoza qu'elle « est un poème, non de la science » :

---

1. M. Barrès, *Scènes et Doctrines du nationalisme, op. cit.*, t. I, p. 153. Cf. aussi *Mes cahiers, op. cit.*, t. III, p. 156-159.
2. *Ibid.*, p. 159. Cf. J. Soury, *Campagne nationaliste, op. cit.*, p. 140-141.
3. M. Barrès, *Scènes et Doctrines du nationalisme, op. cit.*, t. I, p. 159; cf. p. 161 et 162. — 4. *Ibid.*, p. 161.
5. M. Barrès, *Mes cahiers, op. cit.*, t. III, p. 159. — 6. *Ibid.*, t. II, p. 120.
7. *Ibid.* C'est une note que Soury lui apporte à Rennes. Il cite une autre observation de celui-ci : « Le sémitisme a dit dans le monde : Je crois, tandis que l'Aryen dit : Je sais, et fonde la science, le sémitisme a toujours mis un obstacle à la science. Il apporte une négation stérile par la Chaldée, la Babylonie » (p. 118).

et s'il ne conteste pas à cette race la faculté d'écrire de beaux psaumes[1], il n'en est pas moins convaincu qu'elle ne saurait produire autre chose.

C'est à la même période que Vacher de Lapouge publie ses recherches anthropologiques. Agrégé de droit aux connaissances encyclopédiques, ce procureur de la République démissionnaire avait donné, depuis 1887, un cours libre de science politique à la faculté des lettres de l'université de Montpellier, où il était sous-bibliothécaire. En 1891, Paul Valéry l'aide à mesurer 600 crânes extraits d'un vieux cimetière. C'était là une méthode de recherche que, dès 1879, avait appliquée Gustave Le Bon[2]. Dans l'*Aryen*, Vacher de Lapouge consacre plusieurs dizaines de pages à établir diverses corrélations entre les mesures du crâne et la taille de lycéens et normaliens de Rodez, et les données relevées par Muffang à Saint-Brieuc, par Ammon chez les conscrits et les lycéens badois, par d'autres chercheurs à Liverpool ou dans un petit village de Pologne[3].

Évolution devenue presque banale, ce théoricien du racisme a commencé sa carrière politique dans les rangs du parti ouvrier. C'est en effet là qu'on le trouve dans les années quatre-vingt-dix. Candidat socialiste aux municipales de 1888 et de 1892, c'est en sa qualité de militant guesdiste qu'il présente le candidat du parti aux législatives de 1889, Paul Lafargue, et les théories marxistes aux lecteurs de la presse locale. C'est encore l'homme de gauche qui entreprend d'engager des pourparlers avec la bourse du travail pour organiser des cours de législation ouvrière et d'économie politique destinés aux ouvriers[4].

Socialiste militant, Vacher de Lapouge est, à cette époque, l'un des adeptes les plus convaincus du darwinisme social. Il se considère comme le créateur de l'école anthroposociologique française, et même comme le pionnier de cette discipline : il est vrai qu'il a cinq ans d'avance sur Ammon. A beaucoup d'égards, Vacher de Lapouge est l'équivalent en France de l'Allemand Ludwig Woltmann, avec lequel il est fort lié. Venu lui aussi de l'extrême gauche, Woltmann s'applique à faire la synthèse du marxisme et du darwinisme, du prin-

---

1. M. Barrès, *Mes cahiers, op. cit.*, p. 143.
2. En 1879, Le Bon publie une étude sur les « Recherches anatomiques et mathématiques sur les variations de volume du cerveau et sur leurs relations avec l'intelligence » *(Revue d'anthropologie)*, et un article sur « La capacité du crâne d'un certain nombre d'hommes célèbres » *(Bulletins et Mémoires de la Société d'anthropologie de Paris*, vol. 2, juillet 1879).
3. G. Vacher de Lapouge, *L'Aryen, op. cit.*, p. 433-464.
4. G. Thuillier, « Un anarchiste positiviste », *loc. cit.*, p. 2.

cipe de la lutte des classes et de celui de la lutte des races. Dans l'ensemble, il s'agit d'un système de pensée fondé sur l'application de la biologie darwinienne à l'évolution de l'humanité, sur la supériorité raciale de l'Aryen et du Germain, ainsi que sur un antibourgeoisisme prononcé, doublé de pangermanisme. Chez Woltmann, l'universalisme de la lutte des classes est tout simplement devenu un corollaire de l'universelle lutte des races [1]. Puis, allant plus loin dans le mélange et l'extrapolation, il retire du principe de la sélection naturelle une théorie de l'élitisme prolétarien — la *Sozialaristocratie* — que les militants syndicalistes remettront à l'honneur. Cette théorie plaisait énormément à Vacher de Lapouge, qui lui attribuait le succès du leader socialiste allemand [2].

Vacher de Lapouge ne fait pas seulement connaître Woltmann; il s'applique à introduire en France les travaux d'Ernest Haeckel, professeur à l'université d'Iéna, et l'un des disciples les plus fameux de Darwin. Haeckel s'était attaché à démontrer l'identité de la vie de l'homme et d'une cellule de protoplasme; il croyait avoir prouvé que la vie n'est qu'une forme de la matière. Vingt ans plus tard, l'auteur de *l'Aryen* préfacera la traduction française du célèbre *Déclin de la grande race* de Madison Grant [3].

La démarche de Vacher de Lapouge, le pangermanisme mis à part, est proche de celle de Woltmann, bien qu'il n'y ait aucune commune mesure entre l'influence immédiate du sous-bibliothécaire de Montpellier et celle exercée par le leader socialiste allemand. Incontestablement, ce que l'auteur de *l'Aryen* apprécie avant tout dans le marxisme, c'est sa « conception nette du caractère fatal de l'évolution sociale [4] », conception qui vient s'intégrer parfaitement dans cet ensemble de « lois naturelles » découvert par Darwin et sur la base duquel, « après l'économique, l'anthropologie est venue resserrer le cercle qui étreint la prétendue liberté humaine : nous sommes loin du temps de Rousseau [5] ». Sachant que « l'évolution des peuples est régie par des lois inflexibles [6] », Vacher de Lapouge se croit autorisé à récupérer le marxisme et à lui faire endosser les prescriptions de la morale sélec-

1. G. L. Mosse, *The Crisis of German Ideology*, *op. cit.*, p. 99-103.
2. G. Vacher de Lapouge, *Race et Milieu social. Essais d'anthroposociologie*, Paris, Rivière, 1909, p. XXI.
3. Traduit par Vacher de Lapouge, l'ouvrage d'E. Haeckel, *le Monisme, lien entre la religion et la science. Profession de foi d'un naturaliste*, est publié en 1897 par Schleicher. *Le Déclin de la grande race* paraît chez Payot en 1926.
4. Cité in Guy Thuillier, « Un anarchiste positiviste », *loc. cit.*, p. 9.
5. G. Vacher de Lapouge, *L'Aryen*, *op. cit.*, p. VIII.
6. *Ibid.*, p. VII; cf. p. 352.

tionniste — « toute l'évolution sociale est dominée par la sélection [1] » — et les principes d'un certain déterminisme social :

> Aux fictions de Justice, d'Égalité, de Fraternité, la politique scientifique préfère la réalité des Forces, des Lois, des Races, de l'Évolution. Malheur aux peuples qui s'attarderont dans les rêves [2] !

Vacher de Lapouge s'élève, bien sûr, contre le libéralisme et la démocratie, le capitalisme et la société bourgeoise, le christianisme et les principes de 1789. Il est darwiniste et marxiste parce qu'il considère les deux systèmes comme fondés sur les mêmes principes déterministes. Or, précisément, c'est l'amalgame du déterminisme biologique et du déterminisme historique dans un seul et même cadre conceptuel qui permet aux darwinistes sociaux de se présenter comme de bons socialistes et d'être reconnus comme tels par des ouvriers. D'autant qu'ils ne manquent jamais, dans un style calqué sur celui des militants syndicalistes, de flétrir les maux de la société capitaliste :

> La faillite de la Révolution est éclatante. La ploutocratie laisse tomber son masque démocratique, et l'on se demande si la démocratie est possible. Sous le nom de République, l'Empire continue, et l'on se demande si les formes politiques valent contre le tempérament des peuples. Le conflit des races commence ouvertement, dans les nations et entre les nations, et l'on se demande si les idées de fraternité, d'égalité des hommes n'allaient point contre des lois de nature [3].

Plus loin, Vacher de Lapouge énonce une des idées fondamentales de la science politique moderne, qui, d'ailleurs, servira de fil conducteur à Michels dans sa fameuse étude sur *les Partis politiques*. Et en fait, c'est le sous-bibliothécaire de Montpellier qui fut le premier à lancer, sous leurs formes modernes, les idées que rendra célèbres la grande école italienne de sociologie.

Après avoir montré que « le gouvernement direct par le peuple, la seule vraie démocratie, n'est possible que dans un territoire très restreint », Vacher de Lapouge poursuit :

> Pour ne pas renoncer au mot, on baptise démocratie un régime qui n'a rien de commun avec la démocratie, sauf le nom. On entend souvent par là un régime où le pouvoir est censé être exercé par la plèbe, ou pour la plèbe. En réalité la plèbe, pas plus que la classe instruite, ne joue un rôle actif dans le choix des représentants.

---

1. G. Vacher de Lapouge, *Les Sélections sociales*, *op. cit.*, p. 489.
2. G. Vacher de Lapouge, *L'Aryen*, *op. cit.*, p. IX.
3. *Ibid.*, p. VII.

Ceux-ci sont, en réalité, désignés par les oligarchies sans mandat, et gouvernent dans l'intérêt de coteries, mais surtout dans le leur[1].

Finalement, l'anthroposociologue ne peut plus que reconnaître l'absolue incompatibilité du socialisme et de la démocratie :

> Le socialisme se pose de plus en plus nettement en antagoniste du régime ploutodémagogique. Il a un programme d'intérêt général et d'autorité qui est juste l'opposé du système d'incoordination et de pillage chacun pour soi qui caractérise en pratique les démocraties. Il est permis d'être sceptique devant les programmes, et personne ne saurait deviner le fait à venir. Le socialisme, en tout cas, sera sélectionniste ou il ne sera pas : il n'est possible qu'avec des hommes autrement faits que nous, et ces hommes, la sélection peut les faire[2].

En militant guesdiste riche d'une bonne expérience de propagandiste ouvrier, il sait que ces idées sont facilement assimilables par les milieux prolétariens. Les protestations contre l'idée de race alliée au darwinisme social

> ne sont point venues d'ouvriers et de paysans, mais des défenseurs d'office des classes populaires,

écrit Vacher de Lapouge en 1909.

> J'ai eu souvent, et encore plus Woltmann qui était un des chefs du socialisme allemand, l'occasion d'exposer, dans des réunions purement ouvrières [...], les thèses les plus antidémocratiques de l'anthroposociologie, je les ai fait mettre à l'étude, discuter et admettre. C'est dans une réunion électorale que j'ai formulé pour la première fois l'aphorisme : le socialisme sera sélectionniste ou il ne sera pas, et cela ne m'a pas enlevé une voix, parce que d'instinct le peuple va vers ceux qui ne sont pas poltrons[3].

L'auteur de *l'Aryen* sait encore que sa conception de la nation, fondée sur le darwinisme social, est, elle aussi, aisément acceptée dans ces mêmes milieux. Selon lui, il n'y avait aucune raison qu'il n'en soit pas ainsi, du fait qu'il n'existait pas de contradiction entre les réalités sociales et les réalités biologiques. La réalité biologique de la nation, Vacher de Lapouge l'affirme hautement et il lui subordonne les intérêts économiques. Ajoutée à tout ce qui, peu à peu, l'éloignait du socialisme orthodoxe, cette conception vient le classer définitivement parmi les socialistes nationaux :

1. G. Vacher de Lapouge, *L'Aryen, op. cit.*, p. 469, n. 1.
2. G. Vacher de Lapouge, *Les Sélections sociales, op. cit.*, p. 262.
3. G. Vacher de Lapouge, *Race et Milieu social, op. cit.*, p. XXI.

Les nations ne sont pas des sociétés dont on devient membre par élection, ni des associations d'intérêt où l'on entre en prenant une action, et d'où l'on sort comme d'une valeur. [...] Les intérêts économiques de la génération présente, même de celle qui viendra aussitôt, sont de peu auprès des intérêts généraux et lointains de la nation, et le sacrifice des uns aux autres, quand il devient nécessaire, doit porter sur les premiers. Une nation est un ensemble d'individus issus de différentes races, mais unis par des liens complexes de famille, et dont les ancêtres ont historiquement réagi les uns sur les autres, soumis à des sélections communes. Elle comprend les vivants, et des morts plus nombreux, et la postérité jusqu'à la fin des siècles, car la nation, d'une manière nécessaire, prétend à l'éternité et à l'universalité, c'est-à-dire à rester seule et à couvrir le globe entier de sa descendance[1].

La supériorité de la collectivité implique, bien sûr, la subordination absolue de l'individu :

On n'entre par décret ni dans une famille ni dans une nation. Le sang qu'on apporte dans ses veines en naissant, on le garde toute sa vie. L'individu est écrasé par sa race, il n'est rien. La race, la nation sont tout[2].

Et, dans un ordre d'idées très proche de ce que seront les démonstrations d'un Barrès, d'un Maurras ou d'un Sorel, Vacher de Lapouge nie l'existence même tant du progrès que de la justice ou de la liberté[3].

Cet anti-individualisme trouvera, au début du XXe siècle, un écho favorable au sein de l'extrême gauche syndicaliste, tout comme les violentes attaques lancées contre le XVIIIe siècle, le progrès, l'héritage des Lumières, la Révolution française, les droits de l'homme. La révolution darwinienne, appliquée à l'histoire, implique que la personne humaine vient de perdre son statut d'être rationnel et moral. Pour le darwinisme social, seuls existent les rapports de forces entre individus et nations.

L'antisémitisme est partie intégrante du racisme élaboré par l'école française d'anthropologie. Pour Vacher de Lapouge, la seule question, la grande question est « de savoir qui, des Anglais et des Américains ou des juifs, possède le plus de chances dans la lutte pour l'existence[4] ». En effet, « dans la conquête du monde », le juif est « le seul concurrent dangereux pour l'Aryen[5] » : bien qu'ils aient

1. G. Vacher de Lapouge, *L'Aryen, op. cit.*, p. 365-366.
2. *Ibid.*, p. 511.
3. *Ibid.*, p. 509-512.
4. G. Vacher de Lapouge, *L'Aryen, op. cit.*, p. 465.
5. *Ibid.*, p. 464 et 466.

été, dans tous les temps, « odieux et accablés de persécutions [...] qu'ils semblent avoir méritées par leur mauvaise foi, leur cupidité et leur esprit de domination », les juifs, grâce à leurs « hautes qualités intellectuelles et [à] un vif esprit de race », sont partis à la conquête de l'Occident[1]. Puissamment favorisé par la Révolution, considérée comme le plus grand désastre qui ait jamais frappé la nation, par la démocratie, ce « régime à la fois démagogique et ploutocratique[2] », l'avènement d'une puissante oligarchie juive est, sur le continent, une possibilité réelle. En effet, le développement d'une « féodalité juive, maîtresse du sol, des usines et du capital », est fonction du développement du capitalisme et de la concentration industrielle[3]. Vacher de Lapouge témoigne avoir été l'un de ceux qui, au sein du parti ouvrier, avaient propagé l'idée selon laquelle il convenait de favoriser la concentration des richesses entre les mains des juifs, afin de pouvoir un jour, en frappant « une classe peu nombreuse, étrangère et détestée », abattre l'ordre établi[4]. A l'heure actuelle, cependant, il s'avère que ce raisonnement, « les juifs l'ont fait aussi »; en mettant la main sur l'appareil de répression de l'État, ils rendent la révolution socialiste impossible. Maître de l'armée et de la justice, fusillant les ouvriers à Fourmies, le juif sait qu'il vient de neutraliser le socialisme, c'est-à-dire « le seul écueil sur lequel puisse se briser la destinée de la nation juive[5] ».

Tous ces apports successifs et parallèles trouvent leur concrétisation, leur expression à la fois politique et littéraire la plus mûre dans l'œuvre de Barrès. C'est Barrès qui formule et conceptualise l'idéologie nationaliste et nationale-socialiste à base de darwinisme social. Mais il y ajoute une bonne dose de romantisme.

A la base du nationalisme est, bien sûr, le déterminisme. Puisque « le fait d'être de même race, de même famille, forme un déterminisme psychologique », il s'ensuit logiquement qu'« un nationaliste, c'est un Français qui a pris conscience de sa formation. Nationalisme est acceptation d'un déterminisme »[6]. C'est ainsi que l'ancienne théorie de la collectivité conçue comme un agrégat d'individus, consacrée par la Révolution française, aboutit avec Barrès à une théorie de la solidarité organique : « On admet, écrit-il, qu'un peuple évolue selon

---

1. G. Vacher de Lapouge, *L'Aryen, op. cit.*, p. 466.
2. G. Vacher de Lapouge, *Les Sélections sociales, op. cit.*, p. 252-254 et 262. Cf. *l'Aryen, op. cit.*, p. 468.
3. G. Vacher de Lapouge, *L'Aryen, op. cit.*, p. 469.
4. *Ibid.*, p. 469.
5. *Ibid.*, p. 469-470.
6. M. Barrès, *Scènes et Doctrines du nationalisme, op. cit.*, t. I, p. 16, n. 1, et p. 10.

les mêmes lois qu'un individu [1]. » Pour lui, la nation est un organisme vivant, assimilable à un être vivant ou à un arbre, car, dans cette imagerie héritée de Taine, de Soury, de Vacher de Lapouge, l'arbre tient une place privilégiée. Inlassablement, il revient sur cette thèse, cherchant à prouver que le nationalisme n'est pas seulement une doctrine politique, mais une « discipline générale », une « manière de concevoir la vie », « une formule que l'on retrouvera chaque fois qu'on en aura besoin » [2]. Le nationalisme est, par conséquent, une éthique, l'ensemble des critères de comportement dictés par l'intérêt général, indépendamment de la volonté de l'individu : « Le nationalisme, c'est de résoudre chaque question par rapport à la France [3]. »

Pour l'essentiel, Barrès conçoit une certaine forme de relativisme qui lui permet de nier l'évidence de toute norme morale absolue : « Il n'y a pas de vérité absolue, écrit-il, il n'y a que des relatives [4]. » Dans l'affaire Dreyfus, il distingue la « vérité judiciaire » de la « vérité absolue », et attend des tribunaux qu'ils énoncent la première en fonction du « rôle des lois dans un pays »; il attend de la justice de son pays qu'elle applique le principe général qui impose de « tout juger par rapport à la grandeur de l'État » [5]. Dans *les Déracinés*, Barrès avait déjà soutenu que « la vérité, c'est ce qui satisfait les besoins de notre âme [6] »; plus tard, il s'élèvera contre « les misérables qui veulent enseigner aux enfants la vérité absolue », alors qu' « il faut enseigner la vérité française, c'est-à-dire celle qui est la plus utile à la nation » [7].

Comme il n'existe de vérité que la vérité nationale, il n'existe de bien ou de mal qu'en fonction des impératifs nationaux. A l'égard de chaque problème qui se pose, il existe une « thèse nationaliste », un point de vue nationaliste, le seul qui soit légitime. Il ne saurait, par conséquent, y avoir de justice absolue, car il n'y a « des rapports justes » que « dans un temps donné, entre des objectifs donnés ». Mais Barrès n'en reste pas là : « Il n'y a de justice, écrit-il, qu'à l'intérieur d'une même espèce. » Dreyfus est « le représentant d'une espèce différente », et, n'était la nécessité de le juger « selon la mora-

---

1. M. Barrès, « L'évolution de l'individu dans les musées de Toscane », in *Du sang, de la volupté et de la mort, op. cit.*, p. 241.
2. M. Barrès, *Mes cahiers, op. cit.*, t. IV, p. 181 et 132; cf. t. III, p. 317.
3. M. Barrès, *Scènes et Doctrines du nationalisme, op. cit.*, t. I, p. 86.
4. M. Barrès, *Mes cahiers, op. cit.*, t. II, p. 163; cf. p. 38 et 123.
5. M. Barrès, *Scènes et Doctrines du nationalisme, op. cit.*, t. I, p. 38; *Mes cahiers, op. cit.*, t. III, p. 6.
6. M. Barrès, *Les Déracinés*, Paris, Fasquelle, 1897, p. 322.
7. M. Barrès, *Mes cahiers, op. cit.*, t. II, p. 86; cf. t. I, p. 88.

lité française et selon notre justice », son cas serait du ressort d'une « chaire d'ethnologie comparée ». En aucun cas, il ne peut être question d'une justice objective, de critères s'appliquant à tout individu en toutes circonstances : « Je me révolte si la loi n'est pas la loi de ma race[1] », dit Barrès, qui prêche ainsi une sorte de nouveau tribalisme.

Il est, selon lui, d'autant plus absurde de parler de la justice en termes de normes universelles que, comme il l'avait appris de Soury, et peut-être aussi de Vacher de Lapouge, « le concept le plus métaphysique, le plus élevé, la Justice par exemple, n'est fondamentalement, quand on considère ses ingrédients, qu'un composé de simples sensations aux modifications du tégument cutané, des muqueuses et des appareils périphériques de l'olfaction, du goût, etc. : une fonction, c'est un organe en activité[2] ».

Son naturalisme, le déterminisme physiologique auquel il croit, à l'instar de tous les darwiniens, sa vision de l'homme comme un mécanisme déterminé par son appartenance à une collectivité sont autant d'éléments qui vont favoriser, chez Barrès, la formation d'une idéologie de la société conçue comme fermée et cloisonnée. Idéologie que viennent compléter un violent antirationalisme et le culte de l'inconscient.

La primauté de l'inconscient sur la raison est l'un des grands thèmes de la droite radicale, et Barrès, sur les pas de Le Bon, tient à faire « acte d'humilité devant l'inconscient ». Il considère que « c'est l'instinct, bien supérieur à l'analyse, qui fait l'avenir », et que c'est dans « l'ordre sentimental, héréditaire, [dans] le vieil inconscient » qu'il faut aller chercher l'explication des grands problèmes de la vie[3]. Comme tous les darwiniens, il compare volontiers l'instinct animal à la raison humaine, au détriment de cette dernière. Ce faisant, il confond constamment instinct et inconscient. S'il emploie indifféremment l'une ou l'autre de ces deux notions, c'est qu'il les comprend mal; mais c'est aussi, et surtout, parce qu'il veut à tout prix bien séparer les profondeurs de l'irrationnel du domaine factice du rationnel.

> Avec le seul secours de l'inconscient [écrit-il], les animaux prospèrent dans la vie et montent en grade. Tandis que notre raison, qui perpétuellement s'égare, est par essence incapable de faciliter en rien

---

1. M. Barrès, *Scènes et Doctrines du nationalisme*, op. cit., t. I, p. 113, 64 et 167; *Mes cahiers*, op. cit., t. I, p. 115; t. II, p. 68 et 89-90; t. IV, p. 36.
2. M. Barrès, *Mes cahiers*, op. cit., t. I, p. 89-90 (ce texte figure sous le titre « Jules Soury »).
3. M. Barrès, *Le Jardin de Bérénice*, Paris, Perrin, 1891, p. 179; *L'Appel au soldat*, op. cit., p. 359.

l'aboutissement de l'être supérieur que nous sommes en train de devenir et qu'elle ne peut même pas soupçonner [1].

Ce culte des forces profondes et mystérieuses, tissu de l'existence humaine, entraîne, comme corollaire nécessaire et naturel, l'apparition d'un anti-intellectualisme virulent. Pour ce courant de pensée, les « idéologues qui se guident sur les axiomes de leur goût » portent la responsabilité du « manque d'unité morale de la France », de l'anarchie qui s'y instaure, de sa décadence [2]. La lutte contre les intellectuels et contre le rationalisme dont ils se nourrissent devient, par conséquent, une mesure de salut public. Les antidreyfusards intentent alors un long procès à l'esprit critique et à ses produits en leur opposant l'instinct, le sentiment intuitif et irrationnel, l'émotion et l'enthousiasme — ces forces profondes qui déterminent le comportement humain et font la réalité et la vérité des choses en même temps que leur beauté. Le rationalisme est le fait de « déracinés ». Ses dangers? Il émousse la sensibilité, il tue l'instinct et, surtout, il ne peut qu'annihiler les forces motrices de l'activité nationale. Barrès considère que seul le contenu émotionnel de chaque situation a une réelle valeur : Soury lui avait appris que le processus de ce qu'on appelle la pensée se faisait au niveau de l'inconscient; il en a retiré que s'en prendre à l'inconscient, c'est vider l'organisme national de sa substance.

Au temps de l'antidreyfusisme, ce sont les intellectuels que Barrès charge de l'entière responsabilité de l'Affaire, aussi bien de son déclenchement que du long pourrissement qui l'avait précédée. Pour lui, l'intellectuel est « un individu qui se persuade que la société doit se fonder sur la logique et qui méconnaît qu'elle repose en fait sur des nécessités antérieures et peut-être étrangères à la raison individuelle ». Les intellectuels qui jugent « tout par l'abstrait » pèchent par leur rationalisme et par leur individualisme, ils attribuent à la raison une puissance qu'elle n'a pas. « Fous d'orgueil », ils « ne poussent pas jusqu'à distinguer comment le Moi, soumis à l'analyse, s'anéantit pour ne laisser que la collectivité qui l'a produit ». En invoquant dans l'Affaire des principes abstraits, en mettant en cause, en leur nom, l'État et la société, les intellectuels trahissent. A « tous ces aristocrates de la pensée », ces révoltés « contre leur subconscient » qui « ne se sentent plus spontanément d'accord avec leur groupe naturel », Barrès oppose « l'instinct des humbles ». « Je ne suis pas un intellectuel, s'exclame-t-il, je désire avant tout qu'on parle en français. »

---

1. M. Barrès, *Le Jardin de Bérénice, op. cit.*, p. 179 et 291; *L'Ennemi des lois, op. cit.*, p. 251; *L'Appel au soldat, op. cit.*, p. 359.
2. M. Barrès, *Scènes et Doctrines du nationalisme, op. cit.*, t. I, p. 113.

Parler en français, c'est ne rien concevoir qui ne soit pour le bien de la patrie, et de cela, la masse seule est capable. Voilà pourquoi, pour assurer le salut de la France, « il nous faut rétablir la concordance entre la pensée, parfois chancelante, de notre élite et l'instinct sûr de nos masses »[1].

Le petit peuple apparaît ainsi comme le détenteur authentique de la vérité française. Non contaminées par le poison rationaliste et individualiste, « ces populations qui gardent le sang de la nation » sont, contre « une certaine minorité intellectuelle »[2], gardiennes de ses traditions. Barrès exalte la force primitive, la vigueur et la vitalité qui se dégagent du peuple[3] : instinctivement, « les volontés obscures des masses possèdent le sens le plus sûr de la santé sociale[4] »; intuitivement, « c'est le secret de la vie que trouve spontanément la foule[5] ». En effet, le grand, l'incomparable mérite du jugement populaire vient de sa spontanéité irréfléchie surgie du tréfonds de l'inconscient, et que de longues méditations sur des abstractions fumeuses n'ont point corrompue.

> Les masses [écrit Barrès] m'ont fait toucher les assises de l'humanité... le peuple m'a révélé la substance humaine, et mieux que cela, l'énergie créatrice, la sève du monde, l'inconscient[6].

C'est à « l'âme populaire » qui procède de l'inconscient, à « l'instinct du peuple »[7] que s'en remettent les nationalistes pour sauver le pays de l'anarchie où l'ont plongé les aberrations de ses intellectuels.

Pour l'extrême droite de 1890, les critères de comportement politique résident donc dans la volonté inconsciente du peuple, dans la

---

1. M. Barrès, *Scènes et Doctrines du nationalisme*, *op. cit.*, t. I, p. 280, 48, 80, 220, 199, 49, 114, 110, 222, 187, 115 et 108.
2. *Ibid.*, p. 108.
3. M. Barrès, « Sur la physionomie d'Hébrard », *La Cocarde*, 25 novembre 1894. Cf. *Mes cahiers*, *op. cit.*, t. XI, p. 329 : « La grande, la seule affaire, c'est de se mettre avec la masse d'où nous viennent le sentiment et l'énergie, avec la réserve de feu, avec le soleil spirituel, avec Dieu, si vous voulez... »
4. M. Barrès, *Scènes et Doctrines du nationalisme*, *op. cit.*, t. I, p. 222. Déroulède a, sur ce sujet, la même opinion : « Tandis que l'âme mesquine et compliquée des égoïsmes littéraires ou scientifiques, des calculs financiers ou politiques s'égare en vaines subtilités et en fausses hypothèses, l'âme populaire va droit au but et d'un souffle elle arrache le voile bariolé du mensonge qui dérobe aux yeux de quelques égarés de bonne foi cette évidente vérité qu'il n'y a plus en présence que deux partis : le parti de l'étranger et le parti de la France. Et l'âme populaire n'hésite pas, elle est toujours et partout du parti de la France » (*Qui vive? France!* « Quand même », *op. cit.*, p. 25-26). Ce texte date du 4 décembre 1898.
5. M. Barrès, *Le Jardin de Bérénice*, *op. cit.*, p. 202.
6. *Ibid.*, p. 183.
7. *Ibid.*, p. 201 et 15.

grande masse des Français qui, elle, ne vit pas dans un univers abstrait. C'est ainsi que l'anti-intellectualisme se double d'un populisme démagogique qui, pour mieux exalter les vertus populaires, présente comme suspect tout homme capable d'aligner trop aisément raisonnements et idées abstraites, et trop porté à appliquer, à des questions politiques concrètes, des méthodes critiques de penseur de cabinet. Les antidreyfusards exploitent sans vergogne cette méfiance traditionnelle envers les théoriciens, les « idéologues »; ces derniers ont perdu le fil de l'instinct populaire et le sens de l'intérêt général; au nom de quelques principes abstraits, néfastes, et faux de surcroît, ils mènent le pays à sa perte. Aux yeux de cette nouvelle génération de nationalistes, l'intérêt national est la valeur suprême, la seule référence valable pour un Français. C'est pourquoi ils vilipendent les défenseurs de Dreyfus, qu'ils accusent de troubler l'ordre social et la paix publique, d'ébranler la cohésion nationale au nom de la Justice et de la Vérité, notions qu'un Français de race ne doit en aucun cas considérer comme des valeurs absolues.

S'il décrie la parole et l'intelligence, l'anti-intellectualisme prône le culte de l'action, de l'énergie et de l'élan. « Que m'importe le fond des doctrines, s'exclame Barrès, c'est l'élan qui fait la morale [1]. » Il ne s'agit pas de savoir quelle doctrine est juste, mais quelle force permet d'agir et de vaincre [2].

Persuadés que sans la force il n'y a ni vérité ni justice, les nouveaux nationalistes s'appliquent à exalter toutes les sources et toutes les formes de la puissance : énergie, élan, vitalité, discipline, cohésion sociale et nationale. Convaincu que l'on ne réalise rien sans s'incorporer à la majorité, à la foule, un Barrès sait goûter « profondément le plaisir instinctif d'être dans un troupeau [3] ». Délibérément, il sacrifie les valeurs individuelles aux valeurs collectives : « Ce qui fait la valeur d'un individu et d'une nation, c'est que son énergie soit plus ou moins tendue [4]. » C'est ainsi que la pensée nationaliste du tournant du siècle apparaît comme une idéologie des masses par excellence, faite pour encadrer et mobiliser les nouvelles couches urbaines. Elle remplace la démarche analytique hésitante et incertaine de l'intellect par l'intuition infaillible de la foule; elle propage le culte de l'élan, glorifie l'instinct qui pousse à l'action et juge l'émotivité supérieure à la rai-

1. M. Barrès, « Une impératrice de la solitude », in *Amori et Dolori Sacrum*, *op. cit.*, p. 227. Cf. « Un amateur d'âmes », in *Du sang, de la volupté et de la mort*, *op. cit.*, p. 49 : « Peu m'importe le fond des doctrines! C'est l'élan que je goûte. »
2. M. Barrès, *Mes cahiers, op. cit.*, t. II, p. 58.
3. M. Barrès, *Mes cahiers, op. cit.*, t. I, p. 39.
4. M. Barrès, *Mes cahiers, op. cit.*, t. XIV, p. 191.

son. Prise isolément, la raison est vouée à la stérilité : une tendance trop poussée à l'analyse intellectuelle affaiblit la volonté, émousse la vitalité, étouffe la voix des ancêtres. Elle diminue, en outre, la confiance en soi instinctive de l'individu ou l'amène à se dresser contre les vérités de la race. En même temps qu'il engendre l'individualisme, l'intellectualisme détruit les impulsions élémentaires de l'homme.

Fondé sur un déterminisme physiologique, sur un relativisme moral et sur un irrationalisme extrême, le nationalisme, tel qu'il se fixe définitivement au début de ce siècle, traduit bien une nouvelle orientation intellectuelle. La nouvelle éthique qu'élabore l'auteur des *Déracinés* dans les dernières années du siècle et qu'il oppose, au temps de l'Affaire, à la mystique jacobine constitue l'un des facteurs essentiels qui contribuent à la transformation du nationalisme français. Bien sûr, ce sera la gloire de Péguy d'avoir gardé à une frange importante du nationalisme son génie universaliste, mais, en dernière analyse, l'influence de journalistes, d'agitateurs, d'écrivains comme Rochefort, Drumont, Tridon, Regnard, Barrès, ou Maurras, et celle de scientifiques comme Soury, Le Bon ou Vacher de Lapouge, auront été d'une importance infiniment plus grande. Car cette forme de déterminisme qui servait de cadre conceptuel au nationalisme de la fin du siècle et l'explication raciale qui en était le fondement sont justement l'essentiel de l'héritage légué par la génération de 1890 aux mouvements d'extrême droite du XXe siècle. Il est vrai que l'héritage des nouvelles sciences humaines ne fut pas négligeable non plus. En allant puiser dans les découvertes de Darwin et en essayant de s'aligner sur les nouvelles sciences physiques, censées avoir accompli un nouveau bond en avant, censées avoir enfin découvert les lois qui régissent l'univers, les jeunes sciences sociales tendent à attribuer aux caractères mentaux et moraux la même fixité héréditaire qui se laissait observer dans le cas des caractères physiques ou des phénomènes naturels. C'est ainsi que l'on tient à appréhender l'âme à travers le corps, et c'est bien cela qui est le trait cardinal du racisme [1].

Autre trait de ressemblance : comme les nationalistes des années quatre-vingt-dix, les fascistes de l'entre-deux-guerres refuseront les incidences politiques et sociales de la révolution industrielle et des valeurs libérales et bourgeoises. Enfin, de même que les nationalistes du tournant du siècle ne concevaient pas de pouvoir exprimer leur rébellion sans l'appui des masses, de même l'idéologie fasciste sera une idéologie des masses par excellence. On multiplierait à l'envi les simi-

---

1. Cf. L. Poliakov, « Racisme et antisémitisme », *loc. cit.*, p. 12, et C. Guillaumin, *l'Idéologie raciste, op. cit.*, p. 26 et 55.

litudes. Le fascisme ne sera-t-il pas, lui aussi, une réaction anti-intellectualiste, une réaction de l'affectivité contre la rationalité de la démocratie? Ne sera-t-il pas une espèce de revanche de l'instinct? N'aura-t-il pas le culte de la force physique, de la violence, de la brutalité? De là, bien sûr, l'importance accordée à la mise en scène, le soin apporté au décor, les grandes cérémonies, les parades : une liturgie nouvelle qui oppose le chant, les torches, le défilé à la délibération et à la discussion. Par cet aspect, le fascisme apparaît comme le continuateur direct du néo-romantisme des années 1880-1890, mais les dimensions de cette révolte sont déjà à la mesure de la société de masses que les hommes de la fin du siècle ne faisaient qu'entrevoir.

CHAPITRE IV

L'antisémitisme de gauche

1. Idéologie et fonction de l'antisémitisme populaire

A la fin du xixe siècle, l'idéologie antisémite n'exprime pas en France — pas plus qu'ailleurs en Europe — un phénomène nouveau. Ce qui est nouveau, c'est le terme lui-même. Il apparaît vers 1880 en Allemagne, à l'époque où s'y déclenchent les campagnes de propagande antijuive. Deux ou trois ans plus tard, on retrouve cette terminologie nouvelle dans la plupart des principales langues européennes : l'actualité politique et sociale impose l'adoption d'une formule originale. Mais, ce qui est surtout nouveau, c'est l'usage qui est fait de l'antisémitisme et la fonction qu'on lui attribue.

En France, l'antisémitisme fait son apparition sur la scène politique avec le boulangisme. C'est alors que les premiers socialistes nationaux découvrent sa puissance mobilisatrice et sa force révolutionnaire. Rochefort, Granger, Ernest Roche, Barrès, Francis Laur, les disciples de Proudhon et de Toussenel, certains blanquistes et certains communards contribuent puissamment à implanter l'idée selon laquelle l'antisémitisme est une idéologie progressiste et non conformiste, un élément de la révolte contre l'ordre établi, en somme, un des aspects du socialisme. Ce qui permet à Drumont d'affirmer, lors de la reconstitution de l'ancienne Ligue antisémitique en 1898, que « l'antisémitisme n'a jamais été une question religieuse, il a toujours été une question économique et sociale [1] ». Ce qui permet aussi

---

1. É. Drumont, « Lettre d'Édouard Drumont à Jules Guérin », *Bulletin officiel de la Ligue antisémitique de France*, n° 1, 1er janvier 1898, p. 1. Drumont reprend ici une idée qu'il avait déjà exprimée huit ans plus tôt : « La vérité est qu'à aucune époque, dans aucun pays, la question juive n'a été une question religieuse, mais toujours et partout une question économique et sociale » (*la Dernière Bataille. Nouvelle étude psychologique et sociale*, Paris, Dentu, 1890, p. xi-xii).

à la Ligue antisémitique de partir en guerre contre « la juiverie ennemie des intérêts français et les judaïsants complices des financiers cosmopolites [1] », et, finalement, de définir l'antisémitisme comme « un terrain neutre politiquement [2] », le seul sur lequel puisse se refaire l'unité française.

Partout dans la littérature antisémite apparaît le même thème, celui de l'union de toutes les classes sociales, de tous les bons Français qui, selon la formule de Drumont, « seraient disposés à s'embrasser si le juif payé par l'Allemagne n'était pas toujours là pour souffler la discorde [3] ». C'est parce que cette unité est génératrice de l'énergie révolutionnaire que Barrès reconnaît dans l'antisémitisme la « formule populaire [4] » par excellence. A l'issue de l'Affaire, alors qu'il compose l'*Appel au soldat*, Barrès rêve de ce qu'aurait pu être l'antisémitisme entre les mains d'un chef populaire porté par une vague de fond semblable à celle du 27 janvier; de même, il imagine ce qu'aurait pu être le boulangisme avec une doctrine comme celle de l'antidreyfusisme.

Cette fonction de l'antisémitisme, fonction d'intégration et de mobilisation, est parfaitement comprise par tous les courants de l'opposition à la démocratie libérale. Organisateur des premières troupes de choc du socialisme national, Morès annonce que « la prochaine révolution [5] », cette « révolution sociale nécessaire [6] », purificatrice du corps national, se fera contre les juifs, dont l'« heure aura sonné » le jour où « sera entrée dans le cerveau des masses »

---

1. « La Ligue antisémitique de France », *Bulletin officiel de la Ligue antisémitique de France*, n° 1, 1er janvier 1898, p. 2.

2. J. Morin (pseudonyme d'Albert Monniot), « Pas d'équivoque », *L'Antijuif*, 18 février 1900. *L'Antijuif*, organe hebdomadaire de la Ligue antisémitique, paraît du 21 août 1898 au 27 décembre 1902. Il y aura encore deux numéros en mars et avril 1903. Dirigé par Jules Guérin, *l'Antijuif* porte en épigraphe : « Défendre tous les travailleurs » et « Combattre tous les spéculateurs ».

3. É. Drumont, *La Dernière Bataille*, op. cit., p. 39. Cf. aussi le premier éditorial de *l'Antijuif* : « *L'Antijuif* et la Ligue antisémitique de France », 21 août 1898; J. Guérin, « Les juifs fusilleurs », *L'Antijuif*, 16 octobre 1898.

4. M. Barrès, *L'Appel au soldat*, op. cit., p. 465.

5. Marquis de Morès, *Rothschild, Ravachol et Cie*, Paris, 38, rue du Mont-Thabor, 1892, p. 39. Sur Morès, l'ouvrage le plus récent est celui de D. J. Tweton, *The Marquis de Morès. Dakota Capitalist, French Nationalist*, Farge, North Dakota Institute for regional studies, 1972. On consultera, d'autre part, S. S. Schwarzschild, « The marquis de Morès, the story of a failure (1858-1896) », *Jewish Social Studies*, vol. 22, n° 1, janvier 1960, p. 3-26; F. Byrnes, « Morès, the first national-socialist », *The Review of Politics*, vol. XII, juillet 1950, p. 341-362; Ch. Droulers, *Le Marquis de Morès, 1858-1896*, Paris, Plon, 1932.

6. Marquis de Morès, *Rothschild, Ravachol et Cie*, op. cit., p. 46. Cf. aussi son *Secret des changes*, op. cit., p. 78.

la conscience de l'énorme puissance que constitue la rencontre de l'« organisation syndicale des travailleurs » avec le « mouvement antisémite [1] ».

Autour de cette conviction, la communion est parfaite dans toute la droite radicale. Pour Barrès, Rochefort ou Drumont, pour les hommes de l'Action française, comme pour les Jaunes ou les syndicalistes de *Terre libre*, l'antisémitisme représente une idéologie en mesure de procurer au mouvement de révolte contre l'ordre établi un contenu populaire, une densité sociologique et, enfin, une conceptualisation de ce que peut être l'anti-société libérale. Henri Vaugeois ne s'y trompe point qui dit, en janvier 1900 :

> Les deux passions (plébiscitaire et antisémite) qui se font jour dans le pays sont certainement les seules forces révolutionnaires que le nationalisme puisse opposer actuellement au parlementarisme qui nous livre à l'étranger [2].

Deux ans plus tard, il ajoutera : « Le nationalisme sera antisémite, donc antirévolutionnaire, ou ne sera pas entier, intégral [3]. »

De l'avis de Vaugeois, révolution et contre-révolution sont synonymes, en ce sens que l'objectif final est identique : la destruction de l'ordre établi.

Georges Thiébaud, l'ancien lieutenant de Boulanger, définit, quant à lui, cette même idée dans une formule qu'il lance à un auditoire enthousiaste, venu clamer avec lui sa révolte contre la République démocratique et libérale :

> Mirabeau! Rochefort! Drumont! celle de demain [4]!

Pour le public nationaliste, antisémite et souvent socialisant qui manifeste alors son opposition à la cause de la révision, ce slogan lapidaire est d'une grande clarté. On veut la révolution : une révolution nationale, sociale, antisémite, une révolution porteuse d'un ordre nouveau, oui, mais dans la ligne de la grande tradition de la France républicaine. Il ne saurait être question d'un quelconque retour à ce qui était avant 1789 ou avant le 4 septembre. Cette révolution — ou contre-révolution — ne saurait être qu'une réaction contre les principes de la société ouverte qui, en cette fin de siècle, régissent la vie des Français.

1. Marquis de Morès, *Rothschild, Ravachol et Cie*, *op. cit.*, p. 39.
2. H. Vaugeois, « Notes politiques, nos trois proscrits », *L'Action française*, 15 janvier 1900, p. 107.
3. H. Vaugeois, « Notes politiques », *L'Action française*, 15 mai 1902, p. 823.
4. H. Vaugeois, « Nos amis », *L'Action française*, 1er juillet 1900, p. 9.

Formule de rassemblement, l'antisémitisme est une conception politique et non pas une simple haine du juif. En effet, parce qu'il le croit en mesure d'intégrer toutes les classes sociales, le nationalisme voit aussi dans l'antisémitisme le dénominateur commun capable de servir de plate-forme à un mouvement de masse, contre la démocratie libérale et la société bourgeoise. De là à ce que l'antisémitisme permette au nationalisme d'apparaître comme la doctrine du consensus national, la distance n'était pas grande, et elle fut vite franchie. Anticipant sur une définition qui fera fortune, Morès appellera cette doctrine la doctrine du « faisceau [1] ».

Mais Morès sait que la condition préalable à la réalisation du faisceau est l'intégration du prolétariat dans la collectivité nationale. Il exprime cette idée dans une série de propositions qui annoncent déjà le programme jaune et qui constitueront une des pièces maîtresses du socialisme national : « Il faut supprimer le prolétariat, il faut donner à ces hommes quelque chose à défendre, quelque chose à conquérir [2]. » Cependant, la condition indispensable à la suppression du prolétariat, à son intégration et à sa nationalisation, est la grande révolution antijuive. Car ce sont les juifs qui, « maîtres de presque toute la production française... ont réduit les producteurs à la condition humiliante de prolétaires [3] ». Pour Drumont, la libération de la société du capitalisme, l'instauration de la justice sociale, la renaissance nationale sont fonction de la libération de la société du juif [4]. L'antisémitisme de gauche, d'origine marxiste ou proudhonienne, n'a pas dit autre chose. Ainsi, par des détours singuliers, des raisonnements qui n'ont que peu de chose à voir avec la critique de l'idéalisme hégélien, les agitateurs des années quatre-vingt-dix parviennent — le savaient-ils? — à la même conclusion que celle de Marx dans *la Question juive.*

L'Antisémitique, hebdomadaire à 40 centimes, publié à Montdidier (Somme) durant les années 1883-1884, représente, en cette fin de siècle, la première vague de cet antisémitisme populaire. Celle-ci comporte déjà l'essentiel des caractéristiques de l'antisémitisme

1. Marquis de Morès, *Le Secret des changes, op. cit.*, p. 84. Cf. aussi H. Vaugeois, « Notre antisémitisme », *l'Action française*, 15 août 1900, p. 263 : « Nous tenons à affirmer une fois encore, sans ambages, l'antisémitisme comme essentiel à toute œuvre d'*action française.* » Et, en parlant des combinaisons électorales qui se préparent, il ajoute : « Il n'y a pas de meilleure pierre de touche que cette question juive pour juger de la solidité des alliances que l'on nous propose. »
2 Marquis de Morès, *Le Secret des changes, op. cit.*, p. 84.
3. Marquis de Morès, *Rothschild, Ravachol et Cie, op. cit.*, p. 19; cf. aussi p. 18-19, 36 et 84.
4. É. Drumont, *La Dernière Bataille, op. cit.*, p. 120.

moderne : radicalisme social allié à certaines formes de darwinisme social, le tout additionné de cette forme d'antisémitisme la plus ancienne et la plus enracinée, l'antisémitisme chrétien, essentiellement catholique.

A l'exception de Chabauty et de Chirac, les collaborateurs du journal sont des inconnus qui ne feront plus parler d'eux après sa disparition au cours de l'été 1884. L'abbé E.-A. Chabauty, chanoine honoraire d'Angoulême et de Poitiers, est l'auteur d'un ouvrage dont on parla un certain temps lors de sa publication, en 1882 : *les Juifs nos maîtres!* Ce livre soutient la thèse du grand complot visant à la domination de l'Occident chrétien, ourdi par la « maçonnerie judaïque » occupée à faire l'union de tous les « ennemis de Jésus-Christ et de son Église » [1].

Dirigé par un certain A. Vrécourt, *l'Antisémitique* présente un intérêt considérable non seulement en ce qu'il est le premier organe français à n'avoir eu pour raison d'être que la guerre au juif, mais surtout en cela même qu'il a pu naître et vivre. A l'évidence, il y avait un public pour ce genre de littérature. Et s'il fallait encore ajouter à cette évidence, il suffirait de dire l'insignifiance des collaborateurs du journal ou le manque d'originalité des thèmes dont il se fait porteur, pour attester la facilité avec laquelle ces thèmes avaient prise sur le lecteur ou pour affirmer la pérennité de la tradition antisémite. Car *l'Antisémitique*, hebdomadaire fondé par quelques tâcherons, du fin fond de leur province, aura eu aussi l'insigne privilège d'avoir été le précurseur de la littérature antisémite de masse. Et même d'avoir tout dit en la matière. *L'Indépendance* de Sorel, *la Libre Parole* de Drumont, *l'Antijuif* de Guérin, *l'Intransigeant* de Rochefort, *le Courrier de l'Est* puis *la Cocarde* de Barrès, et, enfin, *l'Anti-youtre* d'Emmanuel Gallian, futur collaborateur de Biétry, ne feront jamais que reprendre les mêmes thèmes. Comme dans la feuille de Montdidier, partout l'antisémitisme, parce qu'il se veut mobilisateur et intégrateur, affichera des dehors plébéiens, socialisants, catholiques. Voilà pourquoi vagues scribouillards de sous-préfecture ou membres de l'Académie française en appellent aux sempiternels arguments de la défense de l'ouvrier contre le capital cosmopolite, à la théorie du complot juif, sans oublier, bien sûr, le thème du meurtre rituel.

Ainsi, au moment où s'ouvre le fameux procès de Tisza-Eszlar, *l'Antisémitique* apprend à ses lecteurs que, selon le code rabbinique,

---

1. Abbé E.-A. Chabauty, *Les Juifs nos maîtres! Documents et développements nouveaux sur la question juive*, Paris, Société générale de librairie catholique, 1882, p. VIII et X. En 1880, le chanoine Chabauty avait déjà publié, sous le pseudonyme de C. C. de Saint-André, un ouvrage intitulé *Francs-maçons et Juifs* (même éditeur).

« le sacrifice d'une vierge chrétienne est agréable à Dieu ». Ceci en vertu de la loi qui ordonne expressément de sacrifier des victimes humaines [1]. L'abbé Chabauty n'avait-il pas découvert que les textes talmudiques recommandent au « juif de s'efforcer par tous les moyens possibles d'ôter la vie au chrétien [2] »? Ces mêmes textes leur recommandent aussi, l'on s'en doute, de s'approprier par n'importe quel moyen les biens des chrétiens : il n'est donc pas étonnant que les juifs, ayant conçu « le rêve de la domination universelle », se soient organisés en « une immense société secrète » capable toujours de « recevoir et faire exécuter partout à la fois le même plan et les mêmes mots d'ordre » [3]. On voit que la théorie du « chef d'orchestre », qui sera si souvent avancée au temps de l'Affaire, ou celle du « syndicat » n'avaient rien de nouveau et n'étaient en aucune façon le produit de l'agitation dreyfusarde.

Face à cette oppression juive — « le juif est partout » —, l'antisémitisme s'affirme mouvement de révolte et de libération, voulant « secouer le joug trop lourd imposé à des Français par des juifs orientaux ou allemands » : « Assez, juifs! Nous voulons être libres! », crie le directeur de *l'Antisémitique*. Voilà pourquoi il se lève contre « cette race maudite » qui, là où elle « se pose, fait le vide et sème la misère », contre le juif qui, « le nez toujours recourbé [...], nous brave nos millions dans sa poche, bâillonne notre presse, protège nos artistes [...], monopolise les métaux, les grains, la banque » [4].

Le marquis de Morès, Urbain Gohier, Jules Guérin — et on pourrait multiplier les exemples —, qui, seize ans plus tard, affirmeront

---

1. « Informations », *L'Antisémitique*, 30 juin 1883, et « Histoire des juifs : leurs origines et leurs mœurs », *L'Antisémitique*, 2 juin 1883. Le 1er avril 1882 disparaît à Tisza-Eszlar, en Hongrie, une jeune fille âgée de quatorze ans. La rumeur publique en accuse aussitôt les juifs du village : ceux-ci auraient égorgé Esther Solymossy afin de se servir de son sang pour la confection du pain azyme consommé durant la pâque juive. Le procès qui s'ensuivit se termina par un acquittement que le journal français considère comme un énorme scandale (cf. « Le procès de Tisza-Eszlar », *l'Antisémitique*, 11 août 1883). Au cours de l'affaire de Tisza-Eszlar, *l'Antisémitique* rappelle le fameux précédent de 1840; les juifs de Damas avaient alors été accusés d'avoir assassiné un capucin français, le père Thomas, dans le but de remplir un rite religieux.

2. Abbé E.-A. Chabauty, « Les juifs et la finance », *L'Antisémitique*, 16 juin 1883. Cf. *les Juifs nos maîtres!, op. cit.*, p. IX : « Plus que tout autre peuple, ils sont sous la domination de Satan à cause de leur déicide... »

3. Abbé E.-A. Chabauty, *Les Juifs nos maîtres!, op. cit.*, p. XI et IX.

4. Cf. les articles non signés : « Les juifs et la finance », *l'Antisémitique*, 2 juin 1883; « Cela ne peut pas durer », *ibid.*, 23 juin 1883; « L'absorption », *ibid.*, 1er septembre 1883. Cf. aussi A. Vrécourt, « A propos d'un livre », *ibid.*, 6 octobre 1883. Cf. encore « Guerre à la juiverie », *ibid.*, 2 juillet 1883, et « Le vase débordera », *ibid.*, 8 septembre 1883.

que les juifs, « maîtres de la finance, de l'industrie et du commerce [...], sont les véritables régulateurs des salaires... », ne font, en réalité, que reprendre les argumentations de l'hebdomadaire de Montdidier[1].

En fait, l'*Antisémitique* ne faisait lui-même que porter des courants de pensée largement diffus et depuis longtemps appartenant au bagage culturel du lecteur moyen. L'innovation du journal est dans la résonance qu'il donne aux thèmes principaux de l'antisémitisme classique et, surtout, dans le recours à une argumentation darwiniste simpliste, mais fort convaincante aux yeux de beaucoup en cette fin de siècle. En effet, il y est question de l'équilibre entre les peuples détruit par les juifs, de « la première loi humaine » qui est celle de la préservation de tout corps social contre « le parasitisme » qui l'attaque, de « la marée » qui monte et submerge les vieilles digues séculaires : « Avec cet ennemi-là, pas de conciliation possible. Pour le chasser, pour le détruire, tous les moyens seront bons[2]. » A cet effet, l'*Antisémitique* lance une « Enquête sur les juifs » et invite tous les patriotes français à lui envoyer de chaque département la liste des juifs qui y occupent actuellement des fonctions publiques, politiques, administratives ou judiciaires[3].

Cependant, les caractères traditionnels, dans cette première vague antisémite, sont éclipsés par de nouveaux traits, mieux adaptés aux réalités de la société des masses, qui sont ceux de l'antisémitisme social. Certes, l'*Antisémitique* éprouve des difficultés — tant sont enracinées les vieilles habitudes — à convaincre sa clientèle que son action se place sur un terrain spécifiquement social, et non point racial ou religieux[4]. Ainsi, pour couper court à tout malentendu, le journal change son titre : dès la fin de la première année de son existence, il s'appellera *le Péril social*[5]. Sa devise, puisée dans Toussenel, devient : « Le Parasite, voilà l'ennemi », et sa campagne tendra désor-

---

1. J. Guérin, « Les juifs et l'affaire Dreyfus », *L'Antijuif*, 28 août 1898 ; U. Gohier, *La Terreur juive*, Paris, L'Édition (4, rue de Furstenberg), 1909, 5ᵉ éd., p. 18-19 ; marquis de Morès, *Le Secret des changes, op. cit.*, p. 80.
2. « Le vase débordera », *L'Antisémitique*, 8 septembre 1883 ; « Cela ne peut pas durer », *ibid.*, 23 juin 1883, « La marée monte », *ibid.*, 4 août 1883.
3. « Enquête sur les juifs », *L'Antisémitique*, 30 juin 1883.
4. Cf. *l'Antisémitique*, 21 juillet 1883 ; A. Vrécourt, « Un faux antisémite », *ibid.*, 24 novembre 1883 ; abbé E.-A. Chabauty, « Les juifs et la finance », et « A nos correspondants », *ibid.*, 16 juin 1883. A cet effet, l'abbé Chabauty lui-même s'emploie à expliquer longuement qu'il n'attaque pas la religion juive et que son examen de la Genèse a simplement pour objet une analyse des aspirations et des mœurs des juifs. En même temps, Vrécourt attaque le célèbre pasteur Stoecker pour son antisémitisme qui tend à « réveiller une guerre de religion », et un autre de ses collaborateurs s'élève contre « l'alliance jésuitico-judaïque ».
5. A. Vrécourt, « A nos lecteurs », *Le Péril social*, 3 mai 1884.

mais à « la défense sociale contre le juif », la défense contre l'universelle « féodalité capitaliste »[1].

L'équipe de *l'Antisémitique* est consciente également de la dimension internationale de l'antisémitisme moderne. Elle accorde une attention toute spéciale aux mouvements antisémites russes et allemands et prend l'initiative d'organiser un congrès antisémitique, annoncé pour février 1884[2]. Le congrès international ne s'est jamais réuni, mais l'équipe de Montdidier n'en est pas pour autant restée inactive. Fin juin 1883, le journal annonce la création prochaine d'une Ligue antisémitique. Quatre semaines plus tard, cette ligue aurait déjà obtenu 299 adhésions, mais on n'en entend plus parler par la suite. De même, en septembre, ce n'est pas la Ligue mais encore la rédaction de *l'Antisémitique* qui présente un candidat à une élection législative partielle dans le Ier arrondissement de Paris et annonce, pour la fin du mois, une autre tentative, à Apt, en remplacement d'Alfred Naquet, nommé sénateur. A la veille du second tour de scrutin, le 23 septembre, la feuille de Montdidier appelle à voter pour « l'homme qui représente toutes les aspirations vers les réformes démocratiques et sociales[3] ».

Le candidat de protestation antisémite, Ganier, n'obtient que 21 voix, mais des groupes prêts à solliciter le suffrage universel au nom de la « guerre à la juiverie » se forment à Alger, à Oran, à Nancy, à Besançon, à Bordeaux et à Toulouse[4]. Et, en 1898, Apt aura pour député un antisémite notoire. Cette géographie du premier antisémitisme recoupe déjà, dans ses grandes lignes, celle du boulangisme de gauche, de l'antisémitisme de la fin du siècle et annonce celle de l'implantation du Faisceau de Valois.

C'est ainsi qu'en réponse aux efforts d'un petit journal provincial, alors que Drumont est encore inconnu, et dix ans avant *la Libre Parole*, l'antisémitisme aiguise ses premières armes politiques sur des thèmes qui, désormais, ne changeront plus guère. En effet, l'œuvre de Drumont ne comporte pas une seule idée qui n'ait été auparavant développée longuement par l'abbé Chabauty, par Chirac, par Gustave Tridon et par Regnard, ou qui n'ait été débattue à satiété par les collaborateurs de *la Revue socialiste*. Mais c'est sans doute Tousse-

1. « Les parasites », *L'Antisémitique*, 14 juillet 1883; « Défendons-nous », *ibid.*, 30 juin 1883; « Cela ne peut pas durer », *ibid.*, 23 juin 1883; « La marée monte », *ibid.*, 4 août 1883.
2. Cf. *l'Antisémitique*, 1er décembre 1883.
3. *L'Antisémitique*, 22 septembre 1883, et A. Vrécourt, « Élections législatives du 9 septembre 1883 », *ibid.*, 8 septembre 1883. Cf. aussi *ibid.*, 30 juin et 28 juillet 1883.
4. A. Vrécourt, « Élections législatives du 9 septembre 1883 », *L'Antisémitique*, 8 septembre 1883.

nel qui aura exercé sur Drumont l'influence la plus directe et la plus immédiate. Toussenel vivait encore quand Drumont rassemblait les matériaux pour son premier ouvrage antisémite, *la France juive*. Ce dernier ne manquera d'ailleurs pas de se référer à « l'illustre écrivain [1] », disciple de Fourier, auteur des *Juifs, rois de l'époque*, membre de la Commission du travail créée en 1848 par Louis Blanc, et qui fut, avec Victor Considérant, cofondateur de la *Démocratie pacifique*.

Selon Toussenel, la responsabilité de la misère ouvrière, de la faiblesse et de la décadence françaises incombe au « juif roi par le capital en possession de tous les privilèges qui formaient autrefois l'apanage de la royauté [2] ». Maître incontesté de la finance, de l'industrie, de la presse — sa fortune « ne peut se faire que de la ruine du peuple » —, le juif règne sur la France : « Tout pour les juifs, tout par les juifs » [3].

Ce qui, cinquante ans plus tard, conservera à l'œuvre de Toussenel toute son actualité, c'est la corrélation qu'elle établit entre le règne du juif et « l'impuissance parlementaire », entre la puissance du juif et « l'inertie du pouvoir » [4]. En des termes qui anticipent d'un demi-siècle sur ceux de *la France juive*, Toussenel déplore la décadence de la France à l'extérieur, la faiblesse de son gouvernement, sa corruption parlementaire, son incapacité administrative et, à la faveur de cette faiblesse générale, la mainmise du juif et de « la féodalité financière » sur la fortune publique, sur l'économie du pays et sur son gouvernement. C'est pourquoi les boulangistes, les bandes de Morès, les Jaunes de Biétry et les hommes de l'Action française considéreront sans hésiter Toussenel comme leur père spirituel.

Tout compte fait, Drumont était fidèle à Toussenel non seulement par son côté populaire et plébéien, mais aussi dans l'aspect catholique de son antisémitisme. En effet, dans sa guerre contre « cette horde d'usuriers et de lépreux », l'auteur des *Juifs, rois de l'époque* n'oubliait pas de spécifier, reprenant une formule de Fourier, que ce peuple

---

1. É. Drumont, *La France juive, op. cit.*, t. I, p. 344; cf. aussi p. 74, 340 et 368.
2. A. Toussenel, *Les Juifs, rois de l'époque. Histoire de la féodalité financière*, Paris, Marpon et Flammarion, 1886, 3ᵉ éd., t. I, p. XXIX et 7-10. Cf. plus particulièrement p. 10 : le juif a le monopole de la banque, des transports, du commerce, bientôt il tiendra le monopole de la houille, des sels et des tabacs. (La première édition de l'ouvrage fut publiée en 1845.)
Sur l'antisémitisme des fouriéristes, cf. E. Silberner, « The attitude of the Fourierist school toward the Jews », *Jewish Social Studies*, vol. IX, nᵒ 4, octobre 1947, p. 339-362.
3. A. Toussenel, *Les Juifs, rois de l'époque, op. cit.*, t. II, p. 185.
4. *Ibid.*, t. I, p. 5.

« qui crucifie le Rédempteur [...] doit s'appeler le peuple de Satan, non le peuple de Dieu »... D'autant que sa religion « en a fait fatalement un ennemi de l'humanité »[1].

Dans ce contexte — et ce sera désormais la tradition classique de l'antisémitisme —, le protestant est accouplé au juif : « Qui dit juif, dit protestant. » A l'instar du juif, le Hollandais, l'Anglais et le Genevois n'ont-ils pas puisé dans la Bible le culte du veau d'or? L'amour de l'or n'est-il pas commun à tous ceux « qui apprennent à lire la volonté de Dieu dans le même livre que le juif », cette Bible où « il n'y a pas d'autre vie », où l'on apprend « à piller, à voler, à être heureux dans sa chair sans s'inquiéter du reste »? Et puis, n'est-ce pas dans la Bible aussi qu'un Malthus a trouvé la force de refuser « à l'enfant du peuple une place au banquet de la vie »[2]? Avec Chirac, Toussenel est l'un des rares antisémites socialistes appréciés par les assomptionnistes, éditeurs de *la Croix*. A plusieurs reprises, le grand quotidien catholique rappelle l'œuvre de Toussenel, qui figure à la bibliothèque de la « bonne presse[3] ».

L'antisémitisme de Toussenel est, à beaucoup d'égards, un modèle quasi parfait de l'antisémitisme moderne. Il ne faut donc pas s'étonner de l'aisance avec laquelle la poussée du gobinisme et du darwinisme social est venue greffer son apport franchement raciste à l'argumentation sociale et catholique du disciple de Fourier. *Les Juifs, rois de l'époque* est certainement l'ouvrage antijuif le plus lu des antisémites socialistes; son auteur, cependant, n'est pas, en la matière, le seul connu des pionniers du socialisme français ou des hommes de la génération qui précède celle des socialistes nationaux : la génération de la Commune.

L'explosion de Proudhon, chez qui la haine du juif devient véritablement sauvage, diffère, à cet égard, de l'antisémitisme de Toussenel. Autant celui-ci prend soin d'amener ses affirmations avec méthode

1. A. Toussenel, *Les Juifs, rois de l'époque, op. cit.*, t. I, p. XXVI-XXVIII, XXXIV. P. XL, il cite une page de Fourier sur « les Juifs, qui s'arrogent le titre de peuple de Dieu et ont été le véritable peuple de l'enfer ». A propos de l'antisémitisme chez les saint-simoniens, cf. Z. Szajkowski, « The Jewish Saint Simonians and socialist anti-Semitism in France », *Jewish Social Studies*, vol. IX, nº 1, janvier 1947, p. 33-60, et, du même auteur, *Anti-Semitism in the French Labor Movement*, New York, Frydman, 1948.
2. A. Toussenel, *Les Juifs, rois de l'époque, op. cit.*, t. I, p. XXVIII et XXXI-XXXII. Ce n'est peut-être pas tout à fait par hasard si, en faisant l'apologie du nazisme, Louis Thomas revendique pour Toussenel les droits et les honneurs de précurseur de Hitler (*les Précurseurs : Alphonse de Toussenel. Socialiste national, antisémite, 1803-1885*, Paris, Mercure de France, 1941).
3. P. Sorlin, « *La Croix* » *et les Juifs, 1880-1899. Contribution à l'histoire de l'antisémitisme contemporain*, Paris, Grasset, 1967, p. 196.

et raisonnement, autant celui-là se laisse aller à son animosité viscérale, puissamment attisée, il est vrai, par ses démêlés avec Marx.

Proudhon vient de lire *Misère de la philosophie*. Outré par des attaques auxquelles il ne s'attendait pas, dans un style dont Marx seul a le secret, Proudhon l'accuse de l'avoir tout simplement pillé tout en le dénigrant méchamment; il se propose alors de répliquer par deux articles : le premier, « Les juifs », le second, « M. Marx ». Ces deux articles ne paraîtront pas, car *le Peuple* ne peut être lancé. En attendant, il note dans son carnet : « Marx est le ténia du socialisme [1]. »

Les notes qui suivent résument assez bien la nature des moyens préconisés par Proudhon pour apporter une solution à la question juive.

> Juifs. Faire un article contre cette race, qui envenime tout, en se fourrant partout, sans jamais se fondre avec aucun peuple.
> • Demander son expulsion de France, à l'exception des individus mariés avec des Françaises; abolir les synagogues, ne les admettre à aucun emploi, poursuivre enfin l'abolition de ce culte.
> • Ce n'est pas pour rien que les chrétiens les ont appelés déicides. Le juif est l'ennemi du genre humain. Il faut renvoyer cette race en Asie, ou l'exterminer.
> • H. Heine, A. Weil et autres ne sont que des espions secrets; Rothschild, Crémieux, Marx, Fould, êtres méchants, bilieux, envieux, âcres, etc., qui nous haïssent.
> • Par le fer, ou par la fusion, ou par l'expulsion, il faut que le juif disparaisse. Tolérer les vieillards qui n'engendrent plus.
> • Travail à faire — Ce que les peuples du moyen âge haïssaient d'instinct, je le hais avec réflexion et irrévocablement.
> • La haine du juif, comme de l'Anglais, doit être un article de notre foi politique [2].

Il est pour le moins cocasse que cette vision du juif que Proudhon va transmettre à deux ou trois générations de socialistes français venait, en somme, affermir dans leur esprit la vision que les insinuations, pointes et accusations de Marx contre les juifs avaient commencé — sinon presque fini — d'y installer.

Certes, le problème de l'antisémitisme chez Marx n'est pas simple, et sa conception du judaïsme est indissociable de sa conception de

---

1. M. Paz, « L'idée de race chez Blanqui », communication au colloque sur « L'idée de race dans la pensée politique française avant 1914 », Université d'Aix-en-Provence, mars 1975, p. 4.

2. *Ibid.*, p. 4-5. Sur Proudhon, cf. A. Ritter, *The Political Thought of Pierre-Joseph Proudhon*, New Jersey, Princeton University Press, 1969.

l'État libéré de la religion, de son désir de voir disparaître l'aliénation religieuse et de son idée de l'émancipation totale de l'homme. Élisabeth de Fontenay fait remarquer fort justement qu'on a tort d'imaginer que ce sont les juifs qu'il pourfend, quand Marx n'a pour but que sa volonté de démolir à coups de marteau l'idéalisme hégélien. Car c'est incontestablement à la société bourgeoise que Marx s'attaque. Il est vrai que, ce faisant, il a plus que sérieusement contribué à enraciner l'amalgame judaïsme-bourgeoisie. Cet amalgame, qui n'était pas de son invention, constituait alors le thème constant de la littérature progressiste de l'époque et était l'arme essentielle du combat contre l'argent[1]. C'est pourquoi les lecteurs peu familiers avec la méthodologie marxienne, mais prompts à saisir au vol une formule à l'emporte-pièce, ont cru pouvoir interpréter la fameuse phrase qui termine *la Question juive* — « L'émancipation sociale du juif, c'est l'émancipation de la société du judaïsme » — comme un élément de plus à la corrélation entre judaïsme et bourgeoisie. Il importe toujours d'avoir présents à l'esprit à la fois les liens qui unissent réflexion philosophique et praxis politique et la fondamentale distinction entre le niveau d'abstraction où se place l'analyse d'un système philosophique et celui d'une idéologie diffuse, vulgarisée : ce n'est pas par hasard si, à *l'Humanité nouvelle*, on conçoit comme hautement opportun de publier, en pleine période d'agitation antisémite, une nouvelle traduction de *Zur Judenfrage*[2].

Au niveau des symboles et des représentations collectives, le dur langage employé par Marx dans *les Luttes de classes en France*, l'une de ses œuvres les plus connues des militants français, contribue à implanter l'idée selon laquelle socialisme implique antisémitisme.

> Ayant reçu à la place de son livret de caisse d'épargne des bons du Trésor, il fut contraint d'aller les vendre à la Bourse et de se livrer ainsi directement aux mains des juifs de la Bourse contre lesquels il avait fait la révolution de Février[3]

1. É. de Fontenay, *Les Figures juives de Marx*, Paris, Galilée, 1973, p. 21-23. Cf., en revanche, l'étude de l'antisémitisme de Marx par R. Misrahi, *Marx et la Question juive* (Paris, Gallimard, 1972), pour qui « l'accusation d'antisémitisme que nous portons contre Marx devient plus qu'une forte présomption, c'est déjà une certitude » (p. 33). On consultera encore l'important ouvrage d'E. Silberner, *Sozialisten zur Judenfrage. Ein Beitrag zur Geschichte des Sozialismus vom Anfang des 19. Jahrhunderts bis 1914*, Berlin, Colloquium Verlag, 1962.
2. *L'Humanité nouvelle*, t. III, n° 17, novembre 1898, p. 580-585. Parmi les collaborateurs de la revue, on remarque G. Gressent — plus connu sous son pseudonyme, Georges Valois —, Sorel, G. Platon, qui passera à *l'Indépendance* de Sorel, Urbain Gohier, le futur pamphlétaire antisémite, l'anthropologue Gumplowicz, Ibsen, Charles Andler et Émile Vandervelde.
3. K. Marx, *Les Luttes de classes en France*, Paris, Pauvert, 1964, p. 76.

dit Marx pour décrire le sort du petit-bourgeois français au milieu du siècle. Deux pages plus loin, il dénigre « le boursier juif Fould devenu ministre des Finances français [1] », et dresse finalement ce tableau de la France de juin 1848 :

> *Rien pour la gloire! La paix partout et toujours!* La guerre fait baisser le cours du 3 et du 4 %. Voilà ce qu'avait écrit sur son drapeau la France des juifs de la Bourse. Aussi sa politique étrangère sombrat-elle dans une série d'humiliations du sentiment national français [2]...

Les antisémites des années quatre-vingt-dix ne diront jamais autre chose.

Cependant, en dernière analyse, et en dépit du fait que Marx voit dans le juif la personnification du capital et de l'usure, c'est surtout le socialisme dit français qui transmet au prolétariat l'antisémitisme associé au mépris de la démocratie. En effet, après Proudhon et Toussenel, ce sont Blanqui et les milieux blanquistes qui développent la forme d'antisémitisme la plus dangereuse. Blanqui et ses disciples accouplent la lutte contre le capitalisme et la féodalité financière à la dénonciation du suffrage universel : « Le suffrage universel », écrit Blanqui le lendemain du coup du 2 Décembre, « est une chose jugée... C'est l'intronisation définitive des Rothschild, l'avènement des juifs [3]. »

Si Blanqui n'use pas d'allusions blessantes comme celles qui abondent dans l'œuvre de Marx, notamment dans sa correspondance, il s'en prend, comme le dit si bien Maurice Paz, au rôle historique qu'il attribue au peuple juif en tant que précurseur du christianisme [4]. Néanmoins, comme Marx, il considère que les juifs incarnent l'usure et la rapacité. De toutes les pensées antisémites de son temps, celle de « l'Enfermé » est sans doute la plus moderne, son antisémitisme est politiquement et socialement fonctionnel, plus encore peut-être que les appels au massacre de Proudhon et les brutales formules de Marx. En fait, il est déjà un facteur révolutionnaire qui synthétise et symbolise la révolte contre les valeurs fondamentales de la démocratie libérale et de la société bourgeoise.

Antisémite, la pensée de Blanqui est également teintée d'un violent antichristianisme. Blanqui, on le sait, avait mené un long combat contre l'Église et a produit un nombre infini de diatribes anticatholiques. Le 3 mai 1865, il fonde un nouveau journal, *Candide*, qui

1. K. Marx, *Les Luttes de classes en France, op. cit.*, p. 78; cf. p. 101, sur « le changeur juif et orléaniste Fould ». — 2. *Ibid.*, p. 61.
3. Cité in M. Paz, « L'idée de race chez Blanqui », *loc. cit.*, p. 1.
4. *Ibid.*

entreprend immédiatement de lancer des charges furieuses contre les catholiques [1]. Son rédacteur en chef est Gustave Tridon.

Dans les années soixante, Tridon fut le plus proche disciple de Blanqui et, à maints égards, son second [2]. Futur communard, Tridon accède à la notoriété en 1864 avec la publication d'une brochure sur *les Hébertistes*. Premier maillon de toute une chaîne de publications émanant du « noyau », embryon du futur parti blanquiste, cette brochure vigoureuse fait de Tridon la personnalité marquante de la nouvelle génération révolutionnaire. Ce premier ouvrage est inspiré par « le Vieux », tout comme le sera l'œuvre posthume de Tridon, *Du molochisme juif* [3], à laquelle, selon Maurice Paz, Blanqui a collaboré : les allusions du maître à Moloch et au molochisme [4] annoncent clairement cet ouvrage où trouve son expression une dimension importante, et souvent méconnue, de la pensée blanquiste. Paru en 1884, *Du molochisme juif* constitue une violente attaque du sémitisme et de son héritier, le christianisme. Cependant, s'il est incontestable qu'il s'agit là d'un ouvrage issu de la lutte anticléricale, de la critique religieuse, des attaques contre le clergé menées par les blanquistes, il reste que ce livre s'insère dans le contexte du mouvement antisémite montant et apporte sa pierre à l'offensive contre les juifs et le judaïsme.

> Les Sémites, c'est l'ombre dans le tableau de la civilisation, le mauvais génie de la terre. Tous leurs cadeaux sont des pestes. Combattre l'esprit et les idées sémitiques est la tâche de la race indo-aryenne,

écrit Tridon [5]. Race ennemie, les Sémites sont aussi une race inférieure. Aussi Tridon s'applique-t-il à souligner « la pauvreté du caractère sémitique [6] »; il insiste sur le fait que « la morale des juifs diffère de celle des Aryens [7] ». Procédant de Jéhovah — « être profondément

---

1. M. Dommanget, *Blanqui et l'Opposition révolutionnaire à la fin du second Empire*, Paris, Colin, 1960, p. 84-93.

2. A. B. Spitzer, *The Revolutionary Theories of Louis-Auguste Blanqui*, New York, Columbia University Press, 1957, p. 81.

3. Sur l'influence intellectuelle de Blanqui, cf. M. Dommaget, *Blanqui et l'Opposition révolutionnaire à la fin du second Empire*, *op. cit.*, p. 63-82.

4. M. Paz, « L'idée de race chez Blanqui », *loc. cit.*, p. 2. Il n'est pas sans intérêt de constater que R. F. Byrnes, dans son ouvrage classique, *Antisemitism in Modern France*, t. I, *The Prologue to the Dreyfus Affair* (New Brunswick, Rutgers University Press, 1950), consacre quelques bonnes pages à Toussenel (p. 118-121), mais mentionne à peine Tridon (p. 157) et ne nomme même pas Blanqui.

5. G. Tridon, *Du molochisme juif. Études critiques et philosophiques*, Bruxelles, Maheu, 1884, p. 5. Édité en 1884, cet ouvrage fut composé en majeure partie vers 1865, alors que Tridon purge une peine de prison à Sainte-Pélagie.

6. *Ibid.*, p. 10. — 7. *Ibid.*, p. 13.

méchant et satanique » —, leur morale ne peut que se trouver « annihilée, comme la science, la sérénité, l'humanité »[1]. Triste spectacle que présentent les Sémites : « Peuples secs, arides, féroces », ils « ignorent la gaieté », leur « vie [...] se joue entre deux extrêmes, ne comporte ni la conciliation, ni l'amour »[2]. Leurs concepts sont « peu étendus. Le nombre d'idées qu'ils possèdent est vite compté. Les monuments qu'ils nous ont laissés sont, en général, [...] d'une grande sécheresse de pensées et de formes[3] »... Ce qui fait qu'« un mur semble s'interposer entre lui [le Sémite], et les autres nations », sans que, toutefois, cela puisse empêcher le juif « d'entrer en contact avec le gentil dans le but de l'exploiter[4] ».

L'attaque du christianisme en même temps que celle du sémitisme est monnaie courante au sein de la gauche darwinienne. C'est ainsi que, selon Vacher de Lapouge, « le christianisme n'est pas précisément une religion très élevée » : quant à Barrès, il déplore l'influence du monothéisme juif :

> Le sémitisme et le sémitisme seul est monothéiste...
>
> Les Aryens ont toujours été polythéistes; voire athées (le bouddhisme). Mais il est bien certain qu'il y a dans le christianisme beaucoup de la religion d'Israël. Modifiée avec quelle rapidité, puisqu'on y adore le fils du Dieu unique. Et la Vierge. Et les saints locaux. Voilà le polythéisme[5].

Après avoir mis en valeur l'élément social de son offensive, Tridon fait aux Sémites deux reproches supplémentaires qui deviendront classiques dans la littérature antisémite européenne. D'une part, écrit Tridon, « le Sémite n'a jamais pu s'élever à la compréhension de la nature », et, d'autre part, « fermé à l'intuition [il] n'a jamais pris la peine d'étudier, ni compris la science »[6]. Vient enfin l'accusation, désormais classique, elle aussi, du crime rituel : selon Tridon, les livres saints ont tout simplement maquillé le fait qu'« au Pessah on immolait des hommes, on mangeait leur chair, on buvait leur sang

---

1. G. Tridon, *Du molochisme juif, op. cit.*, p. 13.
2. *Ibid.*, p. 11. Cf. aussi p. 6 : « Le Sémite présente quelque chose de raide, de dur, de concentré. »
3. G. Tridon, *Du molochisme juif, op. cit.*, p. 7.
4. *Ibid.*, p. 6.
5. M. Barrès, *Mes cahiers, op. cit.*, t. II, p. 274; G. Vacher de Lapouge, *L'Aryen, op. cit.*, p. 385; cf. aussi p. 355, où l'auteur compare les splendeurs de l'hellénisme à « notre monde étriqué par le christianisme ».
6. G. Tridon, *Du molochisme juif, op. cit.*, p. 50. Sur ce point dans l'antisémitisme allemand, cf. L. Mosse, *The Crisis of German Ideology, op. cit.*, p. 4-5.

dans une communion de crime et d'horreur, et c'est ce qui rendait cette fête si chère au peuple juif[1] ».

Dans les années quatre-vingts, c'est Albert Regnard qui, dans *la Revue socialiste*, recueille l'héritage intellectuel du blanquisme. Regnard est de la génération de Tridon. Membre du « noyau », leader des étudiants blanquistes, il avait organisé avec Eudes la campagne pour les enterrements civils puis, en 1869, représenté la France à l'anti-Concile de Naples[2]. Il est alors l'une des personnalités blanquistes les plus en vue. Après avoir rappelé que « la haine du sémitisme était à l'ordre du jour parmi les jeunes révolutionnaires de la fin de l'Empire[3] », Regnard salue le triomphe de Drumont[4]. Il voit deux raisons essentielles de se réjouir de cet éblouissant succès. Tout d'abord, parce que *la France juive* a l'immense mérite de proclamer

> cette éclatante vérité, contestée seulement par l'ignorance des naïfs ou la mauvaise foi des intéressés : la réalité et l'excellence de la race aryenne, de cette famille unique à laquelle l'humanité doit les merveilles du siècle de Périclès, la Renaissance et la Révolution — les trois grandes époques du monde — et qui seule est en mesure de préparer et d'accomplir l'achèvement suprême de la rénovation sociale[5].

En second lieu, parce que Drumont répand une autre vérité première, celle qui dénonce le capitalisme comme le « produit immédiat du sémitisme[6] ».

---

1. G. Tridon, *Du molochisme juif, op. cit.*, p. 127-128. Un peu plus loin (p. 128-129), Tridon écrit encore : « Ces cannibales, habitués au régal humain... », s'adonnaient à un festin au cours duquel « la victime est crucifiée, grillée sur le feu, mangée en grande pompe ». Tout ceci n'a pas l'air de gêner Maurice Dommanget qui, dans un ouvrage édité en 1960, ne peut s'empêcher de tenir *Du molochisme juif* pour « un ouvrage sérieux, appuyé sur des recherches étendues » *(Blanqui et l'Opposition révolutionnaire à la fin du second Empire, op. cit.*, p. 98). Cf. aussi, du même auteur, *Hommes et Choses de la Commune*, Marseille, Éditions de la coopérative des amis de « l'École émancipée », s.d., p. 124-125.
2. M. Dommanget, *Auguste Blanqui. Au début de la IIIe République, 1871-1880*, Paris, Mouton, 1971, p. 132; *Blanqui et l'Opposition révolutionnaire à la fin du second Empire, op. cit.*, p. 51, 71, 111-114, 140 et 220.
3. A. Regnard, « Aryens et Sémites. Le bilan du christianisme et du judaïsme », *La Revue socialiste*, n° 30, juin 1887, p. 499; cf. aussi p. 500. Cet article est le premier d'une série de 7 articles, publiés dans les n°s 31, 32, 34 (juin, juillet et octobre 1887), 43 et 44 (juillet et août 1888), 50 et 58 (février et octobre 1889).
4. A. Regnard, « Aryens et Sémites », *loc. cit.*, p. 500.
5. *Ibid.*, p. 500-501.
6. *Ibid.*, et aussi p. 502.

La série d'articles de Regnard qui s'échelonne sur plus de deux années consécutives finit par susciter quand même, mais en février 1890 seulement, une mise au point qui met en valeur tout ce qui sépare le socialisme antisémite du socialisme tout court. Gustave Rouanet pose comme principe qu'« il n'y a ni infériorité ni supériorité de race dans le cas des juifs » et que « c'est le système économique tout entier qui est coupable et c'est à lui qu'il convient de s'attaquer » [1]. Cependant, même Rouanet n'ose s'attaquer à Drumont : la gloire de ce dernier en milieu socialiste est telle que nul ne saurait alors, même s'il en avait eu la volonté, braver ouvertement l'auteur de *la France juive*. C'est pourquoi Rouanet rend finalement hommage à « sa guerre au capitalisme juif [qui] témoigne sans doute d'une préoccupation louable », tout en soulignant que c'est « commettre une injustice » qu'attribuer « exclusivement aux juifs les méfaits du capitalisme [2] »...

La riposte de Regnard est immédiate. Collaborateur assidu de *la Revue socialiste*, il proteste violemment auprès de Malon pour affirmer finalement et de nouveau que le socialisme ne saurait abandonner la lutte « contre les empiètements d'une autre race [3] ». A quoi le directeur de *la Revue socialiste* répond en rendant hommage, au nom de ses lecteurs, « aux savantes et superbes [...] études ethniques-historiques de Regnard [4] », et en encourageant vivement l'auteur à poursuivre ses travaux. Mais ce qui est essentiel dans cet échange, c'est la façon dont Malon présente la nature du désaccord qui oppose deux de ses collaborateurs. Pour lui, il ne s'agit que d'une dissension intellectuelle entre deux conceptions du socialisme, aussi légitimes l'une que l'autre. « Ce sont les lecteurs, écrit-il, qui jugeront en dernier ressort sur le point qui divise ces deux maîtres ouvriers du même atelier collectif, de la même œuvre sociale, qui sont et restent des

---

1. G. Rouanet, « La question juive et la question sociale », *La Revue socialiste*, n° 62, février 1890, p. 232-233. — 2. *Ibid.*

3. A. Regnard, « Correspondance », *La Revue socialiste*, n° 63, mars 1890, p. 348. Cf. aussi p. 348-349 :

« Le juif est vis-à-vis de l'Aryen comme le capitaliste vis-à-vis du prolétaire et, dans une bonne mesure, le capitalisme est une création sémitique. Il est faux d'ailleurs — et je le prouverai dans la suite de mon travail —, il est faux que les fils d'Abraham aient été réduits à l'usure par le fait des circonstances. Allons donc! On ne devient pas usurier sous le poids des événements; on naît tel! Et c'est précisément le cas de la race juive. Bien longtemps avant les persécutions du moyen âge — et qui donc a mis la persécution religieuse dans le monde, si ce n'est encore le juif? — dès le temps de Pompée et de Cicéron, on parlait déjà de l'*aurum judaïcum*. »

4. B. Malon, « Correspondance », *loc. cit.*, p. 349.

coreligionnaires et des amis [1]. » C'est pour permettre sans doute à ses lecteurs de juger que *la Revue socialiste* publie, en plein boulangisme, un inédit de Tridon et en profite pour faire le panégyrique de « l'auteur des *Hébertistes* et du *Molochisme juif* [2] ». C'est probablement en vertu aussi du principe qui veut que toutes les variantes du socialisme trouvent leur expression dans *la Revue socialiste* que, six mois après la réfutation d'« Aryens et Sémites », Regnard se voit autorisé d'y publier un article encore plus violemment antisémite que le précédent [3].

Si Regnard représente à *la Revue socialiste* la tradition blanquiste, Auguste Chirac, lui, reprend la succession de Toussenel. Entre 1885 et 1887, la revue lui ouvre ses pages pour une série de six articles sur l'agiotage [4]. Cette notoriété dans les milieux socialistes, Chirac la doit à son livre, publié en 1883, sur *les Rois de la République*, dont l'antisémitisme ne le cède en rien à celui de Regnard ou de Tridon [5].

En véritable antisémite de gauche, Chirac s'attaque simultanément à « la juiverie » selon « la formule de Moïse » et à « la juiverie » selon « la formule de Jésus ». Pour en finir, il s'en prend à « la juiverie des jésuites [6] ». « La juiverie », pour Chirac, est une seconde nature, une conception du monde, un mode de vie : c'est l'accaparement, le culte de l'argent, la domination par l'argent. Tout ceci, accompagné de diatribes contre le clergé et la papauté, est fort séduisant pour l'homme de gauche et permet de faire passer l'antisémitisme pour un aspect de la grande lutte du bien contre le mal, des Lumières contre la réaction, de la raison contre l'obscurantisme. C'est ainsi que l'antisémitisme, aux yeux de militants ouvriers, accède à la respectabilité et à la légitimité.

Quand paraît en 1886 *la France juive*, Chirac se sent profondément lésé, frustré, blessé. Après tout, la gloire de Drumont ne lui revenaitelle pas de droit? Sans oser accuser ouvertement Drumont de plagiat, il se plaint d'avoir été à la fois ignoré et imité, lui, le précurseur [7] :

1. B. Malon, « Correspondance », *loc. cit.*
2. *La Revue socialiste*, nº 49, janvier 1889.
3. A. Regnard, « Les traditions européennes et les prétentions juives », *La Revue socialiste*, nº 66, juin 1890, p. 716-727.
4. Cf. notamment les nᵒˢ 8, 9, 11 et 12 (août, septembre, novembre et décembre 1885), 16 et 17 (avril et mai 1886). Cette campagne se poursuit tout au long de l'année 1886 et début 1887.
5. A Chirac, *Les Rois de la République : histoire des juiveries. Synthèse historique et monographies*, Paris, Dentu, 1888, 3 vol. (1ʳᵉ éd., 1883). En 1876, Chirac avait déjà publié *la Haute Banque et les Révolutions*.
6. A. Chirac, *Les Rois de la République*, *op. cit.*, t. I, p. 35-55, 75-79 et 93.
7. *Ibid.*, p. XII et XIII.

« Vous piétinez sans façon sur mon nom comme sur mes livres », lance-t-il dans une lettre ouverte à l'auteur de *la France juive*[1].

Instinctivement, Chirac comprend les raisons du triomphe remporté par son rival, et il accentue, en conséquence, l'aspect socialisant de son œuvre. « Toutes les iniquités sociales [sont] contenues dans les dogmes religieux », écrit-il dans la nouvelle préface aux *Rois de la République*[2]. Mais sa réaction ne peut empêcher les milieux de *la Revue socialiste* d'accueillir avec bienveillance Drumont; elle permet, néanmoins, à son auteur de s'établir une solide réputation d'homme de gauche. Ainsi, en 1908, alors que monte la seconde vague d'antisémitisme prolétarien, *la Guerre sociale* évoquera le « publiciste socialiste, M. Auguste Chirac[3] ».

Cependant, c'est Benoît Malon qui, dans les années quatre-vingts, contribue plus que personne à établir la légitimité de l'antisémitisme. Dans un long compte rendu consacré à *la France juive*, le directeur de *la Revue socialiste* accepte les principales thèses de Drumont — et, par la même occasion, celles de Regnard. Il attaque le christianisme pour avoir adopté le sémitisme, pour avoir repoussé l'aryanisme :

> Oui, la noble race aryenne a été traître à son passé, à ses traditions, à ses admirables acquis religieux, philosophiques et moraux, quand elle a livré son âme au dieu sémitique, à l'étroit et implacable Jéhovah[4].

Et, plus loin :

> En brisant le cœur et la raison aryenne, pour croire aux radotages antihumains de quelques juifs fanatiques, butés et sans talent (voyez Renan); en faisant de la littérature d'un peuple dont toute l'histoire ne vaut pas pour le progrès humain une seule olympiade d'Athènes, on a autorisé les fils de ce peuple choisi, de « ce peuple de Dieu », à nous traiter en inférieurs[5]...

Le théoricien socialiste ne peut quand même s'empêcher de reprocher à Drumont de ne sortir « guère des limites d'un cléricalisme étroit[6] »,

---

1. A. Chirac, « Correspondance », *La Revue socialiste*, n° 25, janvier 1887, p. 84.
2. A. Chirac, *Les Rois de la République*, *op. cit.*, t. I, p. x.
3. E.M., « Le journalisme moderne », *La Guerre sociale*, 8-14 juillet 1908.
4. B. Malon, « La question juive », *La Revue socialiste*, n° 18, juin 1886, p. 509. Dans la même page, on peut encore lire : « Mais qui est le grand coupable, sinon le christianisme? C'est le christianisme qui a écarté le védisme, le bouddhisme, le mazdéisme, l'hermétisme égyptien, l'ésotérisme européen-oriental — ces plus nobles conceptions religieuses de l'ancienne humanité — pour leur substituer la légende chauvinique d'un petit peuple égoïste et dur. »
5. *Ibid.*, p. 510-511.
6. B. Malon, « La question juive », *loc. cit.*, p. 507.

d'oublier que l'exploitation capitaliste n'est pas uniquement le fait des juifs [1]. Pour le reste, il voit dans *la France juive* un livre qui mérite « d'être discuté et par la multiplicité des questions qu'il soulève et par la brutale franchise des appréciations [2] ».

Le directeur de *la Revue socialiste* profite encore de la circonstance pour saluer à la fois « l'œuvre admirable de Toussenel », ce « pamphlet purement anticapitaliste », et *l'Antisémitique,* inspiré par « le même esprit anticapitaliste et non antijéhoviste ». Il termine en rendant hommage à l' « œuvre forte et sérieuse de [son] ami Chirac [3] ».

C'est ainsi qu'à la fin des années quatre-vingts l'antisémitisme peut être aisément pris pour l'une des nombreuses chapelles du socialisme français. Drumont en est conscient qui, dans *la Fin d'un monde,* rend hommage à Malon et aux blanquistes [4]. C'est grâce à l'imprégnation du milieu ouvrier par cet antisémitisme à caractère social, antilibéral et anticapitaliste que la question juive peut, au temps du boulangisme, devenir un facteur politique, et tenir une place de choix dans la mobilisation des couches populaires dont on recherche le soutien dans l'assaut livré à la démocratie démocratie.

2. L'ANTISÉMITISME PLÉBÉIEN SELON DRUMONT

L'éclatant succès de *la France juive* ne sanctionne pas seulement les prodigieux dons de pamphlétaire de Drumont, car aucun talent, aussi remarquable fût-il, n'est capable, tout seul, d'assurer à un livre l'un des plus gros succès de librairie de son siècle. Il lui faut pour cela savoir exprimer son époque, rendre sensible la masse des sentiments largement diffus au sein de la société. A la fin du XIXᵉ siècle, tel est bien le cas de l'auteur de *la France juive.*

Plus que personne en son temps, Drumont parvient à rendre les sentiments de malaise, de frustration et de décadence très largement répandus alors. Il a merveilleusement su traduire les sentiments de crainte face à un monde en pleine mutation, face à un progrès tech-

1. B. Malon, « La question juive », *loc. cit.,* p. 513. Cf. aussi p. 506 : Malon insiste sur ce qui est propre au juif : « Une aptitude spéciale à s'emparer des situations en vue, à envahir toutes les avenues politiques et littéraires, et [...] le *thébouna,* ' cette subtilité pratique ' qui le fait exceller dans les entreprises financières et cosmopolites. »
2. *Ibid.,* p. 507. — 3. *Ibid.,* p. 506.
4. É. Drumont, *La Fin d'un monde, op. cit.,* p. 121-125 et 185, n. 1.

nique qui brise les cadres de vie traditionnels. Le succès de Drumont est nourri par cette peur de l'instabilité, des changements, de la désintégration qui guette, pense-t-on, l'ensemble de la société française. Le triomphe est d'autant plus grand que le libéralisme français de cette époque éprouve d'énormes difficultés à répondre aux impératifs de modernisation et de démocratisation dont la vie politique a besoin; tout comme il semble dépassé par les problèmes, à première vue insolubles, que pose la nécessité de s'attaquer, d'une façon ou d'une autre, à la question sociale. L'antisémitisme moderne canalise et charrie l'ensemble de ces sentiments, il fournit une cause unique à un ensemble de phénomènes mystérieux, il permet de mettre le doigt sur un seul et unique facteur d'explication. Le coup de génie de Drumont a été de l'avoir compris le premier : alors que ses prédécesseurs — Proudhon, Toussenel, Tridon, Regnard, Chirac, Malon — faisaient usage de l'antisémitisme pour attaquer l'une des dimensions de la société moderne, Drumont en fait une arme polyvalente, capable de s'attaquer à tous les aspects de la vie moderne, et de fournir une explication à tous les maux et à toutes les tensions de l'âge industriel.

Chez Drumont, tout s'ordonne autour d'une idée fondamentale : le refus du pluralisme. Son antisémitisme apparaît d'abord comme une conception organique du monde, une vision de la société en tant que société fermée. L'auteur de la France juive est aussi le premier à présenter une synthèse à même d'en appeler à toutes les classes sociales et à toutes les familles spirituelles.

Cette synthèse de Drumont servira en fait de cadre conceptuel à toute la campagne antisémite menée depuis la fondation, en 1888, de la Ligue antisémitique jusqu'à la création, à la veille de la guerre, du Cercle Proudhon. Et son influence a été décisive sur bon nombre de contemporains, tant sur Barrès, Bourget ou Maurras que sur Guérin, Morès ou Biétry. C'est que la France juive s'adresse en même temps à l' « ouvrier révolutionnaire » et au « chrétien conservateur ». Dans ses ouvrages postérieurs, Drumont accentuera encore la marque plébéienne qui caractérisait son premier livre; on y trouve même plus d'un aspect véritablement socialiste national. En effet, la Fin d'un monde, la Dernière Bataille et le Testament d'un antisémite traduisent l'expérience de trois années de boulangisme, expérience dont Drumont retire que « la masse [...], plus sûrement guidée par son instinct que nous ne le sommes par nos connaissances, a horreur du parti conservateur, elle s'éloigne de lui comme les chevaux d'un endroit où il y a un mort[1] ».

1. É. Drumont, Le Testament d'un antisémite, op. cit., p. 5. Sur Drumont et les diverses variantes de l'antisémitisme, on consultera l'importante contribution

Les socialistes nationaux professent de tout temps un profond mépris pour la vieille aristocratie, dévoyée et servile. Drumont flétrit « tous ces grands seigneurs accourus pour faire des courbettes chez les Rothschild [1] », cette foule aristocratique qui témoigne toujours de l'attachement de la droite traditionnelle au « système capitaliste et juif [2] ». Et finalement, parce que

> les conservateurs n'ont pas eu le courage de s'unir à nous pour essayer de reconstituer la société française sur les bases de la justice, ils ont préféré associer leur cause à celle de la juiverie moribonde; ils s'effondreront avec elle [3].

Dans un même ordre d'idées, Barrès parle de « l'aristocratie française, cette morte [4] », et Morès l'exhorte à « tendre les mains aux travailleurs » et s'assurer ainsi la « seule chance de salut » qui lui reste encore [5]. Pour cet antisémitisme populaire et anticapitaliste, cet antisémitisme de l'appel au peuple, non seulement le juif porte la responsabilité de la misère ouvrière, mais, « maître absolu de la finance », il est aussi à l'origine de la déchéance de la petite bourgeoisie; inventeur de la Révolution, il a détruit les structures traditionnelles qui assuraient l'harmonie des rapports entre les classes [6]. *La France juive* fait l'éloge de l'Ancien Régime, de cette société stable et forte d'où l'exploitation était bannie et qui pouvait donc « vivre tranquille et heureuse, sans connaître les guerres sociales, les insurrections, les grèves [7] ». Comme la plupart des révoltés de la fin du XIXᵉ siècle, Drumont ignore

---

de M. Winock : « Édouard Drumont et l'antisémitisme en France avant l'affaire Dreyfus », *Esprit*, mai 1971, p. 1085-1106. « C'est Drumont qui, par la fonte de tous les éléments antijudaïques, judéophobes et antisémitiques, exprimés avant lui, a su élever le mythe juif à la hauteur d'une idéologie et d'une méthode politique » (p. 1097). Cet article, pionnier à beaucoup d'égards, montre bien l'aspect « de gauche » de l'antisémitisme français.

1. É. Drumont, *La Dernière Bataille, op. cit.*, p. 38.
2. É. Drumont, *Le Testament d'un antisémite, op. cit.*, p. 5-6.
3. *Ibid.*, p. x; cf. aussi p. 4-5.
4. M. Barrès, *L'Appel au soldat, op. cit.*, p. 144.
5. Marquis de Morès, *Le Secret des changes, op. cit.*, p. 79.
6. Cf. É. Drumont, *La France juive, op. cit.*, t. I, p. vi, viii, xii, 136, 163-165 et 301, et *la Fin d'un monde, op. cit.*, p. 43-44.
7. É. Drumont, *La France juive, op. cit.*, t. I, p. xiii. Drumont présente de la façon suivante la nature des rapports sociaux sous l'Ancien Régime : « Les nobles devaient combattre pour ceux qui travaillaient; tout membre d'une corporation était tenu de travailler lui-même et il lui était interdit d'exploiter, grâce à un capital quelconque, d'autres créatures humaines, de percevoir sur le labeur du compagnon et de l'apprenti aucun gain illicite. » Cf. aussi p. 61, 76-77, 258-259, 337, 341, 408, 417, 435, 439, et t. II, p. 77, 562-564.

pratiquement tout des impératifs de la croissance économique[1], mais, s'il persiste à glorifier l'âge d'or de la vieille France, il ne s'abîme pas dans une vaine nostalgie : puisque les juifs « ont créé une question sociale, on la résoudra sur leur dos[2] ».

Drumont présente ici un type de raisonnement qui, après lui, deviendra courant : à l'origine de la question sociale, comme à la base de toute crise économique ou financière, on trouve le juif[3]. Aussi l'élimination du juif, créateur du régime capitaliste, de l'emprise qui étouffe et dénature les rapports entre les hommes, est-elle le préalable de toute libération.

> Toute la France [écrit Drumont] suivra le chef qui sera un justicier qui, au lieu de frapper sur des malheureux ouvriers comme les hommes de 1871, frappera sur les juifs cousus d'or[4]...

C'est ainsi que la solution de la question sociale prend les formes d'une marche des affamés sur les maisons de banque[5] et les fortunes juives :

> Il a plu aux Sémites, ces perpétuels agités, de détruire les bases de l'ancienne société; l'argent qu'ils ont dérobé servira à en fonder une nouvelle. On distribuera tous ces biens mal acquis à ceux qui prendront part à la lutte qui se prépare, comme on a jadis distribué des terres et des fiefs aux plus courageux[6].

Drumont revient sur ce thème dans *le Testament d'un antisémite* :

> Les jours de la Haute Banque cosmopolite sont comptés. Grâce à nous, les noms des ploutocrates dans lesquels s'incarne la juiverie

---

1. En matière d'économie politique, Drumont résume ainsi son idéal : « La vérité, comme vous pouvez vous en rendre compte à l'aide de votre seule raison, est que Saint Louis faisait de la grande économie politique en mettant directement en rapport le producteur et le consommateur; il plaçait face à face les deux représentants du travail en reléguant au second plan l'intermédiaire, le parasite. L'organisation actuelle étant juive est naturellement la contrepartie de l'organisation chrétienne de Saint Louis. Dans le commerce des vins, comme ailleurs, on a fait disparaître toutes ces petites maisons dont l'enseigne parfois séculaire, gage de bonne renommée et de traditionnelle probité, était une sorte de blason. Le système juif détruit à la fois la garantie de l'honneur individuel du commerçant et la garantie collective de la corporation pour substituer à tout cela le vague d'une compagnie anonyme » (*la France juive, op. cit.*, t. II, p. 291).
2. É. Drumont, *La France juive, op. cit.*, t. I, p. 136.
3. É. Drumont, « Lettre d'Édouard Drumont à Jules Guérin », *loc. cit.*, p. 1.
4. É. Drumont, *La France juive, op. cit.*, t. II, p. 565.
5. *Ibid.*, t. I, p. 123.
6. *Ibid.*, t. I, p. 136; p. 154, Drumont préconise ouvertement le massacre des juifs après avoir suggéré qu'on leur fasse porter une « rouelle jaune » (p. 157).

accapareuse et tripoteuse sont imprimés dans la trame même des cerveaux populaires et rien ne les pourrait effacer [1].

A l'instar de tous les antisémites, Drumont comprend très vite que c'est la petite bourgeoisie, menacée de glisser vers le bas de l'échelle sociale, victime du développement de la grande industrie et du grand commerce, qui représente le terrain le plus réceptif à l'antisémitisme. *La Fin d'un monde*, ce long réquisitoire contre la société moderne, dominé par le sentiment de décadence, fait appel à « ces vaincus de la bourgeoisie » qui « seront à l'avant-garde de l'armée socialiste [2] » et réserveront un accueil triomphal au libérateur qui les mènera à l'assaut du monde bourgeois, pourri et enjuivé. Un jour viendra, écrit Drumont, où

> un homme du peuple, un chef socialiste, qui aura refusé d'imiter ses camarades et de se laisser subventionner, comme eux, par la Synagogue, reprendra notre campagne; il groupera autour de lui ces milliers d'êtres réveillés, instruits par nous, ces spoliés de toutes les classes, ces petits commerçants ruinés par les grands magasins, ces ouvriers de la ville et des champs écrasés sous tous les monopoles, auxquels nous avons montré où était l'ennemi [3].

Ainsi débute la mobilisation de toutes ces couches sociales touchées par les effets du progrès technique, de l'exploitation capitaliste, et qui éprouvent les plus grandes difficultés à s'adapter à la société industrielle. En ce sens, l'antisémitisme social est une forme de révolte contre le libéralisme économique et la société bourgeoise; il est vrai que c'est, en fait, une révolte qui escamote sciemment les problèmes réels. En masquant les réalités, en créant de toutes pièces un mal mythique, la campagne antisémite permet de dépasser les clivages sociaux, les conflits d'intérêts, les contradictions idéologiques. Seul le mythe du juif-générateur-du-mal permet de jeter un pont sur l'abîme qui sépare l'Ancien Régime de la Commune, la France traditionnelle de la France socialiste. Ce qui permet à Édouard Drumont, député d'Alger, d'écrire en 1899 : « J'ai voté constamment avec l'extrême gauche, avec les socialistes pour toutes les mesures qui constituaient une réforme sociale ou qui devaient amener une amélioration dans le sort des travailleurs. Je ne me suis séparé des socialistes que sur les questions de patriotisme [4]. » Cette lutte du peuple contre ses oppresseurs, le prolétariat en est le sujet naturel, il en est aussi la victime.

1. É. Drumont, *Le Testament d'un antisémite, op. cit.*, p. IX.
2. É. Drumont, *La Fin d'un monde, op. cit.*, p. 44.
3. É. Drumont, *Le Testament d'un antisémite, op. cit.*, p. X.
4. É. Drumont, « A nos amis de *l'Antijuif* », *La Libre Parole*, 26 avril 1899.

Voilà pourquoi Drumont en appelle à « l'ouvrier parisien révolutionnaire et patriote [1] », voilà pourquoi il juge l'œuvre des socialistes « très noble » et « très nécessaire [2] », voilà pourquoi il se range du côté du peuple, cet « éternel martyr [3] », et stigmatise la répression de la Commune, cet « éternel crime des conservateurs [4] ».

C'est encore du côté du peuple que se range Drumont, dans son dernier livre, écrit le lendemain du sanglant 1er mai 1891. Dans un texte qui reste un chef-d'œuvre de la littérature antisémite et illustre déjà les thèmes et les techniques dont fera usage la propagande nazie, Drumont donne le meilleur de lui-même :

> L'enfant du peuple avait commencé sa journée par le travail aux premiers rayons du soleil, et le soleil n'était pas encore couché qu'elle tombait sous les balles d'enfants du peuple, comme elle... Elle fut littéralement scalpée, elle eut tout le haut du crâne emporté : le curé Margerin ramassa sa cervelle éparse sur le pavé, mais on n'a jamais pu retrouver la magnifique chevelure blonde dont elle était si fière.
>
> La légende prétend que cette chevelure a été dérobée et vendue; elle aura probablement été orner la tête chauve de quelque vieille baronne juive, et quelque gentilhomme décavé, jouant la comédie de l'amour près de la femme pour se faire prêter l'argent par le mari, a peut-être couvert de baisers, dans quelque boudoir du quartier Monceau, les blondes dépouilles de l'ouvrière assassinée [5].

3. L'EXPLOITATION POLITIQUE DE L'ANTISÉMITISME

C'est à la faveur du boulangisme que l'antisémitisme devient, en France, un mouvement politique. L'aile gauche du parti national, les blanquistes, les socialistes nationaux indépendants comme Barrès ou Laur donnent dans l'antisémitisme avec ardeur. En réalité, l'anti-

1. É. Drumont, *La France juive, op. cit.*, t. I, p. 410.
2. É. Drumont, *La Fin d'un monde, op. cit.*, p. 2-3.
3. É. Drumont, *Le Secret de Fourmies*, Paris, Savine, 1892, p. 84.
4. É. Drumont, *La Fin d'un monde, op. cit.*, p. 139.
5. É. Drumont, *Le Secret de Fourmies, op. cit.*, p. 30-31. Il convient d'ajouter que, dans *le Secret de Fourmies*, l'unique responsable de la tuerie est le sous-préfet Isaac, agissant sur l'ordre des juifs allemands désireux de connaître les performances du fusil Lebel (p. 80-81). Mais « le résultat final, écrit-il, sera probablement celui que j'ai souvent prédit. Le juif qui est devenu notre maître en faisant battre les Français entre eux, verra un jour tous les Français se réconcilier sur sa peau » (p. 9).

sémitisme est, tout d'abord, le fait de la gauche boulangiste. Pour s'en assurer, il suffit de regarder le parti national non plus seulement à travers la personnalité du général Boulanger, mais avec les yeux des hommes qui mènent le combat sur le terrain. Certes, Boulanger lui-même n'est pas antisémite et il n'est pas un révolté, au contraire : un Barrès, un Déroulède, un Thiébaud ne cesseront jamais de lui reprocher d'être un homme de la vieille école. Il s'opposera toujours à toute alliance avec l'antisémitisme et refusera de cautionner une candidature de Drumont aux élections législatives.

Les injures de Drumont à son père et à lui-même sont certainement pour quelque chose dans l'aversion du général pour l'auteur de *la France juive* et l'antisémitisme : Boulanger n'a dû que médiocrement apprécier son portrait en « militaire à la fois timoré et factieux[1] », mais là n'est pas l'essentiel. Le chef du parti national était réellement un général républicain, un républicain conservateur qui différait profondément des troupes qu'il était censé commander. C'était un homme d'ordre, le type même de l'officier de carrière dont une conjoncture, qu'en son for intérieur il ne comprenait guère, avait fait un chef de révoltés.

Mais, à mesure que le boulangisme s'organise et devient une réalité indépendante de la personnalité de son chef, on constate une infiltration de l'antisémitisme jusque dans ses couches profondes. Des personnalités importantes dans l'entourage du général, des membres du Comité national, des candidats aux législatives de 1889 font très vite de l'antisémitisme un thème politique majeur. Pendant la campagne qui précède l'élection parisienne du 27 janvier, Maurice Vergoin, député de Seine-et-Oise, entame une violente propagande antisémite dont les retombées seront considérables. Il est imité en cela par Barrès et Gabriel à Nancy, par Laur, Granger, Roche et, bien sûr, Rochefort à Paris.

A la même période, le parti national s'enrichit d'une recrue de choix qui, plus que personne, contribuera à assimiler boulangisme et antisémitisme : le marquis de Morès. Dès le mois d'août, on le voit guerroyer à côté des membres du Comité national; ennemi personnel du ministre de l'Intérieur, Morès se jette dans la bataille avec l'ardeur qui le caractérise. A Toulouse, face à Constans, il se dépense sans compter en faveur de Susini, membre du Comité national, ce qui le fait définitivement adopter par les chefs boulangistes[2].

---

1. É. Drumont, *La Dernière Bataille*, op. cit., p. 159; cf. aussi p. 156-158.
2. Mermeix (pseudonyme de Gabriel Terrail), *Les Antisémites en France. Notice sur un fait contemporain*, Paris, Dentu, 1892, p. 54; cf. aussi p. 43.

Alors que Morès se lance dans le boulangisme, Eugène Meyer, directeur de *la Lanterne*, se retire du Comité national, et Joseph Reinach prend la tête de la campagne antiboulangiste. Ce qui ne manque pas d'ajouter une raison supplémentaire aux sentiments antijuifs des chefs boulangistes. D'autant plus que, à mesure qu'ils apprennent à connaître l'état d'esprit de leur clientèle potentielle, ils découvrent que, dans certains milieux, « le socialisme, c'était la guerre aux juifs [1] ». Les juifs ne s'y trompent pas. Dans la diversité boulangiste, ils distinguent de plus en plus aisément des sons qui les alarment. Certes, s'adressant à une délégation juive venue lui faire part de ses inquiétudes, Boulanger prend la peine de désavouer ceux de ses partisans qui avaient exprimé des opinions antisémites. Mais ces apaisements feront long feu. En effet, quelques jours plus tard, interviewé par Chincholles, Drumont annonce que, le 27 janvier, au sortir de la messe, il votera pour le général Boulanger. Les juifs de Paris se tiennent pour avertis : au soir du 27 janvier, le IIIe arrondissement est le seul où le candidat du gouvernement l'emporte sur celui de toutes les oppositions réunies [2].

Le vote antiboulangiste des juifs de Paris, la trahison d'Eugène Meyer, la campagne de Reinach, le peu de chaleur que manifeste pour le mouvement la famille Rothschild — tout comme les autres grands barons de la finance, qui n'ont jamais cru au succès de Boulanger — contribuent à alimenter, le lendemain de la défaite des législatives, la légende selon laquelle ce sont les subventions juives qui ont sauvé le régime parlementaire de la colère populaire [3]. Cet argument est immédiatement exploité par Rochefort : les Rothschild, commanditaires de Constans, non seulement ont mis à la disposition du ministre leurs millions, mais encore ils lui ont fourni des électeurs : n'avaient-ils pas amené du fond « des provinces danubiennes plus de 35 000 juifs qu'ils ont [...] fait presque séance tenante naturaliser Français », et « sans l'appoint desquels Paris eût laissé passer tout entière la liste boulangiste » [4]? Rochefort donne alors à

1. Mermeix, *Les Antisémites en France, op. cit.*, p. 42.
2. *Ibid.*, p. 44.
3. Cf., par exemple, l'article de Paul Adam, l'un des deux coéquipiers de Barrès à Nancy : « Les élections dernières, écrit-il, ont été menées avec l'or des juifs » (« La République d'Israël », *le Courrier de l'Est*, 20 octobre 1889).
4. H. Rochefort, « Le triomphe de la juiverie », *Le Courrier de l'Est*, 20 octobre 1899. Cf. l'analyse des résultats et de leur signification faite par Drumont dans *la Dernière Bataille* : « Ainsi que tout le faisait prévoir, Rothschild fut le grand électeur de 1889 ; ce fut lui, en réalité, qui triompha seul, et vous avez pu voir que, pour obtenir ce résultat, il n'eut ni à intriguer, ni à conspirer : c'est la force des choses qui fit de lui le maître de la situation. Il n'y a plus que lui qui soit debout en

son boulangisme une teinte violemment antisémite : il n'hésite pas à menacer les juifs d' « un effroyable mouvement antisémitique », à l'instar de celui qui sévit en Europe de l'Est [1].

Au lendemain des législatives, le Comité national et le groupe parlementaire boulangistes sont composés en majorité d'antisémites. Ce n'est que grâce à la résistance de Naquet, de Laguerre et de quelques autres — et grâce aussi au refus du général lui-même, en exil depuis le mois d'avril — que le boulangisme officiel n'a pas basculé dans l'antisémitisme. La plupart de ses membres entretiennent alors des relations très suivies avec Morès, et l'influence de l'agitateur antisémite ne fait qu'augmenter [2]. D'autant plus que la preuve de l'efficacité de l'antisémitisme vient d'être faite : c'est l'aile gauchisante du boulangisme, celle qui avait amplement fait usage de ce thème nouveau, qui remporte les plus beaux succès. C'est pourquoi, au sein des instances dirigeantes du mouvement, on entend lancer cette nouvelle machine de guerre lors des municipales de 1890.

Cette alliance des boulangistes et des antisémites se fait d'une manière naturelle dès le moment où, pour employer les termes de Mermeix, ils découvrent « dans l'antisémitisme une force nouvelle à rattacher à leur cause [3] ». En effet, il est alors vital pour le mouvement, à la veille de jouer sa dernière chance aux municipales d'avril 1890, de récupérer la clientèle populaire, désappointée par les compromissions avec la droite. Les antisémites sociaux représentent alors cet élément plébéien, socialisant et nationaliste qui peut encore sauver le parti national. Mais ce rapprochement n'est pas seulement tactique, il est partie intégrante du retour aux sources — et d'un substantiel

France; il a renversé tous les établissements qui auraient pu le gêner; l'Union générale a été étranglée, le Comptoir d'escompte saccagé de fond en comble. Au point de vue financier, rien ne fait plus obstacle à la puissance juive. En politique, les juifs ont agi de même, ils ont tout détruit autour d'eux, ils ont fait le néant. Il y a quelques années à peine, il existait des royalistes, des bonapartistes, des républicains, des radicaux; il existait un parti socialiste qui comptait à sa tête des hommes de valeur. Tout cela s'est volatilisé, pulvérisé, atomisé. Nous assistons à ce spectacle étrange : un pays où tous les citoyens sont divisés et où l'on n'aperçoit plus ni partis, ni chefs de parti. Nous avons dans la discorde dans l'impuissance et la haine dans le vide. C'est la dissolution propre à tous les pays où les juifs sont arrivés à disposer de tous les ressorts de l'État, à dominer absolument la situation économique. C'est par cette phase que passa la Pologne avant de disparaître du rang des nations » (p. 191-192).

1. H. Rochefort, « Le triomphe de la juiverie », *Le Courrier de l'Est*, 20 octobre 1889.

2. Cf. Mermeix, *Les Antisémites en France*, op. cit., p. 66 et 58.

3. *Ibid.*, p. 56. En juillet 1892, *l'Éclair* lance une enquête dont l'objectif est de répondre à la question de savoir dans quelle mesure l'antisémitisme est une nouvelle incarnation du boulangisme (« Sous le masque » ,7 juillet).

virage à gauche effectué par le parti national au lendemain de la défaite d'octobre 1889. Toujours est-il qu'en ces années l'antisémitisme devient la formule de ralliement par excellence, même parmi ceux qui, à l'instar de la Ligue des patriotes, n'avaient jamais, jusque-là, mené de campagne antisémite.

L'alliance du boulangisme et de l'antisémitisme se matérialise pour la première fois publiquement en janvier-février 1890, lors de la campagne pour la réélection de Francis Laur, membre du Comité national. Député invalidé de Neuilly, ami personnel de Drumont, l'une des personnalités les plus importantes de la gauche boulangiste, Laur vient du radicalisme. Il est le premier à avoir parlé à la tribune de la Chambre au nom des antisémites. La campagne pour sa réélection constitue le point de départ de l'antisémitisme politique, et la grande réunion boulangiste de Neuilly dresse le véritable acte de naissance du mouvement antisémite. Préparée et organisée par la nouvelle « Ligue antisémitique de France », dont le président est Drumont, la réunion de la salle Gallice symbolise assez bien ce qu'on attend de l'antisémitisme :

> On a pu voir [écrit Drumont], fraternellement mêlés aux ouvriers, rapprochés des travailleurs par un élan de patriotisme et de justice, des gentilshommes dont le nom évoque les plus belles pages de notre histoire [1]...

Présidée par Susini, la réunion est animée par Morès, chargé de la campagne électorale de Francis Laur. La plupart des chefs importants du parti national sont là : certains pour y prendre la parole [2], d'autres pour cautionner de leur présence cette suture de l'antisémitisme et du boulangisme. Manquent, bien sûr, Naquet et Laguerre, personnellement mis en cause par Drumont. Mais Déroulède lui-même, jusqu'alors réfractaire à l'antisémitisme, ne dédaigne pas de parler après Drumont. Fallait-il que soient grands les espoirs mis dans cette force nouvelle !

La réunion de Neuilly remporte un succès éclatant, et l'élection triomphale de Francis Laur apporte à l'antisémitisme la caution de l'approbation populaire. Il ne fait alors de doute pour personne que, lors des municipales d'avril, c'est sous le drapeau de la Ligue antisémitique que les troupes boulangistes choisiront d'aller à la bataille.

---

1. É. Drumont, *La Dernière Bataille*, op. cit., p. 38-39. On consultera aussi le manifeste publié lors de la campagne électorale par le Comité de la Ligue et contresigné par Francis Laur (B/a 1107).
2. R. Viau, *Vingt Ans d'antisémitisme*, op. cit., p. 14-18. Cf. aussi Mermeix, *les Antisémites en France*, op. cit., p. 54-55.

Même si l'on admet que Drumont exagère lorsqu'il prétend que la réunion de Neuilly eut un retentissement européen [1], il est incontestable que la signification de cette manifestation fut perçue par le plus grand nombre [2] : tant par le grand rabbin de France, qui adresse, le lendemain, une lettre de protestation au *Temps*, que par Barrès ou Maurras. Le futur royaliste, qui n'était pas encore un personnage suffisamment important pour être invité à siéger parmi les grands noms de l'antisémitisme, écrira à Barrès, quelque temps plus tard, la remarque suivante :

> Il y a deux partis conservateurs, l'un qui est vivant et l'autre. Le premier est avec Drumont, et par Drumont, il finira bien par rejoindre le parti socialiste, populaire, qui est la grande force aveugle, encore inemployée [3]...

C'est le moment que choisit Drumont pour publier *la Dernière Bataille*. Farci d'attaques contre le général en exil, ce livre, à force de vouloir accabler le fils en salissant le père, exaspère l'état-major boulangiste. En dépit des accords passés avec Morès et Drumont, visant à ne pas opposer de candidat boulangiste aux antisémites socialistes [4] — ou antisémites sociaux, dirait-on plutôt —, l'antisémitisme ne fut pas officiellement cautionné [5]. Ce qui fera dire à Drumont en 1891 :

> Le parti boulangiste qui, pendant un moment, parut personnifier le réveil de l'esprit national, n'a pas voulu être avec nous; il s'est mis entre les mains des Meyer et des Naquet... Dès qu'il s'est enjuivé, ce parti qui, la veille, était radieux et plein d'espérance, a été perdu et il est devenu, en quelques mois, la loque qu'on rencontre aujourd'hui sur le chemin sans savoir au juste ce que c'est [6]...

1. É. Drumont, *La Dernière Bataille*, op. cit., p. 38.
2. Ce n'est certainement pas le cas aux services de la préfecture de police : cf. B/a 1107, 18 et 22 février 1890.
3. M. Barrès-Ch. Maurras, *La République ou le Roi*, op. cit., p. 31-32, lettre du 22 février 1890.
4. Mermeix, *Les Antisémites en France*, op. cit., p. 57.
5. *Ibid.*, p. 59. Cf. aussi la description que laisse Barrès dans *l'Appel au soldat* de la fameuse réunion de Jersey, où Boulanger est en exil, tenue en avril 1890.
6. É. Drumont, *Le Testament d'un antisémite*, op. cit., p. x. Cf aussi *la Dernière Bataille*, op. cit. : « Mackau avait Meyer; Boulanger eut Naquet. Les deux Hébreux s'entendirent comme larrons en foire avec Reinach et, en réalité, ce fut eux, plus que Constans, qui firent les élections et décidèrent la défaite du parti qui s'intitulait, je ne sais pourquoi, le parti national, puisque au lieu de défendre les intérêts et les traditions de la France il se mettait entre les mains des juifs » (p. 188). Cf. aussi mêmes thèmes, p. 189.

Que Drumont choisisse de passer sa colère sur les Meyer et les Naquet, on ne pouvait s'attendre à moins de sa part. Mais soutenir que le boulangisme avait périclité parce qu'il avait abandonné l'antisémitisme, c'est aller un peu loin. Jusqu'à sa déliquescence, le boulangisme — son aile gauche surtout, il est vrai — avait été antisémite, violemment antisémite. C'est, d'ailleurs, l'aile gauche du parti boulangiste qui eut, la première, l'idée d'utiliser l'antisémitisme comme plate-forme idéologique d'un mouvement de masse. On pourrait même ajouter qu'en la matière les boulangistes ont presque tout inventé ou développé, puisque les antidreyfusards n'avanceront aucun thème que les amis de Boulanger n'aient utilisé avant eux.

L'un des premiers, sinon le premier homme politique français d'envergure à exploiter politiquement, avec un succès considérable, la poussée antisémite des années quatre-vingts est Barrès. Venu à l'aile gauche boulangiste sans attaches politiques ou émotionnelles avec la vieille gauche républicaine et jacobine, Barrès représente une génération nouvelle, libre des complexes du genre dont souffre un Boulanger. Il préconise alors un grand mouvement de rassemblement qui donnera le jour à une République nouvelle, nationale, sociale et antisémite [1].

Le lendemain de la défaite électorale d'octobre 1889, *le Courrier de l'Est*, l'organe boulangiste de Nancy, consacre une colonne à un communiqué adressé aux ouvriers et trois colonnes et demie, sur les cinq que comporte la première page, à un long réquisitoire antisémite de Paul Adam, « La République d'Israël ». La deuxième page est plus équitablement répartie : une colonne et demie pour un article consacré à la « Lutte de classes », et une colonne et demie également pour « Le triomphe de la juiverie » d'Henri Rochefort. Avec l'antiparlementarisme et le socialisme, l'antisémitisme est une composante essentielle du boulangisme populaire, comme du système idéologique que va adopter, pour plus d'un demi-siècle, la droite radicale. La synthèse de ces trois éléments réussit d'une manière remarquable à Nancy; c'est à elle que ce boulangisme agressif et moderne doit l'éclatant succès qu'il y rencontre.

Dès les premiers pas du boulangisme nancéien, « Vive Boulanger » et « A bas les juifs » sont deux thèmes électoraux intimement liés, pratiquement interchangeables. Sous ce double credo se tient, le

---

1. M. Barrès, « M. le général Boulanger et la nouvelle génération », *La Revue indépendante*, t. VIII, avril 1888, p. 60. Cf. *les Déracinés*, *op. cit.*, p. 297 et 301; « Lettre d'un antisémite », *le Courrier de l'Est*, 26 mai 1889; *l'Appel au soldat*, *op. cit.*, p. 466. Dès 1889, Barrès préconise, contrairement à Boulanger, qui s'y oppose, des mesures législatives spéciales ayant pour objectif la création d'une classe de citoyens de seconde zone.

9 février 1889, la première grande manifestation boulangiste en Lorraine. Ce sont aussi ces slogans que, par la suite, scanderont toutes les réunions du Comité révisionniste, et que Barrès utilisera pour sa campagne électorale. Les thèmes essentiels de cette campagne reprennent les grandes lignes des œuvres de Drumont [1]. Même si l'imagerie catholique et une certaine argumentation raciste sont présentes aussi, c'est tout d'abord sur le thème de l'antisémitisme social que Barrès mène sa bataille. Alors que des « A bas les juifs » fusent de toutes parts, il ouvre sa première grande réunion publique en accusant « la valetaille, les domestiques de la Haute Banque sémite qui détiennent la liberté de la France sous le titre d'opportunistes » d'être la source des maux dont souffre le pays [2]. Tout au long de la campagne électorale, Barrès, Adam et Gabriel reviendront sur cette relation de cause à effet, sur cette collusion naturelle entre les juifs, l'État libéral et la société bourgeoise. Ce thème, inauguré par Barrès, sera un des leitmotive essentiels des campagnes antisémites du XXe siècle. C'est que son succès a apporté, dès 1889, la preuve de la réceptivité du public à ce genre d'argumentation.

« Parti des juifs », l'opportunisme réduit la France en « esclave des Sémites [3] ». Faut-il s'étonner que, sous un régime où « la plupart des membres du gouvernement sont juifs » et où ceux qui ne le sont pas « ont peur d'affaiblir ce gouvernement déjà chancelant en s'écartant des Sémites », où tant de magistrats, de hauts fonctionnaires « sortent de la synagogue », les juifs soient « parvenus à prendre en main tous nos établissements de crédit » [4]? C'est l'emprise qu'ils exercent sur les milieux politiques qui a fait des juifs les maîtres du pays; de plus, « la haute banque sémite », qui tient en main les leviers de commande du pays, accapare « la fortune publique » et réduit « à la famine des milliers de travailleurs [5] ». Ce sont, par conséquent, les « tripoteurs

---

1. Barrès ne manque pas de se référer à Drumont, à une œuvre qu'il trouve « dans la plupart de ses parties d'une très haute moralité et utile » : il met l'accent sur « la généreuse propagande ouvrière qu'il y a chez lui »; cf. « Interpellation sur le monopole Hachette », *le Courrier de l'Est*, 22 juin 1890.
2. « La réunion de Nancy », *Le Courrier de l'Est*, 12 février 1889. Cf. aussi, sur ce thème, P. Adam, « La république d'Israël », *ibid.*, 20 octobre 1889, et deux articles de M. Barrès : « Les juifs dans l'Est », *ibid.*, 14 juillet 1889, et « L'opportunisme, parti des juifs », *ibid.*, 21 juillet 1889.
3. M. Barrès, « L'opportunisme, parti des juifs », *Le Courrier de l'Est*, 21 juillet 1889, et discours de Gabriel à l'occasion d'une réunion électorale à Dombasle, *le Courrier de l'Est*, 21 avril 1889.
4. M. Barrès, « L'opportunisme, parti des juifs », *Le Courrier de l'Est*, 21 juillet 1889.
5. Intervention de Gabriel au cours d'une réunion électorale à Saint-Nicolas, *le Courrier de l'Est*, 7 avril 1889.

de bourse, les Hébreux croisés d'Allemands » qui portent la responsabilité des « suicides de misère »; et, si « l'on meurt littéralement de faim, aujourd'hui, en France », c'est parce que « le capital national est absorbé rapidement par les mêmes exploiteurs [1] »... La présence du juif, sa mainmise sur l'activité économique du pays est la grande explication de la misère ouvrière, de la récession économique, des difficultés financières. Que ce soit en Algérie, où « les immondes youpins » organisent une immense spéculation sur la monnaie [2], que ce soit dans l'Est, où les usuriers, les colporteurs, les marchands juifs accumulent les ruines, la nature du mal est la même. A force de ruses et d'escroqueries, ils acculent à la faillite et à la misère d'abord « quelque malheureuse vieille, quelque paysan bêta », puis des communes et des cantons entiers. Toute une région peut être réduite à la misère « par une association de cinq ou six marchands et usuriers juifs [3] ».

L'image de la veuve et de l'orphelin, victimes du juif, revient un peu partout dans la littérature antisémite. C'est ainsi que l'*Antisémitique* savait déjà montrer le juif trafiquant sur « la dîme facile, sans souci, sans fatigue, sur le labeur des autres [4] ». Parfaitement conscient des tensions psychologiques et sociologiques qui nourrissent l'antisémitisme, tensions qu'il considère comme inhérentes à la société moderne, Barrès montre, en février 1890, comment il convient d'en tirer profit :

« C'est de la haine, simplement de la haine qu'on voit tout d'abord dans cette formule antijuive... La haine est un des sentiments les plus vigoureux que produisent notre civilisation, nos grandes villes. Nos oppositions violentes de haut luxe et de misère la créent et la fortifient à toute heure : elle ne fera jamais défaut aux partis qui voudront l'exploiter. [...] Écoutez cette foule qui dans les réunions criait ' A bas les juifs ', c'est ' A bas les inégalités sociales ' qu'il faut comprendre. » Et Barrès conclut : « Le socialisme d'État, voilà le correctif indispensable de la formule antijuive. [...] Le socialisme d'État c'est tout notre espoir. Un homme installé dans la place, un pouvoir fort pourrait imposer ses volontés, ouvrir les murs aux déshérités [5]. »

1. « Les pères de 89 », *Le Courrier de l'Est*, 10 août 1890.
2. « Les juifs en Algérie », *Le Courrier de l'Est*, 1er décembre 1889.
3. M. Barrès, « Le juif dans l'Est », *Le Courrier de l'Est*, 14 juillet 1889.
4. « Les parasites », *L'Antisémitique*, 14 juillet 1883.
5. M. Barrès, « La formule antijuive », *Le Figaro*, 22 février 1890. *Le Courrier de l'Est* lance alors de véritables appels au massacre de juifs. Cf. deux articles non signés : « Le mariage religieux de Marianne et du juif errant » et « Le circoncis de Fourmies » (5 septembre et 2 mai 1891).

Barrès sait, et l'expérience de Nancy est là pour le corroborer, qu'il vient de trouver dans l'antisémitisme une « formule populaire », possédant un potentiel émotionnel nettement supérieur à celui de tous les autres slogans en vogue. C'est pourquoi, dans *l'Appel au soldat*, il reproche à Boulanger son refus de jouer la carte antisémite; lui aussi considère l'opposition du général à axer le mouvement sur un antisémitisme panaché de socialisme comme la cause essentielle de son échec.

Dans la fonction politique attribuée à l'antisémitisme, on attend de lui qu'il remplisse aussi un autre rôle : non seulement ébranler les masses, les jeter dans l'action, mais aider à surmonter les différences idéologiques liées aux clivages sociaux. Après tout, dans un pays profondément divisé comme la France, où coexistent difficilement des traditions politiques et historiques opposées, des systèmes idéologiques profondément antagonistes, l'antisémitisme, parce que suffisamment enraciné et assez bien répandu, peut servir de facteur d'unité idéal : « Le boulangisme, écrit Barrès, doit être antisémite précisément comme un parti de réconciliation nationale [1]. » Moyen d'intégration du prolétariat dans la collectivité nationale, l'antisémitisme social est la seule argumentation capable de faire basculer dans le camp « national » une grande partie de ces « masses ardentes et souffrantes » dont « le point de vue est tout social » [2].

Mais l'antisémitisme offre aussi un autre avantage, tout à fait exceptionnel : il permet en même temps de rallier la petite bourgeoisie menacée de prolétarisation.

> Une seconde clientèle du général, c'était la petite bourgeoisie, âpre au maintien de la propriété privée, mais jalouse des grandes fortunes. Elle fournit un bon terrain à l'antisémitisme [3].

En 1898, dans le feu de l'Affaire, alors qu'il postule de nouveau le siège de Nancy, Barrès lance, pour gagner cette catégorie de la bourgeoisie, la même campagne qu'en 1889 contre la haute finance juive, contre « les barons [4] ». Pour démontrer l'identité des intérêts du monde ouvrier et de la bourgeoisie, il leur découvre, selon l'expression en vogue à l'époque du boulangisme, « un ennemi commun [5] », la source commune de leurs maux, le juif.

Dans le boulangisme, au temps de l'Affaire, Barrès s'efforce

---

1. M. Barrès, *L'Appel au soldat, op. cit.*, p. 464.
2. *Ibid.*, p. 466.
3. *Ibid.*
4. M. Barrès, *Scènes et Doctrines du nationalisme, op. cit.*, t. II, p. 182.
5. « Lettre d'un antisémite », *Le Courrier de l'Est*, 26 mai 1889.

d'entraîner cette traditionnelle clientèle radicale et jacobine à l'assaut de la démocratie parlementaire. En faisant appel à la fois à son souci patriotique, à sa haine des privilèges, en lui dénonçant le juif comme responsable de ses difficultés, il pense pouvoir la couper de la République bourgeoise. Barrès saisit parfaitement le rôle que peut jouer cette petite bourgeoisie, ensemble hétéroclite de groupes intermédiaires et de couches sociales qui ont en commun la crainte de la prolétarisation. Fondamentalement vouée à la conservation et non à l'essor, cette bourgeoisie porte une haine profonde aux grands seigneurs de la finance. Foncièrement conservatrice dans ses options économiques, inadaptée au processus d'industrialisation, souvent ignorante des rouages d'une économie moderne, la petite bourgeoisie embrasse l'idée de l'exploitation et de la concurrence juives, l'image de l'usurier, inventeur et maître du crédit, « cette arme terrible que le youtre a inventée pour décupler, pour centupler sa puissance[1] ». Le juif responsable de l'insécurité économique est le thème de fond du programme de Nancy de 1898, où l'on retrouve cette même nostalgie d'un certain âge d'or — déjà rencontrée dans la France juive et qui resurgira avec Vichy, puis avec le poujadisme —, nostalgie d'une France agricole et laborieuse, vivant dans l'harmonie des classes sociales jusqu'à ce que le juif et l'évolution industrielle soient venus la rompre[2]. Au petit-bourgeois travailleur, à l'ouvrier gagnant sa vie à la sueur de son front, le juif est présenté comme irrémédiablement réfractaire au travail manuel, à l'effort, au travail honnête : « Il sera marchand d'hommes ou de biens, au besoin usurier », mais jamais ouvrier, paysan, ou honnête petit commerçant[3].

Ce sont là les thèmes qui, du boulangisme à la Grande Guerre, constituent l'essentiel de l'antisémitisme populaire. Et, si l'antidreyfusisme leur donne l'occasion d'exploser, de trouver leur expression concrète dans les émeutes des toutes dernières années du siècle, force est de constater que Jules Guérin ou la Ligue antisémitique, qui mènent alors le combat dans la rue, dans les quartiers populaires, n'ont rien inventé. Bien sûr, Jules Guérin a de belles formules et des slogans alléchants pour la classe ouvrière. Ainsi, c'est lui qui dira : « Plus on est loin des juifs, plus on est près du peuple[4] »; lui, encore, qui définira l'antisémitisme comme « une revendication précise et

---

1. « Les juifs et l'Internationale », *Le Courrier de l'Est*, 4 avril 1891 (article signé « L'anti-youtre »).
2. M. Barrès, *Scènes et Doctrines du nationalisme, op. cit.*, t. II, p. 162-164.
3. « Lettre d'un antisémite », *Le Courrier de l'Est*, 26 mai 1889. Cf. mêmes thèmes in « Les parasites », *l'Antisémitique*, 14 juillet 1883.
4. « Premières initiations au péril juif », *L'Antijuif*, 7 mai 1899.

formelle du Travail national contre la spéculation juive [1] ». Définition que vient compléter cette équation de Morin, qu'on pourrait croire extraite de *la Question juive* : « Quel ennemi le socialisme montre-t-il constamment au prolétariat? Le capital. Qui représente le capital à l'heure actuelle en France? Le juif [2]. »

Mais, en cette fin de siècle, des hommes comme Drumont et Guérin pensent que les socialistes officiels, prisonniers des Rothschild, vendus à une République dominée par une « bourgeoisie égoïste » — elle-même un des piliers du « système juif » —, ont trahi la cause du prolétariat [3]. C'est pourquoi ils soutiennent que les antisémites — présentés comme les derniers Français à partager avec « les ouvriers socialistes et révolutionnaires » l'amour de la patrie et le dévouement à la cause du peuple — sont les seuls à pouvoir encore défendre les intérêts du prolétariat [4]. Car cette République, « fondée par l'entente des juifs, des protestants et des francs-maçons », protégée par les « intellectuels », serviteurs dociles du « collectivisme judéo-allemand », ne peut avoir qu'une seule et unique raison d'être, maintenant qu'elle a détruit les associations ouvrières en même temps qu'elle abattait la royauté : réduire les travailleurs français en « esclaves des juifs », les remettre pieds et poings liés entre les mains de la Haute Banque, de la finance internationale, des monopoles [5]. La libération du prolétariat français passe donc par la destruction du juif; on verrait alors disparaître la « juiverie créancière », la juiverie des monopoles, la juiverie accapareuse de la fortune publique [6]. Le thème de l'accaparement de la fortune publique est l'un des plus anciens de l'antisémitisme social.

1. « La révision des créances juives », *L'Antijuif*, 9 août 1899.
2. J. Morin, « Socialistes », *L'Antijuif*, 21 mai 1899. Cf. aussi deux textes très caractéristiques : un appel aux électeurs publié dans *l'Antisémitique* du 8 septembre 1883, ainsi qu'un pamphlet du futur gérant de *la Libre Parole*, J.-E. Milot, *Aux prolétaires de France*, *op. cit.*
3. J. Guérin, « Le système juif », *L'Antijuif*, 8 janvier 1899; « Les ouvrières à Paris », *ibid.*, 26 mars 1899; et J. Morin, « Socialistes », *ibid.*, 21 mai 1899. Sur la conception qu'en avait Drumont, cf. *le Testament d'un antisémite*, *op. cit.* : « En réalité il n'y a pas deux partis politiques, il y a un régime général, il y a un système, le système capitaliste et juif auquel sont également affiliés les représentants des partis qui se disputent le pouvoir » (p. 5).
4. J. Guérin, « Les dreyfusards rossés par le peuple », *L'Antijuif*, 9 octobre 1898.
5. J. Guérin, « La question sociale et la tyrannie des intellectuels », *ibid.*, 29 janvier 1899; « Le système juif », *ibid.*, 29 mars 1899; « Une nouvelle banque juive », *ibid.*, 21 mai 1899; « La banque des coquins judéo-capitalistes », *ibid.*, 18 septembre 1898.
6. J. Guérin, « La révision des créances juives », *L'Antijuif*, 9 août 1898; marquis de Morès, *Le Secret des changes*, *op. cit.*, p. 83.

De Toussenel — qui dresse le catalogue des moyens utilisés par les juifs à cette fin [1] — à *l'Antisémitique*, de Morès à *l'Antijuif* et aux hommes de l'Action française, c'est toujours le même grief qui apparaît [2].

L'accusation de complot ne se précise qu'à la fin du siècle. Ayant « mis publiquement la haute main sur l'État », les juifs « tiennent la France comme dans un étau » : pour « se venger de la condamnation de Dreyfus », ils essaient de « démolir notre armée, la seule force organisée qui ait encore échappé à leur influence [3] »... En vertu du principe selon lequel la « nation juive » cherchera toujours la perte des « nations chrétiennes [4] », l'Affaire prend les dimensions d'une « guerre de races [5] ». C'est ainsi que la trahison juive n'est pas une simple affaire de conjoncture. Elle provient d'une réalité beaucoup plus profonde, celle qui fait du juif, partout et toujours, quoi qu'il fasse et quoi qu'il arrive, un élément étranger. « Un juif français! L'accouplement de ces deux noms me paraît monstrueux », écrivait déjà Toussenel [6]. De toute façon, ajoutera Drumont, « le juif n'a pas le cerveau fait comme nous [7] », et Henri Vaugeois expliquera que, loin d'être une simple affaire d'idéologie, l'antisémitisme se fonde aussi sur « une répulsion instinctive et quasi physique pour le juif et sa peau, une sensation de ' sauvage ' que méprisent les belles âmes du temps [8] ». Pour l'Action française, très proche de l'antisémitisme de Drumont, le juif symbolise toutes les agressions contre la France. Symbole de « l'étranger », et plus encore de la perversité et du mal, le juif ne peut échapper à sa nature et encore moins la faire mentir.

---

1. A. Toussenel, *Les Juifs, rois de l'époque*, op. cit., t. I, p. 148. Cf. aussi p. 149 : « Les enfants de Lorraine sont persuadés que les juifs ne s'abordent jamais sans se demander : Combien as-tu volé de chrétiens aujourd'hui? Et de fait, qu'est-ce que peuvent se dire aujourd'hui deux juifs sortant de la Bourse? »

2. « La guerre et la juiverie », *L'Antisémitique*, 1er juin 1883; « Comment Rothschild traite les ouvriers », *ibid.*, 23 juin 1883; marquis de Morès, *Rothschild, Ravachol et Cie*, op. cit., p. 39; « Accaparements et accapareurs », *L'Antijuif*, 21 août 1898; « Comment les juifs s'emparent des maisons françaises », *ibid.*, 28 août 1898; Albert Monniot, « Que faire? Réponse d'un antisémite », *L'Action française*, 15 janvier 1904, p. 106; cf. aussi ses autres articles dans les livraisons de *l'Action française* des 1er janvier et 1er février 1904, ainsi qu'un article de H. Vaugeois, « Les hypothèses de Drumont », *ibid.*, 1er septembre 1904, p. 329-340. On trouvera dans la livraison du 1er mars 1904, p. 351-370, un commentaire de Maurras.

3. « Premières initiations au péril juif », *L'Antijuif*, 7 mai 1899.

4. *Ibid.*

5. M. Barrès, *Scènes et Doctrines du nationalisme*, op. cit., t. I, p. 41.

6. A. Toussenel, *Les Juifs, rois de l'époque*, op. cit., t. I, p. XII.

7. É. Drumont, *La Dernière Bataille*, op. cit., p. XVI.

8. H. Vaugeois, « Notre antisémitisme », *L'Action française*, 15 août 1900, p. 266-267.

Eût-il renié sa religion, son appartenance ethnique le fait rester un juif : il convient donc de le traquer où qu'il soit[1]. Plus que quiconque, en faisant de l'antisémitisme un des piliers du nationalisme intégral, les maurrassiens lui fournissent les moyens d'une pseudo-rationalisation. Pour la nouvelle droite, le juif est une nécessité de méthode; il vient combler un vide, un manque sans lequel elle cesserait d'être. Ce vide, c'est celui dans lequel, après l'échec du boulangisme, vit le nationalisme. « Tout paraît impossible ou affreusement difficile, écrit Maurras, sans cette providence de l'antisémitisme. Par elle tout s'arrange, s'aplanit et se simplifie. Si l'on n'était antisémite par volonté patriotique, on le deviendrait par simple sentiment d'opportunité[2]. »

Ne pouvant se définir autrement qu'en s'opposant, le nationalisme du tournant du siècle trouve dans le racisme et l'antisémitisme le moyen de cerner tout ce qui n'était pas lui. Le juif symbolise l'anti-nation, il est le négatif, le cosmopolite, contre quoi et à l'épreuve de quoi le sentiment national peut enfin se déterminer. L'antisémitisme a ainsi pour fonction, aux yeux de la nouvelle droite, de donner corps à son besoin d'identité. Il n'est pas seulement politiquement rentable, il est un élément fondamental de cette recherche d'identité qu'exprime le nationalisme.

Mais l'antisémitisme ne sévit pas seulement à l'extrême droite nationaliste; il sera, au début du siècle, un élément fondamental de l'idéologie jaune, du syndicalisme révolutionnaire d'un Sorel ou d'un Berth, ou encore d'un certain non-conformisme d'extrême gauche : *la Guerre sociale* de Hervé et *le Mouvement socialiste* de Lagardelle donneront dans l'antisémitisme, qui apparaît ainsi comme un élément fondamental de la révolte contre le consensus libéral.

1. C. Capitan - Peter, *Charles Maurras et l'Idéologie d'Action française*, Paris, Éd. du Seuil, 1972, p. 72-74.
2. Cité in *ibid.*, p. 75.

CHAPITRE V

Les structures de l'antisémitisme

1. LA LIGUE ANTISÉMITIQUE DE FRANCE

Dans l'esprit de ses fondateurs, il appartient à la Ligue antisémitique de France [1] de donner à l'idéologie antisémite une assise sociale afin de transformer en mouvement politique l'énorme potentiel que révèlent les succès de la littérature antisémite. Créée dans la foulée du triomphe remporté par *la France juive*, et en plein boulangisme, sa première manifestation est l'apparition sur les murs de Paris, le 5 septembre 1889, d'une affiche jaune portant une proclamation aux électeurs. A la veille des élections générales, à la faveur de la campagne menée par le parti national, cette nouvelle organisation proclame l'essentiel des thèses de Drumont. Fidèle à ses principes, l'auteur de *la Dernière Bataille* adjure les bons Français de faire plus que remplacer simplement le « juif borgne de l'opportunisme par le juif bossu du boulangisme [2] ». Installé rue Lepic, le Comité demande aux électeurs parisiens de voter pour tout candidat voulant « abattre la puissance de Rothschild [3] ».

Trois mois après sa première activité sérieuse, qui a favorisé la réélection de Francis Laur à Neuilly, la Ligue antisémitique prend part aux élections municipales, où elle n'enregistre que de fort maigres résultats. En fait, ce n'est plus Drumont, mais Morès qui mène alors les antisémites au combat; adopté par l'état-major bou-

---

1. La Ligue antisémitique se fait d'abord connaître sous le titre de « Ligue nationale antisémitique de France ». Elle a Drumont pour président et Jacques de Biez pour délégué général.
2. Cité par le disciple et collaborateur de Drumont, Jean Drault, in *Drumont*, « *la France juive* » *et* « *la Libre Parole* », Paris, Société française d'éditions littéraires et techniques, 1935, p. 96. Cf. aussi B/a 1107, 9 septembre 1889.
3. *Ibid.* Cf. les statuts et le programme de la nouvelle Ligue, dans les souvenirs de Raphaël Viau, d'abord collaborateur de Drumont, puis de Guérin (*Vingt Ans d'antisémitisme, op. cit.*, p. 7-8).

langiste, celui-ci présente ses candidats comme « socialistes-révision-nistes [1] ». D'ailleurs, à l'occasion du 1er mai 1890, la Ligue fait afficher sur les murs de Paris un « Appel aux travailleurs de France » : signé de Gaston Vallée, compagnon de Morès, il chante les vertus du « flot montant du socialisme [2] ».

En dépit de l'antipathie, voire de la haine professée par Drumont à l'égard de l'état-major du parti national, c'est bien grâce à l'agitation des années quatre-vingts que l'antisémitisme surgit sur la scène politique. Ainsi donc, et de nouveau, on ne peut que constater l'importance du boulangisme dans l'histoire de la fin du xixe siècle français : sans la campagne de l'extrême gauche contre la République opportuniste, jamais l'idée selon laquelle l'antisémitisme n'est rien d'autre qu'une variante du socialisme n'aurait pu trouver aussi facilement, et d'une manière si naturelle presque, le chemin des couches populaires.

L'antisémitisme catholique en apporte l'illustration la plus frappante. « Le problème ne devient véritablement difficile qu'à partir de 1889 », écrit Pierre Sorlin dans une belle étude sur « la Croix » et les Juifs qui, cependant, donne une réponse incomplète à la question : « Pourquoi, pendant trois ans, la bonne presse s'acharne-t-elle avec tant de rage sur les juifs [3] ? » Pour Sorlin, et c'est très caractéristique d'une certaine analyse de cette période, la réponse est à chercher dans les catastrophes financières, dans l'influence du père Garnier ou dans le poids des catholiques du Nord, région où l'antisémitisme est extrêmement fort [4]. Certes, il importe de prendre tous ces facteurs en considération, mais cette vogue de l'antisémitisme dans les milieux catholiques s'explique tout d'abord par la campagne du parti national et le succès remporté par les antisémites. En somme, l'antisémitisme vient de prouver sa rentabilité politique. Attentive aux mouvements d'opinion, la Croix entend participer activement à la guerre aux juifs : dès le premier semestre 1889, la surface rédactionnelle réservée aux juifs augmente considérablement, et, un an plus tard, c'est le cas du nombre des éditoriaux. De 1890 à 1893, les juifs sont constamment sur la sellette; tant et si bien que, en cette veille de parution de la Libre Parole, la Croix est en droit de se proclamer « le journal le plus antijuif de France ». Le journal de Drumont puis celui de

---

1. Mermeix, *Les Antisémites en France, op. cit.*, p. 61.
2. Cf. *le Figaro* du 30 avril 1890, ainsi que l'affiche de G. Vallée, *la Fête du Travail, le 1er mai 1898, op. cit.* Un rapport de police (B/a 1193, 5 juin 1890) qualifie Gaston Vallée de « socialiste indépendant ».
3. P. Sorlin, « *La Croix* » *et les Juifs, op. cit.*, p. 210.
4. *Ibid.*, p. 210-211 et 89-90.

Guérin lui raviront peut-être la première place; aucun, cependant, ne pourra lui disputer la seconde [1].

La Libre Parole, *l'Antijuif* et *la Croix* sont loin de constituer une exception. Début 1898, l'antisémitisme dominera déjà largement dans la presse parisienne et plus encore dans celle de province. Avec 8 journaux sur 55, 7 à Paris et 1 en province, la presse dreyfusarde, note Janine Ponty, n'atteint sans doute que 8 % des lecteurs; car *le Siècle*, *l'Aurore*, *les Droits de l'homme*, *le Radical*, *le Rappel*, *la Fronde* et *le Réveil du Nord*, quotidiens pourtant célèbres, n'ont qu'un faible tirage [2]. Malgré l'adhésion au dreyfusisme de *la Petite République*, convertie par Jaurès en mai-juin 1898, et dont le tirage atteint 100 000 exemplaires, malgré les progrès incontestables enregistrés par la presse dreyfusarde entre les premiers mois de 1898 et la fin de 1899, celle-ci ne touchera finalement que 11 % des lecteurs à Paris et 17 % en province [3].

Les activités à grande échelle de la Ligue antisémitique cessent avec la débâcle du boulangisme. Quelques petites conférences ont lieu dans certains quartiers populeux de la capitale, mais elles ne donnent guère de résultats, sauf à la Villette, dans le monde des bouchers que travaille Morès. C'est aussi à ce moment que, conscient à la fois de ses propres limites comme agitateur et des possibilités qu'offre l'antisémitisme, Drumont a l'idée de fonder un quotidien. L'immense succès de *la Libre Parole*, dû au scandale de Panama, au talent de Drumont, mais surtout à la longue période de préparation idéologique, atteste une fois de plus la réceptivité des milieux les plus divers à l'idée antisémite. Avec *l'Intransigeant* de Rochefort, *la Cocarde* de Barrès — où cohabitent socialistes, anarchistes et futurs maurrassiens —, *la Patrie* de Millevoye, *l'Éclair*, *la Presse*, *le Petit Journal*, la grande majorité de la presse populaire est, en cette dernière décennie du siècle, antisémite.

Le succès littéraire et journalistique va pousser Drumont à abandonner l'action politique, surtout en milieu populaire. C'est ainsi que, très vite, le groupe de « Morès et ses amis » se substitue à la Ligue antisémitique, qui disparaît avec la démission de Jacques de Biez en 1892 [4].

---

1. « *La Croix* » *et les Juifs*, *op. cit.*, p. 124.
2. J. Ponty, « La presse quotidienne et l'affaire Dreyfus en 1898-1899. Essai de typologie », *Revue d'histoire moderne et contemporaine*, t. XXI, avr.-juin 1974, p. 201 et 214.
3. *Ibid.*, p. 220.
4. Jacques de Biez était un autre personnage pittoresque du folklore politique des années quatre-vingt-dix : sa spécialité était de prouver que le Christ était un

Bien que son quartier général, rue du Mont-Thabor, se trouve dans le Ier arrondissement, Morès rayonne surtout autour des abattoirs de la Villette. Dans ce monde de bouchers, comme auprès de ses auditoires populaires, Morès jouit d'une énorme popularité[1]. On aime ses effets de tribune, il soulève l'enthousiasme par son langage imagé, ses « Je m'en fous » et ses « Nom de Dieu »; on aime en lui aussi bien l'aventurier, qui avait perdu plusieurs fortunes, que l'aristocrate qui semble sortir des *Mystères de Paris*. Mais Morès, qui devait bientôt passer la Méditerranée pour tenter d'arracher à l'Angleterre son empire africain, pour « unir la France à l'Islam et à l'Espagne[2] », représente aussi toutes les frustrations et tous les rêves de la vieille Europe, de tous les lecteurs des romans d'aventures de la fin de siècle[3]. Éleveur de bétail dans le Dakota du Nord, il campe, dans l'imagerie des années quatre-vingt-dix, l'homme des Prairies; aristocrate de très vieille souche, il représente la vieille France héroïque, virile et altruiste, face à l'égoïsme bourgeois et à l'exploitation capitaliste.

Morès n'a pas créé le climat de violence de la dernière décennie du siècle, mais il savait parfaitement en tirer profit. L'agitation boulangiste, la propagande antisémite créent l'élément naturel où aime évoluer l'aventurier qu'il est : à la tête de ses bouchers, il parade en vrai chef de bande, terrorisant les artisans et petits commerçants juifs des environs de la Villette. A la porte de son échaudoir, un de ses bouchers avait fait placer son propre portrait, aux dimensions démesurées, le représentant en tenue de tueur, en train d'écraser un juif. Au-dessous de la maquette, on pouvait lire : « Mort aux juifs! » Quant à Vallée, le célèbre boucher prétendait avoir inventé la redoutable arme de combat qu'était « le fil à couper le youpin quotidien[4] ».

Il est certain que les émeutes antisémites de 1898-1899 auraient revêtu, à Paris, un caractère d'une gravité extrême si le tueur qu'était Morès avait été encore en vie. Surtout que le marquis avait pu nouer des rapports très étroits avec certains groupes anarchistes : il s'apprê-

---

celte, le christianisme, un druidisme exporté de la Gaule mère. Quant à la Galilée, pays de Jésus, son préfixe *gal* signale son empreinte gauloise (cf. J. Drault, *Drumont*, « *la France juive* » *et* « *la Libre Parole* », *op. cit.*, p. 42-43).

1. *Ibid.*, p. 62-63; R. Viau, *Vingt Ans d'antisémitisme*, *op. cit.*, p. 43-44.
2. Discours de Morès à Bab el-Oued, le 26 février, *Bulletin officiel de la Ligue antisémitique de France*, 1er janvier 1898.
3. Cf. G. L. Mosse, *The Marquis de Morès : A Review Article*, North Dakota Quarterly, hiver 1973, p. 47.
4. R. Viau, *Vingt Ans d'antisémitisme*, *op. cit.*, p. 43-44. Cf. aussi les souvenirs de J. Guérin, *les Trafiquants de l'antisémitisme : La maison Drumont et Cie*, Paris, Juven, 1905, p. 9 et *passim*.

tait, notamment, à lancer des manifestations de grévistes conduites par des compagnons anarchistes [1]. En avril 1890, il participe à une réunion publique aux côtés de Louise Michel [2]. Le 1er mai suivant, il est arrêté en compagnie de quelques dizaines de militants anarchistes et socialistes, et condamné à 3 mois de prison [3]. En février 1892, une importante réunion présidée par Morès et encadrée par les grévistes de l'Urbaine voit la fraternisation d'anarchistes et de bouchers de la Villette [4]. Un an plus tard, on le soupçonne d'avoir subventionné l'anarchiste Vaillant, auteur d'un attentat au Palais-Bourbon [5]. A la même période, Morès intensifie sa campagne « socialiste révolutionnaire [6] » et prépare une campagne de propagande visant à mobiliser diverses catégories de travailleurs, notamment les employés de chemins de fer. Les spécialistes des brigades de recherches pensent alors qu'en disant « que ce mouvement sera au moins aussi sérieux que le mouvement boulangiste on reste au-dessous de la vérité [7] ». Signalons au passage que le secrétaire du syndicat des employés des chemins de fer, Paul Lanoir, sera le fondateur du mouvement jaune.

Au cours de la même période, après avoir été candidat socialiste-révisionniste aux municipales de 1893, il s'apprête à lancer un journal, la Délivrance, pour lequel il essaie d'embaucher des collaborateurs socialistes, notamment Eugène Fournière, de la Revue socialiste [8].

Le départ de Morès pour l'Afrique, en 1894, puis sa mort, en juin 1896 — assassiné par son escorte de Touaregs —, brisent pour un certain temps l'élan de l'antisémitisme de masse. En effet, le chef des bouchers de la Villette occupait une situation très particulière, en ce sens qu'il était le nœud de quatre groupes — cadres boulangistes, intellectuels antisémites, anarchistes, et les troupes de choc de la Villette — dont l'alliance, commandée par un Morès, aurait incontestablement constitué un danger considérable. Au niveau des expériences intellectuelles, cette alliance s'est faite à la Cocarde de Barrès; mais ni l'auteur de l'Ennemi des lois ni ses collaborateurs n'étaient de taille à tenir la place du chef charismatique qu'était le marquis de Morès.

1. B/a 1194, 27 décembre 1892, 9 et 13 janvier, 29 juin, 27 juillet 1893.
2. « Une réunion anarchiste », Le Petit Journal, 16 avril 1890.
3. B/a 1193, 5 juin 1890.
4. B/a 1107, 21 février 1892.
5. B/a 1194, 12 septembre 1893.
6. B/a 1194, 12 et 13 janvier, 23 juillet 1893.
7. B/a 1107, 27 mai 1892.
8. B/a 1194, 21 juillet 1893.

Quelques mois après la mort du marquis, dans les premières semaines de 1897, Jules Guérin, l'adjoint de Morès qu'on retrouvait partout et toujours à ses côtés, ressuscite la Ligue antisémitique de France dont Drumont accepte le patronage nominal. Homme d'affaires véreux, véritable escroc, Guérin se voulait le symbole du « petit patronat vaincu par les seigneurs de la finance » : il avait possédé à Aubervilliers une petite usine de raffinage de pétrole dont, affirmait-il, il avait été dépossédé par les grands « pétroleurs ».

Cependant, les rapports de la préfecture de police nous rendent une réalité quelque peu différente. Volant constamment ses associés ou employeurs tout au long des années quatre-vingts, Guérin est déclaré failli en 1889. Il ne remboursera jamais ses créanciers [1]. Après sa faillite, il mettra le feu à l'une de ses entreprises. Une fois touchée la prime d'assurance [2], le leader antisémite se pose en défenseur de la petite et moyenne entreprise menacée par les grandes concentrations industrielles. Ses déboires, il les doit, comme on s'en doute, aux spéculations et accaparements juifs : il aurait été dépouillé par les Rothschild d'une concession que le gouvernement autrichien lui aurait accordée en Galicie [3].

Dans le sillage de Morès, Guérin avait essayé de se faire une carrière politique dans le XIXe arrondissement. Dans ce quartier populaire, un des fiefs du boulangisme de gauche, il lance un journal bimensuel, *le Réveil du XIXe*, et se prépare à y poser sa candidature aux municipales de 1893 [4]. A la veille des élections, le journal devient hebdomadaire et prend le titre de *Réveil social;* il se fait alors l'organe de tous les anciens boulangistes, candidats dans les XVIIIe, XIXe et XXe arrondissements. C'est l'époque où Guérin se rapproche des blanquistes, notamment de Granger; aux élections, il soutient la candidature de l'ancien député de Nancy, Gabriel, dans le XIXe arrondissement [5]. C'est des municipales d'avril 1893 que datent aussi les premières tensions entre le groupe Morès-Guérin et Drumont [6] :

---

1. F 7 12459, 31 mai 1897.
2. B/a 1104, s. d., rapport sur les antécédents judiciaires de Jules Guérin. Cf. aussi une série de rapports sur le douteux passé du chef de la Ligue antisémitique : B/a 1104, 11 avril 1891, 9 juin 1892, 27 juillet 1893, 25 et 27 décembre 1895.
3. J. Drault, *Drumont*, « *la France juive* » *et* « *la Libre Parole* », *op. cit.*, p. 270; R. Viau, *Vingt Ans d'antisémitisme, op. cit.*, p. 265; Ch. Spiard, *Les Coulisses du Fort-Chabrol, op. cit.*, p. 38. Spiard avait été un proche collaborateur de Guérin : après avoir rompu avec lui, il écrit un ouvrage dont l'objectif est de démystifier l'œuvre du chef de la Ligue antisémitique. Cf. aussi F 7 12459, 10 mai 1902.
4. B/a 1103, 8 novembre 1892 et 15 mars 1893.
5. B/a 1103, 12 et 24 avril 1893, 5 juin 1893.
6. B/a 1103, 7 et 26 avril, 5 juin 1893.

le directeur de *la Libre Parole* n'appréciait pas toujours l'esprit d'indépendance des deux chefs de bande, ni leurs velléités gauchisantes, ni leurs liens avec les anarchistes [1].

Dès le moment où il ressuscite la Ligue antisémitique, Guérin annonce ses objectifs, résumés dans les statuts officiels de l'organisation, avec une grande clarté :

> Protéger le « travail national » sans distinction de classes sociales contre les efforts de la concurrence étrangère.
>
> Libérer les Français et la nation du joug des juifs qui possèdent en France tous les éléments de la production : argent, banque, crédit, chemins de fer et les principales entreprises industrielles et commerciales.
>
> Interdire aux juifs l'accès de toutes les fonctions publiques, quelles qu'elles soient, en attendant de leur enlever les droits de citoyens français, dont ils n'ont fait usage que pour asservir le pays et dépouiller nos concitoyens [2].

L'année 1897 est, pour la Ligue, celle de l'organisation, du recrutement et du travail en profondeur dans les quartiers. Elle constitue des sections dans les arrondissements de Paris et fait un effort de propagande considérable en province. En mai 1897 la Ligue compte 8 000 adhérents, en juillet 1898 ils sont 11 000, répartis en 130 sections comptant environ 60 membres chacune; certaines d'entre elles comptent, cependant, un nombre d'adhérents plus élevé [3]. Les services de la préfecture de police prévoient alors que le nombre des membres de la Ligue antisémitique devrait bientôt atteindre 20 000 [4].

L'année 1898-1899 est la meilleure que la Ligue ait jamais connue. Galvanisées par les succès antisémites aux législatives de 1898, par l'agitation dans la rue, les émeutes, la tentative du 23 février, les procès, enfin, les adhésions sont alors plus nombreuses qu'elles ne l'ont jamais été ou ne le seront jamais [5].

En ce qui concerne la province, les services de la place Beauvau croient avoir répertorié 270 sections [6], dont les plus importantes sont

1. B/a 1103, octobre 1897.

2. Cf. les statuts de la Ligue antisémitique in F 7 12459.

3. B/a 1107, 16 juillet 1898; F 7 12459, 31 mai 1897, 20 juillet 1898 et 26 août 1899. En mars 1899, Guérin réclame 40 000 adhérents; un an plus tard il parle de 90 000 ligueurs (cf. J. Guérin : « Le Grand Occident de France contre le Grand Orient juif », *l'Antijuif*, n° 40, mars 1899, et F 7 12459, 27 mars 1900). Un autre rapport sans date (F 7 13230) fait état de 60 000 membres, dont 10 000 à Paris.

4. B/a 1107, 28 mai 1898.

5. F 7 12882, 11 juin 1898; F 7 12459, 10 juillet 1899; B/a 1104, 25 et 29 juillet 1899.

6. F 7 12882, 12 mai 1899.

celles de Nancy avec 2 800 adhérents, de Marseille et de Lyon avec respectivement 1 600 et 1 200 adhérents[1]. L'Est — Lunéville, avec ses 500 adhérents, est un autre grand centre antisémite[2] — est de tout temps un des plus importants bastions de l'antisémitisme : après avoir élu, en 1889, Barrès et Gabriel, Nancy envoie à la Chambre, en 1898, un antisémite non moins violent, Gervaise, qui sera membre du groupe antisémite. A ce groupe appartient aussi Ferrette, député de Bar-le-Duc. Dans la seconde moitié de 1898, la Ligue antisémitique lance dans l'Est une longue campagne de recrutement, qui remporte un gros succès[3]. D'autres sections importantes fonctionnent à Verdun, à Grenoble, à Montpellier et à Bordeaux.

Sur la carte de la droite radicale, le Sud-Ouest tient, lui aussi, une place de choix. La grande cité girondine envoie à la Chambre, en mai 1898, deux des antisémites les plus virulents — Charles Bernard et Chiché —, qui viennent rejoindre sur les bancs de leur groupe parlementaire deux députés des Landes, le général Jacquey et Denis, et deux députés du Gers, Lasies et Delpeuch-Cantaloup. Le Sud-Est n'y est pas plus mal représenté d'ailleurs : la Drôme (Nyons), la Lozère (Mende), le Gard (Uzès) et le Vaucluse (Apt) envoient siéger d'Aulan, Daudé, Pascal et Abel Bernard. L'Aveyron est représenté par le député d'Espalion, Massabuau.

D'autres sections se signalent à Lille, à Toulouse, à Limoges. La Ligue possède, en outre, des correspondants, entourés d'un petit noyau de militants, dans 12 localités importantes de la banlieue parisienne, dans 68 localités de la France métropolitaine, dans 6 localités d'Algérie et à Hanoi, ainsi qu'à Genève, à Rome, à Bruxelles, à Londres et à Vienne. En Algérie fonctionne en plus une Ligue socialiste antijuive, qui compte, au début de ses activités, vers 1895, plus de 800 adhérents[4]. A l'issue des législatives de 1898, 4 députés antisémites, avec Drumont en tête, représenteront l'Algérie au Palais-Bourbon.

Si la Ligue fonctionne presque dans tous les arrondissements de Paris, c'est dans les IIIe, IXe, Xe, XIe, XVIIe et XVIIIe qu'elle est la plus puissante. En fait, l'essentiel de ses adhérents se trouve réparti, en une sorte d'arc-en-ciel, de la Bastille et de la Nation jusqu'au quartier des Ternes, en passant par la République, Belleville, la gare

1. B/a 1107, 16 juillet 1898.
2. B/a 1104, 8 février 1899.
3. F 7 12460, 30 août 1898.
4. F 7 12459, 27 avril, 20 juillet et août 1898, et 12 avril et 26 août 1899. D'autre part, Nancy possède un autre groupe antisémite de 1 800 adhérents, indépendant de la Ligue antisémitique.

du Nord, Pigalle et les Batignolles. Un échantillon de la population du mouvement antisémite organisé peut être ainsi reconstitué à partir des archives du ministère de l'Intérieur et de la préfecture de police. Ces archives contiennent, en effet, des listes de 532 noms de militants, ainsi que de nombreux autres documents à partir desquels 69 autres militants importants peuvent être identifiés [1], sans qu'il soit, cependant, possible d'obtenir sur un nombre suffisamment important d'entre eux d'autres renseignements que leur adresse [2]. 26 adresses ne pouvant plus être vérifiées, on obtient finalement un total de 575 adhérents qui, pour avoir été spécialement fichés tant par les services de la police que par leurs propres dirigeants, doivent s'être fait remarquer par leur ardeur. Il convient, d'autre part, de préciser que, sur ces listes, figurent tous les noms connus de l'antisémitisme militant.

Le XIe arrondissement et ses environs immédiats constituent incontestablement le point d'appui principal de la Ligue. Dans le trapèze compris entre les places de la Nation, de la Bastille, de la République, et les hauteurs de Belleville, vivent 179 des 575 adhérents identifiés, soit 31 %. En deuxième position vient le XVIIe arrondissement, avec 87 ligueurs, dont 46 dans le quartier des Batignolles et 41 dans le quartier des Ternes. Le complexe XVIIIe-IXe vient en troisième position avec 66 adhérents, suivi du secteur compris entre le quartier des Halles, la Bourse et Sentier-Bonne-Nouvelle avec 62 adhérents. En cinquième position, le Xe arrondissement avec 35 adhérents. En revanche, ils ne sont que 26 ligueurs dans le VIe, 16 dans le XVIe, 14 dans le VIIe, 11 dans le VIIIe et 9 dans le Ve. A en

1. B/a 1103, 26 avril 1899; B/a 1104, 9 avril 1899; B/a 1107, s.d.; F 7 12459. s.d. Le dossier B/a 1104 contient également une liste d'adhérents de province et une autre liste de 7 personnes vivant en banlieue. Il convient, finalement, de signaler que le dossier B/a 1103 contient 10 listes d'adresses datées d'avril et de mai 1899 et provenant d'un carnet ayant appartenu à Jules Guérin. Une onzième liste, datée du 24 mai 1899, a été recueillie sous la cote B/a 1104 : en tout, 343 adresses dans Paris et 47 adresses en banlieue. Rien ne permet de supposer qu'il s'agit de membres de la Ligue antisémitique, et les fonctionnaires de la préfecture de police ont pris la peine de bien faire la différence entre les listes d'adhérents et celles provenant du carnet trouvé sur Guérin lors de son arrestation. Il se pourrait, cependant, que ce carnet ait contenu des noms de sympathisants chez lesquels Guérin effectuait des collectes d'argent ou qu'il espérait, le jour venu, inscrire comme adhérents. Cette hypothèse est corroborée par le fait que le pourcentage d'adresses provenant des beaux quartiers où l'on n'aime pas adhérer aux ligues populaires y est sensiblement plus élevé. Donateurs ou militants potentiels, les inscrits sur le carnet de Guérin n'entrent pas dans le compte du recensement des adhérents.

2. Cf. aussi une courte étude de S. Wilson, « The Ligue antisémitique française », *The Wiener Library Bulletin*, vol. XXV, 1972, p. 33-39.

juger par cet échantillon, il apparaît que c'est dans les quartiers populaires que la Ligue antisémitique recrute le mieux.

Comme la Ligue des patriotes, la Ligue antisémitique est un phénomène urbain; mais, contrairement aux hommes de Déroulède, ses adhérents viennent soit du prolétariat, soit de la très petite bourgeoisie artisanale. La Ligue antisémitique se révèle donc être une ligue populaire, boudée par la grande bourgeoisie de l'ouest de Paris et de la rive gauche. Cela ne signifie pas que l'on n'était pas antisémite dans les beaux quartiers; cela veut dire, tout simplement, que l'on y refusait de militer dans une organisation de combat.

Une remarque supplémentaire s'impose ici : la Ligue antisémitique ne compte qu'un nombre minime d'adhérents dans le IVe arrondissement où, en cette fin de siècle, se concentre l'immigration juive de l'Europe de l'Est [1]. Le IXe arrondissement où, en 1875, fut inaugurée l'imposante synagogue de la rue de la Victoire, devenue le foyer de la vie religieuse juive, réunit seulement quelques dizaines de ligueurs [2]. Vivant en marge de l'économie, n'ayant que peu de contacts avec le reste de la population, les nouveaux arrivants, très pauvres, regroupés dans le Marais, ne faisaient nullement concurrence aux autres secteurs de la vie française [3]. En effet, l'antisémitisme populaire n'est pas une réaction à la présence juive. Ainsi, ce n'est pas une quelconque prolifération juive à Montdidier qui a provoqué la publication, dans cette ville, de *l'Antisémitique;* pas plus que l'hebdomadaire *le Peuple*, lancé à Nantes par Raphaël Viau, n'est le résultat d'une domination juive en Bretagne.

Au moment de sa reconstitution, la Ligue a pour organe *la Libre Parole*. Drumont en est alors le président d'honneur, et Guérin le délégué général. Mais, très vite, un conflit latent s'instaure entre les deux hommes. Conflit de générations, certes — Guérin ne manquait pas d'accuser le directeur de *la Libre Parole* d'être trop vieux —, mais encore et surtout conflit de deux conceptions de l'action politique, de deux écoles et de deux tempéraments. Car Drumont n'a jamais été autre chose qu'un homme de cabinet, un intellectuel incapable de faire descendre dans la rue autre chose que du papier imprimé. Tout

1. Sur les juifs de Paris à cette époque, cf. M. Marrus, *les Juifs de France à l'époque de l'affaire Dreyfus*, Paris, Calmann-Lévy, 1972, p. 49-50 et p. 62. Une dizaine d'adhérents d'après nos recensements, 15 selon un rapport de la préfecture de police (B/a 1107, mai 1898).
2. 60 au maximum, selon un rapport très approximatif de la préfecture de police (B/a 1107, mai 1898).
3. M. Marrus, *Les Juifs de France à l'époque de l'affaire Dreyfus, op. cit.*, p. 62. En revanche Stephen Wilson croit que l'adhésion à la Ligue est une réaction à la compétition juive (« The Ligue antisémitique française », *loc. cit.*, p. 37).

comme Maurras — les deux hommes se ressemblent beaucoup —, Drumont, confortablement installé dans sa salle de rédaction, se plaît finalement en régime de démocratie libérale : un régime qui lui fournit le cadre parfait où peuvent s'épanouir ses seuls talents. Guérin accuse aussi Drumont d'être trop clérical; en quoi il n'a pas tort [1]. Dans *la France juive*, par exemple, les nombreuses survivances religieuses, très apparentes, sont intégrées dans un contexte social. Drumont ne cherche jamais à les dissimuler, au contraire. Son œuvre est celle d'un catholique, et il l'affirme hautement [2].

La scission intervient peu de temps après les législatives de 1898. Élu en Algérie, installé à la Chambre à la tête d'un groupe parlementaire antisémite de 23 membres, Drumont accède à la respectabilité. Pour certains, il s'agirait même d'un certain embourgeoisement [3]. Les rivalités de personnes, les questions d'intérêt, la peur de la concurrence ont évidemment joué un rôle indéniable dans cette séparation, mais, fondamentalement, il s'agit d'une dissidence radicale qui voit s'éloigner de Drumont l'élément populaire et activiste. « Ce sont les violents de toutes les origines qu'il a réussi à grouper autour de lui », lit-on, à propos de Guérin, dans un rapport de police du mois d'août 1898 [4]. Les notables de l'antisémitisme, les députés, les conseillers municipaux et aussi les intellectuels restent aux côtés de Drumont. En revanche, les bouchers de la Villette et la jeunesse antisémite, dirigée par Dubuc et Cailli, sont guérinistes [5]. En juillet 1900, le groupe Dubuc, dont le militantisme en fait aussi un allié de Déroulède, s'enrichit d'une « Fédération antisémite des lycées ». Ainsi donc, la jeune génération antisémite, ou tout au moins ses éléments les plus activistes, se range derrière Guérin [6].

Cependant, comme cela le fut dans le cas du boulangisme, et comme ce le sera souvent pour le fascisme, ces velléités de radicalisme ne résisteront pas aux impératifs de l'action politique de longue haleine. De plus, les frères Guérin, Jules et Louis, hommes d'affaires de leur état, seront incapables de laisser échapper l'occasion qui se présente d'assurer leur avenir et de vivre encore mieux de l'antisémitisme. Car voilà longtemps que l'antisémitisme était devenu une affaire lucrative, un métier qui nourrissait son homme. Drumont avait bien donné

1. B/a 1107, 28 mai 1898.
2. É. Drumont, *La France juive*, *op. cit.*, t. I, p. 15, 25, 108 et 170. Cf. aussi *le Testament d'un antisémite*, *op. cit.*, p. 1-2 et 385-404.
3. Cf. F 7 12459, 4 juillet et 7 août 1898.
4. F 7 12459, août 1898.
5. F 7 12459, 4 décembre 1901.
6. F 7 12459, 14 juin et 4 décembre 1901.

l'exemple qui, à force de guerroyer contre le capitalisme juif, était devenu immensément riche. Les Guérin ne voyaient aucune raison — après ce qui était, en fait, un refus de Drumont d'assurer une existence honorable à la Ligue[1] — de ne pas en faire autant, avec les moyens du bord.

Fin avril 1898, le propriétaire du 7, rue Lentonnet, où est installé le siège de la Ligue antisémitique, attend encore son terme du mois : on avait donné congé, mais faute d'argent on ne peut déménager[2]. C'est alors que l'état-major du duc d'Orléans accepte de voler au secours de la Ligue en la subventionnant. En décidant de renflouer l'organisation de Guérin, on croyait faire d'une pierre trois coups : noyauter la Ligue; pénétrer, grâce à elle, les quartiers populaires; gagner, avec elle, l'organisation de combat capable de tenir la rue le jour venu[3]. C'est le comte de Sabran-Pontevès, le propagandiste orléaniste en milieu populaire, qui est chargé de l'affaire, après en avoir été sans doute l'instigateur. Candidat dans la circonscription du quartier de la Villette aux législatives de 1898, il avait, pendant l'absence de Guérin, qui faisait campagne aux côtés de Drumont en Algérie, essayé d'y recruter pour sa propre cause. Mais il s'aperçoit très vite qu'il lui fallait, pour cela, le concours du chef de la Ligue antisémitique. Après avoir cherché, un certain temps, le rapprochement avec la Ligue des patriotes, Sabran-Pontevès y renonce : Déroulède n'était pas homme à se laisser manœuvrer. Il reporte donc l'essentiel de ses efforts sur la Ligue antisémitique et fera beaucoup pour que l'antisémitisme populaire, moyen par excellence pour pénétrer les faubourgs, soit régulièrement subventionné par la maison de France[4]. Attentif aux courants d'opinion, voyant monter la vague antisémite, le duc d'Orléans s'empresse de publier une violente proclamation connue sous le titre de *Manifeste de San Remo* : l'intégration dans le consensus national passe, en cette fin de siècle, par l'antisémitisme.

Le 28 août 1898 paraît le premier numéro de *l'Antijuif*, accompagné de *l'Antijuif français illustré*. La fondation des deux hebdomadaires, qui devaient bientôt fusionner, est possible grâce à une première

1. F 7 12459, 8 et 15 octobre 1898, 2 juillet et 19 août 1898; F 7 12451, s. d. D'après certains rapports, les Guérin auraient touché, dès 1897, une commandite de deux personnalités monarchistes, anciens camarades de Morès, grâce à laquelle ils sont parvenus à installer, rue d'Allemagne, un magasin de salaisons (F 7 12459, mai 1897).
2. F 7 12459, 28 avril 1898.
3. F 7 12459, 21 avril 1900, 10 juillet 1899 (sur l'entrée des royalistes dans la Ligue antisémitique), 15 septembre 1898.
4. B/a 1104, 24 novembre 1899; F 7 12459, 16 octobre 1898, 13 et 27 février, 24 et 27 mars, 15 et 29 mai, 26 août 1899; F 7 12883, 1er mars 1904.

donation de 100 000 francs versée par le prétendant, suivie sans doute d'une somme équivalente qui devait permettre à la Ligue de s'installer presque luxueusement au 56, rue de Rochechouart[1]. Dès lors, et jusqu'au mois d'avril 1903, des mensualités de près de 20 000 à 30 000 francs sont régulièrement allouées à Guérin. De plus, le versement d'une somme de 300 000 francs[2] permet à la Ligue, entretemps débaptisée et devenue, par opposition au « Grand Orient de France », le « Grand Occident de France »[3], d'installer en plein cœur de Paris une véritable forteresse. Meublé sans souci d'argent, le grand immeuble de la rue de Chabrol est protégé par une haute grille en fer forgé, une énorme porte cochère garnie de triples verrous, des fenêtres pourvues de volets doublés en tôle, et tout un système de sonneries électriques. Le siège du Grand Occident abrite non seulement les bureaux de l'Antijuif et les services administratifs de la Ligue, mais aussi une salle de conférences pouvant contenir 500 personnes, une salle d'armes, un gymnase, une imprimerie, ainsi qu'un cabinet médical gratuit[4].

Une cinquantaine de permanents s'y tiennent constamment à la disposition de Guérin. Payés 10 francs par jour, plus 50 francs à la fin du mois pour leur chambre, ils constituent l'équivalent du Corps des commissaires de la Ligue des patriotes. En période de crise, ils encadrent des équipes spéciales prises dans les environs des Halles, au faubourg Montmartre, aux Ternes et aux Batignolles[5].

Cependant, le projet le plus ambitieux conçu par Guérin est, en août 1898, la création d'une « Société mutuelle de protection du travail national[6] ». En fait, il ne s'agit de rien d'autre que de la mise sur pied d'une nouvelle Bourse du travail, capable de tenir tête à la

1. F 7 12459, 19 août 1898, 16 janvier et 6 septembre 1899. Selon un rapport du 22 juillet 1898 (B/a 1104), Guérin pourrait également compter sur l'appui financier du très riche député de Poitiers, Dupuyren, qui serait prêt à mettre à sa disposition une somme de 100 000 francs.
2. F 7 12882, 25 mai, 30 août et 23 septembre 1899; F 7 12883, 1er mars 1904; F 7 12459, 2 février 1899. Cf. Ch. Spiard, les Coulisses du Fort-Chabrol, op. cit., p. 29 et 46-63. Sur les subventions royalistes, cf. aussi B/a 1104, 24 mai 1899.
3. J. Guérin, « Le Grand Occident de France contre le Grand Orient juif », L'Antijuif, loc. cit.
4. R. Viau, Vingt Ans d'antisémitisme, op. cit., p. 192-195; F 7 12459, 10 septembre 1898, 15 et 20 mars, 5 et 10 avril 1899; F 7 12882, 25 mai et 30 août 1899. Cf. aussi B/a 1104, 18 avril, ainsi que 10 avril 1898 : Boni de Castellane aurait versé à Guérin une somme de 100 000 francs pour lui permettre de s'installer rue de Chabrol.
5. F 7 12459, 15 mars 1899 et 19 avril 1902.
6. F 7 12882, 10 août 1898. Cf. aussi J. Guérin, « La Main-d'œuvre française », l'Antijuif, 14 mai 1899.

Bourse socialiste. C'est donc la Ligue antisémitique qui jette, la première, les bases de ce syndicalisme antimarxiste qui, indépendamment des antisémites parisiens, pointe alors seulement parmi les mineurs, les métallos et les cheminots de l'Est et du Nord. La Bourse antisocialiste et antisémite sera finalement un échec, son organe, *Main-d'œuvre française*, ne paraîtra jamais, mais le projet en lui-même paraissait suffisamment hardi et important pour que le parti monarchiste s'y intéresse activement. Incontestablement, c'est la perspective de pouvoir aider à l'organisation d'un syndicalisme national par le canal duquel il serait possible de gagner l'énorme masse du prolétariat, hostile à la République libérale et jacobine, encore à peine effleurée par le marxisme, qui amène le duc d'Orléans à subventionner, pendant près de cinq ans, par des sommes considérables, la Ligue antisémitique. Un document confidentiel trouvé dans les papiers d'André Buffet, le chef royaliste condamné par la Haute Cour en même temps que Déroulède, l'atteste. Ce document n'était ni daté ni signé, mais son contenu désigne si clairement son auteur qu'on peut affirmer sans l'ombre d'un doute qu'il fut écrit par le prétendant lui-même. Il y est question, en effet, de gagner « des intelligences conscientes et inconscientes dans les syndicats », afin de permettre à une personnalité que l'on ne peut nommer de lancer, dès que l'occasion s'en présentera, un mouvement ouvrier qui « se fera sur mon nom »[1]. Les contacts devant se faire par l'intermédiaire de Buffet et de Lur-Saluces, les deux personnalités monarchistes de premier plan qui étaient en relation avec Guérin, et les sommes dont il y est question correspondant plus ou moins à celles qui furent versées, selon d'autres sources, à la Ligue antisémitique[2], il est évident que c'est bien à l'ancien lieutenant du marquis de Morès que devait, dans l'esprit de l'état-major royaliste, revenir l'honneur de ramener le prolétariat de France à la maison de France, fonction qui, après l'échec de Guérin et la débâcle de la première génération des nationalistes, sera dévolue aux Jaunes de Biétry.

Dès qu'il est en possession des subventions royalistes, Guérin lance une active campagne de propagande. Il publie *l'Antijuif*, dont le tirage passe très vite de 40 000 à 90 000 exemplaires, pour atteindre les 120 000 en janvier 1899. On envisage alors de porter le tirage jusqu'à 150 000 exemplaires[3]. En août 1898, la vente réelle atteint 65 000

1. F 7 12717, « Haute Cour de Justice, affaire Buffet-Déroulède [et autres », cote 154, pièce n⁰ 3.
2. F 7 12459, 25 février et 29 août 1902; F 7 12883, 1ᵉʳ mars 1904.
3. B/a 1104, 1ᵉʳ et 5 juillet, 22 septembre et 16 décembre 1898, 11, 19 et 30 janvier 1899. Il est intéressant de comparer le tirage de *l'Antijuif* aux 2 000 numéros

LES STRUCTURES DE L'ANTISÉMITISME

exemplaires : elle ne semble pas avoir augmenté depuis [1]. *L'Antijuif* est un succès incontestable : en janvier 1899, on apprend que les dépositaires réclament une augmentation du nombre de numéros mis à leur disposition. Telle est aussi la demande des sections de province, qui écoulent au moins 500 numéros chacune [2]. Quant aux invendus, ils sont distribués gratuitement en banlieue par des équipes motorisées spéciales [3].

En même temps, Guérin se lance à la conquête de la province : des réunions ont lieu, dans les derniers mois de 1898, à Marseille, à Lyon, à Bordeaux, à Nantes, à Rennes, dans les Charentes, en Dordogne, en Lorraine et dans la Marne [4]. Mais l'essentiel de l'effort de propagande est concentré à Paris, au siège du Grand Occident. Une ou deux conférences s'y tiennent chaque semaine, on y donne des fêtes-concerts où sont admises les femmes des ligueurs avec leurs enfants [5]. La Ligue cherche à développer une vie sociale qui lui soit propre, à resserrer les liens de solidarité entre ses membres.

Néanmoins, elle ne néglige pas de s'entourer d'infinies précautions. C'est qu'elle vit toujours dans l'attente de tracasseries administratives, de perquisitions, voire de la dissolution. La Ligue vit toujours dans la crainte des infiltrations, surtout de celle des agents de la place Beauvau. Enfin, elle doit toujours être prête à passer à l'action. Tout ceci explique que sa méfiance soit plus importante encore que celle de la Ligue des patriotes. C'est ainsi que le recrutement d'un ligueur se fait toujours sur une recommandation de parrains ou sur des références aisément contrôlables; sa carte d'identité est changée tous les trois mois afin d'empêcher les imitations et les vols — carte et insigne subissent trois ou quatre fois par an, ou chaque fois que le besoin s'en fait sentir, une légère modification. De plus, le courrier des ligueurs leur est remis à domicile, en main propre, sans que le concierge ait à intervenir [6].

Afin de faciliter, en cas de besoin, une mobilisation générale, on envisage la possibilité de lancer des convocations codées par l'intermédiaire de la presse. Mais c'est là un système encore beaucoup trop

---

qu'imprimait le *Bulletin officiel de la Ligue antisémitique de France* (B/a 1107, 3 février 1898).

1. B/a 1104, 23 août 1898.
2. B/a 1104, 21 août 1898 et 19 janvier 1899.
3. F 7 12882, 3 octobre, 3 novembre, 6 décembre 1898.
4. Cf. F 7 12459 (il s'agit de plusieurs dizaines de documents classés sous cette cote).
5. R. Viau, *Vingt Ans d'antisémitisme, op. cit.*, p. 191.
6. F 7 12459, 31 mai 1897, 20 mars et 21 avril 1900; F 7 12882, 17 juin 1898.

lent pour une organisation qui veut pouvoir compter sur ses adhérents en cinq heures au plus. C'est pourquoi la responsabilité de convoquer les troupes — et il s'agit surtout de Paris — incombe aux chefs des sections, auxquels Guérin ou son secrétaire remettraient, en cas d'urgence, l'ordre de la délégation générale. Dans les sections importantes, on envisage une subdivision en quartiers [1]. Ces mesures de précaution sont telles que, même en cas de descente de police, tout ce qui a trait à l'organisation de la Ligue reste introuvable [2]. Le secret est d'autant plus aisé à protéger que Jules Guérin, aidé de son frère Louis, centralise entre ses mains tous les renseignements confidentiels, y compris les listes des adhérents et la comptabilité du mouvement [3].

2. L'AGITATION NATIONALISTE ET ANTISÉMITE DE LA FIN DU SIÈCLE

« L'agitation et la violence, voilà le programme de Guérin, ratifié d'ailleurs par les ligueurs présents », écrit en juin 1898 un indicateur infiltré dans la Ligue antisémitique, à l'issue d'une importante réunion. « Guérin paraît décidé à employer partout la force », lit-on le lendemain dans un autre rapport [4]. La Ligue, en effet, se destine à être « un moyen d'agitation révolutionnaire [5] » et proclame sans détour la nature de ses objectifs : « Les antijuifs, soyez tranquilles à ce sujet, ne se laisseront jamais reprendre la rue par les juifs et les mauvais Français qu'ils soudoient [6]. » Déclaration que les ligueurs prennent pour argent comptant, surtout que, tout au long de cette année, Guérin ne cesse d'assurer à ses troupes que « les agents sont avec nous [7] ». Ce qui semble d'ailleurs avoir été le cas ici et là. Mais, en fin de compte, la police reste loyale au régime, même si elle ne fait pas usage de mesures draconiennes contre les manifestants.

Même s'il est difficile de déterminer avec précision le rôle qu'a joué la Ligue dans les émeutes de 1898-1899, il est possible néanmoins d'affirmer, autant qu'on puisse en juger par l'état présent de la

1. F 7 12459, 6 avril, 2 juin et 26 août 1899, 7 mai 1900.
2. F 7 12459, 27 février 1899.
3. F 7 12459, août 1899, 11 octobre 1899.
4. F 7 12459, 1er et 2 juin 1898.
5. F 7 12459, août 1899.
6. J. Guérin, « A Paul Déroulède », *L'Antijuif*, 29 janvier 1899.
7. F 7 12459, 18 septembre 1898.

documentation, qu'il a été assez important. Parce qu'elles n'ont encore, à une exception près, guère attiré la curiosité des chercheurs, ces émeutes, qui, pourtant, s'échelonnent sur plus de dix-huit mois — de janvier 1898 à août 1899 —, passent inaperçues dans des études, même très récentes, qui traitent de cette période [1].

Les réalités de l'Affaire, dès qu'on les examine au niveau du comportement politique et des mouvements de masse, sont quelque peu différentes. Les services de police, eux, n'étaient pas dupes : grâce aux rapports de leurs nombreux agents et de leurs commissaires spéciaux, il est possible aujourd'hui de se faire une idée plus juste de ce que fut l'agitation nationaliste et antisémite des dernières années du siècle.

Il importe de préciser dans ce contexte que les spécialistes des brigades centrales savaient non seulement analyser la nature des émeutes, mais aussi les prévoir. Attentifs à l'état des esprits, postés dans les quartiers populaires, ils connaissent admirablement leur clientèle. C'est ainsi que, le 14 janvier 1898, un fonctionnaire de la préfecture de police met en garde ses supérieurs, sur un ton pressant : selon lui, Paris est sur le point de voir « ce qu'ont vu Alger, Oran, ce qu'a vu Wien (Autriche) il y a peu de mois ». Selon lui encore, « l'exaspération est universelle » : à Clignancourt et à Montmartre, chez les chômeurs et « les gens des faubourgs » mais aussi en milieu étudiant, « il se prépare manifestement un mouvement » qui se terminera nécessairement par « le pillage des boutiques juives [2] ».

En effet, la première vague d'incidents éclate le lendemain de la bombe Zola. Du 14 janvier jusqu'à fin février — le procès de l'auteur de *J'accuse* s'ouvre le 7 février —, des émeutes d'une extrême gravité éclatent à Paris, à Marseille, à Lyon, à Nancy, à Bordeaux, à Perpignan, à Nantes, à Angers, à Rouen et à Chalon-sur-Saône [3]. Au cours de la dernière semaine de janvier, le centre des émeutes se déplace vers l'est : toute la Lorraine est touchée, ainsi que la Meuse et le Doubs. Décidément, la géographie du militantisme socialiste national et antisémite ne varie guère; et, jusqu'au Faisceau de Valois, elle restera telle que le boulangisme l'a dessinée. Cependant, c'est dans toute la France, pratiquement dans chaque ville d'une quelconque importance, que les émeutes éclatent. L'importance de ces manifestations varie considérablement d'un endroit à l'autre. Si, dans certaines localités,

---

1. La seule exception est l'article de S. Wilson, « The anti-Semitic riots of 1898 in France », *The Historical Journal*, vol. 16, n° 4, 1973, p. 789-806, qui, toutefois, n'étudie que les deux premiers mois de 1898.
2. B/a 1043, 14 janvier 1898.
3. S. Wilson, « The anti-Semitic riots in France », *loc. cit.*, p. 789.

on ne signale qu'une certaine forme de chahut, avec lancement de pierres sur des maisons et des boutiques juives par des lycéens ou à l'occasion du départ du contingent, ailleurs il s'agit d'attroupements de plusieurs milliers de personnes, qui dégénèrent en véritables émeutes pouvant durer plusieurs journées consécutives. 4 000 manifestants déferlent dans les rues de Marseille, d'Angers et de Bordeaux, 3 000 à Nantes, 2 000 à Rouen, de 1 000 à 2 000 dans l'Est, à Nancy, à Bar-le-Duc, à Saint-Dié, à Reims, mais aussi à Lyon et à Dijon. Aux cris de « Mort aux juifs » et « Vive l'armée », les manifestations durent trois journées consécutives à Dieppe, à Bar-le-Duc, à Saint-Dié, à Nancy, à Lunéville, à Épinal, à Ligny, à Lyon et à Perpignan, quatre jours à Nantes, à Dijon et à Chalon-sur-Saône, cinq jours à Marseille, à Angers et à Bordeaux où ont lieu de véritables batailles de rue, six jours à Rouen. Pendant toute une semaine, l'émeute gronde dans Paris : comme en province, on signale des attaques contre les maisons de commerce juives et les synagogues [1]. Au cours de ces semaines, les juifs sont victimes d'agressions dans la rue : en Algérie, il y a mort d'hommes. Le 23 janvier, un ouvrier était tué d'un coup de couteau au cours d'une manifestation, et, le même jour, un juif subissait le même sort à la fin d'un meeting [2].

Toujours en Algérie, des déchaînements violents éclatent sur l'ensemble du territoire dès le mois de mai 1897 : des magasins juifs sont pillés et des synagogues saccagées [3]. Mais c'est surtout entre le 22 et le 24 janvier 1898 que des émeutes particulièrement sanglantes, de véritables pogroms, ont lieu dans toutes les villes d'Algérie. Des rues entières où prédominent les magasins des juifs sont mises à sac, et les forces de police, qui, pourtant, n'interviennent pas toujours avec efficacité, ont 47 blessés. Ce n'était là qu'une première vague d'une agitation qui devait durer plusieurs années. Douze mois plus tard, par exemple, de février à avril 1899, il ne se passe pas un jour sans qu'il y ait une manifestation à Alger ou dans les environs [4].

L'Algérie est à cette époque le fief de Max Régis. Ayant accédé à la notoriété pour avoir agressé son professeur juif et s'être battu en duel

1. On consultera les très nombreux documents classés aux Archives nationales sous les cotes 12467 et 12474, ainsi que ceux des archives de la préfecture de police sous la cote B/a 1043, notamment les rapports des 10 à 14 janvier 1898. On consultera aussi l'étude de S. Wilson, « The anti-Semitic riots in France », *loc. cit.*, p. 792, ainsi que les remarques de M. Marrus, *les Juifs de France à l'époque de l'affaire Dreyfus, op. cit.*, p. 241.
2. R. Viau, *Vingt Ans d'antisémitisme, op. cit.*, p. 174.
3. M. Marrus, *Les Juifs de France à l'époque de l'affaire Dreyfus, op. cit.*, p. 240.
4. Cf. S. Wilson, « The Anti-Semitic riots in France », *loc. cit.*, p. 803; cf. aussi p. 798-799; R. Viau, *Vingt Ans d'antisémitisme, op. cit.*, p. 189.

avec d'autres juifs, le jeune étudiant Régis devient vite l'idole de toute une population. Il lance aussitôt un journal, *l'Antijuif*, qui reprend les idées de Drumont et s'assure immédiatement un tirage de 20 000 exemplaires, ce qui représente en Algérie un succès colossal[1].

Les bandes de Régis avaient aussi leurs hymnes qui, pour les marchands juifs des rues Babazoum ou de la Lyre, annonçaient les débuts d'un nouveau pogrom. Avec *la Marseillaise antijuive*, qui se chantait sur l'air des *Pioupious d'Auvergne*, la plus fameuse de ces chansons était la *Marche antisémite* dont le refrain était :

> A mort les juifs! A mort les juifs!
> Il faut les pendre
> Sans plus attendre.
> A mort les juifs! A mort les juifs!
> Il faut les pendre
> Par le pif!

Quant à *la Marseillaise antijuive*, elle avait un contenu à prétention sociale :

> Il y a trop longtemps qu'nous sommes dans la misère,
> Chassons l'étranger,
> Ça f'ra travailler ;
> Ce qu'il nous faut, c'est un meilleur salaire,
> Chassons de notre pays
> Toute cette sale bande de youdis[2]!

Max Régis n'avait pas vingt-cinq ans quand il venait, le 19 février 1898, offrir à Drumont la candidature dans la 2e circonscription d'Alger. Trois mois plus tard, le directeur de *la Libre Parole* était élu à une énorme majorité, et avec lui passaient 3 autres candidats antisémites : Firmin Faure (Oran), Marchal (Alger) et Morinaud (Cons-

---

1. Sur l'importance de l'Algérie pour l'antisémitisme métropolitain ainsi que sur les autres organes de presse antisémites, cf. « L'Algérie antijuive », *l'Antijuif*, 21 août 1898. Pour donner une idée du style ordinaire de la rédaction de *l'Antijuif* algérien, Raphaël Viau rapporte deux extraits découpés dans *les Échos* de janvier 1898 :

« Hier, jeudi, une truie juive a mis bas un porcelet hébreu, rue Babazoum. Tant pis! »

« Avant-hier, aux tournants Rovigo, un de nos bons amis, qu'un juif fixait insolemment, lui a appliqué, en guise de premier avertissement, deux coups de pied dans le bas-ventre, qui l'ont étendu raide, en poussant des cris de cochon échaudé. L'audace des youtres n'aurait bientôt plus de bornes, si les honnêtes citoyens ne se décidaient pas enfin à sévir. Félicitations bien sincères à notre ami » (R. Viau, *Vingt Ans d'antisémitisme, op. cit.*, p. 175-176).

2. Cf. B/a 1107 : on trouvera dans ce dossier de nombreuses brochures, chansons et affiches de l'époque.

tantine). 4 des 6 députés d'Algérie étaient désormais membres du groupe antisémite de la Chambre. En novembre, Max Régis était élu maire d'Alger : devenu, par la volonté du peuple, le maître incontesté du territoire, adulé par la population et par ses pairs — Drumont et Guérin se livrent une sauvage compétition à qui plaira davantage à Régis —, le maire d'Alger n'hésite pas, en décembre 1898, à menacer de sécession si le pouvoir ne donne pas satisfaction à l'Algérie antisémite [1].

Beaucoup plus qu'en métropole, l'antisémitisme algérien fut un mouvement de masse qui s'était traduit non seulement par des émeutes locales, mais aussi par un succès électoral et un véritable défi lancé aux pouvoirs publics. L'Algérie, l'Algérie française serait-on tenté de dire, défie le gouvernement de la République, les tribunaux et les lois de la République : en 1898-1899, les colons, dont beaucoup sont d'origine étrangère — les Régis étaient d'origine italienne, et le propre frère de Max, Alfred, a servi en Italie au 2e bersaglieri [2] —, entrent en révolte ouverte contre la métropole. En même temps, pour la première fois, un mouvement politique regarde vers l'Algérie pour y chercher un chef. Il ne fait aucun doute que, pendant près de deux ans, le mouvement antisémite, en proie aux divisions internes, avait voulu voir ce chef en Régis. Paradant au procès de Rennes, parlant salle Wagram ou haranguant la foule sur les boulevards, le jeune Régis — il était beau, il était blond et, comme Boulanger, plaisait énormément aux femmes —, avait pu faire illusion. Il avait à ses pieds, Déroulède excepté, tous les leaders de la droite radicale.

Mais, manifestement, il manquait à Régis les qualités intellectuelles, l'étoffe et la surface d'un grand chef politique. C'était un médiocre que la gloire servait, soit pour en jouir à Monte-Carlo, soit pour rechercher à Paris des conquêtes féminines dans des milieux très mélangés [3]. Ce qui n'empêche pas Rochefort de l'imposer, en 1901, contre les vœux des hommes de la Patrie française, comme candidat à une élection partielle dans le XIe arrondissement [4]. Battu à plate couture, Régis disparaît de la scène politique. Une fois de plus, il est permis de méditer sur les dimensions qu'aurait prises le mouvement antisémite s'il avait pu, comme le boulangisme, s'incarner en un homme, prendre un nom et avoir un visage; s'il n'avait eu à évoluer dans un vide où, selon l'expression de Vaugeois, « l'émotion nationale

1. F 7 12882, 23 décembre 1898.
2. F 7 12882, 15 janvier 1901.
3. B/a 1104, 27 février et 14 avril 1899.
4. F 7 12882, 15 janvier et 20 février 1901.

n'eut pour s'exprimer et se justifier qu'un objet de haine : le juif, sans nul objet d'amour, sans un héros où s'accrocher[1] ».

Plus que jamais, durant l'agitation des années 1898-1899, l'antisémitisme prend les formes d'une défense des classes moyennes. Le premier numéro de *l'Antijuif* y est consacré : Jules Guérin, toujours en honnête Français, victime des grands seigneurs de la finance, lance sa campagne contre « les accapareurs et les voleurs »; il se fait l'interprète du « petit commerce de province dont l'existence est menacée par l'installation, dans presque toutes les villes, de ces grands bazars juifs qui ruinent tout autour d'eux[2] ». Tout au long de ce réquisitoire, les magasins à grande surface sont toujours identifiés avec les juifs, pour une raison fondamentale : « Dans toutes les branches du commerce où le profit est anormal, usuraire, où le truquage est praticable, le juif excelle[3]. » Reprenant une idée qui avait déjà germé dans *l'Antisémitique*, *l'Antijuif* s'apprête à dresser, par région, profession et ordre alphabétique, des listes de marchands juifs afin d'éditer le plus rapidement possible un *Guide des acheteurs antijuifs :* « Le boycottage impitoyable doit être la tactique des Français désireux de défendre leur patrie menacée par les juifs[4]. » Ces appels ne restent pas à l'état d'un vœu pieux, au contraire. Généralement, ils n'éclairent qu'une réalité : dans une trentaine de villes, de Saint-Malo à Bar-le-Duc, de Granville (Manche) à Charmes (Vosges), la foule attaque les grands magasins que l'on suppose appartenir à des juifs[5]. A Paris, la Ligue antisémitique prépare ouvertement le pillage des maisons de commerce juives. A Nantes, aux cris de « Mort aux juifs », des commer-

1. H. Vaugeois, « Notes politiques », *L'Action française*, 15 mars 1902, p. 463.
2. J. Guérin, « Pétroleurs, accapareurs et voleurs », *L'Antijuif*, 21 août 1898. Voici la suite du raisonnement : la création de ces immenses bazars, qui amènent la disparition de la plupart des maisons de détail d'une ville, a pour conséquence une crise économique venant frapper toutes les industries d'une localité vivant de l'existence même du petit commerce et de la petite industrie. Les entrepreneurs de peinture, de bâtiment, les menuisiers, les serruriers, etc., sont obligés de disparaître à la suite de leurs clients, et les ouvriers qu'ils emploient sont souvent obligés de quitter l'endroit de leur naissance, pour aller chercher ailleurs le travail qu'on vient de leur supprimer. Cf. aussi « Le petit commerce », *la Tribune française*, 10 septembre 1902. Fondé le 1er septembre, le nouveau quotidien paraîtra jusqu'au 29 septembre 1903; il compte parmi ses collaborateurs Gyp, Raphaël Viau (venu de *la Libre Parole*) et Auguste Chirac.
3. « Les marchands juifs ambulants », *L'Antijuif*, 9 août 1899. Pourfendre les grands magasins était déjà, bien avant Guérin, une spécialité de Drumont : cf. les textes réunis par E. Beau de Loménie, *Édouard Drumont ou l'Anticapitalisme national*, Paris, Pauvert, 1968, p. 189-193.
4. « Le guide des acheteurs antijuifs », *L'Antijuif*, 14 mai 1899; « Notre appel », *ibid.*, 7 mai 1899.
5. S. Wilson, « The anti-Semitic riots in France », *loc. cit.*, p. 798-799.

çants préconisent « l'organisation d'une ligue antisémitique » devant assurer « le négoce loyal » et « défendre leurs intérêts contre les juifs[1] ». C'est à des fins semblables qu'une « Ligue antisémitique du commerce poitevin » avait été fondée dès 1896 : réunissant 200 commerçants, elle avait pour devise : « Pour l'honneur et le salut de la France, n'achetez rien aux juifs[2]. » Il en est de même à Reims, à Épinal, à Montpellier où l'on attaque les grands magasins, ainsi qu'à Bordeaux où, en mai 1897, Guérin développe ses thèmes préférés sur « l'accaparement juif ». A Marseille, à Dijon, à Vesoul, à Bar-le-Duc, à Grenoble, à Toulouse, à Caen, les mêmes affirmations sont reprises et constituent le fond de la propagande et des émeutes antisémites[3]. En mai 1899, la Ligue antisémitique s'apprête à imprimer un million d'étiquettes et d'affiches destinées à identifier les maisons de commerce juives et à en interdire l'accès aux bons Français[4].

Tout compte fait, les émeutes de janvier-février 1898, les manifestations qui les précèdent et celles qui les suivent ne sont rien d'autre qu'une mise en œuvre de l'idéologie antisémite, de Toussenel et Proudhon jusqu'à Drumont, Barrès, Rochefort et Maurras. Il n'y a pas un mot dans les slogans des hommes qui pillent et saccagent les magasins juifs, qui attaquent physiquement les juifs sur la place publique, ou qui tuent, comme à Alger, qui n'ait pas été dit, écrit et tiré, chaque jour et pendant des années, à des centaines de milliers d'exemplaires. Ces mots, ces slogans finiront par être réunis et présentés à la tribune du Palais-Bourbon sous forme de projets de loi. Les succès remportés par les députés antisémites ne le cèdent en rien à ceux des troupes de choc de Jules Guérin. C'est ainsi que la proposition de Pontbriand, député de Châteaubriant et membre du groupe parlementaire antisémite, de « n'admettre dans l'administration, dans l'armée ou dans la marine, comme officiers, que les Français ou les personnes nées de parents naturalisés français depuis trois générations » recueille, le 10 janvier 1898, 158 voix.

Il importe de relever la date de l'initiative du député de la Loire-Inférieure, où Nantes représente un bastion très important de l'antisémitisme : c'est antérieurement à *J'accuse* que les esprits sont déjà jugés mûrs pour une proposition de législation antijuive. Un mois plus tard, le 11 février, alors que l'agitation antisémite a gagné le pays, ils sont 198 représentants du peuple à appuyer Denis, député de Dax, qui demande au gouvernement « quelles mesures il comptait

1. B/a 1104, 14 janvier 1898.
2. S. Wilson, « The anti-Semitic riots in France », *loc. cit.*, p. 799.
3. F 7 12460, 26 janvier 1898; F 7 12474, 19 février 1898.
4. B/a 1104, 25 mai et 27 juillet 1899.

prendre pour arrêter la prédominance des juifs dans les diverses branches de l'administration française [1] ».

Dans ce sens, l'antisémitisme est un aspect capital de la révolution de droite, nationale et sociale. Pour les antisémites, en effet, il ne s'agit de rien de moins que de briser tant les structures conceptuelles que les structures politiques de la démocratie jacobine. Cette tentative véritablement révolutionnaire eût été impensable sans la longue période de préparation idéologique qui l'avait précédée, sans la légitimation que l'antisémitisme avait conquise, tant à l'extrême gauche qu'à l'extrême droite. Il est, d'autre part, incontestable que, dans ses efforts d'implantation et de mobilisation des couches populaires, l'antisémitisme plébéien pouvait compter non seulement sur l'appui des plus célèbres publicistes du temps et des plus gros tirages de la presse parisienne, mais aussi sur les tergiversations, les hésitations et les calculs des socialistes, ainsi que sur la lâcheté des notables et des politiciens juifs [2].

Cependant, l'allié le plus puissant et le plus efficace de cet antisémitisme de pogroms qu'est l'antisémitisme populaire reste l'élément catholique. Tout au long de l'Affaire, la presse catholique se déchaîne : à la suite de journaux comme *la Libre Parole* et *l'Intransigeant*, elle fait tout pour propager amplement l'image du juif telle que patiemment l'avait forgée la littérature antisémite. L'influence de *la Croix*, notamment en province, fut à cet égard déterminante, probablement semblable à celle de *la Libre Parole*, s'il est exact, comme le pensait Thibaudet, que 30 000 prêtres étaient abonnés au journal de Drumont [3]. La « bonne presse » accorde d'ailleurs un accueil triomphal à Drumont, elle signale ses livres, en reproduit de longs passages et cite fréquemment les articles qu'il donne à *la Libre Parole* [4].

Les idées de Drumont sont, cependant, fort éloignées de celles des religieux. Le catholicisme que pratique l'auteur de *la France juive* est un catholicisme non conformiste; il se montre d'une extrême sévérité pour l'Église de son temps, il a horreur de Léon XIII, il

---

1. Z. Sternhell, *Maurice Barrès et le Nationalisme français*, op. cit., p. 238.
2. « Est-ce trop exiger que de demander aux juifs qu'ils n'insultent pas ceux qui les défendent? », écrit Clemenceau dans *l'Iniquité* (Paris, Stock, 1899, p. 375), et il cite à titre d'exemples deux professions de foi antidreyfusardes faites par des candidats juifs aux législatives de 1898, Fernand Crémieux et L.-L. Klotz. Tous deux flétrissent dans un texte identique « la campagne odieuse dirigée contre l'armée de la République », et prennent « l'engagement formel de voter contre la révision du procès Dreyfus » (p. 375 et 352).
3. A. Thibaudet, *Les Idées politiques de la France*, Paris, Stock, 1932, p. 45-46 et 27. Cf. aussi, P. Sorlin, « *La Croix* » et les Juifs, op. cit., p. 206.
4. P. Sorlin, « *La Croix* » et les Juifs, op. cit., p. 202.

accable les évêques, le Ralliement l'exaspère. S'il estime que la personnalité de la France est inséparable de la tradition catholique, il méprise, en revanche, la hiérarchie contemporaine. La « bonne presse » aurait donc pu avoir de sérieuses raisons de se méfier de Drumont. Or, elle ne cesse de le couvrir de louanges; si elle fait des réserves, celles-ci ne vont jamais loin. Les critiques adressées au clergé ne provoquent pas de réaction, les attaques dirigées contre le pape sont relevées sur un ton de paternelle tristesse et les jugements très durs sur Léon XIII sont passés sous silence. *La Croix* voudrait s'attaquer à Drumont qu'elle ne le pourrait : ses propres rédacteurs partagent les idées du directeur de *la Libre Parole*. D'autre part, conscients du fait qu'aucun journaliste chrétien n'exerce une influence réelle sur l'opinion, les collaborateurs de *la Croix* se contentent, faute de mieux, d'un hétérodoxe, et ils lui savent gré de se proclamer grand catholique[1].

La responsabilité de la « bonne presse » dans la diffusion de l'antisémitisme à la fin du XIXe siècle semble considérable. Celle-ci ne prêche pas une doctrine antisémite; elle distille un sentiment antijuif, elle répète, semaine après semaine, qu'il ne faut plus de juifs, elle se félicite lorsqu'un juif est arrêté, pavoise quand on met au pillage des magasins juifs. A la longue, elle provoque une sorte d'effet d'imprégnation. Elle n'agit pas par grands coups comme Drumont, elle imbibe ses lecteurs et, progressivement, les convertit[2].

L'engagement du petit clergé illustre non seulement la dimension populaire de l'antisémitisme, mais l'unanimité de la réaction catholique : c'était le seul groupe social dont la solidarité ne fut jamais, à cet égard, ébranlée. Il n'y a pas eu un seul journal catholique qui ne se fût opposé à la révision, aussi bien en France qu'à l'étranger. Ainsi, *Civiltà cattolica*, l'organe des jésuites publié à Rome et dont le prestige est considérable, reprend les thèmes les plus vulgaires de l'antidreyfusisme[3]. Le 8 février 1898, au début du procès Zola, alors que se poursuivent les émeutes, *la Croix* résume le sens que prend désormais l'Affaire pour les catholiques :

1. P. Sorlin, « *La Croix* » *et les Juifs, op. cit.*, p. 203-204.
2. *Ibid.*, p. 223.
3. Cf. « Il caso di Alfredo Dreyfus », « L'Ebreo attraverso i secoli e nelle questioni sociali del l'Età moderna », « Cronica Contemporanea », *Civiltà cattolica* de janvier 1898, série XVII, vol. I, fasc. 1143-1145, p. 363-365, 493-498 et 619-624; vol. II, fasc. 1148, p. 204; vol. IV, fasc. 1164, p. 749-754; vol. III, fasc. 1155 et 1157, p. 364-366 et 610-611. Cf. aussi H. Arendt, *The Origins of Totalitarianism*, New York, Harcourt, Grace and Cº ,1951, p. 116, ainsi qu'un très perspicace article par un contemporain qui avait tenu à garder l'anonymat : K.V.T., « The Dreyfus case », *The Contemporary Review*, vol. 74, octobre 1898, p. 598-600.

L'armée, en se défendant des soufflets les plus retentissants, entame ce soir le procès contre les ennemis communs du Christ et de l'Église. C'est donc la libre pensée, avocate des juifs, des protestants et de tous les ennemis de la France, qui est sur la sellette de Zola[1].

C'est ainsi que le pillage et le saccage de magasins juifs, les pogroms d'Algérie, les invectives d'un Guérin ou d'un Drumont acquièrent la plus absolue des légitimités. Dans l'esprit des catholiques, le mouvement antisémite prend les dimensions à la fois d'une croisade à la gloire du Christ et d'une liquidation de l'héritage jacobin : « Le centenaire de 89 c'est le centenaire du juif », dit Drumont, qui flétrit, de nouveau, « les origines juives de la Révolution[2] ».

A gauche, les incertitudes, les flottements, les doutes des socialistes n'arrangent guère les choses. A voir les chefs socialistes, auteurs du fameux manifeste du 20 janvier 1898, refuser de s'engager dans « une lutte entre deux factions rivales de la classe bourgeoise », lutte qu'ils disent financée par des capitalistes juifs qui tentent, en réhabilitant Dreyfus, de se concilier le soutien du pays pour leurs propres méfaits[3], le prolétariat français pouvait aisément conclure que les antisémites n'avaient peut-être pas tout à fait tort. D'autant plus que cette dénonciation de l'Affaire comme une campagne menée par la finance juive vient au moment même où les bandes antisémites prennent progressivement possession de la rue. Il est vrai que, pour la seconde fois en dix ans, les socialistes se trouvent confrontés à leur dilemme historique : choisir le moindre mal, ou refuser de participer à une lutte qui, en vertu de l'orthodoxie marxiste, n'est pas celle du prolétariat.

Cependant, là ne réside pas toute l'explication : le fond antisémite du socialisme français pèse à présent de tout son poids. C'est cette vieille tradition d'antisémitisme de gauche que l'on retrouve maintenant dans la presse socialiste, chez les militants ouvriers, et qui paralyse le mouvement socialiste à un moment critique. Si le groupe parlementaire socialiste peut se permettre, en janvier 1898, une attitude hostile à la révision, c'est parce qu'il se trouve sur un terrain solide. Jusqu'en 1898, note Claude Willard, l'affaire Dreyfus suscite dans certaines fédérations guesdistes des réactions ouvertement antisémites[4]. Les militants ne comprennent pas toujours que les réunions publiques où Guesde et Lafargue avaient pris la parole aux côtés de Drumont, de Morès et de Guérin étaient des débats contradictoires :

1. Cité in B. Weil, *l'Affaire Dreyfus*, Paris, Gallimard, 1930, p. 114-115.
2. É. Drumont, *La Dernière Bataille*, op. cit., p. 95.
3. M. Marrus, *Les Juifs de France à l'époque de l'affaire Dreyfus*, op. cit., p. 242.
4. Cl. Willard, *Le Mouvement socialiste en France*, op. cit., p. 410-411.

la présence de ces hommes sur une même tribune avait permis de supposer que c'étaient deux branches d'une même famille idéologique qui s'affrontaient. D'autant que *la Libre Parole* avait systématiquement soutenu Jaurès et les ouvriers de Carmaux[1]. Le grand leader socialiste lui-même avait eu, à son retour d'Algérie, une attitude envers les juifs qui aurait pu paraître ambiguë[2]. C'est pourquoi, début 1898, Clemenceau se voit obligé de rappeler encore à Millerand que c'est une erreur de penser que l'antisémitisme a des aspects positifs du fait qu'il « nous livre Rothschild[3] ».

En janvier 1898, après le coup de tonnerre de *J'accuse*, le député du Tarn se jette dans la bataille. *La Libre Parole* riposte les 19 et 26 du mois. Mais le journal de Drumont n'est pas le seul : Liebknecht croyait à la culpabilité de Dreyfus, même après le procès de Rennes, et il le disait dans le plus pur style antidreyfusard : il lui semblait impossible qu'un membre de la classe dirigeante ait pu être condamné injustement[4]. Jaurès n'est suivi par la classe ouvrière qu'à partir du moment où celle-ci prend conscience que « le péril... était », selon le mot de Rouanet, « non seulement pour la République bourgeoise, mais pour la République sociale[5] ». C'est alors seulement qu'avec l'appui de Kautsky, mais contre Rosa Luxemburg et Liebknecht, Jaurès définit la position qui sera désormais celle du prolétariat français :

> Que la République bourgeoise, à l'heure où elle se débat contre la conspiration militaire qui l'enveloppe, proclame elle-même qu'elle a besoin de l'énergie socialiste, c'est un grand fait; quelle que soit l'issue immédiate, ce sera une grande date historique, et un parti audacieux, conquérant, ne doit pas, à mon sens, négliger ces offres du destin, ces ouvertures de l'histoire[6].

---

1. Cf. « Réponse du citoyen Jules Guesde à MM. Drumont, Morès et leurs amis au meeting de la salle des Mille-Colonnes, le 8 juillet 1892 », cité in A. Zévaès, *Histoire du socialisme et du communisme en France de 1801 à 1914*, Paris, France-Empire, 1947, p. 258; H. Goldberg, « Jean Jaurès and the Jewish question : the evolution of a position », *Jewish Social Studies*, vol. XX (2), avril 1958, p. 75-76, ainsi que, du même auteur, *Jean Jaurès. La biographie du fondateur du parti socialiste*, Paris, Fayard, 1970.
2. Cf. Ch. Ageron, « Jaurès et la question algérienne », *Le Mouvement social*, n° 42, janv.-mars 1963, p. 3-29.
3. G. Clemenceau, *L'Iniquité, op. cit.*, p. 147.
4. *L'Action française* (revue), décembre 1899. Cf. à ce sujet H. Arendt, *The Origins of Totalitarianism, op. cit.*, p. 105.
5. G. Rouanet, « La crise du parti socialiste », *La Revue socialiste*, n° 176, août 1899, p. 212.
6. Cité in *ibid.*, p. 202.

Il aura fallu que les ligues fassent preuve de leur maîtrise de la rue pour que les socialistes acquièrent la conviction que le contrôle des foules urbaines leur échappe et interviennent avec force. Il aura fallu pour cela dix-huit mois d'agitation, d'émeutes et une tentative de coup d'État. Et encore, le lendemain de la constitution du cabinet Waldeck-Rousseau, les représentants du parti ouvrier français, du parti socialiste révolutionnaire et de l'Alliance communiste révolutionnaire publient un réquisitoire violent qui flétrit cette

> politique prétendue socialiste, faite de compromissions et de déviations, que depuis trop longtemps on s'efforçait de substituer à la politique de classe, et par suite révolutionnaire, du prolétariat militant et du parti socialiste [1].

Signé notamment par Lafargue, Guesde et Vaillant, l'appel *A la France ouvrière et socialiste* laisse entendre que les polémiques engagées autour de l'innocence de Dreyfus mettaient aux prises deux fractions de la bourgeoisie. Le prolétariat, en concluaient-ils, devait rester « parti d'opposition », pour

> mener [...] jusqu'au triomphe définitif le bon combat, le combat nécessaire de la classe ouvrière contre la classe capitaliste, de la révolution contre toutes les réactions coalisées [2].

Arrivé au pouvoir le 22 juin, le ministère Waldeck-Rousseau fait promptement les choses [3]. Le 12 août, il lance 36 mandats d'amener ayant pour but de décapiter les ligues. Les personnages visés sont non seulement Déroulède et Guérin, mais aussi les chefs des troupes de choc, Barillier et Ballière, les quatre bouchers de la Villette, Dumay, Sarazin et les frères Violet, les chefs de la Jeunesse antisémite, Dubuc et Cailly, ainsi que les agents de liaison et les commanditaires royalistes de la Ligue antisémitique : André Buffet, le comte de Sabran-Pontevès, Guixiou-Pagès. Guérin refuse de se soumettre. Il espère soulever Paris en s'enfermant avec ses militants rue de Chabrol. Mais l'affaire de Fort-Chabrol devient très vite une farce : en refusant de livrer l'assaut, le gouvernement parvient à en faire une distraction estivale pour les provinciaux et les touristes [4]. Elle dure quarante jours et

---

1. G. Rouanet, « La crise du parti socialiste », *loc. cit.*, p. 207.
2. *Ibid.*, p. 208. Cf. aussi R. Luxemburg, « Une question de tactique », *le Mouvement socialiste*, t. II, 1er août 1899, p. 132-137, et K. Kautsky, « Jaurès et Millerand », *ibid.*, t. II, 15 août 1899, p. 209-210.
3. Sur le premier gouvernement de « défense républicaine », cf. la thèse de P. Sorlin, *Waldeck-Rousseau*, Paris, Colin, 1966, p. 391-422.
4. L'affaire de Fort-Chabrol donne place à une immense quantité de rapports. Entre le 14 août et le 21 septembre, des rapports quotidiens examinent à la loupe l'évolution de la situation : cf. les dossiers B/a 1108, 1109 et 1110.

trouvera son épilogue devant la Haute Cour. Le 4 janvier 1900, Guérin est condamné à 10 ans de détention à la prison de Clairvaux, Déroulède, Buffet et Lur-Saluces à 10 ans de bannissement.

Le ressort des ligues nationales est brisé. Le mouvement antisémite entre dans une longue période de décomposition. Entre *la Libre Parole* et *l'Antijuif*, puis entre *la Libre Parole* et *la Tribune française*, qui a succédé à *l'Antijuif* avant de disparaître à son tour en septembre 1903, ce furent des polémiques abominables. Vieilles histoires d'argent, souvenirs d'alcôves, tout fut évoqué, sorti, détaillé devant le public. Le tirage de *l'Antijuif*, qui déjà était mince, ne s'en ressentit guère, mais, en quelques semaines, celui de *la Libre Parole* baissa considérablement [1]. En même temps, et de tous côtés, on voit naître, et disparaître aussitôt, une myriade de groupuscules antisémites. Drumont imagine de créer une « Fédération nationale antijuive [2] », Gaston Méry lance, pour succéder à la Jeunesse antisémite, ses « Volontaires de la liberté », un « Groupe des antijuifs indépendants » est créé par Girard, l'ancien bras droit de Guérin [3]. Dubuc et Cailly, les chefs de l'ancienne Jeunesse antisémite, créent, en 1901, un « Parti national antijuif » qui aura plus de 1 000 membres, dont 520 à Belleville. Au mois de mai 1901, ce nouvel organisme tient un congrès antisémite [4], qui ne mène pas bien loin.

La bataille du dreyfusisme fut gagnée, il faut y insister, par une certaine élite non conformiste, et ce, à la fois contre l'opinion publique et contre la grande majorité de la presse. En février 1898, Zola est condamné en cour d'assises. La presse socialiste avec *la Petite République*, *la Lanterne* et *le Petit Provençal* en tête ne suit pas Jaurès. Gustave Rouanet s'incline devant « la sentence rendue par douze citoyens français. Respect au jury!... Le jury est le refuge sacré de la justice populaire [5] ». La Ligue antisémitique n'a pas dit autre chose qui en appelle au « jugement sacré, celui du Peuple [6] ».

Un an plus tard, le 31 mai 1899, c'est au tour de Paul Déroulède de passer devant le jury de la Seine pour tentative de coup d'État.

1. Cf., par exemple, l'éditorial de R. Viau, « Banquets d'hier et banquets d'aujourd'hui », *la Tribune française*, 23 mai 1903. Cf. aussi F 7 12459, 25 janvier, 18 mars, 7 mai 1902.
2. F 7 12459, 21 mars 1905; F 7 12883, 11 mai 1905.
3 F 7 12459, 22 juillet, 21 août 1901, 19 novembre 1903, 25 février 1904.
4. Cf. sur le Congrès antisémite F 7 12882, 22 novembre 1901, F 7 12459, 8 mai 1901 et 7 décembre 1901, et « Le Congrès antisémite », *l'Intransigeant*, 6 et 7 mai 1901.
5. « Après le verdict », *La Lanterne*, 25 février 1898, cité in J. Ponty, « La presse quotidienne et l'affaire Dreyfus en 1898-1899 », *loc. cit.*, p. 206.
6. B/a 106, 3 avril 1898, compte rendu d'une réunion de la Ligue de Guérin.

Avant la délibération du jury, il se contente de prononcer quelques mots : « Citoyens jurés, si vous voulez que je recommence, acquittez-moi [1]. » Une fois encore, la justice populaire ne déçoit pas. Le chef de la Ligue des patriotes est acquitté à l'unanimité et porté en triomphe par une assistance délirante.

Certains dreyfusards s'aperçoivent alors avec effarement que l'on pouvait pratiquement tout faire croire et tout faire faire au peuple : Gustave Le Bon n'avait peut-être pas tort. « Il n'y a plus moyen de le nier, écrit Clemenceau, c'est avec la complicité du peuple lui-même que le mal est parmi nous. [...] Le peuple ne sait pas. C'est le plus grand mal de la terre [2]. » Toute l'œuvre journalistique du leader radical est empreinte, au cours de cette période, d'un même sentiment de désillusion : souveraineté du peuple, démocratie, suffrage universel n'engendrent pas nécessairement un régime meilleur que les autres. Aussi longtemps que le peuple était muet, toutes les illusions et tous les espoirs étaient permis, « le peuple était tout blancheur de colombe ». Aujourd'hui il faut se rendre à l'évidence : « Dans l'indifférence noire des masses souveraines [...], qu'est-ce que le peuple peut faire de son inutile et pourtant dangereux pouvoir? Ce qu'en ont fait la plupart des monarques : le pire usage. Le tyran collectif répandu sur le territoire n'est pas plus acceptable que le tyran unique sur son trône [3]. »

Certes, la démocratie ne sort pas grandie de l'agitation de la fin du siècle. Comment en serait-il autrement à un moment où le Parlement considère l'Affaire comme un excellent moyen de se réhabiliter aux yeux de l'opinion publique, où les défenseurs les plus zélés du suffrage universel, de la représentation nationale et de la justice sont les bandes de Jules Guérin [4]? Cette perte de foi dans les vertus intrinsèques de la démocratie, cette conviction nouvelle que la loi de la majorité n'est pas nécessairement celle de la liberté et de la justice pèseront d'un poids considérable sur l'avenir de la démocratie. L'idéalisme d'un Paul Brulat, le moralisme d'un Julien Benda rejoignent la critique de la démocratie à laquelle va se livrer sous peu le syndicalisme révolutionnaire ainsi que les nouvelles sciences sociales, auxquelles la France fournit un champ d'observation de choix.

« La vérité, il faut bien le reconnaître, écrit Brulat, ne fut jamais

1. On consultera les comptes rendus de l'audience dans la presse quotidienne des 1er et 2 juin 1899.
2. G. Clemenceau, *Contre la justice*, Paris, Stock, 1900, p. v.
3. *Ibid.*, p. iv-vi; cf. aussi *l'Iniquité*, *op. cit.*, p. 142.
4. Cf. J. Guérin, « Ministère de lâches et de coquins », *L'Antijuif*, 2 octobre 1898; J. Morin, « La situation. Que les Chambres se convoquent », *ibid.*, 11 septembre 1898.

avec les masses, cette *majorité compacte* dont parle quelque part Ibsen. De tout temps — l'histoire en témoigne — elle fut proclamée par une faible minorité. [...] Croire en l'opinion publique est une sottise ou une lâcheté [1]. » Le Bon, Pareto, Mosca, Freud et Max Weber n'ont jamais dit autre chose. En France, la poussée du populisme nationaliste, antisémite et socialisant amènera Julien Benda à conclure qu'un système qui aurait été établi par les « représentants de l'espèce souffrante nous assurerait un régime d'où l'idée de justice, la liberté et la raison seraient rigoureusement bannies [2] ». C'est ainsi que sont posés, au tournant du siècle, les premiers jalons, sinon l'essentiel, de la fameuse école « totalitaire » qui fleurira cinquante ans plus tard [3].

Entre 1902 et 1906 disparaît de la scène politique la première génération de la droite radicale. En 1906 disparaissent les derniers députés antisémites de la vieille génération, et la statue que l'on élève à Syveton symbolise bien la fin d'une époque. Mais la relève est déjà assurée : alors que Firmin Faure, Congy, Gaston Méry sont battus, Pierre Biétry entre à la Chambre. Le mouvement jaune remporte alors ses plus beaux succès. Valois, Berth et Sorel jettent les fondements idéologiques du Cercle Proudhon; Janvion et son équipe d'anarchistes préparent les assises d'un nouveau syndicalisme. A la même période, des membres de l'aile gauche du parti socialiste et de la CGT, Lagardelle et Hervé par exemple, amorcent une violente critique de l'opération dreyfusienne. Entre 1905 et 1925, à l'extrême droite comme à l'extrême gauche, la seconde génération de socialistes nationaux suivra le même itinéraire que celui emprunté, un quart de siècle plus tôt, par la gauche boulangiste et antidreyfusienne. Tout comme les blanquistes et les radicaux qui fournissent au premier socialisme national le noyau de ses militants, les « gauchistes » de l'avant-guerre sont ceux qui jetteront les fondements du troisième socialisme national, celui qui portera déjà le nom de fascisme.

1. P. Brulat, *L'Affaire Dreyfus. Violence et raison*, Paris, Stock, 1898, p. XXIII-XXIV.
2. J. Benda, *Dialogues à Byzance*, Paris, Éditions de *la Revue blanche*, 1900, p. 43.
3. Parmi les ouvrages les plus célèbres de cette école, on citera H. Arendt, *The Origins of Totalitarianism*, op. cit.; J. L. Talmon, *The Rise of Totalitarian Democracy*, Boston, Beacon Press, 1952 (trad. française, *les Origines de la démocratie totalitaire*, Paris, Calmann-Lévy, 1966); C. J. Friedrich et Z. K. Brzezinski, *Totalitarian Dictatorship and Autocracy*, New York, Praeger, 1966, 2e éd. (1re éd., 1956).

CHAPITRE VI

Une droite prolétarienne : les Jaunes

1. LES ORIGINES

En ce début de xxe siècle, la droite populaire et socialisante s'enrichit d'une véritable dimension prolétarienne[1]. Lancé par des syndicalistes dissidents, le mouvement jaune traduit en termes d'authentique mouvement ouvrier une idéologie mûrie au cours de la dernière décennie du siècle passé. Né dans la tourmente des grandes grèves qui éclatent, de 1898 à 1901, dans beaucoup de centres industriels importants, notamment au Creusot et à Montceau-les-Mines, le mouvement jaune portera durant toute son existence l'empreinte de ces origines. C'est l'échec de ces grèves, avec leur cortège habituel de souffrances et de violences, la désorganisation momentanée des syndicats « rouges » et l'appui de certains patrons qui ont provoqué et facilité la création de tels syndicats indépendants.

Le premier syndicat jaune est fondé en novembre 1899 à Montceau-les-Mines par un petit groupe de mineurs — 8 exactement — qui refusent de participer à un important mouvement de grève. Le nouveau syndicat — appelé le syndicat n° 2 — devait compter, dans les premiers mois de 1900, quelques centaines d'adhérents. Soutenus dès le début par *la Liberté* et *la Croix*, les dissidents de Montceau-les-Mines publient, en novembre et en décembre 1899, un appel et un programme qui préconisent le respect de la discipline et des chefs ainsi que la conciliation des intérêts patronaux et ouvriers. Vers la même époque, à l'issue d'une grève au Creusot, un autre syndicat indépendant y est fondé. L'existence de ce syndicat était en fait latente depuis le mois de juin de la même année où, au cours d'une autre grève dans la même ville, quelque 250 travailleurs avaient décidé de se présenter aux ateliers. Il avait alors fallu faire appel à la force publique

---

1. Sur les origines du mouvement jaune, cf. A. Pawlowski, *les Syndicats jaunes*, Paris, Alcan, 1911, p. 18-26; E. Gallian, *Ce que sont les Jaunes*, Paris, Plon-Nourrit,

pour les protéger contre la colère de leurs camarades respectueux de la consigne.

C'est aussi à Montceau-les-Mines que le mot « Jaune » est associé pour la première fois à ceux qui refusent de suivre le mouvement de grève. Les membres du syndicat n° 2, alors victimes de sévices systématiques de la part des grévistes — il y eut dans leurs rangs de nombreux blessés —, avaient l'habitude de se retrancher au Café de la mairie qui était devenu leur siège. Au cours d'une de leurs expéditions punitives, les grévistes donnent l'assaut au local et brisent ses vitres. Quand ils sont débloqués, tant bien que mal, par les charges de police, les assiégés remplacent les carreaux cassés par des feuilles de papier jaune dont ils possédaient un stock. Depuis, les grévistes n'appelèrent plus le syndicat n° 2 autrement que « syndicat jaune », gardant bien dans l'esprit la symbolique diffamante portée par cette couleur. Quand ils comprennent qu'ils ne pourront plus jamais se détacher du mot, les briseurs de la grève de Montceau vont l' « assumer » et iront même jusqu'à en faire leur drapeau. Invoquant l'exemple des sans-culottes, des communards, ou des gueux, selon les circonstances, ils revendiquent hautement l'épithète injurieuse [1].

Tout au long de la première période de l'existence des Jaunes, Montceau-les-Mines restera le haut lieu du mouvement. Dès 1902, l'Union locale des corporations ouvrières sera déjà suffisamment puissante pour que Lanoir puisse venir y tenir des réunions et inspecter ses troupes. Son président, Burtin, « le père des Jaunes » comme aimeront à l'appeler les délégués du congrès national de 1902, sera invité, symboliquement, à présider leurs assises [2].

Tout en prenant de l'importance, notamment dans le Nord et le bassin d'Anzin, le mouvement reste limité à la région de Montceau. Son essor sur le plan national ne date que de l'exclusion de la Bourse

---

1907, p. 5-6; R. Warin, *les Syndicats jaunes, leur histoire, leurs doctrines, 1899-1908*, Paris, Jouve, 1908; et, bien sûr, l'ouvrage de P. Biétry, *le Socialisme et les Jaunes*, Paris, Plon-Nourrit, 1906, p. 65 *sq*. Bien que ces quatre ouvrages soient autant d'apologies du mouvement jaune, ils n'en sont pas moins un précieux témoignage. On consultera également le gros rapport de synthèse du 18 août 1906 préparé par les Renseignements généraux (F 7 12793) et, pour l'année 1907, *l'Almanach des Jaunes*. Il est assez curieux, pour mériter la remarque, que le mouvement jaune n'ait fait encore l'objet d'aucune étude d'ensemble. A ce jour, un seul article lui a été consacré : G. L. Mosse, « The French right and the working classes : les Jaunes », *Journal of Contemporary History*, vol. 7, n°s 3-4, juill.-octobre 1972, p. 185-208.

1. P. Biétry, « Pourquoi le Jaune », *Le Jaune*, 29 octobre 1905. Cf. aussi l'éditorial du *Travail libre*, l'organe jaune de Lille, 10 août 1904.

2. « Les Jaunes à Montceau », *L'Union ouvrière*, 11-18 avril 1903.

du travail, dans les premiers mois de 1901, des éléments les plus modérés. Effectuée en vertu de la loi du 17 juillet 1900, portant création des conseils d'administration des bourses du travail, l'élimination des syndicats les moins combatifs touche tout d'abord celui des cheminots. Paul Lanoir, secrétaire général de l'Union syndicale des ouvriers des chemins de fer et directeur de son organe professionnel, *l'Éclaireur de la voie*, jette, en juillet 1901, les bases de la Bourse du travail indépendante de Paris [1]. Officiellement fondée le 15 septembre, et inaugurée rue des Vertus le 27 décembre 1901, la Bourse indépendante regroupe les éléments jaunes de la Seine et sert de centre aux syndicats jaunes qui s'étaient formés indépendamment les uns des autres en province : à Montceau-les-Mines et au Creusot, bien sûr, mais aussi à Tours, à Vierzon, à Angers, à Bourges, à Saumur, à Nantes, à Saint-Nazaire.

Des syndicats indépendants avaient été créés aussi pendant les années qui précèdent la structuration du mouvement jaune, parmi les ouvriers de l'industrie textile du Nord et chez les métallurgistes de l'Est. C'est à partir de ces éléments disparates qu'est fondée l'« Union fédérative des syndicats et groupements ouvriers professionnels de France et des colonies [2] », qui se veut l'organisation nationale des Jaunes.

Dès la création de l'Union fédérative, en mars 1901, Paul Lanoir déploie des efforts considérables pour donner au mouvement une

---

1. F 7 12793, rapport du 18 août 1906. Il s'agit de l'un des trois syndicats antimarxistes créés dans les années quatre-vingt-dix à l'instigation des grandes compagnies de transports. L'Union syndicale des ouvriers et employés de chemins de fer fut fondée par Lanoir en 1892. Les deux autres syndicats sont : l'Union syndicale du personnel des omnibus et le syndicat des contrôleurs de la Compagnie des tramways-Sud. En 1905, ce syndicat fait alliance avec le syndicat « rouge » des ouvriers de la même compagnie pour un mouvement de grève commun.

2. « Fédération nationale des Jaunes de France », *Le Jaune*, 4 juin 1904. Cf. aussi le compte rendu sténographique des assises du *Premier Congrès national des Jaunes de France tenu à Paris les 20, 28 et 29 mars 1902*, Paris, Bourse du travail indépendante, 1902, p. 148 ; Paul Lanoir, « Le 1er Mai », *l'Union ouvrière*, 10-17 mai 1902, et « Premier anniversaire », *l'Union ouvrière*, 26 juillet-2 août 1902. Devenue l'organe officiel de la Bourse du travail indépendante, *l'Union ouvrière* paraît jusqu'au 9 mai 1903.

Il importe de constater que les services du ministère de l'Intérieur ignorent presque tout des effectifs réels du mouvement à ses origines : cf. les différents dossiers réunis sous la cote F 7 12793. Ils connaissent la composition du conseil d'administration de l'union fédérative, mais ils pensent que les syndicats qui y sont représentés sont plus ou moins fictifs. Il s'agit, en plus du syndicat de Lanoir, des organisations suivantes : le syndicat de la boucherie ouvrière, la chambre syndicale des chauffeurs-mécaniciens, la chambre syndicale des limonadiers et restaurateurs, l'Union des comptables, le syndicat des porteurs de journaux, le syndicat des professeurs de l'enseignement libre (cf. F 7 12793, 18 août 1906).

dimension nationale. Il crée un hebdomadaire, *l'Union ouvrière*, dont le premier numéro paraît le 20 avril 1901, et le distribue gratuitement à toutes les personnalités politiques importantes. Au mois de juin, il adresse, sous forme de pétition, un long rapport à tous les sénateurs et députés pour protester contre le projet de loi Waldeck-Rousseau-Millerand concernant le règlement amiable relatif aux conditions du travail[1]. Il s'assure ainsi l'appui de l'ancien président du Conseil Jules Méline et réussit même, après plusieurs entrevues, à le persuader d'engager, dès le mois d'août de la même année, une campagne dans *la République française* en faveur des syndicats non révolutionnaires exclus de la Bourse du travail[2].

Le 23 décembre, à la veille de l'inauguration de la Bourse du travail indépendante, Lanoir est reçu officiellement à l'Élysée, à la tête d'une importante délégation. Le président de la République, assurant la délégation de toutes ses sympathies, encourage fortement les Jaunes à poursuivre leur œuvre de conciliation et à « ne voir, entre patrons et ouvriers, qu'une seule et même classe : la classe du travail[3] ».

La période de lancement du mouvement est particulièrement favorable : quatre semaines avant une consultation électorale capitale, nombreux sont tous ceux qui pensent y trouver une force d'appoint non négligeable. D'autant plus que Lanoir annonce l'adhésion à l'Union fédérative de 191 syndicats, tant à Paris qu'en province[4]. Nul allié n'est alors superflu, et le mouvement jaune prospère. Hommes politiques, industriels et journaux de droite lui fournissent un soutien considérable. Aux délégués du 1er congrès national, Lanoir est alors en mesure d'annoncer que la situation financière du mouvement est plus que solide. Les locaux de la Bourse du travail indépendante sont loués pour plus de dix années consécutives, le gaz et le téléphone installés, les 27 bureaux syndicaux meublés et aménagés.

Le « chef » du mouvement — car c'est ainsi que Lanoir aime à se faire présenter à ses troupes — s'est toujours refusé à dévoiler l'identité des donateurs : jamais il n'accepte d'apporter des précisions autres que celles qui les décrivent comme de « bons Français et de

1. F 7 12793, 18 août 1906.
2. En dépit des pointes antimélinistes que lancera Biétry, l'ancien président du Conseil restera un fidèle du mouvement. En mars 1906, il écrira encore un très élogieux article sur Biétry, ses hommes et leur œuvre : «Le congrès des Jaunes», *la République française*, 11 mars 1906.
3. *L'Union ouvrière*, 26 décembre 1901-4 janvier 1902.
4. F 7 12793, 18 août 1906.

gros industriels » soucieux de « paix sociale [1] ». Il semble acquis que cet argent venait aussi bien de patrons de la métallurgie, des mines et du textile que de certaines compagnies de transport et de certains membres de la chambre du commerce de Paris. Il venait aussi de particuliers de l'Action libérale, de l'Alliance des progressistes, de l'Union libérale et de la Patrie française [2]. Ce qui paraîtra très naturel, étant donné les efforts considérables déployés en vue des législatives de 1902, notamment ceux d'hommes comme Jules Lemaitre, Barrès et le général Mercier. D'autre part, il est raisonnable de penser que les industriels qui, en février et mars 1902, s'associent aux slogans des grandes manifestations jaunes ne devaient pas être étrangers à leur organisation [3].

La plus importante de ces manifestations, qui consacre en somme le mouvement, se tient, du 26 au 29 mars 1902, avenue de Saint-Mandé, dans cette même salle où Alexandre Millerand avait jadis lancé son fameux programme. Le 1er congrès national des Jaunes de France — tel est son titre officiel — réunit 203 délégués représentant, d'après les chiffres fournis par les organisateurs, 201 745 salariés affiliés à 317 syndicats. A ces chiffres déjà imposants, l'état-major du mouvement ajoute 210 syndicats dont l'organisation n'est pas terminée et qui ne sont pas représentés au congrès : ces syndicats en voie de formation compteraient 8 351 adhérents [4]. Le secrétaire

1. Rapport de P. Lanoir, in *Rapport présenté au Premier Congrès national des Jaunes de France, op. cit.*, p. 144; cf. aussi p. 146.
2. D'après les services du ministère de l'Intérieur, le budget provisoire mis à la disposition des organisations de la nouvelle Union fédérative s'élevait à 14 000 francs (F 7 12793, rapport du 18 août 1906). Il va sans dire que Lanoir, fidèle à la tradition syndicaliste, se défend d'un lien quelconque avec les organisations politiques en place ou d'une participation, quelle qu'elle soit, à la campagne électorale. Il recommande à ses troupes de soutenir « les candidats républicains » de leur choix, à condition qu'ils n'appartiennent pas aux formations socialistes, mais le *leadership* du mouvement lui-même se tient en dehors des luttes politiques « afin de ne pas compromettre, même indirectement, notre mouvement dans l'action dissolvante des partis politiques ». Ici trouve son expression la situation ambiguë dans laquelle se trouve traditionnellement la droite radicale. Antiparlementaire, elle a la politique en horreur, mais elle sait aussi que ce n'est qu'en faisant de la politique que l'on peut modifier l'ordre existant des choses (cf. P. Lanoir, « Les Jaunes et la politique », *l'Union ouvrière*, 22-29 mars 1902).
3. Il s'agit notamment de Muzet, député et président de la chambre du commerce et de l'industrie, de Faillot, futur député, de Delabre, président de la chambre syndicale de la quincaillerie, administrateur de la Compagnie de l'Ouest, de Périer, président du Comité du commerce et de l'industrie pour la défense sociale, de G. Japy, l'industriel franc-comtois, d'Armand Mame, le grand éditeur de Tours.
4. *Premier Congrès national des Jaunes de France, op. cit.*, p. 1 et 9-10. Ici encore, les indicateurs (F 7 12793) reprennent en général les chiffres fournis par Lanoir — il est vrai qu'ils n'accordent aux Jaunes que 1 057 syndicats agricoles adhérents,

général adjoint, Biétry, considère le chiffre magique de 200 000 adhérents comme majoré de plus de moitié [1]. Cependant, le témoignage de celui qui devient très rapidement pour Lanoir un ennemi mortel, qui fera tout pour le briser et le salir, est d'une importance considérable en raison même de cette hostilité. Biétry fit toujours l'impossible pour minimiser le rôle de son concurrent : s'il se trouve dans l'obligation de lui concéder un nombre d'adhérents proche de 100 000, il ne peut s'agir là d'un chiffre totalement imaginaire. Il importe, d'autre part, de souligner que le conseil municipal de Paris trouva la Bourse du travail indépendante suffisamment importante pour lui voter une première subvention de 38 500 francs, dont Alexandre Millerand, ministre du Commerce, refusa de laisser effectuer le versement [2]. Le vote émis par l'Hôtel de Ville, récemment conquis par les nationalistes, avait sans doute un sens politique : reconnaître et encourager un syndicalisme nouveau, mais, pour leur accorder une telle subvention, il fallait que les syndicats jaunes fussent bien plus que des syndicats fantômes, comme le voudra toujours l'opinion accréditée par la CGT.

Le chiffre de 100 000 adhérents n'est pas totalement fantaisiste, dans la mesure où on le prend pour ce qu'il est réellement, c'est-à-dire une évaluation du potentiel jaune. Cet ordre de grandeur lui-même est fondé sur un artifice de calcul : en effet, pour gonfler ses effectifs, Lanoir n'hésite pas à englober parmi ses adhérents une fraction des syndicats agricoles qui ne fera jamais réellement partie du mouvement jaune. Certes, c'est dans le syndicalisme agricole, avec ses 1 058 organisations qui auraient compté 380 000 inscrits [3], que réside alors l'essentiel du potentiel jaune. La présence de ces syndicats sur la tribune du Salon des familles est pour beaucoup dans l'ampleur que prennent les débats, mais leur participation active au

---

mais ils reviennent sur le chiffre de 380 000 inscrits —, tout en insistant sur le fait qu'il ne peut s'agir que de chiffres très exagérés. Les services du ministère de l'Intérieur ne possédant pas, au début de la poussée jaune, de sources d'information qui leur soient propres et qui puissent être confrontées avec les renseignements fournis par l'état-major du mouvement, on est réduit, pour parvenir à une évaluation quelconque de la réalité, à effectuer des recoupements entre les nombreuses informations publiées par la presse jaune. Fin février, lors d'un grand banquet préparatoire du Congrès de mars, auquel participent 1 685 militants des syndicats parisiens, il est question, outre les 317 syndicats représentés aux assises nationales, de 117 syndicats patronaux qui ne semblent pas y avoir pris part en tant que tels (cf. « Premier banquet des Jaunes », *l'Union ouvrière*, 22 févr.-1er mars 1903).
1. P. Biétry, *Le Socialisme et les Jaunes, op. cit.*, p. 81.
2. A. Pawlowski, *Les Syndicats jaunes, op. cit.*, p. 26.
3. *Premier Congrès national des Jaunes de France, op. cit.*, p. 1, p. 9-10.

mouvement jaune reste sans lendemain. Le paternalisme de ces syndicats, largement contrôlés par les grands propriétaires terriens, s'accommode mal d'une idéologie socialiste nationale [1].

Pas plus que les syndicats agricoles, les nombreux syndicats sociaux-chrétiens ne militeront jamais vraiment au sein du mouvement jaune. Ceux-ci, en effet, s'aperçoivent très rapidement des trop grandes différences qui les séparent du syndicalisme socialiste national, ce qui ne manque pas d'affaiblir considérablement les chances, à long terme, de ce dernier. Car, vers 1901, le syndicalisme chrétien est relativement vigoureux. Particulièrement dans le textile, la métallurgie et parmi les mineurs. Ainsi, dans le Nord, il faut compter avec le syndicat des tisseurs de Tourcoing, présidé par François Loth, dirigé par un journaliste de *la Croix du Nord*, Deguesselle, comme il faut compter avec la Fédération des mineurs de Valenciennes, mise sur pied par Delcourt-Haillot. Ces deux formations ne sont d'ailleurs pas les seuls syndicats chrétiens du Nord à faire preuve de vitalité. Ainsi, le syndicat du livre, fondé par Berteaux, compte à cette époque quelque 5 000 membres et 20 sections. Ce qui est loin d'être négligeable. Toutes ces organisations ont en commun une même aversion pour cette forme de défense prolétarienne que représente alors la grève. Et c'est sur ce terrain que se fait, un moment, le rapprochement avec les socialistes dissidents [2]. Le peu de sympathie active que montre pour ces groupes, avec quelques notables et importantes exceptions, l'ensemble du patronat semble avoir contribué aussi à les rapprocher. Quoique tous ces contacts soient demeurés sans lendemain, l'impression créée est, cependant, celle d'une masse de manœuvre ouvrière fort capable de tenir tête au syndicalisme CGT.

La presse de droite ne s'y est pas trompée, qui accorde un accueil triomphal au congrès des Jaunes, Les débats, qui prennent une ampleur certaine, sont fidèlement repris par la grande presse : *le Journal des débats* et *le Temps* acceptent les chiffres fournis par Lanoir, *le Figaro* les amplifie. Lucien Millevoye, dans *la Patrie*, estime que, « à la veille de la grande consultation populaire, la question ouvrière se trouve ainsi élucidée par les ouvriers eux-mêmes ». *Le Gaulois* de Meyer, quant à lui, voit dans le congrès à la fois « une manifestation ouvrière d'une portée considérable », et une « double leçon réconfortante et rassurante », car « c'est à Saint-Mandé qu'hier la véritable population ouvrière française a répondu au discours célèbre

1. Sur les syndicats agricoles, cf. H. de Gailhard-Bancel, *Quinze Années d'action syndicale*, Paris, Lamulle et Poisson, 1900, et, du même auteur, *Manuel pratique des syndicats agricoles*, Paris, Poisson, 1907.
2. A. Pawlowski, *Les Syndicats jaunes, op. cit.*, p. 10-17.

de Saint-Mandé ». Après *la Libre Parole*, dont le dévouement à la cause du socialisme national ne se démentira jamais, c'est *le Petit Journal* qui chante « l'exemple admirable » donné au pays par les Jaunes de France [1].

Dans le monde politique, les Jaunes peuvent compter sur les approbations et les encouragements de l'Association républicaine de Jules Méline, ainsi que sur la participation active des députés de Paris Albert Congy et Maurice Spronck, et du député de l'Ardèche et ancien ministre Jules Roche. En octobre, Lasies et Faillot déclenchent une véritable tempête sur les bancs de l'extrême gauche en faisant l'éloge du mouvement à la tribune de la Chambre [2]. C'est ainsi qu'en cette année 1902 le mouvement jaune se trouve porté par un vaste mouvement de l'opinion : de l'extrême droite nationaliste et antisémite jusqu'à certains organes radicaux, on pense tenir là une force nouvelle capable de faire face à la gauche marxiste.

Pourtant, au lendemain de ce congrès qui se termine en apothéose, le mouvement éclate, avant même d'avoir réussi à prendre racine, et sombre avec une rapidité étonnante. Le jour qui suit la clôture du congrès, Pierre Biétry rompt avec la Bourse du travail indépendante dont il était le secrétaire général adjoint. Certes, et en dépit de ses fonctions, Biétry n'avait pris qu'une part médiocre à l'organisation des grandes manifestations du printemps 1902, tout comme il ne s'était jamais efforcé de donner plus d'un seul article à *l'Union ouvrière*. Il est vrai aussi qu'il n'avait jamais caché son hostilité à Lanoir. Mais sa rupture, qui intervient alors que le mouvement vient de s'affirmer sur la scène politique, semble justement motivée par ce succès. Biétry craint sans doute la réussite même de Lanoir, qui vient de s'imposer indiscutablement sur le plan national. Il lui importe de casser l'élan que prend le mouvement, et il y réussit pleinement. Les résultats des législatives de 1902 en province consomment la perte de Lanoir. En novembre 1902, une grève de mineurs éclate dans le Nord. Il s'offre pour servir d'intermédiaire entre patrons et ouvriers : les patrons refusent de le recevoir. En mai 1903, sous prétexte de décentralisation et de transfert de ses moyens aux organes provinciaux, *l'Union ouvrière* disparaît. Moins d'un an plus tard aura disparu la Bourse indépendante, et Lanoir se retirera dans sa

1. On consultera dans *l'Union ouvrière* (5-12 avril 1902) la très détaillée revue de presse.
2. P. Lanoir, « Lettre ouverte à M. Jules Méline », *L'Union ouvrière*, 21-28 mars 1903 ; « Les Jaunes à la Chambre. Première journée parlementaire des Jaunes », *ibid.*, 25 oct.-1er novembre 1902 ; « Notre organisation : décentralisons », *ibid.*, 2-9 mai 1903 ; « Les Jaunes à Montceau », *ibid.*, 11-18 avril 1903.

villa de la Côte d'Azur. Propriétaire à Gentilly de deux immeubles qui lui rapporteraient, selon certains renseignements, 20 000 francs de rentes[1], il finira ses jours comme conseiller municipal de Juan-les-Pins.

Si le mouvement jaune doit à Lanoir ses véritables fondations structurelles, il lui doit aussi, en partie, sa corrosion. Il n'est pas impossible que l'évolution du syndicalisme indépendant eût été différente, n'était la personnalité de son fondateur. Car, si Paul Lanoir avait d'indéniables qualités d'organisateur, s'il possédait un sens politique développé et savait mettre à profit une conjoncture, s'il était même capable de susciter des dévouements, la probité n'était guère de ses qualités dominantes. Dès avant son départ de la rue des Vertus, son intégrité politique aussi bien que son honnêteté personnelle furent mises en cause : certains de ses collaborateurs l'accusaient non seulement de frapper à trop de portes et de souscrire à tous les marchés pouvant lui procurer de l'argent, mais encore de s'approprier les subventions patronales. En effet, Lanoir n'hésita point, après avoir fait miroiter aux yeux du haut patronat l'importance électorale de ses troupes, et après s'être adressé aux progressistes de Méline, de faire le jeu des nationalistes. Il semble aussi qu'il n'ait pas eu trop de scrupules à empocher une partie des subventions patronales, qui pouvaient se chiffrer à cette époque, d'après des renseignements parvenus aux indicateurs du ministère de l'Intérieur, à une centaine de milliers de francs par an[2].

En s'en allant, Biétry provoque une scission qui, un moment, met en danger l'existence même du mouvement, avant de le transformer profondément. Les raisons de cette scission sont multiples.

A l'origine, il s'agit d'un processus de radicalisation. Un malaise latent s'était installé parmi les troupes, et un groupe d'opposition s'était formé qui reprochait au secrétaire général le caractère extrêmement conformiste et conservateur qu'il était en train d'imprimer à leur mouvement. Les opposants vont d'abord l'accuser de mélinisme, puis lui faire grief de se mettre à la remorque, sinon des pouvoirs publics, du moins du patronat, d'accepter, en tout cas, des subventions patronales compromettantes. Ils lui reprochent de n'avoir, en fait, qu'un objectif : l'érosion du syndicalisme, afin de rendre possible la formation de syndicats ouvriers antigrévistes. Ils n'aiment pas l'équivoque de son langage et le soin qu'il prend à n'exprimer aucune revendication professionnelle ou sociale précise. Selon Biétry,

1. F 7 12793, 11 octobre 1904 (« Metz »).
2. F 7 12793, 18 août 1906.

Lanoir n'aurait jamais eu d'autre but que de servir les intérêts du patronat et ceux des partis politiques de droite [1].

Bien sûr, le programme de Lanoir manquait de mordant et ne pouvait faire longtemps illusion face aux aspirations de certains militants. Mais ce qui accéléra la division fut, sans aucun doute, le peu de résistance que le secrétaire général réussit à opposer à l'ambition, au sens de l'organisation et à la volonté d'action du formidable meneur d'hommes qu'était Biétry.

Pierre Biétry naît en 1872 à Fèche-l'Église, territoire de Belfort. Ses parents sont de condition très modeste. A l'âge de treize ans, il s'embarque pour l'Algérie. Revenu en métropole, il s'engage, passe dix mois aux compagnies de discipline, puis s'en va travailler en Suisse et en Allemagne. De nouveau il revient en France, pour s'installer à Badevel. Il se lance alors dans l'action syndicale et fait montre d'un activisme sans relâche. Il organise grève sur grève, notamment la fameuse marche sur Belfort, en novembre 1899, dans laquelle il a réussi à entraîner plusieurs milliers d'ouvriers. En août 1900, il est condamné à un mois de prison pour faits de grève. Plus tard, il représente le Doubs et le Haut-Rhin au congrès dn POF. d'Ivry où il prend position contre le principe de la grève générale. Exclu du parti, il devient secrétaire général adjoint de la Bourse indépendante de Lanoir, avec des appointements de 750 francs. Le 1er avril 1902, la rupture avec Lanoir consommée, il fonde la Fédération nationale des Jaunes de France [2]. A partir de ce moment, l'histoire du mouvement jaune se confond avec l'histoire de sa vie. Cet ouvrier horloger, aventurier dur et autoritaire, mais aussi organisateur de premier ordre, jouit parmi ses troupes d'un pouvoir absolu et d'un prestige inégalé. Il est toujours et pour tous « le chef », « vaillant et sublime »; la presse jaune de Paris comme de province lui rend un véritable culte [3].

L'ancien syndicaliste représente un magnifique spécimen de chef fasciste : puissant entraîneur d'hommes, d'un courage à toute épreuve,

---

1. P. Biétry, *Le Socialisme et les Jaunes, op. cit.*, p. 76-88. Cf. aussi le premier numéro de *l'Ouvrier indépendant* — le petit journal éphémère qui n'eut que trois numéros, parus en juin et juillet 1902 —, presque totalement consacré aux démêlés de Biétry avec Lanoir.

2. Des biographies de Biétry, se recoupant toutes en général, furent publiées à maintes reprises dans les journaux et autres publications jaunes. Cf. notamment E. Gallian, *Ce que sont les Jaunes, op. cit.*, p. 7-8, et A. Pawlowski, *les Syndicats jaunes, op. cit.*, p. 116-120.

3. Les exemples foisonnent. On s'en fera une idée exacte en consultant les numéros du *Jaune* des 2 et 16 juillet, 10 septembre, 15 octobre, 12 novembre 1904 et 19 mai 1906, où le poète du mouvement, Paul Harel, chante la grandeur et la gloire de Biétry.

véritable homme du peuple, il suscite de la part de tous ceux qui se considèrent comme « ses soldats » une ferveur et un dévouement peu communs. Fondé sur le principe de la dictature absolue du chef du parti sur ses troupes, le mouvement jaune est vraiment la chose de Biétry; il est donc naturel que Pierre Biétry soit devenu un objet de haine féroce pour ses ennemis. Mais il n'y a pas que les ouvriers socialistes pour le honnir : en ce début de siècle, le chef des Jaunes est bien l'homme le plus haï de France. Il faudra attendre Doriot pour voir réapparaître un phénomène analogue. Et, en fait, Biétry apparaît aujourd'hui comme le véritable précurseur du leader communiste, devenu fondateur du PPF. Car, avec lui, le socialisme national cesse d'être le fait d'aventuriers aristocrates comme Morès, de journalistes comme Drumont ou Rochefort, d'intellectuels comme Barrès, pour devenir prolétarien. En ces premières années du siècle, le syndicalisme jaune constitue un concurrent terriblement dangereux pour le syndicalisme « rouge », et, il faut le dire, le rapport des forces n'est pas toujours favorable aux cégétistes. Le grand congrès des Jaunes de novembre 1904 soutient très honorablement la comparaison avec le congrès de Montpellier de septembre 1902 qui a vu la fusion de la CGT et des Bourses du travail. Cela est d'autant plus remarquable que le mouvement doit faire face à l'hostilité systématique des pouvoirs publics. La France du Bloc, la France combiste refuse à la FNJF la reconnaissance légale. C'est là, par rapport à la CGT, un désavantage qui la minera, un obstacle qu'il lui sera impossible de surmonter.

En avril 1902, la nouvelle Fédération, après avoir publié un manifeste largement diffusé par la grande presse, s'installe provisoirement à la permanence électorale du député antisémite du XIe arrondissement, Congy. Deux mois plus tard, leurs ressources épuisées et le local de la rue Rampon n'étant plus à leur disposition, Biétry et ses amis doivent cesser toute activité[1].

Un an plus tard, un nouvel et long effort est entrepris pour relancer le mouvement en se débarrassant de l'épithète jaune. Biétry semble alors en être arrivé à admettre que ce mot, toujours décoché comme une injure, est trop lourd de mépris pour en faire un titre de gloire. Aussi, ridiculisés, bafoués par l'État — on est en pleine période de défense républicaine, d'ascension du radicalisme et du socialisme —, persécutés par le syndicalisme « rouge », accusés d'être vendus au patronat, les militants de la FNJF décident, en décembre 1902, de modifier le sigle de leur mouvement en celui d' « Union fédérative des

1. P. Biétry, *Le Socialisme et les Jaunes, op. cit.*, p. 92-95.

ouvriers et syndicats professionnels indépendants ». Mais l'essentiel n'est pas tant ce changement d'appellation que l'acte que vient d'accomplir la nouvelle Union fédérative en se plaçant sous l'égide d'une formation politique créée par la même occasion, le parti socialiste national[1]. C'est donc en France, et grâce au mouvement jaune, qu'apparaît, en ce début de 1903, le premier parti socialiste national d'Europe. Sans le manque chronique d'argent et sans l'orgueilleuse ténacité de Biétry qui lui fit reprendre l'épithète injurieuse pour en faire un cri de bataille, le nom du parti socialiste national français n'aurait probablement pas sombré dans l'oubli. Mais les fonds manquent cruellement, et le parti ne réussit pas à publier au-delà du neuvième numéro son journal le Travail libre, qui avait commencé de paraître en février 1903. Le 17 novembre 1903, le nouveau parti cesse toute activité

Pourtant, si le parti disparaît virtuellement en automne, le travail considérable d'organisation fourni au printemps et en été ne l'aura pas été en pure perte. En juillet, le parti était assez bien organisé et suffisamment soutenu pour tenter l'aventure d'une nouvelle Bourse libre du travail : 30 syndicats adhèrent, à ce moment, à L'Union fédérative[2]. De nouvelles adhésions affluent alors, entre autres celles de 4 organisations importantes : la Fédération des travailleurs terriens, réunissant 12 syndicats; la Fédération des blanchisseurs de la Seine, ayant des sections à Boulogne, à Puteaux et à Courbevoie; les débardeurs de la Seine et la chambre consultative des agents de chemins de fer français[3]. Simultanément et aux côtés du Travail libre sont fondés d'autres journaux : l'Écho des transports, organe de l'Union syndicale des employés d'omnibus, le Journal du gaz, organe du syndicat des travailleurs du gaz, et le Bulletin, organe de la chambre consultative des agents de chemins de fer.

En même temps, l'active propagande menée en province aboutissait à la création, au Havre, d'une bourse libre du travail, dont le fondateur, Félix Czulowski, sera le plus fidèle lieutenant de Biétry. A Boulogne-sur-Seine, avec Faron, à Caen, avec Eudes, à Cherbourg, avec Abraham, à Brest et dans l'Est, des syndicats indépendants se sont formés. Ainsi, au moment où le parti socialiste national disparaît, il laisse en place une infrastructure toute prête pour une troisième tentative —

---

1. P. Biétry, « La voix française », Le Jaune, 4 décembre 1909; Le Socialisme et les Jaunes, op. cit., p. 99-106.
2. A. Pawlowski, Les Syndicats jaunes, op. cit., p. 36-37; P. Biétry, Le Socialisme et les Jaunes, op. cit., p. 119.
3. F 7 12793, 18 août 1906.

AUTHOR		CODE	FUND	ACCESSION No.
STERNHELL, Zeev		513	7	
TITLE			RECD.	
LA DROITE REVOLUTIONNAIRE				
			ORDER No. 403/74	INVOICE No.
			DATE 5/6/74	
			SUPPLIER Boussac	PRICE
				ACC
PLACE	PUBLISHER		DATE 1978	REPORTS
	Du Seuil			
			PRICE 84F	AUTHORIZATION

cette fois couronnée de succès. Le 1er janvier 1904 sort le premier numéro de l'hebdomadaire *le Jaune*, et la Fédération nationale des Jaunes de France est définitivement lancée.

2. L'ESSOR

Qu'a-t-il pu se passer entre le 17 novembre 1903 et le Jour de l'An 1904? Qui a fourni les premiers fonds nécessaires au lancement du *Jaune* et qui avaient tant fait défaut au *Travail libre* et à *l'Ouvrier indépendant?* Biétry est tout simplement parvenu à convaincre une partie des commanditaires et amis de Lanoir que c'est bien à lui et non point à son concurrent qu'appartient l'avenir. Les syndicats agricoles, la Ligue de la Patrie française et les anciens boulangistes de gauche apportent leur appui au leader jaune. Les antisémites et les antidreyfusards aussi : Rochefort, Henri Granger, Drumont, Déroulède et l'ancien lieutenant de Max Régis à Alger, Lionne, qui, déjà, avait aidé au lancement du parti socialiste national. La droite radicale, on le voit, est fidèle au rendez-vous. Et c'est tout naturel. La première génération de socialistes nationaux retrouve dans le mouvement jaune sa propre tradition. Certes, dans les années qui suivront, les vétérans de la fin du siècle ne seront pas toujours heureux de la voie sur laquelle s'engage le mouvement, mais, au début de l'entreprise, ils lui manifestent une sympathie très active et y vont probablement de quelques-uns de leurs deniers.

Cependant, pour ce qui est du soutien financier, l'essentiel provient — tous les renseignements concordent là-dessus — d'abord de quelques industriels, mais aussi du bureau politique du duc d'Orléans et d'un certain nombre de personnalités royalistes, comme la duchesse d'Uzès qui avait, un quart de siècle plus tôt, favorisé la percée du parti national. Tout comme le socialisme national de la première génération ou celui des années vingt et trente, le mouvement jaune se trouve confronté au problème clé de savoir comment préserver son identité et sa spécificité, tout en faisant appel à des appuis financiers aux objectifs peu compatibles avec les siens propres. D'ailleurs, il est incontestable que les besoins en argent du mouvement sont pour quelque chose dans ses fluctuations idéologiques.

L'examen des dossiers du ministère de l'Intérieur fait apparaître que, de tous les bailleurs de fonds, c'est la duchesse d'Uzès qui fournit les moyens initiaux au lancement du mouvement. Contactée par Gaston Méry, conquise par l'idée de l'alliance de l'aristocratie et du peuple contre la ploutocratie — idée que Morès et la Ligue antisémitique avaient déjà essayé de faire aboutir —, la fameuse duchesse s'associe à l'entreprise avec ardeur. En juillet 1903, on croit, place Beauvau, qu'elle aura déjà remis à Biétry près de 200 000 francs [1]. Somme considérable et très au-dessus de la moyenne autour de laquelle plafonnent les autres subventions versées par d'autres donateurs. En 1905, c'est au tour d'Arthur Meyer d'entrer en lice. Cet ancien boulangiste, autre vétéran des alliances entre droite monarchiste et droite prolétarienne, est amené au mouvement par le proche confident de Biétry, Emmanuel Gallian, plus connu sous le pseudonyme de Noël Gaulois, et qui avait dirigé, de mars 1891 à mai 1892, une feuille antisémite, *l'Anti-youtre. Organe de protestation sociale*. Il n'est pas impossible qu'Arthur Meyer ait été aussi l'artisan de la collaboration de Biétry à la feuille royaliste *le Soleil*, collaboration qui fera au « chef » des Jaunes énormément de mal dans les milieux ouvriers, tout comme l'enlisement du boulangisme républicain et socialiste dans les salons de l'aristocratie parisienne avait contribué, un quart de siècle plus tôt, à la fin du premier socialisme national.

Que la somme versée par la duchesse d'Uzès ait été de 200 000 francs ou non, il ne fait aucun doute que c'est bien l'argent de cette grande dame qui a permis la renaissance du mouvement et le lancement de son journal [2]. C'est aussi grâce à l'intervention de la duchesse que Gaston Japy, propriétaire des usines Japy à Besançon — qui avait déjà joué dans l'entourage de Lanoir un rôle difficile à déterminer —, décide de reporter son soutien sur Biétry [3]. Très rapidement, le grand industriel franc-comtois prend la relève de la duchesse et devient le soutien le plus efficace et le bailleur de fonds principal du mouvement jaune. Début 1905, il aurait déjà fourni près de 50 000 francs et se disposerait à en fournir autant pour préparer sa propre candidature dans le département du Doubs ou dans une autre circonscription de la région de l'Est [4]. Mordu par la politique, il s'y adonne avec

---

1. F 7 12459, 22 juillet 1903. Ici, il faut signaler qu'en dépit des allégations de certains indicateurs rien ne prouve que Biétry se soit approprié telle ou telle subvention, même en partie, ce qui, on s'en souvient, n'était probablement pas toujours le cas de Lanoir.
2. Cf. F 7 12793, 11 octobre 1904 : « Metz » fait état d'une somme de 12 000 francs procurée par la duchesse d'Uzès à un moment critique pour les débuts de la Bourse indépendante et du *Jaune*. A Caen, ce sera un don de la comtesse de Montessuy qui permettra au mouvement, de l'aveu même du leader local, de faire surface (cf. A. Eudes, « Syndicats rouges et syndicats jaunes ou indépendants », *le Travailleur calvadosien*, 5 juillet 1905).
3. F 7 12793, 11 octobre 1904.
4. F 7 12793, 25 janvier 1905 (« Metz »), 16 novembre 1905 (« Meuse »).

beaucoup de sérieux et de constance. Il lui a suffi de peu de temps pour devenir une des figures les plus importantes du parti; à beaucoup d'égards, il en est le second personnage. Il représente le type idéal du patron jaune, appliquant dans ses usines quelques-unes des réformes sociales inscrites au programme du mouvement et menant le bon combat aux côtés du « chef » à travers toute la France, très souvent dans des conditions extrêmement difficiles.

Gaston Japy n'est pas seulement un commanditaire : il est aussi la caution de Biétry auprès d'autres patrons, qui, le lendemain du congrès national de 1904, lui versent des sommes assez généreuses[1]. C'est Japy encore qui s'engage, en décembre 1905, à trouver 20 souscripteurs qui verseront, avec lui, 200 francs par semaine chacun, et ce, du premier janvier jusqu'aux élections. C'est cet argent qui servira à Biétry pour organiser un véritable tour de France de conférences[2]. Mais l'homme de Besançon n'est pas le seul industriel à contribuer au budget du mouvement : à ses côtés s'activent trois autres gros manufacturiers : de Bellaigue, Toutain, important manufacturier de Laval, et Laroche-Joubert, fort connu à Angoulême. De temps en temps, d'autres sympathisants apportent leur contribution : un riche joaillier de la rue de Richelieu, Chaumet, supporte avec Japy les frais du congrès de 1907; un amiral, de Cuverville, verse quelques centaines de francs, et une association franciscaine installée rue Notre-Dame-des-Champs, fréquentée par des moines sécularisés, dont plusieurs pères jésuites, accorde des libéralités à Biétry[3]. Ainsi, malgré quelques difficultés — début 1907 —, la Fédération semble jouir d'une situation financière relativement saine. En été 1906, il est même question de transformer le Jaune en quotidien; un an plus tard, en juin 1907, il ne manquera plus que 30 000 francs pour couvrir la souscription destinée à l'augmentation du capital et à la parution en province de petits Jaune hebdomadaires appelés à couvrir les régions ouvrières. A l'exemple des différentes Croix de province, on voulait laisser l'organisation de ces journaux aux divers syndicats ouvriers indépendants[4].

De fait, le mouvement jaune s'est rapidement retrouvé à la tête d'un réseau de presse non négligeable. Le Travail libre à Lille, le Genêt breton à Brest, le Travailleur calvadosien à Caen, le Journal des travailleurs au Havre, le Travailleur libre à Vesoul sont les plus importants de ces journaux, mais ils sont le résultat d'initiatives locales et ne doivent rien au Jaune de Paris, sinon les éditoriaux du « chef ».

1. F 7 12793, 22 novembre 1904 (« Metz »).
2. F 7 12793, 15 décembre 1905 (« Lazare »).
3. F 7 12793, 10 avril et 17 novembre 1907, 14 avril 1905 (« Meuse »).
4. F 7 12793, 11 janvier, 16 juin et 24 juillet 1907 (« Metz »).

Le bureau politique du duc d'Orléans constitue un autre appui majeur et une autre source de revenus. A un moment difficile à établir avec précision, mais qui doit se situer vers la fin de 1903, contact est pris avec le prétendant, par l'entremise des milieux de *la Libre Parole*. Il n'est pas impossible que le duc d'Orléans ait alors tout simplement décidé de porter au seul mouvement de Biétry la mensualité de 3 000 francs que, jusque-là, il versait à Lanoir. On retrouve les premières traces de cette subvention en octobre 1904[1]. C'est aussi à partir de cette date que Drumont, Devos et Gaston Méry — qui siégera plus tard au Comité national des Jaunes de France — commencent, dans *la Libre Parole*, leur campagne en faveur de Biétry.

Ces appuis ne sont pas les seuls que Biétry réussit à grouper autour de lui entre 1904 et 1906. En effet, il s'assure également le soutien du père Édouard de l'Association franciscaine, dont la fidélité ne se démentira jamais. Le père Édouard, connu aussi de la Sûreté générale sous le nom d'abbé Brière, donnera au *Jaune*, sous le pseudonyme de « Théophile », une chronique moralisante et bien-pensante, « Les cahiers de l'ouvrier ». C'est encore le père Édouard qui, avec Japy et Peugeot, souscrit le capital social du *Jaune* et lui assure la liaison avec les milieux catholiques. Que ce soit par une conférence à l'Institut catholique, qui réunit une assistance de 600 personnes, ou par une intervention auprès de J. Piou[2], la sollicitude du franciscain pour le mouvement se révèle d'un prix inestimable.

Avec le père Édouard, on remarque d'autres ecclésiastiques dans le sillage du mouvement. Les dossiers de la Sûreté générale signalent la présence, brève il est vrai, d'un groupe religieux parisien, conduit par le père Pupey-Girard, de l'ordre des jésuites. A Roubaix et à Tourcoing, c'est encore un jésuite, le père Le Bail, qui se charge de propager les mots d'ordre du père Édouard. Au Havre, le père Adéodat, un franciscain, est devenu un des porte-parole de la propagande jaune[3]. Les activités de ces groupes de religieux réguliers ne continueront jamais au-delà de la première année du mouvement. En fait, les relations de Biétry avec les milieux catholiques seront toujours très ambivalentes. Variant de l'hostilité ouverte à la neutralité bienveillante, elles reflètent aussi bien des dissensions idéologiques fondamentales que des problèmes de conjoncture ou des questions d'intérêts.

Ainsi, le congrès national de mars 1904 expulse les démocrates-

1. F 7 12793, 11 octobre et 22 novembre 1904 (« Metz ») et 28 avril 1905.
2. F 7 12793, 18 août 1906 et 3 février 1905 (« Naples »).
3. F 7 12793, 26 novembre 1904 (« Naples »), 18 août 1906.

chrétiens du groupe lillois de l'abbé Lemire, qui avaient pu s'introduire à la deuxième commission chargée des questions de mutualité et de coopération. Ce qui n'empêchera pas l'abbé Lemire, deux ans plus tard, de faire l'apologie des théories jaunes lors de la Semaine sociale de Dijon. Mais les congressistes ne le suivent pas et accordent leur soutien massif à Marc Sangnier. Après cette Semaine, la guerre ouverte s'installe entre le Sillon et le mouvement jaune[1].

Moins tranchées sont les relations avec l'Action libérale. Dès l'été 1905, il semble en effet que Jacques Piou ait cru pouvoir se servir de Biétry, notamment pour les législatives de 1906. Il est possible aussi qu'il n'ait pu résister aux pressions de certaines de ses organisations locales, particulièrement celle de Marseille qui, patronnant divers syndicats libres de la région, reporte son appui sur le syndicalisme jaune dès l'adhésion des syndicats marseillais à la FNJF[2]. Quoi qu'il en soit, tout au long de 1906, les indicateurs de police signalent une collaboration de plus en plus soutenue entre l'Action libérale, la presse catholique de province et le mouvement jaune[3]. En décembre 1905, un rapport indique que l'état-major de Jacques Piou aurait commencé de verser au mouvement une subvention de 1 500 francs[4]. En août 1906, une autre information fait état d'une somme de 600 000 francs dont la majeure partie aurait été fournie par l'Action libérale et par le Comité Doumer, et qui aurait été versée au mouvement par l'entremise du comte de Guigné, trésorier de la Ligue nationale pour la défense des Jaunes et membre du Comité national de la Fédération[5]. D'autre part, on considère l'industriel Henry de Bellaigue, l'un des soutiens les plus fermes de Biétry et l'un de ses commanditaires les plus importants, comme le représentant de l'Action libérale au Comité national des Jaunes[6].

A la veille, mais surtout après sa triomphale élection comme député de Brest, en mai 1906, Biétry accomplit un véritable tour de force en obtenant l'appui d'éléments souvent opposés. Tout d'abord, il y a la très catholique Ligue des femmes françaises dont les militantes n'avaient pas craint d'organiser, en avril 1906, une croisade dans les foyers mêmes des électeurs, faisant le siège des pères, des maris et

1. F 7 12793, 21 novembre 1904 (« Naples »), et deux rapports de « Metz » des 5 juillet 1906 et 18 août 1906.
2. F 7 12793, 12 décembre 1905 (« Metz »).
3. F 7 12793, 28 septembre 1906 (« Londres »), et un autre rapport sans date, mais ayant été sans doute produit en août 1906.
4. F 7 12793, 12 décembre 1905 (« Metz »).
5. F 7 12793, 18 août 1906.
6. F 7 12793, 24 novembre 1907.

des frères pour les forcer à sauver leur âme en votant pour le bon candidat. Après les élections, cette Ligue dynamique s'attelle à la tâche, sous la férule de la très pieuse Mlle de Blarer, pour diffuser les doctrines jaunes dans les milieux ouvriers, tout en récoltant dons et secours pour la Fédération et des abonnements pour *le Jaune*[1].

A la même époque, Biétry trouve le moyen de se faire patronner à la fois par des comités royalistes et par des bonapartistes, par *le Soleil* et *l'Autorité*, par *la Libre Parole* et par des éléments de l'Action libérale, dont les démêlés avec l'Action française, qui cherche elle aussi à accaparer le mouvement, atteignent alors une grande virulence. En été 1906, Biétry est à l'apogée de sa carrière, et le mouvement jaune prend une importance que nul ne songe à lui contester.

La vogue soudaine et le succès politique certain du mouvement n'ont pas été sans qu'il y mette le prix, un prix qui hypothèque dangereusement son avenir. A force de louvoyer entre des clientèles différentes, aux intérêts opposés, Biétry s'était trouvé dans l'obligation, dès le congrès de 1904, de répudier le mot de socialisme. Ce qui aurait pu paraître de prime abord comme une simple résolution rhétorique, destinée à mettre en confiance les gros industriels ou le bureau politique du duc d'Orléans, s'avère très rapidement avoir une influence néfaste sur la clientèle ouvrière. Car, en même temps qu'il devient, en été 1906, l'enfant chéri de toutes les droites qui y voient un instant la force en mesure de remplacer le nationalisme défaillant, le mouvement jaune devient suspect à son aile prolétarienne, socialisante et non confessionnelle qui commence à s'y trouver relativement aliénée. En 1906, alors que tout semble au mieux, les syndicats du Creusot et de Montceau-les-Mines font scission. Les « indépendants » de ces grands centres ouvriers, hauts lieux du syndicalisme jaune où tout a commencé, préfèrent s'en aller plutôt que de cautionner les nouvelles orientations politiques du « chef ».

C'est donc au plus fort de son essor que le mouvement est victime des tensions qui finiront par l'abattre. Mais il bute aussi sur la perpétuelle difficulté, inhérente à la nature des rapports entre la droite radicale et la droite libérale et conservatrice. Ainsi, dès l'été 1906, l'idée de faire du mouvement jaune la pièce maîtresse de l'opposition se heurte à l'influence grandissante du Sillon et du mouvement de Jacques Piou dans les milieux non marxistes. A Lyon, par exemple, l'Action libérale s'oppose violemment aussi bien à l'implantation du mouvement jaune qu'à celle de la Fédération nationale antijuive[2]. S'agit-il

---

1. F 7 12793, 14 novembre 1906.
2. F 7 12793, 6 octobre 1905 (« Metz »).

seulement d'une opposition à caractère purement régional? Il ne le semble pas.

En effet, la droite libérale et catholique n'était pas complètement restée inactive durant la montée du parti de Biétry : elle avait acquis assez de poids et d'assurance pour se sentir en mesure de se passer de l'élément populaire, violent et socialisant que représentent Biétry et les antisémites. Aussi, à Paris comme en province, ceux qui s'apprêtent à combattre à la fois le marxisme et le nationalisme sont de plus en plus nombreux à choisir de se tourner plutôt vers les comités de l'Action libérale[1]. Ce processus de glissement devient désormais l'une des grandes constantes qui ont caractérisé les rapports et les existences parallèles de ces deux droites en France. On ne manquera pas de le rencontrer à maintes reprises tout au long de l'entre-deux-guerres.

C'est ainsi qu'en dernière analyse le mouvement jaune dépérira surtout du même phénomène qui avait déjà brisé le boulangisme et qui, dans l'immédiat après-guerre, fera éclater le Faisceau de Georges Valois. En France, la droite radicale ne réussira jamais à se sortir du dilemme où l'enferment les structures de la société française. Entre les pesanteurs sociologiques de la droite traditionnelle, d'une part, et de la gauche révolutionnaire, d'autre part, cette droite « populaire » éprouve d'énormes difficultés pour préserver son identité et sa liberté d'action. Elle se voit toujours réduite à l'absorption par la droite classique; tel fut le cas du boulangisme, tel sera le sort du mouvement jaune, comme du Faisceau et, à beaucoup d'égards aussi, celui du PPF.

3. LA FONCTION POLITIQUE DU MOUVEMENT JAUNE

Le congrès national de novembre 1904 constitue le point de départ de l'action politique du mouvement jaune. Mais déjà, au mois de juin, le groupe des députés nationalistes de Paris, présidé par Georges Berry, lui avait adressé ses félicitations et ses encouragements[2]. Lorsque le congrès se tient, la presse de droite lui prodigue une couverture chaleureuse. *La Libre Parole, le Temps, la Croix, le Journal des débats, le Petit Journal, le Gaulois,* tous saluent la réapparition

1. F 7 12793, 5 juillet 1906 (« Metz »).
2. « Les Jaunes organisent le placement gratuit », *Le Jaune*, 11 juin 1904.

de la FNJF. Puis, le mouvement s'organise, ses effectifs s'étoffent, la vente de son journal augmente, ses activités se diversifient et se ramifient, il remporte alors des succès de plus en plus éclatants. En 1906, il est à son apogée.

1906 est l'année de l'élection triomphale de Biétry à Brest. C'est l'année où le chef des Jaunes apparaît à certains comme l'homme politique que le nationalisme attend depuis si longtemps. Les hommes de l'Action française aussi bien que les milieux de la droite conservatrice le courtisent. Le tirage du *Jaune* augmente considérablement, et la littérature jaune — livres et brochures de propagande — connaît un franc succès. C'est aussi l'année où Paul Leroy-Beaulieu, membre de l'Institut, professeur au Collège de France, entre au Conseil national des Jaunes de France. Avec cette adhésion, le mouvement atteint le seuil de la respectabilité.

Lors de sa campagne électorale, Biétry a su exploiter le profond mécontentement suscité par les mouvements de grève qui venaient de prendre fin, et auxquels les syndicats indépendants s'étaient fortement opposés. Il a su aussi tirer profit de l'échec du candidat socialiste à la récente élection municipale partielle [1]. Mais, si la victoire de mai tient assurément de la conjoncture qui vient de se créer à Brest, rendue plus favorable encore par les tensions qui se font jour parmi les ouvriers de l'Arsenal, elle est tout autant une réussite personnelle de Biétry, qui a fait preuve d'une ténacité et d'un courage physique à toute épreuve, car, partout où il prend la parole, il lui faut affronter de véritables émeutes [2].

Il a trente-quatre ans lorsqu'il fait son entrée à la Chambre. Ses débuts y sont étincelants. L'interpellation sur la politique générale du gouvernement lui permet, le 15 juin, de se poser en rival de Jaurès. Répondant au leader socialiste qui venait d'exposer les grandes lignes

1. « La semaine rouge », *Le Jaune*, 4 mars 1905.
2. Cf. *le Jaune*, 24 février 1906. La propagande jaune se fait toujours dans un climat extrêmement agité. Les conférences de Biétry en province provoquent chaque fois une violente réaction de la part des syndicats « rouges ». Il arrive que des coups de revolver soient échangés dans les salles de réunion et que lui-même, Japy, Czulowski ou d'autres propagandistes jaunes, attaqués et blessés, ne puissent être dégagés que grâce à l'imposant déploiement des forces de police que suscitent leurs déplacements. Cf., par exemple, le compte rendu des incidents survenus au Havre et à Nantes en juin 1905 (*le Travailleur calvadosien*, 7-14 et 14-21 juin) ou à Tourcoing en novembre 1906 (*la Croix*, 5 novembre). Dès juin 1905, Biétry protestait auprès du ministre de l'Intérieur Étienne et lui annonçait son intention de riposter à coups de feu aux agressions dont il serait l'objet (F 7 12793, 9 juin 1905). Ce qui n'empêchera pas Roubineau, secrétaire général de la bourse libre de Laval, d'être blessé au cours d'une bagarre quelques semaines plus tard (F 7 12793, 8 août 1905).

de sa doctrine, le nouveau député de Brest présente la sienne. Debout, le poing tendu, les députés socialistes l'injurient et l'insultent avec une véhémence peu commune. Avec un sang-froid remarquable, Biétry, plutôt court, ramassé, affronte ce déchaînement qui le grandit non seulement aux yeux de ses propres troupes, mais encore à ceux de la droite tout entière. Accueilli à sa descente de la tribune en triomphateur, il est l'homme qui venait de tenir tête au grand tribun socialiste [1]. Le lendemain, la grande presse répercute ce premier succès sur le pays : jamais un tel hommage n'avait été rendu au chef des Jaunes et à son mouvement. Le 19 juin, Henry Simond lui propose d'éditer son discours en brochure et d'en assurer la diffusion : une centaine de milliers d'exemplaires, vendus dans toute la France au prix de 10 centimes, sortent des presses du grand quotidien conservateur. En même temps, l'*Écho de Paris* décide d'engager une vaste campagne en faveur des Jaunes [2].

Il est clair qu'en cet été 1906 nombreux sont ceux, à droite, qui voient en Biétry et ses hommes le chef et les troupes capables de remplir le vide laissé par la débâcle du nationalisme, devenu fantomatique depuis l'effacement de la Patrie française et la lente décomposition des ligues de combat qui firent les belles heures de l'antidreyfusisme. Avec les Jaunes, on croit avoir enfin trouvé cette force nouvelle, agressive et efficace, seule susceptible de réunir les débris des comités nationalistes et capable de tenir la rue [3].

Il n'est pas sans intérêt de signaler dans ce contexte que, déjà au printemps et en été 1905, les Jaunes avaient été l'objet d'une attention très bienveillante de la part du président de la Chambre, Paul Doumer, qui, préparant son élection à la présidence de la République, cherche à se concilier les voix de la droite. Il contacte Japy pour essayer d'évaluer la part que l'on peut confier aux Jaunes dans la lutte contre le syndicalisme « rouge [4] ». Mais, d'autre part, en mars 1906, les députés nationalistes invités personnellement à assister aux travaux du deuxième Congrès national ont refusé d'y paraître, de peur de mécontenter Jacques Piou [5]. Il faudra attendre le lendemain de l'élection de

---

1. F 7 12793, 18 août 1906. « Face à Jaurès », titrait dès le 2 juin *le Journal des travailleurs;* « Biétry vaincra-t-il Jaurès? », demandait l'éditorialiste de l'organe jaune du Havre.
2. Le discours fut publié sous le titre de *l'Utopie socialiste.* Cf. aussi la lettre d'Henry Simond dans *le Jaune* du 30 juin 1906. Dans *le Jaune* du 23 juin, on trouvera de nombreux comptes rendus de la fameuse séance et une revue de presse qui donne une idée de l'audience que rencontre le mouvement.
3. F 7 12793, 5 juillet 1906 (« Metz »).
4. F 7 12793, 4 juin 1905 (« Naples »).
5. F 7 12793, 13 mars 1906 (« Metz »).

Brest pour que Biétry cesse d'être compromettant pour la droite traditionnelle.

En tout cas, en cet été 1906, on n'a pas tort de penser à la Sûreté générale qu'une véritable vague de fond est en train de porter le mouvement. La droite radicale, ou du moins ce qu'il en reste, vient à Biétry parce qu'il lui apparaît comme l'homme de la renaissance nationale et sociale; les conservateurs aussi qui, selon les tendances, voient le mouvement jaune comme l'instrument, et l'instrument seulement, qui mettra à bas la République laïque ou le socialisme. Biétry « est devenu en quelques jours le sauveur national, il marche de succès en succès et de tous les côtés de l'opposition on lui offre de lui donner ce dont il aura besoin. Il n'a que l'embarras du choix[1] ». La conclusion qui s'impose à l'esprit des spécialistes de la Sûreté est que « le mouvement jaune apparaît dès aujourd'hui comme devant acquérir une certaine importance[2] ». Ils ne sont d'ailleurs pas les seuls à le reconnaître : la grande presse, la présidence de la Chambre et la police politique ont le même sentiment.

Ce sont d'abord les hommes de la Patrie française qui proposent leur aide. Grâce à leur enthousiaste collaboration, des comités jaunes, appelés à remplacer les comités nationalistes, sont formés à Paris — Xe, XIe et XIVe arrondissements — et en banlieue — Levallois, Clichy, Antony et Puteaux. En province,

> le mouvement serait encore plus considérable. De nombreux syndicats auraient adressé leur adhésion à la Fédération des Jaunes. En outre, dans tous les grands centres industriels, des comités et syndicats jaunes sont en voie de formation[3].

A la fin du mois de juin 1906, la Ligue antimaçonnique française organise, salle Wagram, une grande conférence pour permettre au député de Brest d'exposer — devant un public que les organisateurs estiment à 5 000 personnes — le programme jaune. A son arrivée, Biétry est accueilli et escorté par la fleur du nationalisme parisien : le commandant Driant, qui fait l'éloge de l'homme et de son œuvre, Paul et Guy de Cassagnac, Jules Delahaye — le fameux accusateur des chéquards dans l'affaire de Panama —, le comte de Cossé-Brissac, Copin-Albancelli, Provost de Launay, l'amiral Bienaimé[4]. Au cours de cette période, il est l'invité d'organisations catholiques — l'Association franciscaine, la Ligue d'enseignement catholique —,

1. F 7 12793, 13 mars 1906 (« Metz »).
2. *Ibid.*
3. F 7 12793, 18 août 1906.
4. « La réunion de la salle Wagram », *Le Jaune*, 30 juin 1906.

et plusieurs grands journaux le sollicitent : il donne des articles à *l'Écho de Paris,* au *Soleil,* à *la République française,* dont le rédacteur en chef, Jules Roche, est un sympathisant de la première heure. Plus tard, ce seront les Cassagnac qui s'emploieront à mieux faire connaître le mouvement : avec *la Libre Parole, l'Autorité* sera le dernier bastion des Jaunes.

Au début de 1906, la sympathie de l'Action française tourne au rapprochement. En janvier, Biétry rend hommage à Maurras; quelques semaines plus tard, fin mars, il se voit proposer de donner deux conférences à l'Institut d'Action française. Les jaunes considèrent cette invitation, qui arrive à la veille des législatives, comme leur plus gros succès jusque-là, une sorte de couronnement de toute l'œuvre d'une année : « La porte est enfoncée, les Jaunes ont conquis leur large place au soleil », clament-ils alors [1]. Les deux conférences sont une performance de qualité. Selon le témoignage de Louis Dimier, qui n'aimait guère Biétry, le chef des Jaunes avait fait une très grosse impression sur l'état-major de l'Action française, réuni au grand complet pour l'occasion. Les maurrassiens en sont déjà à voir les Jaunes apportant à leur propre mouvement la dimension sociale qui lui manquait. Vaugeois s'applique même à démontrer à ses amis qu'un accord est possible entre les deux formations sans que, pour autant, Biétry et ses hommes soient tenus de faire acte d'allégeance au monarchisme. A la FNJF, on rend la politesse en lançant la formule de « mouvement ouvrier conservateur [2] ».

C'est ainsi qu'en l'espace de quelques mois, entre mars et juin, le mouvement jaune se trouve réellement propulsé sur le devant de la scène politique. Ce qui, bien naturellement, donne à Biétry l'idée de pousser de l'avant, d'exploiter ses premiers succès, et de transformer progressivement un mouvement à prédominance syndicale en parti politique à l'échelle nationale. Assurément, ce n'était pas la première fois que le problème de la politique active se posait à la FNJF. Dès

---

1. « La conférence de P. Biétry à l'Action française », *Le Jaune,* 31 mars 1906.
2. A.-M. Gautherot, « Pourquoi nous sommes antisocialistes », *Le Jaune,* 6 janvier 1906. Sur les impressions de Dimier en particulier et de *l'Action française* en général, cf. L. Dimier, *Vingt Ans d'Action française,* Paris, Nouvelle Librairie nationale, 1926, p. 125, et « M. Pierre Biétry à l'Action française », *l'Action française* (revue), 1er mai 1906, p. 217-221. Bourré d'éloges sur le chef des Jaunes et son œuvre, cet article insiste longuement sur tout ce qui rapproche les Jaunes des hommes de l'Action française. On insiste sur le fait « qu'il était peu d'endroits où le système et les idées de M. Pierre Biétry eussent plus de chance d'être compris qu'à l'Action française » (p. 217). Sur les réactions du mouvement aux conférences de Biétry, cf. « La conférence de P. Biétry à l'Action française » (non signé), et J. Normand, « Deuxième conférence de P. Biétry », *le Jaune,* 31 mars 1906.

février 1905, la question de la participation aux élections générales est soulevée dans *le Jaune*[1], et, aux élections de mai 1906, les Jaunes enregistrent un certain nombre de succès, notamment l'élection à Orthez, sous leur étiquette, de Dupourqué. Japy, à Montbéliard, et Laroche-Joubert, à Angoulême, obtiennent, à ce même scrutin, des scores très honorables. Le glissement vers « la grande politique » n'était donc pas totalement imprévisible.

Comme les ligues des années quatre-vingt-dix et comme les mouvements fascistes des années trente, le mouvement jaune ne résiste pas à la tentation de la politique active ni à l'attrait des possibilités qu'offre la démocratie libérale. En France, il n'y a jamais eu un seul mouvement politique qui, après avoir déversé des torrents d'injures sur le régime parlementaire, ait dédaigné, le moment venu, de tâter du suffrage universel. Mais la démocratie parlementaire de ce pays a toujours su, jusqu'en juin 1940 du moins, supporter les chocs successifs des forces montées à son assaut, les neutraliser, puis, finalement, les absorber. C'est qu'en acceptant de jouer selon les règles en vigueur en démocratie la droite radicale en acceptait implicitement la légitimité et, ce faisant, s'engageait chaque fois sur un terrain qui ne convenait en rien à sa spécificité et à sa croissance. C'est ainsi que finalement, chaque mouvement à son tour s'étiole pour laisser la place vacante à son successeur qui, lui aussi, à son tour, subira le même processus.

Désireux de profiter de la prochaine tenue du 3e congrès national de son mouvement, prévue pour avril 1907, Biétry décide, en janvier de la même année, de lancer une campagne en vue de la transformation des structures du parti et de la préparation des législatives de 1910[2]. Il est persuadé que la poussée enregistrée durant les douze derniers mois permet d'espérer une forte progression lors des élections de 1910, à condition de s'atteler soigneusement à la tâche. Le député de Brest préconise donc la création immédiate de comités jaunes, même si, pour commencer, ils ne doivent réunir que quelques militants d'élite. Il s'agit d'atteindre les moindres petites bourgades, tous les arrondissements, afin de présenter des candidats dans toutes les circonscriptions. Et ces candidats ne se désisteront au second tour qu'en faveur des concurrents qui auront fait expressément des déclarations favorables aux Jaunes. Car la tactique électorale arrêtée se fonde sur le principe « qu'il n'y a pas de partis politiques ennemis,

---

1. H. Rovel, « La tactique des Jaunes », *Le Jaune*, 18 février 1905.
2. P. Biétry, « Les propos du Jaune », *Le Jaune*, 23 février 1907.

hors le socialisme et l'étatisme [1] ». Les Jaunes veulent ainsi être le catalyseur d'une grande opposition rassemblant « tous les partis du centre à l'extrême droite à laquelle ils apporteraient ' un programme social ' [2] ». Ces préparatifs ne manquent pas d'attirer l'attention des services de la préfecture de police qui, au mois de janvier 1908, sont forcés de reconnaître qu'« il faudra donc compter sur l'influence des Jaunes aux prochaines élections tant municipales que générales [3] ». Ici encore, la vision des contemporains est différente de la nôtre, et ils n'ont pas la tentation de minimiser la montée de Biétry.

En réalité, le chef des Jaunes ne propose aux partis d'opposition rien d'autre que la constitution d'un anti-Bloc. Tout compte fait, soutient le député de Brest, le Bloc aussi est composé d'éléments très différents les uns des autres, peut-être même plus que l'opposition : il a pourtant un programme minimal, auquel il ne serait pas du tout difficile d'opposer un autre programme minimal qui en serait l'antithèse. C'est bien ce qui paraît clairement quand on a fini de dépouiller de leurs subtilités tactiques les arguments développés par les leaders jaunes en des dizaines d'occasions [4]. Afin de mettre sur pied ce que l'on appelle déjà le Bloc des droites, « formé de tous les partis d'opposition quels qu'ils soient », dont les Jaunes, grâce à leur « base ouvrière considérable et organisée », seraient le ciment [5], Biétry décide de scinder son mouvement en parti politique, d'une part, et mouvement syndical, d'autre part : le 23 mai 1908, la scission entre les deux éléments est consommée. Ainsi naissent le parti propriétiste — à un certain moment, on avait pensé à un parti social propriétiste [6] — et la Fédération syndicaliste des Jaunes de France [7].

Le nouveau parti, son sigle et ses slogans le proclament, prend sur lui de constituer ce programme minimal. Au socialisme, il va opposer la participation des ouvriers à la propriété des moyens de

1. P. Biétry, « Les propos du Jaune », *Le Jaune*, 23 février, 2 mars, 1er juin et 2 novembre 1907.
2. P. Biétry, « Les propos du Jaune », *Le Jaune*, 11 janvier 1908; E. Gallian, «Le mouvement propriétiste », *ibid.*, 13 juin 1908.
3. F 7 12793, rapport du 8 janvier 1908.
4. Les meilleurs exemples : P. Biétry, « Les propos du Jaune», *Le Jaune*, 11 janvier 1908; E. Gallian, « Le mouvement propriétiste », *ibid.*, 13 juin 1908; J. Wayss, « Avec les ' Cabotins ' et les ' Réacs ' », *ibid.*, 27 juin 1908; « Transformation du mouvement jaune », *ibid.*, 30 mai 1908.
5. « Transformation du mouvement jaune », *Le Jaune*, 30 mai 1908.
6. J. Wayss, « Avec les ' Cabotins ' et les ' Réacs ' », *Le Jaune*, 27 juin 1908.
7. C'est le 20 mai, trois jours à peine avant que ne soit rendue publique la décision de couper le mouvement en deux, que Biétry l'annonce à ses adhérents, sur un ton cassant et sans réplique (cf. F 7 12793, rapport du 21 mai 1908, préfecture de police).

production, ou « propriétisme », à la politique laïque et anticléricale du Bloc, on oppose le thème de la séparation des écoles et de l'État [1]. La lutte contre l'anticléricalisme fut, de tout temps, une composante clé de l'idéologie jaune. C'était précisément ce qui leur permettait de mordre sur les syndicats chrétiens, c'était ce qui leur permettait d'attirer ceux des ouvriers et des petits salariés que l'anticléricalisme blessait. Le Jaune avait pris la précaution de souligner que les chefs du mouvement sont « presque tous des chrétiens pratiquants [2] ». D'ailleurs, de l'Union ouvrière à la Voix française, un même thème revient avec une constance qui atteste la place qu'il occupe dans le système idéologique jaune : la liberté d'enseignement, appelée quelquefois liberté de conscience et, d'autres fois, lutte contre l'État omnipotent [3].

Ainsi, le 11 décembre 1909, lorsque le nouvel hebdomadaire jaune, la Voix française, commence à paraître, c'est à la défense de l'enseignement libre qu'il consacre son premier numéro [4]. Et, quelques semaines plus tard, en février 1910, Biétry dépose un projet de loi sur la séparation des écoles et de l'État, et fonde une Ligue nationale pour la séparation des écoles et de l'État [5]. Ce qui, une fois de plus, le pousse au-devant de la scène politique et lui vaut de chaleureux encouragements de certains cardinaux et archevêques [6].

Entre-temps, le député de Brest n'avait pas diminué ses efforts pour unir la droite, et sa stratégie pour y arriver n'avait pas changé : souder tous les antiblocards — qu'il énumère —, de manière à couper

1. Cf. P. Biétry, « Les propos du Jaune », Le Jaune, 11 janvier 1908.
2. « Pour en finir », Le Jaune, 28 mai 1904.
3. Cf., par exemple, le discours de Lanoir au premier banquet des Jaunes (l'Union ouvrière, 22 févr.-1er mars 1903), et l'éditorial de Biétry (la Voix française, n° 2, 18 décembre 1909). Le thème des libertés religieuses tient une place plus importante encore dans la presse provinciale. Plus encore qu'à Paris, les syndicats provinciaux se trouvent en compétition ouverte avec le Sillon : ne pas se laisser déborder par la montée du nouveau mouvement est vital pour les Jaunes. Cf., par exemple, A. Eudes, « Socialisme et cléricalisme », le Travailleur calvadosien, 31 mai 1905; F. Czulowski, « Lendemain de victoire », le Journal des travailleurs, 14 mai 1904; F. Czulowski, « Nos adversaires », ibid., 15 juillet 1905; P. Guillard, « Catholicisme social », ibid., 7 août 1906; « Cléricalisme et travailleurs », ibid., 8 septembre 1906.
4. A partir de cette date, la Voix française, nouvel organe du parti propriétiste, remplace le Jaune. Il paraîtra, avec quelques périodes d'interruption plus ou moins longues, jusqu'en 1913. Le changement du titre de l'organe jaune s'inscrit, bien sûr, dans le cadre des efforts d'unification de l'opposition.
5. P. Biétry, « La séparation des écoles et de l'État », La Voix française, 19 février 1910; « Pressant appel », ibid.
6. « Ligue nationale pour la séparation des écoles et de l'État », La Voix française, 9 avril 1910.

le pays en deux camps antagonistes entre lesquels on ne pourrait pas ne pas choisir [1]. Pour montrer le chemin, il donne l'exemple en votant, en février 1908, contre le projet Caillaux d'impôt sur le revenu [2].

Ici, il faut préciser que ce n'est pas la première fois que le mouvement s'aligne sur les conceptions économiques et sociales de la droite. En avril 1906, certains dirigeants jaunes s'étaient déjà opposés, au nom de l'intérêt national, au principe de la journée de 8 heures. Ainsi, Eudes, le leader de Caen, n'acceptera l'inscription de cette réforme dans le programme jaune qu'« à la condition qu'elle soit établie par une entente internationale, c'est-à-dire que l'étranger adopte également le principe de cette journée [3] ». Eudes ne conçoit guère d'autre moyen de lutter contre la concurrence étrangère, de préserver la compétitivité de l'industrie française et d'assurer ainsi la sécurité de l'emploi.

Près d'un an plus tard, c'est au tour du directeur de l'organe jaune de l'Est, Hennecart, d'attaquer le principe de l'impôt sur le revenu. Pour lui, ce n'est qu'un prétexte de plus que veut se donner l'État pour « prospecter dans les poches des contribuables », activité toujours nécessaire lorsqu'on persiste à vouloir entretenir une horde de 700 000 agents électoraux : les fonctionnaires [4]. C'est aussi ce qu'expliquent à satiété Gaston Japy et Georges Bonnefous, venus prêter main-forte aux Jaunes de l'Est. Selon ces deux hommes, si le gouvernement veut de l'argent, il n'a qu'à réaliser des économies et pratiquer une gestion sage, mais surtout ne pas alourdir encore les charges qui pèsent déjà sur la population [5].

Il est certain que, en créant un parti politique indépendant de son aile syndicaliste, le chef des Jaunes a voulu donner un gage supplémentaire à la droite traditionnelle et libérale, celle qui a en horreur le syndicalisme, peu importe sa couleur. Il n'était pas rare, en effet, d'entendre Biétry grincer des dents en parlant de ce patronat qui, par haine du syndicalisme, n'hésite pas à casser les syndicats jaunes. Ces critiques deviendront de plus en plus violentes, diminuant ainsi les chances d'unité.

---

1. « Transformation du mouvement jaune », *La Voix française*, 9 avril 1910; P. Biétry, « Les Jaunes à la salle Wagram », *Le Jaune*, 1er février 1908. Les anti-blocards dont il s'agit sont : les libéraux progressistes, l'Action libérale, les bonapartistes, les nationalistes, les royalistes, les républicains indépendants.
2. P. Biétry, « Les propos du Jaune », *Le Jaune*, 22 février 1908.
3. A. Eudes, « La journée de 8 heures », *Le Travailleur calvadosien*, 18-25 avril 1906. Un an plus tôt, Eudes avait déjà traité du problème dans un article publié dans le premier numéro du *Travailleur calvadosien* (19 avril 1905).
4. R. Hennecart, « L'impôt sur le revenu », *Le Travailleur libre*, 10 février 1907.
5. « L'action jaune dans l'Est », *Le Travailleur libre*, 10 février 1907.

Un autre exemple de concession idéologique est le rôle laissé à l'État par le programme minimal de janvier 1908, dont les clauses comportent :

> le droit d'association, la capacité civile entière pour les syndicats, l'accession des ouvriers à la propriété, les retraites ouvrières contrôlées par l'État, mais non gérées par l'État, les chambres de capacité, la liberté de l'enseignement par la séparation de l'école et de l'État, l'État ramené à son rôle de police intérieure et de politique étrangère [1].

En décembre 1909, quand le député de Brest devra constater l'échec de ses efforts, le ton se durcira considérablement. On verra alors le parti propriétiste s'élever contre le libéralisme et, tout en proclamant son hostilité envers l'État, demander — inconséquence fréquente et difficulté idéologique classique que la droite préfasciste ne manquera point de transférer au fascisme français de l'entre-deux-guerres — la « modification de la Constitution dans le sens de la responsabilité et de l'autorité à donner au pouvoir exécutif ». En même temps, le parti se définira comme une « organisation de combat » dont les « statuts sont une discipline », et dont la tête est « un chef » entouré d'un conseil de 5 membres et « un comité national » [2]. Voilà qui ne devait pas provoquer un enthousiasme démesuré parmi les conservateurs et les libéraux, mais, à ce moment, cela n'importait déjà plus.

Aux deux piliers du programme commun destiné à réaliser, pour 1910, « l'entente française électorale » — propriétisme ou l'accession des ouvriers à la propriété, et liberté d'enseignement [3] —, Biétry en ajoute un troisième : l'antisémitisme. Là encore, il s'agit d'un thème désormais traditionnel des divers courants de la droite radicale, et le mouvement de Biétry le porte en lui, latent, dès ses origines. Cependant, lorsqu'il mesure la puissance mobilisatrice de ce sentiment au sein des droites, il va systématiser de plus en plus son invocation dans l'espoir d'accélérer la formation du Bloc des droites. L'antisémitisme est déjà un aspect essentiel du programme minimal que Biétry propose, le 29 janvier 1908, salle Wagram, devant les représentants de tous les courants de la droite, hormis, toutefois, ceux de l'Action française [4]. C'est que Biétry a très tôt compris le bénéfice qu'il peut tirer de cette arme fourbie par Drumont. Pour le chef des Jaunes, l'auteur de *la France juive* est le « maître Drumont » qui a su faire de

---

1. P. Biétry, « Les propos du Jaune », *Le Jaune*, 11 janvier 1908.
2. « Ce qu'est le parti propriétiste », *La Voix française*, 11 décembre 1909.
3. P. Biétry, « Les propos du Jaune », *Le Jaune*, 26 juin et 20 novembre 1909.
4. Cf. le texte de ce programme dans *le Jaune* du 1er février 1908.

l'antisémitisme « une méthode d'observation, un critérium de questions sociales et politiques, grâce auquel on ne perd pas le bon chemin »[1].

L'influence de Drumont sur le mouvement fut toujours considérable. Tout de suite, des rapports extrêmement cordiaux s'établissent entre la formation de Biétry et *la Libre Parole*. Quand, en 1904, le mouvement se structure, le journal de Drumont lui fait une vaste publicité[2], et ses rédacteurs, notamment Gaston Méry et Jean Drault, se posent en amis des Jaunes et appuient leurs campagnes. Louis Vergoz, administrateur adjoint du *Jaune*, avait été, de 1892 à 1898, collaborateur de *la Libre Parole*. Un an plus tard, au printemps 1905, une étroite coopération s'instaure entre les Jaunes et les antisémites. Le 11 avril, une importante manifestation réunit, salle des Agriculteurs, Pierre Biétry, Gaston Méry et Fernand Conty, président de l'Union des travailleurs libres. Devant un auditoire de 400 personnes, composé en majorité de la bonne bourgeoisie, que côtoient un nombre important d'ouvriers et d'employés, Méry se félicite que l'antisémitisme ait servi de « trait d'union aux deux grandes associations ouvrières » dont les présidents sont à ses côtés : « Maintenant que les travailleurs connaissent le péril, conclut-il, ils marcheront non plus contre les patrons, mais contre les juifs, contre Rothschild lui-même[3].»

Préparée par une campagne de Méry en faveur des Jaunes, que Biétry ne manque pas de saluer[4], la réunion de la rue d'Athènes, détournée de son objet, soulève des protestations au sein du mouvement. Certains militants s'aperçoivent rapidement que cette manifestation jaune, dont l'objectif était simplement de recruter des sympathisants parmi les lecteurs de *la Libre Parole*, avait été très adroitement transformée en une opération de récupération de leur mouvement par les antisémites. Alfred Poizat, le plus important publiciste du mouvement, se rebiffe violemment et menace de s'en aller s'il devait s'avérer que le mouvement avait adhéré à l'antisé-

---

1. P. Biétry, « Propos d'un Jaune », *La Voix française*, 12 mars 1910; cf. aussi « Les propos du Jaune », *le Jaune*, 5 octobre 1907 :
« Chaque jour, je comprends mieux l'œuvre immense des juifs et aussi la patience formidable du génie de Drumont qui est arrivé à dessiller nos yeux, j'entends les yeux de la génération actuelle qui est, grâce à Drumont, obligée de voir clair dans la marche du peuple d'Israël. »
2. Cf. « Notre congrès et la presse », *Le Jaune*, 21 mars 1908.
3. F 7 12793, 14 avril 1905 (« Meuse »). Cf. aussi « Grande réunion à Paris », *le Jaune*, 25 mars 1905. Dès lors, *le Jaune* fait campagne afin d'assurer une diffusion aussi large que possible à la littérature antisémite, notamment *la Terreur juive* d'Urbain Gohier et *la Conjuration juive* de Copin-Albancelli.
4. P. Biétry, « Les propos du Jaune », *Le Jaune*, 18 mars 1905.

mitisme[1]. Assurément, les protestations ne visent point l'antisémitisme en tant qu'idéologie, mais en tant que mouvement politique : les protestataires refusent de se mettre simplement à la remorque de Drumont.

En effet, ceux d'entre eux qui, attentifs aux manœuvres de couloir, connaissent le tempérament autoritaire du directeur de *la Libre Parole*, ses velléités expansionnistes, ses démêlés avec Guérin, Déroulède ou la Ligue de la Patrie française, ne sont pas dupes. Ils savent que Drumont, par Méry et Devos interposés, cherche à s'emparer du mouvement : selon un rapport de la Sûreté générale, on aurait déjà décidé, à *la Libre Parole*, de placer l'un à la tête de la Fédération et l'autre au secrétariat général[2]. Un autre rapport signale que l'équipe de Drumont aurait même réussi à installer chez les Jaunes un indicateur expérimenté, Jules Girard, ancien bras droit de Guérin, qui se fait appeler Jean Gautier. Après avoir lâché son ancien employeur, Girard-Gautier aurait été offrir ses services à *la Libre Parole*, qui l'aurait chargé du noyautage de la FNJF[3]. Dans les rangs jaunes, on trouve encore Roubineau, agitateur antisémite fort connu à l'époque. Roubineau n'était pas la meilleure « recrue » que le mouvement ait jamais faite; c'est pourtant lui que Biétry envoie à Laval pour y organiser les syndicats jaunes. Pour de sordides raisons d'argent, Roubineau rompra avec Biétry pour former une organisation indépendante, qui prend le nom de « parti ouvrier socialiste antijuif ». D'après les rumeurs, ce nouveau groupe, qui compterait des transfuges du mouvement jaune, vivrait surtout de l'appui financier du millionnaire-politicien Archdéacon[4].

Mais, en dépit de certaines tensions, à *la Libre Parole* comme à la FNJF, on a bien le sentiment de partager un sort commun. Le journal de Drumont se targue auprès de sa clientèle de ses liens intimes avec les Jaunes, alors que Biétry fait adhérer son mouvement à la Fédération nationale antijuive[5]. C'est pourquoi la reprise en main des éléments — peu nombreux, il est vrai — qui craignent une trop étroite alliance avec Drumont, ou y répugnent, est immédiate. Biétry met bon ordre dans la maison, en consentant, toutefois, à assurer ses

1. A. Poizat, « De l'antisémitisme », *Le Jaune*, 15 avril 1905; cf. aussi P.-E. Cornu, « Encore l'antisémitisme », *ibid.*, 29 avril 1905.
2. F 7 12793, 20 décembre 1905 et 6 octobre 1905 (« Metz »).
3. F 7 12793, 1er février 1906 (« Meuse »).
4. F 7 12793, 16 novembre 1905 (« Meuse »).
5. F 7 12793, 6 octobre 1905 et 10 avril 1905 (« Metz »). « Metz » estime même que la FNJF n'est guère autre chose qu'une couverture pour Drumont, une machine à faire rentrer de l'argent.

troupes de sa ferme volonté de préserver l'indépendance du mouvement [1]. Cet épisode passé, la campagne antisémite reprend, plus
violente que jamais, et se poursuivra sans jamais susciter d'autres
protestations. C'est l'époque où un certain Dr Graveline apporte
le prestige de son métier pour affirmer que l'antisémitisme est une
« théorie scientifique par excellence » et « se rattache à l'hypothèse
évolutionniste plus probable chaque jour ». Et, en vertu de la loi
naturelle selon laquelle, « de deux races en présence, l'une doit absorber, annihiler ou expulser l'autre », Graveline ajoute :

> Par le poison du libéralisme manchestérien jadis, par la peste du
> collectivisme aujourd'hui, le juif a tenté sur l'esprit français la plus
> audacieuse mainmise, en même temps que ses coups de Bourse
> le rendaient maître de nos finances, et que ses intrigues désorgani-
> saient notre armée. Jaunes qui répandent la vraie doctrine sociale et
> fondent le progrès sur la tradition, antisémites qui flétrissent l'agio-
> tage, nationalistes qui ont à cœur la grandeur de la patrie accomplis-
> sent donc tous la même besogne, puisqu'ils combattent, sous des
> formes diverses, le même ennemi [2].

Plus tard, Biétry lui-même se déchaîne : il regrette le temps peu
éloigné où les juifs « payaient à l'entrée des villages la même taxe que
les pourceaux », où il était défendu à la « race immonde » de se baigner
« dans les rivières où se baignaient les chrétiens ». Or, ne voilà-t-il
pas qu'en l'espace de moins d'un siècle « les juifs sont devenus les
maîtres de l'Europe. En France, ils font et défont les gouvernements,
ils ont fermé les églises catholiques, ils ont accaparé toute la fortune
du pays, la presse, les professions libérales, l'éducation de nos enfants,
ils ont tout » [3]. Dans la foulée, il applaudit la vague des pogroms qui
déferle en Russie sur « la race maudite », sur « ces microbes crochus » :
« Allez frères russes », appelle le chef des Jaunes, « semez leurs os de
par les champs [4]. »
  Le socialisme, « ce microbe », est une affaire juive; il est une des
manifestations de la conspiration juive mondiale visant à dépouiller
les chrétiens de la terre et des instruments du travail. Les socialistes,
ces « chiens de garde des juifs », n'ont, quant à eux, qu'une mission :

1. P. Biétry, « Les propos du Jaune », *Le Jaune*, 15 avril 1905.
2. Dr Graveline, « Les Jaunes en province », *Le Jaune*, 22 avril 1905. C'est en
vertu de cette loi naturelle que *le Jaune* nous apprend qu'un «juif, ça sent» (19 juin
1909, p. 1), ou qu'il ne serait pas impossible qu'un de ses rédacteurs possède
aujourd'hui pour porte-plume « un magnifique nez de youpin » (23 janvier 1909,
p. 1).
3. P. Biétry, « Les propos du Jaune », *Le Jaune*, 30 novembre 1907.
4. P. Biétry, « Les propos du Jaune », *Le Jaune*, 11 novembre 1905.

« de dissoudre la propriété, de corrompre l'idée de Patrie, de salir la religion; là où passe le socialisme, la place est nette pour le juif [...] »[1]. Par conséquent, si « Vive la République! est synonyme de : Vive les juifs, nous serons antirépublicains [...]. Si tout cela c'est leur République, eh bien oui : A bas la République[2] ».

En dépit de tous ses efforts, y compris l'emploi de l'antisémitisme comme dénominateur commun, le mouvement jaune ne sera pas suivi dans sa tentative de catalyser la formation d'un anti-Bloc. Dès avril 1907, Biétry se plaint du manque de chaleur certain que la droite conservatrice lui témoigne. Il en a d'abord à ses chefs, Provost de Launay, l'amiral Bienaimé, ou même à ses collègues à la Chambre, qui l'évitent de plus en plus[3]. Il en a aussi à sa presse à laquelle il reproche d'ignorer systématiquement les Jaunes, tout en exagérant la puissance de la CGT. En mai, il accuse l'*Écho de Paris*, celui-là même qui, moins d'un an plus tôt, le présentait comme le paladin de la droite, d'avoir adopté une attitude « monstrueuse, humiliante, désastreuse [...] qui consiste à grandir et à magnifier l'adversaire, alors qu'on fait le silence sur les grands efforts utiles[4] ». Mais, ce qu'il reproche surtout à cette presse, c'est d'entretenir délibérément les querelles de chapelle afin de perpétuer un peu plus les divisions et par là de se donner à elle-même quelque raison d'être[5].

Au cours de l'année 1908, il semble qu'il n'y ait plus que la droite radicale — surtout la plus extrémiste — pour le soutenir vraiment dans sa tentative d'unification : Drumont, Rochefort, les Cassagnac, Jules Delahaye sont alors, de tous, les plus fidèles[6]. Il le leur rend bien. En octobre, au cours du débat houleux sur les interpellations de Biétry et de Jules Delahaye au sujet des incidents que provoquèrent les attaques contre les magistrats de la Cour de cassation, le chef des Jaunes prend le flambeau des plus hargneux[7]. En même temps, son journal se déchaîne contre « les faussaires... qui se sont vendus comme

---

1. P. Biétry, *Le Socialisme et les Jaunes, op. cit.*, p. 1; « Les propos du Jaune », *Le Jaune*, 5 octobre 1907 et 24 août 1907. Dans la livraison du 28 mai 1904, *le Jaune* publie, sous le titre de « *L'Humanité* juive », la liste des actionnaires du quotidien socialiste et parvient à la conclusion que la majorité des actions se trouve entre les mains des juifs.
2. P. Biétry, « Les propos du Jaune », *Le Jaune*, 23 janvier 1909.
3. Cf. F 7 12793, un rapport perspicace de « Metz » du 5 février 1908.
4. P. Biétry, « Les propos du Jaune », *Le Jaune*, 4 mai 1907.
5. P. Biétry, « Les propos du Jaune », *Le Jaune*, 20 avril et 4 mai 1907. Cf. aussi A. Poizat, « *Pro domo* », *le Jaune*, 27 juin 1908.
6. P. Biétry, « Les propos du Jaune », *Le Jaune*, 4 mai 1907.
7. Cf. le compte rendu sur quatre pages dans *le Jaune* du 24 octobre 1908.

pourceaux en foire pour un misérable juif, [qui] ont incliné leurs toges et leur conscience devant Dreyfus », alors que

> nos églises profanées, nos prêtres injuriés, nos religieuses chassées comme des filles publiques, nos finances au pillage, nos marins livrés aux explosions provoquées par le gâchis, le gaspillage et les pots-de-vin, nos enfants amenés de force aux mains d'Aliborons avinés, la sociale hurlante au milieu de nos industries qui périssent, tout cela c'est Dreyfus, c'est le dreyfusisme, et tout cela c'est la Cour de cassation qui, pour sauver le criminel juif, a falsifié la Loi[1].

En décembre 1908, lors d'une grande manifestation en l'honneur de Grégori, l'homme qui a tiré sur Dreyfus, Biétry appelle de nouveau la droite à s'unir. Mais, autour de lui, on ne voit comme personnalités que Rochefort, Paul et Guy de Cassagnac[2]. Il est vrai que Biétry a de quoi être inquiet : en octobre 1909, le congrès national de la nouvelle Fédération syndicaliste des Jaunes de France passe pratiquement inaperçu; *l'Autorité* et *la Croix* ont été les seuls journaux à y envoyer des rédacteurs[3]. De plus, même à *la Libre Parole*, on ne montre plus beaucoup d'enthousiasme à passer des informations sur les activités de Biétry et de son mouvement.

Car la droite radicale aussi commence à lui tourner le dos. C'est pourquoi Biétry finit par accuser toute la droite de mollesse, de langueur, d'avachissement, bref, d'avoir perdu la foi en la possibilité d'un changement quelconque. Accusation grave que même les plus radicaux ne relèvent pas, ou en tergiversant. Ainsi, *la Libre Parole* et *l'Action française* se contentent d'affirmer que, malgré son importance, on ne voit pas très bien comment on pourrait faire aboutir le projet de la séparation de l'école et de l'État. A quoi le député de Brest répond, fort à propos, que, lorsqu'on espère le miracle en allant à la bataille pour le Roy, on ne devrait pas capituler aussi vite devant la difficulté de faire accepter au pays le programme jaune[4].

En 1910, alors que s'ouvre l'année électorale, celle qui devait être l'année de l'unité, Biétry verse sa bile sur pratiquement tous les leaders de la droite : Georges Berry et Déroulède sont accusés de manquer de combativité et de sens politique, les hommes de l'Action libérale sont des égoïstes, Paul Bourget rampe devant l'adversaire, et, plaie des plaies, Rochefort est un déserteur[5].

1. P. Biétry, « Les propos du Jaune », *Le Jaune*, 3 octobre 1908.
2. Cf. *le Jaune* du 2 janvier 1909.
3. P. Biétry, « Les propos du Jaune », *Le Jaune*, 13 novembre 1909.
4. P. Biétry, « Propos d'un Jaune », *La Voix française*, 12 mars 1910.
5. P. Biétry, « Les propos du Jaune », *Le Jaune*, 24 juillet 1909; « Propos d'un Jaune », *La Voix française*, 15 janvier et 5 mars 1910, 15 septembre 1911; « Notes

Les démêlés avec l'Action française sont l'illustration la plus significative des différents conflits qui ont fait le vide autour des Jaunes et qui finiront par aspirer complètement le mouvement et son chef. Au départ, les difficultés proviennent des efforts d'embrigadement que les deux hommes, passés maîtres en tentatives de débauchage politique, n'avaient pas manqué de déployer l'un à l'égard de l'autre[1]. Il est certain que le chef des Jaunes et le prophète de l'Action française étaient peu faits pour s'entendre. Tous deux avaient des habitudes de dictateurs, et, pour rien au monde, l'un des deux n'aurait accepté la dissolution de son propre mouvement dans un ensemble plus vaste. Car Biétry avait beau accuser les autres partis d'opposition d'entretenir la discorde et de semer le particularisme, c'est toujours autour de son programme qu'il prêchait l'unité.

Une autre source de différend entre les Jaunes et l'Action française est la fondation, en avril 1907, de *l'Accord social*. En effet, au moment même où le député de Brest lance sa grande campagne d'unité, l'Action française favorise la constitution d'un groupe de royalistes sociaux qui, précisément, décide de se situer entre les socialistes et les Jaunes. Maurras, qui tient à avoir plus d'un fer au feu, porte ainsi un préjudice considérable au mouvement jaune, alors même qu'il est en pleine ascendance. Car, avec l'apparition de ce groupe rival, il devient clair que les Jaunes ne peuvent plus être les seuls à se targuer de donner une dimension sociale à la droite ou d'être son unique courroie de transmission avec le monde ouvrier.

L'Accord social est fondé en avril; au mois de juin, son directeur, Firmin Bacconnier, a un premier accrochage avec Biétry. Au mois d'août éclatent publiquement les premières polémiques entre *le Jaune* et *l'Action française*, qui iront en s'envenimant. Échange d'injures, d'insinuations, de coups de patte, on est dans le pur style maurrassien[2]. La compétition qui oppose les Jaunes au groupe de l'*Accord social* apportera une même moisson d'accusations, de diffamations, de menaces de duels. Il est vrai que Biétry avait présenté sous un jour particulièrement sombre la « monarchie sociale » telle qu'à son avis l'Action française voulait la pratiquer : « Un berger, un troupeau,

---

brèves », *Le Jaune*, 16 octobre 1909; « Votez pour André Gaucher », *ibid.*, 9 octobre 1909; Baloo, « La liberté d'écrire », *La Voix française*, 26 janvier 1912.

1. Cf. *la Gazette de France*, 21 décembre 1905; cf. encore, « Propos d'un Jaune », *La Voix française*, 5 mars, 28 mai et 11 juin 1910, et L. Dimier, *Vingt Ans d'Action française, op. cit.*, p. 126.

2. Cf. notamment P. Biétry, « Le prix de patience », *le Jaune*, 14 novembre 1908; « Propos d'un Jaune », *la Voix française*, 11 juin 1910; « M. Charles Maurras pris la main dans le sac », *ibid.*, 16 juin 1911.

un chef, des soldats, un roi, des sujets soumis. » Maurras n'avait que médiocrement apprécié « l'auteur de ce pot-pourri de coq-à-l'âne et de contresens [1] ».

La parution de *Terre libre*, en novembre 1909, organe syndicaliste-anarchiste cette fois, mais lui aussi sympathisant de l'Action française, vient compliquer encore plus la vie des Jaunes de France, qui constataient chaque jour un peu plus que, décidément, se faire une place au soleil dans l'opposition n'est pas chose aisée. Ils accueillent le nouveau venu avec l'empressement que l'on devine [2].

Cependant, le vide qui se fait autour des Jaunes a une raison autrement profonde, sans laquelle l'Action française n'aurait pas brûlé ses ponts avec Biétry. En effet, les maurrassiens viennent de discerner un phénomène d'une nature nouvelle qui leur ouvre des hozirons inespérés : la désaffection de la classe ouvrière à l'égard de la démocratie libérale. Pour les hommes de l'Action française, ce phénomène, en même temps qu'il marque la fin d'une alliance scellée au moment de l'Affaire, est l'annonce d'une ère nouvelle. Dès lors, point n'est besoin du mouvement jaune. Parce qu'ils croient à présent à la disponibilité de la classe ouvrière organisée, Maurras et les siens se désintéressent peu à peu des Jaunes. D'autant que les « biétristes », objet de haine et de mépris pour les « rouges », deviennent soudain compromettants. Car, si l'on s'apprête sérieusement à « rattraper » le milieu ouvrier, il est vital de se débarrasser d'alliances qui sont autant de tares.

Vers la mi-août, la droite radicale parvient à la conclusion que la classe ouvrière, représentée par la CGT, est mûre pour s'insurger contre la République bourgeoise et la démocratie. Dès lors, on redouble de prévenance à l'endroit des ouvriers « rouges », et, à l'Action française, tout est fait pour capter le potentiel révolutionnaire de la CGT, attirer ses troupes et ses militants. Les Jaunes font l'impossible pour convaincre Maurras non seulement que l'espoir d'une mobilisation éventuelle des troupes insurrectionnelles de la CGT en faveur du prince est une chimère, mais qu'en fait c'est l'Action française qui est sur le point de se mettre à la remorque des marxistes, et non le contraire [3].

1. « L'Action française contre la liberté du travail », *La Voix française*, 9 juin 1911; *ibid.*, 2 juin 1911; Albert Monniot et F. Czulowski, « A propos d'une conférence », *Le Jaune*, 1er juin 1907; « Nos détracteurs », *ibid.*, 14 septembre 1908; « Notes brèves », *La Voix française*, 5 mars 1910; P. Biétry, « La phraséologie de M. Bacconnier », *Le Jaune*, 29 mai 1909.
2. « Notes brèves », *La Voix française*, 8 janvier 1910.
3. Cf., par exemple, dans la longue polémique qui oppose l'Action française aux Jaunes : A. Poizat, « Pour l'Action française », *le Jaune*, 29 août 1908; P. Bié-

En mai 1909, le mouvement jaune atteint un tel degré d'isolement qu'il lui est impossible d'obtenir, lors d'une élection partielle dans le XIIᵉ arrondissement de Paris, le désistement au second tour du candidat conservateur. Gallian, alors le plus proche collaborateur de Biétry, est battu, en dépit de l'effort considérable fourni par son parti et malgré ses promesses qui, pourtant, auraient dû séduire tous les courants de l'opposition de droite. S'adressant à toutes les couches de la société, aux ouvriers, aux commerçants, aux patrons, au nom de

La France de Clovis et de Charlemagne,
La France de Louis XIV et de Jeanne d'Arc,

le parti propriétiste leur proposait un programme

antiradical, antisocialiste, antisémite, antimaçon et même antiparlementaire[1].

En vain. Le manifeste politique du parti, publié quelques semaines plus tard, constate avec amertume que toutes les ligues d'opposition ont fait front commun avec le candidat gouvernemental contre le programme jaune, mais en profite pour annoncer que cela n'empêchera pas le parti de présenter, aux toutes proches législatives, un candidat dans chaque circonscription[2]. Malgré la déconfiture de Gallian, Biétry fait face avec courage et s'emploie à remonter le moral de ses troupes en prévoyant une cinquantaine d'élus à la consultation de 1910[3].

Mais, en fait, il sait que l'échec de la candidature Gallian signifie la fin de l'équipée jaune. En janvier 1910, il renonce à défendre son siège de député, invoquant des prétextes qui cachent mal la réalité. Il explique sa décision par son isolement à la Chambre. En réalité, la droite a refusé de faire bloc avec lui. Il voudrait faire croire aussi que sa candidature ne peut être opportune alors que sa propre solitude au Palais-Bourbon et les obstacles auxquels se heurte le mouvement ont eu pour effet, selon lui, de décourager les militants. En réalité, il regrette son engagement dans la politique, son acceptation des règles du jeu de la démocratie parlementaire, l'abandon de son action syndicaliste. Il laisse entendre qu'il est sur le point de reprendre le

---

try, « Les propos du Jaune », *ibid.*, 15 août 1908 et 12 septembre 1908 ; E. Gallian, « Puanteurs socialistes », *la Voix française*, 13 septembre 1912 ; F. Feuillot, « Contre l'arbitraire gouvernemental », *le Jaune*, 2 janvier 1909.
  1. P. Biétry, « La candidature Gallian », *Le Jaune*, 29 mai 1909.
  2. « Manifeste politique du parti propriétiste », *Le Jaune*, 19 juin 1909.
  3. P. Biétry, « Les propos du Jaune », *Le Jaune*, 19 juin 1909. Dans les « Propos », il répète, en les résumant, les consignes données à ses troupes lors de la campagne pour Gallian : priorité absolue à la lutte contre le socialisme.

combat sur le terrain où il excellait : la propagande sur le tas [1]. De plus, son échec au niveau de la circonscription a dû peser d'un poids non négligeable dans sa décision.

Oppositionnaire à outrance, il fut, pour Brest, un député désastreux. Il ne comprenait rien à la politique locale : incapable de leur assurer des faveurs, de défendre leurs intérêts, de faire les démarches qu'ils attendaient de lui, il desservit plutôt ses électeurs. Aux marchands de vin qui lui demandaient de faire rester l'escadre au port, il répondait que les escadres étaient faites pour naviguer et non pour enrichir les marchands d'alcool [2]. Comme Drumont, Déroulède ou le jeune Barrès, Biétry ne parvint jamais à se forger un port d'attache solide, une situation personnelle qui lui eût permis de durer. Les hommes de la droite radicale n'étaient visiblement pas faits pour les distributions des prix et les comices agricoles : ils avaient pour habitude, une fois élus, de se désintéresser de leur circonscription, d'abandonner leur feuille locale et de se considérer au-dessus des petitesses propres aux villes de province qu'ils étaient censés représenter. Leurs vastes « desseins », leur hostilité de principe à la politique des partis, leurs conceptions de l'unité nationale et de l'intérêt de la nation, leur vision organique du corps social en faisaient de fort mauvais députés. Ce n'est pas l'effet du hasard si un Déroulède, un Rochefort, un Drumont ne prirent jamais racine à la Chambre, si un Barrès n'y parvient que le jour où il se range dans la respectabilité d'un député conservateur. Comme Barrès, qui abandonna en 1893 son siège lorrain, Biétry renonce parce qu'il sait que son activité politique et parlementaire ne l'a mené nulle part, et aussi parce qu'il avait de fortes raisons de penser que, de toute façon, la bataille était perdue.

Quand Biétry décide d'abandonner son siège de député, c'est l'annonce, pour les Jaunes, d'une agonie de deux longues années. Livrée à elle-même, conduite par des militants de troisième ordre, la Fédération syndicaliste des Jaunes de France organise, en octobre 1909, un congrès économique et social. Tous les thèmes classiques du « biétrisme » — la liberté par l'accession à la propriété, la lutte pour la paix sociale, la réduction du nombre des fonctionnaires, « cause de l'accroissement constant des impôts et de la dette nationale [3] » — y sont repris. Mais les échos de la réunion ne dépassent pas les murs de la salle. Plus que jamais, le mouvement s'aperçoit que la décision

---

1. Cf. l'important éditorial « Les propos d'un Jaune », *la Voix française*, 8 janvier 1910.
2. *Ibid.*
3. *Compte rendu des travaux du 1er congrès économique et social, tenu à Paris les 28, 29 et 30 octobre 1909*, Paris, Lethielleux, s.d., p. 6-7.

de le scinder n'avait réussi qu'à le couper de ce qui avait fait sa puissance : les syndicats ouvriers.

En 1910, la Fédération cesse progressivement ses activités et, signe manifeste de son déclin, perd toute autorité sur les Jaunes du Nord, qui s'engagent dans la voie de la coopération avec les « rouges [1] ». L'événement qui lui porte le coup de grâce, et ferme ainsi le chapitre de l'histoire des Jaunes de France, est l'essor de la « chasse aux renards », l'élimination d'ouvriers refusant la « discipline révolution-naire » de la CGT. Car les Jaunes n'ont jamais eu le monopole de la violence dans les usines et sur les chantiers. Mais, cette fois, ils n'étaient plus en mesure de répliquer ou, tout simplement, de résister.

A mesure que son mouvement s'éteint, la hargne de Biétry se rallume. Et sa réaction, assez prévisible de la part d'un meneur d'hommes à tempérament de chef de bande, englobe dans la même haine gibier et chasseur. Il a les mêmes mots pour ses propres troupes — ces « pourceaux » et leurs chefs aux « cœurs de chiens » qui ne livrent pas bataille, ou succombent sans résistance sérieuse et sans vengeance [2] — que pour le prolétariat — ces « brutes sans cerveau [3] » et ses meneurs, Jaurès, Rouanet, Sembat, Pressensé, Hervé [4].

Abandonné par la droite traditionnelle dès que celle-ci se ressaisit, délaissé par la droite radicale dès que de nouvelles tendances antiré-publicaines et antidémocratiques apparaissent au sein du prolétariat, en butte à l'hostilité violente de son propre milieu social, le mouvement jaune s'effondre complètement à partir de 1910.

Dans son dernier livre, le Trépied, publié en 1911, c'est toute la classe ouvrière qui devient l'objet des rancœurs du chef des Jaunes. Il fulmine contre « les prétentions aussi abusives qu'injustifiées du travail manuel », contre les « fanfarons sans talent » qui refusent de rester à leur place « dans l'immense rouage social » et de se rendre ainsi utiles à la société [5]. Il soutient qu'en vérité l'ouvrier manuel jouit d'une situation privilégiée : simple terrassier du métro, il gagne plus qu'un capitaine, plus qu'un sous-préfet; élément le moins intelli-gent de la production, il est aussi celui qui investit le moins, qui court le moins de risques et qui, par conséquent, retire les plus gros profits.

1. « Notes brèves », et l'éditorial de Biétry dans le Jaune, 16 octobre 1909.
2. Cf. P. Biétry, « Propos d'un Jaune », la Voix française, 24 septembre 1910; « La revanche du gibier », ibid., 2 juin 1911. Cf. aussi « Les propos du Jaune », le Jaune, 25 septembre 1909, et « Frappez à la tête », ibid., 9 octobre 1909.
3. P. Biétry, Le Trépied, Paris, Société française d'imprimerie et de librairie, 1911, p. 91.
4. P. Biétry, « Propos d'un Jaune », La Voix française, 24 septembre 1910.
5. P. Biétry, Le Trépied, op. cit., p. 65 et 73-74.

Finalement, Biétry préconise la disparition du syndicalisme [1]. Le reste de l'ouvrage est de la même encre.

Toutes les rancunes, toutes les illusions perdues, toutes les déceptions d'un homme courageux, d'une personnalité puissante, brisée par dix années de lutte qui exhalent des pages du *Trépied* se retrouvent dans les colonnes de *la Voix française* de cette époque. Le nouvel hebdomadaire de Biétry est alors à l'image du mouvement : il végète. Alors que du *Jaune* se dégageait un certain sentiment de puissance, de succès, d'optimisme et de dignité, *la Voix française* est atone. En 1911, la plupart des militants des premiers jours sont partis; en mars 1912, Biétry lui-même cesse toute activité, et Emmanuel Gallian devient rédacteur en chef du journal. Quelques semaines plus tard, *la Voix française* commence à préparer ses lecteurs à un départ définitif de Biétry.

En effet, celui qui, jusqu'à Doriot, aura été le dernier leader populaire de la droite, l'homme le plus haï en France, mais aussi celui qui sut demander et obtenir de ses militants des trésors d'abnégation et de dévouement, quitte son pays. En juin 1912, Biétry s'embarque pour l'Indochine et, phénomène rarissime en France, disparaît de la scène politique sans laisser de trace. Jamais plus il ne refera surface. Mais ses collaborateurs ne manquent pas de constater que le chef des Jaunes s'en va précisément au moment où l'essentiel de l'œuvre qu'il entreprit au tournant du siècle est accompli [2]. Car la route est longue qui sépare l'agitation révolutionnaire du début du siècle de l'atmosphère de ferveur patriotique qui caractérise les années qui précèdent la guerre. Eût-il été capable de tenir jusqu'à la fin de l'été 1914, le chef des Jaunes eût assisté à de bien curieux événements : le prolétariat français répondant « présent », sur la tombe de Jaurès assassiné, à l'ordre de mobilisation, et Gustave Hervé changeant le titre de *la Guerre sociale* en *la Victoire*.

1. P. Biétry, *Le Trépied, op. cit.*, p. 67-72, 82-86; cf. aussi p. 6-7, 15, 46, 52-53 et 90.
2. A. Poizat, « Neuf ans déjà passés », *La Voix française*, 12 avril 1912; Delaroche, « L'œuvre de Biétry », *ibid.*, 12 juillet 1912.

CHAPITRE VII

Idéologie, mythologie et structure
du mouvement jaune

1. ÉLÉMENTS D'UN PROGRAMME

Les conceptions politiques et sociales des Jaunes reprennent, dans leurs grandes lignes, les idées fondamentales du socialisme national de la dernière décennie du XIXe siècle. Et, en dépit de l'échec final du mouvement jaune qui atteste les énormes difficultés que rencontre le socialisme national dans une société stable, ces revers ne sauraient masquer ni ses assises populaires, ni l'ampleur de son audience.

Le socialisme dont se réclame le mouvement jaune à ses origines est donc, bien sûr, un « socialisme français [1] », contrairement à celui du « cri allemand et juif de Marx » : c'est pourquoi,

> sous notre plume, sur notre drapeau, dans nos cœurs, dans nos syndicats, partout chante et crie la devise nationale :
> Prolétaires de France!
> Unissez-vous [2]!

Ce socialisme violemment anti-internationaliste nie l'existence de toute forme de solidarité qui ne soit fondée sur cette cellule de solidarité fondamentale qu'est la nation. C'est ainsi que, dès sa première grande manifestation publique, le mouvement annonce qu'il est composé « de bons Français, de sincères républicains et de fervents socialistes [3] ». Les Jaunes s'élèvent aussi bien contre « les arriérés de droite » que « les perturbateurs de gauche » [4] pour professer un « syndicalisme nouveau, fécond », parce que « nationalisé » [5].

1. H. Valary « Socialisme français », *L'Union ouvrière*, 5-12 avril 1902.
2. P. Biétry, « Les propos du Jaune », *Le Jaune*, 20 février 1904.
3. P. Lanoir, « Discours au premier banquet des Jaunes », *L'Union ouvrière*, 22 févr.-1er mars 1902.
4. P. Lanoir, « Ce que sont les Jaunes », *L'Union ouvrière*, 24-31 janvier 1903.
5. P. Biétry, « Biétry », *Le Jaune*, 19 mars 1904.

Le socialisme national, qui conçoit les rapports entre les hommes en termes de concurrence économique et politique, fait largement usage d'une certaine forme de darwinisme social popularisé pour appuyer son affirmation que « la lutte pour la vie est la même entre les peuples qu'entre les individus [1] ». Par conséquent, la solidarité entre les membres d'une même unité politique et économique — la nation — est une condition vitale de l'existence même de la nation. Cette loi de la nature, pense Biétry, est, depuis longtemps déjà, comprise partout en Europe, sauf en France où l'on persiste à pratiquer une caricature du socialisme, internationaliste et démagogique. La responsabilité de ce retard incombe aux Guesde et aux Jaurès, aux Vaillant et aux Allemane qui ont inculqué aux organisations ouvrières françaises, en même temps que les enseignements syndicalistes, les utopies révolutionnaires, en prétendant qu'ils leur indiquaient la tactique universellement adoptée dans le prolétariat socialiste [2]. Et Biétry demande que l'on réfléchisse sur l'échec de la première grève internationale dans les mines de charbon belges et françaises, grève au cours de laquelle les mineurs anglais et allemands avaient préféré se ranger derrière leurs compagnies d'exploitation nationales [3]. C'était là un acte de défense dans un monde où prévalent les lois de la jungle. Car le seul internationalisme qui ne soit pas une chimère, mais une réalité dont les peuples pâtissent tous les jours, est l'internationalisme de l'argent : aussi, dit Biétry,

> contre la coalition du capitalisme universel lancé dans une concurrence meurtrière, nous voulons faire l'unité nationale des ouvriers et des patrons [4].

Tous les malheurs de notre temps venant de « ce que la classe ouvrière s'est désaffectionnée des classes dirigeantes de notre race [5] », il appartient au mouvement jaune

> de réaliser la renaissance nationale en créant la réconciliation des classes sur un programme de justice sociale [6].

---

1. H. Valary, « Socialisme français », *L'Union ouvrière*, 5 avril 1902.
2. P. Biétry, « Les propos du Jaune », *Le Jaune*, 12 mars et 20 février 1904. La pensée de Biétry s'exprime avant tout dans ses éditoriaux. C'est en fait de ses articles de journal qu'il confectionne ses ouvrages : *le Socialisme et les Jaunes, op. cit.*, *le Trépied, op. cit.*, ainsi que *les Jaunes de France*, Paris, Paclo, s. d.; *Séparation des écoles et de l'État*, Paris, Jouve 1908; *l'Utopie socialiste. Rouges et Jaunes, leur socialisme*, brochure éditée par *le Jaune*, s.d.
3. P. Biétry, « Les propos du Jaune », *Le Jaune*, 20 février 1904.
4. P. Biétry, « Les propos du Jaune », *Le Jaune*, 5 mars 1904.
5. P. Biétry, « Notre congrès », *Le Jaune*, 13 avril 1904.
6. P. Biétry, *Le Socialisme et les Jaunes, op. cit.*, p. 320.

Telle est la conception fondamentale de la nature des rapports sociaux qui est à la base tant du « Manifeste aux travailleurs de France » publié par le parti socialiste national, que de celui qui avait vu le jour dans *l'Ouvrier indépendant* au nom de la Fédération nationale des Jaunes de France [1]. Les Jaunes déclarent être les dépositaires du « véritable socialisme français » : ils sont là pour résister au collectivisme, importé de l'étranger; ils sont là pour dire et appliquer « le véritable socialisme national » [2]. Ainsi, les assises de 1902 sont présentées comme le « congrès du socialisme français [3] », français parce que délivré de l'esprit étranger qui l'avait dévié et corrompu; français parce que opposé au socialisme selon « la formule allemande et juive [4] ». Au nom d'un « socialisme rationnel, raisonné et pratique [5] », les Jaunes se dressent contre « l'utopie collectiviste »; ils veulent lui substituer, dit le Manifeste du parti socialiste national, un « socialisme d'amour et de paix. Non de haines et de guerres. Un socialisme d'émancipation, et non d'abdications et de luttes stériles [6] ». Ce socialisme est « latin, fait de solidarité, de droit, de justice et de christianisme », alors que « le socialisme allemand est le négateur de toutes les libertés des peuples latins », y compris, bien sûr, la première de ces libertés, la propriété individuelle [7]. Il est donc naturel que *le Jaune* entretienne le culte de Proudhon et de Fourier, penseurs français par excellence, et de Vögelsang, philosophe catholique devenu soudainement célèbre dans les milieux d'extrême droite en France grâce à son disciple le plus fameux, le maire antisémite de Vienne, Karl Lueger. Même si ces hommes n'ont pas toujours professé les mêmes idées, ils se sont tout

1. *L'Ouvrier indépendant*, 1er juin 1902, ainsi que les premiers numéros du journal *le Jaune*. Cf. aussi l'organe jaune du Havre, *le Journal des travailleurs*, 19 septembre 1903.
2. Cf. « Manifeste aux travailleurs de France », *le Journal des travailleurs*, 19 septembre 1903; P. Biétry, *le Socialisme et les Jaunes, op. cit.*, p. 92-106.
3. H. Valary, « Socialisme français », *L'Union ouvrière*, 5 avril 1902; *Premier Congrès national des Jaunes de France, op. cit.*, p. 8 et 20.
En sous-titre, sur la page de garde, le compte rendu porte la mention suivante : « Programme ouvrier d'action socialiste des Jaunes de France. »
4. A. Poizat, « Pourquoi les ouvriers indépendants doivent prendre le titre de Jaune », *Le Jaune*, 30 avril 1904.
5. P. Lanoir, « Discours au premier banquet des Jaunes », *L'Union ouvrière*, 22 févr.-1er mars 1902. Huit jours plus tard, dans le seul article qu'il donnera jamais à *l'Union ouvrière*, Biétry emploie la formule de « socialisme nourricier et pratique » (« Notre socialisme », *ibid.*, 1er-8 mars 1902).
6. « Manifeste aux travailleurs de France », *Le Journal des travailleurs*, 19 septembre 1903.
7. P. Biétry, « Les propos du Jaune », *Le Jaune*, 25 juin 1904.

de même élevés contre « les juifs Karl Marx et Frédéric Engels » et leur « Manifeste socialiste » *(sic)* [1].

Le thème du « génie latin en révolte contre l'emprise allemande [2] » est, comme celui de la solidarité latine, un des thèmes classiques de la pensée socialiste nationale. Non moins fréquente y est la réfutation du caractère scientifique du marxisme, qui, aux yeux des Jaunes, semble n'avoir été construit que pour faire douter de la spiritualité du Dieu des chrétiens. Mais, avant tout, le socialisme national reste une révolte au nom de la « vérité évidente et éternelle au point de vue de la civilisation et du progrès humain » qu'est « l'émancipation de l'homme par la propriété » [3].

Voilà pourquoi le marxisme, qui ne saurait jamais être autre chose qu'une suprême abdication, dans l'esprit des Jaunes, devient le chien de garde du capitalisme : en prêchant la révolution qui amènera le collectivisme dans un avenir indéterminé, les partis socialistes et les syndicats rouges consolident en fait la suprématie du capital et perpétuent la condition prolétarienne. Misant sur un avenir utopique, l'ouvrier français renonce à la seule chance réelle de modifier les rapports entre les hommes et les structures de la société. C'est ainsi que le socialisme marxiste constitue en fait la plus redoutable conspiration antiprolétarienne qui ait jamais été imaginée; il représente la plus formidable campagne au service de l'étranger, des juifs, de la Haute Banque, de la grande finance cosmopolite. A la solde « des juifs archimillionnaires » et du capitalisme international, les chefs socialistes condamnent le prolétariat à végéter éternellement [4].

Assurément, la valeur intellectuelle, la qualité de l'argumentation, le niveau général de la dialectique jaune laissent beaucoup à désirer. La critique du marxisme faite par un Lanoir, un Biétry, un Czulowski, ou par les autres « penseurs » du mouvement est d'un niveau conster-

---

1. P. Biétry, *Le Socialisme et les Jaunes, op. cit.*, p. 5-11; « Les propos du Jaune », *Le Jaune*, 25 juin 1904, et article non signé, 8 avril 1905.
2. P. Biétry, « Les propos du Jaune », *Le Jaune*, 25 juin 1904.
3. *Ibid.* Cf. aussi *le Socialisme et les Jaunes, op. cit.*, p. 8-13.
4. Cette thèse est démontrée à satiété tout au long de toutes les publications jaunes. Cf. plus spécialement P. Biétry, *le Socialisme et les Jaunes, op. cit.*, p. 1-3, 17-18 et 126-127; « Les propos du Jaune », *le Jaune*, 20 février 1904, 17 septembre 1904, 14 mai 1904, 16 mars 1907, 28 mai 1904; « Notre congrès », *ibid.*, 30 avril 1904. Cf. aussi Y. Maux, « La conférence de Levallois-Perret », *ibid.*, 5 mars 1904; P. Biétry, « Notre socialisme », *l'Union ouvrière*, 1er-8 mars 1902; P. Lanoir, « Discours au premier banquet des Jaunes », *ibid.*, 22 févr.-1er mars 1902; A. Poizat, « Les états généraux », *le Jaune*, 15 novembre 1904; Théophile, « Les cahiers de l'ouvrier », *ibid.*, 2 avril 1904.

nant [1]. Mais il s'agit là, contrairement à la tradition de la fin du XIXe siècle, d'un véritable mouvement ouvrier dont les leaders sortent de l'atelier. Dans le mouvement jaune, on ne trouve rien de comparable au talent d'un Rochefort ou d'un Barrès, au sens journalistique d'un Drumont, à la culture d'un Naquet ou d'un Laisant. Les cadres du mouvement font leur apprentissage sur le tas : ils ignorent manifestement tout de leurs illustres et immédiats prédécesseurs. Si Biétry s'incline devant Barrès, c'est de l'auteur de *Colette Baudoche* — qui vient de sortir en librairie — qu'il s'agit : le chef des Jaunes ne connaît pas la carrière politique de l'écrivain et n'a jamais lu *Scènes et Doctrines du nationalisme*. Il s'engage pourtant dans une même voie et proposera, sans le savoir, les mêmes moyens pour atteindre le même objectif. Biétry aussi veut l'intégration du prolétariat dans la collectivité nationale, par la collaboration entre les classes, par son accession à la propriété et sa participation aux bénéfices du capital puis, finalement, par la suppression du salariat.

L'essentiel des solutions proposées par le mouvement jaune se trouve défini dans un texte de Biétry publié en exergue du *Jaune :*

> Les révolutionnaires et, en général, tous les socialistes exploitent l'anarchie économique qui découle du salariat moderne par l'assouvissement de leurs desseins, qui sont, notamment :
> La suppression de la propriété individuelle. Dans cet ordre d'idées, les radicaux-socialistes qui véhiculent le socialisme d'État sont aussi dangereux que les collectivistes.
> Nous revendiquons, nous, travailleurs, LE DROIT A LA PROPRIÉTÉ. Nous voulons modifier et transformer le salariat, non dans le sens du collectivisme, mais dans le sens de la propriété individuelle.
> Les revendications légitimes du prolétariat reposent sur la participation aux bénéfices, dont le point de départ est l'achat, par les travailleurs, d'une parcelle du capital industriel.
> Quand, dans une usine qui compte par exemple 5 000 ouvriers, 500 d'entre eux posséderont seulement chacun une action de 100 francs, il y aura quelque chose de changé. D'abord 500 propriétaires nouveaux, c'est-à-dire 500 hommes qui, dorénavant, auront quelque chose à « conserver », ensuite, certainement, 500 antigrévistes. Généralisez et développez l'expérience. C'est la fin de la démagogie socialiste [2].

1. Cf., par exemple, les ouvrages suivants, tous rédigés par les chefs du mouvement : G. Japy, *les Idées jaunes*, Paris, Plon, 1906; F. Czulowski, *la Transformation du salariat et du capitalisme*, Paris, Jouve, 1910; ainsi qu'une série de brochures publiées par *le Jaune :* G. Japy, *Cahier des travailleurs* et *Intellectuels exploiteurs;* H. de Bellaigue, *Pour les Jaunes;* A. Poizat, *Ce qu'a fait Biétry.* Cf. aussi R. Warin, *les Syndicats jaunes, op. cit.*
2. *Le Jaune*, 13 février 1904.

L'accession à la propriété et la participation aux bénéfices se feront au niveau de chaque entreprise. Retrouvant une démarche qu'avait illustrée Alfred Naquet — le leader boulangiste, on se souvient, voulait distribuer aux ouvriers « la force mécanique », comme l'on avait jadis distribué la terre aux paysans —, Gaston Japy déclare que le « machinisme » n'est qu'un épisode passager dans l'existence de l'humanité et qu'en dépit de cet incident il appartient à la société de trouver des solutions permettant la diffusion de la propriété industrielle parmi les travailleurs [1]. C'est là encore un autre thème classique du socialisme national qui, lui aussi, reviendra tout au long de l'entre-deux-guerres. L'opposition farouche à la concentration industrielle, à la prise de conscience prolétarienne et à la lutte des classes qui en résulte conduit nécessairement vers la recherche de solutions qui, en fin de compte, sont toujours les mêmes : la liquidation du prolétariat et la transformation des ouvriers en copropriétaires des moyens de production. Il ne s'agit point là d'un simple artifice machiavélique qui viendrait permettre au patronat le financement à bon marché de l'usine grâce à l'augmentation de son capital par des prélèvements sur les salaires ouvriers, pas plus qu'il n'est question, comme le pensent certains participants au congrès de novembre 1904, d'établir un système de primes appelé « sursalaire », mais véritablement d'une intégration du prolétariat dans la société bourgeoise.

Après l'accession à la propriété vient la participation aux bénéfices. Le thème de la participation avait été lancé par Paul Lanoir au 1er congrès national de mars 1902, et développé, ce qui lui donna une importance toute spéciale, par le grand fabricant de papiers peints, Faillot. Mais, élu député quelques semaines plus tard, Faillot se désintéresse du mouvement et laisse là une expérience qu'il semblait vouloir entreprendre à grande échelle [2]. Ce thème sera repris par la FNJF de Biétry en juin 1902, ainsi que par le PSN début 1903, pour devenir la pierre angulaire du programme jaune au congrès national de novembre 1904 [3]. Avant d'être repris par le gaullisme, le thème de la parti-

1. Résolution proposée par Gaston Japy au congrès de novembre 1904 (3e commission) : « Participation aux bénéfices », *le Jaune*, 26 novembre 1904. Cf. P. Biétry, « Les propos du Jaune », *ibid.*, 2 et 23 avril 1904, 4 mars 1905, 23 mars 1907; *le Socialisme et les Jaunes*, *op. cit.*, p. 157. Cf. aussi *supra*, chap. i.

2. *Premier Congrès national des Jaunes de France*, *op. cit.*, p. 120-122; P. Lanoir, « Discours au premier banquet des Jaunes », *l'Union ouvrière*, 22 févr.-1er mars 1902.

3. G. Japy à la 3e commission, *le Jaune*, 26 novembre 1904; P. Biétry, « Les propos du Jaune », *ibid.*, 2 avril 1904. Cf. aussi « Notre congrès et la presse », *ibid.*, 21 mars 1904, 23 juillet 1904; « Manifeste de la FNJF », *l'Ouvrier indépendant*, 1er juin 1902; « Manifeste aux travailleurs de France », *le Journal des travailleurs*, 19 septembre 1903.

cipation aux bénéfices, on le voit, est déjà riche d'une assez longue histoire.

Par l'accession à la propriété et la participation aux bénéfices de l'entreprise est assurée la collaboration des classes au sein de « la grande famille du travail », unie dans une « inséparable communauté d'intérêts »[1]. « Ouvriers et patrons sont des travailleurs » dans la même mesure, dit Biétry, et, pour Gaston Japy, ils sont « frères du même labeur, ouvriers d'une même œuvre »[2]. On oppose donc à la lutte des classes l'harmonie et la fusion des classes[3], devenues possibles par la collaboration du capital et du travail ou, selon la formule lancée par Lanoir, du capital-travail et du capital-argent :

> Le capital-argent et le capital-travail sont les deux facteurs indispensables de la vie sociale; l'un complète l'autre; les deux se font vivre mutuellement. Le devoir de l'un comme celui de l'autre est donc de rechercher, amiablement, de bonne foi, et en toutes circonstances, le

1. P. Lanoir, « Discours au premier banquet des Jaunes », *L'Union ouvrière*, 22 févr.-1er mars 1902, et *Premier Congrès national des Jaunes de France, op. cit.*, p. 48. Cf. aussi l'hymne jaune, *le Nouveau Chant du travailleur*, qui veut remplacer *l'Internationale*. Dès le premier couplet — des six qu'il en compte — et le refrain apparaissent les deux thèmes principaux de l'hymne, rédigé par Lanoir et Biétry : la Joie du Travail et la Concorde :

> Assez assez de tes colères
> Marchons tous la main dans la main
> Aimons-nous et vivons en frères
> Entends-moi tu n'auras pas faim
> L'Usine c'est pour nous la table
> La garantie d'un gai labeur
> Ceux qui crient que c'est une étable
> Sont artisans de tes malheurs
>
> *Refrain*
> La vraie lutte finale
> C'est la Concorde et l'Union
> Terminez la Bataille
> Dans la Paix et la Raison

2. Discours de P. Biétry à la « Première réunion du Conseil national des Jaunes de France » (*le Jaune*, 22 avril 1905), et discours de G. Japy à Cherbourg (« Une grande manifestation ouvrière à Caen », *ibid.*, 25 février 1905). Cf. aussi le discours d'un autre grand patron jaune, Henry de Bellaigue (*ibid.*, 25 février 1905), ainsi que les très édifiants cahiers de l'ouvrier de Théophile (*ibid.*, 26 février et 5 mars 1904). Cette symbiose est de nouveau — et largement — invoquée au cours du congrès de 1909 de la toute nouvelle Fédération syndicaliste des Jaunes de France (cf. le compte rendu de son congrès, *op. cit.*, p. 5-8).

3. P. Biétry, « Les propos du Jaune », *Le Jaune*, 29 juin 1907, et aussi E. Gallian, *Ce que sont les Jaunes, op. cit.*, p. 9-10.

point de rencontre des concessions réciproques qu'ils se doivent mutuellement l'un et l'autre[1].

Car, selon la tradition socialiste nationale — que l'on retrouve presque textuellement dans le fascisme —, il y a deux sortes de capital : il y a « capital qui spécule et capital qui travaille[2] ». Le « capital qui travaille » est le facteur clé de la production, du bien-être et de la richesse collective. En instaurant cette collaboration de tous les facteurs de la production, « l'intelligence scientifique et directrice, le travail manuel et le capital[3] », en mettant en œuvre le principe de la participation aux bénéfices qui permet à tous de « devenir des capitalistes[4] », les Jaunes se veulent la véritable avant-garde de la « renaissance nationale[5] ».

A la veille du congrès de novembre 1904 — la chose était à prévoir et le terrain fut préparé par un certain nombre d'éditoriaux —, Biétry parvient à la conclusion qu'il importe d'effacer la notion de socialisme de l'idée jaune. Ceci afin de donner au mouvement le degré d'homogénéité nécessaire, pour en faire, sans nulle équivoque possible, le fer de lance de la lutte contre le marxisme, pour dissiper, enfin, tout malentendu qui pourrait persister dans l'esprit de ses troupes. Malgré quelques résistances, le congrès, en affirmant l'incompatibilité du terme avec l'objectif fondamental du mouvement qui est la conquête par l'ouvrier de la propriété individuelle, répudie solennellement le socialisme. Les seules objections qui se fassent jour viennent des délégués catholiques sociaux, des tisseurs et des mineurs du Nord, qui avaient reçu de leurs organisations le mandat de combattre la thèse de la participation et de l'accession à la propriété. Dans la mesure où la participation à la quatrième commission reflétait la proportion des rapports de forces, ces délégués représentaient environ un cinquième des congressistes ou même des effectifs[6]. Lorsque les

1. P. Lanoir, « Discours au premier banquet des Jaunes », *L'Union ouvrière*, 22 févr.-1er mars 1902 : ce thème revient à d'innombrables reprises sous une forme ou une autre.
2. P. Biétry, *Le Socialisme et les Jaunes, op. cit.*, p. 14.
3. *Ibid.*, p. 319 et 16-17. Il n'est pas sans intérêt de signaler que les Jaunes sont parfaitement conscients du rôle de l'aspect gestionnaire dans une industrie moderne. Ils lui accordent une importance qui n'est en rien inférieure à celle du capital et du travail manuel.
4. G. Japy, « Discours au premier banquet des Jaunes », *L'Union ouvrière*, 22 févr.-1er mars 1902.
5. P. Biétry, *Le Socialisme et les Jaunes, op. cit.*, p. 190.
6. Cf. le compte rendu des débats de la 4e commission (*le Jaune* du 26 novembre 1904). Cf. aussi A. Poizat, « Après le congrès », *ibid.*, 26 novembre 1904, ainsi que les éditoriaux de Biétry qui préparent le congrès : notamment « Les propos du Jaune », *ibid.*, 19 mars, 21 mai et 4 juin 1904.

résolutions sont adoptées, les catholiques sociaux préfèrent se démettre, et vont, pour une part, grossir les rangs du Sillon, pour l'autre, poursuivre une action autonome [1].

La situation était ainsi clarifiée, la cohérence doctrinale et la discipline renforcées, l'unité dans l'action assurée. Les décisions prises au congrès allaient s'avérer judicieuses et renforcer la position du mouvement, qui était à la veille de remporter ses plus beaux succès.

En s'opposant au principe de la lutte des classes, les Jaunes se sont-ils faits, comme leurs ennemis les en ont toujours accusés, des agents patronaux? L'hostilité que la grande majorité du patronat a presque toujours manifestée à l'égard de leur centrale syndicale, même à l'époque de Lanoir, ne le confirme pas. Certes, pour son lancement, le mouvement doit beaucoup à un certain nombre de gros industriels, et, en certains domaines, par exemple la limitation des heures de travail, le 1er congrès national pouvait donner l'impression de défendre les intérêts patronaux. Une protestation de certains catholiques sociaux fut bien soulevée contre la voie que prenait le congrès en la matière, mais elle n'a pas empêché Lanoir de faire voter un vœu par lequel les Jaunes se déclarent partisans de la réglementation des heures de travail, mais seulement dans les secteurs de l'activité économique où cette mesure viendrait juguler la surproduction. Il ne peut être question, en tout cas, d'une réglementation uniforme pour toute la France. A l'issue du congrès, une délégation présente au président du Sénat une déclaration des ouvriers de Tourcoing contre la limitation des heures de travail [2].

Et pourtant, le soutien accordé aux Jaunes par le patronat organisé est plutôt l'exception que la règle. En général, le veto opposé par les syndicats « rouges » à toute négociation où participerait un Jaune, ne serait-ce que par la seule présence physique, est pour beaucoup dans l'hostilité patronale. « Veulerie et lâcheté », clame Lanoir après son expulsion d'une salle de conférence patronale, obtenue par le député-mineur Basly qui avait refusé de siéger en sa présence [3]. De même, lors d'une autre négociation, cette fois au ministère des Travaux publics, le secrétaire général des Jaunes de France est proprement mis à la porte par un huissier [4]. L'exaspération de Lanoir face à ce boycottage systématique n'a d'égale que la colère de Biétry. Si, avec le fondateur du mouvement, qui ne parvient pas à comprendre comment le patronat peut refuser l'aide des « bons ouvriers », les récri-

1. « Une interview de Biétry », *Le Jaune*, 6 avril 1907.
2. *Premier Congrès national des Jaunes de France, op. cit.*, p. 35 et 164.
3. P. Lanoir, « Veulerie et lâcheté », *L'Union ouvrière*, 8-15 novembre 1902.
4. *Ibid.*

minations manquent de retenue, avec Biétry le ton change, acquiert de la dignité et prend de l'allure, mais sans rien y changer. Les Jaunes continuent à se heurter souvent à l'hostilité, presque toujours à l'indifférence du patronat, qu'ils aiment appeler l' « égoïsme bourgeois [1] ». Les complaintes n'en finissent plus contre les patrons. Soit parce qu'ils combattent les Jaunes — en les mettant dans le même sac que les rouges —, à cause du simple fait de leur syndicalisme; soit parce qu'ils cherchent à exploiter la rivalité des deux mouvements syndicaux en les jetant l'un contre l'autre; soit, enfin, parce qu'ils ne croient pas — et ils sont l'énorme majorité — à un programme fondé sur les principes de la participation aux bénéfices, de l'accession à la propriété et de la collaboration des classes [2]. Dans le meilleur des cas — Biétry n'était pas dupe —, le patronat essayait simplement de se servir des Jaunes, et n'avait aucunement l'intention d'adopter leurs théories sociales. Tout compte fait, les Jaunes, bien qu'ils désirent la collaboration des patrons, ne peuvent être considérés comme leurs agents. Les socialistes, pourtant, réussirent à leur coller cette étiquette et à les faire passer pour traîtres à la classe ouvrière. Certes, dans les usines Japy à Besançon ou chez Laroche-Joubert à Angoulême, à Carmaux, où leur puissance égale celle des syndicats CGT, les Jaunes jouent souvent un rôle peu glorieux. Il convient, cependant, de souligner que, nombre de fois, ils y sont contraints par leur solitude, ou poussés par la haine qu'ils inspirent aux « rouges ». Il est certain que, pour l'ouvrier socialiste, le Jaune est un ennemi qu'il faut briser sans tarder, mais, en tant que tel, celui-ci n'est pas, ou plutôt ne se veut pas, agent du patron. Il refuse le paternalisme patronal, il lui arrive d'être chassé de l'usine par l'arbitraire patronal et il n'hésite pas à accuser les patrons d'organiser la lutte des classes.

> Nous ne serons jamais les serviteurs du patronat, mais nous resterons les serviteurs d'une cause sacrée : celle de la réconciliation des intérêts nationaux,

écrit, en 1907, un militant jaune [3].

1. Cf. la manchette du *Travailleur calvadosien* du 28 juin 1905 et « Morale d'une élection », *ibid.*, 9 mai 1906.
2. Cf. P. Biétry, « Les propos du Jaune », *le Jaune*, 13 février 1904, 23 décembre 1905, 10 et 17 août 1907; cf. encore son discours au 3e congrès des Jaunes (*ibid.*, 13 avril 1907) et *le Socialisme et les Jaunes*, *op. cit.*, p. 186-187. A ce sujet, un rapport perspicace de « Metz » du 28 janvier 1907 au sujet de la grande grève de Fougères signale que les patrons tiennent les Jaunes aussi pour responsables des troubles sociaux. C'est pourquoi ils refusent une éventuelle intervention de Biétry dans le cas de Fougères.
3. H. Fournier, « Le mouvement jaune à Paris », *Le Jaune*, 16 novembre 1907.

Assurément, les professions de foi des Jaunes n'ont rien qui risque de semer la terreur parmi le patronat. Ils proclament une hostilité « presque systématique » à la grève; cette opposition, cependant, ne concerne pas le principe de la grève, mais la grève dite politique, comme le déclarent leurs différents manifestes. Ils sont encore contre la loi sur la réduction de la journée du travail et suggèrent la fixation du nombre des heures d'un commun accord entre syndicats patronaux et syndicats ouvriers [1].

Les Jaunes ne sont pas, non plus, des partisans inconditionnels du repos hebdomadaire : ils y voient un danger pour le commerce local et réclament des dérogations en faveur des commerçants [2]. Et ceci au nom de la « liberté », ou au nom de la compétitivité de l'industrie nationale ou du bien-être de la localité [3]. C'est aussi au nom de cette compétitivité que les Jaunes réclament pour les ouvriers un salaire « sauvegardant les intérêts de tous » — y compris les patrons —, ainsi que l'établissement d'un système de protection de l'industrie et du travail national, contre la concurrence et la main-d'œuvre étrangères [4]. Autre thème bien connu du socialisme national, lui aussi longuement développé par Barrès, par Morès et par d'autres socialistes nationaux des années quatre-vingt-dix.

Une autre dimension essentielle de l'idéologie socialiste nationale, vieille déjà de près d'un quart de siècle, comporte elle aussi une ambiguïté fondamentale qui, à beaucoup d'égards, sera déterminante pour l'évolution du mouvement jaune. En effet, la nouvelle droite aime un pouvoir fort, responsable, ayant un nom et un visage, et non point quelques centaines de roitelets qui « se foutent du peuple [5] », mais en même temps elle a en horreur l'État moderne, l'État aux fonctions de plus en plus nombreuses. Les Jaunes s'inscrivent dans cette tradition désormais classique d'antiparlementarisme, de mépris

---

1. P. Biétry, « Les propos du Jaune », *Le Jaune*, 23 décembre 1905. Cf. article 3 du « Manifeste de la Fédération nationale des Jaunes de France », *l'Ouvrier indépendant*, 1er juin 1902 ; P. Lanoir, « Discours au premier banquet des Jaunes », *l'Union ouvrière*, 22 févr.-1er mars 1902.

2. « A propos du repos hebdomadaire », *Le Travail libre*, 10 avril 1907.

3. P. Lanoir, « Discours au premier banquet des Jaunes », *L'Union ouvrière*, 22 févr.-1er mars 1902.

4. *Ibid.*; discours de Lanoir in *Premier Congrès National des Jaunes de France*, *op. cit.*, p. 123-124, et compte rendu d'un discours de Czulowski prononcé à la réunion de l'Union fédérative des ouvriers et syndicats indépendants *(le Jaune, 9 avril 1904)*.

5. Tel est le titre d'un article publié dans *le Jaune* du 10 mars 1906. Pour sa part, Abel Ducornez traitera les parlementaires de « domestiques au pouvoir » *(l'Union ouvrière*, 20-27 décembre 1902).

des règles du jeu en régime démocratique et de dédain pour la politique en général. Insulter le Parlement, les hommes politiques, accuser l'omnipotence, la stérilité, l'incompétence et l'irresponsabilité parlementaires de tous les maux dont souffre le pays est chez eux, depuis les origines du mouvement, chose commune. Car la haine du Parlement ne traduit pas seulement une révolte contre la démocratie libérale, ses principes et ses institutions, mais aussi une révolte contre l'État moderne, un État où le législatif s'attribue chaque jour une nouvelle tâche :

> L'étatisme haïssable c'est proprement le Parlement envahisseur, impudique, le Parlement maître d'école, le Parlement entrepreneur, le Parlement expert et arbitre en vins, le Parlement agent d'assurance, le Parlement tout et le pays rien [1].

Que l'État moderne prenne sur lui d'accomplir ces tâches par nécessité, pour répondre aux besoins d'une société qui s'est engagée dans l'âge industriel, ne semble pas aux Jaunes une raison suffisante. C'est pourquoi il faut

> terrasser l'étatisme centralisateur, monopoleur, l'État patron, l'État instituteur, l'État propriétaire de nos biens et de nos cerveaux [2]...

En élaborant le programme avec lequel les Jaunes s'apprêtent à aborder les législatives de 1910, Gaston Japy pose comme principe que « le bien suprême est la liberté [3] ». Bien suprême que l'État est en train de confisquer. Ainsi, Félix Czulowski, le leader jaune du Havre, ne pouvait s'empêcher d'être « stupéfait à la pensée » que « la doctrine socialiste », selon lui fondée

> sur le principe de l'État, unique producteur ayant seul le droit de produire et de posséder [...], ait pu paraître aux travailleurs destinée à les libérer de la tyrannie du capital ou de la machine, puisqu'elle doit les asservir, dès leur croissance, à la puissance la plus tyrannique, l'État [4].

Or, « le rôle de l'État », dans la pensée des Jaunes, « son rôle unique» c'est de faire respecter la loi, égale pour tous. C'est un rôle de police

---

1. P. Biétry, « Le sécateur de M. Charles Maurras », *La Voix française*, 9 juin 1911.
2. P. Biétry, « Les propos du Jaune », *Le Jaune*, 2 mars 1907.
3. G. Japy, « La liberté », *Le Jaune*, 24 novembre 1906.
4. F. Czulowski, « Les travailleurs de l'État », *Le Jaune*, 24 novembre 1906.

intérieure et de police extérieure[1] ». Reprenant les préceptes du libéralisme du XIXe siècle, les Jaunes exigent une considérable compression des dépenses de l'État, devenues « un danger national », une diminution notable des impôts qui, en « arrêtant l'essor de l'industrie, de l'agriculture, écrasent la nation[2] ». Ils exigent l'abolition de toutes les subventions de l'État, notamment celles aux bourses du travail. Il s'agit ici d'opposer un obstacle supplémentaire aux velléités expansionnistes de l'État moderne, car c'est cette dépendance financière qui, dans l'esprit des Jaunes, transforme le syndicalisme en un rouage de l'État : « A bas les subventions », clame Biétry[3]. Il est certain que cet empressement à réclamer la suppression des subventions de l'État, à faire concorder la théorie et la pratique, est d'autant plus facile aux Jaunes qu'ils n'en profitent point : ils n'eurent jamais à les refuser, car le précédent créé par Alexandre Millerand fut toujours suivi.

Quand Biétry sera au plus profond de la vague, c'est l'État encore qu'il stigmatise, à travers ses légions de fonctionnaires qui humilient le pays avant de le ruiner, ses hordes de politiciens qui ne représentent rien, qui ont désorganisé ce qu'il y avait encore de valable dans l'administration, ces politiciens qui ont imaginé des retraites ouvrières dont ils n'osent plus se réclamer devant les intéressés, qui ont inventé la séparation des Églises et de l'État et n'ont pas craint de spolier les congrégations[4].

La révolte contre l'État est aussi une révolte contre l'« incident du machinisme » provoqué par les « prétendus progrès modernes ». Ces deux formules, la première de Japy, la seconde de Biétry, reprennent presque mot pour mot, et sans que leurs auteurs en aient conscience, celles d'un Barrès qui, lui aussi, avait en horreur l'« industrialisme ». C'est que la droite radicale éprouve une profonde aversion pour les sociétés qui appellent la centralisation et la concentration industrielles. Devant cette évolution, elle réagit en général en réclamant la division de la propriété industrielle, comme ce fut le cas pour la propriété agricole. De plus, elle n'aime pas le progrès

1. P. Biétry, « Les propos du Jaune », *Le Jaune*, 2 mars 1907. Sur la définition de ce rôle, les Jaunes n'ont jamais varié : cf. les discours prononcés au premier banquet des Jaunes ainsi qu'au 1er congrès national.
2. G. Japy, « L'impôt », *Le Jaune*, 23 février 1907. Cf. aussi P. Lanoir, « Discours au premier banquet des Jaunes », *l'Union ouvrière*, 22 févr.-1er mars 1902.
3. P. Biétry, « Les propos du Jaune », *Le Jaune*, 26 février 1904.
4. P. Biétry, « L'appel au pays », *La Voix française*, 23 juin 1911. *Le Travailleur calvadosien* de Caen traduit ces réflexions en grosses manchettes sur toute la largeur de la première page : « Le désordre du Progrès », « L'artisan exproprié par la machine capitaliste » (14 mars et 21 février 1906).

technique quand il change le mode de vie et menace d'ébranler profondément les structures sociales. Son idéal reste une France du petit peuple et des petits propriétaires; une France d'hommes libres, dira un jour Pierre Poujade[1].

Rien n'est plus cher aux Jaunes que leur « liberté » et la libre entreprise, face à ce qu'ils appellent « l'esclavagisme socialiste » et face à la toute-puissance de l'énorme machine bureaucratique qui remplacera, le jour venu, le patron individuel[2]. « Nous ne voulons pas être du bétail humain, clame Biétry, ni de la ' semence de bétail ', ni un numéro sans volonté, obéissant servilement, aveuglément, dans la société socialiste; nous nous révoltons[3]. » Très tôt, les Jaunes partent en guerre contre ce que représente pour eux le « collectivisme » : « la nation embrigadée [...], l'unité humaine matriculée, militarisée », le pays devenu « un vaste bagne »[4]. Ils dénoncent cette « tactique monstrueusement réactionnaire » par laquelle « le socialisme, avant-garde du capitalisme centralisé, fait signer aux ouvriers, à tous ceux qui ne possèdent rien, leur renoncement à la conquête de la propriété »[5]. Mais la responsabilité véritable de « cet attentat contre la civilisation et l'indépendance humaine[6] » incombe, dans l'esprit des Jaunes, en partie tout au moins, à l'événement qui mit en marche le processus de modernisation de la société et de l'économie française : la Révolution. La Révolution qui, « en brisant les compagnonnages ouvriers, en dispersant par la force les corporations ouvrières, commit un véritable crime contre la classe ouvrière[7]... », la Révolution dont le véritable effet fut « de servir les intérêts de

1. La parenté entre la droite radicale des années 1900-1910 et le mouvement Poujade est frappante. Sur le poujadisme, cf. l'ouvrage de S. Hoffmann, *le Mouvement Poujade*, Paris, Colin, 1956, particulièrement p. 210-254.
2. Le terme « esclavage » ou « esclavagisme » revient à d'innombrables reprises : cf., par exemple, *le Socialisme et les Jaunes, op. cit.*, et « Les propos du Jaune », (*le Jaune*, 14 mai 1904 et 16 mars 1907). Ce motif revient à maintes reprises dans toute la presse jaune; il constitue un thème majeur de la presse provinciale. Cf., par exemple, « Tout le monde doit lire *le Travailleur calvadosien* » (*le Travailleur calvadosien*, 3 mai 1905); « Syndicats rouges et syndicats jaunes ou indépendants », *ibid.*, 5 juillet 1905; « Socialisme et cléricalisme », *ibid.*, 31 mai 1905; « Qu'est-ce que le socialisme », *ibid.*, 24 janvier 1906, et, finalement, l'article qui clôt le dernier numéro du journal : « Vers l'esclavage », *ibid.*, 19 septembre 1906. Cf. aussi *le Journal des travailleurs* du Havre, 7 janvier 1905. L'organe des syndicats jaunes de l'Est s'appelle *le Travailleur libre* et celui des syndicats de Lille, *le Travail libre*.
3. P. Biétry, *Le Socialisme et les Jaunes, op. cit.*, p. 3.
4. P. Lanoir, « Discours au premier banquet des Jaunes », *L'Union ouvrière*, 22 févr.-1er mars 1902.
5. P. Biétry, *Le Socialisme et les Jaunes, op. cit.*, p. 2.
6. P. Biétry, « Les propos du Jaune », *Le Jaune*, 5 mars 1904.
7. (Anonyme), « Une grande fête ouvrière », *Le Jaune*, 10 septembre 1904.

LA DROITE RÉVOLUTIONNAIRE

classe de la classe bourgeoise[1] ». C'est pourquoi Biétry ne conçoit la renaissance française que fondée sur celle des « grandes corporations d'autrefois, réunies par métiers et régions, ensuite nationalement[2] ». Les Jaunes s'appliquent aussi à cultiver les saines vertus ancestrales. Chaque livraison du *Jaune* comporte des « Cahiers de l'ouvrier » rédigés par le père Édouard, et signés Théophile, où l'on apprend, par exemple, que le bon ouvrier, contrairement au rouge qui s'étourdit dans la débauche, ne songe qu'au bonheur qui l'attend au foyer familial. Le bon ouvrier évitera aussi les mauvaises lectures qui procurent des « plaisirs honteux » ou éveillent « la passion des sens »; il n'enviera point son patron, car « moins on est élevé haut, plus on a de chance de ne point tomber bas ». L'auteur des « Cahiers » le met encore en garde contre les socialistes, « ennemis de tout ce qu'est la foi, charité, tradition, [qui] corrompent la patience, la tempérance, la chasteté... ». Aux exhortations du père Édouard, on trouvera un écho caractéristique dans *le Journal des travailleurs*. L'organe jaune du Havre attaque « le gouvernement [qui] favorise ouvertement l'alcoolisme et la prostitution », ou qui « laisse la haute et basse littérature saper les fondements du mariage ». Il s'oppose également à tout projet tendant à abolir la peine de mort[3].

C'est ainsi que le mouvement jaune met en valeur les aspirations de cet élément ouvrier qui, profondément attaché au mode de vie et aux vertus de la vieille France, cherche, dans un monde en mutation, la sécurité et la stabilité. La petite bourgeoisie, menacée ou se croyant menacée par le progrès technique, n'est pas la seule couche sociale réfractaire à la croissance économique, aux changements structurels ou au mode de vie différent que sécrète la société moderne : une fraction du prolétariat partage les mêmes craintes. Apeurés par un rythme de vie nouveau, rendus méfiants par les nouveaux moyens de production, mais aussi attirés par les forces et idéologies qui viennent d'apparaître, certains éléments ouvriers développent un réflexe de défense très proche de celui qu'esquissent la petite et la moyenne bourgeoisie. Une même réaction caractérise alors les petits commerçants de Belleville et les artisans de Clignancourt, les mineurs de Montceau ou de Carmaux, les dockers de Brest ou les ouvriers métallurgistes de Longwy. Les uns et les autres, tout en

1. P. Biétry, *Le Socialisme et les Jaunes, op. cit.*, p. 305-306.
2. P. Biétry, « Les propos du Jaune », *Le Jaune*, 5 mars 1904.
3. Cf. *supra*, chap. IV. Cf. *le Journal des travailleurs* des 13 et 26 février, 5 mars, 27 et 29 avril, 11 juin 1904, ainsi que P. Lanoir, « Ce que sont les Jaunes », *l'Union ouvrière*, 24-31 janvier 1903. Cf. encore « L'abolition de la peine de mort », *le Jaune*, 4 août 1906.

aspirant à un changement qu'ils ne sont guère capables de définir, refusent l'affrontement idéologique, la césure sociale; les uns et les autres répondent à un appel de rassemblement, participent d'une vision commune du bien politique, synthèse des impératifs imposés par la recherche à la fois de la stabilité et du mouvement.

Conçue autour de l'idée d'une République où les citoyens, membres d'une société saine, sont de nouveau libres et fraternels, l'idéologie jaune est, à beaucoup d'égards, la synthèse d'une certaine forme de populisme et d'une variante du vieux rêve libéral de l'harmonie des intérêts. Le mythe de l'âge d'or, qui est une composante essentielle de tout populisme, vient se greffer sur celui de l'harmonie par l'entente organisée des classes laborieuses. Cette harmonie qui, une fois éliminés les parasites et les politiciens, unira l'ensemble de la collectivité des travailleurs — ouvriers et patrons — sous-entend la fraternité, bien sûr, mais aussi l'apolitisme. C'est le rêve des professions organisées, régies par des chambres de Capacités, fondement d'un État veilleur de nuit qui « ne ferait pas de politique ». En ce sens, le mouvement jaune, du fait de son anticollectivisme, de son opposition à la laïcisation de l'État et à la sécularisation de la société, retrouve un thème cher à la droite conservatrice et libérale, pour qui la société idéale reste toujours celle de l'État gendarme et de l'économique d'abord. C'est l'incapacité des Jaunes de trouver une voie nouvelle entre le libéralisme et le marxisme qui, finalement, fut à l'origine de la désintégration du mouvement.

2. Les structures de la Fédération nationale des Jaunes de France

Essayer de préciser la composition sociale, les effectifs, ou même la géographie de la FNJF, est assurément ce qu'il y a de plus hasardeux dans l'étude du mouvement. En effet, les informations existantes proviennent de deux sources : la presse et la littérature jaunes, pour une part, et les archives du ministère de l'Intérieur, pour une autre. Il se trouve que l'on ne peut toujours accorder aux chiffres fournis par la Sûreté générale une confiance absolue, et il importe d'effectuer de nombreux recoupements pour parvenir à une évaluation réaliste du phénomène jaune. Cependant, même s'il n'est pas permis, dans l'état actuel des connaissances, de fournir des chiffres précis, il est possible d'approcher un ordre de grandeur.

En novembre 1904, le congrès national réuni à Paris réclame 322 000 adhérents [1]. Or, deux ans plus tard, en faisant le bilan du chemin parcouru, Biétry reconnaît, à la tribune du 2e congrès national, que 50 délégués seulement avaient pris part aux travaux du congrès de 1904 [2], chiffre que lui-même rectifiera plus tard. En effet, dans une interview publiée à la veille du 3e congrès national et faisant l'historique du mouvement, le député de Brest « précise » que 30 délégués seulement se seraient réunis en 1904 pour représenter 50 syndicats [3]. Comment se fait-il qu'on se soit contenté de ne désigner que 30 ou même 50 délégués pour parler au nom de plus de 300 000 adhérents? ou même de 130 000, chiffre que laisse entendre Biétry au cours de ce même entretien? Car, dans cette interview, Biétry annonce qu'au moment du 2e congrès, en 1906, son mouvement comptait 400 000 adhérents, soit — et c'est lui qui le déclare — le triple des effectifs de 1904. Il faut donc comprendre qu'en 1904 les Jaunes de Biétry étaient un peu plus de 130 000. 30 délégués pour 130 000 adhérents : voilà des chiffres qui ne peuvent manquer de faire naître un sentiment de perplexité. Étant donné les énormes difficultés objectives que durent surmonter Biétry et son petit groupe de fidèles, on peut se demander comment les « biétristes » ont pu devenir 130 000, alors qu'un an auparavant ils étaient encore dans l'impossibilité de faire paraître un petit journal et de payer le loyer d'un modeste local.

A l'autre extrême, on trouve les chiffres de « Metz », l'un des plus importants agents de la Sûreté générale infiltré chez les Jaunes. Au lendemain du 1er congrès, en novembre 1904, « Metz » n'accorde à Biétry que 15 syndicats importants et « 35 000 ouvriers répartis un peu dans tous les centres industriels [4] », estimation qui atteste au moins la diversité de recrutement du mouvement mais reste, pour le chiffre, sans doute en deçà des effectifs réels du syndicalisme jaune à cette époque. Il est vrai que l'hostilité de « Metz » à l'égard du mouvement ne désarmera pas, et il aura tendance à en minimiser l'importance. Il est, par ailleurs, possible que « Metz » lui-même ait été induit en erreur, Biétry ayant peut-être préféré diminuer l'ampleur du congrès de 1904 pour n'avoir pas à concéder une dette trop importante à son prédécesseur.

En effet, c'est sur la base des groupes déjà existants, réorganisés par Vergoz, qui prépare toujours le terrain pour la venue de Biétry,

1. « Le congrès national des Jaunes de France », *Le Jaune*, 26 novembre 1904.
2. P. Biétry, « Deuxième congrès national des Jaunes de France », *Le Jaune*, 10 mars 1906.
3. « Une interview de Biétry », *Le Jaune*, 6 avril 1907.
4. F 7 12793, 22 novembre 1904 (« Metz »).

que se reconstitue, avec l'appui de divers comités nationalistes, la FNJF[1]. Il est certain que les syndicats locaux n'ont jamais cessé leurs activités et que leur vitalité n'a pas toujours été fonction de l'existence d'un organisme central. Le grand problème qui se pose alors à Biétry est de transformer ce potentiel en mouvement de masse, et non pas seulement de mettre la main sur des structures existantes. Il est incontestable que, dès son départ de la Bourse libre de Paris, il est parvenu à mobiliser des secteurs très importants du syndicalisme jaune originel; il s'efforce, cependant, de montrer que le mouvement est bien son œuvre personnelle et non pas un héritage recueilli des mains de Lanoir. C'est pourquoi il est plausible de penser qu'il a tenu, en 1907, à ne reconnaître au congrès de 1904 qu'une représentation de 30 délégués; alors qu'à la même époque « Metz » était obligé de reconnaître — à sa façon, certes — le succès de cette première grande manifestation jaune[2]. De plus, en octobre de cette année, « Naples », l'agent infiltré dans les milieux catholiques, signale que les demandes d'inscription au congrès arrivaient assez nombreuses de province[3]. En novembre, après le congrès, le même « Naples » rapporte avoir dénombré dans la salle près de 200 délégués, hormis les spectateurs[4].

Il est raisonnable de penser que le chiffre de 100 000 adhérents que les services du ministère de l'Intérieur reconnaissent aux Jaunes, en août 1906, représente une estimation moyenne réaliste[5]. Il faut quand même savoir que cette année a été la meilleure que le mouvement ait jamais connue. En revanche, le chiffre de 375 000 à 400 000 adhérents que le mouvement réclame en 1907 est extrêmement exagéré, même si l'on tient compte de l'élection de Brest, qui a dû galvaniser les troupes de Biétry et gonfler ses effectifs.

Au congrès de 1904 étaient présentes 7 bourses libres du travail (Paris, Marseille, Le Havre, Caen, Montluçon, Boulogne-sur-Seine, Lille), 21 syndicats ouvriers, 7 chambres patronales et agricoles, 2 cercles d'études et 2 sociétés de placement gratuit. C'étaient là des

1. F 7 12793, 11 octobre 1904 (« Metz »).
2. F 7 12793, 22 novembre 1904 (« Metz »).
3. F 7 12793, 29 octobre 1904 (« Naples »).
4. F 7 12793, 19 novembre 1904 (« Naples »).
5. A titre de comparaison, notons que, d'après Jean Bron, la CGT « doit regrouper », entre 1906 et 1910, de 300 à 350 000 travailleurs, avec une pointe de 700 000 en 1907, à cause des grandes grèves (*Histoire du mouvement ouvrier français*, Paris, Éditions ouvrières, 1970, p. 119). Selon Annie Kriegel, la CGT compte 687 463 membres en 1911 (*Croissance de la CGT*, Paris, Mouton, 1966, p. 67) : ce chiffre est corroboré par André Barjonet (*la CGT*, Paris, Éd. du Seuil, 1968, p. 14), qui lui accorde 700 000 adhérents à la veille de la guerre, contre 120 000 en 1902.

organisations avec pignon sur rue, et suffisamment bien structurées pour envoyer des délégués à Paris. Biétry, à ce moment-là, annonce que ces fédérations représentaient 214 syndicats[1]. Chiffre peu vraisemblable, mais qui semble, toutefois, plus proche de la réalité que les 50 syndicats « avoués » trois ans plus tard dans son interview. Bien sûr, le chef des Jaunes n'a jamais pu s'empêcher de gonfler les statistiques — tant que le contraire ne lui semble pas plus satisfaisant. Ainsi, en 1907, il dira que le congrès de 1906 avait réuni 300 délégués venus parler au nom de 600 000 adhérents[2]. Biétry, en fait, venait tout simplement de multiplier par trois le nombre des délégués et par six celui de ses effectifs réels.

On dispose sur le congrès de 1906 d'éléments d'appréciation un peu moins aléatoires, ne serait-ce que du fait qu'il est le seul pour lequel une liste nominale de délégués et des organisations qu'ils représentent ait été rendue publique. Dans cette liste, publiée juste avant le congrès, on relève les noms de 90 délégués[3]. Ce chiffre est inférieur à celui de 135[4] réclamé par Biétry au moment des assises mais, chose caractéristique et déjà habituelle, légèrement supérieur à celui qu'il indiquera un an plus tard : « 80 et quelques[5] ». Cette liste est présentée comme une première liste; une seconde liste n'ayant jamais paru, on ne sait plus très bien que conclure à ce propos. D'autant que « Metz » estime, de son côté, à 150-200 les représentants au congrès. Quant aux organisations représentées, les chiffres avancés par la liste et par l'agent infiltré concordent[6].

1. Cf. « Nos adhérents », *le Jaune*, 19 et 26 novembre 1904.
2. Éditorial du *Jaune* du 24 août 1907.
3. *Le Jaune*, 3 mars 1906. Le 10 mars, l'organe du mouvement réclame les effectifs suivants pour le congrès de 1906 : 9 bourses du travail, 18 fédérations ou unions de syndicats ouvriers, 396 syndicats ouvriers, 27 syndicats agricoles, 41 syndicats patronaux, 16 groupes et comités de Jaunes, 5 coopératives, 4 journaux, 19 sociétés de secours mutuel, 11 associations pour le placement gratuit. En tout : plus de 450 syndicats ou associations.
Au congrès de 1907, *le Jaune* du 13 avril 1907 réclame : 37 fédérations ou unions de syndicats, 430 syndicats ouvriers, 76 syndicats agricoles, 87 syndicats patronaux, 53 groupes, comités et cercles de Jaunes, 148 coopératives ou sociétés en participation, 12 journaux jaunes. En tout : 852 organisations diverses. Ces chiffres sont repris par la Sûreté générale dans le rapport du 18 août 1906 (F 7 12793).
4. « Deuxième congrès national des Jaunes de France », *Le Jaune*, 10 mars 1906.
5. « Une interview de Biétry », *Le Jaune*, 6 avril 1907.
6. F 7 12793, 13 mars 1906. Mais c'est justement cette concordance — relative au sujet du nombre de délégués qui auraient participé au congrès, parfaite au sujet de celui des organisations représentées — qui éveille le doute. Il est très probable que « Metz » n'a pas poussé très loin ses investigations et s'est contenté de reproduire les chiffres avancés par les organisateurs du congrès. D'ailleurs, dans un rapport daté du 18 août de la même année, l'agent de la Sûreté générale signale que

La liste signale 46 organisations constituées, réparties comme suit : 6 bourses libres, 17 syndicats ouvriers de l'industrie lourde, 7 syndicats ouvriers de l'industrie légère, 5 syndicats agricoles, 5 syndicats d'employés, 1 syndicat patronal, 3 comités, 2 sociétés de crédit et de secours. A côté de ces organisations, on trouve 13 autres syndicats qui, quatre semaines avant le congrès, n'avaient pas encore désigné leurs délégués. Sachant que les autres organisations n'ont pas eu ce genre de problème, on doit pouvoir considérer ces 13 syndicats comme faiblement structurés ou peu actifs. Ces 13 organisations sont : la bourse du travail de Marseille, 1 syndicat patronal et 11 syndicats ouvriers.

On est loin du tableau présenté par Biétry et repris par Pawlowski, qui revendiquent, en 1907, plusieurs centaines d'organisations, dont 396 syndicats en 1906[1]. En tout état de cause, ce qui ressort clairement de toute analyse des organisations jaunes, c'est l'importance de leur composante authentiquement prolétarienne. Incontestablement, dans les années 1904-1909, ce sont les organisations ouvrières qui sont la majorité. Leur proportion ne diminuera que progressi-

les délégués au congrès étaient exactement 135; chiffre que Biétry avançait lors des assises mais qu'il diminuera de beaucoup, ainsi que nous venons de le préciser, lorsqu'un an plus tard il donnera une interview.
1. De nouveau ici, il s'avère que les agents de la Sûreté générale ne se fatiguent guère : ils recopient tout simplement les totaux fournis par les chefs du mouvement, tout en sachant qu'il s'agit là de chiffres fantaisistes : cf. F 7 12793 du 18 août 1906. Cependant, leur travail devient extrêmement précieux quand il s'agit de la province ou quand ils fournissent des renseignements — très précis — sur des organisations concrètes. Cf., par exemple, la liste des syndicats et comités parisiens, ainsi que celle des syndicats de province les plus importants établie dans le rapport du 18 août 1906 : 1) Chambre consultative des agents des chemins de fer français; 2) comité jaune du XIXe arrondissement; 3) syndicat indépendant des gens de maison; 4) « le Genêt », société de secours mutuel; 5) Union syndicale des Jaunes de France, groupe de Puteaux; 6) Union syndicale du personnel de la Compagnie des omnibus; 7) syndicat catholique des ouvriers de l'habillement; 8) syndicat catholique des ouvriers de la métallurgie; 9) syndicat catholique des travailleurs de la bijouterie et parties similaires; 10) syndicat catholique des ouvriers du bâtiment; 11) syndicat catholique des ouvriers de l'ameublement; 12) syndicat des menuisiers de la Seine; 13) «Union des peintres en bâtiment de Paris; 14) la Lithographie indépendante.
En province, les plus importants sont : 1) l'Union des syndicats métallurgistes de Meurthe-et-Moselle, qui comprend 20 000 adhérents; 2) la Fédération syndicale de Tourcoing (Nord), à laquelle 106 syndicats sont adhérents; 3) Fédération des syndicats indépendants de Lille (6 syndicats); 4) Fédération syndicale de Roubaix (Nord); 5) Fédération des syndicats jaunes du Doubs et du Haut-Rhin; 6) syndicats indépendants des ouvriers de Brest; 7) syndicats indépendants des ouvriers de Nantes; 8) syndicats indépendants de Cherbourg; 9) Union fédérative des ouvriers et syndicats indépendants du Havre; 10) Syndicat indépendant « La liberté », à Laval; 11) Union sociale, patriotique et républicaine d'Arras et environs.

vement : ce n'est qu'à la fin de cette période que les gens de maison, les employés du petit commerce parisien deviendront dans la capitale l'élément prépondérant. Début 1906, ils étaient déjà, selon Biétry, plus de 5 000 à Paris seulement [1]. Leur bureau de placement, « le Genêt », présente tous les signes d'un organisme en pleine expansion.

Si le syndicalisme jaune est parti de Montceau-les-Mines, c'est Paris qui, très rapidement, devient le centre du mouvement. Et il importe de bien faire la distinction entre les premiers balbutiements du syndicalisme jaune, né d'une révolte spontanée engendrée par le refus des souffrances que portent en elles les grandes grèves, et le mouvement politique que représentent les tentatives de Lanoir et de Biétry. Les centres de gravitation du mouvement se déplacent à mesure que se modifie sa physionomie. C'est ainsi que les syndicats du Creusot et de Montceau-les-Mines, qui avaient adhéré au 1er congrès national, n'assistent plus à celui de 1906. Quant à ceux de Carmaux, il ne semble pas qu'ils aient jamais adhéré officiellement, moins encore milité, à la FNJF. Ils sont en tout cas absents de ses congrès. Il s'agit là d'un véritable syndicat maison, souvent servile mais puissant et prospère, qui refuse, en dépit des efforts de Lanoir, plus tard de Biétry, de s'inscrire à l'organisme central [2].

Biétry ne parviendra jamais à réunir au sein d'une centrale l'énorme potentiel du syndicalisme jaune, comme il ne réussira jamais à métamorphoser en force politique structurée le refus du marxisme que véhiculent les syndicats indépendants. De toutes les causes qui ont provoqué la chute, puis la disparition du mouvement jaune en général, du « biétrisme » en particulier, c'est cette impuissance qui a été la plus déterminante. Il est probable que, s'il avait pu surmonter cet obstacle, Biétry — et peut-être même Lanoir — aurait diminué considérablement et, probablement, éliminé l'effet des autres difficultés qui se sont dressées sur la route du syndicalisme jaune. Au début du siècle, ce syndicalisme était porteur d'une puissance diffuse relativement importante et présentait des possibilités de manœuvre qui, si elles avaient pu être utilisées, auraient permis à Biétry de se tailler une place assez appréciable sur la scène politique française. Mais, si les mineurs de Carmaux, par exemple, accueillent avec chaleur Lanoir ou Biétry, s'ils les écoutent avec attention, ils n'acceptent pas pour autant leur *leadership*. Ils ne sont pas les seuls dans ce cas : Marseille non plus ne jouera guère à la FNJF le rôle qui aurait pu

---

1. P. Biétry, *Le Socialisme et les Jaunes, op. cit.*, p. 203.
2. F 7 12793, 29 octobre 1904 (« Metz »), et les rapports du commissariat spécial d'Albi des 20 octobre 1903, 7 novembre 1904, 24 janvier et 9 avril 1908.

être le sien, compte tenu de son potentiel. En octobre 1905, 5 des 7 syndicats indépendants de la région refusaient d'adhérer à la Fédération nationale et les deux autres se retiraient. En 1906, Biétry aura toutes les peines du monde à persuader la bourse indépendante de Marseille de se faire représenter au congrès. Cette représentation ne sera pour autant que fort symbolique [1].

La plus puissante des bourses indépendantes reste celle de Paris; elle est le véritable noyau du mouvement biétriste. En 1906, elle compte 9 syndicats ouvriers, un syndicat de gens de maison, une société de secours mutuels et un comité jaune [2]. En dehors de la capitale, les tout premiers centres jaunes importants, fondés dès le printemps 1904, sont Boulogne-sur-Seine, Le Havre et Caen [3]. A Boulogne-sur-Seine, la bourse libre comprend essentiellement un syndicat d'ouvriers blanchisseurs. Son secrétaire général, Victor Faron, est gérant du *Jaune*. Il s'agit d'une organisation particulièrement active, fort encouragée par le député de la ville, Guyot de Villeneuve [4].

Les mouvements du Havre et de Caen, tous deux centres pionniers, sont, à cause tout autant qu'en dépit des différences de leur développement respectif, des cas types des relations que la province entretient avec la centrale, ou du moins ce qui voudrait être la centrale. Créée par Félix Czulowski, devenu très rapidement secrétaire général de la Fédération nationale, la bourse libre du Havre fait preuve d'une grande vitalité. Son organe, *le Journal des travailleurs*, paraît dès le mois de septembre 1903 : il est donc antérieur au *Jaune*. Devenu bras droit de Biétry, accaparé par ses fonctions parisiennes, Czulowksi abandonne en 1905 la direction de l'hebdomadaire, dont il avait fait, sur le plan local, un facteur notable [5]. Czulowski est, au sein du mouvement, le symbole de la fidélité inconditionnelle à Biétry. En revanche, Eudes, le fondateur de la bourse libre de Caen et le directeur du *Travailleur calvadosien*, entre très rapidement en conflit avec Biétry. Personnalité indépendante, il a une conception plus militante du syndicalisme : en été 1905, il participe à un mouvement de grève

---

1. F 7 12793, 6 octobre 1905 (« Metz »).
2. Cf. « Vers le 2e congrès des Jaunes de France », *le Jaune*, 3 mars 1906.
3. « Notre œuvre », *Le Jaune*, 2 avril 1904. Il convient de signaler que Biétry réclame alors des fédérations de syndicats ou des syndicats isolés dans 33 départements, des groupes et comités jaunes dans 20 autres, ainsi que des correspondants du journal *le Jaune* dans 342 villes ou communes de France.
4. Cf. *le Jaune*, 13 février 1904.
5. Pour s'en rendre compte, on consultera la collection du *Journal des travailleurs* des années 1903-1910. L'hebdomadaire de Czulowski — sans doute la meilleure feuille provinciale des Jaunes — est de toutes les batailles politiques locales et mène, notamment, campagne contre la famille Siegfried.

lancé par des employés de tramway « rouges ». Blâmé par Biétry, il refuse de se soumettre. La grève est un succès; ce qui amène les indépendants de Caen à penser qu'après tout les méthodes « rouges » ne sont peut-être pas si mauvaises que l'on dit. Résultat : le syndicat d'Eudes se désintègre, lui-même abandonne toute activité, et la bourse libre de Caen sera absente du congrès de 1906 [1].

Les bourses libres de Toulon et de Marseille aussi seront absentes de ce congrès. On sait que les Marseillais n'acceptent pas le *leadership* du « chef »; en revanche, les motivations des 300 ouvriers du port de Toulon s'apparentent aux désaccords qui ont opposé Eudes et Biétry [2]. Toutefois, la dilution, puis la disparition du syndicalisme jaune méridional — les Ajacciens, qui, eux aussi, avaient été présents en 1904, ne se sont pas déplacés en 1906 — et la débandade de Caen sont compensées par la structuration de 4 centres importants : les ports de Brest et de Cherbourg, le bassin minier de Meurthe-et-Moselle et la région du Nord [3].

Très tôt, un effort considérable avait été fourni par le mouvement afin de recruter parmi les ouvriers du port et les autres travailleurs de Cherbourg et de Brest. Dès novembre 1905, le grand port breton compte 6 syndicats jaunes, et un septième, celui des agents de chemin de fer, est en formation. Les 6 syndicats — ouvriers du port, ouvriers de la poudrerie du Moulin-Blanc, boulangers, charbonniers, garçons de magasin et menuisiers — groupent 800 adhérents, qui acquittent régulièrement leurs cotisations [4]. A Cherbourg, la bourse libre réunit autour de son fondateur, Abraham, 6 syndicats.

Cependant, c'est surtout dans l'Est et le Nord que se trouvent les plus fortes concentrations jaunes. Dans Longwy et sa région militent 3 syndicats de mineurs et d'ouvriers métallurgistes, qui, en juin 1905, décident de verser à la FNJF une cotisation annuelle de 600 francs et s'engagent à prendre 5 000 exemplaires du *Jaune* pour leurs membres [5]. Dans l'Est encore, Belfort et sa région comptent 4 syndicats d'ouvriers du textile et de la métallurgie : 805 adhérents en tout [6]. Leur protecteur est un grand industriel du textile, Armand Viellard — ex-député du Haut-Rhin —, que soutiennent les comités locaux de

1. Cf. P. Biétry, « Les propos du Jaune », *le Jaune*, 2 septembre 1905, et l'éditorial d'Eudes dans *le Travailleur calvadosien* du 19 au 26 septembre 1906.
2. F 7 12793, 26 mars 1905.
3. On comparera les données fournies à la veille du 1er et du 2e congrès national dans *le Jaune* des 26 novembre 1904 et 3 mars 1906.
4. F 7 12793, 4 novembre 1905 (« Naples »).
5. Cf. « Vers le 2e congrès des Jaunes de France », *le Jaune*, 3 mars 1906, et F 7 12793, 24 juin 1905 (« Naples »).
6. F 7 12793, feuille signalétique sans date.

la Patrie française. Le siège des syndicats jaunes de Belfort, du Haut-Rhin et de la Haute-Saône, fondés en juillet 1902, porte le nom prestigieux de Fort-Chabrol[1]. Comme les mineurs de Carmaux, les ouvriers de l'industrie textile et de la métallurgie alsaciennes créent leurs organisations sous l'égide des notables locaux, qui ne leur permettront guère de jouer un rôle sur le plan national. Les syndicats jaunes d'Alsace, tout comme ceux de Reims, dont on trouve les premières traces à partir de 1902[2], restent réfractaires à l'action politique à grande échelle.

Mais c'est dans le bassin minier de Meurthe-et-Moselle que se trouve la grande masse du syndicalisme jaune de l'est de la France : l'Union des syndicats métallurgistes locaux comprend 20 000 adhérents[3]. Il n'y a que dans le Nord et le Pas-de-Calais qu'on trouve des formations jaunes de cette taille. Malgré leur puissance, les indépendants de l'Est ne jouent guère le rôle politique que l'on aurait pu attendre d'eux; ils constituent, néanmoins, un potentiel qui permet de rivaliser avec les syndicats socialistes.

Une situation assez semblable prévaut dans le Nord. 106 syndicats adhèrent à la Fédération syndicale de Tourcoing; une importante Fédération existe à Roubaix, et, d'autre part, le syndicat jaune de mineurs, fondé à Douai en 1902, compte 8 000 adhérents[4]. Un autre syndicat jaune de mineurs du Nord et du Pas-de-Calais, sans doute subventionné par la Compagnie des mines d'Aniche, réclame, quant à lui, 10 000 adhérents[5].

Un cas particulier est celui de la Fédération des syndicats indépendants et la puissante bourse du travail de Lille. Bien qu'ayant participé à tous les congrès jaunes, les organisations lilloises ne se considèrent point comme organiquement affiliées à la Fédération nationale des Jaunes de France. Cette curieuse situation se révèle au moment où éclate, entre Biétry et les Lillois, la même discorde que celle qui avait déjà divisé le chef des Jaunes et le leader de Caen. Il est vrai que les oppositions de cette nature étaient devenues choses courantes entre Paris et la province. Comme Eudes, à Caen, ou Tapoul, à Toulon, Jooris et Lambert, à Lille, avaient une opinion moins irrévocable que celle de Biétry au sujet de la collaboration avec les socialistes. Pour Biétry, toute forme de compromis avec les « non-

1. F 7 12793, feuille signalétique sans date, et les rapports des commissaires spéciaux de Belfort et de Delle, 25 juillet, 17 septembre 1902, 24 janvier 1903.
2. F 7 12793, 6 mars 1902.
3. F 7 12793, 18 août 1906.
4. F 7 12793, rapport du commissariat spécial de Lille, 12 juillet 1907.
5. F 7 12793, rapport de la préfecture du Nord, 19 juin 1907.

indépendants », même ponctuelle, même de circonstance, ne pouvait que profiter aux rivaux, aux dépens des Jaunes [1]. Aussi toute occasion lui est bonne pour durcir sa position et dresser un mur d'hostilité et de haine entre ses propres troupes et celles de la CGT.

Les syndicats jaunes du nord de la France déploient très vite une intense activité. Dès avril 1902, la préfecture du Nord fait savoir que des « syndicats indépendants fondés en assez grand nombre, surtout dans les arrondissements de Lille et de Valenciennes », s'étaient adressés à Lanoir pour organiser « une manifestation consacrant la création de ces organisations dans le Nord [2] ». Cinq ans plus tard, le commissariat spécial de Lille, résumant de nombreux rapports antérieurs, précise que

> les Jaunes se livrent dans le Nord à une active propagande pour grouper une force ouvrière imposante, susceptible de lutter avantageusement contre les syndicats socialistes [3].

En effet, en ce qui concerne cette région, il s'agit incontestablement d'un mouvement bien organisé et faisant preuve d'une grande vitalité. C'est ainsi que le syndicat des mineurs du Nord et du Pas-de-Calais, basé à Douai, tient des congrès mensuels où l'on débat, en 1907, des diverses œuvres créées par ce syndicat : caisse de secours immédiats, prêts gratuits, dots familiales. Une attention particulière est accordée à « l'Abri familial », société de création récente, spécialisée dans la construction d'habitations ouvrières [4].

Le syndicat des mineurs du Nord et du Pas-de-Calais, en pleine expansion, représente, à l'apogée de la puissance du mouvement jaune, un danger dont « les socialistes [...] commencent à apprécier la gravité [5] ». Il constitue alors un facteur de cristallisation pour d'autres syndicats, moins puissants : les syndicats textiles de Fourmies et du Cambrésis, les carriers, les employés du chemin de fer du nord de la France, ou encore le syndicat en formation des employés de commerce de Douai [6].

Les syndicats jaunes du Nord ne craignent point non plus de se mesurer aux « rouges » devant l'électorat ouvrier. Les élections prud'homales qui ont lieu à Lille, en février 1907, permettent aux socia-

---

1. P. Biétry, « Les propos du Jaune », *Le Jaune*, 16 octobre 1909.
2. F 7 12793, rapport de la préfecture du Nord, 12 avril 1902.
3. F 7 12793, rapport du commissariat spécial de Lille, 25 février 1907.
4. F 7 12793, rapport de la préfecture du Nord, 19 juin 1907.
5. F 7 12793, rapport du commissariat spécial de Lille, 27 février 1907.
6. F 7 12793, rapport de la préfecture du Nord, 19 juin 1907; commissariat spécial de Lille, 12 juillet 1907.

listes de faire passer leurs candidats, mais, sur 4 000 suffrages exprimés, les candidats indépendants en obtiennent environ 900 [1].

Si le syndicalisme jaune du sud de la Loire n'atteint jamais la puissance du mouvement dans le nord et dans l'est du pays, il n'y manque pas d'importance. Tout au moins à ses débuts. En dehors des mineurs de Carmaux, le syndicalisme indépendant se structure, à partir de mars 1904, dans le bassin industriel de Mazamet. Le syndicat des ouvriers délaineurs y compte 840 membres, celui des ouvriers mégissiers 160 membres, alors que les charretiers sont 90, les fileurs 70 et les ouvriers menuisiers un peu plus d'une quarantaine [2].

A la même période, à la veille et à la suite du congrès de 1904, Biétry et ses proches collaborateurs fournissent un effort considérable pour mobiliser les ouvriers des arsenaux et des ports. A Toulon, les services de police enregistrent une forte poussée des Jaunes : bénéficiant des difficultés du syndicat « rouge », qui perd environ la moitié de ses membres, les Jaunes mettent en place l'embryon d'une plus vaste organisation à laquelle viennent s'ajouter d'autres syndicats de la région [3].

Les régions de Toulouse et de Toulon aussi sont touchées par le mouvement jaune au cours des toutes premières années de son existence. Elles disparaîtront progressivement de la carte de la France jaune à mesure que le mouvement passe sous la coupe du député de Brest. Lyon, pour sa part, est un centre type des progrès qu'enregistre alors le mouvement jaune. En automne 1906, dans la foulée de l'élection de Brest, Biétry se lance à la conquête du Centre et du Sud-Est : à partir de Lyon, il entend rayonner dans le Rhône, l'Aisne, l'Isère, la Loire, la Savoie, la Drôme et l'Ardèche. Le 17 novembre, les services du ministère de l'Intérieur accordent à la propagande jaune un « succès relatif ». Un mois plus tard, rendant compte de la campagne de regroupement de tous les éléments ouvriers antisocialistes sous la bannière de la FNJF, on crédite les militants jaunes d'un « certain succès [4] ». Car, dans son numéro du 25 décembre 1906, l'Express, qui, avec la Dépêche, mène une campagne de propagande jaune, annonce pour les 2 et 3 mars 1907 un congrès régional des syndicats jaunes et publie l'appel adressé par le secrétaire de la bourse du travail indépendante de Lyon. Celui-ci s'était d'ores et déjà assuré l'appui

1. F 7 12793, commissariat spécial de Lille, 23 février 1907.
2. F 7 12793, commissariat spécial d'Albi, 21 septembre 1904.
3. F 7 12793, 29 octobre et 21 novembre 1904, 20 janvier 1905 (« Naples »), commissariat spécial de Toulon, 26 mars 1905.
4. F 7 12793, commissariat spécial de Lyon, 17 novembre 1906, et un rapport non signé du 28 décembre 1906.

des syndicats indépendants de Saint-Étienne [1]. En octobre 1906 avait eu lieu le banquet annuel des mineurs de Saint-Gobain; sous la présidence de Biétry, 300 ouvriers annonçaient la renaissance jaune [2]. Quelques semaines plus tôt, on savait déjà que « la majeure partie des ouvriers des houillères » de Messeix (Puy-de-Dôme) appartenait au syndicat jaune [3]. Depuis, dirigé par un comité qu'animent des permanents aux appointements de 150 francs par mois, le mouvement lyonnais déploie une intense activité dans la plupart des grands centres industriels alentour [4]. Ce qui oblige des fonctionnaires que l'on ne saurait soupçonner de sympathie pour le mouvement de déplorer « la rapidité trompeuse avec laquelle il recrute [5] ».

Jusqu'en 1906, d'autres centres jaunes de moindre importance seront créés dans le Tarn, le Var, le Gard, l'Hérault, la Gironde et les Bouches-du-Rhône, en Bretagne (Rennes, Nantes, Fougères), ainsi qu'à Montluçon, à Alençon et à Armentières.

A Vesoul, dans l'Est, les indépendants commencent de publier un bihebdomadaire, le Travailleur libre, dont le premier numéro paraît le 16 septembre 1906 [6]. Cette retombée — parmi d'autres — de l'élection de Brest était le résultat de l'engouement soudain d'une personnalité locale découvrant un homme, un parti et une idéologie, et voulant profiter de sa percée.

Avec le Travail libre à Lille et le Genêt breton à Brest, les autres feuilles de province participent activement au travail de propagande du Jaune et des très nombreuses publications — livres et brochures — éditées par la Bibliothèque jaune. Tous les chefs jaunes, ainsi que les sympathisants importants — les Cassagnac, par exemple —, ont à cœur de publier un volume. Il semble fort que la Bibliothèque jaune connaisse, tout au moins en 1906 et en 1907, un franc succès. La quantité des ouvrages de doctrine, brochures et romans qu'elle édite donne une idée de l'éruption jaune à cette époque : s'il n'est pas possible de préciser la diffusion de cette littérature, son ampleur est certaine [7].

1. F 7 12793, préfecture du Rhône, 30 décembre 1906.
2. F 7 12793, commissariat spécial de Lyon, 8 octobre 1906.
3. F 7 12793, 28 septembre 1906 (« Londres »).
4. F 7 12793, commissariat spécial de Lyon, 17 novembre 1906. Le comité régional est présidé par un peintre-plâtrier, avec comme vice-président un ouvrier emballeur et un troisième membre qui est journaliste de droite.
5. F 7 12793, rapport non signé du 28 décembre 1906.
6. Cf. les éditoriaux de Raphaël Hannesart dans le Travailleur libre des 16 et 23 septembre 1906.
7. On peut, néanmoins, affirmer que le Socialisme et les Jaunes de Biétry eut chez Plon-Nourrit plusieurs éditions, et que les Cahiers de l'ouvrier de Théophile ainsi que Pour les Jaunes d'Henry de Bellaigue furent épuisés. On notera encore

Cependant, c'est sur *le Jaune* que compte le mouvement pour assurer l'essentiel de sa propagande et asseoir son influence. On peut raisonnablement estimer que la diffusion de ce journal était de quelque 8 000 exemplaires vers le milieu de 1904 et atteignait 20 000 exemplaires un an plus tard[1]. Cette augmentation dans le tirage est révélatrice et laisse sérieusement croire que l'impact du *Jaune* a dû être efficace.

Lancé dans les premiers jours de janvier 1904, l'hebdomadaire s'inscrit comme société anonyme en janvier 1905. Le capital social est souscrit par le père Édouard, Japy et Peugeot. Biétry se voit accorder 250 actions, et un certain nombre est réservé aux employés du *Jaune*[2]. Au fur et à mesure qu'ils le pourront, les trois grands souscripteurs entendent écouler leurs actions dans le public, mais surtout il leur importe d'amener les syndicats ouvriers à entrer dans la direction du journal[3]. Il a été impossible de savoir dans quelle mesure ils y réussirent. Il est, en revanche, certain que la nouvelle souscription, lancée au début de 1907 pour augmenter le capital du journal, est carrément boudée par les syndicalistes. Sur les 1 200 parts de 100 francs émises, près de 1 000 restent encore à placer quelque trois mois plus tard. Gaston Japy avait bien pris 100 parts pour lui-même, mais son exemple n'est guère suivi[4].

Si les membres des syndicats ouvriers montrent aussi peu d'empressement à participer au développement d'un hebdomadaire qui était censé devenir leur propriété, c'est à cause de la fâcheuse manie de Biétry de frapper à toutes les portes. En effet, quelques semaines après l'émission, Biétry commence de collaborer à l'organe royaliste *le Soleil*. Cette décision vient donner aux militants de la base le sentiment d'avoir été trahis, tout en ajoutant du crédit à ce que répétaient ses adversaires sur son manque de principe et sa vénalité[5]. Aussitôt, la vente d'actions aux ouvriers subit un arrêt brutal, et, plus grave

---

la parution de nombreuses brochures de propagande, d'un *Almanach des Jaunes* et même de deux romans populaires : *les Camarades jaunes*, par Auguste Geoffroy, et *Amour oblige*, par Léon Barracand.

1. F 7 12793, 24 juin 1905 (« Naples »). La diffusion est assurée par Hachette. Il existe, d'autre part, un autre rapport de la Sûreté générale qui, en août 1906 (F 7 12793), évalue le tirage du *Jaune* à 2 000 exemplaires seulement, ce qui, compte tenu du triomphe remporté par Biétry à Brest, semble peu probable. Même observation pour un rapport de « Metz » qui, le 11 octobre 1904, avait évalué à 115 ou 120 seulement le nombre d'abonnements obtenus par l'hebdomadaire.
2. F 7 12793, 20 janvier et 18 février 1905 (« Naples »).
3. F 7 12793, 18 février 1905 (« Naples »).
4. F 7 12793, 13 mars 1907 (« Metz »).
5. F 7 12793, 13 mars et 15 juin 1907 (« Metz »), 12 juin 1907.

encore, ceux qui avaient déjà acquis celles des 1 000 autres parts que Japy n'avait pas achetées refusent, le moment venu, de les payer : il avait été permis aux souscripteurs ouvriers de verser leur participation, par tranche de 25 francs, à compter de deux (ou trois) mois après la date d'acquisition. Or, c'est précisément aux approches des dates du premier versement que Biétry accomplit son erreur, qui va l'enfermer dans un cercle vicieux et porter un coup très grave à la nature de son mouvement. En courtisant les royalistes, le chef des Jaunes perd son aile authentiquement prolétarienne qui, en lui refusant sa participation financière, l'oblige à resserrer ses liens avec les amis du prétendant. De plus, cette collaboration au *Soleil* sera à l'origine de tensions pernicieuses au sein même du Comité national. Discorde dont le fervent royaliste Albert de Guigné essaie, par tous les moyens, de profiter afin de purger l'organisme directeur du mouvement de toute velléité socialisante [1].

La rédaction du *Jaune* est assurée par un nombre restreint de collaborateurs : autour de Biétry qui rédige l'éditorial — « Les propos du Jaune » —, ce sont toujours les mêmes noms qui reviennent : Théophile (le père Édouard), Poizat, Japy. Les services de la rédaction sont confiés à Henry Leroy, qui opère sous le pseudonyme de « Normand [2] ». Il s'agit du même Leroy qui avait été jadis exécuté par Drumont dans *la France juive* et, plus tard, dans *la Libre Parole*.

Au cours de cette période, le mouvement cherche à multiplier ses champs d'activité. En juillet 1906 est créée la Jeunesse jaune de France et, en décembre, la Ligue des femmes françaises pour la défense des Jaunes. En 1907, un Comité de défense judiciaire des Jaunes s'ajoute aux autres services que le mouvement, alors en pleine expansion, offrait déjà. Et, depuis le congrès de 1907 où ils ont revendiqué pour les gens de maison l'extension de la loi sur les accidents du travail et le repos hebdomadaire, les Jaunes ont pour ces travailleurs une sollicitude qui ne faiblira jamais. En même temps, les bureaux de placement jaunes de Paris, les Genêts, fondent leur propre journal : *le Serviteur* [3].

Parmi les cadres du mouvement, le noyau des militants purs et durs qui se groupent autour de Biétry est formé, pour la partie ouvrière, par les présidents des syndicats et des bourses du travail et, pour la partie patronale, par Gaston Japy, Ogier, Laroche-Joubert et Ballande, Toutain (de Laval), Laborderie (de Saint-Étienne), des tisseurs

---

1. F 7 12793, 15 juin 1907 (« Metz »).
2. Cf. F 7 12793, 16 novembre 1905 (« Meuse »).
3. Cf. *le Jaune*, 7 juillet et 1er décembre 1906, et 6 avril 1907.

de l'Isère et quelques autres encore. Comme « gros » militants, on trouve aussi des officiers généraux, un amiral et deux sénateurs. En 1906, Biétry parvient à obtenir l'appui de Louis Mesnard et d'un professeur au Collège de France, Izoulet, qui, dans les années quatre-vingt-dix, avaient déjà collaboré avec Barrès. Mais son succès le plus important reste le recrutement de Paul Leroy-Beaulieu, qui devient membre du Conseil national des Jaunes de France. Dans les années quatre-vingts, Leroy-Beaulieu avait longuement polémiqué avec Guesde et Lafargue, et son *Collectivisme : examen critique du nouveau socialisme*, publié en 1884, réimprimé en 1885 et en 1893, était devenu l'ouvrage de référence et la source d'inspiration de la plupart des réfutations postérieures du marxisme et du collectivisme en France.

Constitué en avril 1905, le Conseil national est l'organisme directeur officiel du mouvement. Il compte alors 32 membres, dont 5 industriels et 2 présidents de syndicats agricoles qui représentent l'élément patronal, les 2 « intellectuels » du mouvement, le poète Paul Harel et l'écrivain Alfred Poizat, un haut fonctionnaire, un journaliste, un amiral, un général et un ancien ministre de l'Instruction publique, Rambaud. Tous les autres membres sont des chefs de syndicats jaunes [1]. En 1907, ce même organisme compte déjà 17 membres — donc une majorité — qui, en aucun cas, ne pourraient prétendre représenter les ouvriers [2]. Deux ans plus tard, le Conseil national ne comprend plus qu'une demi-douzaine de travailleurs [3]. Cette nouvelle composition de son organisme directeur reflète bien la nouvelle orientation du mouvement; il convient de rappeler ici qu'en avril 1906 le Comité (Conseil) national indiquait que tout Français pouvait individuellement adhérer à la Fédération. Il s'emploie d'ailleurs à multiplier le nombre d'adhésions individuelles [4].

A l'instar du mouvement antisémite, avant lui, ou des fascistes de l'entre-deux-guerres, les Jaunes aussi sont attentifs à ce qui se déroule dans et autour des mouvements étrangers identiques ou semblables. Car les mouvements nationalistes — plus souvent et plus intensément encore que les mouvements d'extrême gauche — ont un sens fort développé de la solidarité et des intérêts communs qui les unissent.

1. Cf. « Première réunion du Conseil national des Jaunes de France », *le Jaune*, 22 avril 1905. Pour 1904, on consultera les comptes rendus des travaux du congrès de novembre (*ibid.*, 26 novembre 1904), ainsi que les documents relatifs à la préparation de ce congrès (*ibid.*, 19 novembre 1904).
2. Cf. un appel « Aux Patrons français » signé par le Comité (Conseil) national des Jaunes, *le Jaune*, 23 mars 1907.
3. « Manifeste politique du parti propriétiste », *Le Jaune*, 19 juin 1909.
4. Cf. *le Jaune*, 21 avril 1906.

Leur nationalisme exacerbé est bien davantage tourné vers l'ennemi de l'intérieur que vers les autres nationalismes; leurs haines sont idéologiques et non point nationales. Non seulement les nationalistes français ne partent pas en guerre contre le nationalisme allemand au nom des deux provinces, non seulement ils ne s'attaquent pas au nationalisme italien qui leur dispute la Méditerranée, mais ils professent, au contraire, une profonde admiration pour ces mouvements frères voisins. Corradini, qui veut la Tunisie pour l'Italie, est un allié naturel contre les juifs et les marxistes : le nationalisme, sous toutes ses formes, est, sans doute, de tous les mouvements politiques, celui pour qui l'idéologie joue le rôle le plus considérable. Et ce n'est peut-être pas tout à fait par hasard que Biétry exprime son enthousiasme pour Marinetti [1].

Le mouvement jaune français est intimement lié au mouvement suisse, dont l'animateur, Raymond de Veldegg, s'associe à toutes les activités des Jaunes de France. Une Mme W. de Veldegg est, en 1907, membre du Comité (Conseil) national des Jaunes, et une Mlle de Veldegg dirige les bureaux de placement des gens de maison jaunes. Raymond de Veldegg, correspondant du *Jaune* pour la Suisse et l'Allemagne, dirige le *Gelbe Arbeiter Zeitung*, qui, début 1906, commence à paraître à Zurich, en trois langues. En août 1907, une Fédération nationale des Jaunes suisses est fondée, et des bourses du travail sont mises en place à Berne, à Bâle, à Neuchâtel et à La Chaux-de-Fonds. En octobre, le mouvement s'implante en Allemagne, et de Veldegg fait paraître à Stuttgart un autre *Gelbe Arbeiter Zeitung* [2].

Au cours de la même période, des contacts sont pris avec l'Union du peuple russe : le 24 août, *le Jaune* publie le texte d'un appel à l'ouvrier russe, repris par *la Gazette de Moscou*, et, le 21 septembre, la réponse fraternelle de l'Union invitant à la convocation d'un congrès international antisocialiste. En Autriche, en Belgique, en Espagne, des mouvements similaires battent alors le pavé des villes et des centres ouvriers : pour les Jaunes de France, alors à leur apogée, c'est le signe que la puissance du courant qui les porte ne peut aller qu'en augmentant. En quoi ils se trompent. Pour eux, comme pour les autres mouvements sociaux-nationalistes, les conditions socio-économiques ne se prêtent pas encore au plein épanouissement. Il faudra l'ébranlement de la Grande Guerre, de la révolution soviétique, de la crise économique et financière pour que sonne l'heure, à l'échelle européenne, de l'antimarxisme prolétarien.

1. A. Poizat, « Du futurisme et de l'Italie », *Le Jaune*, 27 octobre 1911.
2. Cf. *le Jaune*, 2 février et 12 octobre 1907, 28 avril et 3 novembre 1906, et 13 février 1904.

L'histoire du mouvement jaune, perçue comme un chapitre de l'histoire du mouvement ouvrier, est finalement celle d'un échec. Mais elle ne l'est pas si on la conçoit comme un aspect de l'évolution du socialisme national français et européen. Car, tout au long du quart de siècle qui précède la Grande Guerre, c'est en France, et non en Allemagne, que se manifestent les efforts les plus suivis que la droite aura entrepris pour se donner une base de masse. Du boulangisme aux tentatives de l'Action française dans les milieux syndicalistes, et à la création du Cercle Proudhon qui en est le couronnement idéologique, la droite révolutionnaire ne se ménage aucun répit pour prendre pied en milieu populaire.

Mais ce n'est pas là que réside la spécificité du phénomène jaune. Contrairement aux ligues des années quatre-vingt-dix, le mouvement jaune est un produit authentique et spontané du milieu ouvrier. Son échec final, l'oubli qui l'entoure, l'anathème qui le frappe, la volonté, même inconsciente, des leaders ouvriers d'effacer de la mémoire collective du prolétariat français un phénomène que l'on voudrait réduire aux dimensions d'une simple aberration ne peuvent masquer la réalité. Le mouvement jaune jouit, au cours de la première décennie du siècle, d'une densité sociologique et d'un poids politique incontestables. La contre-révolution, dans le sens où ce terme est employé par Arno Mayer [1], ne prend pas nécessairement racine dans la petite bourgeoisie aux prises avec les difficultés du monde moderne, dans l'intelligentsia soucieuse de son statut social ou chez les petits propriétaires, artisans, boutiquiers et agriculteurs; la droite révolutionnaire — ou contre-révolutionnaire, pour tous ceux qui emploient le terme *révolution* dans son sens le plus restrictif — sait aussi trouver un terrain favorable parmi les masses des grands centres industriels. Comme le boulangisme de gauche qui avait réussi à s'affirmer dans les industries d'essor récent, dans le milieu républicain des villes de province et dans les quartiers populaires à Paris, les Jaunes jouissent, en ce début de siècle, d'une audience considérable au sein de couches sociales qui, en vertu des idées reçues, auraient dû normalement leur être réfractaires. Vingt ans après le boulangisme, la preuve du contraire est faite de nouveau : le prolétariat industriel n'est pas nécessairement imperméable à une certaine forme de socialisme national ou d'antimarxisme plébéien. Il ne l'était pas en France à la veille de l'Affaire, il ne l'est pas en ce début de siècle. Le prolétariat ne saurait être considéré comme essentiellement rétif à une idéologie à la fois anticapitaliste, antisémite et autoritaire. Sa réceptivité à un complexe

---

1. A. J. Mayer, *Dynamics of Counterrevolution in Europe, op. cit.*, p. 66-67.

idéologique antimarxiste, mais populiste et socialisant, est fonction de la conjoncture socio-économique, des conditions politiques qui prévalent à un moment donné dans une société donnée, et non point des rapports de production.

Les hommes de l'Action française le comprennent parfaitement qui lancent leur offensive vers les milieux ouvriers, la CGT et le syndicalisme révolutionnaire. L'opposition de l'extrême gauche à la démocratie libérale apparaît alors comme largement suffisante pour que les maurrassiens puissent espérer y trouver la force de manœuvre populaire capable de saper les assises du régime. Leur préférence se porte sur l'élément qui leur apparaît le mieux capable de forcer le succès, celui aussi dont le radicalisme est le plus intransigeant. Ils font alors un choix qui sera, à beaucoup d'égards, déterminant pour le sort que connaîtra le mouvement jaune.

L'antimarxisme populaire des Jaunes est un refus de tous les antagonismes sociaux, et leur nationalisme organique se donne pour objectif l'intégration du prolétariat dans la communauté nationale. Pour eux, cette intégration ne sera possible qu'avec la disparition de la condition prolétarienne. Ils préconisent, par conséquent, le principe de la participation aux bénéfices des entreprises et l'accession à la propriété. C'est là une suggestion qui, on s'en rend compte, a gardé de son actualité tout au long du XXe siècle.

Le principe de l'intégration du prolétariat dans la collectivité nationale jouit, au début du siècle, d'une popularité qui déborde de beaucoup les seuls effectifs de la FNJF. Ces effectifs qui, tous recoupements effectués, ne sont pas inférieurs à 100 000 adhérents, ne représentent qu'une partie, et encore assez faible, du potentiel jaune. Certes, une idéologie qui, au nom de la solidarité nationale, nie la légitimité des intérêts de classe possède de meilleures chances de succès en milieu de petite et moyenne bourgeoisie — ces fameuses classes moyennes aux contours flous, cette catégorie sociale qui, moins que toute autre, se prête aux définitions tranchées — qu'en milieu prolétarien. Mais le milieu ouvrier, les mineurs et les métallos de l'Est et du Nord, les dockers, les cheminots ou les ouvriers des arsenaux n'y sont pas toujours insensibles. Et, si l'on considère que le syndicalisme jaune se heurte non seulement à l'hostilité de la grande majorité du patronat, mais aussi à celle des pouvoirs publics qui, pour une fois, accordent leur soutien aux « rouges », on ne peut pas ne pas voir dans la poussée jaune un considérable succès. Certes, ce premier succès reste sans lendemain immédiat mais, dès le moment où mûrissent les conditions sociales, économiques et psychologiques, l'idéologie jaune se retrouve, souvent textuellement, aussi bien dans le fascisme français qu'à Vichy ou dans le poujadisme. Et, finalement, modernisée et adaptée aux besoins nouveaux, ne refait-elle pas surface, d'une certaine manière, dans le gaullisme de gauche? La tradition ne s'est pas perdue pour ceux qui recherchent des solutions aux problèmes que pose le monde moderne, dans une société qui, tout en préservant les structures économiques existantes, s'emploie à éliminer la condition prolétarienne par son intégration dans l'organisme national.

CHAPITRE VIII

La réaction antidémocratique
de l'extrême gauche

1. L'AFFRONTEMENT

> A l'heure présente le parti républicain n'a ni doctrine, ni idéal, ni principe, ni programme, ni méthode. Il s'imagine qu'on gouverne longtemps un pays comme la France et qu'on maintient indéfiniment un régime rien qu'en pratiquant au jour le jour la politique écœurante des bureaux de tabac et des morceaux de ruban rouge ou violet. L'ancien opportunisme avait cette excuse que, s'il jetait par-dessus bord une partie de la cargaison, c'était, à ce qu'il affirmait, pour amener le reste à bon port. Le néo-opportunisme radical noie la cargaison tout entière, il ouvre une large voie d'eau dans la coque et s'il n'amène pas le pavillon, c'est tout simplement afin d'en couvrir une marchandise suspecte et frelatée.
>
> Dans l'universelle lassitude et l'universel dégoût, on voit, d'autre part, le plus grand nombre tomber dans une espèce de scepticisme gouailleur. Ces états d'âme, notre histoire les a connus, en 1798 et en 1851 : ils ont toujours été la préface de quelque sinistre aventure où le pays apprenait à ses dépens que l'on ne laisse pas imprudemment détruire les formes mêmes de la liberté. Aujourd'hui, sans insister sur la fragilité d'une République à laquelle les masses profondes de la nation ont cessé de croire, par sa propre faute, il me paraît évident que nous glissons les yeux fermés sur une pente au bord de laquelle s'ouvre, béant, l'abîme d'une grande guerre [1].

Cette violente diatribe lancée par Francis de Pressensé en 1911 aurait tout aussi bien pu l'être par un camelot du Roy. De plus, elle rappelle étrangement, dans la lettre comme dans l'esprit, l'atmosphère de découragement, de désenchantement et de désaffection à l'égard de l'ordre établi qui prévalait à la veille de la montée du boulangisme. Les durs jugements du leader socialiste, comme ceux dont fait état

---

1. F. de Pressensé, « Chronique du mois », *Le Mouvement socialiste*, n° 230, avril 1911, p. 288-289.

la Guerre sociale — « le dégoût du régime », « l'écœurement populaire »[1] —, rappellent, pratiquement mot à mot, la révolte de Laisant, de Naquet ou de Barrès. Les invectives de Rochefort trouvent un écho quasi textuel dans les insultes de Hervé; à lire *la Guerre sociale*, on croirait avoir sous les yeux le vieil *Intransigeant*. Et le sursaut d'un Granger, d'un Ferroul, d'un Ernest Roche à la fin des années quatre-vingts présente des caractères identiques avec l'esprit de révolte qui anime, en ce début de siècle, non seulement des hommes comme Lagardelle, Sorel, Berth, mais aussi des hommes comme Victor Griffuelhes ou Émile Pouget.

En effet, l'analogie est frappante avec la fin des années quatre-vingts : deux décennies après l'explosion boulangiste, on assiste à un même malaise au sein des mêmes couches sociales; un même affrontement oppose l'extrême gauche à la gauche modérée, qui débouche finalement sur un même type d'alliances. Aux yeux des syndicalistes et de leurs alliés, la République radicale est aussi déconsidérée que l'était la République opportuniste aux yeux de leurs aînés, les radicaux de gauche, les blanquistes et les anciens communards. A la haine des radicaux contre Ferry a fait place l'horreur qu'inspire Clemenceau aux militants ouvriers. La République radicale de 1908 semble avoir atteint le même point mort auquel était parvenue la République opportuniste vingt ans plus tôt, et la démocratie libérale suscite les mêmes accusations et les mêmes préventions.

L'éveil nationaliste qui précède la guerre découle, au moins partiellement, de cette désaffection d'une partie importante du prolétariat, des petites gens des grands centres urbains et de la jeunesse intellectuelle pour la démocratie libérale. Ce détachement de vastes couches populaires a essentiellement pour cause, comme ce fut le cas vingt ans plus tôt, l'incapacité de la République à répondre aux légitimes aspirations de ceux qui furent ses défenseurs les plus zélés. Le prolétariat qui, dans les années quatre-vingts, avait cru en la République comme en l'avènement d'une ère nouvelle et qui, dans la tourmente de l'affaire Dreyfus, avait combattu pour ce qu'il croyait être une nouvelle révolution, s'aperçoit soudain qu'il vient de faire, une fois de plus, un marché de dupes : l'unique bénéficiaire de sa victoire est, de nouveau, la bourgeoisie.

Pourtant, il ne faut pas tomber dans l'excès et exagérer les vices de la République radicale, pas plus que ceux de la République opportu-

1. Harmel, « L'avortement du dreyfusisme », *La Guerre sociale*, 15-21 avril 1908; Un sans-patrie, « Clemenceau dans le pétrin », *ibid.*, 26 févr.-3 mars 1908; « Le dégoût universel », *ibid.*, 20-26 avril 1910. (En prison pour délit de presse, Gustave Hervé signe ses articles « Un sans-patrie ».)

niste. L'œuvre du Bloc, supportée par tous les courants du socialisme, fut considérable, tant dans le domaine politique que dans ceux qui intéressent plus particulièrement la classe ouvrière. Au lendemain de la victoire électorale d'avril-mai 1902, en même temps que la républicanisation du pays, s'amorce une tentative cohérente de mise en place de structures nouvelles dont l'objectif est de régulariser les relations industrielles, de canaliser le surcroît de puissance dont va jouir le mouvement syndical vers la négociation, l'arbitrage et l'aménagement quotidien de la paix sociale [1]. En effet, le « millerandisme » ne se réduit pas aux problèmes posés par la participation à un ministère bourgeois d'un député socialiste : l'entreprise — un des aspects du révisionnisme socialiste européen de l'époque — est de bien plus grande envergure. Il s'agit en fait de restructurer les rapports entre ouvriers et patrons, notamment l'État-patron, dont le ministre socialiste cherche à modifier l'image et à organiser l'action ouvrière : le syndicalisme français, si minoritaire et si faible, est encouragé à se muer en mouvement de masse [2].

Mais l'expérience millerandiste aura été de courte durée. Très vite, le ministre du Commerce se heurte à l'hostilité du patronat, de la bourgeoisie libérale et d'une partie des radicaux. Élu d'extrême justesse à Paris, en 1902, Millerand perd son portefeuille au profit d'un paisible radical, Georges Trouillot, qui aura tôt fait de clore l'ère des expériences pour ouvrir celle d'un libéralisme somme toute traditionnel, malgré les quelques touches un peu plus modernes dont il s'orne ici et là. L'État interviendra désormais dans les conflits sociaux, en faveur du monde du travail, infiniment moins que ne l'avait voulu le ministre socialiste. Millerand n'aura finalement procédé qu'à un nombre restreint de réformes : les républicains modérés — auxquels se joignent de nombreux radicaux et certains radicaux-socialistes aussi —, comme leurs prédécesseurs opportunistes, n'aiment guère les aventures.

C'est ainsi qu'aux yeux des militants ouvriers l'expérience Millerand se solde par un cuisant échec. Échec d'autant plus vif qu'il apparaît clairement que le mouvement ouvrier n'aurait pas dédaigné assurer le succès de cette tentative par l'abandon de fait du principe de la lutte des classes. Il est incontestable que la main tendue du mouvement ouvrier organisé, au prix de la renonciation, sur le plan de la pratique, sinon sur celui de la théorie, à un certain nombre de principes fondamentaux, fut repoussée par la bourgeoisie libérale. Dès

1. M. Rebérioux, *La République radicale? 1894-1914*, Paris, Éd. du Seuil, 1975, p. 73-77. — 2. *Ibid.*, p. 76.

lors, un nombre grandissant de militants ouvriers devait se tourner vers le syndicalisme révolutionnaire et la guerre idéologique à outrance.

Cependant, l'échec de la tentative Millerand ainsi que l'évolution personnelle de ce dernier s'inscrivent dans un contexte bien plus vaste : celui de l'échec, du moins du point de vue de l'extrême gauche, de l'opération dreyfusienne. Très rapidement, en effet, il s'avère que l'alliance entre le prolétariat et la bourgeoisie libérale n'est pas destinée à avoir des prolongements sur le plan des réformes sociales. A beaucoup d'égards, l'affaire Dreyfus prend aux yeux des militants ouvriers les contours d'une énorme mystification. Pour tous ceux qui, afin de contrer la vague nationaliste, avaient accepté le front commun du monde ouvrier et de la bourgeoisie libérale, en dépit des dangers qu'une telle alliance faisait courir à la conscience de classe nouvellement acquise du prolétariat, l'Affaire se soldait par une débâcle. Car, pour les militants ouvriers qui avaient défendu le régime et qui, pour assurer la survie de la démocratie libérale, avaient mis à son service, bien que tardivement, la force physique du prolétariat organisé, leur victoire n'avait eu pour résultat tangible que l'ascension du radicalisme et la transformation du parti socialiste en un parti parlementaire comme les autres. Un socialisme qui, très rapidement, prend le visage de ses « renégats » — Millerand, Briand, Viviani. Un radicalisme qui revêt, non moins rapidement, la forme de la répression clémenciste.

En effet, sous le règne de Clemenceau, la pratique d'affrontements ouverts et violents va conduire à une rupture haineuse entre le gouvernement radical et la classe ouvrière. Les grèves qui s'échelonnent sur les premières années du siècle, alors que la France compte 1 gréviste pour 16 ouvriers d'industrie en 1906, fournissent l'occasion de l'affrontement violent qui, pendant plusieurs années, va désormais opposer le prolétariat des villes à l'État républicain. Avec 1 026 grèves — presque deux fois plus que l'année précédente —, 271 097 grévistes et près de 4 000 000 de journées chômées — contre 2 400 000 en 1903 —, l'année 1904 annonce une nouvelle crise sociale et politique de la IIIe République. Le mouvement culmine en 1906 : 438 500 grévistes — un record qui ne sera plus battu jusqu'à la guerre — prennent part à 1 309 grèves d'une durée moyenne de dix-neuf jours.

Le caractère spectaculaire de plusieurs de ces mouvements vient d'abord de leur longueur, souvent payée d'effrayantes misères. Ainsi, aux Forges d'Hennebont, d'avril à août 1906, 1 800 ouvriers ne se nourrissent, pendant cent quinze jours, que de crabes pêchés à marée basse et de pain parcimonieusement distribué : au début de la grève,

350 grammes par jour et par famille; à la fin de la grève, 750 grammes par semaine et par famille. Ces mouvements de grève sont parfois accompagnés de violences mortelles : à Longwy en septembre 1905, à Raon-l'Étape en juillet 1907, les forces de l'ordre tuent; dans le bassin de Lens, en 1906, après la catastrophe de Courrières, le sang coule de nouveau après l'entrée en scène de la cavalerie[1]. En 1908, ce sera le tour de la répression sanglante à Villeneuve-Saint-Georges et à Draveil : la démocratie libérale, volontiers socialisante, le dreyfusisme triomphant se présentent aux ouvriers en grève sous les traits de sinistres fusilleurs. C'est ainsi que Clemenceau et son successeur, Briand « le renégat », défenseurs de l'ordre bourgeois, expriment la faillite suprême du dreyfusisme, la débâcle de l'alliance qui, un temps, avait uni le prolétariat socialiste et la bourgeoisie libérale[2].

C'est sous Briand qu'a lieu l'épouvantable affaire Durand. Le secrétaire du Syndicat des charbonniers du Havre fut condamné à mort pour faits de grève auxquels il était entièrement étranger. Contrastant avec le déchaînement « pour la Justice et pour le Droit » qui avait marqué l'affaire Dreyfus, l'apathie de la presse libérale en présence de ce jugement scandaleux accentue encore l'amertume de l'extrême gauche, exprimée tout haut depuis quelques années déjà :

> La CGT [écrit dès 1908 Hervé] c'était bon pour protéger les bourgeois juifs, protestants et francs-maçons contre la vague antisémite et cléricale qui vous menaçait! Maintenant que le danger est passé, que vous n'avez plus besoin des révolutionnaires, ils ne sont plus bons qu'à jeter aux chiens et aux juges[3].

Les illusions perdues, le sentiment d'avoir été manœuvrés, exploités, puis trahis, amènent les militants ouvriers à vouloir éduquer le prolétariat dans la haine de tout ce qui touche de près ou de loin à la démo-

---

1. Sur la pratique syndicaliste en France et son échec, cf. P. N. Stearns, *Revolutionary Syndicalism and French Labor : a Cause without Rebels*, New Brunswick, Rutgers University Press, 1971, p. 73-102, ainsi que F. F. Ridley, *Revolutionary Syndicalism in France. The Direct Action of its Time*, Londres, Cambridge University Press, 1970, p. 83-187.
2. Sur Clemenceau et la CGT, cf. J. Julliard, *Clemenceau briseur de grèves*, Paris, Julliard, 1965, ainsi que la récente biographie du leader radical par D. R. Watson, *Georges Clemenceau. A Political Biography*, Londres, Eyre Methuen, 1974, p. 200-206.
3. Un sans-patrie, « La mort du dreyfusisme », *La Guerre sociale*, 16-22 septembre 1908; cf. aussi deux autres articles de G. Hervé : « Le ministère malade » (*la Guerre sociaie*, 11-17 mars 1908), et « La leçon de Draveil » (*la Guerre sociale*, 10-16 juin 1908).

cratie libérale et à la société bourgeoise. Cette volonté est d'autant plus manifeste que l'Affaire et ses séquelles viennent de montrer clairement combien était grand le danger d'intégration du prolétariat, d'une perte de son identité et de sa conscience de classe. Les injures de Hervé, les théories de Sorel et de Berth sur la violence prolétarienne, véhicule nécessaire de la renaissance d'un marxisme enlisé dans le réformisme et le dreyfusisme, ainsi que la révolte de Griffuelhes, de Lagardelle, de Pouget contre la démocratie libérale, viennent d'un même souci majeur : remonter le courant du dreyfusisme qui menace d'engloutir la classe ouvrière.

Notons, dans ce contexte, une autre dimension de la réaction contre le « dreyfusisme » dévoyé, par un autre non-conformiste. Péguy avait vécu de tout son être le drame de l'Affaire. Pour lui, « cette immortelle affaire Dreyfus... fut une culmination, un recoupement en culmination de trois mysticismes au moins : juif, chrétien, français [1] ». Mais, d'affaire « essentiellement mystique », le dreyfusisme a dégénéré en politique, « de sa politique » il est mort [2]. L'auteur de *Notre jeunesse* ne cesse alors de mener campagne contre les dreyfusards au pouvoir, contre le socialisme et ses chefs, contre le parlementarisme [3], contre la Sorbonne et l'École normale : « Le petit groupe normalien est devenu le point d'infection politique, le point de contamination, le point d'origine de virulence qui a corrompu, qui a empoisonné le dreyfusisme, le socialisme, l'esprit révolutionnaire même [4]. » Les grands responsables du mal de la France ne sont ni Lavisse, ni Seignobos, ni Hervé qui n'est qu'un fanatique [5], ni même Pressensé — « le plus cafard de la bande [6] » —, mais Jaurès, « créature » de Lucien Herr [7], ce « malhonnête homme [8] », ce « traître par essence [9] », ce « tambour-major de la capitulation [10] » qui n'est finalement qu'un « agent du parti allemand » qui « travaille pour la plus grande Allemagne [11] ». C'est ainsi que, par haine du combisme, de l'anticléricalisme, du radicalisme triomphant, et après avoir été socialiste, ardemment pacifiste

---

1. Ch. Péguy, *Notre jeunesse*, *Cahiers de la quinzaine*, Paris, 1910, p. 52 et 64.
2. *Ibid.*, p. 56 et 21, 27, 39.
3. Ch. Péguy, *L'Argent*, in *Œuvres complètes de Charles Péguy, 1873-1914*, Paris, Gallimard, 1928, t. III, p. 395-398.
4. Ch. Péguy, *L'Argent (suite)*, in *Œuvres complètes de Charles Péguy, op. cit.*, 1932, t. XIV, p. 150; cf. aussi p. 151-153.
5. *Ibid.*, p. 132-133, 145-150 et 164-166.
6. *Ibid.*, p. 111; cf. aussi p. 130-138 et 159.
7. *Ibid.*, p. 155. — 8. *Ibid.*, p. 133.
9. Ch. Péguy, *L'Argent, op. cit.*, p. 398.
10. *Ibid.*, p. 399.
11. Ch. Péguy, *L'Argent (suite)*, *op. cit.*, p. 132.

et antimilitariste, Péguy publie en octobre 1905 *Notre patrie*. Il effectue dès lors une synthèse qui avait été déjà celle d'un Barrès dans les années quatre-vingts et qui, sous peu, deviendra classique : son nationalisme plébéien et guerrier a le culte de la Convention, des deux Communes, de l'Alsace et de la Lorraine, mais aussi de Jeanne d'Arc et des vertus chrétiennes, et il étale son mépris aussi bien de l'ordre bourgeois et des vertus bourgeoises que de l'internationalisme et du pacifisme [1]. Mais, pour véritablement s'apparenter au socialisme national, il eût fallu que cette synthèse soit bien moins chargée d'humanisme et aussi de philosémitisme : la rupture de Péguy avec Sorel n'était sans doute pas fortuite, mais son œuvre garde des accents bien familiers, aussi bien pour les syndicalistes qui entrent en révolte contre la République dreyfusienne que contre les maurrassiens qui, depuis le temps de l'Affaire, n'avaient cessé de mener le même combat.

L'année 1906 fut à cet égard un tournant. En effet, les difficultés politiques, les tensions sociales culminent lors du 1er mai 1906 : le mouvement de grèves, d'une ampleur jusque-là inconnue, coïncide alors avec la campagne électorale. La lutte pour la journée de 8 heures acquiert, pour l'aile activiste du mouvement syndical, une signification symbolique. Un vaste ensemble de grèves axé sur les manifestations du 1er mai soulève les ouvriers du bâtiment, les typos, les métallos, les hommes de la voiture et du métro. Une grande peur s'empare des possédants, rapidement et habilement exploitée par le ministre de l'Intérieur. C'est alors que Clemenceau invente sa fameuse théorie du complot : le gouvernement posséderait les preuves d'une entente entre les syndicats et divers agents réactionnaires.

Certes, l'accusation de complot n'était rien d'autre qu'une habileté tactique, voire une imposture. Lagardelle n'avait pas tort d'écrire que faire croire aux électeurs que la réaction avait partie liée avec la révolution et que les cléricaux stipendiaient les grévistes était un procédé de Bas-Empire, déshonorant pour qui l'employait; mais en même temps, il reconnaissait que c'était à coup sûr un moyen infaillible d'opérer la concentration de la peur [2]. Il est indéniable que théoriquement la chose n'était pas impossible. Attentif à l'évolution des

1. Ch. Péguy, *L'Argent (suite)*, *op. cit.*, p. 114-129 et 137-145. Cf. aussi *l'Argent*, *op. cit.*, p. 393 *sq.*
2. H. Lagardelle, « La démocratie triomphante », *Le Mouvement socialiste*, nos 174-175, mai-juin 1906, p. 187. Cf. les comparaisons de Hervé dans « Avant d'être bâillonné » (*la Guerre sociale*, 19-25 février 1908) :
« La République radicale nous frappe, comme l'Empire a frappé nos aînés de l'Internationale, comme la République opportuniste a frappé Guesde, Lafargue et tant d'autres militants socialistes au temps déjà lointain où le guesdisme n'avait pas versé dans la conquête électorale des pouvoirs publics. »

esprits, Clemenceau avait fort bien compris que le syndicalisme était moralement mûr pour une alliance d'une telle nature. Il est permis de se demander dans quelle mesure sa politique d'affrontement ouvert avec le monde ouvrier, les tracasseries administratives, les humiliations, les peines de prison, les assassinats de grévistes n'avaient pas pour objectif d'acculer la CGT à une politique du pire. En effet, en coupant la centrale ouvrière du consensus républicain, on pouvait espérer neutraliser pour longtemps la force montante du socialisme. D'ailleurs, idéologiquement, les militants syndicalistes, tout comme l'ensemble de l'extrême gauche de la SFIO, n'étaient pas loin de se laisser entraîner.

2. LE REFUS DE LA DÉMOCRATIE

Le lendemain du 1er mai 1906, *le Mouvement socialiste* lance une violente campagne non seulement contre Clemenceau et ses méthodes, mais aussi contre le système politique et social qui les rend possibles, et contre l'alliance dreyfusarde qui en assure la pérennité. Pour Lagardelle, le spectacle du ministre de l'Intérieur, jadis défenseur professionnel de la Justice et de la Vérité, jetant, aux approbations de « la cohorte alarmée de dreyfusards », sans autre forme de procès et par mesure administrative, le secrétaire général de la CGT et son trésorier dans les prisons de la République, est le symbole parfait de « la démocratie triomphante [1] ».

Pour André Morizet aussi, la répression clémenciste est le symbole du « dreyfusisme au pouvoir [2] », alors que, pour Alphonse Merrheim, le dreyfusisme apporte la preuve « que la République n'est pas un régime social meilleur que les autres ». Au lendemain des cent seize jours de la terrible grève d'Hennebont, Merrheim en arrive à conclure « que le prêtre, le châtelain, le directeur d'usine, la République, en leur commune complicité, sont également les Maîtres qu'il faut supprimer » [3]. C'est là une idée qui revient inlassablement dans les écrits

1. H. Lagardelle, « La démocratie triomphante », *Le Mouvement socialiste*, nos 174-175, mai-juin 1906, p. 187.

2. A. Morizet, « M. Clemenceau ou le dreyfusisme au pouvoir », *Le Mouvement socialiste*, nos 174-175, mai-juin 1906, p. 129-136.

3. A. Merrheim, « La grève d'Hennebont », *Le Mouvement socialiste*, no 181, décembre 1906, p. 365. Cf. aussi N. Papayannis, « Alphonse Merrheim and the strike of Hennebont, the struggle for the eight-hour day in France », *International Review of Social History*, XVI (2), 1971, p. 159-183.

des militants, et, presque toujours, elle se trouve liée à un sentiment de profond regret : celui d'avoir « eu la naïveté de défendre » une République où « il y a moins de liberté que dans les monarchies voisines »[1].

Cependant, c'est Robert Louzon qui inscrit à son actif l'intervention la plus retentissante et amorce ainsi d'une manière éclatante la nouvelle campagne antidreyfusarde. Sa « Faillite du dreyfusisme ou le triomphe du parti juif » date de juillet 1906, c'est-à-dire à peine quelques jours après le verdict rendu par la Cour de cassation. Cet article du *Mouvement socialiste* renoue avec la vieille tradition de l'antisémitisme de gauche en reprenant les motifs classiques de l'antisémitisme prédreyfusard. En ce qui concerne l'Affaire elle-même, il va jusqu'à s'identifier aux thèses essentielles des milieux de l'Action française. Paru dans le meilleur périodique révolutionnaire de son temps — le meilleur peut-être à avoir jamais vu le jour en France —, l'article de Louzon est comme un pont qui vient enjamber toute l'expérience de l'Affaire. Il suscite dans l'esprit des hommes du mouvement maurrassien l'espoir qu'il est désormais possible, en effaçant dix années de dreyfusisme, de retourner aux vieilles alliances du socialisme national.

Avec Louzon, le socialisme peut désormais — ou de nouveau — ne plus être considéré comme incompatible avec l'antisémitisme :

> Comme Drumont, écrit-il, nous pensons pour notre part que le cléricalisme existe, que le sémitisme existe. Le sémitisme et le cléricalisme constituent les deux pôles de la grande solidarité bourgeoise, et c'est leur lutte d'influence qui tend de plus en plus à devenir la note dominante de l'histoire interne de la bourgeoisie[2].

---

1. Cf. l'apostrophe de Mathieu, des terrassiers, membre de la délégation ouvrière qui se rend au ministère de l'Intérieur pour solliciter la permission — permission refusée — de manifester à l'occasion du 1er mai (« La reculade », *la Guerre sociale*, 4-10 mai 1910).
2. R. Louzon, « La faillite du dreyfusisme ou le triomphe du parti juif », *Le Mouvement socialiste*, n° 176, juillet 1906, p. 197-198. A la veille du transfert des cendres de Zola au Panthéon, *la Guerre sociale* publie « L'avortement du dreyfusisme » de Harmel. Le peuple des faubourgs qui avait tenu en échec les bandes nationalistes ne bougera pas, car « la victoire dreyfusarde n'est pas sa victoire », écrit alors Harmel. La classe ouvrière avait lutté « contre la réaction pour un idéal de liberté. Encore une fois ses efforts ont été vains ». Il convient d'insister sur le fait que ce n'est pas, comme le pense Henri Dubief, l'affaire Durand qui déclenche le réflexe antisémite de l'extrême gauche (*le Syndicalisme révolutionnaire*, Paris, Colin, 1969, p. 49). Les débuts de cette campagne précèdent de quatre ans la condamnation du leader syndicaliste.

Dans l'esprit d'un Louzon, d'un Sorel, cette guerre que se livrent deux fractions de la bourgeoisie, l'arrêt de la Cour de cassation symbolisent l'incontestable « triomphe du parti juif », mais non point celui du dreyfusisme. Le coup d'État judiciaire réhabilitant Dreyfus représente à leurs yeux « la suprême faillite du dreyfusisme »; la classe ouvrière doit alors en retirer les enseignements qui s'imposent[1]. Selon Louzon, il n'y a aucune raison qu'elle ait « plus foi dans les protestations en faveur du Droit et de la Justice du juif que dans la vertu du curé ». Ayant compris qu'il serait absurde de « nier qu'il existe un parti dont le judaïsme, grâce à sa puissance d'argent, à son activité commerciale et intellectuelle, est le chef », le prolétariat français sait désormais qu'il « ne doit rien avoir à faire en une semblable galère[2] ». Poussant cette logique un peu plus loin, *la Guerre sociale* va tout naturellement accuser *l'Humanité* d'avoir été fondée par des capitalistes juifs et, en fait, de défendre les Rothschild[3]. Certes, Hervé ne se lance pas, comme Louzon, dans l'antisémitisme actif, mais il croit bon de prendre ses distances avec les compromettants amis de Jaurès : les Blum, les Lévy-Bruhl ou autres Bernard Lazare. C'est là une garantie majeure pour que ne se reproduise plus jamais l'erreur de l'Affaire, pour que plus jamais l'on ne voie les masses populaires se lever pour faire un bouclier à la démocratie. Au contraire, dira-t-il,

> quand Marianne aura sa crise, nous serons là pour lui administrer l'extrême-onction[4].

Ses formules à l'emporte-pièce sont une formulation à usage populaire des idées exprimées dans les écrits des idéologues du syndica-

---

1. R. Louzon, « La faillite du dreyfusisme ou le triomphe du parti juif », *Le Mouvement socialiste*, n° 176, juillet 1906, p. 197. Cf. aussi G. Sorel, *la Révolution dreyfusienne*, Paris, Rivière, 1909, p. 46-48.
2. R. Louzon, « La faillite du dreyfusisme ou le triomphe du parti juif », *Le Mouvement social*, n° 176, juillet 1906, p. 197-198.
3. Cf. « Les Rothschild et la grève », *La Guerre sociale*, 14-20 septembre 1910, et « Ma visite à *l'Humanité* », *La Guerre sociale*, 16-23 novembre 1910.
4. « La France s'ennuie », *La Guerre sociale*, 8-14 juillet 1908. Les mêmes thèmes étaient déjà apparus dans les éditoriaux de « sans-patrie » des 5 et 26 février 1908. A cette époque, Hervé faisait aussi paraître un article très caractéristique du ton et de l'esprit de la campagne qu'il mène alors :
« ' Plus souvent qu'on se fera tuer pour vos 25 francs ', disait un ouvrier qui se souvenait de juin 48, la nuit du 2 décembre 1851 à un député de la bourgeoisie républicaine qui le suppliait de courir à la barricade.
' Plus souvent qu'on se fera tuer pour vos 42 francs ' : voilà ce que répondrait le prolétariat révolutionnaire aujourd'hui, si les radicaux venaient réclamer son assistance contre les bourgeois monarchistes réactionnaires » (« Le ministère malade », *La Guerre sociale*, 11-17 mars 1908).

lisme révolutionnaire au début des années 1900, et qui forment le fond de la pensée politique d'un Lagardelle, d'un Sorel ou d'un Michels.

Un colloque international qui a lieu à Paris, en avril 1907, sur les rapports du socialisme et du syndicalisme en synthétise l'esprit. Ce colloque réunit les représentants des éléments non conformistes au sein des partis socialistes, notamment les grands partis d'Italie, d'Allemagne et de France. Gardiens de la pureté doctrinale, Labriola, Michels et Lagardelle ne manquent jamais une occasion de mortifier le mouvement socialiste officiel pour avoir accepté les règles du jeu démocratique et pour avoir substitué la collaboration des classes à la lutte des classes [1].

Pour Arturo Labriola, « le socialisme n'est pas un dérivé de la démocratie »; il a pour but « l'action distincte et séparée d'un groupe de producteurs à l'intérieur de l'atelier et sur le terrain des antagonismes économiques, pour rayonner de là au-dehors et investir l'État ». Il ne saurait, par conséquent, y avoir rien de commun entre la nature du socialisme, le socialisme en soi et les réalités du mouvement socialiste, devenu « une démocratie sociale », « une simple machinerie parlementaire au service de quelques politiciens ». Voilà pourquoi, dit Labriola, la fameuse « conquête du pouvoir », telle que l'entendent les socialistes parlementaires, ne saurait être rien d'autre qu'une « réjouissante turlupinade ». Finalement, « la pochade parlementaire et le ballet ministériel » achèvent de montrer, s'il le fallait encore, que, « vraiment, le socialisme c'est autre chose que la démocratie » [2]. Cette orthodoxie marxiste, cette pureté doctrinale n'empêcheront pas Labriola de verser, à peine quelques années plus tard — à la veille de la guerre —, dans le nationalisme militant.

Roberto Michels, l'un des pères de la sociologie politique moderne, représente au colloque de Paris l'aile révolutionnaire du socialisme allemand, très proche du syndicalisme français et italien. Le célèbre auteur des *Partis politiques* critique amèrement la social-démocratie allemande pour sa passivité, son manque de combativité et sa prédilection pour la pratique parlementaire. Mais à ces accusations il ajoute une dimension supplémentaire : en stigmatisant l'effet paraly-

---

1. Les actes du colloque furent publiés en volume : *Syndicalisme et Socialisme : discours prononcés au colloque tenu à Paris, le 3 avril 1907*, Paris, Rivière, 1908. En dehors de Lagardelle, de Labriola et de Michels, prirent la parole Boris Krichewsky et Victor Griffuelhes.
2. A. Labriola, « Le syndicalisme et le socialisme en Italie », in *Syndicalisme et Socialisme, op. cit.*, p. 10-12 et 24-25.

sant de son organisation bureaucratique et hiérarchique, « qui l'éloigne de tout effort mâle, de tout acte héroïque [1] », Michels applique au mouvement ouvrier l'analyse du pouvoir faite par la sociologie politique moderne, notamment par l'école italienne de Mosca et Pareto. Celle-ci avait un ton familier pour tout marxiste orthodoxe, tout comme pour ceux qui déclaraient, avec le sociologue allemand, ne point s'illusionner sur « les vertus de la démocratie bourgeoise [2] ». C'est pourquoi Michels n'hésite pas à reprendre cette forme d'argumentation pour constater que l'existence d'un groupe social dominant est absolument essentielle à la vie politique et sociale [3].

Réduite à ses lignes maîtresses, l'explication de Michels telle qu'elle apparaît dans *les Partis politiques* s'ordonne sur deux axes complémentaires. Le premier relève de la sociologie des organisations : l'expérience des États, comme celle des armées, démontre d'abord qu'aucune force ne peut se dispenser d'une organisation stable, les partis pas plus que les autres, et, en second lieu, qu'aucune organisation ne peut se passer de chefs. Pour un parti politique, refuser de se plier à ces contraintes équivaudrait à s'interdire toute efficacité. Les partis socialistes n'y échappent pas. La seconde ligne d'explication fait appel à la psychologie sociale. A côté des transformations inéluctables qu'entraîne pour les leaders l'exercice même de leur responsabilité, entrent en jeu des facteurs de psychologie collective, à savoir : les besoins religieux des masses qui se reportent sur les partis, la pesanteur des groupes, la force des habitudes et, pour tout dire, la relative indifférence des masses à l'égard de la pratique effective de la démocratie. Non seulement elles ne sont pas préparées à y tenir leur place, mais elles ne le désireraient guère et se résigneraient aisément à s'en remettre à une oligarchie du soin d'animer les institutions politiques [4].

Au terme de cette analyse — dominée par la psychologie de Le Bon, l'élitisme de Mosca et de Pareto, et l'attaque de la social-démocratie menée par Sorel et Berth — Michels ne formule pas explicitement cette conclusion. Il est difficile, cependant, de ne pas la retenir comme l'aboutissement logique de sa démonstration : la démocratie, dans ces

---

1. R. Michels, « Le syndicalisme et le socialisme en Allemagne », in *Syndicalisme et Socialisme, op. cit.*, p. 25. — 2. *Ibid.*

3. R. Michels, *Political Parties*, Londres, Jarrold, 1915, p. 395. Nous nous référons ici à la traduction anglaise qui donne le texte intégral de l'ouvrage, ce qui n'est pas le cas de la dernière réimpression française (*les Partis politiques*, Paris, Flammarion, 1971, préface de R. Rémond).

4. Cf. la préface de René Rémond in R. Michels, *les Partis politiques, op. cit.*, p. 9-14.

conditions, n'est qu'une utopie, la tendance à l'oligarchie est incurable parce qu'elle est dans la nature des choses.

Michels, il convient de le souligner, est un auteur attitré du *Mouvement socialiste*. Ses idées sont amplement répandues au sein de l'extrême gauche française et jouissent d'une audience considérable. En 1911, Lagardelle, futur ministre du maréchal Pétain, s'appliquera à diffuser les résultats des recherches de l'auteur allemand sur les tendances oligarchiques des organisations politiques [1]. Faut-il rappeler que Michels sera fasciste?

Au début du siècle, des nouvelles théories élitistes trouvent une faveur grandissante au sein de l'aile marchante du socialisme, précisément celle qui s'élève avec hargne contre le socialisme parlementaire et démocratique, et préconise l'action directe. Au socialisme qui prêche la conquête du pouvoir au moyen du suffrage universel et qui, de ce fait, remet la révolution à un avenir indéterminé — l'an 3000, disent ses détracteurs —, l'aile radicale du mouvement oppose la théorie de l'avant-garde ouvrière, cette minorité consciente et activiste qui mènera le prolétariat à la révolution. Au socialisme embourgeoisé et apprivoisé, au socialisme englué dans les salons ministériels, au socialisme acceptant les mots de passe et les règles du jeu de la démocratie libérale, le syndicalisme oppose la violence révolutionnaire d'une élite prolétarienne. Ce qui permet à Michels de montrer que la théorie élitiste, celle qui conçoit les masses comme une source d'énergie mais leur dénie le pouvoir d'imprimer la direction de l'évolution sociale, n'est, en aucune façon, en contradiction avec la conception matérialiste de l'histoire et l'idée de la lutte des classes [2]. Ce qui permettra aussi à Émile Pouget de conclure que l'action directe du prolétariat peut « se manifester sous des allures bénévoles et pacifiques ou très vigoureuses et fort violentes ». Et l'énorme différence entre le syndicalisme et le « démocratisme » consiste précisément, selon le leader syndicaliste, en ce que « celui-ci, par le mécanisme du suffrage universel, donne la direction aux inconscients, aux tardigrades... et étouffe les minorités qui portent en elles l'avenir [3] ». C'est ainsi que l'extrême gauche socialiste diffuse à la fois le mépris de la démocratie et du parlementarisme, et le culte de la révolte violente conduite par des minorités conscientes et activistes. Cette évolution est commune à la France et à l'Italie. En 1909, Angelo Olivetti et les syndicalistes révolutionnaires italiens expriment exactement les mêmes idées :

1. Cf. *le Mouvement socialiste*, n°s 227 et 228, janv.-février 1911.
2. R. Michels, *Political Parties*, *op. cit.*, p. 407.
3. É. Pouget, *La Confédération générale du travail*, Paris, Rivière, 1909, p. 35-36.

l'avènement du socialisme ne pourra être que le résultat de l'action conduite par l'élite de la classe ouvrière [1].

Cependant, c'est en France, et pour des raisons évidentes, que l'effort entrepris pour couper la classe ouvrière de la démocratie parlementaire, et défaire ainsi l'œuvre de l'affaire Dreyfus, est le plus considérable. Tous les chefs syndicalistes, tous les idéologues de l'extrême gauche y participent. A commencer par Lagardelle, qui déclare considérer « la désaffection des travailleurs français pour l'État devenu républicain » comme le fait culminant de l'histoire de ces derniers temps [2]. Pour le directeur du *Mouvement socialiste*, « le duel engagé entre la démocratie et le socialisme ouvrier se poursuivra inexorablement » et « l'heure ne sera pas toujours à la démocratie triomphante [3] ».

Pour Lagardelle, la cause de ce processus, déjà en marche, est à chercher dans l'expérience démocratique elle-même. En effet, et après avoir vu le pouvoir populaire à l'œuvre, le prolétariat français a constaté que ni le changement de personnel gouvernemental, ni la transformation des institutions politiques n'avaient modifié l'essence de l'État. La machinerie étatique demeure toujours la même puissance de coercition au service des détenteurs de l'autorité politique [4]. Et les mesures formidables prises, dans toute la France, contre le prolétariat en apportent la preuve : « Elles sont venues montrer à quel point démocrates et réactionnaires se valent, dans la répression des mouvements ouvriers [5]. » Le haut patronat défendu par tous les organes de l'État — « cette façon de gouverner selon le mode jacobin inaugurée par M. Clemenceau [6] » —, voilà donc le visage véritable de la démocratie. C'est ainsi que le monde ouvrier a pu s'apercevoir non seulement que le gouvernement démocratique, objet de ses espoirs, était identique à tous les autres gouvernements, en ce sens qu'il ne modifiait en rien les rapports des classes, mais que la démocratie comportait, en outre, un autre danger : celui qui consistait en une incorporation à la société officielle de tous les éléments révolutionnaires du socialisme français.

Car, ce qui a permis au prolétariat français, selon l'extrême gauche

1. R. Michels, *Political Parties, op. cit.*, p. 369.
2. H. Lagardelle, « Le syndicalisme et le socialisme en France », in *Syndicalisme et Socialisme, op. cit.*, p. 36.
3. H. Lagardelle, « La démocratie triomphante », *Le Mouvement socialiste*, nos 174-175, mai-juin 1906, p. 192.
4. H. Lagardelle, « Le syndicalisme et le socialisme en France », in *Syndicalisme et Socialisme, op. cit.*, p. 37.
5. H. Lagardelle, « La démocratie triomphante », *Le Mouvement socialiste*, nos 174-175, mai-juin 1906, p. 187-188. — 6. *Ibid.*, p. 188.

socialiste, de rompre avec la démocratie, c'est l'épreuve même de la démocratie; c'est à la fois l'expérience du pouvoir démocratique, sa nature oppressive, et la transformation des partis socialistes en partis politiques comme les autres [1]. C'est ainsi que « le péril démocratique » est à l'origine de « ce mouvement nouveau qui s'est appelé le syndicalisme » et qui conduit, selon Pouget, le prolétariat à lutter non seulement contre le patron, mais aussi — et toujours directement, c'est-à-dire sans recourir au parlementarisme, système de participation à l'œuvre gouvernementale — « contre l'État, qui est l'expression défensive du patronat [2] ».

Quant à Sorel, il pense que, l'expérience ayant appris à la classe ouvrière que « la démocratie peut travailler efficacement à empêcher le progrès du socialisme [3] », il appartient aux syndicats d'amorcer « la réaction... contre la démocratie ». Il n'y a plus lieu désormais de s'étonner lorsque, s'interrogeant sur l'avenir du suffrage universel, Victor Griffuelhes n'hésite pas à répondre : « Il m'apparaît clairement qu'il devrait être relégué au magasin des accessoires [4]. » Voilà pourquoi Lagardelle n'a pas tort de soutenir que « le syndicalisme français est né de la réaction du prolétariat contre la démocratie », cette démocratie qui n'est jamais autre chose qu'une « forme populaire de la domination bourgeoise [5] ». Sorel, Pouget, Lagardelle s'emploient tous à démontrer, chacun à sa façon, que le socialisme ne saurait être fondé que « sur une absolue séparation des classes et sur l'abandon de toute espérance d'une rénovation politique [6] ». Ce qui signifie, en fait, l'abandon de la lutte politique, électorale et parlementaire, et la paralysie du parti socialiste. Si l'opposition entre classe et parti, entre « classe et opinion [7] », constitue le fond même du syndicalisme et si,

1. H. Lagardelle, « Avant-propos » et « Le syndicalisme et le socialisme en France », in *Syndicalisme et Socialisme*, *op. cit.*, p. 6 et 37.
2. É. Pouget, *La Confédération générale du travail*, *op. cit.*, p. 47.
3. G. Sorel, *La Décomposition du marxisme*, Paris, Rivière, 1908, p. 61-62.
4. V. Griffuelhes, *L'Action syndicaliste*, Paris, Rivière, 1908, p. 6 et 37.
5. H. Lagardelle, « Le syndicalisme et le socialisme en France », in *Syndicalisme et Socialisme*, *op. cit.*, p. 36-37.
6. G. Sorel, *La Décomposition du marxisme*, *op. cit.*, p. 58. Cf. aussi É. Pouget, *la Confédération générale du travail*, *op. cit.*, p. 10 et 37-38, ainsi que H. Lagardelle, « Avant-propos », in *Syndicalisme et Socialisme. op. cit.*, p. 5 : le syndicalisme s'emploie à détruire « heure par heure, au fur et à mesure qu'elle se produit, l'œuvre mensongère d'union des classes que poursuit la démocratie ».
7. É. Pouget, *La Confédération générale du travail*, *op. cit.*, p. 25. Cf. aussi l'opinion de Sorel qui distingue le marxisme du blanquisme (*la Décomposition du marxisme*, *op. cit.*, p. 45-48) : le marxisme écarte la notion de parti qui était capitale dans la conception des révolutionnaires classiques pour revenir à la notion de classe, c'est-à-dire à une société de producteurs qui ont acquis les idées qui conviennent

en assimilant la lutte de classe et la lutte de parti, les socialistes font un contresens, il en résulte nécessairement de la part du syndicalisme une forme de neutralité qui, en pratique, élimine le prolétariat comme force politique. L'Action française sera la première à saisir aussi bien la signification du courant antidémocratique développé par le syndicalisme révolutionnaire que les implications de cette nouvelle forme de neutralité que préconise alors la CGT.

En effet, la théorie syndicaliste, exposée non seulement par Sorel mais aussi par des leaders authentiques du mouvement ouvrier comme Pouget, implique une disponibilité quasi totale de la classe ouvrière : « Ainsi s'éclaire et se définit la neutralité du syndicalisme français, en face des problèmes d'ordre général », écrit l'adjoint de Griffuelhes [1]. Il en résulte que la CGT est « neutre au point de vue politique. Il en est de même au point de vue confessionnel [2]... Berth ne s'exprime pas autrement; le prolétariat, dit-il, « prétendait ne faire *aucune* politique et rester sur son terrain propre ». Tout cela signifie simplement, et pour reprendre les termes de Lagardelle et de Pouget, que la classe ouvrière refuse de participer à la vie politique : « Elle est aparlementaire, comme elle est areligieuse [3]. »

Certes, Pouget ne manque pas d'insister sur le fait que, du point de vue politique, la neutralité affirmée n'implique aucunement l'abdication ni l'indifférence, et qu'il ne peut être question d'un neutralisme qui réduirait la Confédération à évoluer dans les limites d'un corporatisme étroit ou la confinerait dans une stricte défense professionnelle plus ou moins bien adaptée à la société capitaliste. Mais sa définition du neutralisme en termes « d'un idéal permanent plus précis, plus net, que celui qui forme le bagage idéologique des divers partis socialistes parlementaires », parce qu'il « dépasse et domine les contingences du moment [4] », ne se signale ni par sa netteté ni par sa précision. La dialectique de Pouget recouvre en fait, quant à l'action politique, une réalité bien différente, que Berth, Sorel ou Lagardelle ne manquent point, eux aussi, de mettre en valeur : la séparation absolue entre lutte de classe et lutte politique, entre classe et parti,

---

à leur état et qui se considèrent comme une entité analogue aux unités nationales. Le blanquisme, au contraire, n'est que la révolte des pauvres conduite par un état-major révolutionnaire : une telle révolte peut être de n'importe quelle époque, parce qu'elle est indépendante du régime de production.

1. É. Pouget, *La Confédération générale du travail, op. cit.*, p. 28.
2. *Ibid.*, p. 24.
3. É. Berth, *Les Nouveaux Aspects du socialisme*, Paris, Rivière, 1908, p. 5; H. Lagardelle, « Avant-propos », in *Syndicalisme et Socialisme, op. cit.*, p. 5; É. Pouget, *La Confédération générale du travail, op. cit.*, p. 28.
4. É. Pouget, *La Confédération générale du travail, op. cit.*, p. 25.

entre syndicalisme et socialisme, entre intérêts socio-économiques et idéologie politique. Le syndicat, dans l'esprit de ses idéologues et de ses chefs, doit être le prolongement de l'atelier et, de ce fait, concevoir l'ouvrier comme producteur, c'est-à-dire dans sa qualité essentielle. Il ne groupe par définition que des ouvriers, à l'exclusion des membres de toute autre classe, alors que le parti, en se plaçant sur un terrain commun à toutes les classes, dépouille le prolétaire de sa spécificité, de ses qualités sensibles. N'ayant pas de base économique, le parti mêle les représentants de toutes les classes sociales et il s'adresse, finalement, non point au producteur, mais à l'électeur[1]. « Dites si vous voulez qu'il est un parti de ' classes ', lance Lagardelle aux délégués du Congrès d'Amiens, mais ne dites pas qu'il est un parti de ' classe ' au singulier, en ce sens qu'il serait le parti exclusif de la classe ouvrière[2]. »

Car, pour le directeur du *Mouvement socialiste*, l'expérience a montré que les partis, loin d'être le décalque des classes, sont en fait un mélange hétéroclite d'éléments venus de toutes les catégories sociales, et qu'il n'y a pas de rapport entre l'influence politique des partis socialistes et la puissance réelle de la classe ouvrière. En fait, non seulement le socialisme parlementaire n'a pas opéré de scission irréductible entre le prolétariat et la bourgeoisie, mais il est devenu un des facteurs constitutifs de l'État et un des soutiens les plus efficaces de la démocratie[3].

Le syndicalisme, au contraire, « saisit la classe ouvrière dans ses formations de combat[4] » : dans cette optique, « les différences philosophiques, religieuses et politiques s'effacent et il ne reste plus que des ouvriers forcés de défendre des intérêts communs contre des ennemis identiques[5] ». Cette dernière constatation est, bien sûr, capitale : pour

1. H. Lagardelle, in J. Guesde, H. Lagardelle et É. Vaillant, *le Parti socialiste et la Confédération du travail*, Paris, Rivière, 1908, p. 19-20.
2. *Ibid.*, p. 18-19. Cf. aussi H. Lagardelle, « Classe et parti », *le Mouvement socialiste*, n° 179, octobre 1906, p. 189. Lagardelle fait état d'un exemple dont on parle beaucoup à cette époque. Les ouvriers de la Société des cirages français à Hennebont avaient espéré en la solidarité des ouvriers d'une seconde usine que la même société exploite à Saint-Ouen. Or, ceux-ci n'avaient pas bougé. Il s'est rapidement avéré que le directeur de l'usine de Saint-Ouen est un « camarade du parti » membre du comité socialiste local, et que, d'autre part, le député « révolutionnaire » de la circonscription freinait le mouvement pour des raisons électorales. Cf. aussi V. Griffuelhes, *l'Action syndicaliste, op. cit.*, p. 44.
3. Cf. H. Lagardelle, « Avant-propos », in *Syndicalisme et Socialisme, op. cit.*, p. 5. — 4. *Ibid.*
5. H. Lagardelle, in J. Guesde, H. Lagardelle et É. Vaillant, *le Parti socialiste et la Confédération du travail, op. cit.*, p. 20.

la droite radicale, toujours attentive à l'évolution du mouvement ouvrier, elle annonce le retrait de la classe ouvrière du champ de bataille politique : elle signifie aussi une coupure irrémédiable avec le parti socialiste et une hostilité de principe envers l'État républicain. Pour l'Action française, cette évolution comporte des perspectives d'avenir d'autant plus brillantes que la révision du marxisme, amorcée par un Berth ou par un Sorel, se manifeste, dans la réalité de tous les jours, par une violente critique de la pratique socialiste.

En effet, selon Berth, le guesdisme, « forme parfaite du socialisme politique », n'est, en définitive, « qu'une dernière forme projetée sur le terrain ouvrier » de l'idéologie bourgeoise [1]. D'ailleurs, pour les idéologues du syndicalisme révolutionnaire, le guesdisme n'a jamais eu d'autre objectif que la conquête de l'État. « Exaltation suprême de l'État moderne » auquel il voudrait simplement donner un contenu ouvrier, le guesdisme est défini comme l'antithèse par excellence du syndicalisme. C'est que, axé sur la négation de l'État — chose bourgeoise par essence et par destination — et persuadé de l'impossibilité de s'en servir dans un sens ouvrier, le syndicalisme ne prévoit le triomphe de la classe ouvrière que par la destruction de l'institution même [2].

Cependant, la destruction du pouvoir étatique ne peut passer, et cela est essentiel, que par l'élimination de la démocratie, car, en passant des mains du roi dans celles d'un Parlement, le pouvoir n'a rien perdu de sa force ni de sa concentration, au contraire.

> La démocratie se dit une et indivisible [écrit Berth], elle est plus jalouse de tout pouvoir concurrent ou rival que ne le fut jamais l'ancienne monarchie. Car peu importe l'origine du pouvoir, héréditaire ou populaire; et le droit divin, qu'il soit celui d'un seul ou de la multitude, reste toujours le droit divin; on peut même dire qu'il est plus absolu, plus inflexible quand il est le droit divin de la multitude [3].

Voilà qui devait singulièrement plaire à Maurras, à Valois ou à Jean Rivain, qui n'ont jamais dit autre chose. Mais ce qui devait les ravir encore davantage, c'est le fait que la destruction du pouvoir et de l'État ne pouvait se faire qu'en brisant le parti socialiste. Conçu comme une lourde machinerie bureaucratique qui ne continue de fonctionner que par vitesse acquise, conduit par un état-major tout-puissant, le parti est devenu l'objet de prédilection des attaques lancées par son aile non conformiste.

---

1. É. Berth, *Les Nouveaux Aspects du socialisme, op. cit.*, p. 4.
2. *Ibid.*, p. 16-17 et 9-11; cf. aussi p. 3-4 et 31. — 3. *Ibid.*, p. 8-9.

Pour l'équipe de *la Guerre sociale*, « le parlementarisme révolutionnaire » mène au socialisme d'État, et « le millerandisme est l'aboutissement historique et logique du guesdisme[1] ». On conçoit combien une identification du millerandisme et du guesdisme venait à point pour l'extrême droite radicale, qui voyait dans la défense républicaine le symbole de la débâcle du nationalisme de la fin du siècle précédent. L'attaque du phénomène que recouvre la participation au pouvoir constitue alors un point de rencontre idéal pour le syndicalisme révolutionnaire et le nationalisme renaissant. Tout comme l'attaque de la légalité républicaine que développe Griffuelhes en réponse à la théorie guesdiste présentée, en octobre 1906, au Congrès d'Amiens.

En effet, le secrétaire général de la CGT s'oppose violemment à une conception de l'action politique et sociale qui reviendrait à placer le syndicat sous la tutelle du parti et à paralyser son action révolutionnaire. Un syndicalisme qui accepterait le principe de la légalité se verrait très rapidement transformé, qu'il le veuille ou non, en un rouage de l'action gouvernementale : l'action syndicale se trouverait ainsi ramenée dans les limites de la société capitaliste[2]. Ce n'est donc pas l'effet du hasard si la campagne lancée par l'extrême gauche contre le régime ne le cède en rien à celle que mène, depuis plusieurs années déjà, l'Action française.

Le ton académique de Lagardelle et de Berth, l'analyse des réalités politiques de Griffuelhes trouvent un écho dans les diatribes populaires de *la Guerre sociale*. Au lendemain des élections générales de 1906, Lagardelle stigmatise les raisons du succès socialiste et en dégage la signification : le parti socialiste a eu tout simplement sa part dans le triomphe de l'anticléricalisme. Son programme ne s'est en rien différencié du programme radical, tout comme sa clientèle petite-bourgeoise, qui forme le gros des électeurs socialistes, est commune à tous les partis de gauche. Il n'y a donc rien de spécifiquement socialiste dans cette victoire de la démocratie, de l'anticléricalisme et de la concentration républicaine, dit Lagardelle. « L'objectif de cette alliance dreyfusarde n'avait jamais dépassé l'espoir d'un nouveau combisme, et c'est en repoussant avec horreur la grève générale, l'action directe, l'antipatriotisme et le syndicalisme révolutionnaire sous toutes ses formes, que les socialistes réussissent à exploiter pleinement le suffrage universel[3]. » A cet égard, pensent Griffuelhes et

---

1. A. Bruckère, « Quel est le rôle des élus socialistes », *La Guerre sociale*, 4-10 mars 1908.
2. V. Griffuelhes, *L'Action syndicaliste*, op. cit., p. 45 et 48; cf. aussi p. 50-51.
3. H. Lagardelle, « La démocratie triomphante », *Le Mouvement socialiste*, n°s 174-175, mai-juin 1906, p. 174-175.

Séverac, il n'existe aucune différence entre les tenants des deux écoles du socialisme qui se concurrencent : les jauressistes — logiquement opportunistes — et les guesdistes — opportunistes dans la pratique et intransigeants dans les principes — participent d'un même réformisme; tous sont prêts aux mêmes compositions et aux mêmes coalitions [1]. C'est ainsi qu'à l'occasion des campagnes électorales de la fin de cette décennie — les municipales de 1908, mais surtout à la veille des législatives de 1910 — l'extrême gauche socialiste se déchaîne, dans un style qui ne le cède en rien aux invectives des célèbres feuilles boulangistes, *l'Intransigeant, la Cocarde* ou *la Patrie*. Hervé et son équipe, après avoir flétri « l'impuissance parlementaire » et stigmatisé ceux qui ont amené le prolétariat « à la mare stagnante du parlementarisme [2] », lancent un solennel appel au « Peuple souverain ». Ils l'adjurent de manifester son mépris aussi bien du socialisme officiel que de la « radicaille [...], la première responsable de toutes ces saloperies »; ils le supplient de faire la grève des électeurs :

> Camarades ouvriers, employés, fonctionnaires... montrez dimanche par votre éloignement des urnes, que vous ne voulez pas que les politiciens de gauche se foutent de vous plus longtemps [3].

Ce qui est capital dans cette campagne, c'est, bien sûr, le refus du consensus républicain. Ce principe nouveau est énoncé par l'équipe de *la Guerre sociale* avec une extrême clarté :

> Ne crains pas surtout de faire le jeu de la réaction. La réaction, c'est-à-dire, la réaction de l'ordre social, sa défense par tous les moyens, par la violence et la corruption, c'est toujours le parti gouvernemental quel qu'il soit [4].

Cette prise de position fut saluée par l'Action française comme une grande victoire. L'extrême gauche socialiste, en coupant la force organisée du socialisme révolutionnaire de l'ensemble de la gauche, en réhabilitant et en légitimant aux yeux du prolétariat la lutte à outrance contre la République libérale et bourgeoise, ouvrait des perspectives véritablement révolutionnaires. Car, s'il n'était pas

---

1. V. Griffuelhes, *Voyage révolutionnaire. Impressions d'un propagandiste*, Paris, Rivière, 1911, p. 8-10, et J.-B. Séverac, « Le congrès de Saint-Quentin », *le Mouvement socialiste*, nº 231, mai 1911, p. 375.
2. G. Hervé, « Le néant parlementaire », *La Guerre sociale*, 5-11 janvier 1910.
3. « *La Guerre sociale* au peuple souverain », *La Guerre sociale*, 20-26 avril 1910.
4. *Ibid*. Cf. aussi A. Jobert, « La bataille électorale », *la Guerre sociale*, 5-11 février 1911.

encore question d'un renversement des alliances, la neutralité du prolétariat pouvait être désormais considérée comme acquise. Et puis, en cette année 1908, Hervé ne venait-il pas de chanter la fin du Bloc[1]?

3. L'ACTION DIRECTE ET LA VIOLENCE PROLÉTARIENNE

A la démocratie et au système parlementaire, le syndicalisme révolutionnaire oppose l'action directe. Autrement dit : l'action directement exercée par la classe ouvrière qui, en éliminant les intermédiaires, affirme sa volonté de ne pas se rapporter à d'autres qu'à elle-même pour assurer son émancipation[2]. Ce qui signifie aussi que nul parti politique ne saurait prétendre représenter les intérêts de la classe ouvrière, ni posséder les qualités requises d'une organisation de classe. Cela signifie, finalement, que nul processus politique fondé sur le principe de la représentativité ne saurait être reconnu comme légitime par la classe ouvrière.

> L'ouvrier français [écrit Griffuelhes] ne se demande pas, avant d'agir, si la loi lui permet ou non d'agir. Il agit et voilà tout. C'est là le sens profond de l'action directe, qui signifie l'action personnelle des ouvriers, s'exerçant en dehors de toute considération légalitaire et de toute autorisation d'en haut[3].

Cependant, avec toute son importance, l'action directe n'est qu'un moyen. Pour changer le monde, il faut plus, il faut créer des institutions ouvrières :

1. Un sans-patrie, « La fin du Bloc », *La Guerre sociale*, 13-19 mai 1908. En effet, au cours de cette période, Hervé ne cesse de flétrir cette ère de corruption morale où, au début du siècle, « le socialisme vice-présidait la Chambre, banquetait à l'Élysée », et où « les idées de révolution sociale violente perdaient du terrain sensiblement » (« Le ministère malade », *la Guerre sociale*, 11-17 mars 1908).
2. É. Berth, *Les Nouveaux Aspects du socialisme, op. cit.*, p. 20; V. Griffuelhes, *L'Action syndicaliste, op. cit.*, p. 23; É. Pouget, *La Confédération générale du travail, op. cit.*, p. 36; H. Lagardelle, « Syndicalisme et socialisme en France », in *Syndicalisme et Socialisme, op. cit.*, p. 44-45. On consultera dans ce contexte l'étude de J. Julliard sur le père fondateur du syndicalisme français : *Fernand Pelloutier et les Origines du syndicalisme d'action directe*, Paris, Éd. du Seuil, 1971, notamment p. 169-261. Griffuelhes ne se réfère jamais à Pelloutier, sinon par quelques allusions sans aménité, mais Sorel a un véritable culte de celui en qui il voit « le plus grand nom de l'histoire des syndicats » (p. 7-9).
3. V. Griffuelhes, « Les caractères du syndicalisme français », in *Syndicalisme et Socialisme, op. cit.*, p. 57.

On ne peut pas [dit Lagardelle] détruire une société en se servant des organes qui ont pour but de la conserver, [car] toute classe, pour s'affranchir, doit se créer ses organes propres[1].

Voilà pourquoi le syndicalisme révolutionnaire s'applique à développer les « instincts de révolte » des prolétaires. Il ne saurait se contenter du rôle d'un vague trade-unionisme à l'anglaise ou à l'allemande car, précisément, ce qui caractérise les mouvements d'outre-Rhin comme ceux d'outre-Manche, c'est une tenace volonté d'imiter les méthodes et les principes de la société bourgeoise. La guerre que livrent les syndicats anglais et allemands se fait à coup de coffresforts, d'énormes fonds de réserve, d'entreprises mutualistes et d'institutions de prévoyance et d'épargne. Lagardelle s'attaque aussi à la fameuse conception de contre-société élaborée par la social-démocratie allemande :

Mais cette importation des méthodes bourgeoises de gouvernement et de gestion économique dans l'organisation ouvrière, malgré les avantages matériels incontestables qu'elle peut procurer, qu'a-t-elle de socialiste? Ces syndiqués qui, en plus de leurs patrons, se sont donné pour maîtres des ouvriers comme eux, en quoi sont-ils plus libres? Ces prolétaires, qui ne pensent qu'à leurs richesses entassées et qui se figurent qu'ils peuvent vaincre le capitalisme sur le terrain même du capitalisme, comment agissent-ils en révolutionnaires[2]?

Lagardelle, ainsi, comprend parfaitement qu'une organisation dont l'objectif est simplement de durer aussi longtemps que dure le capitalisme pour en recueillir finalement l'héritage mène nécessairement à l'intégration du socialisme dans la société bourgeoise. En effet, à la veille de la guerre, le SPD était devenu un véritable reflet de la société bourgeoise, État dans l'État; son exécutif, appelé par Bebel « le gouvernement », commandait un énorme appareil, un gros budget pour le payer, de nombreuses entreprises de presse, d'entraide sociale, des écoles, d'autres services encore. Les chefs du parti, appuyés par la bureaucratie, devenaient de plus en plus puissants, de plus en plus attachés au *statu quo :* Michels avait reconnu en eux une nouvelle oligarchie. A la veille de la guerre, le SPD était devenu, avec ses 110 députés, le plus grand parti politique en Allemagne; son groupe parlementaire jouait un rôle de plus en plus dominant dans la vie du parti. En août 1914, il avait fini par devenir un simple groupe de pression[3].

1. H. Lagardelle, in J. Guesde, H. Lagardelle et É. Vaillant, *le Parti socialiste et la Confédération du travail, op. cit.*, p. 27. — 2. *Ibid.*, p. 25.
3. Cf. à ce sujet un brillant article de Peter Nettl, le biographe de Rosa Luxemburg, consacré à la social-démocratie allemande : « The German social-democratic party (1890-1910) as a political model », *Past and Present*, n° 30, 1965, p. 65-95.

Lagardelle affirme hautement le refus du syndicalisme révolutionnaire de livrer bataille sur le terrain et avec les armes de la bourgeoisie. Il rappelle aux ouvriers qu'il n'y aura pas de changement possible tant qu'ils n'auront pas créé, de leurs propres mains, tout un ensemble d'institutions destinées à remplacer les institutions bourgeoises. Toute l'originalité de ce syndicalisme réside, selon ses idéologues, dans cette création d'institutions prolétariennes, génératrices d'un monde nouveau, d'une nouvelle réalité humaine.

« Fonder une *culture de producteurs*[1] », dit Berth, en se méfiant, adjure Lagardelle, des tentatives de débauchage des meilleurs éléments ouvriers par l'entremise de l'école. Pour le directeur du *Mouvement socialiste*, en effet, l'école républicaine n'est qu'un moyen supplémentaire aux mains de la bourgeoisie pour prêcher « l'utopie de la réconciliation des classes » et pour s'incorporer « les plus intelligents des enfants du peuple ». Lagardelle s'élève contre l'école en tant que moyen d'ascension sociale et d'intégration intellectuelle du prolétariat ; il ironise sur « l'esprit égalitaire » de « la démocratie avancée », dont l'objectif est de transformer des ouvriers élevés à l'école de la bourgeoisie et « gorgés de science indigeste » en « alliés de la classe ennemie ». Ce n'est que « par une séparation totale avec le monde bourgeois que le monde ouvrier peut arriver à dégager ses conceptions nouvelles de la morale et du droit[2] ».

En s'attaquant à l'école laïque, un des plus purs joyaux de la couronne républicaine, la plus belle conquête du régime, Lagardelle se place d'emblée dans le camp des ennemis irréductibles de la vieille tradition jacobine. Dès lors, le mouvement maurrassien va lui consacrer une attention toute spéciale. Cet intérêt s'accentuera à la suite des innombrables mises en garde que lance le directeur du *Mouvement socialiste*, afin de dresser le prolétariat contre toute tentative d'embrigadement dans les querelles qui opposent entre elles les diverses factions de la bourgeoisie. Pour Lagardelle, l'anticléricalisme n'est rien d'autre qu'une vague diversion ; aussi ne ressent-il aucun besoin d'applaudir à l'écrasement de l'Église, ni de se réjouir du mouvement d'hystérie — les législatives de 1906 — qui emporte le cléricalisme. Au contraire. Pour lui, « démocratie triomphante » et « dictature de M. Clemenceau » sont des notions qui vont très bien de pair[3].

Une telle prise de position mettant en valeur, dans un domaine par-

1. É. Berth, *Les Nouveaux Aspects du socialisme*, op. cit., p. 4.
2. H. Lagardelle, « L'école et le prolétariat », *Le Mouvement socialiste*, nᵒ 179, octobre 1906, p. 187-188.
3. H. Lagardelle, « La démocratie triomphante », *Le Mouvement socialiste*, nᵒˢ 174-175, mai-juin 1906, p. 186.

ticulièrement sensible, la neutralité politique fondamentale de l'extrême gauche socialiste revêt, bien sûr, une importance capitale aux yeux des hommes de l'Action française. En fait, la « nouvelle école » entend fonder l'indépendance prolétarienne sur deux éléments essentiels : un affrontement ouvert et violent avec tous les tenants de l'ordre social existant, et un refus total de l'héritage intellectuel et idéologique de la bourgeoisie. Ce n'est pas l'effet du hasard si Lagardelle souligne que « la grandeur du mouvement a été avant tout morale [1] », et s'il termine en accusant la société bourgeoise de « réduire toutes les valeurs humaines en des valeurs marchandes et d'exaspérer, en même temps que l'esprit de domination, l'esprit de lucre et de convoitise [2] ».

La démarche de Sorel est identique. Pour l'auteur des *Réflexions sur la violence*, il s'agit, avant tout, de purger le marxisme de tout ce qui n'est pas spécifiquement marxiste, de tous les éléments qui y furent introduits par la pratique de la vie politique en régime de démocratie parlementaire [3]. Ainsi, selon Sorel, ce n'est que lorsque les organisations de producteurs s'occuperont elles-mêmes de leurs affaires, sans recourir aux lumières des représentants des idéologies bourgeoises, que pourra être envisagée la mise en pratique de la lutte de classe [4].

L'œuvre de Georges Sorel — en son temps plus appréciée en Italie qu'en France — s'attache, entre autres, à faire le procès du XVIIIe siècle, du rationalisme, de la Révolution française et de ses effets : la victoire de l'idéologie bourgeoise, du libéralisme, de la démocratie. Dans *la Décomposition du marxisme* et les *Réflexions sur la violence*, il développe sa fameuse théorie des mythes, ces « systèmes d'images » que l'on ne saurait « chercher à analyser comme [...] on décompose une chose en ses éléments » : il s'agit ici de constructions « qu'il faut prendre en bloc comme des forces historiques [5] ». Le mythe de la grève générale est l'une de ces forces; son objectif est de dresser continuellement le prolétariat contre la bourgeoisie, d'alimenter au jour le jour l'esprit guerrier des producteurs. Ces « ensembles d'images capables d'évoquer en bloc et par la seule intuition, avant toute analyse réfléchie, la masse des sentiments qui correspondent aux diverses manifestations de la guerre engagée par le socialisme contre

---

1. H. Lagardelle, « La démocratie triomphante », *loc. cit.*, p. 191.
2. H. Lagardelle, in J. Guesde, H. Lagardelle et É. Vaillant, *le Parti socialiste et la Confédération du travail*, *op. cit.*, p. 23.
3. G. Sorel, *La Décomposition du marxisme*, *op. cit.*, p. 59-60.
4. *Ibid.*, p. 61.
5. G. Sorel, *Réflexions sur la violence*, Paris, Rivière, 1950, 11e éd., p. 32-33. Cf. aussi *la Décomposition du marxisme*, *op. cit.*, p. 54-55.

la société moderne[1] » constituent une extraordinaire source d'énergie et de confiance dans un avenir imprévisible. En effet, puisque « c'est l'ensemble du mythe qui importe seul », il n'y a aucune utilité, pense Sorel, à raisonner ni sur ses éléments constitutifs, ni sur les incidents de parcours, ni sur les résultats des conflits à venir[2]. En clair, Sorel veut dire : alors même que les révolutionnaires se tromperaient du tout au tout, alors même que chaque grève particulière serait vouée à l'échec, ce qui importe, c'est le mécanisme psychologique que met en marche l'idée — au sens platonicien du terme — de la grève générale. Aussi, nulle analyse rationnelle, nul échec ne peuvent avoir de prise sur cet « ensemble indivisé[3] » qui, en fait, n'est qu'un type idéal de comportement social destiné à « perfectionner le marxisme[4] ».

Sorel convient en effet que la catastrophe finale, génératrice d'un monde nouveau, n'est pas, dans l'état actuel de l'évolution sociale, sur le point de se matérialiser. Et si l'analyse de Marx est sans faille, force est de reconnaître que ses prévisions ne se sont pas pour autant vérifiées; le vieux monde ne s'écroule pas. C'est pourquoi l'auteur des *Réflexions* en appelle à l'anti-intellectualisme de celui de *l'Évolution créatrice*. Pour pallier les faiblesses d'un mécanisme déterministe qui, tout compte fait, ne fonctionne que très imparfaitement, Sorel propose donc d'introduire le « vitalisme bergsonien » dans le marxisme. A ses yeux, seule une intervention volontaire et violente de la fraction consciente des masses permettra d'accomplir la révolution.

Certes, Sorel sait que la grève générale révolutionnaire ne peut être une insurrection victorieuse; le supposer est aussi illusoire que croire en un processus déterministe qui conduirait la société actuelle aux portes d'un monde nouveau. Cependant, la grève générale, ou plutôt l'idée de grève générale, est indispensable pour rassembler l'élite du monde ouvrier et entraîner ses masses. Il s'agit en fait d'un mythe mobilisateur dont l'objectif est de créer la scission, d'engendrer cette polarisation qui ne se fait pas automatiquement, de produire l'affrontement violent entre deux classes antagonistes. Le mythe catastrophique — cette « organisation d'images qui poussent au combat et à la bataille » —, indécomposable et irrationnel, entretient la scission sans qu'intervienne nécessairement un grand déploiement de violence :

> Nous pouvons donc concevoir [dit Sorel] que le socialisme soit parfaitement révolutionnaire, encore qu'il n'y ait que des conflits courts et peu nombreux, pourvu que ceux-ci aient une force suffi-

1. G. Sorel, *Réflexions sur la violence, op. cit.*, p. 173.
2. *Ibid.*, p. 180. — 3. *Ibid.*, p. 185. — 4. *Ibid.*, p. 167.

sante pour pouvoir s'allier à l'idée de la grève générale : tous les événements apparaîtront alors sous une forme amplifiée et, les notions catastrophiques se maintenant, la scission sera parfaite. Ainsi se trouve écartée l'objection que l'on adresse souvent aux révolutionnaires : la civilisation n'est point menacée de succomber sous les conséquences d'un développement de la brutalité, puisque l'idée de grève générale permet d'alimenter la notion de lutte de classe au moyen d'incidents qui paraîtraient médiocres aux historiens bourgeois [1].

Cependant, la fonction de la violence prolétarienne ne se limite pas à la coupure de la société en deux camps antagonistes. La violence est une valeur en soi. De plus, génératrice de la morale, elle bat en brèche l'idéologie bourgeoise. « Le rôle historique de la violence », selon Sorel, consiste précisément à saper la théorie du droit naturel, à changer l'aspect de tous les conflits au cours desquels on l'observe : au moment même où est mis en marche le mécanisme de la violence « il n'y a plus aucun moyen de raisonner sur les droits primordiaux des hommes [2] ». Car, « avec le syndicalisme révolutionnaire, plus de discours à placer sur la justice immanente » et, par conséquent, « plus de régime parlementaire à l'usage des intellectuels [3] ».

Sorel rejette les théories des intellectuels; pour lui, seul le mouvement ouvrier est fécond :

> Les théories sont nées de la réflexion bourgeoise; elles se présentent d'ailleurs comme des perfectionnements de philosophies éthiques ou historiques élaborées dans une société qui est parvenue, depuis longtemps, aux degrés les plus élevés de l'intellectualisme; ces théories naissent donc déjà vieilles et décrépites [4].

Seule l'action directe est créatrice. A ce nouveau clergé obscurantiste que sont les intellectuels, il va opposer les minorités agissantes. La grève générale et la violence entretenue par un esprit de révolte intransigeant, voilà qui permettra aux nouveaux barbares de régénérer le monde. C'est donc tout naturellement que Sorel en vient à annoncer la fin de la société, de l'idéologie, de la morale et des institutions bourgeoises. Et, comme on ne détruit bien que ce que l'on remplace, après avoir mis fin à une morale de marchands, de fonctionnaires et de politiciens, la violence révolutionnaire accouchera de celle des producteurs et des guerriers. Pour lui, « la grève est un phénomène de guerre », et « la révolution sociale est une extension de cette guerre

1. G. Sorel, *Réflexions sur la violence, op. cit.,* p. 279-280.
2. *Ibid.,* p. 24 et 29. — 3. *Ibid.,* p. 29.
4. G. Sorel, « L'avenir socialiste des syndicats », in *Matériaux d'une théorie du prolétariat,* Paris, Rivière, 1921, p. 67.

dont chaque grande grève constitue un épisode [1] ». C'est ainsi que,

> en entreprenant une œuvre grave, redoutable et sublime, les socialistes s'élèvent au-dessus de notre société légère et se rendent dignes d'enseigner au monde les voies nouvelles [2].

A l'instar de Sorel, Édouard Berth développe un culte des vertus guerrières et prône un élitisme ouvrier auxquels se mêle un violent anti-intellectualisme — qui trouvent un écho favorable au sein de l'Action française. C'est par le biais de cette conception de la fonction sociale de l'élite ouvrière dans le monde moderne que se trouve jeté le premier pont entre les hommes venus du syndicalisme révolutionnaire et ceux du mouvement maurrassien.

> Il n'y a que deux noblesses [dit Berth], celle de l'épée et celle du travail ; le bourgeois, l'homme de boutique, de négoce, de banque, d'agio et de bourse, le marchand, l'intermédiaire, et, son compère, l'intellectuel, un intermédiaire lui aussi, tous deux étrangers au monde de l'armée comme au monde du travail, sont condamnés à une platitude irrémédiable de pensée et de cœur [3].

Voilà pourquoi « le marchand et l'intellectuel » éprouvent les mêmes sentiments tant à l'égard de la guerre que de la grève. En effet,

> le bourgeois libre penseur, démocrate, jacobin, franc-maçon, membre de la « Ligue des droits de l'homme » est incapable de s'élever à une certaine hauteur de pensée ou de sentiment, l'idée sociale ne peut être que militaire ou ouvrière [4].

Alors, citant Proudhon et Nietzsche, Berth en vient à entonner un véritable hymne à la guerre :

> Et c'est la grandeur de la guerre, qu'elle hausse tout au ton du sublime et qu'elle fait l'homme, comme dit encore Proudhon, « plus grand que nature ». La guerre a créé le droit ; elle a créé les États, elle a fait le citoyen ; elle a « défini et lancé » la société, cet être surnaturel [5].

---

1. G. Sorel, *Réflexions sur la violence, op. cit.*, p. 434.
2. *Ibid.*, p. 436.
3. É. Berth, *Les Nouveaux Aspects du socialisme, op. cit.*, p. 57.
4. *Ibid.*
5. *Ibid.*, p. 59. Cf. aussi p. 60 : « Proudhon prend ici, pour parler de la guerre, le langage de la poésie et de la mystique ; c'est qu'il s'agit, en effet, d'un phénomène surnaturel et qui crée du surnaturel. Et c'est le contre-pied, précisément, de la philosophie anarchiste qui, en dernière analyse, veut toujours nous ramener à l'état de nature et rejette tout ce qui force l'homme à sortir de cet état de nature imaginé comme étant un état de bonheur et de perfection. L'homme est un être qui doit se surmonter, dit le philosophe de *la Volonté de puissance*, que d'aucuns, bien à tort,

Mais chanter, en les assimilant presque, vertus guerrières et vertus ouvrières peut étonner ceux qui savent l'antimilitarisme du prolétariat. Aussi Berth termine-t-il en s'attachant à donner le vrai sens de cet antimilitarisme. Tout d'abord, il insiste sur l'existence de différences très profondes entre l'anarchisme et le syndicalisme [1] : le syndicalisme, selon lui, n'est point individualiste, au contraire. Il s'agit d'une collectivité capable d'exister un temps à côté de la collectivité nationale et destinée à la remplacer le plus vite possible [2]. C'est pourquoi l'antimilitarisme ouvrier tire « toute sa valeur et tout son sens de son union intime avec l'idée de lutte de classe [3] ». Il n'a strictement rien de commun avec la haine de la caserne ou une horreur abstraite et sentimentale de la guerre ou de l'armée; il est totalement étranger aussi bien à une protestation individuelle contre la violence, au nom de principes plus ou moins abstraits, qu'à toute forme de pacifisme social ou international [4]. L'ouvrier, selon Berth, est contre l'armée gardienne du Capital et gardienne de l'Ordre, mais non contre l'armée dépositaire des vertus guerrières.

Toujours attentive au mouvement des idées dans le monde ouvrier, l'Action française ne manque pas de relever les affinités qui la rapprochent du syndicalisme révolutionnaire. D'autant que le refus de tout ce qui peut ressembler de près ou de loin à des valeurs bourgeoises, ou à une collaboration avec la bourgeoisie, constitue alors l'essence même du syndicalisme révolutionnaire.

Avec Berth qui repousse « l'anarchisme, comme la protestation, toute négative, paresseuse et abstraite, de l'individu [5] », au nom d'un « napoléonisme ouvrier », Émile Pouget déclare que les méthodes d'action de l'organisation confédérale ne sauraient s'inspirer de « l'idée démocratique vulgaire; elles ne sont pas l'expression du consentement d'une majorité dégagée par le procédé du suffrage universel » [6]. Pouget considère, en effet, que, si les procédés démocratiques étaient pratiqués dans les organisations ouvrières, « le non-vouloir de la majorité inconsciente et non syndiquée paralyserait toute action. Mais la minorité n'est pas disposée à abdiquer ses revendications et ses aspirations devant l'inertie d'une masse que l'esprit de révolte n'a pas animée et vivifiée encore. Par conséquent, il y a pour la minorité consciente obligation d'agir, sans tenir compte de la

---

prennent aussi pour un anarchiste; et il ne se surmonte, il ne devient un héros qu'en participant aux grandes luttes par où s'accomplit le travail héroïque ou divin de l'histoire. »
1. *Ibid.*, p. 64. — 2. *Ibid.*, p. 56-57. — 3. *Ibid.*, p. 57.
4. *Ibid.*, p. 55-57. — 5. *Ibid.*, p. 3.
6. É. Pouget, *La Confédération générale du travail, op. cit.*, p. 34.

masse réfractaire [1]... ». Pour lui, nul ne doit « récriminer contre l'initiative désintéressée de la minorité », encore moins « les inconscients » qui, à côté des militants, ne sont que des « zéros humains » [2].

Dans l'esprit de ses militants, le syndicalisme révolutionnaire ne peut être que l'antithèse de la société démocratique. En réalité, une société fondée sur les critères exposés par Sorel, Berth, Pouget, Lagardelle ou Griffuelhes aurait présenté les caractéristiques principales du type idéal d'une société fasciste. Conduite par « les conscients, les révoltés [3] », dont le mépris est sans bornes pour la démocratie, le suffrage universel, le parlementarisme et le mode de vie de la société bourgeoise, cette société syndicaliste veut façonner un nouveau type d'homme, mû par « la hardiesse, la discipline merveilleuse » que dégage « l'armée des travailleurs » en grève [4].

Pour présenter les qualités essentielles de cet homme nouveau dans cette autre société, Berth, qui dresse un constant parallélisme entre le travail et la guerre, entre les vertus ouvrières et les vertus militaires, Berth choisit de citer un texte de Proudhon sur les « compagnies ouvrières, véritables armées de la Révolution, où le travailleur, comme le soldat dans le bataillon, manœuvre avec la précision de ses machines [5] ».

Entraînée par des « mythes sociaux », la société des producteurs suivra une direction impossible à déterminer par avance ; de par sa nature même, ses contours sont imprévisibles [6]. En tout cas, parce qu'elle s'insurge contre le scientisme et l'anarchisme individualiste du bourgeois, elle substituera totalement à la réalité de la vie bourgeoise une autre réalité dynamique et activiste. Dans cette nouvelle société prolétarienne, le rôle du producteur moderne, du guerrier, est de jeter les fondements d'une civilisation nouvelle, virile et puissante, c'est-à-dire aux antipodes de celle mise en place par le bourgeois, cet éternel « déraciné », ce « cosmopolite pour qui il n'y a ni patries ni classes », ce « marchand [qui] ne comprend rien à l'honneur... valeur non cotée à la Bourse [7] ».

Il est indéniable que le syndicalisme révolutionnaire présentait une contradiction entre la notion eschatologique de grève générale et l'action directe quotidienne qui voulait arracher au patronat des

---

1. É. Pouget, *La Confédération générale du travail*, *op. cit.*, p. 34-35.
2. *Ibid.*, p. 35. — 3. *Ibid.*
4. É. Berth, *Les Nouveaux Aspects du socialisme*, *op. cit.*, p. 60-61.
5. *Ibid.*, p. 54.
6. G. Sorel, *La Décomposition du marxisme*, *op. cit.*, p. 54-55 et 62-63 (p. 63, Sorel en appelle cette fois au Bergson de *l'Évolution créatrice*).
7. É. Berth, *Les Nouveaux Aspects du socialisme*, *op. cit.*, p. 4 et 54-56.

concessions en matière de salaires et de conditions de travail. La grève partielle victorieuse émousse la capacité du prolétariat à conquérir le pouvoir par la grève générale. Pour sortir de cette contradiction, les syndicalistes ont mis en avant la valeur pédagogique de l'action directe; les grèves professionnelles, à l'origine antinomiques de la grève générale, sont les grandes manœuvres de la révolution future [1]. La conséquence de cette situation, c'est l'action, l'action pour l'action où le mouvement est tout.

Les syndicalistes révolutionnaires se considèrent comme une aristocratie nouvelle menant à la guerre — la guerre sociale — l'immense armée des prolétaires. Comme Sorel et Berth, les autres théoriciens de ce syndicalisme subissent aussi l'influence de Nietzsche. Ils accueillent avec ferveur son mépris de la mentalité bourgeoise et n'hésitent pas à faire un révolutionnaire de son surhomme. Son concept de l'élite, l'importance qu'il attache à la violence, à l'héroïsme, au dynamisme et à la foi, à l'activisme en somme, vont fortement modifier le marxisme jusque-là professé par les syndicalistes. Dès lors, ceux-ci vont mettre l'accent sur la puissance créatrice de l'individu et sa capacité de changer le cours de l'histoire.

L'élan révolutionnaire devient ainsi fonction de foi et de volonté, et non plus d'une conscience de l'évolution historique. Voilà pourquoi la rencontre avec l'Action française ne sera pas fortuite, mais le résultat d'une conception très proche du bien politique et des forces historiques.

Ce n'est certes pas l'effet du hasard si, après la crise de la CGT, l'élimination de Griffuelhes, en février 1909, et la retraite de Pouget, certains intellectuels, comme Sorel et Berth, ou des militants, comme Janvion et Pataud, finissent par répondre aux appels du nationalisme intégral. Quant à Hervé et à Lagardelle, c'est la guerre qui les y mènera. Il est vrai que, dès la première décennie du siècle, leur révolte contre la démocratie et le socialisme trouvait déjà écho au sein de cette nouvelle droite radicale, activiste et révolutionnaire.

---

1. Cf. H. Dubief, *le Syndicalisme révolutionnaire, op. cit.*, p. 37-38.

CHAPITRE IX

A la recherche d'une assise populaire : l'Action française et le prolétariat

1. LA DIMENSION ANTICONSERVATRICE DE L'ACTION FRANÇAISE

En ce début de siècle — la chose est peu connue —, l'Action française est un mouvement de caractère très différent de celui qui sera le sien durant les années vingt et trente. Née de l'opposition au nationalisme conservateur, bien-pensant et conformiste que pratiquait la respectable Ligue de la Patrie française, exécrant les modérés de tous bords, l'Action française est, à cette époque, un véritable laboratoire d'idées qui se voudrait aussi un mouvement de combat à recrutement populaire.

De tous les mouvements issus de l'affaire Dreyfus et des crises de la fin du XIXe siècle, l'Action française est le seul à rompre non seulement avec le régime, ses institutions et ses pratiques, mais aussi avec ses fondements spirituels. Elle clame bien haut l'incompatibilité absolue entre le régime républicain et le nationalisme, et explique ainsi les échecs successifs du boulangisme et de la Patrie française, ceux de Déroulède, de Barrès, de Rochefort ou de Lemaitre[1].

---

1. Telle est la thèse de l'*Enquête sur la monarchie*. Cf. aussi L. de Montesquiou, *les Origines et la Doctrine de l'Action française*, Paris, Ligue d'Action française, 1918, p. 12-13. Cette brochure doctrinale de Léon de Montesquiou, rédigée à la veille de la guerre, constitue l'un des exposés les plus clairs et les plus concis de l'idéologie de l'Action française. Pour Maurras, un nationaliste républicain, fût-il le mieux intentionné, ne peut éviter de « manquer aux engagements pris envers l'idée de la patrie » : la France n'est jamais pour lui que « la France mais... » (*Enquête sur la monarchie*, Paris, Fayard, s.d. [1925], p. 475 et 476, éd. définitive). Cf. aussi L. de Montesquiou, *les Origines et la Doctrine de l'Action française op. cit.*, p. 14 : tel Déroulède qui « mêlait la patrie et la Révolution et l'on ne sait la plupart du temps à quoi il donnait la première place ».
Ce n'est qu'avec Eugen Weber que le mouvement maurrassien a trouvé son premier véritable historien. Le livre de Weber (*l'Action française*, Paris, Stock,

Selon Maurras, les raisons réelles de cette série de défaites échelonnées sur une dizaine d'années ne sont pas du domaine de la stratégie politique, mais relèvent en fait du compromis qu'accepte le nationalisme, un compromis qui le vicie dans son principe même. Le grand tort des adversaires du régime, estime-t-il, fut de vouloir le transformer ou l'améliorer. Comme s'il ne s'était agi que de corriger une déviation. Or, pour Maurras, essayer de transformer, d'améliorer ou de corriger un régime implique qu'on en accepte les postulats et signifie, d'une manière ou d'une autre, qu'on le croit ajustable au cours de l'évolution historique.

Or, absurdes et, plus encore, criminels, les idéaux de 1789 avaient touché au cœur vivant de la nation. L'individualisme attaquait les droits de la société, le rationalisme ignorait les faits de nature et de réalité, l'universalisme, enfin, tuait la patrie. Tout ce que le siècle des Lumières, le libéralisme, écrit Colette Capitan-Peter, avaient pu introduire de « théologie » révolutionnaire dans les cerveaux avait nui à la force du sentiment national. C'est pourquoi l'Action française se donne pour but de maîtriser les forces propres à vaincre les idées libérales et démocratiques. Sans qu'il en soit jamais donné de définition plus précise, le « nationalisme intégral » s'apprête ainsi à défendre cette « chose » que la politique a pour mission de faire durer : la nation [1].

Persuadé que l'expérience venait de prouver qu'à force d'entretenir l'équivoque le nationalisme se condamnait à l'impuissance, Maurras n'hésite pas à heurter de front la personnalité antidreyfusarde la plus imposante du moment : Barrès, à qui son œuvre littéraire donne, en ce début du siècle, une stature que son action politique manque toujours de lui gagner. Ainsi, lorsque l'auteur des *Déracinés* en vient à repousser les conclusions de l'*Enquête sur la monarchie*, invoquant sa volonté

1964) reste à ce jour l'ouvrage d'ensemble le plus complet, le mieux articulé, le plus riche. Il constitue, avec celui de Colette Capitan-Peter *(Charles Maurras et l'Idéologie d'Action française, op. cit.)*, le fondement de notre connaissance de l'Action française. Parmi les travaux les plus récents, on citera les actes des trois colloques Charles Maurras tenus à l'université d'Aix-en-Provence *(Études maurrassiennes*, Aix-en-Provence, 1972-1973-1974, 3 vol.); E. Nolte, *le Fascisme en son époque* (Paris, Julliard 1970) et, du même auteur, *les Mouvements fascistes* (Paris, Calmann-Lévy, 1969), qui montrent combien il est difficile de situer l'Action française sur l'échiquier politique; S. Wilson, « A view of the past : Action française historiography and its socio-political function », *The Historical Journal*, vol. 19, n° 1, mars 1976, p. 135-161.
1. C. Capitan-Peter, *Charles Maurras et l'Idéologie d'Action française, op. cit.*, p. 22-24.

de rester sur le terrain des réalités, la réplique de Maurras est vive et acerbe.

Au nom des faits, du réalisme et du pragmatisme, Barrès s'était en effet refusé à s'engager dans la voie de l'Action française. La lettre-réponse à Maurras est brève, concise, tranchante dans ses formules ramassées, dont certaines blessèrent profondément l'auteur de l'*Enquête* :

> Je comprends qu'une intelligence jugeant *in abstracto* adopte le système monarchique qui a constitué le territoire français [1].

Le grand reproche que Barrès adresse à Maurras est de s'enfermer dans une construction abstraite, donc antihistorique, car l'histoire ne possède guère d'autres critères que celui du fait établi. Les faits sont les fruits d'une évolution. Or, qui dit évolution dit continuité et se doit d'accepter la légitimité de cette continuité. L'essentiel de l'argumentation contre la théorie de Maurras sur la monarchie est condensé dans cette autre phrase du même texte :

> Je ne date pas d'un siècle l'histoire de la France, mais je ne puis non plus méconnaître ses périodes les plus récentes [2].

Ce refus que Barrès signifie à Maurras, il l'avait déjà énoncé lors de la fondation de la Ligue de la Patrie française. En créant la Ligue, ses fondateurs ont déclaré vouloir l'enter sur le respect des « traditions ». Ils butèrent alors sur la célèbre interjection de Lavisse : « Quelles traditions [3] ? » A quoi Barrès ajoutait :

> Nous ne sommes pas des dogmatiques; nous sommes disposés à faire quelque chose avec ce qui est. Quelles que soient les objections

1. « Lettre de M. Maurice Barrès », in Ch. Maurras, *Enquête sur la monarchie, op. cit.*, p. 134-135.
2. *Ibid.*, p. 135. Cf. M. Barrès, *Mes cahiers, op. cit.*, t. I, p. 93-94 : « Avoir la conscience nationale, le sentiment qu'il y a un passé du pays, le goût de se rattacher à ce passé le plus proche. » Cf. aussi *Scènes et Doctrines du nationalisme, op. cit.*, t. I, p. 87 : « Après tout, écrit Barrès, la France consulaire, la France monarchique, la France de 1830, la France de 1848, la France de l'Empire autoritaire, la France de l'Empire libéral, toutes ces Frances enfin qui, avec une si prodigieuse mobilité, vont à des excès contradictoires, procèdent du même fonds et tendent au même but; elles sont le développement du même germe et sur un même arbre les fruits des diverses saisons. »
Maurras, on le sait, n'a pas ménagé ses efforts pour gagner Barrès à la bonne cause. A de nombreuses reprises, tout en faisant état de sa déception, de sa « mélancolie » face au refus de Barrès, il essaiera de le convaincre de surmonter ses réticences. Cf. leur correspondance depuis le lancement de l'*Enquête* : M. Barrès et Ch. Maurras, *la République ou le Roi, op. cit.*, p. 298 *sq.*, et, plus particulièrement, p. 298-300, 348-353, 435-436 et 454-456.
3. *Mes cahiers, op. cit.*, t. II, p. 91.

que nous puissions faire contre la Révolution, nous sommes disposés à accepter les choses au point où elles sont, et précisément parce que nous ne sommes pas des révolutionnaires, nous voulons tirer parti des choses [1].

Il concédait qu'il y avait « plusieurs raisons et plusieurs traditions en France [2] ». Cette acceptation du verdict de l'histoire, qui a été le fondement et le fil conducteur de la pensée de Barrès, ne pouvait que révolter Maurras. Barrès s'incline devant le jugement rendu par le temps, et il accepte sa légitimité. Pour Maurras, au contraire, le temps est synonyme de mort, il est le responsable du déclin de la nation, de son dépérissement. Libéré par la Révolution, le temps de l'histoire dissout l'être national. C'est pourquoi la naissance de l'Action française prend cette direction particulière qui sera la sienne : la réaction contre cette première génération du socialisme national qui venait de perdre les grandes batailles des années 1880-1890, et qui sera aussi la première à se désagréger. Une bonne partie de ces hommes avait progressivement disparu de la scène politique, mais d'autres, et c'est le cas de Barrès, avaient pu refaire surface, sous un autre visage.

En effet, en ce début de siècle, l'ancien directeur de *la Cocarde* vient de céder la place à l'auteur du *Roman de l'énergie nationale* : le jeune et bouillant député de Nancy, le brillant auteur de *l'Ennemi des lois* vient de se muer en un paisible conservateur. Parce que sa théorie de *la Terre et les Morts* implique l'acceptation du verdict de l'histoire, Barrès ne peut et ne veut pas donner son adhésion à une théorie politique qu'il considère comme antihistorique. Pour lui, le temps des aventures est révolu : les échecs successifs du boulangisme et de l'antidreyfusisme ont fait du révolté des années quatre-vingts un solide conservateur. A l'issue de toutes ces batailles perdues, il s'attache surtout à défendre ce qui est — en proposant d'améliorer ce qui peut l'être —, à préserver et à consolider les trésors de la lignée, à cultiver la fidélité à la continuité française. La politique de Barrès est dès lors commandée par sa vision de l'histoire; son nationalisme conservateur repose sur la volonté de considérer l'histoire de France comme un tout indivisible dans lequel la Révolution française a droit de cité. En d'autres termes, Barrès, parvenu au terme de son évolution intellectuelle, glisse vers le centre : il personnifie alors cet esprit de la Patrie française qui accepte la légitimité de l'ordre établi. Cette option

1. *Mes cahiers, op. cit.*, p. 92. Cf. aussi *Assainissement et Fédéralisme*, discours prononcé à Bordeaux le 29 juin 1895, Paris, Librairie de *la Revue socialiste*, 1895, p. 7, où il écrit : « L'histoire n'admet pas de pastiches. »
2. *Mes cahiers, op. cit.*, t. II, p. 137.

fait qu'il restera toujours réticent à l'égard de la pensée de Maurras, comme à l'égard des tentatives de rapprochement que certains milieux du syndicalisme et le mouvement maurrassien essaieront de faire aboutir.

Les hommes de l'Action française, Vaugeois, Léon de Montesquiou, Valois, Maurras lui-même, ne manqueront jamais de se recommander de Barrès, et l'Action française lui rendra toujours hommage, plus spécialement au cours des premières années qui suivent sa fondation [1]. Mais tout cela ne saurait masquer la réalité : si, en ce début de siècle, Maurras fait figure d'héritier de Barrès, c'est seulement de la filiation du jeune Barrès qu'il peut se réclamer, le Barrès révolutionnaire qui menait la jeune génération à l'assaut de l'ordre établi. La naissance du mouvement maurrassien incarne ainsi l'apparition, à droite, d'un nouvel activisme, de même que le syndicalisme révolutionnaire traduit la volonté de renouveau de l'extrême gauche. Et Valois n'a pas tort lorsqu'il s'en prend aux « conservateurs de gauche et de droite »; car, au moment où mûrit la nouvelle génération qui se lève contre la démocratie libérale, Barrès, à l'instar de Jaurès ou de Guesde, fait déjà figure de pilier de l'ordre établi.

Ce processus de glissement d'éléments extrémistes vers le centre, dont on voit les premières manifestations au cours de ces années, deviendra classique avec le temps — l'Action française elle-même n'y échappera pas. On voit alors monter, à l'extrême droite comme à l'extrême gauche, des formations plus mordantes, plus jeunes, plus combatives. En tout cas, en ce début de siècle, le mouvement radical, c'est l'Action française. Elle succède au nationalisme conservateur en s'affirmant contre lui; elle cherche à accrocher le milieu ouvrier par des moyens qu'il ne sera plus jamais possible d'utiliser par la suite. L'Action française est alors incontestablement beaucoup plus proche d'une certaine forme de socialisme national qu'elle ne le sera à aucun autre moment de son histoire. Les rapprochements qui se dessinent, les alliances qui se forment au cours de la période qui précède la guerre rappellent avec insistance l'entreprise de *la Cocarde*. On assiste à un même bouillonnement d'idées, il s'agit de la même volonté de dépasser les clivages traditionnels, considérés comme artificiels. Un effort considérable est alors fourni par l'entourage de Maurras pour mobiliser, tout en préservant la clientèle royaliste traditionnelle,

1. Cf., par exemple, L. de Montesquiou, « Maurice Barrès et la doctrine nationaliste » (*l'Action française*, 1er juillet 1902), ou encore la fameuse phrase de Maurras : « C'est mon scandale, Barrès n'est pas royaliste » (« Une campagne royaliste au *Figaro* », *ibid.*, 1er octobre 1902, p. 521). Sauf indication contraire, c'est de *l'Action française*, revue bimensuelle, qu'il s'agit dans ce chapitre.

des couches sociales et des familles d'esprit totalement étrangères au monarchisme.

Au lendemain de la guerre, l'Action française, comme Barrès vingt ans plus tôt, commencera sa trajectoire vers le centre : sa fonction de mouvement franchement radical sera désormais remplie par les divers mouvements fascistes où proliféreront les anciens du mouvement maurrassien.

En rompant avec la Ligue de la Patrie française, les fondateurs de l'Action française entendent se dégager définitivement d'un mouvement qui a « encore beaucoup de poison ' libéral ' dans le sang, [qui] n'est pas guéri de la République ' tolérante '[1] ». C'est bien ce refus de rupture avec le consensus républicain qui se trouve, pour les hommes de l'Action française, à l'origine de l'échec subi par « la révolution antidreyfusarde » et être la cause de « la déroute présente de toutes les forces nationalistes[2] ». C'est ce refus encore qui serait à l'origine de l'indigence doctrinale des ligues nationalistes, et de leur hétérogénéité idéologique. A la place de ce « ramas de personnalités incohérentes et d'individualités désunies » qui formaient les bataillons de la Ligue présidée par Jules Lemaître, l'Action française entend former la « Brigade de fer »; comme jadis « la phalange macédonienne » qui « eut raison de la cohue démocratique des peuples de l'Asie », le mouvement maurrassien triomphera de la démocratie libérale[3]. L'Action française veut donc la destruction totale de l'ordre républicain, et les « nationalistes intégraux », en entreprenant de délivrer la France « du parlementarisme nécessairement vénal et enjuivé », dénoncent l'incompatibilité du « républicanisme », même « modéré » ou « patriote », et du nationalisme. Ce républicanisme, d'ailleurs, n'est qu' « un enfantillage, un pauvre jeu d'innocents[4] ». C'est pourquoi Vaugeois clame son refus de s'associer à la comédie des élections législatives. Il flétrit les conservateurs, les royalistes aussi bien que les républicains de la Patrie française, tous ceux qui acceptent les règles du jeu, qui se placent à l'intérieur du consensus républicain, car

> on ne peut espérer détruire un régime qu'en s'appuyant sur un principe qui lui soit clairement et radicalement opposé[5].

1. H. Vaugeois, « Notes politiques », *L'Action française*, 1er avril 1902, p. 563. Cf. aussi p. 558-589 et *ibid.*, 15 mai 1902, p. 821.
2. H. Vaugeois, « Notes politiques », *L'Action française*, 1er mai 1902, p. 731-732. Cf. aussi « L'abdication de M. Cavaignac », *ibid.*, 1er août 1905.
3. « Ligue d'Action française », *L'Action française*, 1er août 1905, p. 224-225.
4. H. Vaugeois, « Notes politiques », *L'Action française*, 1er mai 1902, p. 731. Cf. aussi *l'Action française*, 1er avril et 15 mai 1902, p. 562-563 et 825-826.
5. H. Vaugeois, « Nous ignorerons les affiches », *L'Action française*, 1er août 1901, p. 175.

L'Action française et le socialisme, on le voit, ont les mêmes allergies et un même objectif. Le socialisme de ces années-là n'est pas encore, il est vrai, identifié au millerandisme. Il n'a pas baissé encore le drapeau de la révolution sociale et son militantisme ne s'est pas encore émoussé. Et, quand le parti socialiste aura accepté les règles du jeu de la démocratie libérale, le syndicalisme révolutionnaire prendra la relève, assurant ainsi, pour l'extrême gauche, la continuité d'une certaine tradition révolutionnaire dont l'Action française avait repris le flambeau à l'extrême droite.

Pour les maurrassiens, la démocratie est antinationale, pour le syndicalisme révolutionnaire elle est antisociale, pour les uns et pour les autres, sa légitimité est nulle, elle est contraire à la nature, elle incarne le mal. Volontairement, maurrassiens et syndicalistes révolutionnaires se mettent hors la loi. Ce qui explique que, dès 1900, commence de sévir dans les milieux de l'Action française une idéologie « monarchiste-sociale » ou « socialiste-monarchiste ». Maurras lui-même n'hésite pas à appliquer cette expression au marquis de La Tour du Pin [1], ou à l'employer lorsqu'il parle du « socialisme éternel » dont il se réclame [2]. A cette époque, Maurras caresse aussi le projet d'un journal dont « la nuance est nationaliste avec quelques propensions au socialisme » : il est vrai, cependant, qu'il sait fort bien tempérer ses effusions gauchisantes puisque en guise de programme il préfère l' « équilibre social » à la « justice sociale [3] ».

C'est aussi au cours de cette période que l'Action française diffuse le programme de Nancy de Barrès [4] — cette pièce maîtresse du socialisme national — et lance une violente campagne anticonservatrice. Elle s'attaque alors à tout ce qui, de près ou de loin, est entaché de pluralisme : conservateurs de tout poil emmenés par des « journalistes judéo-catholiques », catholiques libéraux, royalistes qui acceptent les règles du jeu démocratique et parlementaire [5]. Vaugeois englobe dans un même opprobre l'aristocratie royaliste, les salons bourgeois et cette opposition nationaliste qui, à la veille des législatives de 1902, bâcle déjà les alliances et

1. Ch. Maurras, Introduction aux « Aphorismes de politique sociale », *L'Action française*, 15 octobre 1900, p. 527.
2. Ch. Maurras, « Politique mortelle et société renaissante », *Gazette de France*, 21 décembre 1906. Cf. aussi « Lectures et discussions. Socialistes et royalistes », *l'Action française*, 1er décembre 1903.
3. Lettre de Maurras à Barrès du 3 février 1899, *la République ou le Roi, op. cit.*, p. 207.
4. *L'Action française*, 15 septembre 1900.
5. H. Vaugeois, « Ordre ou désordre », *L'Action française*, 15 septembre 1902, p. 423-425.

cuisine les programmes de coalition, bardés d'équivoques engageantes, humectés de réticences au vinaigre. Il y aura à boire et à manger pour tous les goûts, à condition toutefois que l'on ait l'estomac solide. A cet égard, on peut être tranquille de notre côté : les estomacs « conservateurs » n'ont pas volé leur nom; ils en ont avalé de telles et de si répugnantes, depuis quelque trente ans, qu'ils sont préparés, et à merveille, pour le petit festin dit « nationaliste » de mai 1902 [1].

Vaugeois n'en finit plus de dire son mépris pour « ces vaines combinaisons démagogico-réactionnaires », pour « le marais » où s'enlise le « généreux torrent de l'instinct antidreyfusard »; contre ces « braves candidats de toutes les ' Patries ' plus ou moins françaises et de toutes les ' Actions ' plus ou moins libérales » : le mouvement maurrassien se prépare pour le jour où, fatalement, « ce nationalisme [...], nous le verrons en lambeaux, au pied de tous les murs, avec les vieilles affiches [2] ». Huit ans plus tard, ce sera à Louis Dimier, cette fois, de s'écrier, à la séance de clôture de l'Institut d'Action française :

> Et nous ferons avec ces anarchistes d'hier, ouvriers, professeurs, pour le Roi, l'alliance, sur les cendres fumantes du *Gaulois* de Meyer, du *Figaro* et du *Journal des débats* [3].

Pour en arriver là, le mouvement maurrassien avait mené, tout au long de la première décennie du siècle, une longue campagne contre le libéralisme, le capitalisme et pour un front commun avec cette fraction du prolétariat qui refusait le fait accompli de la « révolution dreyfusienne ».

Durant toutes ces années, Charles Maurras ne manque jamais de soutenir que « le libéralisme supprime [...] en fait toutes les libertés. Libéralisme égale despotisme [4] ». Cette réflexion l'amène à répéter aux ouvriers auxquels il s'adresse cette remarque que leurs chefs leur avaient déjà rendue extrêmement familière :

> La liberté économique aboutit donc, par une déduction rapide, à la célèbre liberté de mourir de faim [5].

---

1. H. Vaugeois, « Nous ignorerons les affiches », *L'Action française*, 1er août 1901, p. 173-174. Cf. aussi « Notes politiques », *ibid.*, p. 173-181, et 15 octobre 1905, p. 91-94.
2. H. Vaugeois, « Notes politiques », *L'Action française*, 15 mars 1902, p. 461-462.
3. *L'Action française*, 15 juillet 1910, p. 24.
4. Ch. Maurras, « Libéralisme et libertés : démocratie et peuple », *L'Action française*, 1er février 1906, p. 168.
5. *Ibid.*, p. 169.

Pour les hommes de l'Action française, la responsabilité en incombe, bien sûr, à la Révolution :

> Comme toutes les conquêtes libérales de la Révolution de 89, la liberté du travail n'a fait que consacrer la liberté du plus fort,

dit Jean Rivain [1], et il ajoute :

> le droit du propriétaire ayant été reconnu inviolable et sacré, on a supprimé les devoirs et les charges qui le diminuaient [2].

La loi de l'offre et de la demande avalisée par les principes de 89 devient ainsi un formidable moyen d'exploitation de l'ouvrier par « la bourgeoisie républicaine ». Et, « du trait de plume de Chapelier, l'ouvrier devient un être isolé dans la société [3] » : cette atomisation sociale sera toujours considérée par le mouvement maurrassien comme le péché capital de la Révolution. Elle est la cause de « la servitude économique de la classe ouvrière », de sa misère et de son impuissance face au patronat industriel [4]. La destruction de la propriété collective et des structures collectives de la société de l'Ancien Régime et leur remplacement par une société fondée sur un individualisme extrême sont à l'origine aussi bien de la détresse ouvrière que de ses élans révolutionnaires :

> De simples mesures d'assistance ou de bienfaisance ne calmeront pas les revendications de ceux qui réclament leur place à une société qui ne la leur fait pas [5].

C'est sur ce slogan d'une même lutte contre les principes du libéralisme et de la société bourgeoise et sur cette vision d'un monde où, au nom de la liberté, sévit « l'anarchie économique génératrice de la crise ouvrière », que l'Action française s'évertue à créer le front commun avec le prolétariat [6]. Jusqu'à la veille de la guerre, le mouvement s'appliquera à ménager le syndicalisme. Non seulement parce qu'il y voit un allié objectif dans sa lutte contre la République, mais aussi parce qu'il le considère comme un élément de stabilité auquel

---

1. J. Rivain, « L'avenir du syndicalisme », *L'Action française*, 15 septembre 1908, p. 468. Dans la même page, Rivain traite du sort de l'ouvrier devenu « une marchandise humaine » entre les mains du « capitaliste qui a l'argent [et donc] la force ».

2. *Ibid.*, p. 469. Cf. aussi J. Rivain, « Les faux dogmes de 89 », *l'Action française*, 15 août et 1er septembre 1902.

3. « L'avenir social », *L'Action française*, 15 juillet 1905, p. 90 (article non signé).

4. J. Rivain, « L'avenir du syndicalisme », *L'Action française*, 15 septembre 1908, p. 470.

5. *Ibid.*, p. 471.

6. *Ibid.*, p. 468-469.

il ne faudrait que peu de chose pour en faire un facteur de conservation. Aux yeux des hommes de l'Action française, le syndicalisme aura toujours pour vertu essentielle son caractère corporatif : fondé sur des affinités tangibles et des intérêts concrets, le mouvement ouvrier reflète les réalités sociales et économiques et constitue, de ce fait, un élément d'organisation et de stratification. Par son anti-individualisme, le syndicalisme contribue à détourner de la nation les forces qui menacent de la dissoudre.

Bien que toujours plus portée vers l'aspect proprement politique du libéralisme, l'analyse maurrassienne ne peut séparer celui-ci de son aspect économique. Si la critique de la démocratie, du parlementarisme et d'un État manquant de chef, de cerveau et de politique est de toujours la colonne vertébrale de l'idéologie de l'Action française, les méfaits du libéralisme économique ne peuvent lui échapper. En effet, il n'y avait aucune raison pour que Maurras et ses disciples acceptent dans le domaine économique ce qu'ils refusent dans le domaine politique, à savoir le libre jeu des intérêts individuels et le principe du « laisser-faire, laisser-passer [1] ».

La critique maurrassienne de l'individualisme, qui conduisait ses auteurs à dénoncer les ravages de l'économie libérale et à menacer « les financiers et les capitalistes » des foudres de la révolution sociale [2], devait les rapprocher très sensiblement de la critique socialiste du libéralisme. C'est pourquoi, pour les hommes de l'Action française, le libéralisme reste toujours l'adversaire principal, l'adversaire à abattre en priorité. Il est incontestable que des deux idées fondamentales qui dominent la pensée maurrassienne, l'une est commune à l'Action française et au socialisme : c'est l'idée qu'une société où les individus sont livrés à eux-mêmes est une société barbare qui tend naturellement à l'anarchie et à la tyrannie du plus fort. Les maurrassiens et les socialistes se trouvent donc d'accord pour dénoncer le résultat le plus hideux de cent ans d'économie capitaliste : l'exploitation du prolétariat. Aussi Thierry Maulnier n'a-t-il pas tort de préciser, trente ans plus tard, au moment où réapparaissent les mêmes tentatives de créer un front commun de tous les ennemis de la démocratie libérale, que Maurras ne se trompait pas en soutenant que la simple réalité de la condition prolétarienne est, à elle seule, un démenti absolu au libéralisme. Cette réalité, pense Maurras, montre que la liberté idéale se transforme en fait en servage, en même temps qu'elle

1. Cf. la rubrique consacrée aux « questions sociales » : « L'organisation du travail. M. Paul Beauregard contre M. Charles Benoist », *l'Action française*, 15 mai 1905, p. 261-262.
2. *Ibid.*

témoigne de la longue incompréhension des bourgeois conservateurs et libéraux à l'égard de la condition ouvrière[1]. Ajoutons que, le lendemain des événements sanglants de Draveil, Maurras devait écrire :

> Qu'il fasse beau, qu'il fasse laid, en temps de calme ou les jours de crise, la bourgeoisie ne comprend pas la question ouvrière, et cela, faute de la voir[2].

Dans un même ordre d'idées, Maurras remarque, à propos d'une menace de grève des électriciens de l'Opéra, que, dans le grand conflit entre les ouvriers et le capitalisme, ce ne sont pas les ouvriers qui ont commencé et ce ne sont pas eux qui en portent la responsabilité. Alors que la presse bourgeoise crie au chantage parce que les électriciens menacent de saboter les soirées de l'Opéra, l'auteur de l'*Enquête* écrit : « Nous soutenons qu'il y a aussi chantage quand les patrons mettent des prolétaires dans l'alternative d'accepter un salaire de famine ou de quitter le travail[3]. » Pour Maurras, il ne fait pas de doute que, dans le conflit qui oppose le prolétariat au patronat, « l'exploitation capitaliste est la première en date[4] ».

Et il n'hésite pas à exposer ces réflexions sur la condition du prolétaire :

> Aux heures de paix et d'entente, il donne du travail, et reçoit de l'argent, heureux si on ne lui demande pas de la reconnaissance et du dévouement pour la bonté que l'on a eue de l'admettre au bénéfice de ce marché. Tout est combiné pour lui inspirer le sentiment de sa dépendance. Alors que tant de choses dépendent de lui, alors que tout s'arrêterait s'il pouvait entraîner ses pareils à se croiser les bras avec lui, la vie sociale fonctionne comme s'il ne servait de rien, comme si sa puissance spécifique était nulle, comme si son sacrifice ne pesait rien! Les compliments des politiciens, les avances menteuses des projets de loi peuvent l'étourdir : il cherche un état social qui, le fixant, lui vaille le respect de sa dignité[5].

Cependant, tout en nous montrant ce qui pouvait rapprocher les conceptions des maurrassiens de la critique socialiste, la masse de leurs écrits atteste aussi ce qui les sépare. Car l'objectif final des maurrassiens reste inébranlable : le prolétariat doit s'intégrer dans la

1. T. Maulnier, « Charles Maurras et le socialisme », *La Revue universelle*, t. LXVIII, nº 19, 1ᵉʳ janvier 1937, p. 167.
2. Ch. Maurras, *Dictionnaire politique et critique*, Paris, Fayard, 1931-1933, t. III, p. 264.
3. *Ibid.*, t. IV, p. 291.
4. *Ibid.*
5. *Ibid.*, t. III, p. 83.

communauté nationale[1]. C'est pourquoi Maurras ne conçoit le socialisme qu'en tant que complément naturel et logique du nationalisme. Pour lui, le principe cardinal est que :

> Il y a opposition, contradiction à angle droit entre le marxisme, égalitaire, international, et la protection de la nation et de la patrie.

Il ajoute, néanmoins, cette idée essentielle :

> Mais un *socialisme, libéré de l'élément démocratique et cosmopolite*, peut aller au nationalisme comme un gant bien fait à une belle main[2].

Sous des formes diverses, ce principe revient à de nombreuses reprises : « Un système socialiste *pur* serait dégagé de tout élément de démocratisme[3] », écrit Maurras dès 1900. Un Jaurès est un « social-demokrat » *(sic)*, de même un Guesde[4] est un social-démocrate, mais pas un socialiste. En effet, dans l'esprit des compagnons de Maurras,

> ce n'est pas le socialisme qui vicie la démocratie : c'est l'élément démocratique introduit dans le socialisme qui détourne et corrompt les plus justes revendications des prolétaires[5]...

Sept ans plus tard, Jean Rivain pourra se féliciter d'avoir vu naître « ce socialisme antidémocratique » que son maître se plaisait à évoquer[6] : le jeune Maurras n'avait-il pas prédit, au début de sa carrière, « de curieux phénomènes de contre-révolution » le jour où le natio-

---

1. Cf. J. Bainville, « La politique extérieure », *l'Action française*, 15 octobre 1913, p. 294-295. Dans cet article très caractéristique de la pensée de l'Action française, Bainville signale, à propos du vote des crédits militaires par le Reichstag, la victoire du courant antirévolutionnaire au sein de la social-démocratie allemande et s'applique à montrer comment, dans un État monarchique, le socialisme devient nationaliste et conservateur. Certes, Bainville est parfaitement conscient du fait que cette docilité des socialistes allemands renforce terriblement l'Empire et en fait un ennemi encore plus dangereux, mais la question de principe ne s'en trouve pas pour autant changée. Ainsi, en Allemagne comme en Hollande, se structure un socialisme « qui ne fait plus peur aux têtes couronnées et qui, de son côté, se dépouille à vue d'œil de ses préjugés démocratiques et de ses passions révolutionnaires » (*l'Action française*, 15 juillet 1913, p. 66).
2. Ch. Maurras, *Dictionnaire politique et critique, op. cit.*, t. V, p. 213. Cf. aussi sa « Campagne royaliste au *Figaro* », *l'Action française*, 15 octobre 1902, p. 644-648 : c'est dans ce sens qu'il considère que le marxisme « est rejeté par la nature du sol français, du peuple français ». Sa croissance dans ce pays de petite et moyenne propriété est un « scandale », un viol permanent de l'immense majorité du pays par une infime minorité.
3. *L'Action française*, 15 novembre 1900, p. 863.
4. *Ibid.*
5. « L'avenir social », *L'Action française*, 15 juillet 1905, p. 88.
6. J. Rivain, « Les socialistes antidémocrates », *L'Action française*, 1er mars 1907, p. 416.

nalisme s'allierait à un mot populaire, « celui de socialisme par exemple [1] »?

L'une des manifestations les plus caractéristiques de cet esprit nouveau qui commence alors de pénétrer la classe ouvrière est l'article de Robert Louzon. Les milieux de l'Action française font à cet article un accueil retentissant. Violemment antisémite, il est unanimement salué par les maurrassiens comme le symbole des changements qui sont en train de s'opérer au sein de la classe ouvrière. Et pour cause. « La faillite du dreyfusisme ou le triomphe du parti juif [2] » fait siennes les thèses classiques de l'antisémitisme de gauche. Dans les milieux nationalistes, on comprend que ce n'est pas l'effet du hasard si l'article de Louzon est lancé par *le Mouvement socialiste*, héritier de *la Revue socialiste* de Malon, Regnard et Chirac. La tradition ne s'est pas perdue tout à fait, l'Affaire n'a pas tout nettoyé, et cette renaissance d'un courant antisémite au sein du mouvement ouvrier acquiert alors, pour les maurrassiens, une valeur exceptionnelle. Pour un Valois, cela signifie tout simplement que « le pacte infâme de 1898 était déchiré [3] ».

Deux ans plus tard, à l'instigation d'Émile Janvion, le futur leader du groupe syndicaliste antimarxiste et antisémite « Terre libre », et à l'occasion du 1er mai 1908, la révolte d'un groupe de militants de la CGT prend, aux yeux de la droite radicale, des dimensions véritablement historiques.

> La pendaison de Marianne devant la Bourse du travail est l'acte le plus significatif de notre histoire depuis le 14 juillet 1789. Bourgeois conservateurs, le comprendrez-vous?

clame alors Maurras [4].

L'auteur de l'*Enquête* pouvait penser, à raison, et dans la mesure où la pendaison de Marianne peut être interprétée comme un ralliement des forces politiques représentant le prolétariat organisé à celles qui, à droite, se lèvent contre la République, que cet acte est bien l'événement le plus significatif depuis la Révolution. En sonnant le glas de la démocratie libérale, il annonce bien l'avènement d'une ère nouvelle. Les germes semés à la veille de la Grande Guerre ne porteront leurs fruits que vingt ans plus tard; c'est alors seulement que s'épanouira

1. Cité in T. Maulnier, « Charles Maurras et le socialisme », *loc. cit.*, p. 169.
2. *Le Mouvement socialiste*, no 176, juillet 1906.
3. G. Valois, *La Monarchie et la Classe ouvrière*, Paris, Nouvelle Librairie nationale, 1914, p. 216.
4. Ch. Maurras, « Liberté d'esprit », *L'Action française* (quotidienne), 4 août 1908.

cette synthèse nouvelle dont Maurras avait si bien compris la signification et qu'il ne cessait d'appeler de ses vœux.

Au cours de cette première décennie du siècle, l'Action française suit avec une attention extrême l'évolution du mouvement ouvrier. Maurras lui-même, mais surtout Jean Rivain, Pierre Galland et celui qui émerge à l'aile gauche du mouvement comme le spécialiste des questions ouvrières, Georges Valois, examinent à la loupe chaque article, chaque discours, chaque réflexion émise par un des leaders de la gauche socialiste. L'article de Louzon, cité pendant des années comme le symbole de la nouvelle direction prise par une fraction du prolétariat et dans laquelle on pense pouvoir entraîner l'ensemble de la classe ouvrière, n'est pas un exemple unique[1].

Moins de six mois après la bombe Louzon, *le Mouvement socialiste* publie l'étude de Merrheim — que Valois ne manquera pas de commenter longuement — sur la fameuse grève d'Hennebont. Pour le leader syndicaliste, cette grande grève venait de mettre à nu une évidence fondamentale :

> Les ouvriers d'Hennebont n'ont pas seulement trouvé en face d'eux les patrons, la Société des cirages français, mais trouvé aussi le gouvernement, le préfet, l'armée, la magistrature de la République, qu'ils méprisent[2].

Plus révélateur encore est le fait qu'un député socialiste révolutionnaire et un directeur d'usine « de gauche » se soient rangés face aux ouvriers. Ce qui conduit le leader syndicaliste à déduire que

> l'oppression morale dont [la République] prétend délivrer l'ouvrier par l'instruction, elle l'a remplacée par *l'oppression économique,* féroce, sans pitié, dans laquelle les travailleurs ne trouvent que souffrances et misères, sans compensation aucune[3].

Cette conclusion est d'une importance capitale pour les thèses maurrassiennes : elle permettra à Valois d'affirmer, dans son rapport au 2e congrès national de l'Action française :

> Nous arrivons à des résultats que nous n'aurions jamais pu espére il y a seulement deux ou trois ans,

1. Le 14 mars 1909, *l'Accord social* en parle encore : cf. l'article de J. Hélo « Dreyfus et le prolétariat français ». Cf. aussi G. Sorel, *la Révolution dreyfusienne op. cit.*, p. 48.
2. A. Merrheim, « La grève d'Hennebont », *Le Mouvement socialiste*, n° 181 décembre 1906, p. 370. Cf. G. Valois, *la Monarchie et la Classe ouvrière, op. cit.* p. 21-22.
3. *Ibid.*, p. 365 et 370.

et de constater ensuite qu'il y

a une grande désaffection de la République dans la population ouvrière[1].

De nombreuses sections de l'Action française signalent alors que c'est dans le monde ouvrier qu'elles réussissent à recruter le plus d'adhérents. Les rapports les plus satisfaisants viennent surtout, et ce ne saurait être le seul fait du hasard, des anciens fiefs du boulangisme. C'est le cas de Narbonne, qui avait élu le Dr Ferroul, et de Toulouse, où s'étaient illustrés Morès et Susini. Parfois, les adhésions d'ouvriers sont signalées nombreuses dans des villes qui connaîtront, plus tard, une forte poussée du Faisceau : Bayonne et Périgueux, par exemple; parfois encore, c'est dans un bastion jaune comme Roubaix. A Carcassonne, il semble même qu'une certaine forme de collaboration s'établit entre la section locale de l'Action française et la bourse du travail[2].

Cet optimisme que l'on affiche dans les milieux maurrassiens est, sans aucun doute, très exagéré. Il est indéniable, cependant, que les effets des incidents de Draveil et de Villeneuve-Saint-Georges pouvaient paraître encourageants pour l'Action française. D'autant que Maurras avait sauté sur l'occasion et réagi à ces événements avec une extrême violence, beaucoup d'à-propos et un grand sens politique. Dans trois articles consécutifs, il accuse Clemenceau d'avoir voulu ce carnage, de l'avoir organisé et préparé. Il appuie sans réserve la CGT dans sa confrontation avec ce gouvernement dreyfusard et appelle ses propres troupes à partager la colère et la haine des militants ouvriers[3].

Le 21 novembre 1910, Lucien Lacour, camelot du Roy, gifle publiquement Aristide Briand. *La Guerre sociale* écrira :

Ce sont les royalistes qui ont aujourd'hui l'apanage de donner des leçons sérieuses aux bandits du pouvoir. Regrettons-le simplement[4].

Si le phénomène que Valois définit comme la « désaffection du monde ouvrier à l'égard de la République, le dégoût et la haine du régime

---

1. *L'Action française*, 15 juillet 1909, p. 69-71. Le 2e congrès national se tient à Paris du 17 au 20 juin 1909. Cf. aussi même thème in *la Monarchie et la Classe ouvrière, op. cit.*, p. XLIX.
2. *Ibid.*, p. 69-72.
3. *L'Action française* (quotidienne), 1er, 3 et 4 août 1908. Cf. aussi G. Valois sur « la tuerie voulue, préméditée, réglée dans ses détails de sang-froid, par un des grands meneurs de l'anarchie dreyfusienne... » (*la Monarchie et la Classe ouvrière, op. cit.*, p. LXXIX).
4. U. M., « Briand le giflé », *La Guerre sociale*, 23 novembre 1910.

parlementaire [1] », prend sous les gouvernements Clemenceau et Briand des proportions considérables, il n'est pas pour autant tout à fait nouveau. Le boulangisme et ses avatars des années quatre-vingt-dix s'étaient abreuvés à la même source : l'antilibéralisme qui, violent ou moins violent, latent ou patent, est toujours capable, en période de crise, de soulever le monde ouvrier contre la démocratie. Certes, sous l'impulsion d'un Jaurès, le prolétariat organisé qui, au temps du drey-fusisme, avait reconnu dans les adversaires de la République ses propres ennemis s'était levé pour la défense de la démocratie. Mais les longues hésitations de ses chefs les plus prestigieux, leurs doutes et leurs incertitudes et, peut-être surtout, leurs motivations profondes n'ont pas manqué de laisser des traces. Aussi, ceux qui, depuis toujours ou depuis longtemps, n'entrevoyaient l'avenir qu'à travers une révolte, tels Maurras, Biétry, Lagardelle, Hervé ou Sorel, en étaient arrivés à penser — étant donné les circonstances — qu'il n'était pas du tout impossible que l'attitude de la classe ouvrière changeât à l'égard de la République.

Dès juin 1902, en effet, Maurras soutient que « l'idée démocratique perd de sa popularité [2] ». Quelques semaines plus tard, Jacques Bainville entreprend une étude approfondie de la série d'articles que publie alors le directeur du *Mouvement socialiste*. On imagine le contentement de Bainville devant cette occasion qu'il a de signaler à ses propres lecteurs qu'

> à l'extrême gauche socialiste, il est des théoriciens qui n'hésitent pas à proscrire, eux aussi, de leur langage le mot démocratie, après avoir critiqué le fait démocratique [3].

Bainville cite longuement le théoricien socialiste qui, selon lui, met le doigt sur la plaie en posant que la classe ouvrière, aujourd'hui, se doit de choisir entre la démocratie et le socialisme [4]. Car, et la sentence est reprise de Lagardelle même,

> le socialisme est mis en péril par la démocratie [5].

Mais, finalement, l'historien monarchiste conclut que Lagardelle, en réalité, ne fait que répéter l'argumentation des monarchistes, à savoir

---

1. G. Valois, *La Monarchie et la Classe ouvrière, op. cit.*, p. xxv.
2. Ch. Maurras, « Le dossier d'une discussion », *L'Action française*, 15 juin 1902, p. 1023.
3. J. Bainville, « Antidémocrates d'extrême gauche », *L'Action française*, 15 juillet 1902, p. 121. Bainville écrit, quelques lignes plus loin : « On comprend tout de suite aussi combien elle est utile à notre point de vue » (p. 122).
4. *Ibid.*, p. 122.
5. *Ibid.*, p. 123.

363

que la démocratie, dans sa nature même, est « incompatible avec cette forme d'organisation économique qui est la fin du collectivisme [1] ». Et si, d'un côté, il estime que Lagardelle n'a pas grand mérite d'établir que la démocratie n'a pas d'objectif économique, de l'autre, il lui rend hommage d'avoir montré que ce régime, en se voulant des fins spirituelles, n'aura tout simplement réussi qu'à être une erreur religieuse. Bainville n'oubliera pas, d'ailleurs, d'en appeler à l'autorité de Guesde et de Lafargue qui s'élevaient contre la Déclaration des droits de l'homme et du citoyen dans un langage que, de son avis, aucun candidat conservateur n'aurait osé employer [2].

Après Maurras et Bainville, c'est Jean Rivain qui entre en lice. Ayant scruté les travaux de l'équipe du *Mouvement socialiste*, il s'attarde plus spécialement sur ceux de Sorel [3]. C'est que Sorel, dans son *Introduction à l'économie moderne*, n'hésite point à « affirmer que la démocratie constitue un danger pour l'avenir du prolétariat dès qu'elle occupe le premier rang dans les préoccupations ouvrières »; il décrit longuement, dans « L'avenir socialiste des syndicats », le processus de pourrissement du système républicain, et proteste « contre cette dictature représentative du prolétariat » exercée par les intellectuels [4]. Jean Rivain ne peut que se féliciter « de cet esprit de révolte » qui souffle dans le mouvement ouvrier actuel, et dont le sens et la portée seront considérables pour l'avenir [5].

2. Le maurrassisme de gauche

En été 1908, il devient clair que c'est dans les gros bataillons de la CGT que le mouvement maurrassien compte désormais recueillir l'appui populaire qu'il désire tant. C'est à ce moment, en effet, que

---

1. J. Bainville, « Antidémocrates d'extrême gauche », *loc. cit.*, p. 124.
2. *Ibid.*, p. 121-122.
3. J. Rivain, « Les socialistes antidémocrates » (suite), *L'Action française*, 15 mars 1907, p. 414-418 et 470-485.
4. G. Sorel, *Introduction à l'économie moderne*, Paris, Librairie G. Jacques, s.d., p. 67. Cf. aussi p. 195, ainsi que « L'avenir socialiste des syndicats », in *Matériaux d'une théorie du prolétariat, op. cit.*, p. 94. Cf. aussi, p. 95-99, le passage important sur le système d'éducation républicain qui fabrique « un prolétariat intellectuel ». Il est intéressant de relever que ces thèses sont les mêmes que celles soutenues par Bourget, dans *l'Étape*, et par Barrès, dix ans plus tôt, dans *les Déracinés*.
5. J. Rivain, « L'avenir du syndicalisme », *L'Action française*, 15 septembre 1908, p. 471 et 478-479.

s'accélère le processus de rupture entre l'Action française et le mouvement jaune.

Pour sa part, Biétry, qui prend progressivement conscience de l'importance de cette évolution, multiplie les mises en garde contre l'illusion de croire qu'il suffit de tabler sur son antidémocratisme pour récupérer le syndicalisme rouge [1].

A l'Action française, pourtant, on y croit. On se découvre même des affinités de plus en plus profondes avec la CGT. Certes, « cette extrême droite... qui n'a pas de représentants » au Parlement et « cette extrême gauche qui déborde aussi celle des deux Chambres », bref, ces deux éléments qui « sont seuls en France à se dire antidémocrates » n'ont pas le même objectif ultime. Rivain et Valois le comprennent très bien; Rivain n'en qualifie pas moins cette convergence d' « extraordinaire rencontre » [2]. En vérité, ce qu'ils espèrent de cette « rencontre », ce n'est pas tant une collaboration politique concrète et immédiate, mais qu'elle soulève une vague de fond qui pourra emporter les assises de la démocratie.

Aux congrès nationaux annuels de l'Action française, la question des rapports avec le monde ouvrier tient une place de choix. C'est Georges Valois qui est chargé en général de ces questions. Ses conclusions s'articulent chaque fois autour du même thème : une nouvelle réalité idéologique vient de naître, il faut l'amener à maturité par la recherche d'une alliance de toutes les forces politiques et sociales qui combattent la démocratie et « constituent une réaction profonde contre le développement du régime capitaliste [3] ». Car Valois se plaît à reconnaître « la nécessité où sont les classes ouvrières de limiter le pouvoir économique de la bourgeoisie [4] ». Assurément, on est bien loin de la révolution sociale, puisque c'est de « la paix civile » qu'il s'agit toujours et que c'est le libéralisme que l'on combat. Mais, renouant avec la vieille tradition socialiste nationale des années quatre-vingt-dix, Valois ne craint pas d'insister, lors du 5e congrès national de l'Action française, sur le fait que le nationalisme ne saurait être lié — et la

---

1. P. Biétry, « Les propos du Jaune », *Le Jaune*, 15 août 1908; « Pour l'Action française », *ibid.*, 12 septembre 1908; « Le prix de patience », *ibid.*, 14 novembre 1908.

2. J. Rivain, « Les socialistes antidémocrates », *L'Action française*, 1er mars 1907, p. 413; « Les socialistes antidémocrates » (suite), *ibid.*, 15 mars 1907, p. 473 et p. 486-487; « L'avenir du syndicalisme », *ibid.*, 15 septembre 1908, p. 467-468 et p. 484.

3. Rapport présenté le 7 décembre 1911 au 4e congrès national de l'Action française, sur « L'attitude des ligueurs d'Action française devant les mouvements syndicalistes » (*l'Action française*, no spécial, 31 décembre 1911, p. 559).

4. G. Valois, *La Monarchie et la Classe ouvrière, op. cit.*, p. xv-xviii.

patrie confondue — « avec un régime particulier, peut-être durable, peut-être passager, de la propriété ou de la production [1] ». Il convient de signaler ici que jamais cette alliance théorique du nationalisme et du syndicalisme n'implique, aux yeux des maurrassiens, un quelconque abandon de l'identité ouvrière. Au contraire :

> A tous égards, nous regardons l'esprit de classe comme un excellent phénomène, qui détruit complètement l'état d'esprit démocratique,

dit Valois aux assises nationales du mouvement [2]. C'est là un élément extrêmement important car il indique — et Rivain n'avait pas manqué de citer, quelques années plus tôt, Émile Pouget — une fondamentale neutralité politique. « Organisation de classe », le syndicat est conçu comme un groupement d'intérêts et non comme un groupement d'opinions; en tant que tel, il ne saurait avoir souci de la question religieuse, ni de la question politique [3]. Les hommes de l'Action française pensent que syndicalisme n'implique même pas antipatriotisme : celui-ci n'est que le produit d'un régime « qui fait des antipatriotes en faisant des prolétaires ». Rivain n'a aucune difficulté pour expliquer, comprendre et, finalement, défendre la justification que donne Yvetot de son antipatriotisme. Il accepte l'idée selon laquelle « l'ouvrier n'ayant pas de patrimoine n'a pas de patrie ». En suite de quoi, le disciple de Maurras conclut que c'est

> le régime économique issu de la Révolution [qui] fait des antipatriotes. La liberté sans garanties du travail et de la propriété, le libre jeu de la spéculation consacrent le droit des plus forts. Le prolétaire est un dépossédé, le prolétariat un déchet social, et la société s'applique à fabriquer ce déchet [4].

Jean Rivain terminera son analyse par un épilogue que n'aurait pas désavoué une revue socialiste :

> De ces faits, qui brisent les liens de solidarité dans la division du travail, naît la lutte de classes. Les intérêts des coproducteurs au lieu de concourir au même but s'opposent; et le capitaliste traité d'exploiteur est le premier adversaire. L'Internationale des travailleurs est un fait de solidarité qui unit ceux-ci dans la lutte pour la

---

1. « Patriotes et révolutionnaires », rapport présenté le 28 novembre 1912 au 5e congrès national de l'Action française, in G. Valois, *Histoire et Philosophie sociales*, p. 566 (appendices). — 2. *Ibid.*, p. 563.
3. J. Rivain, « L'avenir du syndicalisme », *L'Action française*, 15 septembre 1908, p. 473.
4. J. Rivain, « La patrie des prolétaires », *L'Action française*, 1er février 1906, p. 189-190 et 192.

solution ouvrière. Privés dans leur patrie de leurs droits économiques les plus essentiels, ils espèrent par la voie du socialisme international les reconquérir. Entre la solidarité politique dont ils ont oublié les bienfaits, et la solidarité économique d'un prolétariat dépossédé, celle-ci leur paraît facilement la plus pressante. La faute en est au régime qui a brisé les liens de l'unité française; mais c'est un non-sens de condamner des antipatriotes pour défendre la société qui leur fraie la voie [1].

Dans le syndicalisme, les hommes de l'Action française découvrent un puissant élément d'anti-individualisme : alors que « la démocratie veut une nation composée d'individus... le syndicalisme construit des corps dans la nation », dit Valois [2]. Dans *la Monarchie et la Classe ouvrière*, il pose le problème en des termes plus explicites encore : « Le mouvement syndicaliste substitue à la poussière d'individus, que veut trouver au-dessous de lui l'État républicain, les groupements professionnels sur lesquels s'appuie la monarchie traditionnelle française [3]. »

Telle est aussi la conclusion à laquelle parvient Rivain à l'issue d'un dépouillement minutieux de « L'avenir socialiste des syndicats » : « Les socialistes comprennent fort bien la nécessité de l'autonomie corporative », écrit-il [4]. Et il n'a pas tort; Sorel n'a-t-il pas assimilé le syndicat à « un corps qui aurait le monopole de la main-d'œuvre » dans l'usine, « tout comme jadis une corporation avait le monopole de la production dans nos villes [5] »?

C'est pourquoi Valois se croit autorisé de définir le syndicalisme révolutionnaire comme un « mouvement traditionaliste [6] », élément essentiel de la reconstitution d'une France organique, soudée, où les

1. J. Rivain, « La patrie des prolétaires », *loc. cit.*, p. 173. Cf. aussi le rapport de Georges Valois sur « La propagande dans les milieux syndicalistes » présenté au 2ᵉ congrès national de l'Action française tenu du 17 au 20 juin 1909 (*l'Action française*, 15 juillet 1909, p. 71-72). Valois recommande aux congressistes de l'Action française la lecture détaillée et approfondie de la collection de la Bibliothèque du *Mouvement socialiste*, et plus généralement, tous les ouvrages signés Pouget, Griffuelhes, Lagardelle, Janvion, Berth et Sorel.
2. G. Valois, rapport sur « La propagande dans les milieux syndicalistes », *l'Action française*, 15 juillet 1909, p. 72.
3. G. Valois, *La Monarchie et la Classe ouvrière*, *op. cit.*, p. 4.
4. « Les socialistes antidémocrates », *L'Action française*, 15 mars 1907, p. 472. Cf. « L'avenir du syndicalisme » (*ibid.*, 15 septembre 1908, p. 477) : « ... le développement du syndicalisme nous paraît un élément essentiel d'une réorganisation économique de la société. »
5. G. Sorel, « L'avenir socialiste des syndicats », in *Matériaux d'une théorie du prolétariat*, *op. cit.*, p. 103. Cf. aussi p. 107.
6. G. Valois, *La Monarchie et la Classe ouvrière*, *op. cit.*, p. 4-5 et 43.

classes sociales et les intérêts économiques ont leur rôle à jouer. En 1902 déjà, Jacques Bainville avait cité Lagardelle qui soutenait que « seuls les groupes comptent pour la démocratie ouvrière. [...] Autant la démocratie politique est incertaine et chaotique, autant la démocratie ouvrière est fixe et organique[1] ». Quant à Valois, il ne doute pas un seul instant que tout ce qu'il peut y avoir d'anarchisme dans le syndicalisme n'y est aucunement organique, et s'explique simplement par la démocratie et

> par l'action constante que les agents de la démocratie, le parti socialiste, la franc-maçonnerie, les délégués du monde protestant, les juifs, les intellectuels, les agents directs du gouvernement, les policiers, et enfin les agents de l'étranger, exercent dans les milieux syndicalistes; il s'explique par le dreyfusisme; il s'explique enfin par la philosophie officielle. Toutes les idées antinationales ou antisociales qui rôdent dans les bourses du travail sont essentiellement étrangères au syndicalisme; ce n'est pas la classe ouvrière qui les a créées. C'est l'idéologie du libéralisme économique; c'est l'idéologie de la bourgeoisie démocratique pacifiste et humanitaire; c'est l'idéologie du Saint-Synode sorbonnique[2].

En effet, tel qu'il se présente aux yeux des maurrassiens, le syndicalisme est un mouvement de caractère fondamentalement élitiste et aristocratique. Le syndicalisme « crée les nécessaires distinctions de classes, l'honneur de classe », dit Valois. Il développe une « aristocratie du travail », renchérit Bainville en citant le directeur du *Mouvement socialiste* :

> L'œuvre de la production est difficile et ne peut être conduite par les procédés du gouvernement politique. Elle suppose une somme déterminée de compétence et rend nécessaire une forte hiérarchie[3].

Un peu plus loin, le même Bainville rapportera un autre passage, lui aussi cueilli sous la plume de Lagardelle :

> Si les théoriciens du démocratisme social parvenaient à faire triompher leur conception, c'en serait vite fait de l'organisation prolétarienne. Les formations sélectionnées que sont les groupes professionnels seraient noyées dans la masse amorphe de l'ensemble des travailleurs. Les destinées de la classe ouvrière seraient livrées aux

---

1. J. Bainville, « Antidémocrates d'extrême gauche », *L'Action française*, 15 juillet 1902, p. 125-126.
2. G. Valois, « Nationalisme et syndicalisme », rapport présenté au 4e congrès national de l'Action française (*l'Action française*, n° spécial, 31 décembre 1911, p. 563-564).
3. *Ibid.*, p. 562, et Jacques Bainville, « Antidémocrates d'extrême gauche », *l'Action française*, 15 juillet 1902, p. 126.

incertitudes et aux oscillations des mouvements d'opinion qui se produisent dans la démocratie politique. Le gouvernement avisé et prudent des syndicats ferait place à la direction aveuglée de groupes improvisés ou de politiciens bavards. Les mœurs électorales ne sont pas à introduire dans l'organisation économique de la classe ouvrière [1].

Pour l'historien monarchiste, la comparaison est sans équivoque : la lutte contre la démocratie est « de salut prolétarien » pour les collectivistes, comme elle est « de salut public » pour les nationalistes intégraux [2]. Maurras va plus loin encore : il considère que non seulement le syndicalisme, mais le socialisme en général est une « doctrine essentiellement aristocratique, en dépit de ses attaches provisoires avec la démocratie [3] ».

Le principe de « la bienfaisante action directe qui mine sa foi [celle du prolétariat] dans l'action parlementaire » en atteste; Valois regrette seulement que cette « vérité [...], salut pour les travailleurs organisés », ne fût pas encore universellement acceptée et reconnue par l'ensemble de la classe ouvrière [4]. Car, en amenant les travailleurs à défendre eux-mêmes leurs intérêts face au patronat, sans intermédiaires, de groupement syndical à groupement syndical, et en recréant, de ce fait, « ces liens corporatifs que la République avait voulu détruire [...], l'action directe supprime le rouage principal du régime républicain [5] ». L'action directe devient ainsi un élément capital de la contre-révolution.

Cependant, si le syndicalisme répond aux aspirations des maurrassiens, en ce sens qu'à leurs yeux « il est antipacifiste » et « réveille les sentiments les plus nobles »— sentiment de l'honneur; sentiment de la lutte [6] —, il va radicalement à l'encontre de leurs conceptions

1. J. Bainville, « Antidémocrates d'extrême gauche », *L'Action française*, 15 juillet 1902, p. 126 et 127-128.
2. *Ibid.*, p. 127. Cf. même thème chez Rivain (« Les socialistes antidémocrates », *ibid.*, 15 mars 1907, p. 472-475), citant longuement Sorel; et Maurras (« Le dossier d'une discussion », *ibid.*, 15 juin 1902, p. 1025).
3. Ch. Maurras, « Libéralisme et libertés : démocratie et peuple », *L'Action française*, 1er février 1905, p. 175. Cf. *Dictionnaire politique et critique, op. cit.* t. III, p. 260, sur « l'élite de la nation » que forment les ouvriers.
4. G. Valois, *La Monarchie et la Classe ouvrière, op. cit.*, p. 61, et « L'action syndicale et politique », *l'Accord social*, 9 février 1908.
5. *Ibid.*, p. 4-5, et rapport sur « La propagande dans les milieux syndicalistes », présenté au 2e congrès national de l'Action française, *l'Action française*, 15 juillet 1909, p. 72.
6. G. Valois, « Nationalisme et syndicalisme », *ibid.*, n° spécial, 31 décembre 1911, p. 550, et « La propagande dans les milieux syndicalistes », *ibid.*, 15 juillet 1909, p. 74.

politiques en tout ce qui concerne la nature et les fonctions de l'État. En effet, peut-on imaginer une contradiction plus absolue que celle qui oppose la pensée maurrassienne à l'objectif que s'est fixé le syndicalisme : élimination de l'État, suppression du pouvoir? A l'Action française, on pense pouvoir surmonter cette difficulté majeure en dissociant le problème de l'État en soi de celui de l'État bourgeois. C'est la confusion de l'ordre-tout-court avec l'ordre-bourgeois, du pouvoir avec le pouvoir bourgeois qui est, selon les maurrassiens, à l'origine de la révolte syndicaliste contre l'État. Une fois supprimée l'identification de l'État avec le pouvoir de la bourgeoisie, les maurrassiens en sont persuadés, la nécessité (valable pour toute société) d'un pouvoir organisé sera universellement reconnue [1]. On compte aussi beaucoup sur le pragmatisme de la CGT. De plus, en lisant Sorel, les maurrassiens ont appris à faire la distinction entre les « mythes révolutionnaires », qui ne sont que « des formules magiques destinées à passionner et à révolutionner les masses ouvrières », et les réalités politiques et sociales [2]. Voilà pourquoi il semble raisonnable à un Rivain de penser que l'évanouissement de l'État ou la disparition du patronat seront considérés un jour, à l'instar de la grève générale, comme un mythe dont le rôle aura été celui d'une représentation symbolique de l'idéal poursuivi [3].

Pour l'instant, les maurrassiens de gauche sont convaincus que ce ne sont là que des questions de détail. L'essentiel réside dans la possibilité de créer un front uni contre « l'ordre bourgeois », contre « la IVe République » dreyfusienne et libérale; l'essentiel est de jeter les bases d'une réalité humaine et sociale nouvelle où le travail ne soit pas « qu'une arme de combat » et l'ouvrier « une marchandise humaine [4] ». Valois stigmatise « les conservateurs qui ne reconnaissent la ' paix sociale ' que lorsqu'elle est imposée à coups de fusil », et Jean Rivain revient, une fois encore, sur le credo de l'aile gauche de l'Action française :

> Le capitaliste qui a l'argent a la force, et pour l'ouvrier qui est obligé de vendre ses services pour avoir du pain, c'est la liberté qui opprime et c'est la règle qui affranchit [5].

---

1. Cf. G. Valois, *la Monarchie et la Classe ouvrière*, *op. cit.*, p. XIV-XIX et XXII.
2. J. Rivain, « L'avenir du syndicalisme », *L'Action française*, 15 septembre 1908, p. 482. Cf. aussi p. 479-480.
3. *Ibid.*
4. *Ibid.*, p. 468, et G. Valois, *la Monarchie et la Classe ouvrière*, *op. cit.*, p. 343, XV-XXIV et LXXXIII.
5. « L'avenir du syndicalisme », *L'Action française*, 15 septembre 1908, p. 468.

Le rapprochement idéologique entre les deux mouvements atteint alors une telle intensité que Georges Valois non seulement peut se permettre d'espérer « couper les ponts entre l'électoral et le syndical », mais va même jusqu'à engager « nos camarades ouvriers et employés à entrer dans les syndicats et à venir renforcer ce mouvement [1] ». Après tout, Valois ne fait que rendre la politesse à un Hervé pour qui

> la réaction, nous n'en connaissons qu'une pour le quart d'heure : c'est la réaction radicale. [...] C'est la réaction républicaine radicale, radicale-socialiste, dont les jaunes du socialisme, les socialistes indépendants à la remorque de Briand-le-Jaune sont les souteneurs [2].

Voilà pourquoi le monarchiste idéal, tel que le voudrait le congrès de 1911, est celui-là qui appartient à un syndicat, défend les intérêts de ses camarades ouvriers et se met au premier rang de leurs militants : « Il faut qu'il soit le meilleur, le plus pur syndicaliste. » Sans jamais oublier ses obligations de propagandiste, il ne devra pas pour autant essayer de mettre en tutelle le prolétariat. La classe ouvrière est majeure, insiste Valois, la tâche de ce monarchiste syndicaliste n'est donc pas de se poser en directeur de conscience, en éducateur — qui, fatalement, tournerait en politicien —, mais de lutter contre les tentatives de déviation de l'action ouvrière [3]. Il ne s'agit pas, s'empresse d'indiquer clairement Valois, de chanter un quelconque « à genoux devant l'ouvrier » à utilisation royaliste et nationaliste [4]. Ce dont il est question, c'est de convaincre le prolétariat qu'il ne peut y avoir d'autonomie syndicale en régime républicain et de lui faire comprendre, en attendant la destruction de ce régime, que cette autonomie peut et doit s'affirmer au moins à l'égard des partis politiques et des hommes politiques. Encore faudrait-il que « les classes ouvrières elles-mêmes décident immédiatement d'éliminer ' les politiciens et les intellectuels ' [5] ». Les maurrassiens ne pouvaient être plus explicites dans leur volonté de couper le prolétariat des partis de gauche,

1. « Rapport sur les milieux syndicalistes », rapport au 3e congrès national de l'Action française (*l'Action française*, 15 décembre 1910, p. 526-527).
2. « Sus à la radicaille », *La Guerre sociale*, 22-28 août 1908.
3. Cf. les deux rapports de Valois présentés, l'un au 2e congrès national de 1909, *l'Action française*, 15 juillet 1909, p. 75-76, l'autre au 4e congrès national de 1911, *ibid.*, n° spécial, 31 décembre 1911, p. 558-559.
4. G. Valois, « Patriotes révolutionnaires », rapport présenté au 5e congrès national de l'Action française, le 28 novembre 1912, in *Histoire et Philosophie sociales*, *op. cit.*, p. 565 (appendices).
5. G. Valois, « La propagande dans les milieux syndicalistes », rapport présenté au 2e congrès national de l'Action française (*l'Action française*, 15 juillet 1909, p. 75).

pour rendre impossible une alliance de type dreyfusard ou empêcher la démocratie de récupérer à son profit la violence prolétarienne.

Les efforts des maurrassiens pour noyauter le syndicalisme ou susciter un courant syndical qui leur soit proche ne furent pas toujours vains. Après avoir mené, durant le printemps et l'été 1908, dans *la Guerre sociale*, une violente campagne antimaçonnique et antirépublicaine, Émile Janvion fondera une revue bimensuelle, *Terre libre*, où se rejoindront des syndicalistes antirépublicains et antisémites. En fait, la jonction de l'aile gauche maurrassienne et de certains éléments du syndicalisme révolutionnaire se fait à deux niveaux : l'idéologie et les intellectuels, et c'est la création du Cercle Proudhon; l'activisme syndicaliste, et c'est le regroupement de l'équipe de *Terre libre*. Ces deux rencontres resteront les initiatives les plus sérieuses, les plus poussées, du socialisme national européen, en somme, les pierres de touche sans lesquelles la synthèse du fascisme n'est guère compréhensible.

Cependant, l'aile gauche de l'Action française, celle qui, sous le patronage de Maurras, se joindra à Berth et à Sorel, celle qui donnera sa bénédiction à Janvion, n'aura pas été la seule à s'efforcer constamment de rechercher l'appui du monde ouvrier. Cette démarche, du fait même de son importance, va pousser le mouvement royaliste — lui aussi beaucoup plus hétérogène qu'il ne le paraît de prime abord — à partir en quête d'une dimension sociale qui lui soit propre. L'homme qui se charge de cette tâche est un imprimeur autodidacte passé au royalisme, Firmin Bacconnier.

3. Monarchisme social et corporatisme

Firmin Bacconnier avait animé, de 1904 à 1906, une revue ouvriériste qui faisait foi de royalisme, *l'Avant-garde royaliste*. Cette publication avait su s'attirer la sympathie des cadres royalistes et même celle du prince. Soucieux de gagner les ouvriers au corporatisme, les Comités royalistes décident de soutenir Bacconnier et l'encouragent vivement à développer son action.

En avril 1907, Bacconnier fonde un bimensuel, *l'Accord social*, qui deviendra hebdomadaire en octobre 1908. La nouvelle publication royaliste jouit alors d'une situation financière solide, et sa propagande est vigoureuse. Il est vrai que la conjoncture s'y prête admirablement. Après la constitution du gouvernement Clemenceau, alors qu'éclate, le

8 mars 1907, la première grève d'ouvriers électriciens de Paris, suivie bientôt d'un conflit entre le gouvernement et les fonctionnaires syndicalistes, la situation semble mûre pour proposer une solution de rechange aux ouvriers et autres salariés aux prises avec la démocratie libérale. Rappelons qu'à la même époque — décembre 1906 — *la Guerre sociale* fait paraître son premier numéro. Les temps sont décidément favorables aux organes nouveaux, non conformistes et opposés à l'ordre existant.

Les résultats obtenus ne sont pas complètement négligeables. Un an après sa fondation, la Ligue d'Accord social revendique 40 groupes d'études, 12 à Paris et 28 en province [1]. Au cours de cette première année, elle déploie une importante activité : réunions et conférences se succèdent à travers l'ensemble du pays avec une fréquence qui atteste une vitalité qui n'est pas de pure façade.

Cependant, ce sont les groupements parisiens qui semblent avoir été les seuls à véritablement percer et dépasser le cap de l'intérêt qu'éveille toujours la nouveauté. C'est sur eux que l'on possède les renseignements les moins incomplets, et il ne fait pas de doute qu'ils ont leur part dans le processus de désaffection du prolétariat organisé à l'égard de la République. Le mouvement royaliste n'a peut-être recueilli que des miettes de toute cette agitation, mais elles avaient suffi pour lui permettre de se constituer une certaine audience ouvrière [2].

La nouvelle Ligue s'est donné pour raison d'être la propagation de l'idéologie corporatiste dans les milieux ouvriers. A cet effet, Bacconnier et ses amis ne se ménagent aucun repos dans les quartiers populaires de Paris, notamment dans les XIVe, XVIIIe, XIXe et XXe arrondissements. En province, en revanche, la Ligue d'Accord social ne réussira jamais à créer ses propres structures et sera réduite à fonctionner dans le cadre de l'Action française. Ce qui contribuera à sa paralysie dès le moment où éclate le conflit entre le mouvement maurrassien et l'état-major du duc d'Orléans.

Pourtant, en dépit de l'effort fourni vers les milieux ouvriers de la capitale, les résultats concrets restent maigres. Les conférences à Charonne ou à Belleville ne peuvent masquer les faits : le syndicalisme d'Accord social en tant que force organisée est un échec. Ses trois organisations syndicales — employés du commerce et de l'industrie, employés de banque et employés photographes — dont

1. *L'Accord social*, 16 juin et 7 juillet 1907.
2. En novembre 1908, le mouvement prétend avoir tenu depuis sept mois 130 réunions et 300 conférences — ce qui n'est pas impossible (cf. *l'Accord social*, 22 novembre 1908).

on annonce l'existence en juin 1907[1] disparaissent très rapidement. Dès le mois d'octobre, la dernière page de l'hebdomadaire, jusqu'alors consacrée aux activités des groupes et syndicats, se trouve désormais affectée au service de librairie de l'Accord social. Les groupes de camelots d'Accord social dont on signale l'apparition à Paris, à Lyon et à Rouen, début 1908, semblent avoir eu, eux aussi, une vie éphémère. Le Théâtre d'Accord social, en revanche, prospère dès la fin de cette même année[2]. Ce qui contribue à éclairer la nature de la composition sociale du mouvement.

En réalité, la Ligue d'Accord social ne parvient jamais à se constituer une aile populaire. Elle n'en persiste pas moins dans ses efforts en ce sens, afin de tirer, elle aussi, le moment venu, le maximum d'avantages de la future révolte prolétarienne contre la République.

Il convient d'insister ici sur les rapports entre l'Action française et la Ligue d'Accord social. En effet, la composition du comité de patronage accuse un caractère nettement plus royaliste que maurrassien[3] : Maurras, certes, y figure, mais il est le seul parmi les membres des comités directeurs de l'Action française. Tous les autres, de la marquise de Mac-Mahon à J. de Ricault d'Héricault, sont des royalistes traditionnels que peu de chose seulement, sinon la volonté de ne perdre aucun allié ni aucune force d'appoint, rattachent à la pensée maurrassienne. Certes, l'Accord social accepte le postulat de l'Action française : politique d'abord[4]! Mais il tient à son indépendance et à ce qu'il conçoit comme sa spécificité : la propagation du royalisme social, tel qu'il s'était exprimé, dès 1865, dans la *Lettre sur les ouvriers* du comte de Chambord et dans la pensée du marquis de La Tour du Pin, auteur de *Vers un ordre social chrétien*.

Dans la violente controverse qui oppose, fin 1910, l'Action française à l'entourage du prince et à diverses personnalités royalistes, l'Accord social se range sans hésitation sous la bannière de la maison de France. La ligue de Bacconnier se veut avant tout royaliste, et son chef appartient au personnel politique du duc d'Orléans; répondant aux accusations, injures et procès d'intention que lui intente l'Action française, le directeur de *l'Accord social* ne manque pas de souligner que l'attitude hostile du mouvement maurrassien à son égard n'est

---

1. « Bulletin de la Ligue d'Accord social », *L'Accord social*, 16 juin 1907.
2. J. Delest, « Le Théâtre d'Accord social », *L'Accord social*, 7 février 1909.
3. Cf. *l'Accord social*, 12 janvier 1908.
4. F. Bacconnier, « Du point de vue de l'intérêt national », et « Le discours du comte Léon de Montesquiou », *L'Accord social*, 10 novembre 1907 et 7 mars 1909.

pas nouvelle [1]. Cette hostilité a pour cause non seulement les velléités d'indépendance que manifeste Bacconnier — qualité généralement peu prisée par Maurras, qui n'hésitera jamais à métamorphoser en agent de police quiconque lui déplaît —, mais aussi les alliances que recherche alors l'Action française en d'autres milieux, notamment du côté du mouvement jaune et de la CGT. Car le mouvement maurrassien est arrivé à la conclusion que ce ne sont pas des organisations du genre de celle mise sur pied par l'état-major royaliste, ni des groupes autonomes comme l'équipe de l'Avenir social de Louis Archambaudière qui pourront lui gagner l'audience des travailleurs. En effet, le groupe d'études des ouvriers royalistes de Paris, à la devise très caractéristique de « stabilité, sécurité », aura eu à peine le temps de se former, en été 1905, que l'Action française l'abandonnait au profit des Jaunes [2].

Pourtant, dès ses origines, l'Accord social cherche à s'imposer comme un véritable mouvement ouvrier. Le deuxième numéro de sa revue est une longue flétrissure de Clemenceau et de sa coalition « de peureux et de trembleurs », « tous ces démagogues de droite, ingénieux tapeurs, qui font argent des terreurs de la bourgeoisie » [3]. On y fulmine contre les journées sanglantes de Draveil et de Villeneuve-Saint-Georges, qualifiant cette répression de « crime de l'individualisme, ou de la République [4]... ». Très rapidement, Bacconnier et son équipe s'attaquent non seulement au régime, mais aussi à toute cette droite qui refuse de reconnaître la réalité du problème social. C'est ainsi qu'ils critiquent *la Barricade* de Bourget, accusée de faire l'apologie d'une « défense sociale » fondée sur des procédés dont le prolétariat, depuis Thiers pendant la Commune et Constans à Fourmies jusqu'à Clemenceau et Briand à Villeneuve et à Draveil,

1. « Déclarations de Monseigneur le duc d'Orléans » et « Une lettre du duc d'Orléans », F. Bacconnier, « L'Accord social et l'Action française », *L'Accord social*, 18 décembre 1910 et 5 février 1911.
2. Sur la fondation de ce groupement éphémère, cf. *l'Action française*, 15 juillet, 1er, 15 août et 15 octobre 1905. Cf. aussi *l'Action française*, 1er avril 1906, sur la fondation d'un groupe ouvrier à Toulouse, dont il ne sera plus guère question.
3. J. Valley, « A propos de la grève générale et du 1er mai », *L'Accord social*, 5 mai 1907.
4. « Assassins? parfaitement », ainsi que « Les fusillades de Vigneux »; « L'Accord social et les événements de Draveil-Vigneux », « Les royalistes et la classe ouvrière », *l'Accord social*, 5 juillet, 23 août et 6 septembre 1908. Les hommes de *l'Accord social* s'empressent toujours d'insister sur leurs origines populaires, sur la nature de leur œuvre « sortie de l'âme du peuple et des entrailles mêmes du prolétariat désabusé » (P. Talliez, « Le 42e anniversaire de la *Lettre sur les ouvriers* », *l'Accord social*, 19 mai 1907). Cf. aussi un discours caractéristique de Bacconnier (*l'Accord social*, 11 octobre 1908).

vit la triste expérience[1]. Pour Bacconnier, *la Barricade* n'a réussi à produire qu'un pamphlet contre le « prolétariat organisé », expression de la « doctrine des conservateurs [qui] consiste à présenter l'état de malaise de la société comme un fait normal, résultant de la nature des choses, et qu'il n'est au pouvoir de personne de modifier[2] ». Sur un ton qui ne le cède en rien à celui de n'importe quelle publication socialiste, il stigmatise la charité publique, le caractère ridicule des caisses de retraite et des autres mesures dites sociales, n'oubliant pas les pitoyables résultats finalement obtenus par un système en perdition[3]. Le « traditionalisme social » — c'est ainsi que les hommes de l'Accord social aiment définir l'école de pensée à laquelle ils appartiennent — se révolte contre l'attitude adoptée par la Confédération générale du patronat[4], et sa vision du monde, qui, tout en exacerbant la lutte des classes, se refuse en même temps « à accepter le grand fait de l'organisation ouvrière » et s'obstine, « par une lutte brutale ou déguisée, à tenter de détruire les syndicats »[5]. Voilà pourquoi, tout en luttant contre le marxisme, tout en refusant même, contrairement aux hommes de l'Action française, le mot socialisme[6], *l'Accord social* prend la défense de la CGT et du syndicalisme révolutionnaire. Certes, la CGT, c'est la négation de l'organisation professionnelle telle que l'entend « le traditionalisme social », mais nul ne saurait nier ni sa représentativité ni son importance numérique, ni surtout son rôle objectif dans la lutte contre la République :

> On oublie trop que la CGT, qui invite les travailleurs à abandonner la lutte politique, enlève au parti socialiste ses armes et ses soldats. La briser serait, à notre sens, remettre les forces syndicalistes à la disposition des amis de M. Guesde et de M. Jaurès[7].

Affranchis du « préjugé démocratique », les syndicalistes révolutionnaires « sont antidémocrates, antiparlementaires : ils ont cela de commun avec nous », se plaît à répéter Bacconnier[8].

1. F. Bacconnier, « La Barricade », *L'Accord social*, 16 janvier 1910.
2. *Ibid.*, et F. Bacconnier, « La monarchie de demain », *l'Action française*, 1er août 1902, p. 234. — 3. *Ibid.*
4. F. Bacconnier, « Une année d'action sociale » (*l'Accord social*, 23 novembre 1907), « La Confédération générale du patronat » (*ibid.*, 18 août 1907), « Encore la Confédération générale du patronat » (*ibid.*, 1er septembre 1907).
5. E. Para, « Aux Galeries Lafayette », *L'Accord social*, 10 novembre 1907.
6. F. Bacconnier, « Nous ne sommes pas socialistes », *L'Accord social*, 2 juin 1907. Cf. aussi « L'orientation syndicale », *l'Accord social*, 20 octobre 1907.
7. P. Daizac, « Faut-il dissoudre la CGT? », *L'Accord social*, 22 janvier 1911.
8. F. Bacconnier, « Mise au point », *L'Accord social*, 7 mars 1909. Cf. aussi « Une condamnation politique » (*l'Accord social*, 7 juillet 1907), où l'équipe de *l'Accord social* proteste contre la condamnation de Bousquet et de Lévy.

Quant à Georges Paul, ce transfuge de l'extrême gauche, il affirme, de son côté, que « la CGT organisée solidement, c'est un élément précieux de réorganisation corporative dans la monarchie restaurée [1] » : opposé « aux mortels principes de 1789 [2] », le syndicalisme, « mouvement de la classe ouvrière en révolte contre l'usurpation parlementaire [3] », apparaît à ses yeux comme la plus merveilleuse machine de guerre jamais imaginée pour « miner le parti socialiste » et « anti-démocratiser la classe ouvrière » [4].

Comme tous ceux qui entrent en lutte contre le consensus républicain, Bacconnier et son équipe en appellent à Sorel et à Lagardelle. Ils citent longuement leurs théories de l'action directe et leurs attaques contre le socialisme politique, l'individualisme et le pacifisme, ou encore leurs critiques de Jaurès et de Guesde. La campagne de Janvion contre la franc-maçonnerie et les insultes de Hervé seront invoquées chaque fois que l'on veut revenir sur la désaffection du prolétariat à l'endroit de la République [5]. Ce sont là des thèmes désormais classiques au sein de l'extrême droite non conformiste, de même que la condamnation du capitalisme et du libéralisme fait partie intégrante de son bagage idéologique.

1. G. Paul, « Les royalistes qui s'ignorent », *L'Accord social*, 11 juillet 1909. Ancien collaborateur du *Libertaire*, de *l'Œuvre nouvelle*, des *Cahiers de l'Université populaire*, puis de *la Révolution* d'Émile Pouget, Georges Paul considère son adhésion au royalisme comme « le complément politique » de ses « idées syndicalistes »; cf. aussi G. Paul, « De l'illusion républicaine au royalisme social », *l'Accord social*, 13 juin 1909.
2. J. Hélo, « L'ordre et la loi », *L'Accord social*, 31 janvier 1909. Cf. aussi F. Bacconnier, « L'orientation syndicale », *ibid.*, 20 oct., et « Ce que veut le prolétariat », *ibid.*, 22 novembre 1908; R. Maugras, « La réforme sociale de M. Briand », *ibid.*, 7 juillet 1907; J. Hélo, « La révolution nécessaire », *ibid.*, 22 novembre 1908; J. Luy, « Conservateurs », *ibid.*, 7 mars 1909.
3. F. Bacconnier, « Conciliation impossible », *L'Accord social*, 13 mars 1910.
4. « Les deux congrès socialistes », *L'Accord social*, 22 septembre 1907 (non signé).
5. Cf. par exemple les trois articles de J. Hélo, « Syndicalisme et socialisme » (*l'Accord social*, 25 octobre 1908), « Lutte de classe ou accord social » (*ibid.*, 15 novembre 1908), « La réforme morale » (*ibid.*, 13 juin 1909), ainsi que les articles de F. Bacconnier : « Syndicalisme et démocratie », « Conciliation impossible », « Les idées de M. G. Sorel », « Notes sociales » (*ibid.*, 15 octobre et 1er novembre 1908, 13 mars 1910). Cf. encore E. Para, « La débâcle des retraites » (*ibid.*, 5 avril 1908); J. Delest, « Les leçons d'une grève » (*ibid.*, 28 mars 1909; P. Talliez, « Le 42e anniversaire de la *Lettre sur les ouvriers* » (*ibid.*, 19 mai 1907); « Au congrès du Sillon » (*ibid.*, 2 mai 1909); G. Paul, « Les royalistes qui s'ignorent », (*ibid.*, 5 septembre 1909). Sur la franc-maçonnerie, cf. G. Paul, « Le dreyfusisme et le ferrérisme » (*ibid.*, 31 octobre 1909) et « Qu'est-ce que la franc-maçonnerie? » (*ibid.*, 26 septembre 1909); J. Delest, « La franc-maçonnerie et les syndicats » (*ibid.*, 11 octobre 1908).

Il est intéressant, d'autre part, de constater que Bacconnier accepte comme vérité première, et sans que le moindre doute effleure son esprit, les principes fondamentaux du marxisme : paupérisation, polarisation et concentration des capitaux. « Nul ne saurait nier l'évidence de ce grand fait, écrit-il, à savoir que le capital tend à se concentrer dans un nombre décroissant de mains »; une concentration qui lui laisse prévoir que, dans une cinquantaine d'années, il y aura « 38 millions de prolétaires en France »[1]. Bacconnier s'avance, à cet égard, bien au-delà des normes établies par l'Action française qui ne manque jamais, en dépit de ses ouvertures vers le syndicalisme révolutionnaire, d'insister sur la puissance et la pérennité de la petite propriété en France, ni de mener de vives campagnes en sa faveur[2]. Ce qui n'empêche pas Frantz Funck-Brentano — le spécialiste maurrassien de la petite bourgeoisie — de faire sien, lui aussi, l'essentiel de la conception marxiste de l'histoire :

> On a dit souvent que les crises morales des peuples avaient pour origine des crises économiques. Rien n'est plus juste. Les mouvements religieux, entre autres, ont toujours pour point de départ une désorganisation des conditions matérielles qui font la vie des nations[3].

Le marxisme, on le voit, imprègne très profondément, en ce début de siècle, la pensée d'un mouvement qui se veut, somme toute, son antithèse. Cette situation explique en partie la facilité et le naturel avec lesquels se fait, à la veille de la guerre, comme dans les années qui la suivent, le passage du marxisme vers le socialisme national. La découverte du fait national par des marxistes ou du marxisme par des nationalistes n'aura pas pour effet d'effacer l'un des deux termes de l'équation, mais plutôt d'en permettre la synthèse, synthèse dynamique et d'un considérable pouvoir d'attraction.

La critique de Bacconnier à l'endroit du libéralisme porte sur l'essence d'un système qui, « basé sur l'isolement des individus et l'émiettement de l'organisme social[4] », « ne tend qu'à assurer la perpétuité de l'iniquité présente en s'y adaptant » et fait « du travailleur

---

1. F. Bacconnier, « La monarchie de demain », *L'Action française*, 1er août 1902, p. 231.
2. Cf., par exemple, l'article de Frantz Funck-Brentano, « Le malaise social », *l'Action française*, 1er janvier 1900, p. 34-37. L'auteur fait le procès des grands magasins qui écrasent le petit commerce et la petite industrie.
3. *Ibid.*, p. 34.
4. L. Thoyot, « Le sentiment de force dans les syndicats », *L'Accord social*, 7 juillet 1907.

un esclave et un paria »[1]. Retrouver cette argumentation marxiste dans les pages de *l'Accord social* n'étonne plus à cette époque. Bacconnier et son équipe ne sont d'ailleurs pas les seuls, à l'extrême droite, à aller chercher (ou à trouver) appui à leur raisonnement social dans le marxisme : la majorité des militants de l'Action française fait de même. Cependant, Bacconnier ne fait pas que rejeter le capitalisme, dont « le pouvoir absolu de l'argent [2] » et « l'exploitation du travailleur », il refuse aussi, comme Barrès, comme les boulangistes de gauche avant lui, « le machinisme » et « ses bagnes industriels »[3]. S'il ne saurait être question d'un retour en arrière, technologiquement impossible, une refonte totale du système de propriété devrait permettre, dans l'esprit des « traditionalistes sociaux », une réforme non moins profonde des rapports sociaux. C'est ainsi que l'équipe de *l'Accord social* en arrive à proposer le corporatisme pour en finir avec tous les maux de la société moderne.

Il ne s'agit pas là d'un thème nouveau ni original : Bacconnier et ses hommes ne prétendent pas rénover, au contraire. Ils se veulent des disciples fidèles, véhicules de la pensée du comte de Chambord et du marquis de La Tour du Pin. En fait, ils procèdent à la modernisation des principes corporatifs et les adaptent aux besoins de la société industrielle. L'hommage rendu à la *Lettre sur les ouvriers*, dont on fête pieusement chaque anniversaire au mois de mai, est une occasion idéale pour rappeler que « le roi est proscrit par la République » et que « la classe ouvrière est par la République mise en marge de la Patrie »[4]. L'occasion permet en même temps de pousser plus en avant et d'énoncer les grandes lignes de restructuration des rapports sociaux. Ces conceptions seront largement reprises, vingt ans plus tard, par les divers mouvements fascistes.

Le postulat fondamental du corporatisme est l'anti-individualisme. Le corporatisme est une révolte, bien sûr, contre la Révolution française et ses effets, contre un ordre social qui « exalte l'égoïsme de toutes les passions mauvaises en faisant de la LUTTE POUR LA VIE

---

1. F. Bacconnier, « La monarchie de demain », *L'Action française*, 1er août 1902, p. 234-235.
2. F. Bacconnier, « Capital et capitalisme », *L'Accord social*, 23 février 1908.
3. F. Bacconnier, « La monarchie de demain », *L'Action française*, 1er août 1902, p. 233.
4. « Le 1er mai : ' Fête du prolétariat — fête du roi ' » (non signé), *L'Accord social*, 4 mai 1908. Cf. aussi P. Talliez, « Le 42e anniversaire de la *Lettre sur les ouvriers* », *ibid.*, 19 mai 1907; F. Bacconnier, « La *Lettre sur les ouvriers* », *ibid.*, 5 mai 1907; « Le 44e anniversaire de la *Lettre aux ouvriers* », *ibid.*, 25 avril 1909.

la loi de ce monde[1] » et « qui se traduit par le triomphe des éléments naturellement ou socialement mieux armés[2] ». Ainsi

> en isolant l'individu de son semblable, en l'arrachant systématiquement à la société, l'individualisme l'a séparé des conditions mêmes de la vie.

Voilà pourquoi

> l'égalité des droits qu'il proclame ou qu'il comporte n'est qu'un sophisme grossier, l'inégalité des forces intrinsèques de chaque individu ne lui permettant pas de réaliser l'égalité des conditions. La liberté est ainsi monopolisée par une fraction de la société[3]...

Antithèse du libéralisme, le régime corporatif postule que « la propriété est une fonction sociale » et que « toute fonction implique des devoirs » : ce principe admis, « le contrat du travail » dans la société actuelle « devient dans la corporation un contrat de société »[4]. Afin d'éviter le jeu « de l'odieuse loi de l'offre et de la demande », la corporation intervient dans la discussion des clauses du contrat; elle acquiert alors toutes les caractéristiques d'une « association mutuelle entre les familles d'un même corps d'État ». Ce qui signifie aussi que les institutions corporatives obligent le patron à n'employer que des « membres de la famille professionnelle »[5].

Le corporatisme se veut l'instrument par excellence de l'intégration du prolétariat et de sa suppression : « sortir la classe ouvrière du prolétariat[6] », c'est le meilleur moyen qui puisse être imaginé pour empêcher les classes de se dresser les unes contre les autres et, en créant « l'harmonie des éléments qui composent cette société », les unir au sein de la communauté nationale[7]. C'est aussi la seule formule qui puisse assurer à l'ouvrier la sécurité, cette autre notion

1. F. Bacconnier, « La monarchie de demain », *L'Action française*, 15 septembre 1902, p. 471.
2. *Ibid.*, 1er août 1902, p. 230.
3. *Ibid.*, p. 229.
4. *Ibid.*, 15 octobre 1902, p. 655-656.
5. *Ibid.*, p. 656 et 660.
6. F. Bacconnier, « Trade-unionisme et corporatisme », *L'Accord social*, 3 janvier 1909. Cf. aussi « La possession d'état », *ibid.*, 4 octobre 1908, et G. Paul, « De l'illusion républicaine au royalisme social », *ibid.*, 13 juin 1909.
7. F. Bacconnier, « La Confédération générale du patronat », *ibid.*, 18 août 1907. Cf. aussi F. Bacconnier, « Le libéralisme conduit à la révolution », *ibid.*, 26 janvier 1908; « La Ligue de l'Accord social », *ibid.*, 4 août 1907; J. Delest, « La violence », *ibid.*, 10 octobre 1909; F. Bacconnier, « Une Conférence sur les ' Actions du travail ' », *ibid.*, 28 août 1910; F. Bacconnier, « La chasse aux renards », *ibid.*, 11 septembre 1910.

clé qui revient à maintes reprises dans la terminologie de la droite
« sociale [1] ». Ce mot, magique s'il en est, fait de l'ouvrier comme du
petit-bourgeois les victimes d'un même processus : la concentration
des moyens de production et de commercialisation. Parce qu'ils
engendrent un état chronique d'insécurité, la grande industrie et le
grand commerce sont les ennemis naturels du prolétaire comme du
petit-bourgeois. Car, selon Bacconnier, il y a « un prolétariat patronal
comme il y a un prolétariat ouvrier », et seule leur alliance pourra
assurer leur salut commun face aux « trusts et aux monopoles, enfants
du libéralisme, du régime du ' bon plaisir ' [2] ».

Mais, et c'est là un aspect essentiel du système, la corporation
n'est pas une simple association privée, sans lien avec la chose publique. Au contraire, elle doit « fournir la base de notre reconstitution
politique [3] », elle est « investie d'une fonction sociale et politique [4] » :
non seulement elle supprime « la concurrence sauvage et déloyale du
libéralisme », mais elle crée des corps sociaux qui devront fonctionner sous « le contrôle de l'État » [5]. Car,

> le soin de l'intérêt général incombe incontestablement à son gardien
> autorisé, à l'État. [...] L'État a le droit et le devoir d'intervenir
> et il intervient par l'intermédiaire de ses agents [6].

Dans l'esprit des « traditionalistes sociaux », la corporation représente un rouage capital de l'État, à la fois courroie de transmission
et moyen d'encadrement des masses. Elle remplit une « fonction
de tutrice », dit Léon Thoyot, qui souligne la pluralité des activités
et des devoirs de la corporation [7]. Bacconnier est plus explicite encore.
Selon lui,

> le terme de régime corporatif a un sens beaucoup plus étendu;
> il s'étend à toute collectivité d'hommes unis par une communauté
> de besogne sociale et d'intérêts professionnels. Il n'y a pas seule-

---

1. F. Bacconnier, « La possession d'état », *L'Accord social*, 4 octobre 1908;
F. Bacconnier, « L'ennemi, c'est la révolution », *ibid.*, 19 mai 1907; J. Delest,
« Toujours du sang », *ibid.*, 3 août 1908.
2. F. Bacconnier, « La défense des classes moyennes », *L'Accord social*, 25 juillet
1909, et « Notre action sociale », *ibid.*, 11 juillet 1909.
3. F. Bacconnier, « La monarchie de demain », *L'Action française*, 15 octobre
1902.
4. *Ibid.*, 15 septembre 1902, p. 472. Cf. aussi p. 474.
5. *Ibid.*, 15 octobre 1902, p. 652, et 15 septembre 1902, p. 472.
6. *Ibid.*, 15 septembre 1902, p. 472-473.
7. L. Thoyot, « Le salaire d'association dans la corporation », *L'Accord social*,
10 novembre 1907.

ment des corporations de commerce et d'industrie ou d'arts et métiers, il y en a aussi de religieuses et d'intellectuelles [1].

Finalement,

> une monarchie est dite corporative lorsque l'État est maître et souverain dans les affaires générales et les corporations de tous ordres maîtresses, sous le contrôle de l'État, dans les affaires purement locales, corporatives [2].

Il faut, cependant, s'empresser de préciser que, tout comme ce sera le cas dans l'Italie fasciste, la corporation préconisée par l'équipe de l'Accord social reste, en fait, largement dominée par l'élément non ouvrier : selon le projet de Bacconnier, les organes directeurs d'une corporation industrielle devraient représenter ce qu'il appelle les trois « fonctions sociales » de l'industrie — le capital, la direction et la main-d'œuvre. Il en résulte qu'un tiers seulement des sièges du conseil corporatif reviendrait aux ouvriers alors qu'actionnaires et « managers » détiendraient les deux tiers majoritaires [3].

Tout en s'alignant sur certaines positions adoptées par la droite classique, le refus notamment de l'impôt sur le revenu [4], l'équipe de l'Accord social s'élève à la fois contre l'esprit qui règne dans les nouvelles organisations que se donnent les classes moyennes [5] et les syndicats jaunes. Pour Bacconnier, les uns comme les autres pèchent par individualisme : « Ce qui caractérise la doctrine jaune, c'est la participation individuelle de l'ouvrier au capital », alors que le système corporatif, lui, « c'est la possession d'état » [6].

La différence, en effet, est fondamentale. En ce domaine, le corporatisme de l'Accord social est beaucoup plus proche du modèle fasciste qu'on serait tenté de le penser à première vue. Il ne s'agit pas ici de contrebalancer l'influence de l'État mais, comme plus tard

1. F. Bacconnier, « Les bienfaits du régime corporatif », L'Accord social, 17 décembre 1908.
2. Bacconnier, « Conclusion de l'ABC du royalisme social », L'Accord social, 20 juin 1909.
3. F. Bacconnier, « La monarchie de demain », L'Action française, 15 septembre 1902, p. 477-478.
4. A. Millot, « L'impôt sur le revenu », L'Accord social, 1er septembre 1907. Un autre collaborateur de Bacconnier considère que la loi du 30 mars 1900 sur la limitation du temps de travail des femmes et des enfants « a porté un coup funeste à l'apprentissage et favorisé l'accroissement de jeunes vagabonds » (L.-R. Courson, « La journée de 10 heures », ibid., 31 juillet 1910).
5. F. Bacconnier, « Les classes moyennes », L'Accord social, 27 décembre 1908, contre « le fâcheux esprit individualiste et quatre-vingt-neuvien ».
6. « Réponse au libertaire », L'Accord social, 11 octobre 1908. Cf. aussi un discours important de Bacconnier aux Sociétés savantes, ibid., 2 juin 1907.

en Italie, de mettre les corporations au service de l'État. C'est aussi une erreur, fréquente par ailleurs, que de concevoir le corporatisme désiré par l'extrême droite française comme un prolongement de l'Ancien Régime. Certes, les hommes de l'Accord social ne manquent pas de se référer aux bienfaits d'antan, mais ils n'ont pas la naïveté de vouloir ressusciter un monde révolu, au contraire. Et, si Bacconnier s'oppose à l'Action française en 1910-1911, lors du conflit avec Larègle, ce n'est pas à cause de son aversion pour le syndicalisme révolutionnaire, ce n'est pas parce que son royalisme, fruit d'un choix politique rationnel, aurait un sens autre que celui des maurrassiens[1], c'est essentiellement qu'il entendait, en refusant de se plier à la dictature de l'auteur de l'*Enquête*, préserver l'indépendance et la spécificité de son mouvement.

En réalité, l'équipe de l'Accord social contribue alors, plus que quiconque, à élaborer l'embryon d'une véritable théorie de l'État corporatif. Pour ces hommes, les institutions corporatives ne font qu'attester la domestication des intérêts économiques. Bacconnier et son équipe, en effet, ne récusèrent jamais le primat du politique sur lequel est fondée non seulement la pensée maurrassienne, mais l'ensemble de l'idéologie préfasciste et fasciste. Le mot de corporation doit être pris dans son sens étymologique de constitution en corps, cette constitution en corps qui est la fonction essentielle de l'État, celle qui assure son unité et sa vie.

C'est en cela que l'extrême droite monarchiste se veut antirévolutionnaire et réactionnaire : parce qu'elle rejette l'œuvre de la Révolution et ses sous-produits, l'individualisme et le « collectivisme ». D'abord l'individualisme, qui est le fondement du libéralisme et qui « postule l'émiettement et la faiblesse de la classe ouvrière[2] », le « collectivisme », ensuite, qui, « pas plus rationnel que le capitalisme bourgeois, basé sur l'individualisme [...] n'est lui aussi que la domination d'une classe, l'affirmation brutale des droits du plus fort[3] ».

Cependant, et en dépit de tout ce qui sépare le corporatisme du marxisme, c'est bien avec les syndicalistes révolutionnaires que les nationalistes se sentent le plus d'affinités. Tous deux ne vomissent-ils

---

1. F. Bacconnier, « Discours aux Sociétés savantes », *L'Accord social*, 16 juin 1907.
2. L. Thoyot, « Salaire d'association et libéralisme », *L'Accord social*, 20 octobre 1907.
3. F. Bacconnier, « La monarchie et la classe ouvrière », *L'Action française*, 1er août 1902, p. 238

pas « libéraux et conservateurs [1] », ces « démocrates repus » de la « défense sociale » [2]? Ne refusent-ils pas ensemble « l'immense duperie de l'anticléricalisme », « l'hypocrisie des lois sociales, la tyrannie des parlements », en un mot, « l'imposture républicaine » [3]? Et surtout, les uns comme les autres, n'entendent-ils pas employer les mêmes moyens, les mêmes « principes sauvages [4] »? Comme le dit Jacques Hélo, ce proche collaborateur de Bacconnier, qui résume la nature des rapports entre la nouvelle droite corporatiste et le syndicalisme révolutionnaire avec une lumineuse clarté :

> Et si l'on veut bien y regarder, cette « Action directe » des syndicalistes, est-ce autre chose que la « Politique d'abord » des royalistes? L'une et l'autre de ces formules expriment des doctrines révolutionnaires, des doctrines de violence, insoucieuses de la légalité constitutionnelle. L'une et l'autre se justifient d'ailleurs par une pratique triomphante [5].

Le Cercle Proudhon, inspiré par Sorel et fondé en décembre 1911, avec la bénédiction de Maurras, est le couronnement idéologique de ces efforts. Animé par Valois — qui deviendra fasciste — et par Édouard Berth, qui passera au communisme en 1920, le Cercle Proudhon réunit nationalistes et syndicalistes qui pensent que « la démocratie est la plus grande erreur du siècle passé », qu'elle a permis l'exploitation la plus abominable des travailleurs, l'établissement et la substitution des « lois de l'or aux lois du sang » du régime capitaliste. Il s'ensuit que, « si l'on veut conserver et accroître le capital moral, intellectuel et matériel de la civilisation, il est absolument nécessaire de détruire les institutions démocratiques » [6].

C'est là un des aspects les plus significatifs de l'héritage légué par l'avant-guerre à la génération qui sortira des tranchées.

---

1. F. Bacconnier, « La monarchie et la classe ouvrière », *loc. cit.*, et L. Thoyot, « Salaire d'association et libéralisme », *l'Accord social*, 20 octobre 1907.
2. F. Bacconnier, discours aux Sociétés savantes, *L'Accord social*, 16 juin 1907, et « Une année d'action sociale », *ibid.*, 23 novembre 1907.
3. « Quinzaine sociale », *L'Accord social*, 11 septembre 1907, et « Un nouveau Panama », *ibid.*, 13 mars 1910; J. Hélo, « La réforme morale », *ibid.*, 13 juin 1909; F. Bacconnier, « La réunion du 26 mai à la salle des Sociétés savantes », *ibid.*, 16 juin 1907; L. Thoyot, « Le sentiment de force dans les syndicats », *ibid.*, 7 juillet 1907.
4. J. Hélo, « La réforme morale », *L'Accord social*, 13 juin 1909.
5. *Ibid.*
6. « Déclaration », *Cahiers du Cercle Proudhon*, vol. I, janv-février 1912, p. 1.

4. LA SYNTHÈSE SOCIALISTE NATIONALE

Les quatre années qui précèdent la guerre connaissent un remarquable renouveau nationaliste. La débâcle du socialisme français en août 1914, tout comme celle de l'Internationale, n'a pu surprendre que ceux qui, peu attentifs à l'évolution des esprits, prenaient encore au sérieux la phraséologie officielle des chefs socialistes. Elle n'a pu prendre au dépourvu un Pressensé qui, dès 1911, lançait aux lecteurs du *Mouvement socialiste* : « Nous assistons à un renouveau du nationalisme. Il coule à pleins bords [1]. » Ou un Berth qui parlait d'un « réveil nationaliste [2] », ou encore un Valois qui affirmait devant le 6e congrès national de l'Action française : « C'est aujourd'hui le nationalisme qui porte les puissances de raison et de sentiment qui présideront désormais aux transformations sociales [3]. » Cette « ascension du nationalisme » fait que « l'on voit les valeurs nationalistes remplacer dans l'esprit du public les valeurs socialistes [4] ». Certes, la crise marocaine avait profondément sensibilisé l'opinion, mais elle ne saurait tout expliquer [5]. L'élection de Poincaré à la présidence de la République, la loi des 3 ans et la fin du Bloc furent possibles grâce à la longue imprégnation nationaliste, depuis la conquête de Paris, en passant par la réaction antidreyfusarde et jusqu'aux affrontements qui opposent constamment l'État républicain au prolétariat.

Le renouveau nationaliste va de pair avec la réaction syndicaliste. Le 15 novembre 1909, avec la sortie du premier numéro de *Terre libre*, apparaît au grand jour un autre courant de l'opposition syndicaliste. Le nouveau bimensuel est lancé par Émile Janvion, secrétaire du syndicat des employés municipaux, avec la collaboration de Georges Darien, auteur de *Biribi*, de Marius Riquier, qui sera un des fondateurs du cercle Proudhon, et d'un petit groupe de militants syndicalistes [6].

1. F. de Pressensé, « Chronique du mois », *Le Mouvement socialiste*, no 230, avril 1911, p. 288.
2. J. Darville (pseudonyme d'É. Berth), « Satellites de la ploutocratie », *Cahiers du Cercle Proudhon*, sept.-décembre 1912, p. 188 et 208.
3. G. Valois, « Les fausses luttes de classe », rapport présenté le 28 novembre 1913 au 6e congrès de l'Action française, in *Histoire et Philosophie sociales, op. cit.*, p. 574 (appendice).
4. *Ibid.* On consultera aussi l'ouvrage bien connu d'Henri Massis et d'Alfred de Tarde, *les Jeunes Gens d'aujourd'hui*, Paris, Plon, 1913.
5. Cf. l'analyse d'E. Weber, *The Nationalist Revival in France, 1905-1914*, Berkeley, University of California Press, 1938, p. 93-119.
6. *Terre libre* paraîtra du 15 novembre 1909 au 15 mars 1912 et aura 56 numéros. Une seconde série, publiée du 1er décembre 1913 au 1er mai 1914, ne dépassera pas

Ancien dreyfusard militant [1], révoqué pour faits de grève sous Clemenceau, Janvion était devenu célèbre en dénonçant, le 1er mai 1908, dans la grande salle de la Bourse du travail, l'action de la franc-maçonnerie dans les syndicats. Cette notoriété avait grandi encore lorsque, tout de suite après, *la Guerre sociale* lui ouvrit ses colonnes pour une longue série d'articles — qui paraissent entre le 27 mai et le 29 juillet — sur la franc-maçonnerie et les syndicats.

La franc-maçonnerie sera le pain quotidien du bimensuel de Janvion. En effet, une grande partie de la surface rédactionnelle du journal est régulièrement réservée à la dénonciation de la franc-maçonnerie comme principal auteur de la corruption syndicaliste et de l'intoxication des organisations ouvrières par le « gouvernement judéo-bourgeois [2] ». L'échec des grandes grèves, la défaite du député socialiste et antisémite de Boulogne, Myrens, ou l'infiltration d'agents provocateurs dans les syndicats s'expliquent par la machination maçonnique, par la puissance organisée de la franc-maçonnerie, par la place de choix qu'elle occupe dans l'État républicain [3].

En fait, c'est contre la « défense républicaine » et la social-démocratie que s'élève l'équipe de Janvion. « Le syndicalisme est purement économique », lit-on dans le premier numéro de *Terre libre* : en aucune façon « il ne doit s'attarder aux préférences politiques » [4]. C'est pourquoi les notions mêmes de réaction, de laïcité ou de démocratie au nom desquelles « la République des révocations, des lois scélérates, [...] la République capitaliste, maçonnique et fusilleuse » cherche à mobiliser le prolétariat ne peuvent avoir de sens : « Sur le terrain syndicaliste, il n'y a pas de péril *réactionnaire*, il n'y a que le péril *actionnaire* », écrit l'ancien militant cégétiste [5]. Janvion et son équipe

---

11 numéros. Le bimensuel de Janvion vivote difficilement; en octobre 1911, il est même sur le point de disparaître. Il est certain que si, comme on le pensait dans les milieux socialistes, l'équipe de *Terre libre* avait « partie liée avec la réaction », l'argent réactionnaire lui faisait défaut.

1. Cf., par exemple, B/a 108, 8 janvier 1899.
2. Cf. une lettre de Janvion qui résume son intervention à la Bourse du travail adressée à *la Libre Parole*, citée et commentée par *l'Accord social* du 21 mai 1908.
3. Cf., par exemple, « Les jésuites rouges », *Terre libre*, 1er-15 juin 1910; « Notre programme et les événements », *ibid.*, 1-15 novembre 1910; « Avant le congrès », *ibid.*, 16-31 janvier 1912; « La foire aux vestes », *ibid.*, 1-15 mai 1914. Le 3 avril 1911, Janvion prononce, aux Sociétés savantes, une longue conférence antimaçonnique, publiée sur trois pages (*Terre libre*, 15 avr.-1er mai 1911) et saluée par toute la presse de droite. En outre, chaque livraison du journal contient une chronique antimaçonnique, intitulée « Les macaques ».
4. É. Janvion, « A propos d'une interview », *Terre libre*, 15-30 novembre 1909.
5. *Ibid.* Cf. aussi « Notre infâme réactionnaire », *ibid.*, 1er-15 mars 1914 : « Kékcékça, un ' réactionnaire ' pour un anarchiste? Voilà un terme de politi-

pourfendent aussi bien l'anticléricalisme, cet éternel attrape-nigaud, que l'école laïque, qui inculque aux enfants du peuple les valeurs bourgeoises, « les niaises formules du catéchisme démocratique [1] », qui leur enseigne « le respect aux lois votées par nos respectables Quinze Mille, et aussi le respect de la propriété, c'est-à-dire des rapines commises à notre détriment par nos ennemis de classe [2] ». Aussi, et invoquant à la fois Marx, Proudhon et Sorel, les syndicalistes de *Terre libre* en viennent à réclamer la séparation de l'Église et de l'État [3].

Pour eux, le culte de la laïcité sous toutes ses formes a pour seul objectif d'escamoter les vrais problèmes : on fournit ainsi « un délassement pour les nerfs du peuple, heureux de noyer ses chagrins économiques dans le bénitier judéo-maçon [4] » de « la République panamiste et fusilleuse », la République de « la révolution judéo-dreyfusienne », cette « sauce rêvée à laquelle on peut accommoder le prolétariat à la mode Millerand-Gallifet » [5]. Finalement, « en faisant maçonniquement, depuis un siècle, bouffer du curé, au petit bénéfice des rabbins, devenus les grands prêtres de la France juive [6] », la « bourgeoisie judéo-républicaine », alliée au socialisme parlementaire, aux officiels et aux permanents de la CGT, est parvenue, sur les corps des ouvriers assassinés, à mettre la main sur le pays [7]. Ce qui amène Janvion à la conclusion que « la République est une duperie [8] », et puisqu'elle est

---

caillerie, ou je ne m'y connais pas. Un ouvrier qui va à la messe serait-il un réactionnaire et son patron, s'il va à la loge [...], serait-il donc classé parmi les révolutionnaires? Tout ce qui nous divise se trouve dans cette antithèse.» Cf. aussi le premier éditorial de *Terre libre* intitulé « Pourquoi ce journal » (15-30 novembre 1909), ainsi qu'un article caractéristique de Janvion, « Réactionnaires » (*ibid.*, 15 oct.-15 novembre 1911).

1. M. Riquier, « La peur des mots », *Terre libre*, 15 mars-1er avril 1911.
2. B. Broutchoux, « Le syndicalisme ne peut pas être neutre », *Terre libre*, 1er-15 décembre 1909.
3. « Chronique scolaire », *Terre libre*, 15 avr.-1er mai 1910. Cf. aussi « La laïque insurrectionnelle », *ibid.*, 15-30 novembre 1909.
4. É. Janvion, « Les derniers piliers de la République », *Terre libre*, 1er-15 décembre 1909. Cf. aussi É. Laurent, « La diversion nourricière », *ibid.*, 15-31 mars 1911.
5. É. Janvion, « Les derniers piliers de la République », *Terre libre*, 1er-15 décembre 1909; « Notre programme », *ibid.*, 1er-15 novembre 1910.
6. Damoclès, « Le porc et le rabbin », *Terre libre*, 1er-15 juin 1911.
7. « Pourquoi ce journal »; B. Broutchoux, « Le syndicalisme doit être extra-corporatiste »; J.-S. Boudoux, « Sur les fonctionnaires syndicalistes », *Terre libre*, 15-30 novembre 1909.
8. « Réponse de M. Émile Janvion », in G. Valois, *la Monarchie et la Classe ouvrière*, *op. cit.*, p. 223. Valois avait lancé une enquête sur la monarchie et la classe ouvrière, à laquelle avaient, entre autres, répondu Berth et Louzon.

« l'hypocrisie de la monarchie mieux vaudrait la chose que l'hypocrisie de la chose[1] ». Et Marius Riquier ajoute : « Marianne et la classe ouvrière auraient beau faire pour s'aimer. Il y a trop de cadavres entre eux[2]. »

Si la République est une supercherie, le socialisme, lui, est considéré « comme la dernière piperie[3] ». Parce que, « devenu aile gauche de la République, le socialisme était mort en tant que parti de classe[4] ». Enlisé dans « la fumisterie votarde[5] », conduit par « la bande enjuivée de Jaurès[6] », dominé par « des socialistes d'affaires et des anarchistes de gouvernement », le parti socialiste est irrémédiablement enlisé dans « le marécage plouto-démagogique »[7]. C'est pourquoi l'avenir du syndicalisme réside dans la seule action directe, « l'action sociale de la classe ouvrière s'exerçant et voulant s'exercer sans passer par l'intermédiaire de la politique[8] », dans la totale indépendance des organisations ouvrières à l'égard des partis politiques. « Le syndiqué, écrit François Pringault, est libre d'avoir les opinions politiques, philosophiques ou religieuses qui lui plaisent[9]. »

C'est ainsi que l'équipe de *Terre libre* énonce hautement, une fois de plus, la parfaite disponibilité du prolétariat, le refus de la démocratie et de l'intégration. Mais, en même temps, elle se lève violemment contre le pacifisme — comment les révolutionnaires « espèrent-ils faire la révolution en temps de paix? », demande Janvion[10] — et affirme sans hésitation le fait national : « On ne peut pas plus nier la nation

---

1. É. Janvion, « Il pleut des misères », *Terre libre*, 12 mai-1er juin 1911, ainsi que « Vive la République », *ibid.*, 1er-15 septembre 1911.

2. M. Riquier, « Les aliborons de foi laïque », *Terre libre*, 15-30 novembre 1909.

3. É. Janvion, « Réactionnaires », *Terre libre*, 15 oct.-15 novembre 1911.

4. F. Pringault, « La désagrégation du socialisme », *Terre libre*, 16-28 février 1914.

5. *Ibid.*,

6. É. Janvion, « Le youtre » et « Ficelle », *Terre libre*, 1er-15 mars 1911. Cf. aussi « *L'Humanité* jugée par ses pairs », *ibid.*, 1er-15 mai 1911.

7. F. Pringault, « Vers la renaissance syndicaliste », *Terre libre*, 1er-12 avril 1913.

8. E. Philippe (pseudonyme d'Émile Janvion), « L'action directe », *Terre libre*, 16-31 décembre 1911. Janvion reprend une idée largement répandue dans les milieux syndicalistes et, répondant au *Vorwaerts* allemand, il affirme n'avoir jamais lu une ligne de Sorel (« Les tuyaux du *Vorwaerts* », *Terre libre*, 1er-15 janvier 1910). Sur le thème de l'action directe, cf. encore les articles caractéristiques de M. Blanchard, « Les élections et le 1er mai », *ibid.*, 1-15 mai 1910; F. Pringault, « Joli travail », *ibid.*, 16-31 août 1911, et « Vers la renaissance syndicaliste », *ibid.*, 1er-15 avril 1913.

9. F. Pringault, « Joli travail », *Terre libre*, 16-31 août 1911.

10. É. Janvion, « Les mirlitons du pacifisme », *Terre libre*, 1er-15 juin 1910.

qu'on ne peut nier la famille », lit-on dans l'important éditorial du 1er novembre 1910 [1]. A partir de cette date, alors qu'il commence la seconde année de son existence, le journal de Janvion affirme de plus en plus son caractère socialiste national et antisémite. En effet, la campagne antijuive acquiert, fin 1910, une extrême violence; à tel point que l'antisémitisme devient alors le thème principal autour duquel s'agence l'idéologie de cette nouvelle forme de révolte syndicaliste. *Terre libre* reprend toutes les idées classiques de l'antisémitisme, depuis la conquête de la France par douze tribus étrangères jusqu'à l'assassinat d'ouvriers français en grève [2]. Elle lance finalement cet avertissement, adressé plus particulièrement au prolétariat juif :

> Tâchez de vous conduire en hommes et non en juifs. Autrement, vous aurez tôt fait, par vos accès de nationalisme inconvenant, de faciliter l'explosion que vous redoutez [3].

Socialisme, nationalisme, antisémitisme, action directe: cet ensemble idéologique s'attire très vite, de la part de l'Action française, une chaleureuse sympathie. *Terre libre*, d'ailleurs, n'avait pas manqué de rendre hommage « au clair génie de Maurras [4] », ni d'accueillir avec enthousiasme la main tendue au prolétariat par le 4e congrès national de l'Action française [5]. Mais, et bien que Janvion ait choisi d'annoncer la parution de *Terre libre* au cours d'une interview accordée à *l'Action française*, ce n'est qu'en décembre 1910 que commence le ralliement du groupe de Janvion au mouvement de Maurras [6]. Dès lors, *Terre libre* ne cessera de prendre la défense des maurrassiens en butte aux attaques des « royalistes de synagogue et de république [7] », ni d'applaudir à ces « deux bombes d'impitoyable logique placées sous les fondations de la République » que sont l'*Enquête sur la monarchie* et *Kiel et Tanger* [8]. En revanche, l'équipe Janvion n'a que mépris pour Bacconnier et *l'Accord social :* « Ce royalisme douceâtre,

1. « Notre programme et les événements », *Terre libre*, 1er-15 novembre 1910.
2. Les longs développements antisémites proliférèrent. On consultera par exemple : M. Riquier, « La race persécutée », *Terre libre*, 15 nov.-15 décembre 1910; G. Sarda, « Antisémitisme? », *ibid.*, 15 mars-1er avril 1911; et M. Riquier, « La peur des mots », *ibid.*; « Le nationalisme juif », *ibid.*, 16-31 août 1911; « Le complot juif », *ibid.*, 16-30 novembre 1911.
3. « Aux prolétaires juifs », *Terre libre*, 15 avr.-1er mai 1911.
4. « Notre programme et les événements », *Terre libre*, 1er-15 novembre 1910.
5. *Terre libre*, 16-31 décembre 1911.
6. É. Janvion, « Un sociologue de Sorbonne », *Terre libre*, 1er-15 septembre 1910.
7. F. Pringault, « Les dupes », *Terre libre*, 1er-15 janvier 1911.
8. F. Pringault, « Livre et bouquins », *Terre libre*, 1er-15 septembre 1910.

ce corporatisme ranci ne sont dangereux pour personne », écrit Riquier [1].

A la veille de la guerre, l'équipe de *Terre libre* représente la dimension authentiquement prolétarienne de la synthèse socialiste nationale. Elle déploie ses efforts parallèlement à ceux du groupe Sorel-Berth, d'une part, et de l'aile gauche de l'Action française, d'autre part. En effet, peu de temps après les débuts de *Terre libre*, Sorel, Berth et Valois annoncent la naissance d'une revue nouvelle, *la Cité française*, que l'auteur des *Réflexions sur la violence* présentait dans ces termes :

> Cette revue s'adresse aux hommes de raison qui ont été écœurés par le sot orgueil de la démocratie, par les balivernes humanitaires, par les modes venues de l'étranger [2].

Reprenant une idée que Sorel avait déjà émise dans ses *Réflexions*, les fondateurs proclament qu' « il faut réveiller la conscience que les classes doivent posséder d'elles-mêmes et qui est actuellement étouffée par les idées démocratiques. Il faut réveiller les vertus propres à chaque classe et sans lesquelles aucune ne peut accomplir sa mission historique »[3].

Ce projet n'eut pas de suite immédiate, et *la Cité française* ne vit jamais le jour. A la place, Sorel fera paraître, entre mars 1911 et juillet 1913, une revue bimensuelle : *l'Indépendance*. Devenue mensuelle un court moment, du 15 mars au 15 juin 1913, *l'Indépendance* eut 48 numéros. Tout au long de son existence, elle chercha, en vain, la formule idéale, le format satisfaisant, le comité de rédaction qui convienne pleinement à son fondateur, que secondent principalement les frères Tharaud et Jean Variot. En octobre 1912, Barrès, Bourget et Francis Jammes entrent au comité de rédaction, mais ce remaniement ne suffit pas à donner à la revue du mordant, de la couleur, ou simplement une quelconque spécificité. Berth et Valois n'y collaborent pas et, en dépit du fait qu'elle considère « les revendications ouvrières » comme « aussi légitimes que les revendications nationale »[4], *l'Indépendance* ne parvient pas à véritablement se démarquer par rapport à *l'Action française* hebdomadaire.

On y retrouve en effet les mêmes thèmes : nationalisme, antisémitisme, défense de la culture, du classicisme, de l'héritage gréco-romain, lutte contre la Sorbonne et l'enseignement laïque. *L'Indé-*

---

1. M. Riquier, « Le royalisme accordéon », *Terre libre*, 15 janv.-1er février 1910.
2. Cf. le manifeste de *la Cité française*, in G. Valois, *la Monarchie et la Classe ouvrière*, p. CX-CXI.
3. *Ibid.*
4. « De la nouvelle forme de *l'Indépendance* », *L'Indépendance*, 15 juin 1912.

pendance lance de longues campagnes contre Gambetta et la Défense nationale — la République est une créature de Bismarck —, mais elle rend un vibrant hommage à la révolte royaliste dans le Midi[1]. Mais, malgré la collaboration de Pareto, de Le Bon ou de Claudel, la revue ne parvient pas à s'affirmer et ne répond pas au besoin qui l'avait fait naître. Berth et Valois le comprennent très vite : le 16 décembre 1911 a lieu la conférence d'ouverture du Cercle Proudhon.

Le Cercle Proudhon vient ainsi couronner plusieurs années d'efforts et de tâtonnements, et sa fondation vient concrétiser l'existence d'un courant arrivé au terme de son évolution dès 1909. En effet, c'est au mois d'août de cette année-là que Sorel avait publié en Italie son étude intitulée *la Déroute des mufles*, où il présentait l'Action française comme le mouvement qui devait faire cesser en France le règne de la bêtise. Quatre mois plus tard, au moment où *Terre libre* commençait sa parution, Sorel publiait *la Révolution dreyfusienne*, un des plus importants réquisitoires qui aient été écrits contre la coalition sortie de l'Affaire. Le 14 avril 1910, il saluait, dans un article retentissant de *l'Action française*, « Le réveil de l'âme française », l'œuvre de cet autre ancien dreyfusard, Péguy, qui venait de publier *le Mystère de la charité de Jeanne d'Arc*.

L'objectif du Cercle Proudhon est de fournir un cadre « commun aux nationalistes et aux antidémocrates dits de gauche[2] », écrit Valois. Placé sous l'égide de Proudhon, il s'inspire aussi de Sorel, les deux maîtres à penser qui ont « préparé la rencontre des deux traditions françaises qui se sont opposées au cours du XIXe siècle : le nationalisme et le socialisme authentique, non vicié par la démocratie, représenté par le syndicalisme[3] ».

Il convient de rappeler ici que l'Action française, dès ses origines, considère Proudhon comme un « maître ». Le philosophe tient une

1. Cf., par exemple, G. Sorel, « L'abandon de la revanche », *l'Indépendance*, 1er avril 1911, p. 75 et 84-87 ; J. de Merlis, « L'insurrection royaliste de l'an VII dans le Midi », *ibid.*, 15 février 1913, p. 329-344. On retrouvera un thème identique dans *Terre libre* (« Déroulède », 16-28 février 1914).
2. G. Valois, « Notre première année », *Cahiers du Cercle Proudhon*, mai-août 1912, p. 157. Les *Cahiers du Cercle Proudhon* paraissent de janvier 1912 à janvier 1914, en principe tous les deux mois.
3. G. Valois, « Sorel et l'architecture sociale », *Cahiers du Cercle Proudhon*, mai-août 1912, p. 111-112. L'ensemble de cette livraison est consacré à un hommage à Georges Sorel. Cf. aussi J. Darville (pseudonyme d'Édouard Berth), « Satellites de la ploutocratie », *ibid.*, p. 209 ; « Déclaration du Cercle », *ibid.*, mai-août 1912, p. 174. Les fondateurs du Cercle sont deux anciens syndicalistes révolutionnaires, Berth et Riquier, et six maurrassiens « sociaux », Valois, Henri Lagrange, Gilbert Maire, René de Marans, André Pascalon et Albert Vincent.

place de choix dans la chronique hebdomadaire, précisément intitulée « Nos maîtres », de la revue du mouvement. Cette place que lui consacre *l'Action française*, Proudhon la doit, bien sûr, à son antirépublicanisme, à son antisémitisme, à sa haine de Rousseau, à son mépris pour la Révolution, la démocratie et le parlementarisme, à son apologie de la Nation, de la famille, de la tradition et de la monarchie [1].

Les Cahiers du Cercle Proudhon reprennent à leur compte ces thèmes, en mettant, toutefois, davantage l'accent sur le socialisme proudhonien. De plus, et à la suite de Maurras qui lui rendait hommage parce que, « abstraction faite de ses idées, Proudhon eut l'instinct de la politique française [2] », les *Cahiers* ne manquent pas de signaler combien il faut vénérer un homme qui, en plus de sa passion pour l'ordre, s'applique à démontrer la suprématie de la France et à exiger pour la nation française, « d'où s'élève la plus haute fleur de la civilisation humaine », le droit de commander au reste de l'Europe [3]. Valois, pour sa part, insiste sur la « passion révolutionnaire qui anime Proudhon » et qui, plutôt que de l'amener à diriger ses foudres contre la société française et la propriété, le fait se lever contre les vrais coupables : le capitalisme juif et l'ordre social imposé par l'étranger [4]. Quant à Berth, il montre aux maurrassiens un Proudhon pratiquant un socialisme « gaulois », paysan, guerrier, ayant un profond sentiment de l'unité et de l'ordre, un socialisme puisé « à la plus pure source française [5] ».

Après Proudhon, Sorel. Les fondateurs du Cercle voient dans l'auteur des *Réflexions sur la violence* le disciple le plus authentique de celui de *Philosophie de la misère*. Ils l'apprécient pour son anti-intellectualisme, son antiromantisme, son antikantisme et son bergsonisme, pour le mépris qu'il professe à l'endroit des valeurs bourgeoises et libérales, de la démocratie et du parlementarisme. Gilbert Maire

1. « Nos maîtres », *L'Action française*, 1er et 15 juillet 1902, p. 63-75 et 145-152. Parmi les maîtres, on notera encore Voltaire grâce à son antisémitisme, Fourier pour son nationalisme et Baudelaire, retenu pour son mépris envers le progrès et le modernisme; *ibid.*, 15 janvier 1901, p. 147-153; 1er mai 1901, p. 730-732; 1er septembre 1902, p. 394-398.
2. Ch. Maurras, « Besançon », *Cahiers du Cercle Proudhon*, janv.-février 1912, p. 4.
3. P. Galland, « Proudhon et l'ordre », *Cahiers du Cercle Proudhon*, janv.-février 1912, p. 31-33; H. Lagrange, « Proudhon et l'ordre européen », *ibid.*, mars-avril 1912, p. 97.
4. G. Valois, « L'esprit proudhonien », *Cahiers du Cercle Proudhon*, janv.-février 1912, p. 34-43.
5. J. Darville, « Proudhon », *Cahiers du Cercle Proudhon*, janv.-février 1912, p. 10-13.

souligne tout ce qui sépare le syndicalisme fondé sur un marxisme authentique, « philosophie des bras et non des têtes » qui « voyait la révolution sociale sous un aspect mythique », du socialisme démocratique, dreyfusard, le socialisme des alliances contre nature [1]. Les maurrassiens accueillent Sorel avec joie parce qu'il permet d'en appeler à Marx contre Jaurès, à l'intérêt de classe du prolétariat contre la solidarité de « défense républicaine », au syndicalisme contre le socialisme, aux nouvelles sciences sociales contre Rousseau, le XVIIIe siècle, la démocratie et le libéralisme. « Il a osé dire plus franchement qu'aucun autre, écrit Gilbert Maire, l'utilité de l'action directe, la beauté de la violence au service de la raison [2]. »

Soréliens et maurrassiens sont nourris de cette même révolte intellectuelle contre l'héritage des Lumières et de la Révolution. Tous considèrent Sorel comme un disciple de Bergson, « un adepte enthousiaste de la philosophie intuitive [3] ». Car l'auteur des *Réflexions sur la violence* n'a jamais manqué de prendre la défense de Bergson [4], tout comme il a toujours rendu hommage à Le Bon et à Pareto [5]. Il en est de même pour Berth et Valois, qui connaissent parfaitement l'école italienne de sociologie et s'y réfèrent [6]. Ceci contribue à expliquer cette « convergence fondamentale » entre « les idées de l'Action française et les aspirations syndicalistes » [7], fondée sur la conviction que « le nationalisme comme le syndicalisme ne peuvent triompher que par l'éviction complète de la démocratie et de l'idéologie démocratique [8] ».

Valois [9], de son côté, clame établie « la jonction » entre syndi-

---

1. G. Maire, « La philosophie de Georges Sorel », *Cahiers du Cercle Proudhon*, mars-avril 1912, p. 62-74.
2. *Ibid.*, p. 80.
3. *Ibid.*, p. 62.
4. Cf., par exemple, *Réflexions sur la violence*, op. cit., p. 8-9, 41-42, 173 et 186-188, et *l'Indépendance*, 1er mai 1911, p. 190-192.
5. *Ibid.*, p . 116 et 192. Sur Le Bon, cf. aussi l'enthousiaste compte rendu fait par Sorel de *Psychologie de l'éducation* (*l'Indépendance*, 11 avril 1911, p. 109-110), ainsi qu'un article à la gloire de Le Bon : « Sur la magie moderne », *ibid.*, septembre 1911. Le Bon et Pareto collaborent aussi à *l'Indépendance* : cf. 1er mai 1911, 1er mars et 1er mai 1912.
6. J. Darville « Satellites de la ploutocratie », *Cahiers du Cercle Proudhon*, mai-août 1912, p. 187, et G. Valois, *la Monarchie et la Classe ouvrière*, op. cit., p. XLVII-XLVIII.
7. J. Darville, « La monarchie et la classe ouvrière », *Cahiers du Cercle Proudhon*, janv.-février 1914, p. 19.
8. *Ibid.*, p. 15.
9. G. Valois, *La Monarchie et la Classe ouvrière*, op. cit., p. XX, XXVII, LXV-CXVI, 4-8, 63, 152, 348 et 356.

calisme et nationalisme, alors que Berth annonce que cette « double révolte » ne pourra qu'aboutir

> à l'éviction complète du régime de l'or et au triomphe des valeurs héroïques, sur cet ignoble matérialisme bourgeois où l'Europe actuelle étouffe. Il faut, en d'autres termes, que ce réveil de la Force et du Sang contre l'Or [...] s'achève par la déroute définitive de la Ploutocratie[1].

Mais cette guerre que livrent « ces deux grands courants de l'énergie nationale... l'un et l'autre antilibéraux et antidémocratiques » à la « ploutocratie », au « grand capital », à la « Haute Finance »[2] est aussi une guerre contre la décomposition et la décadence de la France[3].

En effet, les soréliens, tout comme un Barrès, vers 1890, et un Drieu, vers 1930, ont un sens très aigu de la décadence; leur œuvre est dominée par le sentiment de déchéance de toute une civilisation. « Décadence bourgeoise, décadence ouvrière, décadence nationale, tout se tient », écrit Berth[4]. Il reprend cette idée que Sorel avait développée et selon laquelle le socialisme ne peut se réaliser dans un pays en décadence économique, où la grande industrie est peu développée et où continue à végéter une petite bourgeoisie timorée et rétrograde. La poussée d'un prolétariat révolutionnaire n'est possible que là où existe une bourgeoisie puissante, également hardie et révolutionnaire[5]. Mais la décadence n'est pas seulement économique et sociale, elle englobe l'ensemble de la vie politique et culturelle, elle imprègne les mœurs et les modes de vie.

L'affaire Dreyfus n'aurait pu se produire si, depuis de nombreuses années, la France ne s'était déjà engagée sur la voie du déclin. Le roman russe, le néo-catholicisme, l'anarchisme, l'esthétique des Natanson et des juifs de *la Revue blanche*, des salons cosmopolites, la peinture des impressionnistes et des fauves... on jauge la profondeur du mal[6]. Ce sentiment de crépuscule de la civilisation est très

---

1. J. Darville, « Satellites de la ploutocratie », *Cahiers du Cercle Proudhon*, p. 209. Cf. aussi un article de mai-juin 1912, très caractéristique d'Henri Lagrange, un des représentants les plus brillants de la jeune génération maurrassienne, qui devait bientôt mourir à la guerre : « L'œuvre de Sorel et le Cercle Proudhon », *Cahiers du Cercle Proudhon*, mai-août 1912, p. 126-131.
2. H. Lagrange, « L'œuvre de Sorel et le Cercle Proudhon », *Cahiers du Cercle Proudhon*, mai-août 1912, p. 129, et G. Valois, « Notre première année », p. 158-159.
3. J. Darville, « Satellites de la ploutocratie », *Cahiers du Cercle Proudhon*, mai-août 1912, p. 129. — 4. *Ibid.*, p. 201. — 5. *Ibid.*
6. G. Sorel, « Aux temps dreyfusiens », *L'Indépendance*, 10 octobre 1912, p. 51-56.

profondément enraciné chez les révoltés du tournant du siècle, tout comme chez leurs prédécesseurs immédiats. Toussenel se lamentait déjà sur « le naufrage général des mœurs publiques », sur une époque « où il semblerait que le sang se fige au cœur »[1], Morès ne cessait de notifier que « la crise est proche[2] » et Drumont d'annoncer « la catastrophe finale[3] ».

Lutter contre la décadence signifie, tout d'abord, effacer l'héritage spirituel du XVIIIe siècle, en second lieu, défaire l'alliance dreyfusarde qui fausse les rapports de classes, et, finalement, éliminer les éléments étrangers au corps social, les juifs. La défense du classicisme identifié avec la culture tout court, la défense du XVIIe siècle contre le XVIIIe, du siècle de Pascal, de Bossuet et de Corneille contre le siècle de *Werther*, constituent, de tout temps, un objectif essentiel de l'idéologie socialiste nationale. « La cause de la civilisation, la cause du classicisme, la cause du grand art, la cause de la France sont une seule cause, voilà tout notre point de vue », lit-on dans *l'Indépendance*[4]. « Le problème que l'on appelle très improprement le problème social est dominé par un problème métaphysique[5] », écrit à son tour Valois, pour bien souligner, tout comme Berth et à la suite de Sorel, que, pour sauver la civilisation, « la première bête à tuer » est la croyance dans le progrès, dans cet « optimisme rationaliste », cet « individualisme forcené » qui ont engendré « la sinistre farce de 89 »[6]. Sauver la civilisation signifie ruiner l'humanitarisme, le pacifisme, l'égalitarisme, toute cette « métaphysique optimiste » léguée par « l'enfant vicieux » et le « laquais corrompu des *Confessions* »; cela signifie sauver le monde « de la médiocrité démocratique, bourgeoise et libérale, [de] la stupidité judéo-conservatrice d'une bourgeoisie qui, assise bien confortablement à la table de l'État, sue de peur et claque des dents à la seule vision du spectre de la guerre ou de la révolution[7] »...

A la place de l'idéologie bourgeoise, et comme autre solution que celle du socialisme démocratique, l'équipe du Cercle Proudhon pro-

---

1. A. Toussenel, *Les Juifs, rois de l'époque*, p. 1-3.
2. Marquis de Morès, *Le Secret des changes, op. cit.*, p. 79.
3. É. Drumont, *Le Testament d'un antisémite, op. cit.*, p. 2.
4. « Chronique du mois », *L'Indépendance*, avr.-mai 1913, p. 111.
5. G. Valois, *La Monarchie et la Classe ouvrière, op. cit.*, p. VIII.
6. *Ibid.*, p. XI; G. Sorel, « Responsabilités de 1870 », *L'Indépendance*, 1er mai 1911, p. 187; J. Darville, « La monarchie et la classe ouvrière », *Cahiers du Cercle Proudhon*, janv.-février 1914, p. 15-17 et 21; L. Rebery, « La fin des bourgeois », *Terre libre*, 1er-15 mai 1914.
7. P. Galland, « Les principes de la démocratie », *Cahiers du Cercle Proudhon*, janv.-février 1914, p. 48-49, et J. Darville, « Satellites de la ploutocratie », *ibid.*, mai-août 1912, p. 180.

pose une éthique nouvelle. Fondée sur l'idée « que les siècles chrétiens, avec leur *pessimisme* *, sont, comme les siècles tragiques de la Grèce, des siècles *plus forts* * que le XVIIIe avec son plat optimisme scientiste [1] », cette éthique affirme qu' « il n'y a de salut pour le monde moderne que dans un retour à la pensée guerrière [2] »; elle postule la « nécessité de la sélection [3] », le refus de « cet amour sénile de la vie pour la vie [4] », la primauté du catholicisme, des traditions séculaires, de la chasteté [5], de « l'existence modeste, casanière et sérieuse des antiques familles campagnardes [6] ». Ce moralisme a en horreur le « mysticisme humanitaire [7] » de la démocratie; il est marxiste parce que « la philosophie marxiste, toute pénétrée de l'idée guerrière [...], fait de la lutte des classes le moteur souverain de l'histoire [8] », et il est guerrier non seulement parce que la violence est génératrice de grandeur, mais aussi parce que celle-ci « peut, dans certains cas, être un événement révolutionnaire de premier ordre [9] ». Pour les mêmes raisons que ce moralisme est marxiste, il est patriote; en effet, le patriotisme « peut avoir aussi un sens révolutionnaire », et « l'homme du peuple est immergé dans sa patrie bien plus profondément que l'homme des classes riches », ce vagabond cosmopolite,

* En *italique* dans le texte.
1. J. Darville, « La monarchie et la classe ouvrière », *Cahiers du Cercle Proudhon*, janv.-février 1914, p. 13.
2. *Ibid.*, p. 15. Cf. aussi p. 14 : « Il nous faut remonter cette pente que la démocratie nous fait descendre, elle qui est, pour employer le langage bergsonien, le régime de la détente; et il n'y a pas d'autre voie que la voie guerrière : les nations modernes, nous dit Sorel, sont abruties par un double fléau : l'humanitarisme au point de vue national, le solidarisme au point de vue social. »
3. G. Platon, « Pourquoi l'empire romain a succombé », *L'Indépendance*, mars-août 1911, p. 27.
4. J. Darville, « Satellites de la ploutocratie », *Cahiers du Cercle Proudhon*, mai-août 1912, p. 190.
5. Cf., notamment, les articles suivants de G. Sorel : « Quelques prétentions juives », *l'Indépendance*, 1er mai-1er juin 1912, p. 291; « Urbain Gohier », *ibid.*, sept. 1911-février 1912, p. 306-311; « Si les dogmes évoluent », *ibid.*, p. 33, « Une critique des sociologues », *ibid.*, p. 73-74.
6. G. Sorel, « Urbain Gohier », *L'Indépendance*, sept. 1911-février 1912, p. 306.
7. « Chronique du mois », *L'Indépendance*, avr.-mai 1913, p. 114.
8. J. Darville, « La monarchie et la classe ouvrière », *Cahiers du Cercle Proudhon*, janv.-février 1914, p. 12. Cf. aussi V. Pareto, « Rentiers et spéculateurs », *l'Indépendance*, mars-août 1911, p. 164-165 : contre l'or, il n'y a d'autre recours que la force.
9. J. Darville, « Satellites de la ploutocratie », *Cahiers du Cercle Proudhon*, mai-août 1912, p. 189. « La monarchie et la classe ouvrière », *ibid.*, janv.-février 1914, p. 13. Cf. aussi p. 179 : « La guerre est le facteur suprême qui fait et défait les nations. »

« déraciné par une culture encyclopédique et une existence d'oisif »[1]. Solidarité nationale et solidarité de classe ne peuvent exister que dans une société qui refuse « cette conception atomistique et purement mécanique où l'homme n'est plus qu'un simple porteur de marchandises[2] » : voilà pourquoi le nationalisme tout comme le patriotisme exigent la destruction de la démocratie.

Corruptrice des mœurs, la démocratie non seulement « postule la vie facile, les agréments, les commodités de l'existence, une liberté anarchique, la réduction du temps de travail, l'accroissement indéfini des loisirs[3] », mais encore elle est « par nature hostile à l'organisation ouvrière[4] » et, par conséquent, « le plus mauvais terrain qui se puisse trouver pour une véritable lutte des classes[5] ». C'est ainsi que les syndicalistes révolutionnaires, à l'instar des socialistes, accusent la démocratie de fausser les clivages naturels, les réalités sociales, de privilégier les luttes idéologiques par rapport à la situation objective des hommes dans les rapports de production. Ce qui, en fin de compte, ne peut avoir pour effet que d'assurer la pérennité du système, celui de l'exploitation capitaliste soutenue et affermie par la médiocrité d'une civilisation décadente, par la bassesse d'un optimisme vulgaire, par l'écran de fumée d'un débat idéologique vide et grossier.

Sauver la France de la décrépitude signifie annuler les conséquences de l'Affaire, de cette « révolution dreyfusienne[6] » qui « est la clé de toutes les questions sociales qui se posent aujourd'hui en France[7] », et, finalement, enterrer cette « république quatrième[8] » qui en est issue. A cet effet, *Terre libre*, tout comme *l'Indépendance* et les *Cahiers du Cercle Proudhon*, développe un très violent antisémitisme qui n'hésite pas à faire appel à de longs développements sur le meurtre

1. J. Darville, « Satellites de la ploutocratie », *Cahiers du Cercle Proudhon*, mai-août 1912, p. 192 et p. 194.

2. *Ibid.*, p. 194.

3. A. Vincent, « Le bilan de la démocratie », *Cahiers du Cercle Proudhon*, mars-avril 1912, p. 102.

4. J. Laurent, « Le cri du jour », *Terre libre*, 15-30 mars 1910.

5. J. Darville, « La monarchie et la classe ouvrière », *Cahiers du Cercle Proudhon*, janv.-février 1914, p. 10; cf. aussi p. 27-32.

6. Le terme, on le sait, est de Sorel, auteur d'une brochure ainsi intitulée. Cf. aussi *la Décomposition du marxisme, op. cit.*, p. 62, et « Aux temps dreyfusiens », *l'Indépendance*, 10 octobre 1912.

7. G. Valois, *La Monarchie et la Classe ouvrière, op. cit.*, p. 115.

8. A Vincent, « Le bilan de la démocratie », *Cahiers du Cercle Proudhon* mars-avril 1912, p. 100. Sur « la mystification dreyfusarde », on consultera auss les nombreux articles antisémites de Janvion, de Riquier et de Pringault dans *Terre libre* (cf., notamment, 15 avr.-1er mai, 15-31 mai, 1er-12 septembre, 15 nov.-15 décembre 1910, 1-15 janvier, 1-15 mai 1911, 1-15 avril 1913).

rituel, à de grossières provocations, à des faux maladroits, à la plupart des thèmes et artifices dont avaient fait usage Drumont, Guérin ou Biétry [1].

Il convient de noter, dans ce contexte, que, sous le poids de l'influence syndicalo-monarchiste française, des phénomènes analogues surgissent en même temps en Italie. L'alliance des soréliens et des maurrassiens français suscite en Italie un enthousiasme que l'on peut difficilement s'imaginer aujourd'hui. Paolo Orano, un représentant typique de l'école syndicaliste italienne qui s'était donné comme objectif de concilier le syndicalisme avec le nationalisme, annonce la parution projetée de *la Cité française* comme le grand événement de l'époque, alors qu'Agostino Lanzillo, un disciple de Sorel et de Pareto, s'attache à faire l'apologie de Maurras.

C'est à cette période que paraît à Florence la revue *la Lupa*, qui, sous la direction d'Orano, réunit des hommes comme Enrico Corradini, Arturo Labriola et Roberto Michels. Elle s'était également assuré la collaboration de Sorel. Mais, occupé qu'il est à préparer la parution de *la Cité française*, puis, un peu plus tard, de *l'Indépendance*, Sorel ne prend qu'une part très restreinte à l'animation de la nouvelle revue. En 1913, ce sera au tour du nationaliste Giovanni Papini de lancer une autre revue, *Lacerba*, qui croit dans les vertus purificatrices de la guerre. Pour *Lacerba*, en effet, la guerre présente un double avantage : offrir à l'Italie la chance de se régénérer, et détruire définitivement les fausses valeurs de la démocratie. L'équipe de cette revue compte des hommes comme le peintre Ardengo Soffici et les futuristes de l'école de Marinetti. Au même moment, alors que Papini appelle au bain de sang [2], Corradini s'efforce, dans *la Lupa*, de démontrer que nationalisme et socialisme se rejoignent dans une même « substance vertueuse », justement spécifique de l'un comme de l'autre : le conflit. Et il écrit : « la seule morale du syndicalisme est la lutte. La seule morale du nationalisme est la guerre [3]. » Qu'ils aient la bour-

---

1. Les textes prolifèrent, et il serait fastidieux de les citer tous. On consultera notamment la série d'articles sur les crimes rituels en Russie (*l'Indépendance*, 1er juillet et 1er septembre 1911, 10 octobre 1912), les deux grands articles de Sorel, « Urbain Gohier » et « Quelques prétentions juives », les « Notes de la quinzaine » et les « Échos » dans les livraisons d'avril 1912, février et avril 1913. Cf. aussi une prétendue communication adressée à la revue par un Isaac Blümchen et intitulée « Paroles juives sur les Français » (*L'Indépendance*, 1er juillet 1913).

2. Cf. A. Lyttelton, *Italian Fascisms. From Pareto to Gentile*, Londres, Cape, 1973, p. 98 (textes réunis et introduits par A. Lyttelton).

3. Cité in E. Santarelli, « Le socialisme national en Italie : précédents et origines », *le Mouvement social*, no 50, janv.-mars 1965, p. 52-53. On consultera aussi, à ce sujet, J. J. Roth, « The roots of Italian fascism : Sorel and Sorelismo », *Journal of Modern History*, vol. 39, no 1, 1967.

geoisie pour adversaire commun ne fait qu'ajouter à la nécessité qu'ils ont tous deux de se rencontrer.

La synthèse syndicaliste et nationaliste faite de « deux mouvements, synchroniques et convergents, l'un à l'extrême droite, l'autre à l'extrême, gauche [qui] ont commencé l'investissement et l'assaut de la démocratie[1] » veut donc se substituer totalement à l'ordre libéral. Elle se veut créatrice d'un monde nouveau, viril, héroïque, pessimiste et puritain, fondé sur le sens du devoir et du sacrifice, un monde où prévaut une morale de guerriers et de moines, une société dominée par une puissante avant-garde, une élite prolétarienne, une aristocratie de producteurs alliée, contre la bourgeoisie décadente, à une jeunesse intellectuelle assoiffée d'action. Il ne faudra que fort peu de chose à cette synthèse pour prendre, quelques années plus tard, le nom de fascisme. Georges Valois n'aura pas tort, en fondant, le 11 novembre 1925, le premier mouvement fasciste français — et le premier en dehors d'Italie —, quand il lancera à ses légionnaires : « Nous prenons notre bien chez nous[2]. » Car, loin d'être une vague imitation du *Fascio* italien, le Faisceau s'inscrit dans la plus pure tradition du socialisme national français; il ne fait que reprendre et poursuivre l'œuvre du Cercle Proudhon, cassée par la guerre et par la révolution soviétique.

Mais la création du Faisceau ne vient pas seulement assurer la continuité idéologique du fascisme français ou mettre en valeur sa filiation intellectuelle spécifiquement française; elle est aussi une manifestation de la pérennité d'un processus dont on discerne parfaitement les mécanismes dès la fin des années quatre-vingts. En effet, dès sa création, le Faisceau attire à lui un certain nombre des éléments les plus militants et les plus ardents de l'Action française et des autres ligues nationales, ainsi que les personnalités orientées plus à gauche que ne l'est le *leadership* de ces mouvements. Ce processus de radicalisation est une réaction à l'intégration progressive que subissent aussi bien l'Action française que les autres ligues nationales. Le manque total d'une réelle volonté d'action qui caractérise les vieilles ligues et leur caractère de salon littéraire devaient fatalement repousser les éléments véritablement fascisants[3]. A cet égard, le Faisceau joue le même rôle qu'un quart de siècle plus tôt la jeune Action française avait tenu face à la Patrie française : il encadre les éléments les plus

---

1. É. Berth, *Les Méfaits des intellectuels*, cité par G. Valois, *la Monarchie et la Classe ouvrière, op. cit.*, p. CXVIII.
2. G. Valois, *Le Fascisme, op. cit.*, p. 6.
3. Z. Sternhell, « Anatomie d'un mouvement fasciste en France : le Faisceau de Georges Valois », *loc. cit.*, p. 8-13.

combatifs et les moins âgés qui s'élèvent contre l'immobilisme et le conservatisme des organisations en place, contre des chefs — tous vieux routiers de la politique parlementaire — qui se refusent de cautionner les principes du coup de force et de mettre véritablement en cause les assises de l'ordre établi. Une fois de plus, cette révolte restera sans lendemain : les soupapes de sécurité du système en place fonctionnent parfaitement; l'État républicain n'aura même pas à intervenir car, devenues parties intégrantes du système politique, toutes les droites coalisées veilleront elles-mêmes à casser le nouveau mouvement révolutionnaire. C'est que, en dépit de leurs violences de langage, les droites, toujours hostiles aux agitateurs, particulièrement jalouses de leur respectabilité, sont respectueuses de la légalité et des formes, et restent profondément attachées à la conservation des structures existantes de la société. C'est pour garantir la pérennité de cette même société qu'elles se dressent contre le fascisme : l'aventure de Georges Valois, couronnement idéologique des efforts entrepris par l'équipe du Cercle Proudhon, n'aura pas duré deux ans.

Conclusion

En août 1914, quand sombre le vieux monde du XIXe siècle, la preuve est faite que le moteur de l'histoire n'est pas la classe mais la nation. La faillite de l'Internationale, des partis socialistes et des syndicats est plus complète que tout ce à quoi avaient rêvé les plus acharnés des militants de la Ligue des patriotes. Déroulède et Rochefort venaient à peine de disparaître, mais Drumont, Barrès, Maurras, Le Bon, et tant d'autres précurseurs et pionniers étaient bien là pour assister, au lendemain des obsèques de Jaurès, à l'adhésion de Jouhaux au Comité national de secours; ils étaient là aussi pour applaudir, le 26 août, à l'entrée de Guesde et de Sembat au gouvernement. Ils étaient là encore pour voir les dirigeants du parti socialiste et de la CGT, mis à part le groupe de *la Vie ouvrière* conduit par Monatte et Rosmer, rallier la politique d'Union sacrée et de Défense nationale. « Je me demande si dans l'histoire on trouverait un exemple d'un abandon plus total, plus cynique de toutes leurs idées maîtresses et de leur foi militante par un groupe d'hommes aussi important », écrit Marcel Martinet à Pierre Monatte en mai 1915[1]. L'accablement est alors le trait dominant de ce petit groupe de militants qui formera bientôt un véritable noyau de résistance à la guerre : en effet, ce n'est pas seulement d'une trahison des chefs, comme voulait le faire croire Lénine, qu'il s'agissait en 1914, mais bien de l'intégration du prolétariat dans la collectivité nationale.

La guerre fut un catalyseur : en révélant au grand jour l'imprégnation nationaliste, elle a démontré l'incapacité de l'orthodoxie marxiste de mordre sur le prolétariat français. Tout compte fait, la nationalisation des masses avait été beaucoup plus profonde et beaucoup plus rapide que n'avait pu l'être la pénétration marxiste. Le réflexe du prolétariat français ne diffère alors en rien de celui qui avait été enregistré en 1887, lors de la crise avec l'Allemagne, à l'époque où le général Boulanger occupait les bureaux de la rue Saint-Dominique.

Seulement, en août 1914, l'éducation du prolétariat aurait dû

---

1. Cité par Nicole Racine in M. Martinet, *les Temps maudits*, suivi de *la Nuit*, Paris, Union générale d'éditions, 1975, p. 12 (introduction).

être déjà faite. Or, c'est précisément à ce moment que l'on voit se désintégrer la notion de classe, c'est précisément à ce moment qu'un Mussolini, un Hervé ou un Lagardelle prennent conscience de l'énorme réservoir d'énergie que représente la nation : après un demi-siècle de socialisme, le sentiment national émerge comme la force dominante de l'histoire, et la nation incarne les valeurs fondamentales de la société. Dès que cette constatation devient opérationnelle, dès le moment où s'évanouit la flamme socialiste, il ne reste du socialisme révolutionnaire que le second terme de l'équation, la volonté de détruire la démocratie et le libéralisme, quitte à ce que l'ordre nouveau qui s'ensuivra soit aux antipodes de celui auquel ils avaient rêvé avant la guerre. Cette analyse, faite par les nonconformistes de 1914, sera reprise, un quart de siècle plus tard, par Marcel Déat et les néo-socialistes en France, par le jeune et brillant ministre travailliste Oswald Mosley en Angleterre, ou par le président du parti ouvrier belge, Henri de Man.

Partout en Europe, la Grande Guerre suscite les conditions psychologiques, politiques et sociales qui favorisent l'éclosion du fascisme, mais on ne peut soutenir qu'elle ait produit le fascisme, en France encore moins qu'ailleurs. Au niveau des mentalités, des idéologies et des réflexes collectifs, la guerre ne provoque en France aucune grande césure. Certes, les structures et le style changent, les idées fondamentales évoluent, mais, dans l'ensemble, on reste incontestablement en pays de connaissance.

Dans le domaine du vocabulaire, la plupart des mots clés dont il sera fait usage entre 1918 et 1945 sont déjà largement employés au début du siècle, notamment par les Jaunes. Prenant la parole à la première grande manifestation de son mouvement, Lanoir annonce sa volonté d'unir la grande famille du travail en « faisceau [1] » et autour d'un seul idéal : « la Patrie, la famille, le travail libérateur [2] ». Peu de temps après, les successeurs de Lanoir, voulant expliquer ce « qui séparait anciens et *néo-socialistes* [3] », soulignent la spécificité d'un mouvement qui vient d'adopter le sigle de « parti socialiste national » : « Nous voulons créer, disent-ils, le mouvement nécessaire de *Renaissance nationale*, le *Parti de la jeune France* [4] », nous voulons « faire

---

1. P. Lanoir, discours au premier banquet des Jaunes de France, *l'Union ouvrière*, 22 févr.-1er mars 1902.

2. P. Lanoir, « Notre organisation », *L'Union ouvrière*, 19-26 avril 1902.

3. A. Pawlowski, *Les Syndicats jaunes, op. cit.*, p. 36.

4. P. Biétry, « Les propos du Jaune », *Le Jaune*, 31 décembre 1904. Un nouveau parti socialiste national, lancé par Hervé, verra le jour en août 1919, à la veille des premières élections législatives de l'après-guerre (cf. *la Victoire*, 18 août 1919).

la contre-révolution, la *Révolution nationale*[1] ». On ne peut manquer de relever la profonde analogie entre la période d'incubation qui, après le boulangisme, précède l'Union sacrée et celle de la montée du fascisme après la Première Guerre mondiale. Le fascisme français de l'entre-deux-guerres ne fait, en réalité, que reprendre et développer, en les adaptant aux conditions nouvelles, les éléments essentiels de la révolte du tournant du siècle.

La poussée de la droite radicale est parallèle à celle de la gauche et elle en est le complément. En aucune manière, elle ne saurait être considérée comme une simple réaction à la montée de la gauche, de même qu'on ne peut voir dans le fascisme un simple reflet ou une ombre portée du marxisme[2]. Protestation permanente et multiple contre le marxisme, il est aussi réel que lui, il possède le même degré d'autonomie : fascisme et marxisme sont des produits d'une même réalité sociologique, et tous deux se veulent une option de remplacement total de l'ordre libéral. Les trois pôles autour desquels se cristallise en France, jusqu'en 1914, l'attaque de l'ordre libéral — le boulangisme, l'affaire Dreyfus et le militantisme syndicaliste de l'avant-guerre — représentent trois variantes d'un même effort : casser le consensus libéral. Mais, aussi bien à la fin des années quatre-vingts qu'au tournant du siècle et à la veille de la guerre, l'ordre bourgeois résiste avec succès. La preuve est ainsi faite que la société bourgeoise et l'État libéral sont trop puissants pour les révolutionnaires de gauche et les révoltés de droite. Tel était sans doute l'enseignement le plus clair de l'Affaire.

La crise que connaît l'Europe du tournant du siècle à cause de toutes sortes de mutations structurelles, à cause des profonds changements qui interviennent dans le climat intellectuel et moral, mais aussi à cause des problèmes que pose l'implantation de la démocratie libérale dans une société sans véritables corps intermédiaires, frappe la France plus tôt que le reste du continent. Profitant de ce que la France d'alors offrait la culture politique libérale et démocratique la plus avancée du continent, il était tout à fait logique que la droite radicale française qui en présentait l'antithèse atteignit sa maturité plus rapidement qu'ailleurs, il était tout à fait logique aussi que la critique de la démocratie libérale fût plus précoce en France. Cependant, la société française ayant été, du fait de sa lente modernisation, une société

---

1. « Ce qu'est le parti propriétiste », *La Voix française*, 18 décembre 1909.
2. Telle est, au contraire, la thèse d'E. Nolte : cf. notamment l'introduction au *Fascisme en son époque, op. cit.*

stable, elle a pu mieux résister aux assauts que ne le pourra l'Allemagne lorsque la crise la touchera.

En effet, tout comme les trois premières vagues successives qui étaient venues se briser, l'une après l'autre, sur la puissance du centre bourgeois, jamais le fascisme ne parviendra réellement à ébranler les robustes assises d'une société où la droite traditionnelle est suffisamment puissante pour sauvegarder elle-même ses intérêts. Même quand elle finance les troupes de choc du préfascisme et du fascisme, même quand elle en appelle à la droite populaire, seule capable en période de crise d'exercer une pression efficace dans la rue, jamais la droite libérale ne permet aux révoltés de la déborder, et jamais elle ne se trouve acculée à cette extrémité que représente la nécessité de s'en remettre aux fascistes. La droite craint les fascistes qui, à leur tour, la méprisent et s'appliquent à bien marquer tout ce qui les distingue :

> Nous sommes très mal élevés. Nous savons qu'il faut de l'argent pour vivre et avons horreur des ascètes, mais nous *n'aimons pas* l'argent pour l'argent. Nous n'avons pas grand-chose de commun entre nous malgré les apparences, M. le conservateur [écrit Brasillach]. Nous défendons quelques vérités comme il nous paraît qu'on doit les défendre, c'est-à-dire avec violence, avec fougue, avec irrespect, avec de la vie. Cela vous a été parfois utile, M. le conservateur. Cela vous le sera peut-être un jour encore. Aux moments où vous pensez n'avoir pas besoin de ces compromettants gardes du corps, vous préférez parler d'autre chose et les regarder de très loin. Ils courent leurs risques à eux, n'est-ce pas ? Cela ne vous concerne pas. Vous l'avez bien dit, M. le conservateur. Leurs risques à eux. Pas les vôtres. Nous ne sommes pas des mercenaires. Nous ne sommes pas les troupes de choc des bien-pensants. Nous ne sommes pas les SA du conservatisme [1].

Quant à Drieu, cherchant à définir ce qui sépare le traditionaliste du fasciste, il établit une distinction capitale pour la compréhension de la nature profonde du fascisme : « Un monarchiste n'est jamais un moderne : il n'a point la brutalité, le simplisme barbare d'un moderne [2]. »

Comme les blanquistes, les ligueurs de Déroulède, les antisémites de Guérin ou les syndicalistes révolutionnaires, les fascistes apparaissent dans l'entre-deux-guerres, et surtout à la veille du Front populaire, comme les seuls éléments authentiquement révolutionnaires,

---

1. R. Brasillach, « A un conservateur », *Je suis partout*, 23 février 1940.
2. P. Drieu La Rochelle, « Verra-t-on un parti national et socialiste ? », *La Lutte des jeunes*, n° 2, 4 mars 1934.

les seuls inconditionnellement opposés à l'ordre établi. Ils sont les seuls à ne pas avoir vu leur crédibilité révolutionnaire souffrir des compromissions qui furent le fait des partis de gauche, ils sont aussi les seuls de tous les éléments opposés à l'ordre établi à qui la guerre ait donné raison. La lutte qui oppose la droite libérale et la droite radicale, populaire et socialisante au lendemain de la guerre est un des chapitres les plus passionnants de l'histoire politique européenne de la première moitié du xxe siècle.

Dans toute l'Europe on constate le même phénomène : le fascisme obtient ses succès les plus éclatants là où la droite est trop faible pour préserver elle-même ses positions. C'est pourquoi, en période de crise aiguë, elle s'en remet au nouveau mouvement révolutionnaire, seul capable — pense-t-elle — de barrer la route au communisme. Tout en ne lui accordant d'ailleurs qu'une confiance médiocre. En revanche, là où elle se sent bien armée, là où, comme en France, ses positions sont suffisamment confortables et ses assises sociales robustes, la droite traditionnelle fait tout pour que l'aventure fasciste ne prenne pas des proportions démesurées. Elle s'applique avant tout à manipuler elle-même ses troupes et à dépenser elle-même son argent. Ce n'est pas la puissance de la droite, mais, au contraire, sa relative faiblesse, ses craintes et ses accès de panique qui constituent une des conditions essentielles des succès fascistes. Tel n'est pas le cas de la France : électoralement, aussi bien que sociologiquement, la droite forme une puissance que le fascisme ne parvient jamais à ébranler. Jusqu'à 1940, les crises successives peuvent être ainsi résorbées dans le cadre même du système existant : la fermeté de toutes les droites est telle que nul besoin n'est de recourir à des solutions révolutionnaires.

Pour l'étude du préfascisme, plus tard du fascisme, la France fournit un champ d'observation quasi idéal. Non seulement l'idéologie fasciste y atteint sa maturité plus rapidement qu'ailleurs, mais encore son expression intellectuelle y est d'une qualité exceptionnelle. L'œuvre de Gentile mise à part, l'Europe n'a rien donné de comparable à la production idéologique et littéraire du fascisme français.

C'est aussi en France que l'on constate dans toute son ampleur ce phénomène clef du fascisme : le passage de gauche à droite d'éléments socialement avancés, mais violemment opposés à l'ordre libéral. Car le fascisme est allé puiser tant dans la gauche que dans la droite et, parfois, dans certains pays, beaucoup plus dans la gauche que dans la droite. Il ne s'agit point ici d'un phénomène spécifique à la France : le comportement du ministre travailliste Oswald Mosley, la pléiade de syndicalistes italiens autour de Mussolini ou l'accueil réservé au nazisme pas Henri de Man recoupent les réactions des militants du Parti populaire français et du Rassemblement national populaire. Cependant, depuis les radicaux d'extrême gauche, au temps du boulangisme, jusqu'à Déat et Doriot et les milliers de militants socialistes et communistes qui gravitent autour d'eux, en passant par Sorel, Lagardelle ou Hervé, nul autre pays que la France n'enregistre de revirements aussi nombreux et aussi spectaculaires. Nul autre parti ne perd en faveur d'un parti fasciste un tel nombre de membres de son bureau politique que le PCF. Du boulangisme à la collaboration, la gauche française ne cesse d'alimenter les formations de droite et d'extrême droite, les mouvements préfascistes ou déjà pleinement fascistes. C'est là une des constantes de la vie politique française; c'est là un des éléments essentiels de l'explication de la genèse et de la nature du fascisme français.

Ce phénomène culmine, il importe d'y insister, bien avant la collaboration, bien avant l'ébranlement et la rupture de l'environnement politique français. Il ne se produit pas seulement dans le sillage et sous le poids de la victoire nazie, avec le cortège de trahisons, de lâchetés et d'abandons qu'engendre la défaite de la France. Au contraire, il constitue l'aboutissement logique et naturel d'une évolution intellectuelle et politique vieille déjà d'un demi-siècle. Le fascisme français se présente ainsi comme un phénomène autonome, possédant ses propres racines et ne devant rien à l'étranger. Si imitation il y a, c'est de la part des Italiens, y compris Mussolini, venus chercher l'inspiration chez les syndicalistes révolutionnaires et les nationalistes français.

Le fascisme français, héritier direct de Barrès et de Drumont, de Sorel et de Janvion, de Berth et de Biétry, se distingue aussi par la richesse de ses variantes et de ses courants. C'est en France, plus encore qu'en Italie, que le fascisme présente une diversité qui permet mieux qu'ailleurs d'en dégager un paradigme, un « type idéal ». Il contient notamment, d'une manière quasi parfaite, les deux courants majeurs du fascisme : un fascisme mystique et romantique et un fascisme « planiste » et technocratique. Un fascisme qui est une révolte contre les bassesses de la vie bourgeoise, contre ses valeurs et son régime, et un fascisme qui découle en droite ligne d'une crise du socialisme, provenant elle-même de l'impuissance du marxisme à répondre au défi que présente la crise du capitalisme.

La littérature fasciste de l'entre-deux-guerres — Drieu, Brasillach, Rebatet ou Céline — n'a que fort peu de chose à ajouter aux thèmes développés par Barrès, Le Bon, Drumont, Berth ou Sorel. Mis à part le motif ancien combattant et les références à Rome ou à Berlin, on croirait avoir sous les yeux une version modernisée du *Testament d'un antisémite* ou des *Cahiers du Cercle Proudhon*.

Comme le mouvement de révolte du tournant du siècle, comme le syndicalisme révolutionnaire, le fascisme puise son dynamisme dans son refus total de la société bourgeoise, de ses structures politiques et sociales, de ses valeurs morales. Il se veut générateur d'une civilisation nouvelle qui remplacerait complètement la civilisation libérale et bourgeoise, rationaliste et individualiste. Reprenant mot pour mot — très probablement sans le savoir — les critiques que formulait déjà la génération de 1890, Marcel Déat remonte à la source du mal, telle que la percevaient déjà les hommes de la fin du siècle. Il s'attaque au « libéralisme économique qui est un matérialisme bourgeois auquel fera pendant le matérialisme ouvrier du marxisme, tous deux incontestablement fils du rationalisme »; il stigmatise ce rationalisme « bardé de fer et chargé de catastrophes » qui est un « refus de tout aristocratisme, négation de la hiérarchie, négation de la personne, négation de l'État en tant qu'outil de la communauté[1] ». C'est contre ce vieux monde des droits naturels, de l'individualisme, des menaces anarchiques, de la matière et de la raison que se lève le fascisme.

Car, tout comme celle de la génération de 1890, la révolte fasciste est aussi une révolte de la jeunesse. Elle se lève contre « une philosophie qui fut jeune il y a deux siècles » — le « vieux rationalisme dix-huitième[2] » — au nom d'une génération qui, comme le disait le chef du rexisme belge, Degrelle, « eût tout fait sauter en l'air plutôt que de céder à vingt ans, de commencer sa vie en suivant des routes sales, sans un bout de ciel pur[3] ». C'est une question de génération pour Georges Valois qui annonce la naissance du *Nouveau Siècle*[4]; c'est encore une question de génération pour Marquet, compagnon de Déat, qui lance à un Léon Blum sidéré, le jour de la naissance officielle du néo-socialisme : « On ne donne pas sa vie pour conquérir trente sièges à la Chambre[5]. » Cela avait été une question de génération pour le jeune Barrès aussi qui, annonçant le soulèvement des « princes de la jeunesse », saluait dans le boulangisme le message qu'apportait à la nation « la France vivante, le parti jeune[6] ».

1. M. Déat, *Pensée allemande et Pensée française*, Paris, Aux armes de France, 1944, p. 63 et 99.
2. P. Drieu La Rochelle, *Chronique politique, 1934-1942*, Paris, Gallimard, 1963, p. 161.
3. L. Degrelle, *Révolution des âmes*, Paris, Les Éditions de France, 1938, p. 145.
4. Tel est le titre de l'hebdomadaire du Faisceau.
5. M. Déat, A. Marquet et B. Montagnon, *Néo-socialisme? Ordre, autorité, nation*, Paris, Grasset, 1933, p. 43.
6. M. Barrès, « Éloge de nos adversaires », *Le Courrier de l'Est*, 9 mars 1889, et « M. le général Boulanger et la nouvelle génération », *la Revue indépendante*, t. VIII, avril 1888, p. 56-57.

Jeune, neuf, moderne, le fascisme se veut aussi une réaction contre la décadence : là encore, il reprend l'un des grands thèmes du mouvement de révolte de la fin du XIXᵉ siècle. Rien ne rappelle davantage l'œuvre de Barrès, de Drumont ou de Soury, les invectives de Guérin ou de Biétry, que *Gilles, Bagatelles pour un massacre* ou *les Décombres*. Rien n'est plus proche du refus des vertus bourgeoises énoncé par la jeune génération de la fin du siècle que le défi lancé par Valois :

> Au financier, au pétrolier, à l'éleveur de porcs qui se croient les maîtres du monde et veulent l'organiser selon la loi de l'argent, selon les besoins de l'automobile, selon la philosophie des cochons et plier les peuples à la politique du dividende, [le fascisme répond] en levant l'épée [1].

Au bourgeois libéral et pacifique, à ce produit du rationalisme européen, les fascistes, tout comme les jeunes gens en colère du tournant du siècle, opposent le culte des sentiments, de l'émotivité, de la violence, du devoir, du sacrifice, des vertus héroïques. Le fascisme développe pleinement et applique aux réalités du monde de l'après-guerre l'éthique nouvelle qui venait de germer à la veille de la guerre : le goût de servir, le culte de la force, de l'obéissance et du commandement, de la foi collective et de l'abnégation. Le fascisme c'est l'aventure, c'est aussi, comme chez Sorel, l'action pour l'action. Finalement, l'idéologie fasciste présente « une nouvelle explication du monde, vigoureuse, brutale comme celle dont ont toujours besoin les hommes [2] », et fondée sur l'exaltation de la guerre : Drieu fait simplement écho à *l'Indépendance* de Sorel, selon laquelle « il ne s'est jamais rien fait de grand que par la guerre [3] », ou à l'œuvre de Berth, pour qui l'homme ne s'élève « au sublime que dans la mesure où il accepte de participer à une guerre [4] ».

Mais ce qui, dans la première décennie du siècle, n'était qu'un aspect du darwinisme social devient dans l'après-guerre, pour cette génération sortie des tranchées, une expérience vécue et un critère de comportement. Les anciens combattants se considèrent comme investis d'une mission spéciale, ils voudront transmettre leur expérience unique à l'ensemble de la société et lui inculquer les vertus héroïques du guerrier : discipline, sacrifice, abnégation, fraternité.

---

1. G. Valois, *La Révolution nationale*, Paris, Nouvelle Librairie nationale, 1924, p. 97.
2. P. Drieu La Rochelle, *Chronique politique, op. cit.*, p. 69.
3. « Chronique du mois », *L'Indépendance*, avr.-mai 1913, p. 144.
4. J. Darville, « La monarchie et la classe ouvrière », *Cahiers du Cercle Proudhon*, janv.-février 1914, p. 13.

L'idéologie fasciste appartient à cette tradition qui ne conçoit l'individu que comme le véhicule des forces produites par la collectivité. Elle reprend à son compte, en la modernisant, une argumentation vieille d'une cinquantaine d'années déjà et qu'avaient pleinement formulée, chacun séparément, aussi bien le nationalisme que le syndicalisme révolutionnaire, ou encore toutes les variantes de l'antiparlementarisme et de l'antilibéralisme du début du siècle. Tous ces confluents du fascisme s'accordent pour ne définir l'individu qu'en fonction de la vie du groupe.

Tous les penseurs fascistes européens, au-delà de ce qui peut les séparer en d'autres domaines, sont d'accord là-dessus : de Gentile, pour qui « l'homme, dans un sens absolu, est un animal politique [1] » en passant par le rexiste belge José Streel, qui affirme que « l'individu n'existe pas à l'état pur [2] », et jusqu'à José Antonio Primo de Rivera, qui part en guerre contre Rousseau [3], c'est la conception « mécaniste » de la société, saisie en termes d'un simple agrégat d'individus, qui est attaquée. Cette vision de l'homme comme partie intégrante d'un tout organique constitue le fondement de la philosophie politique du fascisme. Dans cet ensemble, il n'y a pas une idée qui n'ait été formulée par les hommes de la génération de 1890.

En effet, quand, pour montrer qu'il ne conçoit l'individu que supporté et déterminé par la collectivité, Gentile souligne « qu'à la racine de tout ' je ' se trouve toujours un ' nous ' », il ne fait que reprendre un thème commun à la fin du XIXe siècle. Ce thème avait été formulé par Soury et Barrès dans les termes mêmes employés par le philosophe italien [4], et il avait été repris, maintes fois, par la plupart des hommes de leur génération. La théorie de la Terre et des Morts, les principes de la subordination absolue de l'individu à la collectivité, la négation de son autonomie représentent l'essentiel de cette vision d'une société organique qui prévaut déjà au tournant du siècle.

Jamais conçu autrement qu'en termes de sa fonction sociale, l'indi-

1. Cité in A. J. Gregor, *The Ideology of Fascism, op. cit.*, p. 213.
2. J. Streel, *Ce qu'il faut penser de Rex*, Bruxelles, Éditions Rex, s. d., p. 108.
3. J. A. Primo de Rivera, *Selected Writings*, Londres, Cape, 1972, p. 49 (édité et présenté par H. Thomas).
4. Cf. J. Soury, *Campagne nationaliste, op. cit.*, p. 60 : « Mais qu'est-ce que ce moi conscient au regard de cet autre moi, impersonnel en quelque sorte, que le physiologiste Exner, après le philosophe Lichtenberg, désigne par le pronom indéterminé ' il ' dans cette phrase *Es denkt in mir?* C'est ce ' Il pense ' inconnu au « Je pense » qui détermine la nature de nos sentiments et de nos idées et prédestine les vocations. » Barrès, quant à lui, reprend textuellement cette thèse, qui est à la base de son nationalisme : « Certains Allemands ne disent pas *je pense* mais *il pense en moi* » (*les Déracinés, op. cit.*, p. 318).

vidu se présente toujours sous les traits d'un être fondamentalement irrationnel. Dans ce sens, le fascisme avait parfaitement appris la leçon enseignée par Le Bon, par Sorel ou par Pareto : c'est aux sentiments et non pas à l'intellect qu'il faut faire appel si l'on veut faire marcher les masses. C'est pourquoi, dès la fin du xixe siècle, la politique est conçue comme l'art de manipuler les foules : manipuler et non pas convaincre, puisque les raisonnements ne peuvent être accessibles qu'à une faible minorité et que la politique, dans le monde moderne, revient à la nécessité de manœuvrer les masses. Par conséquent, les fascistes, comme les révoltés du début du siècle, exaltent les vertus de l'émotivité et de la sentimentalité, ils poussent jusqu'à ses extrêmes limites le refus du pluralisme, du rationalisme, de l'individualisme et de la compétition qu'engendre la société bourgeoise. Ils veulent créer un nouveau type d'homme, une nouvelle culture politique et un nouveau mode de vie. De là, la lutte implacable contre tout ce qui sépare, tout ce qui différencie, tout ce qui entretient la diversité : le libéralisme, la démocratie, le parlementarisme et le régime des partis.

Cependant, l'aspect mystique, romantique et antirationaliste du fascisme, celui qui est une morale et une esthétique autant qu'une politique, ne représente qu'un côté d'une réalité beaucoup plus complexe. En effet, l'idéologie fasciste poursuit et développe, en l'adaptant à des conditions nouvelles, la dimension populiste, plébéienne et socialisante de la révolte du tournant du siècle. Celle-ci trouve sa concrétisation dans un autre fascisme, pragmatique, technocratique et « managériel », serait-on tenté de dire. Ce fascisme d'origine « planiste » et néo-socialiste engage la lutte sur deux fronts. Il s'élève, d'une part, contre le marxisme au nom d'un « socialisme » modernisé, national et autoritaire, et, d'autre part, contre la démocratie libérale et la société bourgeoise au nom d'une certaine volonté de justice sociale, mais surtout au nom de l'efficacité, du progrès économique et technique. Tous objectifs qui requièrent un puissant mécanisme de prise de décisions, donc un État débarrassé des faiblesses inhérentes au système parlementaire.

Comme le socialisme national des années quatre-vingt-dix, le fascisme d'origine néo-socialiste est le produit des difficultés qu'engendre l'inadaptation des structures traditionnelles aux problèmes nouveaux et aux besoins nouveaux. Le fonctionnement des institutions en ce qu'il pouvait avoir de défectueux, ainsi que les efforts, souvent maladroits, pour ajuster institutions et doctrines, élaborées par et pour le xixe siècle, à des circonstances et des situations fort différentes, constituent le terrain sur lequel s'épanouit la pensée fasciste. La grande crise économique et financière de l'entre-deux-guerres ajoute une dimension catastrophique à la crise du libéralisme, à la faillite de la social-démocratie européenne, aux faiblesses et aux inconséquences du marxisme. Le fascisme d'origine néo-socialiste et « planiste » résulte d'une révision du marxisme, d'un effort d'adaptation du socialisme aux conditions du monde moderne. Ce n'est sans doute pas par hasard que cette tendance s'est manifestée essentiellement dans les trois pays industriels de l'Europe occidentale, au moment même où leurs mouvements ouvriers respectifs approchaient ou venaient d'atteindre l'apogée de leur puissance et semblaient avoir déjà donné le meilleur d'eux-mêmes. C'est pourquoi la révision du socialisme amorcée par Marcel Déat s'inspire clairement de la pensée d'Henri de Man, le père du planisme, tout comme elle s'apparente aux efforts déployés par Oswald Mosley.

La critique du marxisme élaborée par le courant planiste et néo-socialiste porte sur les mêmes deux questions cardinales qui avaient, une génération plus tôt, constitué l'essentiel de la synthèse socialiste nationale : le problème de la lutte des classes et la reconnaissance de la légitimité du cadre national. Cette critique repose sur une analyse à la fois nouvelle et déjà très classique du concept de classe. En effet, en ce qui concerne les structures de la société, elle postule non seulement que le prolétariat ne formera pas, dans un avenir prévisible, la majorité de la société, mais encore qu'il existe une communauté d'intérêts entre le prolétariat et les nouvelles classes moyennes, puisque tous deux sont exclus de la propriété des moyens de production. En vertu de quoi, Henri de Man préconise la création d'un « Front du travail » composé de toutes les couches sociales victimes du grand capital[1]; il cherche ainsi à dépasser l'antagonisme réforme-révolution par une démarche nouvelle, le planisme. « Le marxisme n'est une erreur que parce qu'il l'est devenu. Pour vaincre cette erreur, il ne faut pas revenir sur elle, il suffit de la dépasser », écrit le leader socialiste belge[2]. Et en France, en proposant aux socialistes, dès 1930, de prendre la tête d'une vaste alliance « anticapitaliste », Marcel Déat émet une idée identique, qui revient, en fait, à liquider la spécificité

---

1. Cf. H. de Man, *Au-delà du marxisme*, Paris, Éd. du Seuil, 1974 (1re éd., 1926); *Réflexions sur l'économie dirigée*, Paris et Bruxelles, L'Églantine, 1932; *l'Idée socialiste* suivi du *Plan de travail*, Paris, Grasset, 1935. On consultera aussi *le Plan du travail* soumis par Henri de Man au congrès du parti ouvrier belge tenu à Bruxelles les 24 et 25 décembre 1933 (Bruxelles, Institut d'économie européenne, 1934). Sur Henri de Man, cf. P. Dodge, *Beyond Marxism. The Faith and Works of Hendrik de Man*, La Haye, Martinus Nijhof, 1966.
2. H. de Man, *Au-delà du marxisme, op. cit.*, p. 351.

socialiste [1]. Deux ans plus tôt, un jeune radical de gauche, Bertrand de Jouvenel, publiait, lui aussi chez Valois, un volume intitulé *l'Économie dirigée*, dont le premier chapitre exprimait « la passion de l'ordre [2] ».

Le planisme, le dirigisme et le néo-socialisme constituent, certes, une réaction à la crise. Tous trois, cependant, se rattachent à une même tradition qui allie l'autoritarisme à une certaine forme de socialisme et dont la première manifestation apparaît au cours des années quatre-vingts, avec la première révolte de l'extrême gauche radicale contre les faiblesses structurelles du libéralisme.

Il est évident que le Plan belge, qui devait rapidement devenir le modèle d'une troisième voie entre le marxisme et le libéralisme, débouche, en dernière analyse, sur une tentative de sauvetage des couches sociales le plus durement touchées par la crise : les classes moyennes. En réalité, le planisme menait en fait à l'abandon de l'idée d'une restructuration de la société : parce qu'elle ne touchait en aucune manière aux structures de l'économie nationale, cette doctrine ne pouvait être rien d'autre qu'une planche de salut pour le capitalisme. « Et s'il est besoin de le dire, disons-le nettement, écrit Marcel Déat : la vente bénéficiaire, donnée immédiate, postulat repris du libéralisme, est en même temps le moyen de toute économie articulée et coordonnée [...]. Le bénéfice est un crédit ouvert sur les autres productions humaines, et donc il soutient notre civilisation, en liant les producteurs les uns aux autres [3]. »

La nécessité de « compter avec le ' fait nation ' » et d'axer l' « organisation de l'économie sur le terrain national [4] », ainsi que le refus de la conception marxiste de classe — « le marxisme, c'est la réplique socialiste au capitalisme de 1850 [5] » — constituent le noyau idéologique du néo-socialisme. En passant « sur le plan d'une réalité nationale nouvelle » et « en se repliant dans leur cadre national, les peuples nous ont contraints à les suivre dans ce repli », lancent Marquet et Montagnon à la face du congrès de Paris [6]. D'autre part, puisque la

---

1. M. Déat, *Perspectives socialistes*, Paris, Librairie Valois, 1930, et, plus spécialement, p. 43-85. Déat ne manque pas de citer *Au-delà du marxisme* (p. 45 et 63).
2. B. de Jouvenel, *L'Économie dirigée*, Paris, Librairie Valois, 1928, p. 7.
3. M. Déat, préface, in *le Plan français. Doctrine et plan d'action*, Paris, Fasquelle, 1935, p. 14 (l'ouvrage est signé : « Comité du Plan »).
4. M. Déat, A. Marquet, B. Montagnon, *Néo-socialisme ?, op. cit.*, p. 90.
5. M. Déat, réponse à une enquête de l'hebdomadaire *Monde*, 1er février 1930, p. 10.
6. M. Déat, A. Marquet, B. Montagnon, *Néo-socialisme ?, op. cit.*, p. 50 et 57. C'est au moment où Marquet parvenait à ce point de sa démonstration que Léon Blum lui lançait : « Je vous avoue que je suis épouvanté. »

crise économique s'abattait dans la même mesure sur les classes moyennes qui, touchées plus durement encore que le prolétariat, entraient en révolte contre le système capitaliste et l'État libéral, il appartenait au socialisme de capter le dynamisme révolutionnaire de cette couche sociale écrasée par le développement du capitalisme. Il appartenait au socialisme de canaliser la rébellion de ces classes moyennes qui, « dans leur effort de libération », se réclament « de la restauration de l'État et de la sauvegarde de la nation [1] ».

C'est bien cette vision des rapports sociaux qui permet à Drieu de parler de « bourgeois travailleurs » dont « le tiers parti » ne veut pas plus l'écrasement qu'il ne souhaite celui des paysans ou du prolétariat [2]. Oswald Mosley, José Antonio ou le rexisme belge ne font pas d'autre analyse. Pour eux aussi, il n'y a pas opposition entre prolétariat et classe possédante, mais bien entre les « travailleurs de toutes les classes » et le « capitalisme bancaire ou hypercapitalisme [3] ». Mais l'unité de la nation, l'élimination du parasitisme économique et de l'exploitation sociale ne peuvent être assurées que par un puissant appareil de prise de décisions, par un État fort, efficace et autoritaire, capable d'assurer l'ordre et de réconcilier les intérêts divergents au sein de la communauté. Ce qu'il faut, c'est un État « maître de sa monnaie, capable de contrôler l'économie et la finance », afin « d'imposer au grand capitalisme certaines directives » et de « préparer cette économie dirigée qui est dans la logique des choses [4] ». Un État créateur d'un nouveau type de rapports humains, d'un mode de vie nouveau, d'une nouvelle civilisation. Pour l'ancien ministre socialiste Déat, tout comme pour l'ex-communiste Marion passé au PPF, la grandeur du fascisme consiste précisément en ce qu'il exalte les valeurs du groupe, de la collectivité, de la communauté nationale; le fascisme est fondamental en ce qu'il produit une « notion nouvelle d'une communauté vivante, où la fraternité abstraite est remplacée par la parenté du sang [5] », et en ce qu'il est une réponse à l'aliénation,

---

1. M. Déat, A. Marquet, B. Montagnon, *Néo-socialisme?*, *op. cit.*, p. 76; cf. aussi p. 74 et 25-26 (Montagnon).
2. P. Drieu La Rochelle, « Sous Doumergue », *La Lutte des jeunes*, 7 mai 1934.
3. J. Streel, *Ce qu'il faut penser de Rex*, *op. cit.*, p. 143. Pour une étude comparative de ces questions, cf. Z. Sternhell, « Fascist ideology », in W. Laqueur, *Fascism : A Reader's Guide. Analyses, Interpretations, Bibliography*, Berkeley, University of California Press, 1976, p. 315-376.
4. M. Déat, A. Marquet, B. Montagnon, *Néo-socialisme?*, *op. cit.*, p. 23-24, 32-33, 53-54, 74 et 94-98.
5. M. Déat, *Pensée allemande et Pensée française*, *op. cit.*, p. 110.

à l'isolement effrayant de l'homme d'aujourd'hui, réduit à l'état d' « orphelin à l'usine, au bureau, dans sa maison [1] ».

Le fascisme se veut donc créateur d'un type d'homme nouveau dans une société d'un nouveau type. Sur la nature de ces nouveaux modèles, Marcel Déat s'exprime avec une admirable clarté : « L'homme total dans la société totale, sans heurt, sans écrasement, sans anarchie [2]. »

C'est ainsi que, dès le début des années trente, un certain effort de modernisation et d'adaptation du socialisme débouche finalement sur le fascisme. Un tel développement ne peut plus surprendre. N'a-t-on pas vu, depuis la fin des années quatre-vingts, que toute révision du marxisme qui ne menait pas à la social-démocratie, ou au moins à l'acceptation des règles du jeu en régime de démocratie libérale, conduisait à telle ou telle forme de socialisme national et, finalement, au fascisme ? Il s'avère, en effet, que les révolutionnaires qui se sont engagés dans l'opposition à outrance à la démocratie libérale, à l'ordre établi, mais qui refusent l'orthodoxie marxiste, se sont immanquablement retrouvés acculés à un même et unique choix. Ils sont toujours arrivés à la conclusion que le concept de classe ne peut être remplacé que par celui de nation et que les mécanismes défaillants et autodestructeurs du capitalisme ne peuvent être maîtrisés que par la puissance organisée d'un État fort, libéré des entraves du pluralisme politique et fondé sur les principes d'une économie mixte à base de corporatisme. L'énergie et la volonté des hommes viennent ainsi suppléer aux carences des mécanismes sociaux et économiques, autrement dit, et pour reprendre une formule d'Henri de Man, à « la naïve rationalité marxiste ». Le leader socialiste belge, tout comme Mussolini, se disait disciple de Sorel : il n'avait pas tort. Lorsqu'on sait que cette conception se doublait, chez les planistes et les néo-socialistes, d'une foi dans les vertus du pouvoir politique, on comprend pourquoi ils n'auront eu à faire qu'un petit pas pour rejoindre l'extrême droite nationaliste.

Ici encore, et comme à la fin du XIXe siècle, il ne s'agit en aucune façon de cas marginaux, au contraire. Henri de Man, par exemple, finira quand même par amener à ses vues le parti ouvrier belge. Celui-ci l'élira pour président à la mort d'Émile Vandervelde, et ce malgré l'opposition que ses conceptions avaient suscitée parmi de nombreux militants. Et c'est en sa qualité de chef du socialisme

---

1. P. Marion, *Programme du parti populaire français*, Paris, Les Œuvres françaises, 1938, p. 93-94.
2. M. Déat, *Pensée allemande et Pensée française, op. cit.*, p. 110.

belge qu'il prononce, en juin 1940, la dissolution de son parti pour saluer la victoire nazie comme l'avènement d'un monde nouveau. Dans un style qui rappelle l'enthousiasme de Sorel face à la révolution soviétique, Henri de Man voit dans la débâcle des démocraties la voie ouverte à la construction d'un socialisme véritable, autoritaire et national[1].

Il en est de même en France où la minorité « néo » fait une analyse identique des forces historiques. Les « néos » sont alors sur le point de quitter la section française de l'Internationale ouvrière; ils sont conduits par un homme qui sera ministre dans un gouvernement qui préparera le terrain au Front populaire, le même homme qui sera le fondateur du RNP. L'analyse « néo » recoupe avec exactitude celle qu'avaient faite, vingt ans plus tôt, Michels ou Sorel, Berth ou Lagardelle, Mussolini ou Hervé. Tout comme elle recoupe celle qu'avaient faite aussi, dès la fin du siècle dernier, un Barrès ou un Vacher de Lapouge. Qu'elle fût exprimée en 1930, avant la guerre ou à la fin du XIXe siècle, cette analyse était fondée toujours sur la même idée : la mobilisation des masses ne pourra se faire que sur la base d'une synthèse harmonieuse entre les forces du passé et les exigences de l'avenir, entre le poids des traditions et l'élan révolutionnaire.

Tant par rapport au marxisme que par rapport au libéralisme, la nouveauté et l'originalité du système fasciste consistent précisément à vouloir mettre le capitalisme au service de la communauté, à neutraliser ses aspects les plus sordides en bénéficiant de ses réalisations techniques et en recueillant le maximum de profit de ses stimulations psychologiques. La recherche du profit reste le moteur de l'activité économique, et en cela le fascisme ne se différencie pas du libéralisme. Néanmoins, il s'en distingue radicalement, tout comme il se distingue du socialisme, lorsqu'il affirme le primat du politique. C'est sur la subordination de l'économie à la politique que comptent finalement les fascistes pour construire un ordre nouveau, sans porter atteinte à la propriété privée et aux vieilles structures économiques.

La force coercitive de l'État moderne apparaît donc au fascisme comme le seul moyen qu'il a d'atteindre son objectif final : l'harmonie, la coopération et la réconciliation des classes sociales par l'intégration, au passage, du prolétariat au sein de la communauté nationale. A cet effet, le fascisme poussera l'exaltation de l'État jusqu'à l'identifier avec la nation; il en fera non seulement le maître incontesté de l'économie et des rapports sociaux, mais aussi le créateur de la

---

1. Cf. P. Dodge, *Beyond Marxism, op. cit.*, p. 202.

vie politique et des valeurs spirituelles. L'État fasciste sera, par conséquent, l'État totalitaire par excellence, et le totalitarisme, l'essence du fascisme. Dans ce sens, le fascisme présente le type parfait de système politique où la praxis totalitaire, la violence et la brutalité sont une simple mise en action de l'idéologie : l'harmonie y est atteinte d'une manière absolue.

Bibliographie

Cette bibliographie est limitée aux ouvrages qui concernent directemen-
le sujet. Elle est divisée en trois parties : sources d'archives, écrits contemt
porains, ouvrages, articles et études postérieurs à 1914. En ce qui concerne
la presse, notamment la presse quotidienne et hebdomadaire, ne sont indiqués
que les titres des journaux dépouillés : les références des articles dont il a
été fait usage sont signalées dans les notes. Cependant, cette liste contient
les références exactes des articles de revue particulièrement importants,
ainsi que celles des articles de journaux les plus représentatifs.

1. ARCHIVES

Archives nationales. Série F 7 (Police générale) 12449, 12450, 12452, 12453,
12454, 12456, 12459, 12460, 12461, 12462, 12463, 12464, 12467, 12474,
12717, 12766, 12793, 12870, 12882, 12883, 13229, 13230.

Archives de la préfecture de police. Série B/a 106, 201, 497, 935, 1032, 1043,
1072, 1088, 1103, 1104, 1107, 1108, 1109, 1110, 1192, 1193, 1194, 1334,
1335, 1336, 1337, 1338, 1466, 1467, 1468, 1469, 1515.

2. ÉCRITS CONTEMPORAINS

a. *Livres*

Agathon (pseudonyme d'Henri Massis et d'Alfred de Tarde), *Les Jeunes
Gens d'aujourd'hui*, Paris, Plon, 1913.

Barrès M., *Le Jardin de Bérénice*, Paris, Perrin, 1891.

—, *Contre les étrangers. Étude pour la protection des ouvriers français*,
Paris, Grande Imprimerie parisienne, 1893.

—, *L'Ennemi des lois*, Paris, Perrin, 1893.

—, *Les Déracinés*, Paris, Fasquelle, 1897.

—, *L'Appel au soldat*, Paris, Fasquelle, 1900.

—, *Le Voyage de Sparte*, Paris, Juven, 1906.

—, *Scènes et Doctrines du nationalisme*, Paris, Plon, 1925.

—, *Mes cahiers*, Paris, Plon, 1929-1938, 1949-1957, 14 vol.

—, *Du sang, de la volupté et de la mort*, Paris, Plon, 1959 (1ʳᵉ éd., 1894).

—, *Amori et Dolori sacrum*, Paris, Plon, 1960 (1ʳᵉ éd., 1903).

Barrès M. et Maurras Ch., *La République ou le Roi. Correspondance inédite, 1883-1923*, Paris, Plon, 1970.

Bellaigue H. de, *Pour les Jaunes*, Paris, édité par *le Jaune*, s.d.

Benda J., *Dialogues à Byzance*, Paris, Éditions de *la Revue blanche*, 1900.

Bergson H., *L'Évolution créatrice*, Paris, Presses universitaires de France, 1962, 102ᵉ éd.

Berth É., *Les Nouveaux Aspects du socialisme*, Paris, Rivière, 1908.

Biétry P., *L'Utopie socialiste*, Paris, Plon-Nourrit, 1906.

—, *Le Socialisme et les Jaunes*, Paris, Plon-Nourrit, 1906.

—, *L'Utopie socialiste. Rouges et Jaunes, leur socialisme*, édité par *le Jaune*, s.d.

—, *Séparation des écoles et de l'État*, Paris, Jouve, 1908.

—, *Les Jaunes de France*, Paris, Paclo, s.d.

—, *Le Trépied*, Paris, Société française d'imprimerie et de librairie, 1911.

Bourget P., *Essais de psychologie contemporaine*, Paris, Lemerre, 1885, 4ᵉ éd.

Brulat P., *L'Affaire Dreyfus. Violence et raison*, Paris, Stock, 1898.

Cavaignac G., *Discours-Programme*, Paris, Bureaux de la Patrie française, s.d.

Chabauty abbé E.-A., *Francs-maçons et Juifs*, Paris, Société générale de librairie catholique, 1880.

—, *Les Juifs nos maîtres! Documents et développements nouveaux sur la question juive*, Paris, Société générale de librairie catholique, 1882.

Chirac A., *La Haute Banque et les Révolutions*, Paris, Aymot, 1876.

—, *Les Rois de la République : histoire des juiveries. Synthèse historique et monographies*, Paris, Dentu, 1888.

Clemenceau G., *L'Iniquité*, Paris, Stock, 1899.

—, *Contre la justice*, Paris, Stock, 1900.

Compte rendu sténographique des assises du *Premier Congrès national des Jaunes de France tenu à Paris les 27, 28 et 29 mars 1902*, Paris, Bourse du travail indépendante, 1902.

Compte rendu des travaux du Premier Congrès économique et social, tenu à Paris les 28, 29, 30 octobre 1909.

Corre Dʳ, *Ethnographie criminelle*, Paris, Reinwald, 1894.

Czulowski F., *La Transformation du salariat et du capitalisme*, Paris, Jouve, 1910.

Déroulède P., *De l'éducation militaire*, Paris, Librairie nouvelle, 1882.

—, *La Défense nationale, conférence faite à Rouen, le 22 juin 1883*, Paris, Calmann-Lévy, 1883.

—, *Le Livre de la Ligue des patriotes : extraits des articles et discours*, Paris, Bureaux de la Ligue des patriotes, 1887.

—, *Les Parlementaires. Discours prononcé à Bordeaux le 1er juillet 1909*, Paris, Bloud, 1909.

—, *La Patrie, la Nation, l'État. Discours prononcé à Paris le 10 juin 1909*, Paris, Imprimerie de *la Presse* et de *la Patrie*, 1909.

—, *Qui vive? France!* « *Quand même* ». *Notes et discours, 1883-1910*, Paris, Bloud, 1910.

Drumont É., *La France juive. Essai d'histoire contemporaine*, Paris, Marpon et Flammarion, 1885, 13e éd.

—, *La Fin d'un monde. Étude psychologique et sociale*, Paris, Savine, 1889.

—, *La Dernière Bataille. Nouvelle étude psychologique et sociale*, Paris, Dentu, 1890.

—, *Le Testament d'un antisémite*, Paris, Dentu, 1891.

—, *Le Secret de Fourmies*, Paris, Savine, 1892.

Doumic R., *L'Esprit de secte*, Paris, Bureaux de la Patrie française, 1900.

Engels F., Lafargue P. et L., *Correspondance*, Paris, Éditions sociales, 1956, 3 vol.

Fatoux L., *Trois Années de politique, les coulisses du nationalisme, 1900-1903*, Paris, Chaponet, 1903.

Gailhard-Bancel H. de, *Quinze Années d'action syndicale*, Paris, Lamulle et Poisson, 1900.

Gallian É., *Ce que sont les Jaunes*, Paris, Plon-Nourrit, 1907.

Gohier U., *La Terreur juive*, Paris, L'Édition, 4, rue de Furstenberg, 1909, 5e éd.

Griffuelhes V., *L'Action syndicaliste*, Paris, Rivière, 1908.

—, *Voyage révolutionnaire. Impressions d'un propagandiste*, Paris, Rivière, 1911.

Guérin J., *Les Trafiquants de l'antisémitisme : la maison Drumont et Cie*, Paris, Juven, 1905.

Gumplowicz L., *Précis de sociologie*, Paris, Chailley, 1896.

—, *La Lutte des races*, Paris, Guillaumin, 1893.

—, *Aperçus sociologiques*, Lyon, Storck, 1900.

—, *Sociologie et Politique*, Paris, Giard et Brière, 1908.

Haeckel E., *Le Monisme, lien entre la religion et la science. Profession de foi d'un naturaliste*, Paris, Schleicher, 1897.

Japy G., *Intellectuels exploiteurs*, Paris, édité par *le Jaune*, s.d.

—, *Cahier des travailleurs*, Paris, édité par *le Jaune*, s.d.

—, *Les Idées jaunes*, Paris, Plon, 1904.

Lagardelle H., Guesde J., Vaillant E., *Le Parti socialiste et la Confédération du travail*, Paris, Rivière, 1908.

Lagardelle H. et al., *Syndicalisme et Socialisme : discours prononcés au colloque tenu à Paris, le 3 avril 1907*, Paris, Rivière, 1908.

Laisant C.-A., *La Politique radicale en 1885. Quatre conférences*, Paris, H. Messager, 1885.

—, *L'Anarchie bourgeoise (politique contemporaine)*, Paris, Marpon et Flammarion, 1887.

Laur F., *Essais de socialisme expérimental. La mine aux mineurs*, Paris, Dentu, 1887.

—, *L'Époque boulangiste. Essai d'histoire contemporaine, 1886-1890*, Paris, Le livre à l'auteur, 1912-1914.

Le Bon G., *Les Lois psychologiques de l'évolution des peuples*, Paris, Alcan, 1894.

—, *Psychologie des foules*, Paris, Alcan, 1895.

—, *Psychologie du socialisme*, Paris, Alcan, 1898.

Lemaitre J., *La Patrie française. Première conférence, 19 janvier 1899*, Paris, Bureaux de la Patrie française, s.d.

—, *Égalité et tolérance*, Paris, Annales de la Patrie française, 1900.

—, *Discours-Programme*, Paris, Bureaux de la Patrie française, s.d.

—, *La Patrie française. Dixième conférence prononcée à Grenoble le 23 décembre 1900*, Paris, Bureaux de la Patrie française, s.d.

—, *Comment passer à l'action. 15 mai 1901*, Imprimerie S. Mersch, s.d.

—, *Opinions à répandre*, Paris, Société française d'imprimerie et de librairie, 1901.

—, *La République intégrale. Discours prononcé à Paris le 12 novembre 1902*, Paris, Bureaux de la Patrie française, s.d.

Leroy-Beaulieu P., *Le Collectivisme : examen critique du nouveau socialisme*, Paris, Guillaumin, 1884.

Marx K., *Les Luttes de classes en France*, Paris, Pauvert, 1969.

Maurras Ch., *Enquête sur la monarchie*, Paris, Fayard, 1925 (édition définitive).

—, *Dictionnaire politique et critique*, Paris, Fayard, 1931-1933.

Mermeix (pseudonyme de Gabriel Terrail), *La France socialiste. Notes d'histoire contemporaine*, Paris, Fetscherin et Chuit, 1886.

—, *Les Coulisses du boulangisme*, Paris, Éd. du Cerf, 1890.

—, *Les Antisémites en France. Notice sur un fait contemporain*, Paris, Dentu, 1892.

Meyer A., *Ce que mes yeux ont vu*, Paris, Plon-Nourrit, 1911.

Michels R., *Les Partis politiques. Essai sur les tendances oligarchiques des démocraties*, Paris, Flammarion, 1971 (1re éd., 1914).

Millot S.E., *Aux prolétaires de France. A tous les travailleurs des villes et des campagnes*, Asnières, Imprimerie du Progrès, 1889.

Morès marquis de, *Rothschild, Ravachol et Cie*, Paris, 38, rue du Mont-Thabor, 1892.

—, *Le Secret des changes*, Marseille, Imprimerie marseillaise, 1894.

Naquet A., *Questions constitutionnelles*, Paris, Dentu, 1883.

—, *Socialisme collectiviste et Socialisme libéral*, Paris, Dentu, 1890.

Pawlowski A., *Les Syndicats jaunes*, Paris, Alcan, 1911.

Poizat A., *Ce qu'a fait Biétry*, publié par *le Jaune*, 1907.

Pouget É., *La Confédération générale du travail*, Paris, Rivière, 1909.

Quillard P., *Le Monument Henry. Listes de souscripteurs classées méthodiquement et selon l'ordre alphabétique*, Paris, Stock, 1899.

Reinach J., *Histoire de l'affaire Dreyfus*, Paris, Fasquelle, 1904, 7 vol.

Renan E, *La Réforme intellectuelle et morale de la France*, Paris, Union générale d'éditions, coll. « 10/18 », s.d.

—, *Lettre à un ami d'Allemagne*, Paris, Calmann-Lévy, 1879.

Rochefort H., *Les Aventures de ma vie*, Paris, Dupont, 1896-1898, 5 vol.

Service de la Statistique municipale de la préfecture de la Seine, *Les Résultats statistiques du dénombrement de 1896 pour la Ville de Paris et le Département de la Seine.*

Siegfried A., *Tableau politique de la France de l'Ouest*, Paris, Colin, 1913.

Sorel G., *La Décomposition du marxisme*, Paris, Rivière, 1908.

—, *Notes et Portraits contenant des pages inédites*, Paris, Plon-Nourrit, 1909.

—, *La Révolution dreyfusienne*, Paris, Rivière, 1909.

—, *Réflexions sur la violence*, Paris, Rivière, 1950, 11e éd.

Soury J., *Études historiques sur les religions, les arts, la civilisation de l'Asie antérieure et de la Grèce*, Paris, Reinald, 1877.

—, *Essais de critique religieuse*, Paris, Leroux, 1878.

—, *Bréviaire de l'histoire du matérialisme*, Paris, Charpentier, 1881.

—, *Philosophie naturelle*, Paris, Charpentier, 1882.

—, *Histoire des doctrines de psychologie physiologique contemporaines*, Paris, Bureaux du *Progrès médical*, 1891.

—, *Le Système nerveux central. Structure et fonctions*, Paris, Carré et Naud, 1897.

—, *Campagne nationaliste, 1894-1901*, Paris, Maretheux, 1902.

Spiard Ch., *Les Coulisses du Fort-Chabrol*, Paris, Spiard, 1902.

Taine H., *La Fontaine et ses Fables*, Paris, Hachette, 1861.

—, *Histoire de la littérature anglaise*, Paris, Hachette, 1863-1865, 4 vol.

Thibaudet A., *Les Idées politiques de la France*, Paris, Stock, 1932.

Thiébaud G., *Parlementaire et plébiscitaire. Neuvième conférence de la Patrie française, 14 février 1900*, Paris, Bureaux de la Patrie française, s.d.

Toussenel A., *Les Juifs, rois de l'époque. Histoire de la féodalité financière*, Paris, Marpon et Flammarion, 1886, 3e éd.

Tridon G., *Du molochisme juif. Études critiques et philosophiques*, Bruxelles, Maheu, 1884.

Vacher de Lapouge G., *Les Sélections sociales. Cours libre de science politique professé à l'université de Montpellier*, Paris, Fontemoing, 1896.

—, *L'Aryen, son rôle social. Cours libre de science politique professé à l'université de Montpellier, 1889-1890*, Paris, Fontemoing, 1899.

—, *Race et Milieu social. Essais d'anthroposociologie*, Paris, Rivière, 1909.

Vallée G., *La Fête du travail, le 1er mai 1890. Aux travailleurs de France*, Paris, Imprimerie de Lefebvre, 1890.

Valois G., *La Monarchie et la Classe ouvrière*, Paris, Nouvelle Librairie nationale, 1914.

Viau R., *Vingt Ans d'antisémitisme, 1889-1909*, Paris, Charpentier, 1910.

Warin R., *Les Syndicats jaunes. Leur histoire, leurs doctrines, 1899-1908*, Paris, Jouve, 1908.

b. *Articles*

Bainville J., « Antidémocrates d'extrême gauche », *L'Action française*, 15 juillet 1902.

Barrès M., « M. le général Boulanger et la nouvelle génération », *La Revue indépendante*, t. VIII, avril 1888.

—, « L'opportunisme, parti des juifs », *Le Courrier de l'Est*, 21 juillet 1889.

—, « La formule antijuive », *Le Figaro*, 22 février 1890.

Biétry P., « Conférence à l'Action française », *Le Jaune*, 31 mars 1906.

—, « Discours au 3e congrès des Jaunes », *Le Jaune*, 13 avril 1907.

—, « Programme minimum », *Le Jaune*, 1er février 1908.

—, « La séparation des écoles et de l'État : pressant appel », *La Voix française*, 19 février 1910.

Darville J. (pseudonyme d'É. Berth), « Proudhon », *Cahiers du Cercle Proudhon*, janv.-février 1912.

—, « Satellites de la ploutocratie », *Cahiers du Cercle Proudhon*, sept.-décembre 1912.

—, « La monarchie et la classe ouvrière », *Cahiers du Cercle Proudhon*, janv.-février 1914.

Déroulède P., discours de Paul Déroulède in *Cour d'assises de la Seine, 29 juin 1899. Affaire de la place de la Nation. Procès Paul Déroulède et Marcel Habert. Discours de Paul Déroulède et de Marcel Habert aux jurés de la Seine*, Paris, Bureaux du *Drapeau*, 1899.

Griffuelhes V., « Les caractères du syndicalisme français », in *Syndicalisme et Socialisme, discours prononcés au colloque tenu à Paris le 3 avril 1907*, Paris, Rivière, 1908.

Hervé G., « La fin du bloc », *La Guerre sociale*, 13-19 mai 1908.

—, « La leçon de Draveil », *La Guerre sociale*, 10-16 juin 1908.

—, « La France s'ennuie », *La Guerre sociale*, 8-14 juillet 1908.

—, « La mort du dreyfusisme », *La Guerre sociale*, 16-22 septembre 1908.

—, « Le néant parlementaire », *La Guerre sociale*, 5-11 janvier 1910.

Janvion É., « A propos d'une interview », *Terre libre*, 15-30 novembre 1909.

—, « Les derniers piliers de la République », *Terre libre*, 1er-15 décembre 1909.

—, « Le youtre », *Terre libre*, 1er-15 mars 1911.

—, « Réactionnaires », *Terre libre*, 15 oct.-15 novembre 1911.

K. V. T., « The Dreyfus Case », *The Contemporary Review*, vol. 74, octobre 1898.

Lagardelle H., « La démocratie triomphante », *Le Mouvement socialiste*, nos 174-175, mai-juin 1906.

—, « Classe et parti », *Le Mouvement socialiste*, no 179, octobre 1906.

—, « L'école et le prolétariat », *Le Mouvement socialiste*, no 179, octobre 1906.

—, « Le syndicalisme et le socialisme en France », in *Syndicalisme et Socialisme, discours prononcés au colloque tenu à Paris le 3 avril 1907*, Paris, Rivière, 1908.

—, « Avant-propos », in *Syndicalisme et Socialisme, discours prononcés au colloque tenu à Paris le 3 avril 1907*, Paris, Rivière, 1908.

Lagrange H., « L'œuvre de Sorel et le Cercle Proudhon », *Cahiers du Cercle Proudhon*, mai-août 1912.

Lanoir P., « Discours au premier banquet des Jaunes », *L'Union ouvrière*, 22 févr.-1er mars 1903.

Louzon R., « La faillite du dreyfusisme ou le triomphe du parti juif », *Le Mouvement socialiste*, n° 176, juillet 1906.

Luxemburg R., « Une question de tactique », *Le Mouvement socialiste*, t. II, 1er août 1899.

Maire G., « La philosophie de Georges Sorel », *Cahiers du Cercle Proudhon*, mars-avril 1912.

Malon B., « La question juive », *La Revue socialiste*, n° 18, juin 1886.

—, « Les collectivistes français (les précurseurs théoriques) », *La Revue socialiste*, n°s 25 à 28, janvier à avril 1887.

Maurras Ch., « Introduction aux Aphorismes de politique sociale », *L'Action française*, 15 octobre 1900.

—, « Sur le nom de socialiste », *L'Action française*, 15 novembre 1900.

—, « Une campagne royaliste au *Figaro* », *L'Action française*, 15 octobre 1902.

—, « Libéralisme et libertés : démocratie et peuple », *L'Action française*, 1er février 1906.

—, « Politique mortelle et société renaissante », *Gazette de France*, 21 décembre 1906.

Merrheim A., « La grève d'Hennebont », *Le Mouvement socialiste*, n° 181, décembre 1906.

Michels R., « Le syndicalisme et le socialisme en Allemagne », in *Syndicalisme et Socialisme, discours prononcés au colloque tenu à Paris le 3 avril 1907*, Paris, Rivière, 1908.

Morès marquis de, « Discours à Bab el-Oued le 26 février 1894 », *Bulletin officiel de la Ligue antisémitique de France*, 1er janvier 1898.

Morin J., « La situation. Que les Chambres se convoquent », *L'Antijuif*, 11 septembre 1898.

Morizet A., « M. Clemenceau ou le dreyfusisme au pouvoir », *Le Mouvement socialiste*, n° 174-175, mai-juin 1906.

Naquet A, « Conférence faite à Béziers sur la question sociale, le 23 octobre 1878, compte rendu sténographique », Béziers, Imprimerie de Rivière, 1878.

—, « Le parlementarisme » et « Le régime représentatif », *Revue bleue*, n° 25, 18 décembre 1886, n° 26, 25 décembre 1886, n° 4, 22 janvier 1887, n° 5, 29 janvier 1887.

Pareto V., « Rentiers et spéculateurs », *L'Indépendance*, mars-août 1911.

Poizat A., « Du futurisme et de l'Italie », *Le Jaune*, 27 octobre 1911.

—, « Pour l'Action française », *Le Jaune*, 29 août 1908.

Pressensé F. de, « Chronique du mois », *Le Mouvement socialiste*, n⁰ 230, avril 1911.

Regnard A., « Aryens et sémites. Le bilan du christianisme et du judaïsme », *La Revue socialiste*, n⁰ 30, juin 1887.

—, « Correspondance », *La Revue socialiste*, n⁰ 63, mars 1890.

—, « Les traditions européennes et les prétentions juives », *La Revue socialiste*, n⁰ 66, juin 1890.

Renan E., « Philosophie de l'histoire contemporaine. La monarchie constitutionnelle en France », *La Revue des deux mondes*, t. 84, 1er novembre 1869.

Riquier M., « Les aliborons de foi laïque », *Terre libre*, 15-30 novembre 1909.

—, « La peur des mots », *Terre libre*, 15 mars-1er avril 1911.

Rivain J., « Les faux dogmes de 89 », *L'Action française*, 15 août et 1er septembre 1902.

—, « Les socialistes antidémocrates », *L'Action française*, 1er et 15 mars 1907.

—, « L'avenir du syndicalisme », *L'Action française*, 15 septembre 1908.

Rouanet G., « La question juive et la question sociale », *La Revue socialiste*, n⁰ 62, février 1890.

—, « La crise du parti socialiste », *La Revue socialiste*, n⁰ 176, août 1899.

Séverac J.-B., « Le Congrès de Saint-Quentin », *Le Mouvement socialiste*, n⁰ 231, mai 1911.

Sorel G., « L'abandon de la revanche », *L'Indépendance*, 1er avril 1911.

—, « Responsabilités de 1870 », *L'Indépendance*, 1er mai 1911.

—, « Urbain Gohier », *L'Indépendance*, sept. 1911-février 1912.

—, « Quelques prétentions juives », *L'Indépendance*, 1er mai-1er juin 1912.

—, « Aux temps dreyfusiens », *L'Indépendance*, 10 octobre 1912.

—, « L'avenir socialiste des syndicats », in *Matériaux d'une théorie du prolétariat*, Paris, Rivière, 1921.

Valary H., « Socialisme français », *L'Union ouvrière*, 5-12 avril 1902.

Vallée G., « Appel aux travailleurs de France », *Le Figaro*, 30 avril 1890.

Valois G., « L'action syndicale et politique », *L'Accord social*, 9 février 1908.

—, « La propagande dans les milieux syndicalistes », rapport présenté au 2e congrès national de l'Action française, *L'Action française*, 1er juillet 1909.

—, « Les milieux syndicalistes », rapport au 3e congrès national de l'Action française, *L'Action française*, 15 décembre 1910.

BIBLIOGRAPHIE

—, « Nationalisme et syndicalisme », rapport présenté au 4e congrès national de l'Action française, *L'Action française*, n° spécial, 31 décembre 1911.

—, « L'esprit proudhonien », *Cahiers du Cercle Proudhon*, janv.-février 1912.

—, « Notre première année », *Cahiers du Cercle Proudhon*, mai-août 1912.

—, « Sorel et l'architecture sociale », *Cahiers du Cercle Proudhon*, mai-août 1912.

Vaugeois H., « Nous ignorerons les affiches », *L'Action française*, 1er août 1901.

—, « Ordre ou désordre », *L'Action française*, 15 septembre 1902.

Vincent A., « Le bilan de la démocratie », *Cahiers du Cercle Proudhon*, mars-avril 1912.

3. Ouvrages postérieurs a 1914

a. *Livres*

Andreu P., *Notre maître, M. Sorel*, Paris, Grasset, 1953.

Arendt H., *The Origins of Totalitarianism*, New York, Harcourt-Brace Co., 1951.

Aron R., *Les Étapes de la pensée sociologique*, Paris, Gallimard, 1967.

Avineri S., *The Social and Political Thought of Karl Marx*, Cambridge, Cambridge University Press, 1968.

—, *Hegel's Theory of the Modern State*, Cambridge, Cambridge University Press, 1972.

Barral P., *Les Fondateurs de la IIIe République*, Paris, Colin, 1968.

Barrès M., *La Politique rhénane. Discours parlementaires*, Paris, Bloud et Gay, 1922.

Barzun J., *Darwin, Marx, Wagner : Critique of a Heritage*, New York, Doubleday, 1958.

—, *Race : A Study in Superstition*, New York, Harper and Row, 1965.

Beau de Loménie E., *Édouard Drumont ou l'Anticapitalisme national*, Paris, Pauvert, 1968.

Benda J., *La Trahison des clercs*, Paris, Pauvert, 1965.

Boisdeffre P. de, *Maurice Barrès*, Paris, Éditions universitaires, 1962.

Bousquet G.-H., *Précis de sociologie d'après Vilfredo Pareto*, Paris, Payot, 1925.

426

Byrnes R. F., *Antisemitism in Modern France*. T. I. *The Prologue to the Dreyfus Affair*, New Brunswick, Rutgers University Press, 1950.

Cabanne P. et Restany P., *L'Avant-garde au XXe siècle*, Paris, Balland, 1969.

Capitan-Peter C., *Charles Maurras et l'Idéologie d'Action française*, Paris, Éd. du Seuil, 1972.

Carassus E., *Le Snobisme et les Lettres françaises : de Bourget à Marcel Proust*, Paris, Colin, 1966.

Dansette A., *Le Boulangisme*, Paris, Fayard, 1946.

Déat M., *Perspectives socialistes*, Paris, Librairie Valois, 1930.

—, *Pensée allemande et Pensée française*, Paris, Aux Armes de France, 1944.

Déat M., Marquet A. et Montagnon B., *Néo-socialisme? Ordre, autorité, nation*, Paris, Grasset, 1934.

Degrelle L., *Révolution des âmes*, Paris, Les Éditions de France, 1938.

Digeon Cl., *La Crise allemande de la pensée française, 1870-1914*, Paris, Presses universitaires de France, 1959.

Dimier L., *Vingt Ans d'Action française*, Paris, Nouvelle Librairie nationale, 1926.

Dodge P., *Beyond Marxism. The Faith and Works of Hendrik de Man*, La Haye, Martinus Nijhof, 1966.

Dommanget M., *Hommes et Choses de la Commune*, Éditions de la Coopérative des amis de l'École émancipée, Marseille, s.d.

—, *Blanqui et l'Opposition révolutionnaire à la fin du second Empire*, Paris, Colin, 1960.

—, *Auguste Blanqui. Au début de la IIIe République, 1871-1880*, Paris, Mouton, 1971.

Drault J., *Drumont, « la France juive » et « la Libre Parole »*, Paris, Société française d'éditions littéraires et techniques, 1935.

Drieu La Rochelle P., *Chronique politique, 1934-1942*, Paris, Gallimard, 1943.

Droulers Ch., *Le Marquis de Morès, 1858-1896*, Paris, Plon, 1932.

Dubief H., *Le Syndicalisme révolutionnaire*, Paris, Colin, 1969.

Duverger M., *La Démocratie sans le peuple*, Paris, Éd. du Seuil, 1967.

Études maurrassiennes, colloques Charles Maurras tenus à l'université d'Aix-en-Provence, 1972-1973-1974, 3 vol.

Francastel P., *Peinture et Société*, Paris, Gallimard, 1950.

Freud S., *Psychologie collective et Analyse du moi*, Paris, Payot, 1924.

Friedrich C. J. et Brzezinski Z. K., *Totalitarian Dictatorship and Autocracy*, New York, Praeger, 1966, 2e éd.

427

Girardet R., *La Société militaire dans la France contemporaine, 1815-1939*, Paris, Plon, 1953.

—, *Le Nationalisme français, 1871-1914. Textes choisis et présentés par R. Girardet*, Paris, Colin, 1966.

Goguel F., *Géographie des élections françaises sous la IIIe République*, Paris, Colin, 1970.

Goldberg H., *Jean Jaurès. La biographie du fondateur du parti socialiste*, Paris, Fayard, 1970.

Gourmont R. de, *Le Joujou patriotisme*, Paris, Pauvert, 1967.

Grant M., *Le Déclin de la grand-race*, Paris, Payot, 1926.

Gregor J. A., *The Ideology of Fascism. The Rationale of Totalitarianism*, New York, The Free Press, 1969.

Guillaumin C., *L'Idéologie raciste. Genèse et langage actuel*, Paris, Mouton, 1972.

Himmelfarb G., *Darwin and the Darwinian Revolution*, New York, Norton, 1968.

Hoffmann S., *Le Mouvement Poujade*, Paris, Colin, 1956.

Hoffmann S. *et al.*, *A la recherche de la France*, Paris, Éd. du Seuil, 1963.

Hughes H. S., *Consciousness and Society. The Reorientation of European Social Thought, 1890-1930*, New York, Knopf, 1961.

Humphrey R., *Georges Sorel, Prophet without Honour. A Study in Anti-intellectualism*, Cambridge (Mass.), Harvard University Press, 1951.

Joll J., *Europe since 1870*, Londres, Weidenfeld and Nicholson, 1973.

Jouvenel B. de, *L'Économie dirigée*, Paris, Librairie Valois, 1928.

Julliard J., *Clemenceau briseur de grèves*, Paris, Julliard, 1965.

—, *Fernand Pelloutier et les Origines du syndicalisme d'action directe*, Paris, Éd. du Seuil, 1971.

Kriegel A., *Les Communistes français*, Paris, Éd. du Seuil, 1970, 2e éd.

Le Bot M., *Peinture et Machinisme*, Paris, Klincksieck, 1973.

Le Plan français. Doctrine et plan d'action, Paris, Fasquelle, 1935.

Lichtheim G., *Europe in the Twentieth Century*, Londres, Sphere Books, coll. « Cardinal », 1974.

Loubet del Bayle J.-L., *Les Non-conformistes des années trente. Une tentative de renouvellement de la pensée politique française*, Paris, Éd. du Seuil, 1969.

Lukes S., *Émile Durkheim. His Life and Work. A Historical and Critical Study*, Londres, Allen Lane, 1973.

Man H. de, *Au-delà du marxisme*, Paris, Éd. du Seuil, 1974 (1re éd., 1926).

—, *Réflexions sur l'économie dirigée*, Paris et Bruxelles, L'Églantine, 1932.

—, *L'Idée socialiste*, suivi du *Plan de travail*, Paris, Grasset, 1935.

Marrus M., *Les Juifs de France à l'époque de l'affaire Dreyfus*, Paris, Calmann-Lévy, 1972.

Martel W., *Mes entretiens avec Granger, lieutenant de Blanqui*, Paris, Messageries coopératives du livre et de la presse, 1939.

Martinet M., *Les Temps maudits*, suivi de *la Nuit*, Paris, Union générale d'éditions, 1975.

Masur G., *Prophets of Yesterday. Studies in European Culture, 1890-1914*, New York, Harper and Row, 1966.

Mayer A. J., *Dynamics of Counterrevolution in Europe, 1870-1956. An Analytic Framework*, New York, Harper Torchbooks, 1971.

Mayeur J.-M., *Les Débuts de la IIIe République 1871-1898*, Paris, Éd. du Seuil, 1973.

Montesquiou L. de, *Les Origines et la Doctrine de l'Action française*, Paris, Ligue d'Action française, 1918.

Mosca G., *The Ruling Class*, New York, McGraw-Hill, 1939 (trad. de *Elementi di Scienza politica*).

Mosse G. L., *The Crisis of German Ideology : Intellectual Origins of the Third Reich*, New York, Grosset and Dunlap, 1964.

—, *The Nationalization of the Masses : Political Symbolism and Mass Movements in Germany from the Napoleonic Wars through the Third Reich*, New York, Fertig, 1975.

Mussolini B., *La Doctrine du fascisme*, Florence, Valecchi, 1937.

Néré J., *La Crise économique de 1882 et le Mouvement boulangiste*, Paris, 1959 (thèse pour le doctorat ès lettres présentée à la faculté des lettres de l'université de Paris, dact.).

—, *Les Élections Boulanger dans le département du Nord*, Paris, 1959 (thèse complémentaire pour le doctorat ès lettres présentée à la faculté des lettres de l'université de Paris, dact.).

Nisbet R. A., *Émile Durkheim. Selected Essays on Durkheim*, Englewood Cliffs, Prentice Hall, 1965.

Nolte E., *Les Mouvements fascistes*, Paris, Calmann-Lévy, 1969.

—, *Le Fascisme en son époque*, Paris, Julliard, 1970, 3 vol.

Nye N. A., *The Origins of Crowd Psychology. Gustave Le Bon and the Crisis of Mass Democracy in the Third Republic*, Londres, Sage, 1975.

Pareto V., *Traité de sociologie générale*, Paris, Payot, 1919.

—, *Les Systèmes socialistes*, Paris, Giard, 1926, 2e éd.

Pirou G., *Georges Sorel, 1847-1922*, Paris, Rivière, 1922.

Primo de Rivera J. A., *Selected Writings*, Londres, Cape, 1972.

Prost A., *Histoire de l'enseignement en France*, Paris, Colin, 1968.

Rebérioux M., *La République radicale? 1899-1914*, Paris, Éd. du Seuil, 1975.

Rémond R., *La Droite en France. De la première Restauration à la Ve République*, Paris, Aubier, 1963, 2e éd.

Ridley F. F., *Revolutionary Syndicalism in France. The Direct Action of its Time*, Londres, Cambridge University Press, 1970.

Rioux J.-P., *Nationalisme et Conservatisme. La Ligue de la Patrie française, 1899-1904*, Paris, Beauchesne, 1977.

Ritter A., *The Political Thought of Pierre-Joseph Proudhon*, New Jersey, Princeton University Press, 1969.

Seager F. H., *The Boulanger Affair. Political Crossroad of France, 1886-1889*, Ithaca, Cornell University Press, 1969.

Seliger M., *Ideology and Politics*, Londres, Allen and Unwin, 1976.

Siegfried A., *Mes souvenirs de la IIIe République. Mon père et son temps : Jules Siegfried, 1836-1922*, Paris, Éd. du Grand Siècle, 1946.

Snyder L. L., *The Idea of Racialism. Its Meaning and History*, Princeton, Van Nostrand, 1962.

Sorel G., *Matériaux d'une théorie du prolétariat*, Paris, Rivière, 1921.

Sorlin P., *Waldeck-Rousseau*, Paris, Colin, 1966.

—, « *La Croix* » *et les Juifs, 1880-1899. Contribution à l'histoire de l'antisémitisme contemporain*, Paris, Grasset, 1967.

Soucy R., *Fascism in France : the Case of Maurice Barrès*, Berkeley, University of California Press, 1972.

Spitzer A. B., *The Revolutionary Theories of Louis-Auguste Blanqui*, New York, Columbia University Press, 1957.

Stearns P. N., *Revolutionary Syndicalism and French Labor : a Cause without Rebels*, New Brunswick, Rutgers University Press, 1971.

Sternhell Z., *Maurice Barrès et le Nationalisme français*, Paris, Colin, 1972.

Streel J., *Ce qu'il faut penser de Rex*, Bruxelles, Éditions Rex, s. d.

Szajkowski Z., *Anti-Semitism in the French Labor Movement*, New York, Frydman, 1948.

Talmon J. L., *The Rise of Totalitarian Democracy*, Boston, Beacon Press, 1952.

—, *The Unique and the Universal*, Londres, Secker and Warburg, 1965.

—, *L'Ère de la violence*, Tel-Aviv, Am Oved, 1974 (en hébreu).

Thomas L., *Les Précurseurs : Alphonse de Toussenel. Socialiste national, antisémite, 1803-1885*, Paris, Mercure de France, 1941.

Tweton D. J., *The Marquis de Morès. Dakota Capitalist, French Nationalist*, Fargo, North Dakota Institute for Regional Studies, 1972.

Valois G., *Le Fascisme*, Paris, Nouvelle Librairie nationale, 1927.

Variot J., *Propos de Georges Sorel, recueillis par Jean Variot*, Paris, Gallimard, 1935, 2ᵉ éd.

Wagar W. W., *European Intellectual History since Darwin and Marx*, New York, Harper and Row, 1966.

—, *Science, Faith and Man. European Thought since 1914*, New York, Harper and Row, 1968.

Watson D. R., *Georges Clemenceau. A Political Biography*, Londres, Eyre Methuen, 1974.

Weber E., *L'Action française*, Paris, Stock, 1962.

—, *The Nationalist Revival in France, 1905-1914*, Berkeley, University of California Press, 1968.

—, *Peasants into Frenchmen. The Modernization of Rural France*, Stanford, Stanford University Press, 1976.

Weil B., *L'Affaire Dreyfus*, Paris, Gallimard, 1930.

Weiss J. (ed.), *The Origins of Modern Consciousness*, Detroit, Wayne State University Press, 1965.

Willard Cl., *Le Mouvement socialiste en France, 1893-1905 : les guesdistes*, Paris, Éditions sociales, 1965.

Williams R. L., *Le Prince des polémistes : Henri Rochefort*, Paris, Éd. de Trévise, 1970.

Winock M., *Histoire politique de la revue « Esprit », 1930-1950*, Paris, Éd. du Seuil, 1975.

Wright G., *Rural Revolution in France; the Peasantry in the Twentieth Century*, Stanford, Stanford University Press, 1964.

Zévaès A., *Histoire du socialisme et du communisme en France, de 1871 à 1947*, Paris, France-Empire, 1947.

b. *Articles*

Ageron Ch., « Jaurès et la question algérienne », *Le Mouvement social*, nº 42, janv.-mars 1963.

Andreu P., « Fascisme 1913 », *Combat*, février 1936.

Byrnes R. F., « Morès, the first national-socialist », *The Review of Politics*, vol. 12, nº 3, juillet 1950.

Charle C., « Champ littéraire et champ du pouvoir : les écrivains et l'affaire Dreyfus », *Annales*, mars-avril 1977.

Déat M., « L'évolution du socialisme », *L'Effort*, 25 septembre 1940.

Doty C. S., « Parliamentary boulangism after 1889 », *The Historian*, vol. 32, nº 2, février 1970.

Gentile G., « The philosophic basis of fascism », in *Readings on Fascism and National Socialism*, Chicago, The Swallow Press, s. d.

Girardet R., « La Ligue des patriotes dans l'histoire du nationalisme français, 1882-1888 », *Bulletin de la Société d'histoire moderne*, vol. 57, n° 6, 1958.

—, « Pour une introduction à l'histoire du nationalisme français », *Revue française de science politique*, vol. 8, n° 3, septembre 1958.

Goldberg H., « Jean Jaurès and the Jewish question : the evolution of a position », *Jewish Social Studies*, vol. 20, n° 2, avril 1958.

Hutton P. H., « The impact of the Boulangist crisis upon the Guesdist party at Bordeaux », *French Historical Studies*, vol. 7, n° 2, automne 1971.

—, « The role of the Blanquist party in left-wing politics in France, 1879-1890 », *Journal of Modern History*, vol. 46, n° 2, juin 1974.

—, « Popular boulangism and the advent of mass politics in France, 1886-1890 », *Journal of Contemporary History*, vol. 11, n° 1, 1976.

Léger F., « L'idée de race chez Taine », communication présentée au colloque sur « L'idée de race dans la pensée politique française avant 1914 », Université d'Aix-en-Provence, mars 1975.

Maulnier T., « Charles Maurras et le socialisme », *La Revue universelle*, vol. 68, n° 19, janvier 1937.

Mosse G. L., « The French right and the working classes : les Jaunes », *Journal of Contemporary History*, vol. 7, n°s 3-4, juill.-octobre 1972.

—, « The Marquis de Morès : a review article », *North Dakota Quarterly*, hiver 1973.

Nettl P., « The German social democratic party (1890-1914) as a political model », *Past and Present*, n° 30, avril 1965.

Nora P., « Ernest Lavisse : son rôle dans la formation du sentiment national », *Revue historique*, vol. 228, juill.-septembre 1962.

Papayanis N., « Alphonse Merrheim and the strike of Hennebont, the struggle for the eight-hour day in France », *International Review of Social History*, vol. 16, n° 2, 1971.

Paz M., « L'idée de race chez Blanqui », communication présentée au colloque sur « L'idée de race dans la pensée politique française avant 1914 », Université d'Aix-en-Provence, mars 1975.

Poliakov L., « Racisme et antisémitisme : bilan provisoire de nos discussions et essai de description », communication présentée au colloque sur « L'idée de race dans la pensée politique française avant 1914 », Université d'Aix-en-Provence, mars 1975.

Ponty J., « La presse quotidienne et l'affaire Dreyfus en 1898-1899. Essai de typologie », *Revue d'histoire moderne et contemporaine*, vol. 21, avr.-juin 1974.

Rebérioux M., « Avant-garde esthétique et avant-garde politique », in *Esthétique et Marxisme*, Paris, Plon, 1974.

—, « Histoire, historiens et dreyfusisme », *Revue historique*, t. 255, no 518, avr.-juin 1976.

Rogers J.A., « Darwinism and social darwinism », *Journal of the History of Ideas*, vol. 33, no 2, avr.-juin 1972.

Roth J. J., « The roots of Italian fascism : Sorel and Sorelismo », *Journal of Modern History*, vol. 39, no 1, 1967.

Rutkoff P. M., « The Ligue des patriotes : the nature of the radical right and the Dreyfus affair », *French Historical Studies*, vol. 8, no 4, automne 1974.

Santarelli E., « Le socialisme national en Italie : précédents et origines », *Le Mouvement social*, no 50, janv.-mars 1965.

Schwarzchild S. S., « The marquis de Morès, the story of a failure (1858-1896) », *Jewish Social Studies*, vol. 22, no 1, janvier 1960.

Seliger M., « The idea of conquest and race-thinking during the Restauration », *The Review of Politics*, vol. 22, no 4, octobre 1960.

Silberner E., « The attitude of the Fourierist school towards the Jews », *Jewish Social Studies*, vol. 9, no 4, octobre 1947.

—, « Anti-Jewish trends in French revolutionary syndicalism », *Jewish Social Studies*, vol. 15, nos 3-4, juill.-octobre 1953.

Smith R. J. « L'atmosphère politique à l'École normale supérieure à la fin du xixe siècle », *Revue d'histoire moderne et contemporaine*, t. XX, avr.-juin 1973.

Sternhell Z., « Paul Déroulède and the origins of modern French nationalism », *Journal of Contemporary History*, vol. 6, no 4, octobre 1971.

—, « National socialism and anti-Semitism : the case of Maurice Barrès », *Journal of Contemporary History*, vol. 8, no 4, octobre 1973.

—, « Anatomie d'un mouvement fasciste en France : le Faisceau de Georges Valois », *Revue française de science politique*, vol. 26, no 1, février 1976.

—, « Fascist ideology », in W. Laqueur (ed.), *Fascism : A Reader's Guide. Analyses, Interpretations, Bibliography*, Berkeley, University of California Press, 1976.

Szajkowski Z., « The Jewish Saint-Simonians and socialist anti-Semites in France », *Jewish Social Studies*, vol. 9, no 1, janvier 1947.

Talmon J. L., « The legacy of Georges Sorel », *Encounter*, février 1970.

Thuillier G., « Un anarchiste positiviste », communication au colloque sur « L'idée de race dans la pensée politique française avant 1914 », Université d'Aix-en-Provence, mars 1975.

Touchard J., « L'esprit des années trente », in *Tendances politiques de la vie française depuis 1789*, Paris, Hachette, 1960.

—, « Le nationalisme de Barrès », in *Maurice Barrès, Actes du colloque organisé par la faculté des lettres et des sciences humaines de l'université de Nancy*, Nancy, 1963.

Watson D. R., « The nationalist movement in Paris, 1900-1906 », in David Shapiro (ed.), *The Right in France, 1890-1919*, Londres, Chatto and Windus, 1962.

Weber E., « Un demi-siècle de glissement à droite », *International Review of Social History*, vol. 5, n° 2, 1960.

—, « Nationalism, socialism and national-socialism in France », *French Historical Studies*, vol. 2, n° 3, printemps 1962.

Wilson S., « The Ligue antisémitique française », *The Wiener Library Bulletin*, vol. 25, n°s 3-4, 1972.

—, « The anti-Semitic riots of 1898 in France », *The Historical Journal*, vol. 16, n° 4, 1973.

—, « A view of the past : Action française historiography and its socio-political function », *The Historical Journal*, vol. 19, n° 1, 1976.

—, « Le monument Henry : la structure de l'antisémitisme en France, 1898-1899 », *Annales*, mars-avril 1977.

Winock M., « Édouard Drumont et l'antisémitisme en France avant l'affaire Dreyfus », *Esprit*, mai 1971.

—, « La scission de Châtellerault et la naissance du parti ' allemaniste ' (1890-1891) », *Le Mouvement social*, n° 75, avr.-juin 1971.

—, « Une parabole fasciste : *Gilles*, de Drieu La Rochelle », *Le Mouvement social*, n° 80, juillet 1972.

—, « Socialisme et patriotisme en France (1891-1894) », *Revue d'histoire moderne et contemporaine*, t. XX, juill.-septembre 1973.

Presse

Ont été intégralement dépouillés :

L'Accord social, L'Action française, L'Antijuif, L'Antisémitique, Bulletin officiel de la Ligue antisémitique de France, Cahiers du Cercle Proudhon, La Cocarde, Le Courrier de l'Est, Le Drapeau, La Guerre sociale, L'Indépendance, Le Jaune, Le Journal des travailleurs, Le Mouvement socialiste, L'Ouvrier indépendant, La Revue socialiste, Terre libre, Le Travail libre, Le Travailleur calvadosien, Le Travailleur libre, La Tribune française, L'Union ouvrière, La Voix française.

DANS LA MÊME COLLECTION

Les Slaves
Histoire et civilisation
de l'Antiquité aux débuts de l'époque contemporaine
par Francis Dvornik

Comment on écrit l'histoire
essai d'épistémologie
par Paul Veyne

La France et le Développement
économique de l'Europe
1800-1914
par Rondo Cameron

Histoire de l'éducation
dans l'Antiquité
par Henri-Irénée Marrou

Fernand Pelloutier et les Origines
du syndicalisme d'action directe
par Jacques Julliard

Histoire des usines Renault
par Patrick Fridenson

La France de Vichy
par Robert O. Paxton

La Commune de Paris
par Charles Rihs

Éducation et Culture
dans l'Occident barbare, vi^e-viie siècles
par Pierre Riché

L'Enfant et la Vie familiale
sous l'Ancien Régime
par Philippe Ariès

Histoire générale
de l'Empire romain
par Paul Petit

Les Paysans contre la politique
par Suzanne Berger

Histoire politique de la revue *Esprit*
1930-1950
par Michel Winock

Histoire et Psychanalyse
par Saul Friedländer

Histoire de la France rurale
sous la direction de Georges Duby et d'Armand Wallon
relié, quatre volumes

François de Wendel en République
L'argent et le pouvoir, 1914-1940
par Jean-Noël Jeanneney

La France et les États-Unis
par Jean-Baptiste Duroselle

Le Pain et le Cirque
par Paul Veyne

Le Coup de Prague 1948
par François Fejtö

Histoire économique et sociale de la Grande-Bretagne
1. Des origines au XVIIIe siècle
par Michael Postan et Christopher Hill

Histoire économique et sociale de la Grande-Bretagne
2. De la révolution industrielle à nos jours
par Eric Hobsbawm

Naissance de la famille moderne, XVIIIe-XXe siècle
par Edward Shorter

L'Homme devant la mort
par Philippe Ariès

Lénine face aux moujiks
par Chantal de Crisenoy

La Droite révolutionnaire, 1885-1914
Les origines françaises du fascisme
par Zeev Sternhell

200, 211, 212, 215 n., 217, 220-243, 274, 398, 407.
Guérin L., 225, 230.
Guesde J., 10, 24, 37, 40, 45, 239-241, 285, 313, 324 n., 334, 339, 341, 364, 377, 401.
Guigné comte A. de, 261, 312.
Guixiou-Pagès, 241.
Gumplowicz L., 19 n., 159, 188 n.
Guyot de Villeneuve, 305.
Gyp, 235.

Habert M., 92 n., 93 n., 106, 107, 111, 112, 115, 116, 124, 126, 141.
Haeckel E., 165.
Hannesart R., 310.
Harel P., 254 n., 313.
Harmel, 319, 326 n.
Haymart, 103.
Heine H., 187.
Helo J., 361 n., 377 n., 384.
Hennecart, 271.
Henry Cdt., 155.
Henry Mme, 155.
Herr L., 323.
Hervé G^al, 24, 26, 27, 126.
Hervé G., 244, 282, 283, 319, 322-324, 327, 337, 338, 347, 363, 377, 402, 403 n., 406, 415.
Hoffmann S., 30, 297 n.
Hughes C., 62.
Hughes H.S., 18 n.
Hugo V., 10, 78, 135.
Huton P.H., 48 n., 52 n., 55 n.

Ibsen, 188 n., 244.
Indy V., d'., 132 n.
Isaac préfet, 201.
Izoulet, 313.

Jacques, 37.
Jacquey G^al, 142, 222.
Jammes F., 390.
Janvion E., 26, 244, 347, 360, 367, 372, 377, 385, 386, 388, 389, 397 n., 406.
Japy G., 249 n., 258-260, 264 n., 265, 268, 271, 288 n., 289, 290, 295, 296 n., 311, 312.
Jaurès J., 10, 11, 24, 45, 71, 240, 282, 283, 285, 323, 352, 359, 363, 377, 388, 393.
Jeanne d'Arc, 74, 81, 280, 391.
Jeantet, 132 n.

Jobert A., 337 n.
Joli J., 17 n.
Jooris, 307.
Jouhaux L., 401.
Jourde A., 54, 55.
Jouvenel B. de, 33, 412.
Julliard J., 322 n., 338 n.

Kautsky, 45, 240, 241 n.
Klotz J. J., 237.
Krichewsky B., 328 n.
Kriegel A., 30 n., 301 n.

Labriola A., 24, 328, 398.
Lacour L., 362.
Lafargue P., 24, 35-38, 40, 61, 164, 239, 241, 313, 324 n., 364.
La Forge A., de, 90, 99.
Lagarde, 85.
Lagardelle H., 24, 27, 244, 319-346 passim, 363, 364, 367, 368, 377, 402, 406, 415.
Laguerre, 50, 52, 53, 56, 59, 95, 98, 204, 205.
Lagrange H., 391 n., 394.
Laisant A., 43, 44, 53, 56, 59, 61, 68, 79, 80, 95, 98, 101, 135, 319.
Lamartine A. de, 135.
Lambert, 307.
Langbehn, 85.
Lanoir P., 219, 246-260, 284, 286, 287 n., 289, 292, 296 n., 297, 298, 301, 304, 308, 402.
Lanzillo A., 398 n.
Larègle, 383.
Laroche-Joubert, 259, 293, 312.
Lasies, 142, 222.
La Tour du Pin marquis de, 354, 374, 379.
Launay R., 44 n.
Laur F., 67, 94 n., 102, 127, 179, 202, 205, 215.
Laurent J., 397 n.
Lavigne R., 54.
Lavisse E., 323, 350.
Lazare B., 327.
Le Bon G., 10, 15-17, 21, 23, 24, 26 n., 147-161, 164, 171, 175, 243, 244, 329, 391, 393, 401, 406, 410.
Lecomte de Lisle M., 26 n.
Lecoutey, 110.
Ledet M., 35 n.
Léger F., 156.

438

Table

FIRMIN-DIDOT S.A. PARIS-MESNIL
D.L. 2e TRIM. 1978. No 4844 (1841)